Mito e Tragédia na Grécia Antiga

Coleção Estudos
Dirigida por J. Guinsburg

Equipe de realização – Revisão Técnica: Luiz Alberto Machado Cabral; Tradução: Anna Lia A. de Almeida Prado, Filomena Yoshie Hirata Garcia e Maria da Conceição M. Cavalcante (até Cap. 7) e Bertha Halpem Gurovitz e Hélio Gurovitz (do Cap. 8 em diante); Sobrecapa: Adriana Garcia; Produção: Ricardo W. Neves, Sergio Kon, Luiz Henrique Soares, Lia N. Marques e Juliana P. Sérgio.

Jean-Pierre Vernant
e Pierre Vidal-Naquet

MITO E TRAGÉDIA
NA GRÉCIA ANTIGA

 PERSPECTIVA

Título do original francês
Mythe et Tragédie en Grèce Ancienne I, II
Copyright © by Éditions La Découverte, Paris, 1981
Copyright © by Éditions La Découverte, Paris, 1986, 1995

Dados Internacionais de Catalogação na Publicação (CIP)
(Câmara Brasileira do Livro, SP, Brasil)

Vernant, Jean-Pierre
        Mito e tragédia na Grécia antiga / Jean-Pierre Vernant e
Pierre Vidal-Naquet. – São Paulo : Perspectiva, 2014. — (Estudos ; 163 / dirigida por J. Guinsburg)

        Título original: Mythe et tragédie en Grèce ancienne.
        Vários tradutores.
        1ª reimpr. da 2ª ed. de 2011
        ISBN 978-85-273-0189-3

        1. Mito - Análise estrutural 2. Mitologia grega na lite-
ratura 3. Tragédia grega – História e crítica I. Vidal-Naquet,
Pierre, 1930- II. Título. III. Série.

99-1965   CDD-882.0109

Índices para catálogo sistemático:
1. Grécia antiga : Tragédia : História e crítica : Literatura   882.0109
2. Tragédia : História e crítica : Literatura grega antiga   882.0109

2ª edição - 1ª reimpressão
PPD

Direitos reservados em língua portuguesa à
EDITORA PERSPECTIVA LTDA.

Av. Brigadeiro Luís Antônio, 3025
01401-000 São Paulo SP Brasil
Telefax: (011) 3885-8388
www.editoraperspectiva.com.br

2019

Sumário

Nota de Edição IX

Introdução à Grécia de Jean-Pierre Vernant – *Trajano Vieira* . . . XV

MITO E TRAGÉDIA I

Prefácio XXI

1. O Momento Histórico da Tragédia na Grécia: Algumas Condições Sociais e Psicológicas – *J.-P. Vernant* 1

2. Tensões e Ambiguidades na Tragédia Grega – *J.-P. Vernant*

3. Esboços da Vontade na Tragédia Grega – *J.-P. Vernant*

4. Édipo sem Complexo – *J.-P. Vernant*

5. Ambiguidade e Reviravolta. Sobre a Estrutura Enigmática de *Édipo-Rei* – *J.-P. Vernant* 73

6. A Caça e o Sacrifício na *Oréstia* de Ésquilo – *P. Vidal-Naquet* . . 101

7. O *Filoctetes* de Sófocles e a Efebia – *P. Vidal-Naquet* 125

MITO E TRAGÉDIA II

Prefácio

1. O Deus da Ficção Trágica – *J.-P. Vernant* 157
2. Figuras da Máscara na Grécia Antiga – *J.-P. Vernant*
    e Fr. Frontisi-Ducroux 163
3. O Tirano Coxo: de Édipo a Periandro – *J.-P. Vernant* 179
    Postscriptum 199
4. O Sujeito Trágico: Historicidade e Transistoricidade – *J.-P. Vernant*
5. Ésquilo, o Passado e o Presente – *P. Vidal-Naquet*
6. Os Escudos dos Heróis. Ensaio sobre a Cena Central dos *Sete contra Tebas* – *P. Vidal-Naquet*
7   Édipo em Atenas – *P. Vidal-Naquet*
8. Édipo entre Duas Cidades. Ensaio sobre o *Édipo em Colono* – *P. Vidal-Naquet*
9. Édipo em Vicência e em Paris: Dois Momentos de uma História – *P. Vidal-Naquet*
10. O Dioniso Mascarado das *Bacantes* de Eurípides – *J.-P. Vernant*

Lista de Abreviações 361

Índice Geral 363

Nota de Edição

Esta nova publicação dos dois volumes de *Mito e Tragédia na Grécia Antiga*, de Jean-Pierre Vernant e Pierrre Vidal-Naquet cuja tradução em língua portuguesa aqui editada em um tomo, contou com o acompanhamento interessado do professor Trajano Vieira a quem agradecemos tanto pelas recomendações feitas como pela esclarecedora Introdução.

Para orientação do leitor acompanha o volume o trabalho de Luiz Alberto Machado Cabral, revisor dos textos em português e em grego, cujos cuidados com a correta leitura das citações o levou a redigir esta "Chave de Pronúncias das Palavras Gregas".

CHAVE DE PRONÚNCIA DAS PALAVRAS GREGAS

Para facilitar a leitura dos textos gregos e das palavras gregas transliteradas para o português, apresentamos uma "chave de pronúncia", contendo o alfabeto grego e algumas informações sobre acentuação e elementos fonéticos básicos da língua grega.

Há três sistemas de pronúncia do grego antigo: a pronúncia "erasmiana" (criada pelo sábio Erasmo de Rotterdam na Renascença), a pronúncia "restaurada" (uma tentativa de recriar a pronúncia do grego no dialeto ático, tal como era falado no período clássico em Atenas, tomando como base os escritos de antigos gramáticos) e a pronúncia do grego moderno (que, apesar de não ser a mesma para o período clássico, possui a vantagem de unir a língua antiga com sua continuação moderna).

MITO E TRAGÉDIA NA GRÉCIA ANTIGA

Para a presente edição, adotamos a pronúncia erasmiana que, embora seja uma pronúncia inteiramente artificial (nunca foi empregada pelos gregos), possui a grande vantagem de ser a mais simples e a mais tradicional nos meios acadêmicos.

Alfabeto Grego

Letra grega	Nome	Pronúncia erasmiana	Transliteração
A, α	ἄλφα .. alfa	a (longa ou breve)	a
B, β	βῆτα .. beta	b	b
Γ, γ	γάμμα .. gama	g (ver nota 2)	g, n
Δ, δ	δέλτα .. delta	d	d
E, ε	ἒ ψιλόν .. épsilon	e [breve, fechada (ê)]	e
Z, ζ	ζῆτα .. dzeta	dz	z
H, η	ἦτα .. eta	e [longa, aberta (é)]	e
Θ, θ	θῆτα ..teta	th (inglês *this*)	th
I, ι	ἰῶτα .. iota	i (longa ou breve)	i
K, κ	κάππα .. capa	k	k
Λ, λ	λάμβδα .. lambda	l	l
M, μ	μῦ .. my*	m	m
N, ν	νῦ .. ny*	n	n
Ξ, ξ	ξῖ .. csi	x (sempre cs)	x
O, ο	ὂ μικρόν .. ómicron	o [breve, fechada (ô)]	o
Π, π	πῖ .. pi	p	p
P, ρ	ῥῶ .. rô	r (como em *duro*)	r, rh
Σ, σ, ς**	σῖγμα .. sigma	s (nunca com som de z)	s
T, τ	ταῦ .. tau	t	t
Y, υ	ὖ ψιλόν .. hípsilon	u* (longa ou breve)	y, u
Φ, φ	φῖ .. phi	f	ph
X, χ	χῖ .. khi	ch (alemão *machen*)	kh
Ψ, ψ	ψῖ .. psi	ps	ps
Ω, ω	ὦ μέγα .. ômega	o [longa, aberta (ó)]	o

* O Y, υ (hípsilon) pronuncia-se como o *ü* do alemão (ex. *Müller*).
** Essa última forma do *sigma* é empregada apenas quando ele se encontra no final de uma palavra. Ex.: λόγος (lógos, *palavra, discurso*); mas não em μοῦσα (*moûsa*; em grego pronuncia-se *muça*: "musa").

NOTA 1 – Algumas vezes o ι (*iota*) é subscrito, isto é, é colocado embaixo da vogal que o precede. Ex.: ᾳ, ῃ, ῳ, são por αι, ηι, ωι. Só se coloca o iota subscrito sob vogais longas mas ele não é pronunciado (pronúncia erasmiana).

NOTA DE EDIÇÃO   XI

Quando a vogal precedente for maiúscula o iota não é subscrito, mas colocado ao lado (no entanto, continua não sendo pronunciado nem acentuado): Ἀιδης ("Hades").

NOTA 2 – O γ (*gama*) é sempre pronunciado como em *guerra*, mesmo diante de ε, η, ι. Ex. γέλως (guélos, "*riso*"), γῆρας (guéras, "*velhice*"), γίγνομαι (guígnomai: "*tornar-se, vir a ser*"). No entanto, diante de γ, κ, χ, ξ ele é nasalizado e pronunciado como o nosso n. Ex.: ἄγγελος (ánguelos, "*mensageiro*"), ἀνάγκη (anánke, "*necessidade*").

NOTA 3 – Os *ditongos* são formados pela adição das semivogais ι e υ às outras vogais e são pronunciadas da seguinte maneira:

αι, como em s*ai*.	ει, como em r*ei*.
οι, como em b*oi*.	υι, como em f*ui*.
αυ, ευ, como em m*au, seu*.	ου, como *u*.
ηυ, como em c*éu*.	ωυ, como em r*ói*.

NOTA 4 – Os "*espíritos*" são sinais ortográficos colocados sobre toda vogal inicial das palavras e sobre o ὐ (hípsilon) e o ῤ (rô) iniciais (sempre marcados pelo espírito rude). Há o espírito doce ou brando ('), que não tem influência alguma na pronúncia e marca apenas a ausência de aspiração: ὀργή (leia-se *orgué*, "cólera"); e o espírito rude ou áspero ('), que marca a aspiração e é pronunciado como o h do inglês: *hard*. Assim, a palavra ὁρῶ deve ser lida como *horô*, "vejo". Se uma palavra começa por um ditongo, o espírito deve ser colocado sobre a segunda vogal, seja ele rude ou brando. Ex.: αὐτόν, leia-se: *autón*, "ele"; αἵρεσις, leia-se: *haíresis*, "escolha".

NOTA 5 – Os *sinais de acentuação* são colocados sobre cada palavra para indicar a sílaba acentuada. Há três acentos: o agudo (´), o grave (`) e o circunflexo (῀). O acento agudo pode ser colocado sobre as três últimas sílabas de uma palavra, o circunflexo (perispômeno) somente sobre as duas últimas e o acento grave apenas sobre a última. O acento, assim como o espírito, é sempre colocado sobre a segunda letra dos ditongos e é nessa forma que os nomes gregos são transliterados para o português; por exemplo: Αἴγυπτος, *aíguiptos* (leia-se *ái-guip-tos* e não *a-í-guip-tos*), "Egito". O espírito e o acento não são colocados *sobre* as letras maiúsculas, mas sim *antes* delas: Ἕλλην, *Hélēn*: "grego".

NOTA 6 – Quanto aos sinais de *pontuação*, cumpre observar que os gregos antigos não pontuavam seus textos. O emprego da pontuação só se manifesta bem mais tarde e só se torna um sistema coerente na Idade Média, com o desenvolvimento da *minúscula*. A prática de pontuação dos textos gregos obedece a usos locais. A *vírgula* e

XII MITO E TRAGÉDIA NA GRÉCIA ANTIGA

o *ponto* gregos têm o mesmo valor que em português. No lugar dos nossos dois pontos e do ponto e vírgula, os gregos empregavam um *ponto alto* (:) e o *ponto e vírgula* em um texto grego (;) corresponde ao nosso ponto de interrogação. O ponto de exclamação não era conhecido, embora seja empregado em algumas edições. O grego também emprega o *trema* para separar duas vogais que, sem essa indicação, formariam um ditongo; ex.: ἀυ>πνος, "insone" (leia-se *á-y-pnos* e não *áu-pnos*) e a *apóstrofe*, para marcar uma elisão; ex. οἱ δ' ἄλλοι, (onde o sinal ' marca a elisão da vogal ε: "mas os outros"). Além disso, o grego emprega a *corônis*, um pequeno sinal em forma de espírito doce (') que designa a crase, isto é, a contração de uma vogal final de uma palavra com a inicial de outra; ex. κἀγώ (por καὶ ἐγώ: "e eu").

NOTA 7 – Para que o leitor não familiarizado com a acentuação grega não se confunda com a transliteração das vogais longas (habitualmente assinaladas pelo acento circunflexo, embora o verdadeiro acento da palavra seja agudo ou grave), optamos por assinalar a vogal longa pelo sinal ‾ e manter o circunflexo apenas para designar o sinal de acentuação: assim, a palavra ἦθος, "caráter" é transliterada para *êthos*; onde o sinal ‾ indica que a vogal é η (e longo) e recebe o assento circunflexo. No caso de συλλήπτωρ, "auxiliar", a palavra é transliterada para *sylléptor*, onde os sinais ‾ indicam que as vogais *e* e *o* são longas (η, ω) embora o acento da palavra seja agudo. A palavra μῦθος, "mito", transliterada para *mŷthos* indica, exatamente como no grego, que o υ tem acento circunflexo; desta forma, seguindo as regras acima enunciadas, qualquer um poderá reconhecer, com um pouco de prática, a grafia grega exata correspondente à palavra transliterada para o português.

NOTA 8 – A transliteração dos nomes próprios em grego para o português é, sem dúvida, o maior problema a ser enfrentado pelo tradutor, quer pela variedade das grafias existentes em nossa língua (Poseidon, Posídon, Posidão) quer por erros já consolidados (como o galicismo *Menexéno*, quando o certo seria Menéxeno). Não obstante, o princípio geral recomendado pelos estudiosos da língua para transliteração dos nomes próprios em grego é bastante simples: como a língua portuguesa deriva do latim, deve-se observar, na palavra grega, a *intensidade da penúltima sílaba* (isto é, se ela é longa ou breve): se ela for longa e acentuada, o acento permanece onde está, caso contrário recua até a terceira sílaba (proparoxítona). Assim, no caso de Ἀγαμέμνων, a penúltima sílaba acentuada é longa (por posição) e a correta transliteração seria, portanto, *Agamêmnon*. No caso de Ξενοφάνης, o alfa é breve e o acento recua para sílaba anterior: *Xenófanes*. Muitos nomes, contudo, já estão consagrados pelo uso (como no caso de Platão e Agatão, por exemplo; onde as formas Pláton e Ágaton, apesar de corretas, nunca são empregadas); outros nomes entraram para nossa língua por *via erudita*, isto é, mantendo a acentuação original do grego. Há ainda tradutores que apenas transliteram o nomes gregos para o português e mantêm a acentuação original. Nessa edição procuramos seguir a transliteração a partir do latim, salvo nos casos em que os nomes já estão consagrados pelo uso.

Introdução à Grécia
de Jean-Pierre Vernant

A partir dos anos 60, nenhum autor influenciou tanto os estudos helenísticos de um modo geral quanto Jean-Pierre Vernant. Originalidade teórica, elegância estilística, capacidade argumentativa e coerência intelectual justificam a projeção desse estudioso que iniciou sua atividade com uma tese sobre a noção platônica de trabalho, em 1948, época em que conheceu aqueles que seriam seus dois mestres: Ignace Meyerson e Louis Gernet. Creio que, ao nos determos na obra de Vernant, estaremos de certo modo nos referindo também à produção de Pierre Vidal-Naquet e Marcel Detienne, com quem Vernant divide a autoria de várias de suas publicações.

Podemos nos introduzir em sua obra citando autores e teorias de que se manteve distante. Jamais dialogou com certa tradição alemã que atribui valor metafísico a categorias do pensamento grego ou as examina de uma perspectiva trans-histórica. Em 1989, comentou numa entrevista: "Eu não tenho nenhum tipo de afinidade nem com Heidegger nem com a filosofia alemã e a visão do mundo grego que oferece essa tradição... Do mesmo modo, a imagem que possuímos do dionisismo é uma criação da história moderna das religiões, com Nietzsche e Rohde." Tal desinteresse não se restringe aos nomes mencionados. Quem convive com a obra de Vernant já se deve ter dado conta de que outro especialista renomado está ausente de suas páginas; refiro-me ao suíço-alemão Walter Burkert. Pode-se dizer que, enquanto Vernant manifesta preocupações teóricas fundamentalmente sincrônicas, Burkert trabalha de uma perspectiva diacrônica. Para o helenista francês, por exemplo, o caráter pan-helênico da épica homérica, do santuário délfico e dos jogos olímpicos teria sido responsável, a partir do século VIII a.C., pela unidade cultural grega. A tendência à homogeneidade cultural seria fruto do enfraquecimento das diferenças regionais. Essa visão do pan-helenismo levou Vernant a propor, num trabalho publicado em 1966, o estudo da mitologia grega com base na noção de sistema: "A um simples catálogo de divindades é necessário substituir uma análise das estruturas do panteão, trazendo à luz o modo pelo qual as diversas potências são agrupadas, associadas, opostas, distinguidas" (*Mythe & Société en Grèce ancienne*). Só alcançaríamos uma noção complexa de Hermes, se baseássemos nossa análise na relação do deus com Zeus, Apolo, Hestia, Diônisos e Afrodite. Os estudos eruditos que isolassem Hermes, "se arriscariam a deixar escapar o essencial." Essa afirmação com valor de postulado teórico seria criticada por Walter Burkert, primeiro em 1973, no âmbito de um congresso sobre mitologia grega realizado em Urbino, e, posteriormente, num ensaio ("Sacrificio-sacrilegio: Il *trickster* fondatore", *Studi storici* 4, 1984). A crítica em questão diz respeito à tese defendida por uma helenista do grupo de Vernant, Laurence Kahn, para quem o sacrifício levado a cabo por Hermes, no hino homérico que o homenageia, apresenta procedimentos anormais, reveladores do caráter ambíguo do deus, de sua posição intermediária entre o Olimpo e o mundo humano. Burkert nota que essa tese só fará sentido se adotarmos como padrão o sacrifício executado por Prometeu, como o descreve Hesíodo, ou os que aparecem em Homero. Se considerarmos a Grécia um mosaico composto de diferenças regionais, que manifestações pan-helênicas não conseguiram apagar, concluiremos que Hermes segue procedimentos locais em seu sacrifício. Os dados exibidos por Burkert são bastante convincentes nesse sentido. Fiel à ideia de uma Grécia multifacetada, Burkert tem insistido, nos últimos anos, ao lado de M. L. West, no seguinte ponto: vários elementos homéricos, que imaginávamos arcaicos e genuinamente gregos, têm, na verdade, origem semítica e datam de uma época posterior ao século VIII a.C. Deve-se registrar, quanto à posição de Vernant, que, mais recentemente, num ensaio de 1987, o autor francês relativiza a posição esboçada em 1966, assinalando que a tendência pan-helênica da cultura grega não anulou as diferenças locais. Todo um sistema de noções sofreria variações de acordo com a função desempenhada por esta ou aquela divindade nas diferentes cidades ("Formes de croyance et de rationalité en Grèce", *Archives de sciences sociales des religions* 163, 1987).

A importância maior da obra de Vernant talvez não decorra do valor reduzido que atribui ao comparativismo – abordagem hoje revigorada nos estudos clássicos –, muito menos do destaque pequeno que dá ao aspecto poético da linguagem de autores como Homero, Ésquilo e Sófocles. Entre outras coisas, Vernant nos ensina a evitar generalizações teóricas e imprecisões conceituais. Assim, se alguém fizesse uso, por exemplo, do termo *racionalismo*, ele poderia indagar: a que racionalismo você se refere, ao socrático, ao sofístico, ao de Tucídides ou – por que não acrescentar – ao de Homero? A ausência de conceitos opacos, decorrentes muitas vezes do uso abrangente de certos vocábulos, é uma das principais marcas da linguagem do helenista francês.

Vernant sofreu forte influência de Ignace Meyerson, pai da "psicologia histórica". Meyerson, judeu de origem polonesa, radicado na França a partir de 1905, onde se diplomou em medicina, para dedicar-se posteriormente aos estudos de psicologia, dirigiu durante 63 anos o *Journal de Psychologie normale et pathologique*, que teve, entre seus colaboradores, Marcel Mauss, Ernst Cassirer, Antoine Meillet, Joseph Vendryes, Émile Benveniste e Louis Renou. Autor de um único livro em vida, sua tese de doutorado, intitulada *Les Fonctions psychologiques et les Oeuvres*, Meyerson, cuja erudição envolveu tanto o interesse pela cultura da Índia quanto por pintura, transmitiu suas ideias em ensaios, normalmente breves, escritos até 1993, data em que faleceu, aos 95 anos de idade. Numa entrevista concedida em 1987 sobre Meyerson, Vernant observou que a obra do psicólogo não oferece um método de análise específico, uma *grade*, como ocorrerá com a semiótica, embora alguns de seus procedimentos aproximem-no dessa ciência e do estruturalismo. Respondendo afirmativamente à questão sobre a pertinência de associar o pensamento de Meyerson ao de Foucault, Vernant fez a seguinte ressalva: "Foucault insistiu nas condições de possibilidade de emergência de práticas que – eu diria de bom grado – vão delinear para ele uma certa fisionomia do sujeito ou da pessoa, enquanto Meyerson coloca para si o seguinte problema: como isso é fabricado desde o interior?"

Tanto Meyerson quanto Vernant destacam o aspecto formal de toda e qualquer expressão: não só a língua, como também as instituições sociais, direito, religiões, ciências, artes são formas "que reagem sobre o homem". "O signo", escreve Vernant, retomando Meyerson, "jamais é um puro resumo do conteúdo, mas sempre um apelo para o novo, o desconhecido". Ou seja, a criação humana caracteriza-se pela estabilidade formal transitória e, enquanto tal, é, ao mesmo tempo, permanente e mutável. Em suas análises, Vernant irá investigar "através das obras, a ligação que une esta forma mental àquela estrutura social. Lugar complexo: a estrutura social depende de outras estruturas, a forma mental, de outras formas; entre umas e outras, não existe causalidade unilateral, mas sempre ações recíprocas". Tendo em mente essa colocação, poderíamos perguntar: o que é a tragédia para Vernant? Talvez a expressão de uma crise que se evidencia particularmente no plano institucional do direito público. O homem trágico é um tipo problemático por se situar entre dois universos "absolutamente contraditórios": por um lado, é fortemente tributário de valores heroicos; por outro, começa a corresponder a indagações surgidas nas assembleias e nos tribunais da *pólis*, fortalecida de maneira decisiva a partir do século V a.C. A crise de identidade que a tragédia manifesta só será de certo modo contornada pela articulação do discurso filosófico. Ao contrário da tragédia, a filosofia "é um sistema de raciocínio no qual a solução já se encontra em suas premissas". Num dos ensaios incluídos neste livro, Vernant mostra que, no século da tragédia (V a.C.), inexistiam na Grécia noções como livre arbítrio, autonomia, vontade ("Esboços da vontade na tragédia grega"). E é essa ausência que será responsável pelo caráter ambíguo do herói trágico. Quem é Édipo, afinal? O sábio decifrador de enigmas, o soberano angustiado com a peste avassaladora, e, ao mesmo tempo, o autor de crimes insuportáveis, o responsável pela desgraça tebana, o bode expiatório que deverá abandonar a cidade a fim de que ela possa se recompor. Esse não ser permanente aquilo que esperaríamos que fosse é a marca do herói trágico: "o homem não pode ser definido, o homem não tem uma essência, o homem é um monstro, um enigma que não tem resposta". Ao inserir a ação heroica num contexto jurídico que, embora ainda impreciso do ponto de vista formal, não é mais norteado por valores aristocráticos, a tragédia revela a amplitude da crise no alvorecer democrático.

No início desta introdução, falei do papel determinante de Louis Gernet na formação teórica de Vernant. Cabe retomar aqui, mesmo que de passagem, esse ponto. Como sabem os especialistas, Louis Gernet – em cuja homenagem foi fundado o importante centro de estudos clássicos parisiense, dirigido durante muitos anos por Vernant – construiu uma carreira acadêmica incomum, ingressando aos 65 anos de idade na *École Pratique des Hautes Études*. Dedicou quase toda sua vida ao ensino de temas e versões gregas na Faculdade de Letras da Argélia. Creio que o trabalho desse helenista eruditíssimo, profundo conhecedor do direito na Grécia, acentuou em Vernant a preocupação com o caráter transitório dos episódios históricos e com a natureza dinâmica da linguagem. Ao ler Gernet, como ao ler Vernant, nunca deixamos de notar que um momento histórico, além de passageiro, resulta de conflitos que ora modificam as instituições ora as implodem. Pelos textos de Vernant não apenas somos levados a acreditar na existência de um pavio permanentemente aceso, como em seu potencial explosivo. Ao contrário da imagem de uma Grécia perene forjada em outras épocas, vemo-nos diante de um organismo que, ao sofrer processo de autocorrosão e recomposição, criou obras cuja qualidade continua a provocar admiração e prazer.

Trajano Vieira

MITO E TRAGÉDIA
I

Prefácio*

Se, neste primeiro volume – que, tão rapidamente quanto possível, será seguido por um outro –, reunimos sete estudos publicados na França e no estrangeiro, é porque esses trabalhos fazem parte de um plano de pesquisa que há muitos anos realizamos em conjunto e tem sua origem no ensino de Louis Gernet[1].

Mito e tragédia, o que entendemos exatamente por isso? As tragédias, bem entendido, não são mitos. Pode-se afirmar, ao contrário, que o gênero surgiu no fim do século VI quando a linguagem do mito deixa de apreender a realidade política da cidade. O universo trágico situa-se entre dois mundos e essa dupla referência ao mito, concebido a partir de então – como pertencente a um tempo já decorrido, mas ainda presente nas consciências, e aos novos valores desenvolvidos tão rapidamente pela cidade de Pisístrato, de Clístenes, de Temístocles, de Péricles, é que constitui uma de suas originalidades e a própria mola da ação. No conflito trágico, o herói, o rei e o tirano ainda aparecem bem presos à tradição heroica e mítica, mas a solução do drama escapa a eles: jamais é dada pelo herói solitário e traduz sempre o triunfo dos valores coletivos impostos pela nova cidade democrática.

Qual é, nessas condições, a tarefa do analista: A maior parte dos estudos reunidos neste livro está no âmbito do que se convencionou chamar análise estrutural. Seria, porém, cometer um gravíssimo erro de perspectiva confundir esse tipo de leitura com a decifração de mitos propriamente ditos. As técnicas de interpretação podem ser aparentadas,

---

*   Tradução de Anna Lia A. de Almeida Prado.

1   Cf. J.-P. Vernant, "La Tragédie grecque selon Louis Gernet", *Hommage à Louis Gernet*, Paris, 1966, pp. 31-35.

mas a finalidade da pesquisa é necessariamente bem diferente. Não há dúvida de que a decodificação de um mito, a princípio, segue as articulações do discurso – oral ou escrito – mas seu fim, talvez o fundamental, é quebrar a narrativa mítica para detectar-lhe os elementos primordiais que deverão, por sua vez, ser confrontados com elementos que outras versões do mesmo mito ou diferentes conjuntos legendários apresentam. A narrativa, que é o ponto de partida, longe de fechar-se sobre si mesma para constituir no seu todo uma obra única, abre-se, ao contrário, em cada uma de suas sequências, sobre todos os outros textos que operam com o mesmo sistema de código cujas chaves se quer descobrir. Nesse sentido, para o mitólogo, todos os mitos, ricos ou pobres, situam-se no mesmo plano e têm, sob o ponto de vista heurístico, o mesmo valor. Nenhum poderia beneficiar-se com a exclusividade, e o unico privilégio que o intérprete pode conceder a um deles é, por razões de comodidade, escolhê-lo como modelo de referência no decurso da pesquisa.

As tragédias que nos propomos a estudar nestas páginas constituem um objeto completamente diferente. São obras escritas, produções literárias individualizadas no tempo e no espaço e, propriamente, nenhuma delas tem paralelo. O *Édipo Rei* de Sófocles não é uma versão, entre muitas outras, do mito de Édipo. A pesquisa só pode chegar a termo se, já de início e como primeiro item, tomar em consideração o sentido e a intenção do drama que foi representado em Atenas em 420 a.C. Sentido e intenção, o que quer dizer isso? Se devemos tornar preciso esse ponto, nosso propósito não é saber o que se passava na cabeça de Sófocles no momento em que escrevia sua peça. O dramaturgo não nos deixou confidências, nem diário; se o tivesse feito, disporíamos apenas de documentos suplementares que deveríamos submeter, pelas mesmas razões que os outros, à reflexão crítica. A intenção de que falamos se expressa através da obra, em suas estruturas e em sua organização interna, e não temos meio algum de remontar da obra ao autor. Do mesmo modo, por mais consequentes que estejamos do caráter profundamente histórico das tragédias gregas, não procuramos explorar, no sentido estrito do termo, o fundo histórico de cada peça. Há um livro admirável que reconstitui a história de Atenas através da obra de Eurípides[2]; é extremamente duvidoso que se justifique para Ésquilo e Sófocles uma empresa semelhante e as tentativas feitas nesse sentido não nos parecem muito convincentes. Pode-se, sem dúvida, pensar que a epidemia descrita no início do *Édipo Rei* deva algo à peste de Atenas em 430, mas sempre se poderá observar que Sófocles tinha lido a *Ilíada*, na qual há também a evocação de uma epidemia que ameaçava toda uma comunidade. No final das contas, é de pequeno alcance o esclarecimento que esse método traz à obra.

---

2   R. Goossens, *Euripide et Athènes*, Bruxelas, 1960.

PREFÁCIO   XXIII

Nossas análises realmente operam em níveis bem diferentes. Elas estão, ao mesmo tempo, no âmbito da sociologia da literatura e daquilo que se poderia chamar antropologia histórica. Não pretendemos explicar a tragédia reduzindo-a a um certo número de condições sociais. Esforçamo-nos por apreendê-la em todas as suas dimensões, como fenômeno indissoluvelmente social, estético e psicológico. O problema não é reduzir um desses aspectos a um outro, mas compreender como se articulam e se combinam para constituir um fato humano único, uma mesma invenção que, na história, aparece sob três faces: como realidade social com a instituição dos concursos trágicos, como criação estética com o advento de um novo gênero literário, como mutação psicológica com o surgimento de uma consciência e de um homem trágicos – três faces que definem um mesmo objeto e que admitem uma mesma ordem de explicação.

Nossas análises supõem um constante confronto de nossos conceitos modernos com as categorias postas em ação nas tragédias antigas. O *Édipo Rei* pode ser esclarecido pela psicanálise? Como se elaboram na tragédia o senso de responsabilidade, o comprometimento do agente com seus atos, isso que chamamos hoje função psicológica da vontade? Colocar esses problemas é pedir que, entre a *intenção* da obra e os hábitos mentais do intérprete, se institua um diálogo lúcido e propriamente histórico que ajude a desvendar os pressupostos geralmente inconscientes do leitor moderno, que o obrigue a questionar-se a si próprio na pretensa inocência de sua leitura.

Isso, porém, não é senão um ponto de partida. As tragédias gregas, pela mesma razão que toda obra literária, são atravessadas por pré-conceitos, pré-supostos que, para a civilização de que elas são uma das expressões, formam como que os quadros da vivência cotidiana. A oposição entre a caça e o sacrifício, por exemplo, de que acreditamos poder tirar partido para uma análise da *Oréstia*, não é um traço específico da tragédia; pode-se encontrar o traço dessa oposição em muitos textos, através de muitos séculos de história grega; ela supõe, para ser corretamente interpretada, que nos interroguemos sobre a própria natureza do sacrifício como procedimento central da religião grega e sobre o lugar que a caça ocupava, tanto na vida das cidades como no pensamento mítico. Assim sendo, o ponto que aqui está em questão não é a oposição entre a caça e o sacrifício em si, mas a maneira como essa oposição informa uma obra especificamente literária. Da mesma forma, tentamos confrontar obras trágicas com práticas religiosas ou instituições sociais contemporâneas. Assim, pareceu-nos que o *Édipo Rei* pode ser esclarecido por uma dupla comparação: em primeiro lugar, com um procedimento ritual, o *pharmakós*, em seguida, com uma instituição política cujo tempo de vigência é bem delimitado, pois não aparece em Atenas antes da reforma de Clístenes (508) e desaparece pouco antes da própria tragédia clássica. o ostracismo[3]. Do mesmo modo ainda, no *Filoctetes* tentamos esclarecer um aspecto mal compreendido, apelando para o procedimento pelo qual um jovem ateniense se tornava cidadão pleno: a efebia. Será necessário precisar ainda uma vez o nosso propósito? Com essas análises não tentamos desvendar um mistério. Sófocles pensou ou não no ostracismo ou na efebia ao escrever essas peças? Não o sabemos, não o saberemos jamais; nem mesmo estamos certos de que essa pergunta tenha sentido. O que queríamos mostrar é que, na comunicação que se estabelecia entre o poeta e seu público, o ostracismo ou a efebia constituía um quadro de referência comum, o pano de fundo que tornava inteligíveis as próprias estruturas da peça.

Enfim, além desses confrontos, há a especificidade da obra trágica. Édipo não é nem uma vítima expiatória, nem um ostracizado; é a personagem de uma tragédia, colocada pelo poeta na encruzilhada de uma decisão, frente a uma escolha sempre presente, sempre recomeçada. Como essa escolha do herói se articula ao longo da peça, em que condições os discursos respondem aos discursos, como a personagem trágica se integra na ação trágica? Ou, com outras palavras: como o tempo de cada personagem se insere na marcha da mecânica montada pelos deuses? Tais são algumas das questões que nos colocamos. O leitor compreenderá sem dificuldade que há muitas outras e que as respostas dadas não passam de sugestões. Este livro não é senão um começo. Esperamos prossegui-lo, mas temos certeza de que, se pesquisas como esta têm um futuro diante de si, outros as tomarão sob sua responsabilidade[4].

J.-P. V. e P. V.-No

---

3   O primeiro ostracismo efetivo data de 487, o último de 417 ou 416.

4   Muitos dos estudos reproduzidos neste volume em relação à sua primeira publicação foram modificados corrigidos e a alguns deles foram acrescentados novos desenvolvimentos. Agradecemos a Mme. J. Detienne cujo auxílio nos foi preciso para a revisão do texto e sua apresentação correta. Agradecemos também aos amigos que se dispuseram a comunicar-nos suas observações, especialmente a M. Detienne, Ph. Gauthier e V. Goldschmidt. Da mesma forma agradecemos a M. Maschino que preparou o manuscrito para a impressão.

1. O Momento Histórico da Tragédia na Grécia: Algumas Condições Sociais e Psicológicas*

No decurso dos últimos cinquenta anos, os helenistas se interrogaram sobretudo sobre as origens da tragédia**. Mesmo que, quanto a esse ponto, tivessem oferecido uma resposta decisiva, nem por isso o problema da tragédia estaria resolvido. Faltaria compreender o essencial: as inovações que a tragédia ática trouxe e que, no plano da arte, das instituições sociais, da psicologia, fazem dela uma invenção. Gênero literário original, possuidor de regras e características próprias, a tragédia instaura, no sistema das festas públicas da cidade, um novo tipo de espetáculo; além disso, como forma de expressão específica, traduz aspectos da experiência humana até então desapercebidos; marca uma etapa na formação do homem interior, do homem como sujeito responsável. Gênero trágico, representação trágica, homem trágico: sob esses três aspectos, o fenômeno aparece com caracteres irredutíveis.

O problema das origens é, pois, em certo sentido, um falso problema. Seria mais válido falar de antecedentes. Dever-se-ia ainda notar que eles se situam em um plano que é bem diferente do plano do fato a explicar. Eles não estão à sua altura; não explicam o trágico como tal. Um exemplo: a máscara sublinharia o parentesco da tragédia com as mascaradas rituais. Mas, por sua natureza, por sua função, a máscara trágica é coisa bem diferente de um transvestimento religioso. E uma máscara humana, não um disfarce animal. Seu papel é estético, não mais ritual. A máscara, entre outras coisas, pode servir para sublinhar

---

* Tradução de Anna Lia A. de Almeida Prado.

** Este texto foi publicado em *Antiquitas graeco-romana ac tempora nostra*, Praga, 1968, pp. 246-250.

a distância, a diferenciação entre os dois elementos que ocupam a cena trágica, elementos opostos mas, ao mesmo tempo, estreitamente solidários. De um lado, o coro: a princípio, ao que parece, não mascarado, mas apenas disfarçado, personagem coletiva, encarnada por um colégio de cidadãos; de outro lado, a personagem trágica, vivida por um ator profissional, individualizada por sua máscara em relação ao grupo anônimo do coro. Essa individualização, de forma alguma, faz do portador da máscara um sujeito psicológico, uma "pessoa" individual. Ao contrário, a máscara integra a personagem trágica numa categoria social e religiosa bem definida: a dos heróis. A máscara faz da personagem a encarnação de um desses seres excepcionais cuja lenda, fixada na tradição heroica cantada pelos poetas, constitui para os gregos do século V uma das dimensões do seu passado – passado longínquo e acabado, que contrasta com a ordem da cidade, mas que, apesar disso, continua vivo na religião cívica onde o culto dos heróis, ignorado por Homero e Hesíodo, ocupa um lugar privilegiado. Polaridade, portanto, entre dois elementos na técnica trágica: o coro, ser coletivo e anônimo cujo papel consiste em exprimir em seus temores, em suas esperanças e julgamentos, os sentimentos dos espectadores que compõem a comunidade cívica; personagem individualizada cuja ação forma o centro do drama e tem a figura de um herói de uma outra época, a quem sempre é mais ou menos estranha a condição normal do cidadão.

A essa duplicação do coro e do herói trágicos corresponde, na própria linguagem da tragédia, uma dualidade: de um lado, o lirismo coral; de outro, entre os protagonistas do drama, uma forma dialogada cuja métrica é mais próxima da prosa. As personagens heroicas, que a linguagem do homem comum torna mais próximas, não são apenas trazidas à cena diante dos olhos de todos os espectadores, mas também tornam-se objeto de um debate através das discussões que as opõem aos coristas ou umas às outras; elas, de certo modo, são postas em questão diante do público. De seu lado, o coro, nas partes cantadas, não tanto exalta as virtudes exemplares do herói, como na tradição lírica de Simônides ou de Píndaro, quanto se inquieta e se interroga a respeito de si mesmo. No novo quadro do jogo trágico, portanto, o herói deixou de ser um modelo; tornou-se, para si mesmo e para os outros, um problema.

Parece-nos que essas observações preliminares permitem discernir melhor os termos em que se coloca o problema da tragédia. A tragédia grega aparece como um momento histórico delimitado e datado com muita precisão. Vêmo-la nascer em Atenas, aí florescer e degenerar quase no espaço de um século. Por quê? Não basta notar que o trágico traduz uma consciência dilacerada, o sentimento das contradições que dividem o homem contra si mesmo; é preciso

O MOMENTO HISTÓRICO DA TRAGÉDIA NA GRÉCIA

procurar descobrir em que plano se situam, na Grécia, as oposições trágicas, qual é seu conteúdo, em que condições vieram à luz. Esse foi o trabalho empreendido por Louis Gernet através de uma análise do vocabulário e das estruturas de cada obra trágica[1]. Ele pôde mostrar assim que a verdadeira matéria da tragédia é o pensamento social próprio da cidade, especialmente o pensamento jurídico em pleno trabalho de elaboração. A presença de um vocabulário técnico de direito na obra dos trágicos sublinha as afinidades entre os temas prediletos da tragédia e certos casos sujeitos à competência dos tribunais, tribunais esses cuja instituição é bastante recente para que seja ainda profundamente sentida a novidade dos valores que comandaram sua fundação e regulam seu funcionamento. Os poetas trágicos utilizam esse vocabulário do direito jogando deliberadamente com suas incertezas, com suas flutuações, com sua falta de acabamento: imprecisão de termos, mudanças de sentido, incoerências e oposições que revelam discordâncias no seio do próprio pensamento jurídico, traduzem igualmente seus conflitos com uma tradição religiosa, com uma reflexão moral de que o direito já se distinguira, mas cujos domínios não estão claramente delimitados em relação ao dele.

É que o direito não é uma construção lógica; constituiu-se historicamente a partir de procedimentos "pré-jurídicos" de que se libertou e aos quais se opõe, embora em parte permaneça solidário com eles. Os gregos não têm a ideia de um direito absoluto, fundado sobre princípios, organizado num sistema coerente. Para eles há como que graus de direito. Num polo, o direito se apoia na autoridade de fato, na coerção; no outro, põe em jogo potências sagradas: a ordem do mundo, a justiça de Zeus. Também coloca problemas morais que dizem respeito à responsabilidade do homem. Desse ponto de vista, a própria *Díkē* pode parecer opaca e incompreensível: comporta, para os humanos, um elemento irracional de força bruta. Nas *Suplicantes* também se vê a noção de *krátos* oscilar entre duas acepções contrárias: ora designa a autoridade legítima, um domínio fundado juridicamente, ora a força bruta no seu aspecto de violência mais oposto ao direito e à justiça. Da mesma forma, na *Antígona*, a palavra *nómos* pode ser invocada pelos diferentes protagonistas com valores exatamente inversos. O que a tragédia mostra é uma *díkē* em luta contra uma outra *díkē*, um direito que não está fixado, que se desloca e se transforma em seu contrário. A tragédia, bem entendido, é algo muito diferente de um debate jurídico. Toma como objeto o homem que em si próprio, vive esse debate, que é coagido a fazer uma escolha definitiva, a orientar sua ação num universo de valores ambíguos onde jamais algo é estável e unívoco.

---

1 Em cursos dados na École Pratique des Hautes Études, ainda não publicados.

Esse é, na matéria-prima da tragédia, o primeiro aspecto de conflito. Há um segundo aspecto estreitamente associado ao precedente. Vimos que a tragédia, enquanto permanece viva, busca seus temas nas lendas de heróis. Esse enraizamento na tradição das narrativas míticas explica que, sob muitos aspectos, se encontre mais arcaísmo nos grandes Trágicos que em Homero. A tragédia, entretanto, assume um distanciamento em relação aos mitos de heróis em que se inspira e que transpõe com muita liberdade. Questiona-os. Confronta os valores heroicos, as representações religiosas antigas com os novos modos de pensamento que marcam o advento do direito no quadro da cidade. As lendas dos heróis, com efeito, ligam-se a linhagens reais, a *géné* nobres que, no plano de valores, de práticas sociais, de formas de religiosidade, de comportamentos humanos, representam para a cidade justamente aquilo que ela teve que condenar e rejeitar, contra o que teve que lutar para estabelecer-se mas também aquilo a partir do que se constituiu e com que permanece profundamente solidária.

O momento da tragédia é, pois, aquele em que se abre, no coração da experiência social, uma distância bastante grande para que, entre o pensamento jurídico e social de um lado e as tradições míticas e heroicas de outro, as oposições se delineiem claramente; bastante curta, entretanto, para que os conflitos de valor sejam ainda dolorosamente sentidos e para que o confronto não deixe de efetuar-se. A situação é a mesma no que se refere aos problemas da responsabilidade humana tais como eles se colocam através dos progressos tateantes do direito. Há uma consciência trágica da responsabilidade quando os planos humano e divino são bastante distintos para se oporem sem que, entretanto, deixem de parecer inseparáveis. O sentido trágico da responsabilidade surge quando a ação humana constitui o objeto de uma reflexão, de um debate, mas ainda não adquiriu um estatuto tão autônomo que baste plenamente a si mesma. O domínio próprio da tragédia situa-se nessa zona fronteiriça onde os atos humanos vêm articular-se com as potências divinas, onde revelam seu verdadeiro sentido, ignorado até por aqueles que os praticaram e por eles são responsáveis, inserindo-se numa ordem que ultrapassa o homem e a ele escapa.

Compreende-se melhor, então, que a tragédia seja um momento, e que se possa fixar sua florescência entre duas datas que definem duas atitudes em relação ao espetáculo trágico. No ponto de partida, a cólera de um Sólon abandonando indignado uma das primeiras representações teatrais, antes mesmo da instituição de concursos trágicos; quando Téspis se defendia dizendo que se tratava apenas de uma peça, o velho nomóteta, segundo Plutarco, inquieto com a crescente ambição de Pisístrato, replicou que não se levaria muito tempo para ver as consequências de tais ficções nas relações entre os cidadãos. Para o

O MOMENTO HISTÓRICO DA TRAGÉDIA NA GRÉCIA

homem de Estado, sábio e moralista, que se tinha atribuído a tarefa de fundamentar a ordem da cidade na moderação e no contrato, que teve que quebrar o orgulho dos nobres e procura livrar sua pátria da *hýbris* do tirano, o passado "heroico" parece muito próximo e muito vivo para que se possa, sem risco, expô-lo em cena como espetáculo. No ponto final da evolução, colocar-se-ia a indicação de Aristóteles relativa a Agatão, jovem contemporâneo de Eurípides que escrevia tragédias cuja intriga era inteiramente criação sua. O liame com a tradição, a partir desse momento, é tão frouxo que não mais se sente a necessidade de um debate com o passado "heroico". O homem de teatro pode muito bem continuar a escrever peças, inventar-lhes a trama segundo um modelo que ele acredita estar conforme às obras de seus grandes antecessores. Nele, em seu público, em toda a cultura grega, rompera-se a mola trágica.

2. Tensões e Ambiguidades na Tragédia Grega*

Que contribuição a sociologia e a psicologia podem trazer à interpretação da tragédia grega?** Não poderiam, bem entendido, substituir os métodos tradicionais de análises filológicas e históricas. Devem apoiar-se, ao contrário, no trabalho de erudição empreendido desde muito pelos especialistas. Dão, porém, uma nova dimensão aos estudos gregos. Ao procurar situar com exatidão o fenômeno trágico na vida social da Grécia e ao marcar seu lugar na história psicológica do homem do Ocidente, focalizam problemas que os helenistas só encontraram incidentalmente e só abordaram de modo superficial.

Gostaríamos de evocar alguns desses problemas. A tragédia surge na Grécia no fim do século VI. Antes mesmo que se passassem cem anos, o veio trágico se tinha esgotado e, quando no século IV, na *Poética*, procura estabelecer-lhe a teoria, Aristóteles não mais compreende o que é o homem trágico que, por assim dizer, se tornara estranho para ele. Sucedendo à epopeia e à poesia lírica, apagando-se no momento em que a filosofia triunfa[1], a tragédia, enquanto gênero

---

*   Tradução de Anna Lia A. de Almeida Prado.

**   A primeira versão deste texto foi publicada em inglês: "Tensions and Ambiguities in Greek Tragedy", *Interpretation: Theory and Practice*, Baltimore, 1969, pp. 105-121.

1.   Sobre o caráter fundamentalmente antitrágico da filosofia platônica, cf. Victor Goldschmidt, "Le Problème de la tragédie d'après Platon", *Questions platoniciennes*, Paris, 1970, pp. 103-140. Como escreve o autor (p. 136): "A 'imoralidade' dos poetas não basta para explicar a hostilidade profunda de Platão para com a tragédia. Pelo simples fato de que a tragédia representa 'uma ação e a vida', ela é contrária à verdade". Contrária à verdade *filosófica*, bem entendido. E talvez também a essa lógica filosófica em que, dentre duas proposições contraditórias, se uma é verdadeira, a outra necessariamente é falsa. Sob esse ponto de vista, o homem trágico aparece como

literário, aparece como a expressão de um tipo particular de experiência humana, ligada a condições sociais e psicológicas definidas. Esse aspecto de momento histórico, localizado com precisão no espaço e no tempo, impõe certas regras de método na interpretação das obras trágicas. Cada peça constitui uma mensagem encerrada num texto, inscrita nas estruturas de um discurso que, em todos os níveis, deve constituir o objeto de análises filológicas, estilísticas e literárias adequadas. Mas esse texto não pode ser compreendido plenamente sem que se leve em conta um contexto. É em função deste contexto que se estabelece a comunicação entre o autor e seu público do século V e que a obra pode reencontrar, para o leitor de hoje, sua plena autenticidade e todo seu peso de significações.

Mas o que entendemos por contexto? Em que plano da realidade o situaremos? Como veremos suas relações com o texto? Trata-se, em nossa opinião, de um contexto mental, de um universo humano de significações que é, consequentemente, homólogo ao próprio texto ao qual o referimos: conjunto de instrumentos verbais e intelectuais, categorias de pensamentos, tipos de raciocínios, sistemas de representações, de crenças, de valores, formas de sensibilidade, modalidade de ação e do agente. A esse propósito, poder-se-ia falar de um mundo espiritual próprio dos gregos do século V, se a fórmula não comportasse um grave risco de erro. Ela, com efeito, faz supor que existiria em algum lugar um domínio espiritual já constituído e que a tragédia apenas teria que apresentar, à sua maneira, um reflexo dele. Ora, não há universo espiritual existente em si, fora das diversas práticas que o homem desenvolve e renova continuamente no campo da vida social e da criação cultural. Cada tipo de instituição, cada categoria de obra possui seu próprio universo espiritual que é preciso elaborar para que se constitua em disciplina autônoma, em atividade especializada, correspondente a um domínio particular da experiência humana.

Assim, o universo espiritual da religião está plenamente presente nos ritos, nos mitos, nas representações figuradas do divino; quando se edifica o direito no mundo grego, ele toma sucessivamente o aspecto de instituições sociais, de comportamentos humanos e de categorias mentais que definem o espírito jurídico, por oposição a outras formas de pensamento, em particular às religiosas. Assim, também com

---

solidário com uma outra lógica que não estabelece um corte tão nítido entre o verdadeiro e o falso: lógica dos retores, lógica sofística que, na própria época em que floresce a tragédia, ainda concede um lugar à ambiguidade, pois, sobre as questões que examina, não procura demonstrar a validade absoluta de uma tese, mas construir *dissoi logoi*, discursos duplos que, em sua oposição, lutam entre si sem se destruir mutuamente, cada uma das argumentações contrárias podendo vencer a outra graças ao sofista e à força de seu verbo. Cf. Marcel Detienne, *Les Maîtres de vérité dans la Grèce archaïque*, Paris, François Maspero, 1967, pp. 119-124.

a cidade, desenvolve-se um sistema de instituições e de comportamentos, um pensamento propriamente político. Ainda aí é nítido o contraste com as antigas formas míticas de poder e de ação social que a *pólis* substituiu juntamente com as práticas e a mentalidade que lhes eram solidárias. Não é diferente o que se dá com a tragédia. Ela não poderia refletir uma realidade que, de alguma forma, lhe fosse estranha. É ela própria quem elabora seu mundo espiritual. Só há visão e objetos plásticos na pintura e pela pintura. A própria consciência trágica nasce e desenvolve-se com a tragédia. É exprimindo-se na forma de um gênero literário original que se constituem o pensamento, o mundo, o homem trágicos.

Então, utilizando uma comparação espacial, poderíamos dizer que o contexto, no sentido em que o entendemos, não se situa ao lado das obras, à margem da tragédia; está não tanto justaposto ao texto quanto subjacente a ele. Mais que um contexto, constitui um subtexto que uma leitura erudita deve decifrar na própria espessura da obra por um duplo movimento, uma caminhada alternada de idas e vindas. É preciso, em primeiro lugar, situar a obra, alargando o campo da pesquisa ao conjunto das condições sociais e espirituais que provocaram a aparição da consciência trágica. Mas é preciso, em seguida, concentrá-lo exclusivamente na tragédia, nisto que constitui sua vocação própria: suas formas, seu objeto, seus problemas específicos. Com efeito, nenhuma referência a outros domínios da vida social – religião, direito, política, ética – poderia ser pertinente, se também não se mostrar como, assimilando um elemento emprestado para integrá-lo à sua perspectiva, a tragédia o submeteu a uma verdadeira transmutação. Tomemos um exemplo: a presença quase obsessiva de um vocabulário técnico do direito na língua dos Trágicos, sua predileção pelos temas de crime de sangue sujeitos à competência de tal ou tal tribunal, a própria forma de julgamento que é dada a certas peças exigem que o historiador da literatura, se quer apreender os valores exatos dos termos e todas implicações do drama, saia de sua especialidade e se torne historiador do direito grego. Mas, no pensamento jurídico ele não encontrará luz capaz de iluminar diretamente o texto trágico como se este fosse apenas um decalque daquele. Para o intérprete, trata-se apenas de algo prévio que finalmente deve levá-lo de volta à tragédia e ao seu mundo a fim de explorar-lhe certas dimensões que, sem esse desvio pelo terreno do direito, ficariam dissimuladas na espessura do texto. Nenhuma tragédia, com efeito, é um debate jurídico, nem o direito comporta em si mesmo algo de trágico. As palavras, as noções, os esquemas de pensamento são utilizados pelos poetas de forma bem diferente da utilizada no tribunal ou pelos oradores. Fora de seu contexto técnico, de certa forma eles mudam de função e, na obra dos Trágicos, misturados e opostos a outros, vieram a ser elementos de uma confrontação geral de valores, de um questionamento de todas as normas, em vista de uma pesquisa que nada mais tem a ver com o direito e tem sua base no próprio homem: que ser é esse que a tragédia qualifica de *deinós*, monstro incompreensível e desnorteante, agente e paciente ao mesmo tempo, culpado e inocente, lúcido e cego, senhor de toda a natureza através de seu espírito industrioso, mas incapaz de governar-se a si mesmo? Quais são as relações desse homem com os atos sobre os quais o vemos deliberar em cena, cuja iniciativa e responsabilidade ele assume, mas cujo sentido verdadeiro o ultrapassa e a ele escapa, de tal sorte que não é tanto o agente que explica o ato, quanto o ato que, revelando imediatamente sua significação autêntica, volta-se contra o agente, descobre quem ele é e o que ele realmente fez sem o saber? Qual é, enfim, o lugar desse homem num universo social, natural, divino, ambíguo, dilacerado por contradições, onde nenhuma regra aparece como definitivamente estabelecida, onde um deus luta contra um deus, um direito contra um direito, onde a justiça, no próprio decorrer da ação se desloca, gira sobre si mesma e se transforma em seu contrário?

A tragédia não é apenas uma forma de arte, é uma instituição social que, pela fundação dos concursos trágicos, a cidade coloca ao lado de seus órgãos políticos e judiciários. Instaurando sob a autoridade do arconte epônimo, no mesmo espaço urbano e segundo as mesmas normas institucionais que regem as assembleias ou os tribunais populares, um espetáculo aberto a todos os cidadãos, dirigido, desempenhado, julgado por representantes qualificados das diversas tribos, a cidade se faz teatro[2]; ela se toma, de certo modo, como objeto de representação e se desempenha a si própria diante do público. Mas, se a tragédia parece assim, mais que outro gênero qualquer, enraizada na realidade social, isso não significa que seja um reflexo dela. Não reflete essa realidade, questiona-a. Apresentando-a dilacerada, dividida contra ela própria, torna-a inteira problemática. O drama traz à cena uma antiga lenda de herói. Esse mundo lendário, para a cidade, constitui o seu passado – um passado bastante longínquo para que, entre as tradições míticas que encarna e as novas formas de pensamento jurídico e político, os contrastes se delineiem claramente, mas bastante próximo para que os conflitos de valor sejam ainda dolorosamente sentidos e a confrontação não cesse de fazer-se. A tragédia nasce, observa com razão Walter Nestle, quando se começa a olhar o mito com olhos de cidadão. Mas não é apenas o universo do mito que, sob esse olhar, perde sua consistência e se dissolve. No mesmo instante o mundo

---

2 Só os homens podem ser representantes qualificados da cidade, as mulheres são estranhas à vida política. E por isso que os coristas (para não falar dos atores) são sempre e exclusivamente homens. Mesmo quando o coro representa um grupo de moças ou de mulheres, o que acontece numa série de peças, são homens que, disfarçados e mascarados segundo as circunstâncias, assumem a função de coristas.

TENSÕES E AMBIGUIDADES NA TRAGÉDIA GREGA 11

da cidade é submetido a questionamento e, através do debate, é contestado em seus valores fundamentais. Mesmo no mais otimista dos Trágicos, em Ésquilo, a exaltação do ideal cívico, a afirmação de sua vitória sobre todas as forças do passado tem menos o caráter de uma verificação, de uma segurança tranquila que de uma esperança e de um apelo onde a angústia jamais deixa de estar presente, mesmo na alegria das apoteoses finais[3]. Uma vez apresentadas as questões, para

3   No fim da *Oréstia* de Ésquilo, a fundação do tribunal humano, a integração das Erínias na nova ordem da cidade não fazem desaparecer integralmente as contradições entre os deuses antigos e os deuses novos, o passado heroico dos *génē* nobres e o presente da Atenas democrática do século V. Realiza-se realmente um equilíbrio que, porém, repousa sobre tensões. Em segundo plano subsiste o conflito entre forças contrárias. Nesse sentido, a ambiguidade trágica não é eliminada; a ambivalência persiste. Para mostrá-la basta lembrar que os juízes humanos, em sua maioria, se pronunciaram contra Orestes já que só o voto de Atena tornou iguais os sufrágios (cf. verso 735 e o escólio ao verso 746. Que é preciso tomar o *psêphos* de 735 no sentido próprio de: tento de voto, sufrágio depositado na urna, confirma-o a relação entre a fórmula do verso 751: "Um voto a mais põe de pé uma casa" e a observação de Orestes, após a publicação do escrutínio em 754: "Ó Palas, que vens salvar minha casa..." No mesmo sentido: Eurípides, *Ifigênia em Taúride*, 1469). Essa igualdade de sufrágios pró e contra evita a condenação do matricida, vingador de seu pai, ela, por uma convenção de procedimento, absolve-o legalmente de crime de morte, mas não o inocenta, nem justifica (cf. 741 e 752; sobre a significação dessa regra de procedimento, Aristóteles, *Problemata*, 29, 13). Ela implica uma espécie de equilíbrio mantido entre a antiga *díkē* das Erínias (cf. 476, 511, 514, 539, 550, 554, 564) e a contrária, a dos deuses novos como Apolo (615-619). Atena tem, pois, razão para dizer às filhas da Noite: "Não fostes vencidas; só saiu da urna um pronunciamento indeciso (ἰσόψηφος δίκη, 794-5)". Relembrando, no início da peça, qual era o seu quinhão no mundo dos deuses, as Erínias observavam que, por morar sob a terra, numa escuridão fechada ao sol, elas não deixavam de ter sua *timḗ*, sua parte de honra (οὐδ' ἀτιμίας κύρω, 394). São essas mesmas honras que Atenas lhes reconhece, após o veredicto do tribunal: "οὐκ ἔστ' ἄτιμοι (824), vós não estais humilhadas", essas mesmas honras que ela não cessará de proclamar até o fim da tragédia (796, 807, 833, 868, 884, 891, 894, 917, 1029). De fato, notar-se-á que, estabelecendo o Areópago, isto é, fundando o direito regido pela cidade, Atena afirma a necessidade de abrir, na coletividade humana, espaço às forças sinistras que as Erínias encarnam. A *philía*, amizade mútua, a *peithó*, a persuasão racional, não basta para unir os cidadãos numa comunidade harmoniosa. A cidade supõe a intervenção de potências de outra natureza que agem, não pela doçura e razão, mas pela coerção e terror. "Há casos, proclamavam as Erínias, em que o Terror (τὸ δεινόν) é útil e, guarda vigilante dos corações, deve ter aí sua sede permanente (516 e ss.)." Quando institui, no Areópago, o conselho dos juízes, Atena retoma, palavra por palavra, esse mesmo tema: "Sobre este monte, doravante, o Respeito e o Temor (*Phóbos*), seu irmão, manterão os cidadãos afastados do crime... Que todo o Terror não seja lançado fora da cidade, pois, se nada tem a temer, que mortal faz o que deve?" (690-9). Nem anarquia, nem despotismo, exigiam as Erínias (525): nem anarquia, nem despotismo retoma em eco Atena, no momento de instalar o tribunal. Fixando essa regra como um imperativo a que a cidade deve obedecer, a deusa sublinha que o bem se situa entre dois extremos e a cidade repousa sobre o acordo difícil entre poderes contrários que devem

a consciência trágica não mais existe resposta que possa satisfazê-la plenamente e ponha fim à sua interrogação.

Esse debate com um passado ainda vivo cava no interior de cada obra trágica uma primeira distância que o intérprete deve levar em conta. Ela se exprime, na própria forma do drama, pela tensão entre os dois elementos que ocupam a cena trágica: de um lado, o coro, personagem coletiva e anônima encarnada por um colégio oficial de cidadãos cujo papel é exprimir em seus temores, em suas esperanças, em suas interrogações e julgamentos, os sentimentos dos espectadores que compõem a comunidade cívica; de outro lado, vivida por um ator profissional, a personagem individualizada cuja ação constitui o centro do drama e que tem a figura de um herói de uma outra época, sempre mais ou menos estranho à condição comum do cidadão[4]. A esse desdobramento do coro e do herói trágico corresponde, na língua da tragédia, uma dualidade. Mas aqui já se fixa o aspecto de ambiguidade que nos parece caracterizar o genero trágico. É a língua do coro que, em suas partes cantadas, prolonga a tradição lírica de uma poesia que celebra as virtudes exemplares do herói dos tempos antigos. Na fala dos protagonistas do drama, a métrica das partes dialogadas está, ao contrário, próxima da prosa. No próprio momento em que, pelo jogo cênico e pela máscara, a personagem trágica toma as dimensões de um desses seres excepcionais que a cidade cultua, a língua a

---

equilibrar-se sem destruir-se. Face ao deus da palavra, Zeus *agoraîos* (974), face à doce *Peithó* que guiou a língua de Atena, delineia-se a augusta Erínia espalhando o respeito, o temor, o terror. E essa potência do terror, que emana das Erínias e que, no plano das instituições humanas, o Areópago representa, será benéfica aos cidadãos a quem manterá afastados do crime de uns contra os outros. Atena, pois, pode dizer (989-90), falando do aspecto monstruoso das deusas que acabam de aceitar a residência em terra ática: "Destes semblantes terríveis eu vejo sair uma grande vantagem para a cidade". No fim da tragédia, é a própria Atena quem celebra o poder das antigas deusas entre os Imortais e entre os deuses ínferos (950-1) e quem lembra aos guardiões da cidade que essas divindades intratáveis têm o poder de "regular tudo entre os homens" (930), de dar-lhes "a uns as canções, a outros as lágrimas" (954-5). Aliás, é necessário lembrar que, associando assim tão estreitamente as Erínias-Eumênides à fundação do Areópago, colocando esse conselho, cujo caráter noturno e secreto (cf. 692, 705-6) foi sublinhado por duas vezes, sob o signo, não das potências religiosas que reinam na *agorá*, como a Peithó, a palavra persuasiva, mas daquelas que inspiram *Sébas* e *Phóbos*, Respeito e Temor, Ésquilo em nada é um inovador. Conforma-se com uma tradição mítica e cultural que todos atenienses conhecem; cf. Pausanias, I, 28, 5-6 (santuário das Augustas Erínias Σέμναι Ἐρινύες no Areópago), passagem que deve ser associada às indicações de Diógenes Laércio referentes à purificação de Atenas por Epimênides: é do Areópago que o purificador faz partir as ovelhas negras e brancas cujo sacrifício deve apagar as poluções da cidade; é às Eumênides que ele consagra um santuário.

4   Cf. Aristóteles, *Problemata*, 19, p. 48: "Na cena, os atores imitam o herói porque, entre os antigos, não havia heróis que não fossem chefes e reis; o povo era o comum dos homens que compõem o coro".

aproxima dos homens[5]. Essa aproximação a torna, em sua aventura lendária, como que contemporânea do público. Consequentemente, no íntimo de cada protagonista, encontra-se a tensão que notamos entre o passado e o presente, o universo do mito e o da cidade. A mesma personagem trágica aparece ora projetada num longínquo passado mítico, herói de uma outra época, carregado de um poder religioso terrível, encarnando todo o descomedimento dos antigos reis da lenda – ora falando, pensando, vivendo na própria época da cidade, como um "burguês" de Atenas no meio de seus concidadãos.

Também é colocar mal o problema indagar, com certos intérpretes modernos, sobre a maior ou menor unidade de caráter das personagens trágicas. Segundo Wilamowitz, a personagem de Etéocles em *Os Sete contra Tebas* não parece desenhada por uma mão muito firme: seu comportamento no fim da peça não é nem um pouco compatível com o retrato esboçado antes. Para Mazon, ao contrário, o mesmo Etéocles conta entre as mais belas figuras do teatro grego e encarna, com perfeita coerência, o tipo de herói maldito.

O debate só teria sentido sob a perspectiva de um drama moderno construído sobre a unidade psicológica dos protagonistas. Mas a tragédia de Ésquilo não está centrada, numa personagem singular, na complexidade de sua vida interior. A verdadeira personagem de *Os Sete* é a cidade, isto é, seus valores, os modos de pensamento, as atitudes que ela exige e que Etéocles representa à testa da cidade de Tebas enquanto o nome de seu irmão não é pronunciado diante dele. De fato, basta que ele ouça falar de Polinice para que imediatamente, lançado fora do mundo da *pólis*, ele seja entregue a um outro universo: torna-se o Labdácida da lenda, o homem dos *génē* nobres, das grandes famílias reais do passado sobre as quais pesam as poluições e maldições ancestrais. Ele que encarnava, diante da religiosidade emotiva das mulheres de Tebas, diante da impiedade guerreira dos homens de Argos, as virtudes de moderação, de reflexão, de autodomínio que fazem o homem político, precipita-se bruscamente em direção à catástrofe, entregando-se ao ódio fraterno de que está inteiramente "possuído". A loucura assassina que, daí por diante, vai definir seu *êthos* não é somente um sentimento humano, é uma força demônica que ultrapassa Etéocles em todos os sentidos. Ela o envolve na nuvem escura da *átē*, ela o penetra, como um deus que se apossa do íntimo daquele cuja perda decidiu, sob a forma de uma *manía*, de uma *lýssa*, de um delírio que engendra os atos criminosos da *hýbris*. Presente nele, a loucura de Etéocles não

---

5 Aristóteles, *Poética*, 1449, pp. 24-28: "De todos os metros, o trímetro jâmbico é o que está mais no tom da conversação, um indício disso é que, no diálogo, fazemos um grande número de trímetros jâmbicos, mas raramente hexâmetros, e só quando nos afastamos do tom da conversação".

14 MITO E TRAGÉDIA NA GRÉCIA ANTIGA

deixa também de parecer uma realidade estranha a ele e exterior: identifica-se com a força nefasta de uma poluição que, nascida de faltas antigas, é transmitida de geração em geração, ao longo da linhagem dos Labdácidas.

A fúria destruidora que se apossa do chefe de Tebas não é senão o *míasma* jamais purificado, a Erínia da raça, agora instalado nele por efeito da *ará*, a imprecação proferida por Édipo contra seus filhos. *Manía, lýssa, átē, ará, míasma, Erinýs* – todos esses nomes recobrem afinal uma única realidade mítica, um *númen* sinistro que se manifesta sob múltiplas formas, em momentos diferentes, na alma do homem e fora dele; é uma força de desgraça que engloba, ao lado do criminoso, o próprio crime, seus antecedentes mais longínquos, as motivações psicológicas da falta, suas consequências, a poluição que ela traz, o castigo que ele prepara para o culpado e para toda sua descendência. Em grego, um termo designa esse tipo de potência divina, pouco individualizada, que, sob uma variedade de formas, age de uma maneira que, no mais das vezes, é nefasta ao coração da vida humana: o *daímōn*. Eurípides é fiel ao espírito de Ésquilo quando, para qualificar o estado psicológico dos filhos de Édipo, destinados ao fratricídio pela maldição de seu pai, emprega o verbo *daimonân*: eles são, no sentido próprio, possuídos por um *daímōn*, um gênio mau[6].

Vê-se em que medida e sob que ângulo se tem o direito de falar de uma transformação do caráter de Etéocles. Não se trata de unidade ou de descontinuidade de pessoa, no sentido em que entendemos hoje. Como nota Aristóteles, o jogo trágico não se desenrola conforme as exigências de um caráter; ao contrário, é o caráter que deve dobrar-se às exigências da ação, isto é, do *mŷthos*, da fábula, da qual propriamente a tragédia é a imitação[7]. No início da peça o *êthos* de Etéocles corresponde a um modelo psicológico, o do *homo politicus*, tal como o concebem os gregos do século V. O que chamamos mudança no caráter de Etéocles, com maior correção, deveria ser chamado passagem para um outro modelo psicológico e transição, na tragédia, de uma psicologia política para uma psicologia mítica implícita na lenda dos Labdácidas pelo episódio do assassínio recíproco dos dois irmãos. Poder-se-ia mesmo acrescentar que é a referência sucessiva a esses dois modelos, a confrontação, no íntimo da mesma personagem , de dois tipos opostos de comportamento, de duas formas de psicologia que implicam categorias diferentes de ação e de agente, que constituem essencialmente, em *Os Sete contra Tebas*, o efeito trágico. Enquanto a tragédia permanecer viva, essa dualidade, ou antes, essa

6   Eurípides, *Fenícias*, 888.
7   Aristóteles, *Poética*, 1449 *b* 24, 31, 36; 1450 *a* 15-23; 1450 *a* 23-25 e 38-39; 1450 *b* 2-3.

TENSÕES E AMBIGUIDADES NA TRAGÉDIA GREGA   15

tensão na psicologia das personagens não enfraquecerá. Os sentimentos, as falas, os atos do herói trágico dependem de seu caráter, de seu *êthos* que os poetas analisam tão finamente e interpretam de maneira tão positiva quanto poderão fazê-lo, por exemplo, os oradores ou um historiador como Tucídides[8]. Mas esses sentimentos, falas e ações aparecem, ao mesmo tempo, como expressão de uma potência religiosa, de um *daímōn* que age através deles. A grande arte trágica consistirá mesmo em tornar simultâneo o que, no *Etéocles* de Ésquilo, é ainda sucessivo. A todo momento, a vida do herói se desenrola como que sobre dois planos, cada um dos quais, tomado em si mesmo, seria suficiente para explicar as peripécias do drama, mas que a tragédia precisamente visa a apresentar como inseparáveis um do outro: cada ação aparece na linha e na lógica de um caráter, de um *êthos*, no próprio momento em que ela se revela como a manifestação de uma potência do além, de um *daímōn*.

Êthos-daímōn, é nessa distância que o homem trágico se constitui. Suprimido um desses dois termos, ele desaparece. Parafraseando uma observação pertinente de R. P. Winnington-Ingram[9], poder-se-ia dizer que a tragédia repousa sobre uma leitura dupla da famosa fórmula de Heráclito (ἦθος ἀνθρώπῳ δαίμων). Desde que deixa de ser possível lê-la tanto num sentido quanto no outro (como a simetria sintática permite) a fórmula perde seu caráter enigmático, sua ambiguidade e não há mais consciência trágica porque, para que haja tragédia, o texto deve significar ao mesmo tempo: no homem, o que se chama *daímōn* é o seu caráter – e inversamente: no homem, o que se chama caráter é realmente um demônio.

Para nossa mentalidade de hoje (e já, em grande parte, para a de Aristóteles), essas duas interpretações se excluem mutuamente. Mas a lógica da tragédia consiste em "jogar nos dois tabuleiros", em deslizar de um sentido para outro, tomando, é claro, consciência de sua oposição, mas sem jamais renunciar a nenhum deles. Lógica ambígua, poder-se-ia dizer. Mas não se trata mais, como no mito, de uma ambiguidade ingênua que ainda não se questiona a si mesma. Ao contrário, a tragédia, no momento em que passa de um plano a outro, demarca nitidamente as distâncias, sublinha as contradições. Entretanto, mesmo em Ésquilo, ela nunca chega a uma solução que faça desaparecer os conflitos, quer por conciliar, quer por ultrapassar os contrários. E essa tensão, que nunca é aceita totalmente, nem suprimida inteiramente, faz da tragédia uma interrogação que não admite

---

8   Sobre esse aspecto da obra trágica e sobre o caráter heroico dos personagens de Sófocles, cf. B. Knox, *The Heroic Temper: Studies in Sophoclean Tragedy*, Berkeley and Los Angeles, 1964.

9   "Tragedy and Greek archaic Thought", *Classical Drama and its Influence, Essays presented to H. D. F. Kitto*, 1965, pp. 31-50.

16 MITO E TRAGÉDIA NA GRÉCIA ANTIGA

resposta. Na perspectiva trágica, o homem e a ação se delineiam, não como realidades que se poderiam definir ou descrever, mas como problemas. Eles se apresentam como enigmas cujo duplo sentido não pode nunca ser fixado nem esgotado.

Fora da personagem, há um outro domínio em que o intérprete deve captar os aspectos de tensão e ambiguidade. Notávamos há pouco que os Trágicos gostavam de usar termos técnicos do Direito. Mas, se utilizam esse vocabulário, é para jogar com suas incertezas, suas flutuações, sua falta de acabamento: imprecisão de termos, mutação de sentidos, incoerências e oposições que, no seio de um pensamento jurídico cuja forma não é, como em Roma, a forma de um sistema elaborado, revelam discordâncias e tensões internas; é também, para traduzir os conflitos entre os valores jurídicos e uma tradição religiosa mais antiga, uma reflexão moral nascente da qual o direito já se distinguiu, sem que seu domínio esteja claramente delimitado em relação aos seus. Os gregos, com efeito, não tinham a ideia de um direito absoluto, fundado sobre princípios, organizado coerentemente num todo. Para eles há como que graus e superposições de direitos que, em certos casos, se entrecruzam e se encavalam. Num polo, o direito consagra a autoridade de fato, apoia-se na coerção da qual é, num certo sentido, apenas o prolongamento. No outro, ele toca o religioso: põe em causa potências sagradas, a ordem do mundo, a justiça de Zeus. Também coloca problemas morais referentes à responsabilidade maior ou menor dos agentes humanos. Sob esse ponto de vista, a justiça divina que, frequentemente, faz com que filhos paguem os crimes do pai, pode parecer tão opaca e arbitrária quanto a violência de um tirano.

Assim, vemos em *As Suplicantes* a noção de *krátos* oscilar entre duas acepções contrárias sem poder fixar-se mais em uma que em outra. Na boca do rei Pelasgo, *krátos*, associado a *kýrios*, designa uma autoridade legítima, o domínio que, com pleno direito, o tutor exerce sobre quem juridicamente depende de seu poder; na boca das Danaides, a mesma palavra, atraída para o campo semântico de *bía*, designa a força brutal, a coerção da violência no seu aspecto mais oposto à justiça e ao direito[10]. Essa tensão entre dois sentidos contrários se

---

10 Em 387 e ss., o rei pergunta às Danaides se os filhos de Egito, pela lei de seu país, têm poder sobre elas, enquanto seus parentes mais próximos (Εἴ τοι κρατοῦσι). O valor jurídico desse *krátos* torna-se preciso nos versos seguintes. O rei observa que, se fosse assim, ninguém poderia opor-se às pretensões dos Egipcíadas sobre suas primas; é, pois, preciso que elas, ao contrário, aleguem em sua defesa, que, segundo as leis de sua pátria, seus primos realmente não têm sobre elas esse poder de tutela (κῦρος). A resposta das Danaides fica inteiramente à margem da questão. Não veem no *krátos* senão o outro aspecto e, em suas bocas, a palavra assume um significado contrário àquele que Pelasgo lhe dava: não mais designa o legítimo poder de tutela que, eventualmente, seus primos poderiam reivindicar em relação a elas, mas pura e simples violência, a força brutal do macho, a dominação

TENSÕES E AMBIGUIDADES NA TRAGÉDIA GREGA

exprime de maneira particularmente viva na fórmula do verso 315 cuja ambiguidade total E. W. Whittle demonstrou[11]. A palavra *rhýsios*, que também pertence à língua jurídica e que é aqui aplicada à ação que o toque de Zeus exerce sobre Io, significa simultânea e contraditoriamente: a violência total de uma captura, a suave doçura de uma libertação. Esse efeito de ambiguidade não é gratuito. Querido pelo poeta, ele nos introduz no âmago de uma obra em que um dos temas principais é a interrogação sobre a verdadeira natureza do *krátos*. O que é a autoridade, a do homem sobre a mulher, a do marido sobre a esposa, a do chefe de Estado sobre os concidadãos, a da cidade sobre o estrangeiro e os metecos, a dos deuses sobre os mortais? O *krátos* baseia-se no direito, isto é, no acordo mútuo, a doce persuasão, a *peithó*? Ou, ao contrário, baseia-se na dominação, a força pura, a violência brutal, a *bía*? O jogo de palavras a que se presta um vocabulário que, em principio, é tão preciso como o do direito, permite a expressão, à maneira de enigma, do caráter problemático dos fundamentos do poder exercido sobre outrem.

O que é verdade para a língua jurídica não o é menos para as formas de expressão do pensamento jurídico. Os trágicos não se contentam em opor um deus a outro, Zeus a Prometeu, Ártemis a Afrodite, Apolo e Atena às Erínias. Mais profundamente o universo divino é, no seu conjunto, apresentado como conflitual. As potências que o compõem aparecem agrupadas em categorias fortemente contrastadas, cujo acordo é difícil ou impossível, porque não se situam no mesmo plano: as divindades antigas pertencem a um mundo religioso diferente do dos deuses "novos", como os Olímpios são estranhos aos Ctônios. Essa dualidade pode estabelecer-se no seio de uma mesma figura divina. Ao Zeus do alto, a quem as Danaides invocam, logo no início, para *persuadir* Pelasgo a respeitar seus deveres para com os suplicantes, opõe-se o outro Zeus, o de baixo, ao qual elas, em desespero de causa, recorreram para *constranger* o rei a ceder[12]. Da mesma forma, à *díkē* dos mortos

---

masculina que a mulher é forçada a suportar: "Ah! que jamais eu seja submetida ao poder dos homens, ὑποχείριος κάρτεσιν ἀρσένων!" (392-393). Sobre esse aspecto de violência, cf. 820, 831-863. Ao *krátos* do homem (951), as Danaides querem opor o *krátos* das mulheres (1069). Se os filhos de Egito erram ao pretender impor o casamento com eles, sem convencê-las pela persuasão, mas pela violência (940-1, 943), as Danaides não erram menos: no seu ódio pelo outro sexo, irão até o assassínio. Aos Egipcíadas, portanto, o rei Pelasgo podia censurar por quererem unir-se as moças contra a vontade delas, sem aprovação de seus pais, excluindo a *peithó*. Mas também as filhas de Dânao desconhecem a *peithó*: rejeitam Afrodite a quem *peithó* acompanha sempre: não deixam encantar, nem abrandar pela sedução de *peithó* (1041 e 1056).

11 "An Ambiguity in Aeschylus". *Classica et Mediaevalia*, 25, fasc. 1-2, (1964), pp. 1-7.
12 Ésquilo, *Suplicantes*, 154-61 e 231.

opõe-se a *díkē* celeste. Antígona choca-se duramente contra o trono da segunda por querer reconhecer apenas a primeira[13].

Mas é sobretudo no plano da experiência humana do divino que se delineiam as oposições. Não se encontra na tragédia uma categoria única do religioso, mas diversas formas da vida religiosa que parecem ser antinômicas e excluir-se mutuamente. O coro das tebanas, em *Os Sete*, com seu apelo angustiado a uma presença divina, suas corridas desordenadas, seus gritos tumultuados, o fervor que as faz procurar os mais velhos ídolos e as mantém ligadas a eles, os *arkhaîa brétē*, não em templos consagrados aos deuses, mas em plena cidade, na praça pública – esse coro encarna uma religião feminina que é categoricamente condenada por Etéocles, em nome de uma religiosidade diferente, viril e cívica ao mesmo tempo. Para o chefe de Estado, o fervor emotivo das mulheres não significa apenas desordem, covardia[14], "selvageria"[15], mas comporta também um elemento de impiedade. A verdadeira piedade supõe sabedoria e disciplina, *sophrosýnē*[16] e *peitharkhía*[17]; dirige-se à deusa cuja distância reconhece, ao invés de buscar preenchê-la como a religião de mulheres. A única contribuição que Etéocles aceita da parte do elemento feminino, num culto público e político, que sabe respeitar esse caráter longínquo dos deuses sem pretender misturar o divino ao humano, é a *ololygé*, o *ioú ioú* qualificado de *hierós*[18], porque a cidade o integrou à sua própria religião e o reconhece como o grito ritual que acompanha a queda da vítima no grande sacrifício sangrento.

O conflito entre Antígona e Creonte recobre uma antinomia análoga. Não opõe a religião pura, representada pela jovem, à irreligiosidade completa, representada por Creonte, ou um espírito religioso a um espírito político, mas dois tipos diferentes de religiosidade: de um lado, uma religião familiar, puramente privada, limitada ao círculo estreito dos parentes próximos, os *phíloi*, centrada no lar familiar e nos mortos – de outro, uma religião pública onde os deuses tutelares da cidade tendem finalmente a confundir-se com os valores supremos do Estado. Entre esses dois domínios da vida religiosa, há uma constante tensão que, em certos casos (os mesmos que a tragédia conserva), pode conduzir a um conflito insolúvel. Como observa o corifeu[19], é piedoso honrar piedosamente os mortos, mas, à testa de uma cidade, o magistrado supremo tem o dever de fazer respeitar seu *krátos* e a lei que proclamou.

---

13 Sófocles, *Antígona*, 23 e ss., 451, 538-542 de um lado, 853 e s. de outro lado.
14 *Os Sete...*, 191-192 e 236-238.
15 *Idem*, 280.
16 *Idem*, 186.
17 *Idem*, 224.
18 *Idem*, 268.
19 *Idem*, 872-875.

TENSÕES E AMBIGUIDADES NA TRAGÉDIA GREGA   19

Afinal, o Sócrates do Críton poderá sustentar que a piedade, como a justiça, ordena obediência às leis da pátria, ainda que injustas, ainda que essa lei se volte contra nós e nos condene à morte, porque a cidade, isto é, seus *nómoi*, é mais venerável, mais *sagrada* que uma mãe, que um pai e mesmo que todos os antepassados juntos[20]. Das duas atitudes que a *Antígona* põe em conflito, nenhuma, em si mesma, poderia ser a boa, sem admitir a outra, sem reconhecer justamente aquilo que a limita e a contesta. A esse respeito é bem significativo que as únicas divindades a quem o coro se refere sejam Dioniso e Eros. Enquanto deuses noturnos, misteriosos, inacessíveis ao espírito humano, próximos das mulheres e dos que são alheios ao político, condenam precipuamente a pseudorreligião do chefe de Estado, Creonte, que mede o divino com o padrão de seu pobre bom senso para fazê-lo endossar seus ódios e ambições pessoais. Mas as duas divindades se voltam também contra Antígona, encerrada na *philía* familiar, votada voluntariamente ao Hades, pois justamente no seu liame com a morte, Dioniso e Eros exprimem as potências de vida e de renovação. Antígona não soube ouvir o apelo para desligar-se dos "seus" e da *philía* familiar abrindo-se ao outro, para acolher Eros e, na união com um estranho, por sua vez, transmitir a vida.

Essa presença, na língua dos Trágicos, de uma multiplicidade de níveis, mais ou menos distantes uns dos outros – a mesma palavra ligando-se a campos semânticos diferentes, conforme pertença ao vocabulário religioso, jurídico, político, comum a tal ou tal setor desses vocabulários – dá ao texto uma profundidade particular e exige que a leitura se faça, ao mesmo tempo, em vários planos. Entre o diálogo, tal como ele se desenvolve e é vivido pelos protagonistas, interpretado e comentado pelo coro, recebido e compreendido pelos espectadores, há uma defasagem que constitui o elemento essencial do efeito trágico. Na cena, os heróis do drama, tanto uns como outros, em seus debates se servem das mesmas palavras, mas essas palavras assumem significações diferentes na boca de cada um[21]. O termo *nómos*, nas palavras de Antígona, designa o contrário daquilo que, com toda convicção, Creonte chama *nómos* e, com Charles-Paul Segal, poder-se-ia descobrir a mesma ambiguidade em outros termos que têm um lugar importante na textura da obra: *phílos* e *philía*, *kérdos*, *timê*, *sébas*, *tólma*, *orgê*, *deinós*[22]. As palavras trocadas no espaço cênico

---

20 Platão, *Críton*, 51 a-c.
21 Cf. Eurípides, *Fenícias*, 499. "Se a mesma coisa fosse para todos igualmente bela e sábia, os humanos não conheceriam as controvérsias das querelas. Mas para os mortais nada há de semelhante, nem de igual, salvo nas palavras; a realidade é toda diferente."
22 "Sophocles' praise of Man and the Conflicts of the Antigone", *Arion*, 3, 2, 1964, pp. 46-60.

têm, portanto, menos a função de estabelecer a comunicação entre as diversas personagens que a de marcar os bloqueios, as barreiras, a impermeabilidade dos espíritos, a de discernir os pontos de conflito. Para cada protagonista, fechado no universo que lhe é próprio, o vocabulário utilizado permanece em grande parte opaco; ele tem um único sentido. Contra essa unilateralidade se choca violentamente uma outra unilateralidade. A ironia trágica poderá consistir em mostrar como, no decurso do drama, o herói cai na armadilha da própria palavra, uma palavra que se volta contra ele trazendo-lhe a experiência amarga de um sentido que ele obstinava em não reconhecer. O coro, no mais das vezes, hesita e oscila, lançado sucessivamente para um sentido e para outro, às vezes pressentindo obscuramente uma significação que ainda permanece secreta, às vezes formulando sem saber, com um jogo de palavras, uma expressão de duplo sentido[23].

É apenas para o espectador que a linguagem do texto pode ser transparente em todos seus níveis, na sua polivalência e suas ambiguidades. Do autor ao espectador, a linguagem recupera essa plena função de comunicação que tinha perdido em cena, entre as personagens do drama. Mas o que a mensagem trágica comunica, quando compreendida, é precisamente que, nas palavras trocadas pelos homens, existem zonas de opacidade e de incomunicabilidade. No próprio momento em que vê os protagonistas aderirem exclusivamente a um sentido e, nessa cegueira, dilacerarem-se ou perderem-se, o espectador deve compreender que realmente há dois ou mais sentidos possíveis. A linguagem se torna transparente para ele, e a mensagem trágica comunicável somente na medida em que descobre a ambiguidade das palavras, dos valores, do homem, na medida em que reconhece o universo como conflitual e em que, abandonando as certezas antigas, abrindo-se a uma visão problemática do mundo, através do espetáculo, ele próprio se torna consciência trágica.

Tensão entre o mito e as formas de pensamento próprias da cidade, conflitos no homem, o mundo dos valores, o universo dos deuses, caráter ambíguo e equívoco da língua – todos esses traços marcam profundamente a tragédia grega. Mas o que talvez a defina no que é essencial é que o drama levado em cena se desenrola simultaneamente ao nível da existência quotidiana, num tempo humano, opaco, feito de presentes sucessivos e limitados e num além da vida terrena, num tempo divino, onipotente, que abrange a cada instante a totalidade dos acontecimentos, ora para ocultá-los, ora para descobri-los, mas sem que nada escape a ele, nem se perca no esquecimento.

---

23 Sobre o lugar e o papel da ambiguidade entre os Trágicos, cf. W. B. Stanford, *Ambiguity in Greek Literature, Studies in Theory and Practice*, Oxford, 1939, cap. X-XII.

TENSÕES E AMBIGUIDADES NA TRAGÉDIA GREGA 21

Por essa união e confrontação constantes do tempo dos homens e com o tempo dos deuses ao longo da intriga, o drama traz a revelação fulgurante do divino no próprio decurso das ações humanas.

A tragédia, nota Aristóteles, é a imitação de uma ação, *mímesis práxeōs*. Representa personagens em ação, *práttontes*. E a palavra drama provém do dórico *drân*, correspondente ao ático *práttein*, agir. De fato, ao contrário da epopeia e da poesia lírica, onde não se desenha a categoria da ação, já que aí o homem nunca é encarado como agente, a tragédia apresenta indivíduos em situação de agir; coloca-os na encruzilhada de uma opção com que estão integralmente comprometidos; mostra-o no limiar de uma decisão, interrogando-se sobre o melhor partido a tomar. "Πυλάδη τί δράσω; Pílades, que fazer?" exclama Orestes nas *Coéforas*[24] e Pelasgo no início de *As Suplicantes*[25] verifica: "Não sei o que fazer; a angústia toma conta de meu coração; devo ou não agir?" O rei, entretanto, acrescenta imediatamente uma fórmula que, ligada à precedente, sublinha a polaridade da ação trágica: "Agir ou não agir, τε καὶ τύχην ἑλεῖν, e tentar o destino?" Tentar o destino: nos Trágicos, a ação humana não tem em si força bastante para deixar de lado o poder dos deuses, nem autonomia bastante para conceber-se plenamente fora deles. Sem a presença e apoio deles, ela nada é; aborta ou produz frutos que não são aqueles a que visava. A ação humana é, pois, uma espécie de desafio ao futuro, ao destino e a si mesma, finalmente um desafio aos deuses que, ao que se espera, estarão a seu lado. Neste jogo, do qual não é senhor, o homem sempre corre o risco de cair na armadilha de suas próprias decisões. Para ele, os deuses são incompreensíveis. Quando por precaução os interroga antes de agir e eles acedem em falar, a sua resposta é tão equívoca e ambígua quanto a situação sobre a qual seu conselho é solicitado.

Na perspectiva trágica, portanto, agir tem um duplo caráter: de um lado, é deliberar consigo mesmo, pesar o pró e o contra, prever o melhor possível a ordem dos meios e dos fins; de outro, é contar com o desconhecido e incompreensível, aventurar num terreno que nos é inacessível, entrar num jogo de forças sobrenaturais sobre as quais não sabemos se, colaborando conosco, preparam nosso sucesso ou nossa perda. Até no homem mais previdente, a ação mais refletida conserva o caráter de um ousado apelo aos deuses a respeito do qual só pela resposta que é dada e, no mais das vezes, por experiência própria, se conhecerá sua importância e sentido preciso. É no final do drama que os atos assumem sua verdadeira significação e os agentes, através daquilo que realizaram sem saber, revelam sua verdadeira face. Enquanto tudo não se consumou, ainda os casos humanos continuam

24 *Coéforas*, 899.
25 *Suplicantes*, 379-380.

a ser enigmas que são tanto mais obscuros, quanto mais os atores se julgam seguros daquilo que fazem e são. Como, instalado em sua personagem de decifrador de enigmas e de rei justiceiro, convencido de que os deuses inspiram, proclamando-se filho da *Týkhē*, da Sorte, Édipo poderia compreender que, para si mesmo, ele é esse enigma cujo sentido só adivinhará ao descobrir que é o contrário do que acreditava ser: não o filho da *Týkhē*, mas sua vítima, não o justiceiro, não o rei salvador de sua cidade, mas a poluição abominável que a está fazendo parecer? Ele poderá também, no próprio momento em que se reconhece responsável por ter forjado sua desgraça com suas próprias mãos, acusar a divindade de ter urdido e feito tudo previamente, de ter-se comprazido em brincar com ele, desde o início até o fim do drama, para melhor perdê-lo[26].

Como a personagem trágica se constitui na distância que separa *daímōn* de *êthos*, a culpabilidade trágica se estabelece entre a antiga concepção religiosa de erro-poluição, de *hamartía*, doença do espírito, delírio enviado pelos deuses que necessariamente engendra o crime, e a concepção nova em que o culpado, *hamartốn*, e sobretudo *adikôn*, é definido como aquele que, sem ser coagido, deliberadamente decidiu cometer um delito[27]. Esforçando-se por distinguir as categorias de erro sujeitas à competência de tribunais diferentes, o φόνος δίκαιος, ἀκούσιος, ἑκούσιος – mesmo que o faça de maneira desajeitada e hesitante –, o direito coloca a tônica sobre as noções de intenção e de responsabilidade; levanta o problema dos graus de comprometimento do agente com seus atos. De outro lado, no quadro de uma cidade em que todos os cidadãos, após discussões públicas de caráter profano, dirigem os negócios do Estado, o homem começa a ter experiência de si mesmo enquanto agente mais ou menos autônomo em relação às forças religiosas que dominam o universo, mais ou menos senhor de seus atos, podendo mais ou menos, por sua *gnome*, sua *phrónesis*, dirigir seu destino político e pessoal. Essa experiência ainda incerta

---

26 Cf. R. P. Winnington-Ingram, *op. cit.*; e, a respeito do mesmo problema em Ésquilo, A. Lesky, "Decision and Responsability in the Tragedy of Aeschylus", *The Journal of Hellenic Studies*, 86, 1966, pp. 78-85 Como nota Lesky, "freedom and compulsion are united in genuinely tragic way" porque um dos traços maiores da tragédia de Ésquilo é precisamente "the close union of necessity imposed by the Gods and the personal decision to act".

27 Na fórmula que Ésquilo põe na boca do Corifeu (Agamêmnon, 1337-8), as duas concepções contrárias se encontram de certo modo sobrepostas e confundidas nas mesmas palavras. Por sua ambiguidade, a frase se presta a uma dupla interpretação: νὺν δ'εἰ προτέρων αἷμ' ἀποτείσει pode querer dizer: "E agora se é preciso que pague o sangue que seus antepassados derramaram", mas também "E agora se é preciso que pague o sangue que outrora, derramou". No primeiro caso, Agamêmnon é vítima de uma maldição ancestral: paga por faltas que não cometeu. No segundo, expia crimes pelos quais é responsável.

TENSÕES E AMBIGUIDADES NA TRAGÉDIA GREGA

e indecisa daquilo que na história psicológica do homem ocidental, será a categoria da vontade (sabe-se que não há na Grécia antiga um verdadeiro vocabulário do querer), na tragédia, exprime-se sob a forma de uma interrogação ansiosa a respeito das relações do agente com seus atos: Em que medida o homem é realmente a fonte de suas ações? No próprio momento em que sobre elas o homem delibera em seu foro íntimo, elas não têm sua verdadeira origem em algo que não é ele mesmo? A significação delas não permanece opaca àquele que as empreende, uma vez que os atos tiram sua realidade não das intenções do agente, mas da ordem geral do mundo à qual só os deuses presidem?

Para que haja ação trágica, é preciso que se tenha formado a noção de uma natureza humana que tem seus caracteres próprios e que, em consequência, os planos humano e divino sejam bastante distintos para oporem-se; mas é preciso que não deixem de aparecer como inseparáveis. O sentido trágico da responsabilidade surge quando a ação humana dá lugar ao debate interior do sujeito, à intenção, à premeditação, mas não adquiriu consistência e autonomia suficientes para bastar-se integralmente a si mesma. O domínio próprio da tragédia situa-se nessa zona fronteiriça onde os atos humanos vêm articular--se com as potências divinas, onde eles assumem seu verdadeiro sentido, ignorado do agente, integrando-se numa ordem que ultrapassa o homem e a ele escapa. Em Tucídides, a natureza humana, a ἀνθρωπι-ʹνη φύσις define-se em contraste absoluto com a potência religiosa que é a Τύχη. São duas ordens de realidades radicalmente heterogêneas. Na tragédia, elas constituem sobretudo os dois aspectos, opostos mas complementares, os dois polos de uma mesma realidade ambígua.

Toda tragédia, pois, desenvolve-se necessariamente em dois planos. Seu aspecto de inquérito sobre o homem como agente responsável só tem valor de contraponto em relação ao tema central. Enganar-nos-íamos, pois, fazendo incidir todo o jogo de luzes no elemento psicológico. Na famosa cena do Agamêmnon, a decisão fatal do soberano se prende, sem dúvida, à sua pobre vaidade de homem, talvez também à má consciência de marido muito inclinado a ceder aos rogos de sua mulher, uma vez que traz Cassandra à sua casa como concubina. O essencial, porém, não está aí. O efeito propriamente trágico provém da relação íntima e, ao mesmo tempo, da extraordinária distância que há entre o ato banal de caminhar sobre um tapete de púrpura, com suas motivações bem humanas, e as forças religiosas que ele desencadeia inexoravelmente.

Desde que Agamêmnon pôs o pé sobre o tapete, o drama está consumado. E, se a peça se prolonga ainda um pouco, não poderia trazer à cena algo que já não estivesse realizado. Passado, presente, futuro vieram fundir-se numa mesma significação, revelada e condensada no simbolismo desse ato de *hýbris* ímpia. Sabe-se agora o que foi

24 MITO E TRAGÉDIA NA GRÉCIA ANTIGA

realmente o sacrifício de Ifigênia: menos a obediência às ordens de Ártemis, menos o duro dever de um rei que não quer cometer uma falta em relação a seus aliados[28] que a fraqueza culposa de um ambicioso cuja paixão, conspirando com a divina *Týkhē*[29], resolveu imolar a própria filha; sabe-se o que foi a tomada de Troia: menos o triunfo da justiça e o castigo dos culpados que a destruição sacrílega de toda uma cidade com seus templos; e, nessa dupla impiedade, revivem os crimes mais antigos dos Atridas e já se inscrevem todos aqueles que se seguirão: o golpe que fere Agamêmnon e que, finalmente, atingirá Clitemnestra através de Orestes. Nesse ponto culminante da tragédia, onde todos os nós se atam, é o tempo dos deuses que surge na cena e que se manifesta no tempo dos homens[30].

28 Cf. *Agamêmnon*, 213.
29 *Idem*, 187: ἐμπαίοις τύχαισι συμπνέων. Sobre esse verso, cf. o comentário de Ed. Fraenkel, *Aeschylus, Agamemnon*, Oxford, 1950, 11, p. 115, com referência ao v. 219, pp. 127-8.
30 Sobre as relações entre as duas ordens de temporalidade, procurar-se-á o estudo de P. Vidal-Naquet, "Temps des dieux e temps des hommes", *Revue de l'histoire des religions*, 157, 1960, pp. 55-80.

3. Esboços da Vontade na Tragédia Grega*

Para o homem das sociedades contemporâneas do Ocidente, a vontade constitui uma das dimensões essenciais da pessoa**. Pode-se dizer sobre a vontade que ela é a pessoa vista em seu aspecto de agente, o eu visto como fonte de atos pelos quais ele não somente é responsável diante de outrem, mas também aos quais se sente preso interiormente. A unicidade da pessoa moderna, à sua exigência de originalidade, corresponde o sentimento de realizar-nos no que fazemos, de exprimir-nos nas obras que manifestam nosso eu autêntico. A continuidade do sujeito que se busca no seu passado, que se reconhece em suas lembranças, responde a permanência do agente, que é responsável hoje pelo que fez ontem e que sente sua existência e sua coesão internas na medida em que suas condutas sucessivas se encadeiam, se inserem num mesmo quadro para, na continuidade de sua linha, constituir uma vocação singular.

A categoria da vontade, no homem de hoje, não supõe apenas uma orientação da pessoa em direção da ação, uma valorização do agir e da realização prática, sob suas diversas formas, mas, muito mais, uma preeminência que, na ação, se atribui ao agente, ao sujeito humano posto como origem, causa produtora de todos os atos que dele emanam. O agente apreende-se a si mesmo, nas suas relações com outrem e com a natureza, como um centro de decisão, como detentor de um poder que não depende nem da afetividade, nem da pura inteligência: poder *sui generis* do qual Descartes chega a dizer que é infinito, "em nós

---

* Tradução de Anna Lia A. de Almeida Prado.
** Este texto foi publicado em *Psychologie comparative et art*, Homenagem a I. Meyerson, Paris, 1972, pp. 277-306.

26 MITO E TRAGÉDIA NA GRÉCIA ANTIGA

tal qual em Deus", porque, em constraste com o entendimento que nas criaturas é necessariamente limitado, o poder de vontade não comporta o mais e o menos; como o livre arbítrio do qual, segundo Descartes, ela é a face psicológica, nós o possuímos inteiro a partir do momento em que o possuímos. A vontade, com efeito, se apresenta como esse poder – que não admite divisão – de dizer sim ou de dizer não, de aquiescer ou de recusar. Esse poder se manifesta em particular no ato de decisão. Desde que um indivíduo se empenha numa opção, que se decide, qualquer que seja o plano em que se situe sua resolução, ele se constitui a si próprio como agente, isto é, como sujeito responsável e autônomo que se manifesta em atos e por atos que lhe são imputáveis.

Assim, não há ação sem um agente individualizado que seja o centro e fonte dela; não há agente sem um poder que ligue o ato ao sujeito que o decidiu e que, ao mesmo tempo, assuma a responsabilidade por ele. Para nós essas afirmações se tornaram tão naturais que não nos parecem constituir problema. Somos levados a crer que é tão natural o homem decidir-se a agir "voluntariamente" como ter ele braços e pernas; mesmo numa civilização, como a da Grécia arcaica e clássica, que não tem em sua língua nenhuma palavra que corresponda ao nosso termo de vontade, não hesitamos em dotar os homens desse tempo, como que apesar deles, com aquela função psicológica a que eles, entretanto, não deram um nome.

Contra essas pretensas "evidências" psicológicas toda a obra de Meyerson nos põe de sobreaviso. E a pesquisa que ele, nos seus escritos e cursos, não cessou de realizar sobre a história da pessoa, destrói também o mito de uma função psicológica da vontade, universal e permanente. A vontade não é um dado da natureza humana. É uma construção complexa que parece tão difícil, múltipla e inacabada como a do eu, com a qual é em grande parte solidária. É preciso, pois, que evitemos projetar sobre o homem grego antigo nosso sistema atual de organização dos comportamentos voluntários, as estruturas de nossos processos de decisão, nossos modelos de comprometimento do eu com os atos. Sem um julgamento *a priori* devemos examinar de que formas se revestiram, no quadro da civilização helênica, as categorias respectivas da ação e do agente, como se estabeleceram, através das diversas práticas sociais (religiosas, políticas, jurídicas, estéticas, técnicas), as relações entre o sujeito humano e suas ações.

E a propósito da tragédia e do homem trágico que os helenistas, no decurso dos últimos anos, encontraram esse problema. Um artigo recente de A. Rivier situa muito exatamente o debate[1]. Desde 1928, devemos observá-lo, B. Snell tinha extraído da dramaturgia

---

1   "Remarques sur le 'necessaire' et la 'necessité' chez Eschyle". *Revue des études grecques*, 81, 1968, pp. 5-39.

ESBOÇOS DA VONTADE NA TRAGÉDIA GREGA 27

de Ésquilo os elementos de uma antropologia trágica, centrada nos temas da ação e do agente. Contrariamente a Homero e aos poetas líricos, Ésquilo coloca seus heróis no limiar da ação, diante da necessidade de agir. Segundo um esquema dramático constantemente observado, apresenta-os numa situação que desemboca numa aporia, num impasse. Na encruzilhada de uma decisão com que seu destino está comprometido, encontram-se acuados diante de uma opção difícil, mas inelutável. Entretanto, se a necessidade lhes impõe a opção por uma ou por outra das duas decisões, a decisão devia permanecer, em si mesma contingente. É tomada, com efeito, ao fim de um debate interior, de uma deliberação refletida que enraízam a escolha final na alma da personagem. Segundo Snell, essa decisão "pessoal" e "livre" constitui o tema central do drama de Ésquilo que, sob essa luz, aparece como uma construção que visa à constituição, em sua pureza quase abstrata, de um "modelo" da ação humana, concebida como a iniciativa de um agente independente, que enfrenta suas responsabilidades e tira de seu foro íntimo os motivos e a mola de seu comprometimento[2]. Tirando as conclusões psicológicas dessa interpretação, Z. Barbu poderá afirmar que a elaboração da vontade, como função já plenamente constituída, se manifesta no e pelo desenvolvimento da tragédia, em Atenas, no decurso do século V a.C.: "Pode-se considerar a dramaturgia de Ésquilo, escreve ele, como a prova completa da aparição, no seio da civilização grega, do indivíduo enquanto agente livre (*individual as a free agent*)"[3].

É essa análise que o estudo de Rivier pretende anular em seus pontos essenciais. A tônica que B. Snell coloca sobre a decisão do sujeito, com seus correlatos mais ou menos explícitos de autonomia, de responsabilidade, de liberdade, leva a obscurecer o papel, decisivo entretanto, das forças supra-humanas que agem no drama e que lhe dão sua dimensão propriamente trágica. Essas potências religiosas não estão presentes apenas no exterior do sujeito; elas intervêm no íntimo de sua decisão para coagi-lo até na sua pretensa "escolha". Com efeito, segundo A. Rivier, a análise precisa dos textos, mostra que a deliberação, considerada do ponto de vista do sujeito, do agente, é incapaz de produzir outra coisa que não seja a verificação da aporia, e que ela é impotente para motivar uma opção de preferência à outra. Afinal, o que engendra a decisão é sempre uma *anánke* imposta pelos deuses, "a necessidade", que, em um momento do drama, fazendo pressão sobre um lado só, põe fim à situação inicial de equilíbrio, como já antes a fizera nascer. O homem trágico já não tem que "escolher"

2 Cf. Bruno Snell, *Die Entdeckung des Geistes*, Hamburgo, 1955, trad. inglesa da primeira edição, sob o título: *The Discovery of the Mind*, 1953, pp. 102-112.
3 Z. Barbu, *Problems of Historical Psychology*, Londres, 1960, cap. IV, "The Emergence of Personality in the Greek World", p. 86.

entre duas possibilidades; ele "verifica" que uma única via se abre diante dele. O comprometimento traduz não a livre escolha do sujeito, mas o reconhecimento dessa necessidade de ordem religiosa à qual a personagem não pode subtrair-se e que faz dela um ser "forçado" interiormente, *biastheís*, no próprio seio de sua "decisão". Portanto, se é que há vontade, ela não seria uma vontade autônoma no sentido kantiano ou mesmo simplesmente tomista no termo, mas uma vontade amarrada pelo temor que o divino inspira, se não constrangida por potências sagradas que assediam o homem no seu próprio íntimo.

Ultrapassando a tese de B. Snell, a análise crítica de A. Rivier visa a interpretações que, apesar de reconhecerem o papel determinante das potências sobrenaturais na ação do herói trágico, procuram preservar a autonomia do sujeito humano abrindo, na sua decisão, um espaço para a iniciativa voluntária. Tal é o caso da teoria da dupla motivação, proposta por Lesky e adotada, com diversos matizes, pela maior parte dos helenistas contemporâneos[4]. Sabe-se que em Homero a ação dos heróis da epopeia parece, às vezes, admitir dois níveis de explicação: a sua conduta pode interpretar-se tanto como efeito de uma inspiração, de uma impulsão divina, quanto de um móvel propriamente humano, encontrando-se os dois planos quase sempre intrincados demais um no outro para que possam ser dissociados. Segundo Lesky, esse esquema da dupla motivação, em Ésquilo, torna-se um elemento constitutivo da antropologia trágica. O herói confronta-se com uma necessidade superior que se impõe a ele, que o dirige, mas, por um movimento próprio de seu caráter, ele se apropria dessa necessidade, torna-a sua a ponto de querer, até desejar apaixonadamente aquilo que, num outro sentido, é constrangido a fazer. Com isso se reintroduz, no seio da decisão "necessária", essa margem de livre escolha sem a qual parece que a responsabilidade de seus atos não pode ser imputada ao sujeito. De fato, como admitir que as personagens do drama expiem tão cruelmente ações pelas quais não seriam responsáveis e que, por isso, não seriam realmente suas? Como seriam suas se não as quiseram pessoalmente e como querê-las senão por uma escolha livre e autônoma? "Entretanto, pergunta Rivier, é inconcebível, numa perspectiva diferente da nossa, que um homem possa querer o que não escolheu? Que seja tido como responsável de seus atos independentemente de suas intenções (e esse não seria precisamente o caso dos gregos)?"

O problema ultrapassa assim o quadro de uma discussão sobre a dramaturgia de Ésquilo e o sentido da ação trágica. É todo o sistema conceptual implícito em nossa representação do voluntário que se

---

4 A. Lesky, *Gottliche und menschliche Motivation im homerischen Epos*, Heidelberg, 1961.

encontra em causa no contexto grego. Sob esse ponto de vista, a formulação de A. Rivier, para o psicólogo, talvez não seja inatacável. Na mesma medida em que devemos recusar o modelo da decisão autônoma que os intérpretes modernos são tentados a projetar, mais ou menos conscientemente, sobre os documentos antigos, temos nós o direito de utilizar, por nossa vez, o termo vontade, mesmo precisando que se trata de uma vontade presa, de uma decisão cuja estrutura é diferente da nossa, pois que exclui a escolha? A vontade não é uma categoria simples; como suas dimensões, suas implicações são múltiplas. Além da autonomia e da livre escolha, cuja validade no caso dos gregos A. Rivier contesta com razão, ela supõe toda uma série de condições: é preciso que já estejam delimitadas, na massa de acontecimentos, sequências ordenadas de atos sentidos como puramente humanos, bastante ligados uns aos outros e circunscritos no espaço e no tempo para constituir uma conduta unificada, com sua irrupção, seu curso, seu termo; exige também o advento do indivíduo e do indivíduo apreendido na sua função de agente, a elaboração correlativa de noções de mérito e de culpabilidade pessoais, a aparição de uma responsabilidade subjetiva substituindo aquilo que se pôde chamar de delito objetivo, um começo de análise dos diversos níveis da intenção de um lado, da realização efetiva de outro. Todos esses elementos se edificaram ao longo de uma história que envolve a organização interna da categoria da ação, o estatuto do agente, o lugar e o papel do indivíduo na ação, as relações do sujeito com seus diferentes tipos de atos, seus graus de comprometimento com o que faz.

Se A. Rivier emprega o termo vontade é, diz-nos ele, para marcar bem que o herói esquiliano, mesmo privado de escolha em sua decisão não é nem um pouco passivo. A dependência em relação ao divino não submete o homem de uma maneira mecânica como um efeito à sua causa. É uma dependência, escreve Rivier, que libera e que, em hipótese alguma, se poderia definir como uma dependência que inibe a vontade do homem, esteriliza sua decisão, pois que, ao contrário, desenvolve sua energia moral, aprofunda seus recursos de ação – traços esses que são muito gerais para caracterizar a vontade naquilo que, do ponto de vista do psicólogo, a constitui como categoria específica, ligada à pessoa.

Decisão sem escolha, responsabilidade independente das intenções, tais seriam, dizem-nos, as formas da vontade entre os gregos. Todo o problema é saber o que os próprios gregos entendiam por escolha e ausência de escolha, por responsabilidade com ou sem intenção. Tanto quanto a noção de vontade, nossas noções de escolha e de livre escolha, de responsabilidade e de intenção não são diretamente aplicáveis à mentalidade antiga onde elas se apresentam com valores e com uma configuração que, talvez, desconcertem um espírito moderno.

O caso de Aristóteles é, a esse respeito, particularmente significativo. Sabe-se que o Estagirita, em sua filosofia moral, pretende refutar as doutrinas segundo as quais o mau não age de bom grado, mas comete a falta mau grado seu. Tal lhe parece, por alguns aspectos, a concepção "trágica", que é melhor representada, a seus olhos, por Eurípides, cujas personagens proclamam, às vezes, abertamente que não são culpadas de suas faltas porque agiram, pretendem elas, a despeito de si mesmas, por coerção, *bía*, dominadas, violentadas pela força de paixões irresistíveis na medida em que encarnam, no íntimo delas, potências divinas como Eros ou Afrodite[5].

Tal é ainda, em outro plano, o ponto de vista de Sócrates para quem, sendo toda maldade uma ignorância, ninguém faz o mal "voluntariamente" (segundo a tradução habitual). Para justificar o princípio da culpabilidade pessoal do mau e dar à afirmação da responsabilidade do homem um fundamento teórico, Aristóteles elabora uma doutrina do ato moral que representa, na filosofia grega clássica, o mais elaborado esforço de análise para distinguir, segundo suas condições internas, as diferentes modalidades de ação[6], desde o ato realizado de mau grado, por coerção externa ou ignorância do que se faz (como derramar um veneno pensando tratar-se de um medicamento), até o ato realizado, não somente de bom grado, mas com pleno conhecimento de causa, após deliberação e decisão. Para marcar o mais alto grau de consciência e comprometimento do sujeito com a ação, Aristóteles forja um conceito novo; usa, com efeito, o termo *proaíresis*, de emprego raro e ainda indeciso, conferindo-lhe, no quadro de seu sistema, um valor técnico preciso. A *proaíresis* é a ação sob a forma de decisão, privilégio exclusivo do homem, enquanto ser dotado de razão, por oposição às crianças e aos animais que dela são privados. A *proaíresis* é mais que o *hekóusion*, palavra que geralmente se traduz por voluntário, mas que não poderia ter esse sentido. A oposição corrente em grego, na língua comum e no vocabulário jurídico, entre *hēkón*, *hekóusios* de um lado, *ákon*, *akoúsios* de outro, de forma alguma corresponde a nossas categorias do voluntário. É preciso contrastar essas expressões traduzindo-as como o fazem Gauthier e Jolif em seu comentário à *Ética a Nicômaco*, por "de plein gré" que se opõe a "malgré soi"[7]. Para convencer-se de que *hēkón* não pode significar voluntário, basta observar que Aristóteles, afirmando que o ato passional é realizado *hēkón* e não *ákon*, apresenta como prova disso o fato de que, não o

---

5 Aristóteles, *Ética a Nicômaco*, 3, 1110 *a* 28 e o comentário de R. A. Gauthier e J. R. Jolif, Louvain, Paris, 1959, pp. 177-178.

6 "[...] São nossas decisões íntimas, isto é, nossas intenções, que, melhor que nossos atos exteriores, permitem julgar nosso caráter". *E. N.*, 1111 *b* 56; cf. também, *Ética a Eudemo*, 1228*a*.

7 Gauthier-Jolif, 11, pp. 169-170.

ESBOÇOS DA VONTADE NA TRAGÉDIA GREGA   31

admitindo, dever-se-ia dizer que também os animais não agem *hekón-tes* – fórmula que, evidentemente, só pode ter o sentido de "volunta-riamente"[8]. O animal age *hékón*, como os homens, quando segue sua inclinação própria sem ser constrangido por uma potência exterior. Se, pois, toda decisão (*proaíresis*) é um ato executado de bom grado (*hēkón*), ao contrário "o que se faz de bom grado não é sempre objeto de uma decisão". Assim quando se age por apetite (*epithymía*), isto é, por atração do prazer, ou por impulso (*thymós*) sem ter tempo de refletir, isso é feito de bom grado (*hēkón*), mas não por decisão (*proaíresis*). É claro que a *proaíresis* se apoia sobre um desejo, mas um desejo racional, uma aspiração (*boúlēsis*) penetrada de inteligência e orien-tada, não para o prazer, mas para um objeto prático que o pensamento já apresentou à alma como um bem. A *proaíresis* implica um processo prévio de deliberação (*boúleusis*); ao termo desse cálculo racional, institui, como seu nome indica (*haíresis* = escolha) uma escolha que se exprime num julgamento que desemboca diretamente na ação. Esse aspecto de opção e de opção prática, que compromete o sujeito com o ato no próprio momento em que ele é decidido, distingue em primeiro lugar a *proaíresis* da *boúlēsis*, cujo movimento pode não alcançar seu fim e permanecer em estado de pura "aspiração" (pois pode-se aspirar ao impossível), em segundo lugar, distingue-a do julgamento de ordem teórica que estabelece o verdadeiro, mas nada tem a ver com o domínio da ação[9]. Ao contrário, não há deliberação e decisão senão a respeito de coisas que estão "em nosso poder", que "dependem de nós" (τά ἐφ' ἡμῖν) e que podem ser objeto de ação, não de uma maneira única, mas de muitas maneiras. Aristóteles opõe nesse plano, às *dynámeis álogoi*, às potências irracionais que só podem produzir um único efeito (por exemplo, o calor que só pode agir por aquecimento) as potências acompanhadas de razão, *metà lógou*, que são susceptíveis de produzir os opostos, *dynámeis tôn enantíon*[10].

Essa doutrina, à primeira vista, apresenta aspectos tão moder-nos que alguns intérpretes pensaram poder reconhecer na *proaíresis* um livre poder de escolha de que disporia o sujeito em sua decisão. Alguns atribuíram esse poder à razão que determinaria soberana-mente os fins últimos da ação. Outros, ao contrário, sublinhando com razão a reação antiintelectualista que a análise aristotélica representa contra Sócrates e até certo ponto, contra Platão, elevaram a *proaíresis*

---

8   *E. N.*, 1111 *a* 25-27 e 1111 *b* 7-8.

9   "A decisão (*proaíresis*) não se dirige a coisas impossíveis e aquele que pretendesse "decidir-se" a fazer algo de impossível passaria por pobre de espírito. Ao contrá-rio, pode-se desejar mesmo o impossível, por exemplo, não morrer", *E. N.*, 1111 *b* 20-23. – "O intelecto teórico não pensa nada na ordem prática, nem se pronuncia sobre aquilo de que se deve fugir ou que se deve buscar", Sobre a alma, 430 *b* 27-29.

10   *Metafísica*, 1046 *b* 5-10; *E. N.* 1103 *a* 19-*b* 22.

à dignidade de um verdadeiro querer. Conceberam-na como uma faculdade ativa de determinar-se a si própria, um poder que se manteria até o último momento acima dos apetites (dirigidos ao que causa prazer, no caso da *epithymía*, para o bem no caso da *boúlēsis*) e que impeliria o sujeito ao ato, por sua força própria, independentemente, de certo modo, da pressão que o desejo exerce sobre ele.

Nenhuma dessas interpretações é sustentável[11]. Sem entrar no pormenor da psicologia aristotélica da ação, pode-se afirmar que a *proaíresis* não constitui um poder independente dos dois únicos tipos de faculdades que, segundo Aristóteles, agem na ação moral: de um lado, a parte desejante da alma (*tò orektikón*); de outro, o intelecto, o *noûs*, na sua função prática[12]. A *boúlēsis*, a aspiração penetrada de razão, orienta-se para o fim da ação; é ela quem move a alma para o bem; pertence, porém, da mesma forma que o apetite e o impulso, à ordem do desejo, *órexis*[13]. Ora, a função desejante é toda passiva. A aspiração (*boúlēsis*) é, pois, o que orienta a alma para um fim racional, mas um fim que lhe é imposto e que ela, a aspiracão, não escolheu. A deliberação (*boúleusis*) pertence, ao contrário, à parte dirigente, isto é, ao intelecto prático. Mas ao contrário da aspiração, ela não tem relação com o fim, diz respeito aos meios[14]. A opção da *proaíresis* não se dá entre o bem e o mal, entre os quais teria livre poder de escolha. Posto um fim, a saúde, por exemplo, a deliberação consiste na cadeia de julgamentos pelos quais a razão conclui que tais meios práticos podem ou não conduzir à saúde[15]; o último julgamento, ao término da deliberação, dirige-se ao último meio da série; apresenta-o não somente como possível como os outros, mas como imediatamente realizável. Consequentemente, a aspiração, ao invés de visar à saúde de maneira geral e abstrata, inclui no seu desejo do fim as condições concretas de sua realização; fixa-se sobre a última condição que, na situação definida em que se encontra o sujeito, coloca a saúde ao seu alcance no momento presente. Logo que o desejo da *boúlēsis* assim se fixou sobre o meio imediatamente realizável, segue-se a ação e segue-se necessariamente.

---

11 Cf. Gauthier-Jolif, II, pp. 217-220.

12 *E. N.*, 1139 *a* 17-20.

13 *E. N.*, 1139 *b* 2-3: "A ação feliz é o fim no sentido absoluto e é a esse fim que se dirige o desejo".

14 *E. N.*, 1113 *b* 3-5: "O fim é, pois, objeto de desejo e os meios, objeto de deliberação e decisão."; 1111 *b* 26.

15 *E. N.*, 1139 *a* 31: "O princípio da decisão é o desejo e o cálculo o que calcula os meios de obter um fim". Cf. o comentário de Gauthier-Jolif, II, 2ª parte, p. 144. Sobre o papel do desejo e do *noûs praktikós* na escolha da decisão, sobre a ordem dos fins e dos meios no quadro de uma moral aristotélica da *phrónesis*, cf. EM. M. Michelakis, *Aristotle's Theory of Practical Principles*, Atenas, 1961, cap. II, pp. 22-62.

ESBOÇOS DA VONTADE NA TRAGÉDIA GREGA

E a necessidade imanente a todas as fases da aspiração, da deliberação, da decisão que justifica o modelo do silogismo prático ao qual Aristóteles recorreu para explicar a caminhada do espírito no processo de decisão. Como escrevem os comentadores da *Ética*: "Da mesma forma que o silogismo nada é senão a ligação da maior com a menor, a decisão nada é senão o ponto de junção ou a fusão do desejo, que é a aspiração, como o pensamento, que é o julgamento"[16].

Assim: "A aspiração é necessariamente o que ela é e o julgamento necessariamente o que ele é e, na conjunção deles que é a decisão, a ação segue-se necessariamente"[17]. David J. Furley observa, de seu lado, que o movimento voluntário é descrito por Aristóteles em termos de fisiologia mecanista; retomando a fórmula que o filósofo emprega em *De motu animalium*, tudo se produz necessariamente (*ex anánkes*), sem que, em ocasião alguma, se trate, entre o estímulo e a resposta, de um livre movimento, de um poder de escolher de forma diferente da que o sujeito o faz[18]. D. J. Allan, por sua vez, também manifesta espanto: parece que toda a teoria aristotélica da ação implica um determinismo psicológico que nos parece incompatível com o projeto, que ela sustenta, de fundar a responsabilidade sobre o plano moral e jurídico. Entretanto, o mesmo autor nota, com muita pertinência, que é sob nosso ponto de vista que a psicologia de Aristóteles é "determinista", mas que o adjetivo não é apropriado pois supõe, em face dele, a outra solução, chamada de indeterminista, à qual se oporia[19]. Ora, essa antinomia não é pertinente, sob o ponto de vista de Aristóteles. Em sua teoria da ação moral, ele não pretende nem demonstrar, nem refutar a existência de uma liberdade psicológica com que não conta em momento algum. Nem em suas obras, nem na língua de seu tempo, encontra-se uma palavra para designar o que nós chamamos livre arbítrio[20]; a noção de

---

16   Gauthier-Jolif, pp. 202 e 212. Cf. *E. N.*, 1147 *a* 29-31: "Suponhamos por exemplo uma premissa universal: *É preciso provar tudo que é doce*, e como caso particular que entra na categaria geral: *este alimento aqui é doce*. Sendo dadas essas duas proposições, se nós podemos e se nada nos impede de fazê-lo, devemos necessariamente (*ex anánkes*) realizar também simultaneamente essa ação de provar".

17   Gautllier-Jolif p 219.

18   David J. Furley, *Two Studies in the Greek Atomists, II: Aristotle and Epicurus on voluntary Action*, Princeton e Nova Jersey, 1967, pp. 161-237.

19   D. J. Allan, "The Practical Syllogism", *Autour d'Aristote*. Recueil d'études de philosophie ancienne et médiévale offert à Mgr. Mansion, Louvain, 1955, pp. 325-340.

20   Cf. Gauthier-Johf, p. 217. O termo *eleuthería* (*E. N.*, V, p. 1131 a 28) "designa nessa época não a liberdade psicológica mas a condição jurídica do homem livre por oposição à do escravo; a palavra "livre arbítrio" não aparecerá na língua grega senão bem mais tarde, ao mesmo tempo que *eleuthería* tomará o sentido de liberdade psicológica: será τὸ αὐτεξούσιον (ou ἡ αὐτεξουσιότης), literalmente o domínio de si: o mais antigo exemplo se encontra em Diodoro da Sicília, 19, 105, 4 (século I a.C.), mas nele não tem ainda seu valor técnico; este já está bem fixado em Epiteto (século I d.C.) que emprega a palavra cinco

um livre poder de decisão permanece estranha ao seu pensamento, não tem lugar na sua problemática da ação responsável, quer se trate de uma escolha deliberada, quer de um ato realizado de bom grado.

Uma tal lacuna marca a distância que separa as concepções grega e moderna do agente. Associada a outras "carências" características da moralidade antiga (ausência de palavra correspondente ao nosso conceito de dever, lugar pouco importante ocupado no sistema de valores pela noção de responsabilidade, caráter frouxo e indeciso da ideia de obrigação)[21], ela sublinha as orientações diferentes da ética grega e da consciência moral de hoje; mas traduz também e mais profundamente a ausência, no plano psicológico, de uma categoria elaborada da vontade, ausência que já denuncia, ao nível da linguagem, a falta de uma terminologia apropriada da ação voluntária[22]. O grego, dissemos, não possui nenhum termo correspondente à nossa noção de vontade. *Hēkón* abrange ao mesmo tempo uma extensão mais larga e uma significação psicológica mais indecisa. Extensão mais larga, pois que se pode classificar na categoria do *hekoúsion*, como faz Aristóteles, todo ato que não é imposto por coerção exterior: tanto aquele que se realiza por desejo ou precipitação quanto o ato refletido e deliberado. Significação psicológica indecisa: os níveis e as modalidades da intenção, desde a simples inclinação até o projeto fixado firmemente, permanecem confundidos no uso corrente. O intencional não se distingue do premeditado: *hēkón* tem os dois sentidos[23]. Quanto a *ákōn*, ele associa, segundo a observação de L. Gernet, todas as espécies de noções que, do ponto de vista da psicologia, deveriam, desde o princípio, ter sido distinguidas: o *phónos akoúsios* designa com o mesmo nome o assassínio cometido de mau grado, quer tenha havido ausência completa de falta, ora simples negligência, ora uma verdadeira imprudência, às vezes até uma cólera mais ou menos passageira, e um caso inteiramente diferente, o homicídio cometido em situação de legítima defesa[24]. E que a oposição *hēkón-ákōn* não é fruto de uma reflexão desinteressada sobre as condições subjetivas que fazem do indivíduo a

---

vezes (*Colóquios*, I, 2, 3; IV, 1, 56; 62; 68; 100); a partir dessa data a palavra tem direito de cidadania na filosofia grega". Os latinos traduzirão τὸ αὐτεξούσιον por *liberum arbitrium*.

21 Cf. Arthur W. H. Adkins, *Merit and Responsability. A Study in Greek Values*. Oxford, 1960; V. Brochard, *Études de philosophie anciennes et de philosophie moderne*, Paris, 1912, pp. 489-538 e revisão mais matizada do problema feito por Gauthier-Jolif, *op. cit.*, pp. 572-578.

22 Num outro capítulo de sua obra citada *supra*, B. Snell também observa que a vontade "é uma noção estranha aos gregos; eles nem mesmo têm uma palavra para ela", *op. cit.*, p. 182.

23 Louis Gernet, *Recherches sur le développement de la pensée juridique et morale en Grèce*, Paris, 1917, p. 353.

24 *Idem*, pp. 353-354.

ESBOÇOS DA VONTADE NA TRAGÉDIA GREGA   35

causa responsável de seus atos. Trata-se de categorias jurídicas que, na época da cidade, o direito impôs como normas ao pensamento comum. Ora, o direito não procedeu após uma análise psicológica dos graus de responsabilidade do agente. Os critérios que seguiu visavam a regulamentar, em nome do Estado, o exercício da vingança privada distinguindo, segundo as reações passionais mais ou menos intensas que ela suscitava no grupo, diversas formas de homicídio que estavam sujeitas a jurisdições diferentes. No quadro de uma organização sistemática dos tribunais de sangue, como a que Drácon deu a Atenas no início do século VII cujo conjunto compõe uma série descendente, ordenada segundo a força do sentimento coletivo da escusa, o *phónos hekoúsios* engloba numa mesma categoria todos os homicídios plenamente sujeitos à punição que são da competência do Areópago, o *phónos akoúsios*, homicídios escusáveis que estão sujeitos ao Paládio e o *phónos díkaios*, homicídios justificados que são da alçada do Delfínio. Essa terceira categoria, mais ainda que as três primeiras, engloba atos que, do ponto de vista da psicologia do agente, são bem heterogêneos: aplica-se, com efeito, a todos os casos de homicídio que o costume, por razões várias, inocenta plenamente e considera, no seu todo, como legítimos, desde a execução do adultério até o homicídio cometido acidentalmente no decorrer dos jogos públicos ou da guerra. A distinção que o direito assinala, pela oposição *hēkón-ákōn* não se funda, portanto, no seu início, na distinção entre voluntário e involuntário. Baseia-se na distinção que a consciência social, em condições históricas determinadas, estabelece entre ação plenamente repreensível e ação escusável, colocadas, ao lado da ação legítima, como um par de valores antitéticos.

É preciso, de outro lado, lembrar o caráter fundamentalmente intelectualista de todo vocabulário grego da ação, quer se trate de ato realizado com plena consciência ou do que é realizado inconscientemente, da ação imputável ou não imputável ao sujeito, repreensível ou escusável. Na língua e mentalidade antigas, as noções de conhecimento e de ação aparecem estreitamente solidárias. Lá onde um moderno espera encontrar uma expressão relativa ao querer, ele encontra um vocabulário relativo ao saber. Nesse sentido, a afirmação socrática, retomada por Platão, não é tão paradoxal quanto nos parece hoje. De fato, ela prolonga muito diretamente as concepções mais antigas de falta, concepções que se atestam num estado de sociedade pré-jurídica, anterior ao regime da cidade. A falta, *hamártema*, aparece aí ao mesmo tempo sob a forma de um "erro" de espírito, de uma poluição religiosa, de uma fraqueza moral[25]. *Hamartánein* é enganar-se, no sentido mais forte de desvario de inteligência, de uma cegueira que leva à ruína. A *hamartía* é uma doença mental, o criminoso é a presa de um delírio,

---

25 Louis Gernet, *op. cit.*, pp. 305 e ss.

é um homem que perdeu o senso, um *demens*, *hamartínoos*. Essa loucura do erro ou, para dar-lhe seus nomes gregos, essa *átē*, essa *Erinýs* assedia o indivíduo a partir de seu interior; penetra-o como uma força religiosa maléfica. Mas, mesmo identificando-se de certo modo com ele, ela é ao mesmo tempo exterior a ele e o ultrapassa. Contagiosa, a poluição do crime, indo além dos indivíduos, prende-se à sua linhagem, ao círculo de seus parentes; pode atingir toda uma cidade, pode poluir todo um território. Uma mesma potência de desgraça, no criminoso e fora dele, encarna o crime, seus mais longínquos princípios, suas últimas consequências, o castigo que ressurge ao longo de gerações sucessivas. Como observa L. Gernet, não é o indivíduo como tal que é o fator do delito: "O delito existe fora dele, o delito é objetivo"[26]. No contexto desse pensamento religioso em que o ato criminoso se apresenta, no universo, como uma força demônica de poluição e, no interior do homem, como um desvario de espírito, é toda a categoria da ação que aparece organizada de uma maneira que não é a nossa. O erro, sentido como um ataque à ordem religiosa, esconde em si uma força nefasta que vai bem além do agente humano. O próprio indivíduo que o comete (ou melhor, que é sua vítima) é tomado pela força sinistra que ele desencadeou (ou que se exerce através dele). Em lugar de emanar do agente como sua fonte, a ação o envolve e arrasta, englobando-o numa potência que escapa a ele tanto que se estende, no espaço e no tempo, muito além de sua pessoa. O agente está preso na ação. Não é seu autor. Permanece incluso nela.

Nesse quadro, evidentemente, não poderia tratar-se de uma vontade individual. A distinção, na atividade do sujeito, entre intencional e coagido nem mesmo tem sentido ainda. Como se poderia, de bom grado, deixar-se desorientar pelo erro? E como o erro-poluição, desde que tenha sido cometido, poderia deixar de trazer em si, independentemente das intenções do sujeito, o seu castigo?

Com o advento do direito e com a instituição dos tribunais da cidade, a antiga concepção grega da falta se apaga. Delineia-se uma nova noção do delito[27]. A representação do indivíduo aí se acusa mais nitidamente. Daí por diante a intenção aparece como o elemento constitutivo do ato delituoso, em especial, do homicídio. A brecha, no seio da sociedade humana, entre as duas grandes categorias do *hēkón* e do *ákōn* assume então valor de norma. É, porém, bem característico que também essa psicologia do delinquente se constitua no quadro de um vocabulário puramente intelectualista. O ato realizado de bom grado e o ato executado de mau grado se definem, em sua oposição recíproca, em termos de conhecimento e de ignorância. Na palavra *hēkón*, de bom

---

26 Louis Gernet, *op. cit.*, p. 305.
27 *Idem*, pp. 373 e ss.

ESBOÇOS DA VONTADE NA TRAGÉDIA GREGA 37

grado, está implícita a ideia, pura e simples, da intenção concebida em bloco e sem análise. Essa intenção é expressa pelo termo *prónoia*. No que nos resta da legislação draconiana, a expressão *ek pronoías*, opondo-se a *ákōn*, está em lugar de *hēkón*. De fato, *ek pronoías, hēkón ek pronoías* são fórmulas perfeitamente sinônimas. A *prónoia* é um conhecimento, uma intelecção feita previamente, uma premeditação. A intenção culpada, que constitui o delito, não aparece como vontade má, mas como pleno conhecimento de causa. Num decreto de Teos, que constitui o mais antigo texto jurídico que nos chegou no original, a aceitação de exigências novas da responsabilidade subjetiva é expressa pela fórmula: *eidós*; para ser culpado o delinquente deve ter agido "sabendo"[28]. Inversamente, a *ágnoia*, a ignorância, que até então constituía a própria essência da falta, a partir de agora poderá, por oposição a *hekoúsion*, definir a categoria dos delitos cometidos de mau grado, *ákōn*, sem intenção delituosa. "As faltas que os homens cometem por *ágnoia*, escreve Xenofonte, considero-as todas como *akoúsia*"[29]. O próprio Platão deverá admitir, ao lado da "ignorância", que ele toma como o princípio geral do delito, uma segunda forma de *ágnoia*, entendida mais estritamente e que será a base da falta desprovida de intenção delituosa[30]. Esse paradoxo de uma *ágnoia*, princípio constitutivo da falta e, ao mesmo tempo, escusa que a faz desaparecer, se exprime igualmente na evoluçao semântica das palavras da família de *hamartía*. Essa evolução é dupla[31]. De um lado, os termos se impregnam da ideia de intenção: é culpado, *hamartôn*, só quem intencionalmente cometeu o ato criminoso; não é culpado, *oukh hamartôn*, quem agiu mau grado seu, *ákōn*. O verbo *hamartánein* pode, pois, designar o mesmo que *adikeîn*: o delito intencional, objeto de processo na cidade. De outro lado, porém, a noção de não intencional, implícita na ideia primitiva de uma falta, cegueira do espírito, já começa a frutificar desde o século V. *Hamartánein* aplicar-se-á à falta escusável, quando o sujeito não teve plena consciência do que fazia. Desde o fim do século IV, *hamártema* servirá para definir a noção quase técnica do delito não intencional, do *akoúsion*. Assim Aristóteles o oporá ao *adíkēma*, delito intencional, e ao *atýkhēma*, acidente imprevisível, inteiramente estranho às intenções e ao saber do agente[32]. Se essa psicologia intelectualista da intenção autoriza assim, durante muitos séculos, a coexistência de dois sentidos contraditórios na mesma família de

28 Cf. G. Maddoli, "Responsabilità e sanzione nei 'decreta de Hecatompedo'", I. G., I², 3-4, *Museum helveticum*, 1967, pp. 1-11; J. e L. Robert, Bulletin épigraphique, *Revue des études grecques*, 1954, n. 63 e 1967, n. 176.
29 *Ciropedia*, III, 1, 38; cf. L. Gernet, *op. cit.*, p. 387.
30 *Leis*, IX, 863 c.
31 Cf. L. Gernet, *op. cit.*, pp. 305, 310 e 339-348.
32 *E. N.*, 1135 *b* e s.

termos: cometer intencionalmente uma falta, cometê-la sem intenção, é porque a noção de ignorância se situa, ao mesmo tempo, em dois níveis bem diferentes de pensamento. De um lado, ela mantém a lembrança das forças religiosas sinistras que assediam o espírito do homem e o impelem para a cegueira do mal. De outro lado, já tomou o sentido positivo de uma falta de conhecimento referente às condições concretas da ação. O antigo núcleo mítico permanece bastante vivo na imaginação coletiva para fornecer-lhe o esquema necessário a uma representação do escusável onde a "ignorância" pode precisamente assumir seus valores modernos. Mas em nenhum dos dois planos em que a noção desempenha função importante, nessa espécie de contraponto entre a ignorância, princípio da falta, e a ignorância, escusa da falta, está implícita a categoria da vontade.

Uma ambiguidade de outro tipo aparece nos compostos da família *boul-* que também servem para exprimir as modalidades do intencional[33]. O verbo *boúlomai* – que às vezes se traduz por querer – tem em Homero um emprego menos frequente que *thélō* e *ethélō*; tem o sentido de "desejar, preferir". É substituído, na prosa ática, por *ethélō* e designa a inclinação própria do sujeito, sua aspiração íntima, sua preferência pessoal, enquanto *ethélō* se especializa no sentido de "consentir em" e se emprega frequentemente com objeto contrário à inclinação própria do sujeito. Três nomes de ação foram tirados de *boúlomai*: *boúlēsis*, desejo, aspiração; *boúlēma*, intenção; *boulé*, decisão, projeto, conselho (no sentido de conselho dos Anciãos)[34]. Vê-se que esse conjunto se situa entre o plano do desejo, da inclinação espontânea, e o da reflexão, do cálculo inteligente[35]. Os verbos *bouleúo*, *bouleúomai*, têm uma significação mais unívoca: deliberar. Vimos que em Aristóteles a *boúlēsis* é uma espécie de desejo; enquanto inclinação, aspiração, a *boúlēsis* é menos que a intenção verdadeira. Ao contrário, *bouleúo* e seus derivados: *boúlēma*, *epiboulé*, *proboulé*, são mais. Marcam a premeditação ou, para traduzir exatamente o termo aristotélico, *proaíresis*, a premeditação que supõe, como sublinha o filósofo, duas ideias associadas: de um lado, a de deliberação (*bouleúomai*) por cálculo (*lógos*) e reflexão (*diánoia*), de outro lado, a de antes, de anterioridade cronológica[36]. A noção de intencional oscila assim entre a tendência espontânea do desejo e o cálculo premeditado da inteligência. Entre esses dois polos que os filósofos, em

33 L. Gernet, *op. cit.*, p. 351: Gauthier-Jolif, *op. cit.*, pp. 192-194; P. Chantraine, *Dictionnaire étymologique de la langue grecque*, I, pp. 189-190.

34 E. N., 1112 a 17.

35 Em Aristóteles, a *proaíresis* como decisão deliberada do pensamento prático, pode ser definida quer como intelecto desejante, *orektikòs noûs*, quer como desejo refletido, *órexis dianoetiké*; E. N. 1139 b 4-5, com o comentário de Gauthier-Jolif.

36 E. N., 1172 a 17-19.

ESBOÇOS DA VONTADE NA TRAGÉDIA GREGA

suas análises, distinguem e às vezes opõem, o vocabulário permite que haja transição e mutação de sentido. Assim, no *Crátilo*, Platão liga *boulé* a *bolé*, o ato de lançar. Justifica-o dizendo que *boúlesthai* (aspirar) significa *ephíesthai* (tender a), e acrescenta: como também *bouleústhai* (deliberar); ao contrário a *aboulía* (irreflexão) consiste em não atingir a meta, em não atingir "aquilo a que se aspirava ἐβούλετο, aquilo sobre que se deliberava ἐβουλεύετο, aquilo para que se voltava ἐφίετο"[37]. Assim, não somente a aspiração, mas também deliberação implica um movimento, uma tensão, um impulso da alma em direção ao seu objeto. E que, no caso da inclinação (*boúlomai*) como no da deliberação racional (*bouleúo*), a ação do sujeito não encontra nesse último sua causalidade mais autêntica. O que põe o sujeito em movimento é sempre um "fim" que orienta, como que do exterior, a sua conduta: seja o objeto para o qual tende espontaneamente seu desejo, seja o que a reflexão apresenta ao seu pensamento como um bem[38]. Num caso, a intenção do agente aparece ligado e submisso ao desejo, no outro é impelida pelo conhecimento intelectual do melhor. Mas, entre o movimento espontâneo do desejo e a visão poética do bem, esse plano não aparece onde a vontade poderia encontrar seu campo próprio de aplicação e o sujeito poderia, no e pelo querer, constituir--se em centro autônomo de decisão, fonte verdadeira de seus atos.

Se assim é, que sentido atribuir às afirmações de Aristóteles de que nossos atos estão em nosso poder (ἐφ' ἡμῖν), de que nós somos causas responsáveis por elas (*aítioi*), de que o homem é princípio e pai (ἀρχή καὶ γεννητής) de suas ações como de seus filhos?[39] Elas marcam o cuidado de enraizar os atos no foro íntimo do sujeito, de apresentar o indivíduo como causa eficiente de sua ação para que o mau e o incontinente sejam tidos como responsáveis por suas faltas e para que não possam invocar como escusa uma pretensa coação exterior de que teriam sido vítimas. As expressões de Aristóteles, entretanto, devem ser interpretadas corretamente. Ele escreve repetidas vezes que a ação "depende do próprio homem". O sentido exato desse *autós* se esclarece, se o aproximamos da fórmula que define os seres vivos como dotados do poder de "mover-se a si mesmos". Nesse contexto, *autós* não tem o sentido de um eu pessoal, nem de uma faculdade especial de que disporia o sujeito para modificar o jogo das causas que agem no interior dele[40]. *Autós* se refere ao indivíduo humano tomado no seu todo,

---

37 *Crátilo*, 420 *e*.
38 Se Aristóteles afirma que o homem é o princípio e causa (no sentido de causa eficiente) de suas ações, escreve também: "O princípio de nossas ações é o fim ao qual nossas ações são ordenadas", *E. N.*, 1140 *b* 14.
39 Cf., por exemplo, *E. N.*, 113 *b* 16-18.
40 Cf. D. J. Allan, *op. cit.*, que sublinha que *autós* não tem o sentido de um eu racional que se opõe às paixões e dispõe a esse respeito de um poder próprio.

concebido como o conjunto de disposições que formam seu caráter particular, seu *êthos*. Discutindo a teoria socrática que faz da maldade uma ignorância, Aristóteles observa que os homens são responsáveis por sua ignorância; essa ignorância, com efeito, depende deles; está em poder deles, ἐπ' αὐτοῖς pois são *kýrioi*, isto é, têm autoridade para cuidar dela. Aristóteles, portanto, afasta a objeção de que o viciado, precisamente por seu estado, é incapaz de um tal cuidado. O viciado, replica ele, por sua vida desregrada, é ele próprio causa responsável (*aítios*) de encontrar-se nesse estado. "Pois em cada domínio de ação, ações de um certo gênero fazem um gênero correspondente de homens"[41]. O caráter, *êthos*, próprio de cada gênero de homem, tem por base uma soma de disposições (*héxeis*) que se desenvolvem pela prática e se fixam em hábitos[42]. Uma vez formado o caráter, o sujeito age conforme essas disposições e não poderia agir de outro modo. Antes, porém, diz Aristóteles, era *kýrios*, isto é, tinha autoridade para agir de maneira diversa[43]. Nesse sentido, se a maneira pela qual cada um de nós concebe o fim de sua ação depende necessariamente de seu caráter, seu caráter depende também de cada um de nós, pois constituiu-se através de nossas próprias ações. Mas, em nenhum momento, Aristóteles procura fundar numa análise psicológica a capacidade que o sujeito possuiria, enquanto suas disposições não se fixaram, de decidir-se de uma ou de outra maneira e de assim assumir a responsabilidade do que fará mais tarde. Não se vê em que a criança, desprovida de *proaíresis*, teria mais que o homem feito a capacidade de livremente determinar-se a si própria para forjar seu próprio caráter. Aristóteles não se interroga sobre as forças diversas que agem na formação de um temperamento individual, ainda que não ignore nem o papel da natureza, nem o da educação ou da legislação. "Que na juventude tenhamos sido educados em tal ou tal hábito não é, pois, de pequena importância: é, ao contrário, de importância máxima, ou melhor, nisso está tudo"[44]. Se tudo está aí, a autonomia do sujeito se apaga diante do peso das coações sociais. Mas pouco importa isso a Aristóteles: sendo seu propósito essencialmente moral, basta-lhe estabelecer entre o caráter e o indivíduo, tomado em seu todo, esse laço íntimo e recíproco que funda a responsabilidade subjetiva do agente. O homem é "pai" de seus atos quando eles encontram "nele" seu princípio, *arkhé*, sua causa eficiente, *aitía*; mas essa causalidade interna não se define senão de maneira puramente negativa: cada vez que não se pode atribuir a uma ação uma fonte exterior coercitiva, é

---

41 *E. N.*, 1114 *a* 7-8.
42 Sobre a correspondência do caráter, *êthos*, com a parte desejante da alma e suas disposições, cf. *E. N.*, 1103 *a* 5 e 1139 *a* 34-35.
43 *E. N.*, 1114 *a* 3-8 e 13-21.
44 *Idem*, 1103 *b* 29; cf. também 1179 *b* 31 e ss.

ESBOÇOS DA VONTADE NA TRAGÉDIA GREGA 41

que a causa dela se encontra "no homem" que agiu "de boa vontade", "de bom grado" e que seu ato, portanto, por direito lhe é imputável.

Em última análise, a causalidade do sujeito, tanto quanto sua responsabilidade, em Aristóteles, não se refere a um poder qualquer da vontade. Ela tem como base uma assimilação do interno, do espontâneo e do propriamente autônomo. Essa confusão dos diferentes níveis da ação mostra que o indivíduo, se ele já assume sua particularidade, se assume a responsabilidade de todos os atos realizados por ele de bom grado, permanece muito fechado nas determinações de seu caráter, muito estreitamente preso às disposições internas que comandam a prática dos vícios e das virtudes, para libertar-se plenamente como centro de decisão pessoal e afirmar-se, enquanto *autós*, em sua verdadeira dimensão de agente.

Esse longo desvio por Aristóteles não terá sido inútil, se permitir que esclareçamos o modelo da ação própria da tragédia, colocando-a numa perspectiva histórica mais vasta. Advento da responsabilidade subjetiva, distinção entre o ato realizado de bom grado e o ato cometido de mau grado, consideração das intenções pessoais do agente: inovações que os Trágicos não ignoraram e que, através dos progressos do direito, afetaram de maneira profunda a concepção grega do agente, modificaram as relações do indivíduo com seus atos. Mudanças, portanto, cuja amplitude não se poderia desconhecer, desde o homem homérico até Aristóteles passando pelos Trágicos, mas que se produziram, entretanto, dentro de limites bastante estreitos para que, mesmo na obra do filósofo preocupado em fundar a responsabilidade individual sobre as condições puramente internas da ação, elas permaneçam inscritas num quadro psicológico onde a categoria da vontade não tem lugar.

Portanto, às questões gerais que A. Rivier apresentava a propósito do homem trágico: não seria preciso admitir, no caso dos gregos, uma vontade sem escolha, uma responsabilidade independente das intenções? – não é possível responder com um sim ou não. Primeiro, em razão das transformações que notamos; mas também, e por razões mais profundas, porque o problema, ao que parece, não deve ser formulado nesses termos. Em Aristóteles, a decisão é concebida como uma escolha (*haíresis*), a intenção aparece como constitutiva da responsabilidade. Entretanto, nem a escolha da *proaíresis*, nem a intenção, mesmo deliberada, fazem referência a um poder íntimo de autodecisão existente no agente. Voltando à fórmula de Rivier, poder-se-ia dizer que é certo que, em um grego como Aristóteles, encontramos a escolha e a responsabilidade fundada sobre a intenção, mas que o que falta é precisamente a vontade. Nas análises do Estagirita, de outro lado, faz-se notar o contraste entre o que é executado sob coação e o que é feito de bom grado pelo sujeito, pelo que ele é então – e só então – responsável,

42 MITO E TRAGÉDIA NA GRÉCIA ANTIGA

quer tenha sido levado a agir espontaneamente, quer a isso tenha-se decidido após cálculo e reflexão. Mas qual é o sentido dessa antinomia que, ao que parece, a tragédia deveria ignorar, se é verdade, como afirma Rivier, que as "decisões", cujo modelo a obra de Ésquilo nos apresenta, aparecem sempre, como a submissão do herói a uma coação que lhe é imposta pelos deuses? Em Aristóteles, a distinção entre as duas categorias não opõe um sob coação a um livremente querido, mas uma coação proveniente do exterior a uma determinação que opera no interior. E essa determinação interna, embora seja diferente de uma coerção exterior, nem por isso deixa de ter relações com o necessário. Quando segue as disposições de seu caráter, de seu *êthos*, o sujeito reage necessariamente, *ex anánkes*, mas é dele que emana seu ato; longe de decidir-se sob o peso de uma coação, ele se afirma pai e causa do que faz; carrega também a plena responsabilidade por ele.

O problema é, então, saber se a *anánke*, que A. Rivier mostrou constituir em Ésquilo a mola da decisão trágica, se reveste sempre, como ele pensa, da forma de uma pressão exterior que o divino exerce sobre o homem, se ela não pode apresentar-se também como imanente ao próprio caráter do herói ou aparecer, ao mesmo tempo, sob os dois aspectos, comportando o poder que engendra a ação, na perspectiva trágica, duas faces opostas, mas inseparáveis.

É claro que, nesse plano, seria preciso levar em conta uma evolução que, desde Ésquilo até Eurípides, tende a "psicologizar" a tragédia, a sublinhar os sentimentos dos protagonistas. Em Ésquilo, pode escrever Mme. de Romilly, a ação trágica "compromete as forças superiores ao homem; e, diante dessas forças, os caracteres individuais se apagam, parecem secundários. Ao contrário, para Eurípides toda atenção se volta a esses caracteres individuais"[45].

Essas diferenças de tom devem ser notadas. Parece-nos, entretanto, que, ao longo de todo o século V, a tragédia ática apresenta da ação humana um modelo característico que propriamente lhe pertence e que a define como gênero literário específico. Enquanto permanece vivo o veio trágico, esse modelo conserva no essencial os mesmos traços. Nesse sentido, a tragédia corresponde a um estado particular de elaboração das categorias da ação e do agente. Marca uma etapa e como que uma virada na história dos avanços do homem grego antigo na direção da vontade. Determinar melhor esse estatuto trágico do agente, destacar-lhe as implicações psicológicas é o que faremos agora.

A empresa tornou-se mais fácil pela publicação recente de dois estudos, da autoria de A. Lesky e de R. P. Winnington-Ingram, cujas conclusões coincidem em muitos pontos. Lesky voltou em 1966 à sua concepção de dupla motivação para tornar mais preciso o seu alcance

---

45 *L'Évolution du pathétique d'Eschyle à Euripide*, Paris, 1961, p. 27.

ESBOÇOS DA VONTADE NA TRAGÉDIA GREGA 43

no que se refere à decisão e à responsabilidade esquileana[46]. Se seu vocabulário não resiste às críticas de Rivier quando fala de vontade livre e de liberdade de escolha, suas análises não deixam de mostrar muito claramente a parte que o dramaturgo atribui ao próprio herói na tomada de decisão. Consideremos, a título de exemplo, o caso de Agamêmnon. Quando resolve sacrificar sua filha Ifigênia, ele o faz, segundo Rivier, sob o peso de uma dupla coação que se impõe a ele como uma necessidade objetiva: impossível subtrair-se à ordem de Ártemis, comunicada pelo adivinho Calcas; impossível abandonar uma aliança guerreira cujo fim – destruir Troia – está de acordo com as exigências de Zeus Xênios. A fórmula do verso 218: "quando teve a rédea da necessidade ajustada ao seu pescoço" resume e ilustra esse estado de completa sujeição que não deixaria ao rei margem alguma de iniciativa e, ao mesmo tempo, arruinaria as pretensões que têm os intérpretes contemporâneos de buscar móveis de ordem pessoal para explicar sua conduta.

Esse aspecto de submissão a potências superiores está incontestavelmente presente na obra. Para Lesky, porém, constitui apenas um plano de ação dramática. Existe um outro aspecto – que, para nosso espírito moderno, pode parecer incompatível com o primeiro – mas que o texto impõe como uma das dimensões essenciais da decisão trágica. O sacrifício de Ifigênia é necessário em virtude de uma situação que pesa sobre o rei como uma fatalidade, mas, ao mesmo tempo, essa morte não só é aceita mas apaixonadamente desejada por Agamêmnon que assim é responsável por ela. O que Agamêmnon é coagido a fazer sob o jugo da Ananke é também o que ele deseja de todo coração, se é a esse preço que deve ser o vencedor. O sacrifício exigido pelos deuses, na decisão humana que ordena sua execução, se reveste da forma de um crime monstruoso cujo preço deve ser pago. "Se esse sacrifício, esse sangue virginal, declara o Atrida, encadeiam os ventos, com ardor, com profundo ardor é lícito desejá-lo"[47]. O que Agamêmnon declara permitido religiosamente não é um ato ao qual seria constrangido mau grado seu, mas o íntimo desejo, que está dentro dele, de realizar tudo que pode abrir caminho à sua frota. E a repetição dos mesmos termos (ὀργᾷ περιοργῶς ἐπιθυμεῖν), insistindo na violência dessa paixão sublinha que a personagem, por razões que lhe são próprias e que se revelam condenáveis, se precipita por si mesma no caminho que os deuses, por outros motivos, tinham escolhido. No espírito do rei, canta o coro, "deu-se uma mudança, impura, sacrílega: está pronto para ousar tudo, sua resolução está tomada... Ele ousou tornar-se o sacrificador

46 A. Lesky, "Decision and Responsability in the Tragedy of Aeschylus", *Journal of Hellenic Studies*, 1966, pp. 78-85.
47 Ésquilo, *Agamêmnon*, 214-218.

44 MITO E TRAGÉDIA NA GRÉCIA ANTIGA

de sua filha para ajudar uma frota a retomar uma mulher, abrir o mar aos navios"[48]. Uma outra passagem à qual os comentadores talvez não tenham dado bastante atenção, parece-nos confirmar essa interpretação do texto. Nessa ocasião, conta o coro, o chefe da frota aqueia "ao invés de criticar um adivinho, fazia-se cúmplice da sorte caprichosa"[49]. O oráculo de Ártemis transmitido por Calcas não se impõe ao rei como um imperativo categórico. Ele não diz: sacrifica tua filha – mas apenas: se queres os ventos, é preciso pagá-los com o sangue de tua filha. Submetendo-se a ele sem discutir-lhe (*pségein* = censurar) o caráter monstruoso, o rei revela que a vida e amor de sua filha deixam de contar para ele, uma vez que se tornaram obstáculo à expedição guerreira cujo comando assumiu. Responder-nos-ão que essa guerra é querida por Zeus, que é preciso fazer que os troianos expiem a falta de Páris contra a hospitalidade. Mas, ainda nesse ponto se faz sentir a ambiguidade dos fatos trágicos que mudam de valor e de sentido quando passamos de um para o outro desses dois planos divino e humano, que a tragédia ao mesmo tempo une e opõe. Do ponto de vista dos deuses, essa guerra é com efeito plenamente justificada. Mas fazendo-se o instrumento da *Díkē* de Zeus, os gregos entram por sua vez no mundo da falta e da impiedade. É menos o respeito pelos deuses que sua própria *hýbris* que os conduz. No decorrer do drama, a destruição de Troia, como o sacrifício de Ifigênia, como a matança da lebre prenhe que prefigura os dois, é evocada sob um aspecto duplo e contraditório: é o sacrifício de uma vítima piedosamente oferecida aos deuses para satisfazer a vingança deles, mas é também, em sentido inverso, um horrível sacrilégio perpetrado por guerreiros sedentos de morte e de sangue, verdadeiras feras, semelhantes às duas águias que, juntas, devoraram a delicada fêmea indefesa e os filhotes que trazia no ventre[50]. A justiça de Zeus, quando se voltar contra Agamêmnon, passará dessa vez por Clitemnestra. E, ultrapassando mesmo os dois protagonistas, o castigo do rei encontra sua origem na maldição que pesa sobre toda a linhagem dos Atridas desde o criminoso festim de Tiestes. Mas, exigido pela Erínia da raça, querido por Zeus, o assassínio do rei dos gregos é preparado, decidido, executado por sua esposa por razões que são bem dela e que se inscrevem na linha reta de seu caráter. Ela pode invocar Zeus ou a Erínia; mas é o seu ódio pelo esposo, sua paixão culposa por Egisto, sua vontade viril de poder que a decidiram a agir. Em presença do cadáver de Agamêmnon, ela tenta justificar-se diante dos velhos do coro: "Pretendes que isso seja obra minha. Não o creias.

---

48 *Idem*, 224-228.

49 *Idem*, 186-188.

50 Cf. P. Vidal-Naquet, "A Caça e o Sacrifício na *Oréstia* de Ésquilo", *infra*, p. 105 e ss.

ESBOÇOS DA VONTADE NA TRAGÉDIA GREGA   45

Nem mesmo creio que eu seja a esposa de Agamêmnon. Sob a forma da esposa deste morto, foi o antigo e rude gênio vingador (*alástor*) de Atreu que ofereceu em paga esta vítima"[51]. O que se exprime aqui em toda sua força é a antiga concepção religiosa da falta e do castigo. Clitemnestra como personagem individual, responsável pelo crime que acaba de cometer, pretende apagar-se, desaparecer por trás de uma potência demônica que a ultrapassa. Através dela, em realidade seria a Erínia da raça que seria preciso incriminar, a *átē*, o espírito de desvario criminoso, próprio da linhagem dos Atridas, que teria manifestado uma vez mais seu poder sinistro, a poluição antiga que teria suscitado por ela mesma esta nova poluição. Mas é bem significativo que o coro afaste essa interpretação e que o faça por meio do vocabulário jurídico: "Quem virá testemunhar que és inocente deste assassínio?"[52] Clitem-nestra não é *anaítios*, não culpada, não responsável. E entretanto o coro se interroga. À evidência dessa responsabilidade inteiramente humana de criminosos como Clitemnestra ou como Egisto (que se gaba de ter agido de bom grado, como instigador do assassínio) mistura-se o sentimento de que forças sobrenaturais podem ter tido sua parte nos acontecimentos. Não criticando o oráculo, Agamêmnon se fazia cúmplice do destino: talvez, concede desta vez o coro, o *alástor*, o gênio vingador, tenha sido o "auxiliar" de Clitemnestra (*sylléptor*). Na decisão trágica colaboram assim os desígnios dos deuses e os projetos ou as paixões dos homens. Essa "cumplicidade" se exprime com recurso a termos jurídicos: *metaítios*, corresponsável, *xynaitía*, responsabilidade comum, *paraitía*, responsabilidade parcial[53]. "Quando um mortal, declara Dario em *Os Persas*, se perde a si mesmo (*autós*), um deus vem ajudá-lo (*synáptetai*)"[54]. E essa presença simultânea, no seio de sua decisão, que nos parece definir, por uma constante tensão entre dois polos opostos, a natureza da ação trágica.

É claro que a parte que, em sua decisão, cabe ao próprio sujeito não é da ordem da vontade. A. Rivier pode ironizar, sobre esse ponto, observando que o próprio vocabulário de Ésquilo, *orgḗ*, cólera, *epithymeîn*, desejar, impede que se fale de vontade pessoal em Agamêmnon, a menos que se admita que os gregos tenham situado o voluntário no nível dos sentimentos e das paixões. Para nós, entretanto, o texto não parece excluir a interpretação pela coação pura e simples. É para nós, modernos, que o dilema se formula nesses termos: ou vontade livre ou formas diferentes de coação. Mas, se pensamos nas

51 Ésquilo, *Agamêmnon*, 1497-1504.
52 *Idem*, 1505-1506.
53 Cf. as observações de N. G. L. Hammond, "Personal Freedom and its Limitations in the Oresteia", *Journal of the Hellenic Studies*, 1965, p. 53.
54 Ésquilo, *Os Persas*, 742.

categorias gregas, diremos que, quando cede ao impulso do desejo, Agamêmnon, se não age voluntariamente, pelo menos cede "de boa vontade", de bom grado, *hēkón*, e que, nesse sentido, ele aparece bem como *aítios*, causa responsável de seus atos. Aliás, no caso de Clitemnestra e de Egisto, o dramaturgo não insiste apenas nas paixões – ódio, ressentimento, ambição – que motivaram seu ato criminoso, sublinha que o assassínio, projetado já há muito tempo, fora minuciosamente preparado, maquinado nos mínimos detalhes para que a vítima não pudesse escapar[55]. Ao vocabulário afetivo se sobrepõe, pois, um vocabulário intelectual de premeditação. Clitemnestra se gaba de não ter agido de modo irrefletido (οὐκ ἀφρόντιστος), e de não ter empregado, para prender seu esposo na cilada, as mentiras e a astúcia[56]. Egisto, por sua vez, se vangloria de ter sido, por trás da rainha, aquele que na sombra tecia toda a trama de conjuração para que se realizasse sua *dysboulía*, sua resolução de assassínio[57]. O coro, pois, não faz mais que retomar seus próprios termos quando o acusa de ter matado deliberadamente o rei, *hēkón*, e de ter premeditado (*bouleûsai*, v. 1614; *eboúleusas*, v. 1627 e 1634) o crime. Mas, ainda que se trate de impulso e de desejo, como em Agamêmnon, ou de reflexão e de premeditação, como em Clitemnestra e Egisto, a ambiguidade da decisão trágica continua a mesma. Num e noutro caso, a resolução tomada pelo herói emana dele mesmo, corresponde a seu caráter pessoal; nos dois casos também ela manifesta, no seio da vida humana, a intervenção de potências sobrenaturais. Imediatamente após ter evocado a ímpia mudança de decisão que dá ao rei dos gregos a audácia de imolar sua filha, o coro evoca, como fonte de desgraça dos homens "a funesta demência, inspirando a audácia aos mortais"[58]. Como nota A. Rivier, esse acesso de demência, *parakopá*, que obscurece o espírito do rei, situa-se na mesma vertente divina da decisão em que se situa a *átē*, a potência religiosa do desvario enviado pelos deuses para perder os mortais. Os deuses, aliás, não estão menos presentes na fria resolução de Clitemnestra, na premeditação lúcida de Egisto que no impulso apaixonado de Agamêmnon. No próprio momento em que a rainha se vangloria do belo trabalho que executou "com sua própria mão", ela atribui a paternidade desse ato à *díkē*, à Erínia, à *Áte*, de que ela teria sido apenas o instrumento[59]. E o coro, mesmo atribuindo-lhe a responsabilidade direta do crime, mesmo descarregando sobre ela seu desprezo e seu ódio[60], reconhece na morte do rei uma manifestação da *Áte*,

---

55 Ésquilo, *Agamêmnon*, 1372 e ss.
56 *Idem*, 1377; cf. 1401.
57 *Idem*, 1609.
58 *Idem*, 223.
59 *Idem*, 1431.
60 *Idem*, 1424-1430.

ESBOÇOS DA VONTADE NA TRAGÉDIA GREGA 47

obra de *Díkē*, ação de um *daímōn* que, para abater a descendência maldita de Tântalo, se serviu de duas mulheres (Helena e Clitemnestra) de alma (*psykhé*) igualmente maléfica[61]. Quanto a Egisto, numa mesma fala ele se atribui o mérito de uma conjuração cuja trama ele próprio urdiu e agradece às Erínias por terem tecido a rede em que Agamêmnon foi aprisionado[62]. Chorando sobre o cadáver do rei, em presença de Clitemnestra, antes que seu cúmplice entre em cena, o coro reconhece, na desgraça que se abateu sobre o Atrida, a grande lei de justiça instituída por Zeus: ao culpado o castigo. Chegada a hora, Agamêmnon devia pagar o preço do sangue infantil que fora derramado. Nada, concluía o coro, se realiza para os homens que não seja obra de Zeus[63]. Mas, desde que Egisto apareceu e falou, a única *díkē* que o coro invoca é aquela que o povo exige que pague, ao ser apedrejado, o criminoso, cuja falta revelou o verdadeiro caráter de covarde sedutor, de ambicioso sem escrúpulo, de cínico arrogante[64].

Êthos, o caráter, *daímōn*, a potência divina, eis, portanto, as duas ordens de realidade onde se enraíza em Ésquilo a decisão trágica. Situando-se a origem da ação, ao mesmo tempo, no homem e fora dele, a mesma personagem aparece ora como agente, causa e fonte de seus atos, ora como alguém que é movido, que está imerso numa força que o ultrapassa e arrasta. Se causalidade humana e causalidade divina se misturam assim na obra trágica, nem por isso estão confundidas. Os dois planos são distintos, às vezes opostos. Mas, mesmo onde o contraste parece sublinhado com muita deliberação pelo poeta, não se trata de duas categorias exclusivas entre as quais, segundo o grau de iniciativa da personagem, seus atos se poderiam distribuir, mas de dois aspectos, contrários e indissociáveis, de que se revestem, em função da perspectiva em que nos colocamos, as mesmas ações. As observações de R. P. Winnington-Ingram referentes ao *Édipo* de Sófocles têm, neste ponto, valor de demonstração[65]. Quando Édipo mata seu pai, desposa sua mãe sem o saber, sem o querer, é joguete de um destino que os deuses lhe impuseram já antes de seu nascimento. "Que homem, pergunta-se o soberano de Tebas, poderia ser, mais do que eu, odiado pela divindade (*ekhthrodaímon*)?... Não usaria a palavra correta quem julgasse que minhas desgraças provêm de um *daímōn* cruel?"[66] Um pouco depois, um eco dessas palavras soa no que diz o coro: "Com teu destino pessoal (*daímōn*) como exemplo,

---

61   *Idem*, 1468 e ss.

62   *Idem*, 1580 e 1609.

63   *Idem*, 1487-1488.

64   *Idem*, 1615-1616.

65   R. P. Winnington-Ingram, "Tragedy and Greek Archaic Thought", *Classical Drama and its influence*, Essays presented to H. D. F. Kitto, 1965, pp. 31-50.

66   Sófocles, *Édipo-Rei*, 816 e 828.

sim, teu destino, infortunado Édipo, não considero feliz a vida de humano algum"[67]. Expresso pela palavra *daímōn*, o destino de Édipo reveste-se da forma de uma potência sobrenatural que está ligada à sua pessoa e dirige toda sua vida. É por isso que o coro poderá exclamar: "Descobriu-te mau grado teu (*ákonta*) o Tempo que vê tudo"[68]. A essa desgraça sofrida, *ákōn*, parece opor-se em todos os pontos a nova desgraça que Édipo se impõe a si mesmo, de maneira deliberada, quando fura seus olhos. O servidor, que disso dá notícia ao público, apresenta-o como um mal que, desta vez, foi cometido de bom grado e não sofrido de mau grado (κακὰ ἑκόντα κοὐκ ἄκοντα); e acrescenta que os sofrimentos mais dolorosos são aqueles que nós mesmos escolhemos (*authaíretoi*)[69]. A oposição *ákōn-hēkón*, duas vezes sublinhada no texto e reforçada pelo contraste paralelo entre: o que foi causado por um *daímōn* – o que é escolhido pessoalmente, parece tão estrita e rigorosa quanto possível. Seríamos tentados a crer que ela traça, na textura do drama, uma linha de demarcação nítida entre o que a fatalidade do oráculo impõe a Édipo e o que depende de sua decisão pessoal. De um lado, as provações anunciadas por Apolo: causalidade divina; de outro, a mutilação que o herói inflige a si mesmo: causalidade humana. Mas, quando se abrem as portas do palácio e o rei vem diante da cena, cego e ensanguentado, as primeiras palavras do coro bastam para apagar de uma vez essa aparente dicotomia: "Ó sofrimento terrível de se ver (*deinòn páthos*)... que loucura (*manía*) caiu sobre ti... que *daímōn* perfez teu destino, obra de um mau *daímōn* (*dysdaímoni moîrai*)?"[70] Édipo não mais figura como agente responsável por sua desgraça, mas como vítima que sofre a paixão que lhe é imposta. O herói não faz sobre si mesmo um julgamento diferente: "Ó *daímōn*, até onde saltaste!"[71] Os dois aspectos contrários do ato que realiza ao cegar-se são ao mesmo tempo unidos e opostos nas mesmas frases pelo coro e por ele. Ao coro que lhe pergunta: "Que coisa terrível fizeste (*drásas*) [...], que *daímōn* te impeliu?"[72] ele responde: "Apolo é o autor (*telôn*) de meus sofrimentos atrozes (*kakà páthea*) mas ninguém senão eu mesmo, infeliz, (*Egò tlámon*) me golpeou com sua própria mão (*autókheir*)"[73]. Causalidade divina e iniciativa humana que há pouco se opunham tão nitidamente se encontram unidas e, por um sutil jogo de linguagem, no próprio seio da decisão escolhida por Édipo, opera-se uma transição entre os aspectos de paixão (*páthea*).

---

67 *Idem*, 1193-1196.
68 *Idem*, 1213.
69 *Idem*, 1230 e 1231.
70 *Idem*, 1298-1302.
71 *Idem*, 1311.
72 *Idem*, 1327-1328.
73 *Idem*, 1329-1332.

ESBOÇOS DA VONTADE NA TRAGÉDIA GREGA 49

Qual é, para uma história psicológica da vontade, o significado dessa tensão constantemente mantida pelos Trágicos entre o realizado e o sofrido, entre o intencional e o forçado, entre a espontaneidade interna do herói e o destino previamente fixado pelos deuses? Por que esses aspectos de ambiguidade pertencem precisamente ao gênero literário que, pela primeira vez no Ocidente, procura exprimir o homem em sua condição de agente? Colocado na encruzilhada de uma escolha decisiva, diante de uma opção que comanda todo o desenvolvimento do drama, o herói trágico se delineia comprometido na ação, em face das consequências de seus atos. Já em outros estudos, sublinhamos que o advento, o desenvolvimento, o declínio do gênero trágico – que se produzem no espaço de menos de um século – marcam um momento histórico bem estreitamente localizado no tempo, um período de crise em que mudanças e rupturas, mas também continuidades, estão bastante misturadas para que um confronto, às vezes doloroso, se estabeleça entre as antigas formas do pensamento religioso, sempre vivas nas tradicões legendárias, e as novas concepções ligadas ao desenvolvimento do direito e das práticas políticas[74]. Esse debate entre o passado do mito e o presente da cidade se exprime muito especialmente na tragédia por um questionamento do homem enquanto agente, uma interrogação inquieta sobre as relações que ele mantém com seus próprios atos. Em que medida o protagonista do drama, exemplar por suas proezas como por suas provações, dotado de um temperamento "heroico" que o empenha integralmente naquilo que empreende, em que medida ele é verdadeiramente a fonte de seus atos? Mesmo quando o vemos, em cena, deliberar sobre opções que lhe são oferecidas, pesar o pró e o contra, tomar a iniciativa do que faz, agir na linha reta de seu caráter para penetrar sempre mais profundamente no caminho que escolheu, suportar as consequências e assumir a responsabilidade de suas decisões, seus atos não têm seu fundamento e sua origem em algo que não é ele próprio? O verdadeiro alcance de seus atos não fica desconhecido para ele até o fim, pois que dependem menos de suas intenções e de seus projetos que da ordem geral do mundo à qual os deuses presidem e que pode conferir às empresas humanas sua significação autêntica? É só no término do drama que tudo se esclarece para o agente. Ele compreende, sofrendo o que acreditava ter ele próprio decidido, o sentido real daquilo que se realizou sem que o quisesse, sem que o soubesse. O agente, em sua dimensão humana, não é causa e razão suficientes de seus atos; ao contrário, é sua ação que, voltando-se contra ele segundo o que sobre ela os deuses dispuseram soberanamente, o descobre a seus próprios olhos, lhe revela a verdadeira natureza do que ele é, do que ele fez. Assim Édipo, sem ter cometido de bom grado

---

74 Cf. *supra*, pp. 1-24.

50 MITO E TRAGÉDIA NA GRÉCIA ANTIGA

nada que lhe seja pessoalmente imputável do ponto de vista do direito, no fim do inquérito que em sua paixão de justiça realiza pela salvação da cidade, descobre-se um criminoso, um fora da lei sobre quem os deuses fazem pesar a mais horrivel das poluções. Mas o próprio peso dessa falta que deve assumir sem tê-la cometido intencionalmente, a dureza de um castigo que suporta serenamente sem tê-lo merecido, o elevam acima da condição humana, ao mesmo tempo que o separam da sociedade dos homens. Religiosamente qualificado pelo excesso, pela gratuidade de seu infortúnio, sua morte assumirá o valor de apoteose e seu túmulo assegurará a salvação daqueles que consentem em dar-lhe asilo. Ao contrário, ao término da trilogia de Ésquilo, Orestes culpado de um crime monstruoso, o assassínio deliberado de sua mãe, vê-se absolvido pelo primeiro tribunal humano instituído em Atenas: na falta de intenção delituosa de sua parte, pois que agiu sem poder subtrair-se a isso por ordem imperiosa de Apolo, seu ato, advogam seus defensores, deve ser colocado na categoria do *díkaios phónos*, do assassínio justificado. Entretanto, mesmo aí subsiste a ambiguidade; uma hesitação se faz ver. O julgamento humano, de fato, permanece indeciso. A absolvição só é obtida por um artifício de procedimento depois que Atena, por seu voto, restabeleceu a igualdade dos votos pró e contra Orestes. O jovem, portanto, é legalmente absolvido graças a Atena, isto é, graças ao tribunal de Atenas, sem ter sido plenamente inocentado sob o ponto de vista da moral humana.

A culpabilidade trágica constitui-se assim num constante confronto entre a antiga concepção religiosa da falta, poluição ligada a toda uma raça, transmitindo-se inexoravelmente de geração em geração sob a forma de uma *átē*, de uma demência enviada pelos deuses, e a concepção nova, posta em ação no direito, onde o culpado se define como um indivíduo particular que, sem ser coagido a isso, escolheu deliberadamente praticar um delito. Para um espírito moderno essas duas concepções parecem excluir-se radicalmente. Mas a tragédia, mesmo opondo-as, reúne-as em diversos equilíbrios dos quais a tensão nunca está inteiramente ausente, nenhum dos termos dessa antinomia desaparecendo completamente. Aparecendo em dois níveis, decisão e responsabilidade se revestem, na tragédia, de um caráter ambíguo, enigmático; apresentam-se como questões que permanecem incessantemente abertas por não admitirem uma resposta fixa e unívoca.

Também o agente trágico aparece dilacerado entre duas direções contrárias: ora *aítios*, causa responsável de seus atos enquanto eles exprimem seu caráter de homem; ora simples joguete nas mãos dos deuses, vítima de um destino que pode prender-se a ele como um *daímōn*. A ação trágica supõe, com efeito, que já se tenha formado a noção de uma natureza humana que tem seus traços próprios e que, assim, os planos humano e divino sejam bastante distintos para se

ESBOÇOS DA VONTADE NA TRAGÉDIA GREGA

oporem; mas, para que haja trágico, é preciso igualmente que esses dois planos não deixem de aparecer como inseparáveis. A tragédia, apresentando o homem empenhado na ação, dá testemunho dos progressos que se operam na elaboração psicológica do agente, mas também daquilo que, no contexto grego, essa categoria ainda comporta de limitado, de indeciso e vago. O agente não mais está incluído, imerso na ação. Mas não é ainda, por ele mesmo, verdadeiramente o centro e a causa produtora da ação. Porque sua ação se inscreve numa ordem temporal sobre a qual ele não tem atuação e, porque tudo sofre passivamente, seus atos escapam a ele, o ultrapassam. Para os gregos, nós o sabemos, o artista ou o artesão, quando produzem uma obra por sua *poíesis*, não são verdadeiramente autores dela. Eles nada criam. Seu papel é apenas encarnar na matéria uma forma preexistente, independente e superior à sua *tékhne*. A obra possui mais perfeição que o obreiro: o homem é menor que sua tarefa[75]. Da mesma forma em sua atividade prática, sua *prâxis*, o homem não está à altura do que faz.

Na Atenas do século V, o indivíduo se afirmou, em sua particularidade, como sujeito do direito; a intenção do agente é reconhecida como um elemento fundamental da responsabilidade; por sua participação numa vida política em que as decisões são tomadas ao fim de um debate aberto, de caráter positivo e profano, cada cidadão começa a tomar consciência de si como um agente responsável pela direção dos negócios, mais ou menos capaz de orientar por sua *gnome*, seu julgamento, por sua *phrónesis*, sua inteligência, o curso incerto dos acontecimentos. Mas nem o indivíduo, nem sua vida interior adquiriram bastante consistência e autonomia para constituir o sujeito como centro de decisão de onde emanariam seus atos. Separado de suas raízes familiares, cívicas, religiosas, o indivíduo nada mais é; não apenas se encontra sozinho, mas cessa de existir. A ideia de intenção continua, nós o vimos, até no direito, vaga e equívoca[76]. A decisão não põe em jogo, no sujeito, um poder de autodeterminação que propriamente lhe pertença. A influência dos indivíduos e dos grupos sobre o futuro é tão restrita, a organização prospectiva do futuro permanece tão estranha à categoria grega da ação que a atividade prática parece tanto mais perfeita quanto menos é comprometida com o tempo, menos dirigida para um objetivo que ela projeta e prepara de antemão; o ideal da ação é abolir toda distância temporal entre o agente e seu ato, fazê-las coincidir inteiramente num puro presente[77]. Agir, para os gregos da idade

---

75 Cf. J.-P. Vernant, *Mythe et pensée chez les Grecs*, Maspero, 1971, II, p. 63.

76 E, até no direito, a noção religiosa da poluição conserva um lugar. Basta lembrar que uma das funções do *Prytaneîon* era julgar os assassínios cometidos por objetos inanimados e por animais.

77 Cf. sobre esse ponto, V. Goldschmidt, *Le Système stoïcien et l'idée de temps*, Paris, 1969, especialmente p. 154 e s. – Sobre o tempo trágico, cf. J. de Romilly, *Time in*

clássica, é menos organizar e dominar o tempo que excluir-se dele, ultrapassá-lo. Arrastada no fluxo da vida humana, sem o socorro dos deuses, a ação revela-se ilusória, vã e impotente. Falta-lhe possuir essa força de realização, essa eficácia que é priviégio apenas da divindade. A tragédia exprime essa fraqueza da ação, esse despojamento interior do agente, fazendo aparecer, atrás dos homens, os deuses agindo, desde o início até o fim do drama, para levar cada coisa a seu termo. O herói, mesmo quando se decide por uma escolha, faz quase sempre o contrário do que pensava realizar.

A própria evolução da tragédia testemunha a relativa inconsistência, a falta de organização interna da categoria grega do agente. Nos dramas de Eurípides, o cenário divino perdeu seus contornos ou, em todo caso, se afastou das peripécias humanas. No último dos grandes Trágicos, o foco incide de preferência sobre os caracteres individuais dos protagonistas e sobre suas relações mútuas. Mas, entregue assim a si mesmo, liberto em grande parte do sobrenatural, reduzido à sua dimensão de homem, nem assim o agente aparece nitidamente delineado. Ao contrário, em lugar de traduzir a ação como o fazia em Ésquilo e Sófocles, a tragédia, com Eurípides, desliza para a expressão do patético. "Ao desligar-se da significação divina, nota Mme. de Romilly, deixou-se de lado o ato: voltou-se para o sofrimento, para os enganos da vida"[78]. Cortada da ordem do mundo governado pelos deuses, a vida humana aparece, na obra de Eurípides, tão inconstante e tão confusa "que ela não mais deixa espaço à ação responsável"[79].

    Greek Tragedy, Nova Iorque, 1968. Sobre o aspecto afetivo e emocional do tempo euripidiano, cf. em particular, pp. 130 e 141.

78 *Op. cit.*, p. 131.

79 L. A. Post, *From Homer to Menander, Forces in Greek Poetic Fiction*, Sather Classical Lectures, 1951, p. 154; citado *in* J. de Romilly, *op. cit.* p. 130.

4. Édipo sem Complexo*

Em 1900, Freud publica *Die Traumdeutung*. É nessa obra que pela primeira vez ele evoca a lenda grega de Édipo**. Sua experiência de médico levou-o a ver no amor da criança por um de seus pais, no ódio pelo outro, o nó dos impulsos psíquicos que determinarão o aparecimento posterior de neuroses. A atração e hostilidades infantis em relação à mãe e ao pai se manifestam tanto nos normais, quanto nos neuropatas, ainda que em menor intensidade. Esta descoberta, cujo alcance lhe parece geral, encontra, segundo Freud, sua confirmação num mito que chegou até nós da antiguidade clássica: o mito de Édipo, de que Sófocles fez tema da tragédia intitulada *Oidípous Týrannos*, *Édipo-Rei*, na tradução portuguesa usual.

Mas em que medida uma obra literária que pertence à cultura da Atenas do século V a.C., e que transpõe de maneira muito livre uma lenda tebana muito mais antiga, anterior ao regime da cidade, pode confirmar as observações de um médico do começo do século XX sobre a clientela de doentes que frequentavam seu consultório? Na perspectiva de Freud, a pergunta não exige resposta, porque nem deveria ser feita. Com efeito, a interpretação do mito e do drama gregos de maneira nenhuma constitui problema. Eles não precisam ser decifrados por métodos de análise apropriados. Imediatamente legíveis, inteiramente transparentes ao espírito do psiquiatra, eles revelam de uma só vez uma significação cuja evidência traz às teorias psicológicas do clínico uma garantia de validade universal. Mas onde se situa este "sentido" que se revelaria, assim, diretamente a Freud e, depois dele, a todos

---

*   Tradução de Filomena Yoshie Hirata Garcia.

**   Este texto foi publicado em *Raison présente*, 4, 1967, pp. 3-20.

os psicanalistas como se, novos Tirésias, um dom de dupla visão lhes tivesse sido outorgado para atingir, além das formas de expressão míticas ou literárias, uma verdade invisível ou profana? Este sentido não é aquele que pesquisam o helenista e o historiador, um sentido presente na obra, inscrito nas suas estruturas, e que é preciso laboriosamente reconstruir por um estudo em todos os níveis da mensagem que uma narração legendária ou uma ficção trágica constituem.

Esse sentido é dado nas reações imediatas do público, na emoção nele mobilizada pelo espetáculo. Freud a esse respeito não poderia ter sido mais claro: é o sucesso constante e universal da tragédia de Édipo que prova a existência igualmente universal, na psique infantil de uma constelação de tendências semelhantes àquela que conduz o herói à sua perda. Se *Édipo-Rei* nos comove, tanto quanto perturbava os cidadãos de Atenas, não é, como se acreditava até então, porque ele encarna uma tragédia da fatalidade, opondo a onipotência divina à pobre vontade dos homens; é que o destino de Édipo é, de uma certa forma, o nosso, é que carregamos em nós a mesma maldição que o oráculo pronunciou contra ele. Matando seu pai, esposando sua mãe, ele realiza o desejo de nossa infância que nos esforçamos para esquecer. A tragédia é, portanto, em tudo, comparável a uma psicanálise: levantando o véu que dissimula a Édipo seu rosto de parricida, ela nos revela a nós mesmos. A tragédia tem como matéria os sonhos que cada um de nós sonhou; seu sentido se revela, de maneira clara, no terror e na culpabilidade que nos submergem quando, através da inexorável progressão do drama, nossos antigos desejos de morte do pai, de união com a mãe remontam à nossa consciência que fingia nunca tê-los experimentado.

Esta demonstração tem todo aparente rigor de um raciocínio fundado num círculo vicioso. Como ela procede? Uma teoria elaborada a partir de casos clínicos e de sonhos contemporâneos encontra sua "confirmação" num texto dramático de uma outra época. Mas esse texto não é susceptível de trazer esta confirmação senão na medida em que ele é interpretado em referência ao universo onírico dos espectadores de hoje tal como ao menos o concebe a teoria em questão. Para que o círculo não fosse vicioso, seria preciso que a hipótese freudiana, em lugar de apresentar-se no início como uma interpretação evidente e natural, aparecesse ao termo de um trabalho minucioso de análise como uma exigência imposta pela obra, uma condição de inteligibilidade de sua organização dramática, o instrumento de uma completa decifração do texto.

Apreende-se aqui nitidamente a diferença de método e de orientação entre perspectiva freudiana de um lado, a psicologia histórica de outro. Freud parte de uma vivência íntima, a do público, que não está historicamente situado; o sentido atribuído a essa experiência é então projetado sobre a obra independentemente de seu contexto sociocultural. A psicologia histórica procede de modo inverso. Ela parte da obra tal qual ela nos é apresentada, na forma que lhe é própria; ela a estuda segundo todas as dimensões que uma análise apropriada a esse tipo particular de criação comporta. Se se trata de um texto trágico, como *Édipo-Rei*, a análise linguística, temática, dramática, em cada nível do estudo, desemboca em um problema mais vasto: o do contexto – histórico, social, mental – que dá ao texto todo seu peso de significação. É, com efeito, em referência a esse contexto geral que se desenha a problemática trágica dos gregos; e é somente no quadro dessa problemática (que supõe, ligados a um certo estado de sociedade, num campo ideológico definido, modos de pensamento, formas de sensibilidade coletiva, um tipo particular de experiência humana) que a comunicação se estabelece entre o autor e seu público do século V; levando em conta esse contexto e esse quadro é que, para o intérprete de hoje, todos os valores significantes, todos os traços pertinentes do texto se destacam. Uma vez terminado este trabalho de decifração do sentido, está-se, então, em condição de visar aos conteúdos psicológicos, às reações dos espectadores atenienses face ao drama, de definir sobre eles o "efeito trágico". E, portanto, ao termo do estudo que se poderá reconstruir essa vivência íntima que, na sua pretensa transparência significativa, constituia para Freud o ponto de partida e ao mesmo tempo a chave da decifração.

A matéria da tragédia não é mais então o sonho, posto como uma realidade humana estranha à história, mas o pensamento social próprio da cidade no século V, com as tensões, as contradições que surgem nela, quanto a chegada do direito e as instituições da vida política questionam no plano religioso e moral, os antigos valores tradicionais: estes mesmos que a lenda heroica exaltava, donde a tragédia toma seus temas e suas personagens, não mais para glorificá-los, como o fazia ainda a poesia lírica, mas para discuti-los publicamente, em nome de um ideal cívico, diante dessa espécie de assembleia ou de tribunal populares que é um teatro grego. Esses conflitos externos do pensamento social, a tragédia os exprime, transpondo-os segundo as exigências de um gênero literário novo, que tem suas regras e sua problemática próprias. O brusco aparecimento do gênero trágico no fim do século VI, no momento em que o direito começa a elaborar a noção de responsabilidade distinguindo, de maneira ainda desajeitada e hesitante, o crime "voluntário" do crime "escusável", marca uma etapa importante na história do homem interior: no quadro da cidade, o homem começa a experimentar-se enquanto agente, mais ou menos autônomo em relação às potências religiosas que dominam o universo, mais ou menos senhor de seus atos, tendo mais ou menos meios de agir sobre seu destino político e pessoal. Essa experiência, ainda flutuante e incerta, daquilo que será na história psicológica do ocidente a categoria da vontade, exprime-se na tragédia sob forma de uma interrogação angustiante, referindo-se às relações do homem com seus atos: em que medida o homem é realmente a fonte de suas ações? Mesmo quando parece tomar a iniciativa e assumir a responsabilidade delas, não têm elas em algum lugar fora dele sua verdadeira origem? Sua significação não permanece em grande parte opaca àquele que as pratica, de tal sorte que é menos o agente que explica o ato, mas antes o ato que, revelando depois seu sentido autêntico, volta-se contra o agente, esclarece sua natureza, descobre o que ele é, e o que ele realmente realizou sem o saber. Esta íntima ligação entre um contexto social onde os conflitos de valor aparecem insolúveis e uma prática humana tornada inteiramente "problemática", por não poder exatamente situar-se na ordem religiosa do mundo, explica que a tragédia seja um momento histórico muito precisamente localizado no espaço e no tempo. Vêmo-la nascer, florescer e depois desaparecer em Atenas no espaço de um século. Quando Aristóteles escreve a *Poética*, no público e nos autores de teatro, a mola trágica já está arrebentada. Não se sente mais a necessidade de um debate com o passado "heroico", de um confronto entre o antigo e o novo. Aristóteles, que elabora uma teoria racional da ação, esforçando-se para distinguir mais claramente os graus do engajamento do agente nos seus atos, não sabe mais o que são a consciência nem o homem trágicos: eles pertencem a uma época para ele já decorrida.

Na perspectiva de Freud, esse caráter histórico da tragédia permanece inteiramente incompreensível. Se a tragédia toma sua matéria de um tipo de sonho que tem valor universal, se o efeito trágico se prende à mobilização de um complexo afetivo que cada um de nós traz consigo, por que a tragédia nasceu no mundo grego, na virada do VI para o V século? Por que as outras civilizações a ignoraram inteiramente? Por que na Grécia mesmo, a veia trágica secou tão rapidamente para apagar-se diante de uma reflexão filosófica que, explicando-as, fez desaparecer essas contradições sobre as quais a tragédia construía seu universo dramático?

Mas aprofundemos a análise crítica. Para Freud, o efeito trágico está ligado à natureza particular do material utilizado por Sófocles no *Édipo-Rei*, isto é, aos sonhos de união com a mãe, de assassinato do pai que, escreve ele, dão a chave da tragédia: "A lenda de Édipo é a reação da nossa imaginação a esses dois sonhos típicos e, como esses sonhos são no adulto acompanhados de sentimentos de repulsa, é preciso que a lenda traga o terror e a autopunição no seu próprio conteúdo". Poder-se-ia discorrer sobre este *é preciso* e notar por exemplo que nas primeiras versões do mito não há, no conteúdo legendário, o menor traço de autopunição, porque Édipo morre tranquilamente instalado no trono de Tebas, sem ao menos ter furado seus olhos. É precisamente Sófocles que, conforme a necessidade do gênero, dá ao mito sua versão propriamente trágica – a única que Freud, que não é mitólogo, pôde conhecer, a única que, consequentemente, nós discutiremos aqui. Para demonstrar sua tese, Freud escreve que, quando se quis produzir um efeito trágico num drama do destino análogo ao *Édipo-Rei*, utilizando-se outro material e não os sonhos edipianos, o fracasso foi total. E ele cita como exemplos dramas modernos ruins. Fica-se aqui estupefato. Como Freud pode esquecer que existem outras tragédias gregas, além do *Édipo-Rei*, e que, entre aquelas que nos foram conservadas de Ésquilo, de Sófocles e de Eurípides, a quase-totalidade nada tem a ver com os sonhos edipianos? Deve-se dizer que são peças ruins, que não comportam efeito trágico? Se os antigos as admiravam, se o público moderno é por algumas delas perturbado, como pelo *Édipo-Rei*, é porque a tragédia não está ligada a um tipo particular de sonho, porque o efeito trágico não reside em uma matéria, mesmo onírica, mas na maneira de dar forma à matéria, para fazer sentir as contradições que dilaceram o mundo divino, o universo social e político, o domínio dos valores, e fazer assim aparecer o homem como um *thaûma*, um *deinón*, uma espécie de monstro incompreensível e desconcertante, ao mesmo tempo agente e paciente, culpado e inocente, dominando toda a natureza por seu espírito industrioso e incapaz de governar-se, lúcido e cegado por um delírio enviado pelos deuses. Contrariamente à epopeia e à poesia lírica, onde jamais o homem é apresentado enquanto agente, a tragédia situa, logo de início, o indivíduo na encruzilhada da ação, face a uma decisão que o engaja por completo; mas essa inelutável escolha opera-se num mundo de forças obscuras e ambíguas, um mundo dividido onde "uma justiça luta contra outra justiça", um deus contra um deus, onde o direito nunca está fixo, mas desloca-se no decorrer mesmo da ação, "vira" e transforma-se em seu contrário. O homem acredita optar pelo bem; prende-se a ele com toda sua alma; e é o mal que ele escolheu, revelando-se, pela poluição da falta cometida, um criminoso.

É todo esse jogo complexo de conflitos, de reviravoltas, de ambiguidades que é preciso apreender através de uma série de distâncias ou de tensões trágicas: tensões no vocabulário, onde as mesmas palavras tomam um sentido oposto na boca dos protagonistas que as empregam, segundo as diversas acepções que a língua religiosa, jurídica, política, comum, comporta; tensão no seio da personagem trágica que aparece, ora projetada no longínquo passado mítico, herói de uma outra época, encarnando toda a desmedida dos antigos reis da lenda, ora vivo na época da cidade, como um burguês de Atenas, no meio de seus concidadãos; tensão no interior de cada tema dramático todo ato, como desdobrado, desenrolando-se em dois planos: de um lado, no nível da vida quotidiana dos homens; de outro, no nível das forças religiosas, que obscuramente agem no mundo. Para que haja consciência trágica, é preciso, com efeito, que os planos humano e divino sejam bastante distintos para se oporem (isto é, que se tenha destacado a noção de uma natureza humana), sem deixar, no entanto, de aparecer inseparáveis. O sentido trágico da responsabilidade surge quando a ação humana já é o objeto de uma reflexão, de um debate interior, mas não adquiriu ainda uma posição suficientemente autônoma para bastar--se plenamente. O domínio próprio da tragédia situa se nesta zona fronteiriça, onde os atos humanos vêm articular-se com as potências divinas, onde eles revelam seu sentido verdadeiro, ignorado por aqueles que tomaram a iniciativa e carregam a responsabilidade deles, inserindo-se numa ordem que ultrapassa o homem e lhe escapa. Toda tragédia desenrola-se, portanto, necessariamente sobre dois planos. Seu aspecto de pesquisa sobre o homem, como agente responsável, tem apenas valor de contraponto em relação ao tema central. Enganar-nos-íamos, portanto, desviando o esclarecimento para o elemento psicológico. Na famosa cena do tapete do *Agamêmnon*, a decisão fatal do soberano prende-se sem nenhuma dúvida à sua pobre vaidade de homem, ainda mais inclinado a ceder às preces de sua mulher, uma vez que lhe traz Cassandra, como concubina, à casa. Mas o essencial não está aí. O efeito propriamente trágico provém da relação íntima e, ao mesmo tempo, da extraordinária distância entre o ato banal de andar sobre um tapete de púrpura, com suas motivações muito humanas, e as forças religiosas que são inexoravelmente desencadeadas por ele.

É respeitando, nas suas ligações e nas suas oposições, todos estes planos da tragédia, que é preciso abordar a análise de cada obra trágica. Se, ao contrário, procedermos como Freud por simplificação e redução sucessivas – de toda a mitologia grega a um esquema legendário particular, de toda a produção trágica a uma única peça, dessa peça a um elemento singular da fabulação, desse elemento ao sonho, poderemos fazer uma brincadeira, substituindo por exemplo o *Édipo--Rei* de Sófocles pelo *Agamêmnon* de Ésquilo e sustentar que o efeito trágico provém do seguinte: uma vez que uma mulher, em sonho, assassina seu marido, é a angústia de sua própria culpabilidade que, no horror pelo crime de Clitemnestra, desperta e a submerge.

A interpretação freudiana da tragédia em geral, do *Édipo-Rei* em particular, não influenciou os trabalhos dos helenistas. Eles continuaram suas pesquisas como se Freud nada tivesse dito. Ocupados com as obras, eles tiveram, sem dúvida, a impressão de que Freud falava "ao lado", de que ele tinha ficado fora das verdadeiras questões, as que o texto impõe, quando se visa à sua plena e precisa compreensão. É verdade que um psicanalista poderia propor uma outra explicação desse conhecimento ou dessa rejeição das posições freudianas. Ele veria aí, de bom grado, a prova de uma barreira psicológica, de uma recusa de confessar-se o papel do complexo de Édipo na sua vida pessoal como no devir da humanidade. O debate sobre este ponto foi de novo aberto com o recente artigo no qual Didier Anzieu decide refazer, sobre dados de 1966, o trabalho iniciado por Freud no começo do século[1]. Se, contando unicamente com as luzes da psicanálise, D. Anzieu pode aventurar-se no terreno da antiguidade clássica e aí descobrir o que os especialistas continuam aí não vendo, não é prova de que eles são cegos, ou melhor, querem ser cegos, de que se fazem cegos por recusarem-se a reconhecer na figura de Édipo sua própria imagem?

É preciso, portanto, que examinemos o valor dessa chave universal edipiana, cujo segredo o psicanalista detém e que lhe permitiria decifrar sem outra preparação todas as obras humanas. Esta chave abre verdadeiramente as portas do universo espiritual dos gregos? Ou falsifica suas fechaduras?

Do longo estudo de Anzieu reteremos apenas dois aspectos, essenciais para seu propósito, suficientes para o objeto da presente discussão. Numa primeira etapa, Anzieu, lendo rapidamente toda a mitologia grega, pensa poder descobrir em quase todas as páginas o fantasma edipiano. Se ele tem razão nós é que teríamos, então, errado, reprovando Freud por ter privilegiado um esquema legendário particular – o de Édipo – ignorando os outros. Segundo Anzieu, quase todos os mitos gregos reproduziriam sob formas de variantes infinitas o tema de união incestuosa com a mãe, de assassinato do pai. Édipo completaria a mitologia, formulando numa linguagem clara o que ela exprimia desde sempre, de modo mais ou menos parcial, camuflado, transposto.

Mas, nessa mitologia, tal qual Anzieu a apresenta: retocada, ajustada à força na forma edipiana – o helenista não reconhece mais as lendas que lhe são familiares. Elas perderam seu rosto, seus traços pertinentes, seu caráter distintivo, seu domínio específico de aplicação. Um dos sábios que da maneira mais séria as estudou poderia estabelecer, como regra de método, que jamais se encontram dois mitos cujo sentido seja exatamente o mesmo. Se todos, ao contrário, se repetem, se a sinonímia é a lei do gênero, a mitologia não pode mais constituir, na sua diversidade, um sistema significativo. Apenas capaz de falar de Édipo, ainda e sempre Édipo, ela nada mais quer dizer.

Mas, vejamos por meio de quais procedimentos o psicanalista força a matéria legendária a dobrar-se às exigências do modelo que trazia em si como um mago possui a verdade, antes mesmo de abordar seu estudo. Comecemos como Anzieu pelo princípio: o mito das origens, narrado por Hesíodo na *Teogonia*. Os helenistas associaram o texto do poeta beócio a uma longa tradição de teogonias orientais. Eles mostraram também o que Hesíodo trazia de novo, como ele preparava, na sua concepção de conjunto, nos detalhes de sua narrativa, no seu vocabulário,

---

1 *Les temps modernes*, outubro de 1966, n. 245, pp. 675-715.

a problemática filosófica ulterior: não mais somente o que foi na origem, como a ordem progressivamente emergiu do caos, mas, sob uma forma ainda não conceitualizada, as relações do um e do múltiplo, do indeterminado e do definido, o conflito e a união dos opostos, sua mistura e equilíbrio eventuais, o contraste entre a permanência da ordem divina e a fugacidade da vida terrestre. Tal é o terreno no qual o mito se enraíza e onde é preciso situá-lo para compreendê-lo. Também autores que têm outra orientação, como Cornford, Vlastos, Fraenkel, encontram-se em seus comentários para explorar esses planos de significação. Mas é verdade que se isolamos de seu contexto a lenda da mutilação de Urano e se a reduzimos a um puro esquema – isto é, se, em vez de a lermos em Hesíodo, lermos num pequeno dicionário de mitologia de divulgação – podemos ser tentados a dizer como Anzieu, que a mãe (= Gaia, a terra) realizando duas vezes o incesto com seus filhos (com Urano primeiro, depois indiretamente com Crono), Crono, por outro lado, castrando seu pai, para expulsá-lo do leito materno, a narrativa tem "um caráter protoedipiano manifesto". Vejamos, entretanto, as coisas mais de perto. Na origem do mundo, há *Kháos*, vazio indiferenciado, abertura sem fundo, sem direção, onde nada faz parar o errar de um corpo que cai. Opondo-se a *Kháos*, Gaia: a estabilidade. Desde de que Gaia aparece, qualquer coisa tomou forma; o espaço encontrou um início de orientação. Gaia não é somente a estável; ela é a mãe universal, que engendra tudo que existe, tudo que tem forma. Gaia começa criando, a partir dela mesma, sem o socorro de Éros, isto é, fora de toda união sexual, seu contrário masculino: Urano, o céu macho. A Urano, gerado diretamente dela, Gaia se une, desta vez no sentido próprio, para produzir uma linhagem de filhos que, mistura dos dois princípios opostos, têm já uma individualidade, um traço preciso, mas permanecem ainda seres primordiais, potências cósmicas. Com efeito, a união do céu e da terra, esses dois opostos gerados um do outro, se faz de maneira desordenada, sem regra, numa quase confusão dos dois princípios contrários. O céu jaz ainda sobre a terra; ele a cobre inteira; e sua progênie – na falta da distância entre seus dois pais cósmicos – não pode desenvolver-se durante o dia. Os filhos permanecem assim "escondidos" em vez de revelar sua forma própria. É então que Gaia se irrita contra Urano; ela convida um de seus filhos, Crono, a espreitar seu pai e a mutilá-lo, enquanto ele se expande sobre ela à noite. Crono obedece à sua mãe. O grande Urano, castrado por um golpe de foice, retira-se de cima de Gaia, amaldiçoando seus filhos. Terra e céu estão, então, separados, cada um permanecendo imóvel no lugar que lhe pertence. Entre eles abre-se o grande espaço vazio, onde a sucessão de *Dia* e *Noite* revela e mascara alternadamente todas as formas. Terra e céu não se unirão mais numa permanente confusão análoga àquela que reinava, antes do aparecimento de Gaia, quando só *Kháos* existia no mundo. A partir de então, é uma vez por ano, no princípio do outono, que o céu fecundará a terra com a chuva do seu sêmen, que a terra gerará a vida da vegetação e que os homens deverão celebrar a união sagrada das duas potências cósmicas, sua união à distância num mundo aberto e ordenado onde os contrários se unem permanecendo distintos um do outro. Este rasgo, entretanto, no qual o ser vai poder inscrever-se, foi obtido a preço de um crime monstruoso pelo qual será preciso pagar. De agora em diante, nenhum acordo sem luta; no tecido da existência, não se poderá mais isolar as forças do conflito e as da união. Os testículos ensanguentados de Urano caíram em parte sobre a terra, em parte na água; eles deram origem, na terra, às Erínias, às Ninfas Mélias e aos Gigantes, isto é, a todas as potências de "vingança do sangue" e de guerra, que presidem à luta e à afronta; no mar eles deram origem a Afrodite, que preside à união sexual e ao casamento, às forças do acordo e da harmonia. A separação do céu e da terra inaugura um universo, onde os seres se engendram por união dos contrários, num mundo pautado pela lei de complementaridade entre os opostos, que ao mesmo tempo se afrontam e se harmonizam.

Este simples lembrete, um pouco mais preciso, dos elementos significantes do mito, faz parecer já mais incerta a aproximação com Édipo. Gaia, diz ele, comete diretamente o incesto com seu filho Urano. Mas Urano é seu filho de maneira muito particular, porque ela o engendrou sem união sexual, sem pai, tirando-o dela mesma como seu duplo e ao mesmo tempo seu contrário. Não há, portanto, uma situação edipiana triangular – a mãe, o pai, o filho –, mas um esquema de duplicação a partir de um. No caso de Crono, é verdade que se trata realmente do filho de Gaia, no sentido próprio. Mas precisamente Gaia não se une em absoluto a Crono. Crono não toma o lugar de seu pai no leito materno, ele esposa *Rhéa*. Gaia provoca Crono não a matar seu pai, mas a castrá-lo, isto é, a relegá-lo imóvel a seu lugar de céu cósmico para deixar o mundo crescer no espaço assim cavado e a diversidade dos seres engendrar-se, segundo uma ordem regular de nascimento, sucedendo à confusão sexual.

Efetuadas ligeiras modificações no mito das origens, o psicanalista pode dar livre rumo à sua fantasia. Urano foi castrado, diz ele, "como o velho da horda primitiva, do qual Freud forjou o mito em *Totem e Tabu*, teria sido realmente morto e devorado por seus filhos". Em verdade, não se encontra nos mitos gregos nenhum outro deus, nenhum outro herói emasculado por seus filhos, nem mesmo emasculado. Que importa! "Substitutos simbólicos de castração podem ser identificados: jogar do alto, cortar, furar, tomar o lugar e o poder". Mais, a devoração dos filhos pelo pai ou pelos animais selvagens aos quais ele os expôs, constituiria uma "primeira e radical forma da castração". Assim, os mitos de sucessão, de luta pela soberania – cujas significações G. Dumézil marcou no mundo indo-europeu –, as lendas heroicas de exposição, os diversos temas de queda ou precipitação, de devoração e de envolvimento – tudo vem chocar-se e confundir-se em uma universal castração (do pai pelo filho ou inversamente).

Tomemos o caso de Hefesto, personagem que, Anzieu afirma, é "dotada do complexo de Édipo". Por quê? "Hefesto satisfaz os desejos de sua mãe de ser seu falo e de eliminar seu pai; toma o partido desta; é castigado por aquele, castigo que é um substituto simbólico da castração". Anzieu acrescenta a esses dados ainda um traço: o desejo de Hefesto se dirige, de início, a um substituto materno: Afrodite. Na realidade, o que ele é? Em certas versões, Hefesto foi concebido sem pai, por Hera apenas, que queria assim fazer com que Zeus pagasse pelo nascimento de Atena, concebida e gerada fora dela ou queria vingar-se de suas aventuras. Mas nada nos permite supor na deusa um desejo de falo, nem a vontade de instalar seu filho no lugar de Zeus. A claudicação de Hefesto significa a castração? Trata-se menos de uma claudicação do que de uma divergência na direção dos pés, um andar em duplo sentido, para frente e para trás, ligado a seus poderes de mágico. Zeus, com efeito, precipita Hefesto do alto do céu: vingança do pai ameaçado pelo filho enamorado de sua mãe? Mas, em outras versões, é Hera que por despeito lança sua progênie sobre a terra. Enfim, não é tanto por Afrodite que arde o desejo de Hefesto quanto por Cáris; e pôde-se mostrar as ligações entre essa força de "charme" que Cáris encarna com os dons mágicos de que Hefesto dispõe, para animar as obras de sua arte e dar vida à matéria morta. Mas aceitemos as versões onde Afrodite é a esposa do divino ferreiro. Em que desempenharia ela especialmente o papel de um substituto da mãe? A menos que se consagrasse à pederastia, seria preciso que Hefesto se unisse a uma divindade feminina; qualquer que fosse essa deusa, o tema do substituto materno não seria nem mais, nem menos verdadeiro, seria igualmente falso. Por outro lado Hefesto persegue Atena. Fala-se de novo em incesto. Mas os deuses, formando no Olimpo uma única e mesma família, não têm outra escolha senão entre a aliança inferior e a endogamia. Aliás, no caso presente, Atena não é irmã de Hefesto. Ela é filha de Zeus e de Métis. Hefesto é o filho de Hera. Sempre Hefesto fracassa nas suas tentativas de sedução. Atena, sabe-se, permanece virgem. Ela realizaria assim, diz ele, "o desejo inconsciente de Zeus a seu respeito". O pai quer guardar sua filha só para si "como objeto imaginário de seu desejo". Esta explicação não é somente gratuita. Ela não explica nada. De todas as divindades femininas, há apenas três que permanecem virgens: Atena, Ártemis, Héstia. Por que essas e não outras? É preciso, portanto, explicar essa virgindade como traço diferencial em relação às deusas que, embora filhas do mesmo pai, se casam normalmente. Nós tentamos, num estudo anterior, esta análise no que concerne a Héstia*. No caso de Atena, sua virgindade não se prende a um pretenso desejo inconsciente de Zeus, mas a seu estatuto de divindade guerreira: nos ritos de adolescência, casamento e guerra aparecem como duas instituições complementares; o casamento está para a moça como a guerra está para o rapaz; ele marca, para a adolescente, ao sair da infância, a realização normal de seu sexo, o acesso à plena feminilidade. É por isso que uma jovem que se destina à guerra – quer se trate de uma amazona ou da deusa Atena – deve permanecer presa a seu estatuto de *parthénos*, isto é, deve recuar essa bifurcação para a plena feminilidade que o casamento representa para toda adolescente que transpõe o limiar da puberdade.

Um outro procedimento que permite "edipizar" os temas lendários mais diversos, consiste em batizar como incesto uniões que os gregos consideravam perfeitamente legítimas e que, portanto, não tinham nenhum caráter incestuoso. O casamento de uma jovem com o tio ou com os primos paternos é assim regularmente interpretado como um "substituto" de incesto com o pai. Mas, no contexto da civilização antiga, esta substituição é absolutamente impossível. Pois, se a união com o pai constitui para os gregos um crime e uma poluição abomináveis, o casamento com o tio ou com os primos paternos é, em certos casos, como o da jovem epiclera, senão obrigatório, ao menos preferível. Com que direito se põe o sinal de igual entre dois tipos de união – um formalmente proibido e o outro recomendado – que se opõem, portanto, termo a termo, nesse plano preciso do incesto, onde se pretende assimilá-los um ao outro?

A identificação das afeições familiares aos desejos incestuosos não é menos arbitrária. Para os gregos, os elos familiares definem um domínio de relações humanas onde sentimentos pessoais e atitudes religiosas são indissociáveis. A afeição recíproca entre pais e filhos de um lado, irmãos e irmãs de outro, representa o modelo daquilo que os gregos chamam *philía*. A palavra *phílos*, que tem valor de possessivo e corresponde ao latim *suus*, designa primeiro o que é seu, isto é, para o parente seu parente próximo. Aristóteles, muitas vezes, e em particular, a propósito da tragédia, indica que esta *philía* repousa sobre uma espécie de identidade entre todos os membros da família no sentido estrito. Cada parente é para seu parente, um *alter ego*, um si mesmo desdobrado ou multiplicado. Nesse sentido, a *philía* se opõe ao *éros*, ao desejo amoroso, que leva a um outro que não si mesmo, outro pelo sexo, outro pelo parentesco. Para os gregos, fiéis neste ponto à tradição hesiódica, o comércio sexual une os opostos, não os semelhantes. Identificar *a priori* – sem indicação especial no texto – afeição familiar

---

* *Mythe et pensée chez les Grecs*, 4ª ed., Paris, 1971, t. 1, pp. 124-176 (em tradução brasileira de Haiganuch Sarian pela Difel-Edusp, São Paulo, 1973).

e desejo incestuoso, é, portanto, confundir dois tipos de sentimentos que os gregos muito cuidadosamente distinguiram e mesmo opuseram. Esse contrassenso, como se pode esperar, não favorece muito a compreensão das obras antigas. Tomemos um exemplo nessa linhagem dos Labdácidas à qual se prende precisamente Édipo. Segundo Anzieu, as filhas de Édipo são incestuosas como seu pai: "Elas sonham tornar-se suas companheiras". Se, por "companheiras", se entende que elas assistam e apoiem seu pai na desgraça, conforme seu dever filial, isso não é um sonho, mas a realidade. Se por "companheiras" se quer dizer que elas desejam unir-se a Édipo, é Anzieu que sonha. Que se releiam todos os trágicos, que se disseque *Édipo em Colono*, não se encontrará nada que justifique esta interpretação. Anzieu acrescenta: "A virgem Antígona, apesar da ordem formal de Creonte, presta as honras fúnebres a seu irmão maldito Polinice, aquele que ataca sua pátria. A afeição incestuosa pelo irmão é um deslocamento da afeição incestuosa pelo pai". Aqui não nos chocamos mais com o silêncio dos textos; eles falam, e muito claramente. Após a morte de Édipo e de seus dois filhos, já não existe mais descendência masculina susceptível de perpetuar a família dos Labdácidas. Espalhando a poeira sobre o cadáver de Polinice, Antígona não cede a uma afeição incestuosa por aquele irmão que lhe era proibido enterrar; ela proclama a igualdade do dever religioso que se impõe a todos seus irmãos defuntos, qualquer que pudesse ter sido a vida deles. Para Antígona, cujos *phíloi* desceram ao Hades, a fidelidade à *philía* familiar passa pela fidelidade ao culto aos mortos o único que pode perpetuar de agora em diante o ser religioso do *génos*. Que esta atitude a condene à morte, apenas reforça a resolução da jovem. O que ela afirma é que, na sua situação, o domínio da *philía* familiar e o da morte coincidem para formar um universo à parte, fechado sobre si mesmo, e que tem suas leis próprias, sua própria *Díkē* infernal, diferente da de Creonte, dos homens, das cidades, diferente também, talvez, dessa outra *Díkē* que reside no céu, ao lado de Zeus. Não renegar a *philía* significa, portanto, para Antígona, segundo a fórmula de Creonte, não querer honrar nenhum outro deus que o Hades. É por isso que, no fim da tragédia, a jovem aparece também condenada. Não somente em razão daquilo que seu caráter comporta de íntegro, de intratável, de "não cozido"; porém, mais ainda, porque fechada na *philía* e na morte, ela desconhece tudo aquilo que no universo ultrapassa esses domínios, em particular o que pertence à vida e ao amor. As duas divindades que são invocadas pelo coro, Dioniso e Eros, não condenam apenas Creonte. Postados nas fileiras de Antígona, enquanto deuses noturnos, misteriosos, próximos das mulheres e estranhos ao político, eles voltam-se contra a jovem porque exprimem, até nos seus liames com a morte, as potências de vida e de renovação. Antígona não quis ouvir o apelo para desligar-se dos "seus" e da *philía* para abrir-se ao outro, reconhecer o Eros e, na união com um "estrangeiro", transmitir por sua vez a vida. A oposição *philía-éros*, afeição familiar – desejo sexual, tem, portanto, um lugar maior na arquitetura do drama. Confundindo-os sob pretexto de "substituto", não se torna o texto mais claro; destrói-se a peça.

Mas vejamos o segundo aspecto que quisemos reter do artigo de Anzieu; ele concerne a Édipo em pessoa. Para a clareza do debate, delimitemos nitidamente o problema. Não consideramos aqui a mitologia edipiana no seu todo, ou seja, todas as versões legendárias cujo estudo pertence à história das religiões. Tratamos apenas do Édipo de *Édipo-Rei*, tal qual Sófocles desenhou como personagem trágica. A interpretação psicanalítica, neste caso, é pertinente? Manifestamos, há pouco, o maior ceticismo em relação a um Hefesto, dotado de um complexo de Édipo. Mas o próprio Édipo é inteligível no seu caráter, seu *êthos*, sem o complexo que leva seu nome, e a ação trágica, o *drâma*, tem sentido se não se admite, como Anzieu, que o oráculo, revelando ao filho de Laio seu destino de parricida e de incestuoso, não é outra coisa que "a formulação do fantasma do qual ele está inconsciente e que determina seu agir"?

Vejamos como Anzieu, guiado por esse fio de Ariadna explora o itinerário de Édipo. "O primeiro ato se passa na estrada de Delfos a Tebas. Édipo volta da consulta do oráculo que lhe revelou seu destino parricida e incestuoso; ele decidiu não mais retornar a Corinto para escapar desse destino (singular confusão, se ele sabe que estão lá seus pais adotivos; é, ao contrário, voltando para perto deles que ele nada teria a temer; da mesma forma, se Édipo tivesse decidido esposar uma jovem, ele ter-se-ia posto ao abrigo de uma união incestuosa com sua mãe). Ao contrário, partindo para a aventura (entregando-se às livres associações) Édipo vai realizar seu destino (isto é, seu fantasma). Assim, tudo parece ordenar a Édipo, se ele quer evitar a predição, que volte a Corinto, onde não corre perigo. Sua "singular confusão" é um ato sintomático que revela que ele obedece inconscientemente a seu desejo de incesto e de parricídio. Mas, para que esta leitura seja fundamentada, é preciso admitir como Anzieu que Édipo sabe, sem sombras de dúvida, que Mérope e Pólibo, soberanos de Corinto que o criaram como filho adotivo, não são nem sua mãe, nem seu pai, mas simples pais adotivos. Ora, ao longo da peça, até que a verdade se revele, Édipo parece persuadido do contrário. Não apenas uma vez, mas muitas, Édipo afirma, sem a menor dúvida, ser filho de Mérope e de Pólibo[2]. Longe de ter deixado Corinto, apesar da segurança que esta estada lhe assegurava, é, o contrário, para tentar escapar a seu destino que Édipo fugiu da cidade que, ele acreditava, seus pais habitavam: "Lóxias disse um dia

---

2   Em 774-5; 824-7; 966-7; 985-6; 990; 995; 100l; 1015; 1017; 1021.

que era preciso que me unisse à minha própria mãe e que derramasse com minhas mãos o sangue paterno. Eis por que há muito tempo moro longe de Corinto. Tive razão. No entanto é doce ver o rosto daqueles que nos geraram"[3].

Em que se fundamenta Anzieu para fazer o texto dizer exatamente o contrário do que ele enuncia tão claramente? Se nos prendêssemos literalmente a seu estudo, não encontraríamos resposta a esta questão. Mas, fazendo-nos o advogado do diabo, poderíamos argumentar com uma passagem que, interpretada em termos de psicologia das profundezas, viria a fundamentar sua tese e a pôr em questão a sinceridade das afirmações de Édipo quanto à sua origem. Trata-se dos versos 774-793. Édipo explica a Jocasta que seu pai é Pólibo de Corinto, sua mãe Mérope, uma dória. Ele era considerado na sua cidade o primeiro dos cidadãos, o herdeiro do trono ocupado por seu pai. Um dia, entretanto, durante um banquete, um bêbado o insulta, chamando-o "filho suposto". Indignado, Édipo vai encontrar seus pais que apoiam sua cólera contra o autor desse ultraje. Esta cólera é agradável para Édipo, mas a palavra continua a atormentá-lo. Sem que Pólibo e Mérope saibam, vai a Delfos para interrogar o oráculo sobre sua origem. Em vez de responder à sua pergunta, o oráculo anuncia que ele dormirá com sua mãe e matará seu pai. Nesse momento Édipo decide abandonar Corinto.

Por que, dir-se-á, Sófocles introduziu esse episódio? Não é para sugerir que no seu íntimo Édipo já sabe que seus pais não são aqueles que passam por tais, mas que ele se recusa a confessá-lo para melhor ceder a seu fantasma de incesto e de parricídio? Parece-nos, ao contrário, que as razões de Sófocles são estranhas à psicologia das profundezas. Elas respondem a outras ordens de necessidade. Estética, de início. A descoberta da verdadeira origem de Édipo não poderia aparecer como uma revelação repentina e inesperada, uma reviravolta imprevisível da situação. Ela deve ser preparada psicológica e dramaticamente. A alusão de Édipo a este incidente de sua juventude, primeira fenda no edifício de sua pretensa genealogia, é um elemento indispensável dessa preparação.

Necessidade religiosa, em seguida. Na tragédia, o oráculo é sempre enigmático, jamais mentiroso. Ele não engana, ele dá ao homem a oportunidade de errar. Se o deus de Delfos tivesse feito a Édipo sua predição, sem que este tivesse a menor razão para interrogar-se sobre sua origem, seria culpado de tê-lo deliberadamente enganado; ele próprio tê-lo-ia expulsado de Corinto, lançado no caminho de Tebas ao incesto e ao assassínio. Mas à interrogação de Édipo: Pólibo e Mérope são meus pais? Apolo nada responde. Ele apenas antecipa

---

3   997 e ss., e 769 e ss.

ÉDIPO SEM COMPLEXO

uma predição: dormirás com tua mãe, matarás teu pai – e esta predição, no seu horror, deixa aberta a pergunta feita. É, portanto, Édipo que comete o erro de não se inquietar com o silêncio do deus e de interpretar sua palavra como se ela trouxesse a resposta ao problema de sua origem. Este erro de Édipo deve-se a dois traços de seu caráter: muito seguro de si, muito confiante de sua *gnome*, seu julgamento[4], ele não é levado a duvidar de sua interpretação dos fatos[5]; naturalmente orgulhoso, ele se pretende sempre e em toda parte o senhor, o primeiro[6]. Aqui aparecem as razões de ordem mais propriamente psicológica às quais Sófocles obedeceu. Édipo se define com uma altiva segurança: aquele que decifra os enigmas. E todo o drama é, de uma certa forma, um enigma policial que Édipo deve esclarecer. Quem matou Laio? O pesquisador se descobrirá assassino. Mas ele está muito obstinado em prosseguir a pesquisa, porque suas suspeitas estão, desde o início, dirigidas contra seu cunhado Creonte que ele considera um rival, invejoso de seu poder e de sua popularidade.

Projetando sobre Creonte seu próprio desejo de poder, num só impulso ele se persuade de que, animado pelo *phthónos*, a inveja em relação aos grandes, seu cunhado procura tomar seu lugar no trono de Tebas e de que, no passado, ele pode ter guiado a mão dos assassinos do antigo rei. É esta *hýbris* própria do tirano – para chamá-lo como o coro[7] – que causa a perda de Édipo e constitui uma das molas da tragédia. Pois a pesquisa, além do assassinato de Laio, visa a um outro objeto: é Édipo que ela põe em questão. Édipo o clarividente, o decifrador de enigmas que ele, em sua cegueira de rei, é incapaz de decifrar. Édipo é "duplo" como a palavra do oráculo: rei "salvador" a quem, no início da peça, todo o povo implora, como se dirigisse a um deus que tem nas suas mãos o destino da sua cidade; mas também poluição abominável, monstro de impureza, que concentra em si todo o mal, todo o sacrilégio do mundo, e que é preciso expulsar como um *pharmakós*, um bode expiatório, para que a cidade, de novo pura, seja salva.

Instalado na sua personagem de rei divino, convencido de que os deuses o inspiram e de que a *Týkhē* vela a seu lado, como Édipo poderia suspeitar que, permanecendo o mesmo, ele será também esta ignomínia da qual cada um vai desviar-se? Ser-lhe-á preciso pagar a clarividência a preço de seus olhos; pelo sofrimento ele compreenderá que, aos olhos dos deuses, aquele que se eleva mais alto é também o que está mais embaixo[8]. Tornado sábio pela provação, ele subirá no *Édipo em Colono*, o caminho inverso: no ponto extremo da desgraça e

4   Cf. 398.
5   Cf. 642.
6   Cf. 1522.
7   Cf. 872.
8   Cf. 873-78; 1195 e ss.; 1524 e ss.

da miséria, o excesso de sua polução qualificá-lo-á como herói tutelar de Atenas. Mas no *Édipo-Rei* todo caminho está ainda por fazer. Édipo não conhece essa parte de sombra que ele traz consigo, como o sinistro reflexo de sua glória. É por isso que ele não pode "escutar" o silêncio ambíguo do oráculo. Pois a pergunta que ele faz ao deus de Delfos não é outra senão esse enigma que ele é incapaz de decifrar: quem sou eu? "Filho de Pólibo e Mérope" significa, no espírito de Édipo, filho de rei, nascido para um grande destino. E se a palavra "filho suposto" o fere mais do que é razoável, o atormenta como uma injúria, é porque, acima de tudo, ele teme uma baixa origem, um sangue do qual se envergonhar. O oráculo, que lhe traz uma horrível ameaça, tranquiliza-o, ao menos nesse ponto. Também ele deixa Corinto sem mais se perguntar se "essa terra natal", onde o deus lhe proíbe pôr os pés, é exatamente a cidade em que reinam aqueles que se afirmam seus pais. Quando, no decorrer do drama, um mensageiro de Corinto lhe disser que ele é uma criança enjeitada, sua reação será a mesma. Jocasta que, a partir de então, tudo compreende, implora-lhe que pare e não leve avante a pesquisa. Ele recusa. A rainha aterrada retira-se e dirige-lhe essas últimas palavras: "Infeliz, possas tu nunca saber *quem tu és!*". Quem é Édipo? É a pergunta que ele fez ao oráculo, o enigma no qual, durante toda a peça, ele não para de tropeçar. Mas, desta vez ainda, como em Delfos, Édipo engana-se sobre o verdadeiro sentido da mensagem. E sua "confusão" não tem nada a ver com a psicologia das profundezas. Ele acredita que Jocasta o desaconselha dessa procura porque ameaça revelar sua baixa origem e fazer aparecer seu casamento de rainha como uma aliança inferior com um homem do povo, o filho de um escravo. "Deixai-a orgulhar-se de sua opulenta família [...] Orgulhosa como uma mulher, ela se enrubesce sem dúvida de minha baixa origem." Mas esse "ser" de Édipo que Jocasta acaba de descobrir e que a gela de terror, não é a servidão ou o plebeísmo de seu esposo, nem a enorme distância que ameaça separá-los a partir de então, mas, ao contrário, sua alta linhagem, esse sangue real que, correndo idêntico nas suas veias, os aproxima muito, faz de seu casamento não uma aliança inferior, mas um incesto e transforma Édipo numa poluição viva.

Por que Anzieu desde o princípio foi levado a falsificar o sentido do drama, supondo, contra a evidência do texto, que Édipo sabe bem que seus pais não são aqueles que passam por tais? Essa "confusão" não é casual. Ela é de uma absoluta necessidade para a interpretação psicanalítica. Com efeito, se o drama repousa sobre a ignorância de Édipo quanto à sua verdadeira origem, se ele se crê realmente, como o afirma tantas vezes, o filho afetuoso e querido dos soberanos de Corinto, é claro que o herói do *Édipo-Rei* não tem o menor complexo de Édipo. Ao nascer, Édipo é confiado a um pastor cuja missão era fazê-lo perecer no Citéron. Entregue às mãos de Mérope e Pólibo, que não têm filho, ele é criado, tratado, mimado por eles como seu próprio filho. Na vida afetiva de Édipo, a personagem materna só pode ser Mérope e não essa Jocasta que ele jamais vira antes de sua chegada a Tebas, que não é para ele uma mãe e que ele esposa não por inclinação pessoal, mas porque ela lhe foi dada sem que ele pedisse, como esse poder real que ele ganhou, adivinhando o enigma da Esfinge, mas que ele não podia ocupar se não partilhasse do leito da rainha[9]. "Um ponto está assegurado", escreve Anzieu, "é que Édipo no leito materno conhece a felicidade: ele reencontrou pela re-posse da mãe a primeira felicidade perdida, quando cedo foi separado dela e exposto no Citéron." Se Édipo encontrou, ao lado de Jocasta, a felicidade, é porque psicologicamente esse leito não é para ele o leito materno, esse λέκτρον μητρός, do qual ele fala no verso 976 para designar o leito de Méropes quando ele o for, ele o será para Jocasta e para ele o sinal da sua desgraça. A união conjugal, que os tebanos lhes oferecem com a rainha, não pode significar para Édipo uma re-posse da mãe, pois Jocasta é para ele uma estrangeira, uma *xéne*, pois que ele se crê em Tebas, segundo a fórmula de Tirésias, um estrangeiro domiciliado, *xénos métoikos*[10]. E a separação da "mãe" não se produziu para ele ao nascer, sobre o Citéron, mas no dia em que ele teve de deixar, ao mesmo tempo que Corinto, "o doce rosto de seus pais"[11]. Dir-se-á que Jocasta é um "substituto" de Mérope e que Édipo vive suas relações conjugais com a rainha de Tebas *à maneira* de uma união com sua mãe? Tudo desmente essa interpretação. Se Sófocles a tivesse querido, teria sido fácil sugeri-la. Ao contrário, ele apagou tudo aquilo que, antes da revelação final, podia evocar nas relações pessoais entre o marido e a mulher as ligações de um filho com sua mãe. Jocasta ficou por muito tempo sem filho; teve Édipo tarde. É, portanto, bem mais velha do que ele. Mas nada na tragédia deixa supor esta diferença de idade entre aqueles que se tornaram esposa e esposo. Se Sófocles apagou esse traço, não foi somente porque ele teria parecido estranho aos olhos dos gregos (a mulher sendo sempre muito mais jovem que seu marido), mas porque ele teria sugerido, nas relações do casal, senão uma inferioridade de Édipo, ao menos, da parte de Jocasta, uma atitude "maternal" que não se enquadraria com o caráter dominador, autoritário e tirânico do herói[12]. Relações do tipo edipiano, no sentido

9   Cf. 383-4.
10   452.
11   999.
12   Na *Psicologia da Vida Cotidiana* (Petite Bibliothèque Payot, p. 191), Freud escreve: "O fato muito curioso de que a lenda grega não leva em conta a idade de Jocasta me parecia combinar muito bem com minha própria conclusão de que o amor que a mãe inspira a seu filho, trata-se, não da pessoa atual da mãe, mas da imagem que o filho conservou dela e que data de seus próprios anos de infância". Mas precisamente Édipo não podia, de seus anos de infância, conservar nenhuma imagem de Jocasta.

moderno do termo, entre Édipo e Jocasta teriam ido diretamente contra a intenção trágica da peça, centrada no tema do poder absoluto de Édipo e da *hýbris* que necessariamente decorre disso.

Ao termo de sua análise da tragédia, Anzieu propõe, para completar sua interpretação, atribuir por sua vez a Creonte uma afeição incestuosa por sua irmã Jocasta. Além do trono, os dois cunhados disputa-riam a mesma mulher. "A afeição incestuosa entre Creonte e Jocasta, o ciúme de Édipo pelo irmão de sua mulher e de sua mãe é uma hipótese necessária, sem nenhuma dúvida, não para compreender o drama, mas para fazé-lo entrar no quadro de uma interpretação preestabelecida. Não há o menor traço de afeição entre o irmão e a irmã. Édipo não tem ciúme de sua afeição mútua; se ele tivesse, a intervenção de Jocasta a favor de Creonte seria ineficaz: ela só aumentaria o furor do ciumento. Édipo está apenas convencido de que Creonte tem ciúme dele – não no sentido erótico do termo – mas no sentido social que designa a palavra grega *phthónos*, que significa inveja daquele que é mais rico, mais poderoso, mais perspicaz[13]. A rivalidade entre os dois homens – ou antes esse fantasma de rivalidade em que se forja o espírito suspeito do tirano, pois Creonte não é na realidade seu rival: ele não deseja mais força do que aquela de que já dispõe por estatuto familiar –, essa rivalidade se situa inteiramente no terreno de uma competição pelo poder[14]. Aos olhos de Édipo, Creonte não pode suportar sua vitória sobre a Esfinge, sua popularidade[15], sua soberania. Suspeita que Creonte tenha, desde o primeiro dia, planejado uma conspiração contra si[16]; ele o reprova por querer agora atentar contra sua vida e roubar-lhe abertamente o poder. Convencido de que Creonte procura abatê-lo, porque ele tem a realeza, simultaneamente suspeita, desde a abertura da peça, em termos cada vez menos velados, de que ele tenha sido o verdadeiro instigador do assassinato de Laio[17]. Aqui ainda, uma visão "edipiana" das personagens e de suas relações não poderia esclarecer o texto; ela o falseia.

Há, entretanto, no *Édipo-Rei* uma réplica que Freud já notou, e que foi frequentemente invocada para apoiar a interpretação psicanalítica. A Édipo, que se inquieta diante dela por causa do oráculo, Jocasta replica que "muitas pessoas já nos seus sonhos partilharam do leito materno", e que não há o que temer. O debate entre o rei e a rainha trata do crédito que convém atribuir aos oráculos. O oráculo de Delfos predisse a Édipo que ele partilharia do leito de sua mãe.

13   Cf. 380-1.
14   Cf. 382; 399; 535; 541; 618; 642; 658-9; 701.
15   Cf. 495 e 541.
16   Cf. 385.
17   Cf. 73 e ss.; 124-5; 288-9; 401-2.

ÉDIPO SEM COMPLEXO

É em verdade o caso de se ficar perturbado? Os sonhos têm igualmente, para os gregos, valor oracular. Édipo não foi, portanto, o único a receber esse "sinal" dos deuses. Ora, segundo Jocasta, ou esse sinal não quer dizer nada que os homens sejam capazes de interpretar de antemão[18] e, portanto, não se deve dar muita importância a ele, ou se anuncia alguma coisa, será antes um acontecimento favorável. Sófocles, que conhece Heródoto como o público ateniense ao qual ele se dirige, pensa aqui no episódio de Hípias, tal qual o historiador o relata[19]. O aprendiz-tirano, marchando contra Atenas para aí conquistar o poder com o apoio do exército persa, sonha que se une à sua mãe. Ele conclui, logo em seguida, muito feliz "que ele devia entrar em Atenas, restaurar seu poder e aí morrer velho". Para os gregos, com efeito, como Anzieu o observa com razão após Marie Delcourt, o sonho de união com a mãe – isto é, com a terra que tudo engendra, aonde tudo retorna – significa ora a morte, ora a tomada de posse do solo, a conquista do poder. Não há, nesse simbolismo, traço de angústia, nem de culpabilidade propriamente edipianas. Não é, portanto, o sonho, posto como uma realidade a-histórica, que pode conter e revelar o sentido das obras de cultura. O sentido de um sonho aparece, enquanto fenômeno simbólico, como um fato cultural da competência de um estudo de psicologia histórica. A esse respeito, poder-se-ia propor aos psicanalistas que se fizessem mais historiadores e que pesquisassem, através das diversas *Interpretações dos Sonhos* que se sucederam no Ocidente, as constâncias e as transformações eventuais da Simbologia dos sonhos.

18 Cf. 709.
19 VI. 107.

5. Ambiguidade e Reviravolta. Sobre a Estrutura Enigmática de Édipo-Rei*

No estudo que consagrou em 1939 à ambiguidade na literatura grega, W. B. Stanford[1] observa que, do ponto-de-vista da anfibologia, *Édipo-Rei* ocupa uma posição especial: a obra tem valor de modelo**. Nenhum gênero literário da Antiguidade utiliza, com efeito, de maneira tão ampla quanto a tragédia, as expressões de duplo sentido e *Édipo-Rei* comporta duas vezes mais fórmulas ambíguas que as outras peças de Sófocles (cinquenta segundo o repertório organizado por Hug em 1872)[2]. O problema, todavia, é menos de ordem quantitativa do que de natureza e de função. Todos os trágicos gregos recorreram à ambiguidade como meio de expressão e como modo de pensamento. Mas o duplo sentido assume um papel bem diferente conforme seu lugar na economia do drama e o nível de língua em que o situam os poetas trágicos.

Pode tratar-se de uma ambiguidade no vocabulário, que corresponde àquilo que Aristóteles chama *homonymía* (ambiguidade léxica); esse tipo de ambiguidade torna-se possível pelas imprecisões ou contradições da língua[3]. O dramaturgo joga com ela para traduzir sua visão trágica de um mundo dividido contra si mesmo,

---

*   Tradução de Filomena Yoshie Hirata Garcia.
1.   *Ambiguity in Greek Literature*, Oxford, 1939, pp. 163-173.
**   Sob forma um pouco modificada, esse texto reproduz um estudo publicado em *Echanges et Communications*, Mélanges offerts à Claude Lévi-Strauss, Paris, 1970, tomo II, pp. 1253-1279.
2   A. Hug, "Der Doppelsinn in Sophokles Oedipus König", *Philologus*, 31, 1872, pp. 66-84.
3   "Os nomes são em número finito, enquanto as coisas são infinitas. Também é inevitável que um nome único tenha muitos sentidos." Aristóteles, *De Sophisticis Elenchis*, 1, 165a II.

74 MITO E TRAGÉDIA NA GRÉCIA ANTIGA

dilacerado pelas contradições. Na boca de diversas personagens, as mesmas palavras tomam sentidos diferentes ou opostos, porque seu valor semântico não é o mesmo na língua religiosa, jurídica, política, comum[4]. Assim, para Antígona, *nómos* designa o contrário daquilo que Creonte, nas circunstâncias em que está colocado, chama também *nómos*[5]. Para a jovem a palavra significa: regra religiosa; para Creonte: decreto promulgado pelo chefe de Estado. E, de fato, o campo semântico de *nómos* é bastante extenso para cobrir, entre outros um e outro sentido[6]. A ambiguidade traduz, então, a tensão entre certos valores sentidos como inconciliáveis a despeito de sua homonímia. As palavras trocadas no espaço cênico, em vez de estabelecer a comunicação e o acordo entre as personagens, sublinham, ao contrário, a impermeabilidade dos espíritos, o bloqueio dos caracteres; marcam as barreiras que separam os protagonistas, desenham as linhas de conflito. Cada herói, fechado no universo que lhe é próprio, dá à palavra um sentido e um só. A essa unilateralidade choca-se violentamente uma outra unilateralidade. A ironia trágica poderá consistir em mostrar como, no decorrer da ação, o herói se encontra literalmente "pego na palavra", uma palavra que se volta contra ele, trazendo-lhe a amarga experiência do sentido que ele se obstinava em não reconhecer[7]. É somente além das personagens, entre o autor e o espectador, que se estabelece um outro diálogo onde a língua recupera sua virtude de comunicação e sua transparência. Mas o que a mensagem trágica transmite, quando é compreendida, é precisamente que existem, nas falas trocadas entre os homens, zonas de

4 Cf. Eurípides, *Fenícias*, pp. 409 e ss. "Se a mesma coisa fosse para todos igualmente bela e sábia, os homens não conheceriam a controvérsia das querelas. Mas para os mortais não há nada de semelhante nem de igual, salvo nas palavras; a realidade é totalmente diferente."

5 A mesma ambiguidade aparece nos outros termos que têm um lugar maior na textura da obra: δίκη, φίλος e φιλία, κέρδος, τιμή, ὀργή, δεινός. Cf. R. F. Goheen, *The imagery of Sophocles' Antigone*, Princeton, 1951, e Ch. P. Segal, "Sophocles' Praise of Man and the Conflicts of the Antigone", *Arion*, 3, 2, 1964, pp. 46-66.

6 Benveniste (*Noms d'agent et noms d'action en indo-européen*, Paris, 1948, pp. 79-80) mostrou que *némein* contém a ideia de uma atribuição regular, de uma partilha regulamentada pela autoridade de direito consuetudinário. Esse sentido engloba as duas grandes séries na história semântica da raiz *nem*. *Nómos*, atribuição regular, regra de uso, costume, rito religioso, lei divina ou cívica, convenção; *nomós*, atribuição territorial fixado pelo costume, pastagem, província. A expressão *tà nomizómena* designa o conjunto do que é devido aos deuses, *tà nómina*, as regras de valor religioso ou político; *tà nomísmata*, os costumes ou a moeda corrente na cidade.

7 Em *Antígona*, em 481, Creonte condena a jovem que transgrediu "os *nómoi* estabelecidos". No fim da peça, em 1113, inquieto com as ameaças de Tirésias, ele jura respeitar a partir de então "os *nómoi* estabelecidos". Mas de uma fórmula à outra, *nómos* mudou de sentido. Em 481, Creonte o emprega como sinônimo de *kérygma*, decreto público proclamado pelo chefe da cidade; em 1113, a palavra reencontrou, na boca de Creonte, o sentido que lhe dava Antígona no princípio: lei religiosa, ritual funerário.

AMBIGÜIDADE E REVIRAVOLTA... 75

opacidade e de incomunicabilidade. No momento em que o espectador vê na cena os protagonistas aderirem exclusivamente a um sentido e assim, cegos, se perderem ou se dilacerarem mutuamente, ele é levado a compreender que há, na realidade, dois ou mais sentidos possíveis. A mensagem trágica torna-se-lhe inteligível na medida em que, arrancado de suas incertezas e de suas limitações antigas, percebe a ambiguidade das palavras, dos valores, da condição humana. Reconhecendo o universo como conflituoso, abrindo-se a uma visão problemática do mundo, ele se faz, através do espetáculo, consciência trágica.

O *Agamêmnon* de Ésquilo forneceria bons exemplos de um outro tipo de ambiguidade trágica. Trata-se de subentendidos utilizados de maneira plenamente consciente por certas personagens do drama, para dissimular, no discurso que elas dirigem a seu interlocutor, um segundo discurso, contrário ao primeiro, cujo sentido é perceptível por aqueles que dispõem, na cena e no público, dos elementos de informação necessários[8]. Acolhendo *Agamêmnon*, na entrada de seu palácio, Clitemnestra utiliza essa linguagem de duplo registro: soa agradavelmente aos ouvidos do marido como prova de amor e de fidelidade conjugal; mas, já equívoca para o coro que pressente nela uma obscura ameaça, ela se revela plenamente sinistra ao espectador que aí decifra claramente o projeto de morte que ela tramou contra seu marido[9]. O ambíguo não marca mais o conflito dos valores mas a duplicidade de uma personagem. Duplicidade quase demoníaca: o mesmo discurso, as mesmas palavras que comprometem Agamêmnon na armadilha, mascarando-lhe o perigo, proclamam, ao mesmo tempo, face ao mundo

8 Como diz o Vigia: "Para os que sabem, eu falo; para os que não sabem, expressamente, eu me escondo (ou: eu esqueço, λήθομαι)" (38-39). Encontrar-se-á um belo exemplo de destreza anfibológica no verso 137: quase que toda palavra é suscetível de uma dupla interpretação. Pode-se ouvir: "Massacrando uma trêmula lebre com sua cria antes que ela a gerasse" e também: "sacrificando uma pobre criatura trêmula, sua própria filha na frente de batalha."

9 Cf. W. B. Stanford, *op. cit.*, pp. 137-162. Alguns exemplos: desde as primeiras palavras, Clitemnestra, lembrando as angústias que conheceu na ausência de seu marido, declara que, se Agamêmnon tinha recebido tantas feridas quanto os rumores tinham propalado, "seu corpo teria mais chagas que uma rede de malhas" (868). A fórmula é de uma ironia sinistra: é justamente dessa maneira que o rei vai morrer, preso na rede da morte (1115), o emaranhado sem saída (1382) a rede de pesca (1382) que ela estende com Egisto ao redor dele (1110). - As portas, *pýlai* (604), as moradas, *dómata* (911) às quais ela faz várias vezes alusão, não são as do palácio, como o creem aqueles que a ouvem, mas, segundo a expressão consagrada, as do Hades (1291). Quando ela afirma que o rei encontra nela γυναῖκα πιστὴν, δωμάτων κύνα, ela diz, na realidade, o contrário do que parece: γυναῖκ' ἄπιστον, uma mulher infiel, que se comportou como uma cadela (606-7). Como observa o escoliasta, κύων (a cadela) significa uma mulher que tem mais de um homem. Quando ela evoca Zeus *Téleios*, o Zeus pelo qual tudo se faz, para que ele realize, τελεῖ, seus desejos (973-974), não é no Zeus do bom retorno que ela pensa, como se poderia imaginar, mas no Zeus funerário, mestre da morte "que tudo acaba".

o crime que vai perpetrar-se. E porque a rainha, na raiva que dedica ao seu cônjuge, no decorrer do drama, se faz instrumento da justiça divina, o discurso secreto que ela mantém dissimulado nas suas palavras de boas vindas tem um valor oracular. Falando da morte do rei, ela a torna, como um profeta, inevitável. O que Agamêmnon não pode escutar nas palavras de Clitemnestra é, exatamente, a verdade do que é dito. Formulada em voz alta, esta palavra adquire toda força executória de uma imprecação: ela inscreve no ser, de antemão e para sempre, o que é enunciado por ela. À ambiguidade do discurso da rainha responde exatamente a ambiguidade dos valores simbólicos ligados ao tapete de púrpura que ela faz estender cuidadosamente diante do rei e onde ela o persuade a andar. Quando ele penetra no seu palácio, como Clitemnestra o convida a fazê-lo, em termos que evocam ao mesmo tempo uma outra morada, são bem as portas do Hades que Agamêmnon atravessa sem saber. Quando ele põe seu pé nu sobre os suntuosos tapetes com os quais o chão tinha sido forrado, o "caminho de púrpura" que se fez nascer sob seus passos, não é absolutamente, como ele imagina, a consagração quase excessiva de sua glória, mas uma forma de livrá-lo das potências infernais, de condená-lo sem remissão à morte, esta morte "vermelha" que vem a ele no mesmo "suntuoso tapete" preparado por Clitemnestra para pegá-lo na armadilha como numa rede[10].

A ambiguidade que se encontra no *Édipo-Rei* é bem diferente. Ela não concerne nem à oposição dos valores nem à duplicidade da personagem que conduz a ação e se diverte brincando com a vítima. No drama de que é vítima, é Édipo, e Édipo só, que conduz o jogo. Nada senão sua vontade obstinada de desmascarar o culpado, alto conceito que ele tem de sua tarefa, de sua capacidade, de seu julgamento (sua *gnome*), seu desejo apaixonado de conhecer a todo preço a verdade – nada o obriga a levar a pesquisa a seu termo. Tirésias, Jocasta, o pastor tentam sucessivamente pará-lo. Em vão. Ele não é homem de contentar-se com meias-medidas, de acomodar-se a um compromisso. Édipo vai até o fim. E no fim do caminho que traçou contra tudo e contra todos, Édipo descobre que, conduzindo o jogo do princípio ao fim, é ele do começo ao fim que foi joguete. Também, poderá, no momento em que se reconhecer responsável por ter com suas próprias mãos forjado sua desgraça, acusar os deuses de terem tudo preparado e tudo feito[11]. O equívoco nas palavras de Édipo corresponde ao estatuto

---

10 Comparem-se os versos 910, 921, 936, 946, 949 de um lado e 960-961, 1383, 1390 de outro; observe-se o jogo de palavras εἱμάτων βαφάς (960), tintura dos tapetes que evoca αἱμάτων βαφάς, tintura de sangue (cf. Coéforas, 1010-1013). Sabe-se que em Homero o sangue e a morte são chamados πορφύρεοι. Segundo Artemidoro, *Interpretação do Sonho*, 77 (p. 84, 2-4, Pack): "a cor púrpura tem uma certa afinidade com a morte"; cf. L. Gernet, in *Problèmes de la couleur*, Paris, 1957, pp. 321-324.

11 Cf. R. P. Winnington-Ingram, "Tragedy and Greek Archaic Thought", *Classical Drama and its Influence, Essays Presented to H. D. F. Kitto*, 1965, pp. 31-50.

AMBIGÜIDADE E REVIRAVOLTA... 77

ambíguo que lhe é conferido no drama e sobre o qual toda a tragédia está construída. Quando Édipo fala, acontece-lhe dizer outra coisa ou o contrário do que ele está dizendo. A ambiguidade de suas palavras não traduz a duplicidade de seu caráter, que é feito de uma só peça, mas, mais profundamente, a dualidade de seu ser. Édipo é duplo. Ele constitui por si mesmo um enigma, cujo sentido só adivinhará quando se descobrir, em tudo, o contrário do que ele acreditava e parecia ser. O discurso secreto que se institui sem que o saiba, no seio de seu próprio discurso, Édipo não escuta. E nenhuma testemunha do drama em cena, fora Tirésias, é capaz de percebê-lo. São os deuses que devolvem a Édipo, como eco de certas palavras suas, seu próprio discurso deformado ou invertido[12]. E esse eco invertido, que soa como uma gargalhada sinistra, é na realidade uma correção. O que Édipo diz sem querer, sem compreender, constitui a única verdade autêntica de suas palavras. A dupla dimensão da linguagem edipiana reproduz, portanto, sob uma forma inversa, a dupla dimensão da linguagem dos deuses, tal qual ela se exprime na fórmula enigmática do oráculo. Os deuses sabem e dizem a verdade, mas eles a manifestam formulando-as em palavras que aos homens parecem dizer outra coisa. Édipo não sabe nem diz a verdade, mas as palavras que ele emprega para dizer outra coisa, manifestam-na, sem que ele saiba, de maneira espantosa, para quem tem dom de duplo ouvido, como o adivinho tem de dupla visão.

12 Aqui, ainda, enviaremos o leitor à obra de W. B. Stanford, aos comentários de R. Jebb, *Oedipus Tyrannus*, 1887 e de J. C. Kamerbeek, *The Plays of Sophocles*, IV, *The Oedipus Tyrannus*, 1967. Reteremos alguns exemplos: Creonte acaba de falar dos malfeitores, no plural, que mataram Laio. Édipo responde: como o assassino, o ληστής, poderia ter cometido esse ato sem cumplicidade? (124) O escoliasta observa: "Édipo pensa em seu cunhado". Mas, por esse singular, Édipo, sem o saber, se condena a si mesmo. Como ele o reconhecerá um pouco mais longe (842-847) se houve assassinos, ele não é culpado; mas se houve um homem, único e sozinho, o crime evidentemente lhe é imputável. Em 137-141, há três ambiguidades: 1. Expulsando a poluição, ele não o faz por amigos afastados, mas para si mesmo. Ele não crê expressar-se tão bem. 2. O assassino do rei poderia ser tentado a levar a mão contra ele. Efetivamente, Édipo furará seus olhos. 3. Vindo ao socorro de Laio, ele serve sua própria causa. – Não, ele se destruirá a si mesmo. Toda a passagem 258-265, com sua conclusão: "Por essas razões, como se Laio fosse meu pai, eu combaterei por ele", é ambígua. A frase: "Se sua descendência não tivesse abortado" significa igualmente: "Se sua descendência não tivesse sido destinada a um destino de desgraça". Em 551, a ameaça de Édipo a Creonte: "Se tu crês que atacarás um parente sem pagá-lo, tu te enganas", se volta contra ele mesmo; ele pagará o assassínio de seu pai. Em 572-573 duplo sentido: "Ele não teria pretendido que eu matei Laio", mas também: "Ele não teria revelado que eu matei Laio". – Em 928, a colocação de ἥδε, entre μήτηρ e τῶν τέκνων, aproxima γυνή e μήτηρ: sua mulher que é também sua mãe. Em 955-956: "Ele te anuncia que teu pai Pólibo está morto", mas também: Ele te anuncia que teu pai não é Pólibo, mas um morto". Em 1183, Édipo deseja a morte e grita: "Ó luz, possa eu ver-te pela última vez!" Mas φῶς tem dois sentidos em grego: luz da vida, luz do dia. É o sentido que Édipo não quer dizer que se tornará o verdadeiro.

78 MITO E TRAGÉDIA NA GRÉCIA ANTIGA

A linguagem de Édipo aparece assim como o lugar onde se atam e se defrontam na mesma fala dois discursos diferentes: um discurso humano, um discurso divino. No início, os dois discursos são bem distintos e separados um do outro; no fim do drama, quando tudo é esclarecido, o discurso humano se inverte e se transforma em seu contrário; os dois discursos se encontram: o enigma está resolvido. Nas arquibancadas do teatro, os espectadores ocupam uma situação privilegiada que lhes permite; como os deuses, escutar ao mesmo tempo os dois discursos opostos e seguir o confronto do princípio ao fim, através do drama.

Compreende-se, então, por que, do ponto de vista da anfibologia, Édipo-Rei tem um alcance exemplar. Aristóteles, lembrando que os dois elementos constitutivos da fabulação trágica, fora o "patético" são o reconhecimento (ἀναγνώρισις) e a peripécia (περιπέτεια), isto é, a reviravolta da ação em seu contrário (εἰς τὸ ἐναντίον τῶν πραττομένων μεταβολή) observa que, no Édipo-Rei, o reconhecimento é o mais belo porque coincide com a peripécia[13]. O reconhecimento que Édipo faz, não leva a outra pessoa, mas a Édipo. E esta identificação final do herói feita por ele mesmo constitui uma reviravolta completa da ação, nos dois sentidos que podem ser dados à fórmula de Aristóteles (que também não é isenta de ambiguidade): a situação de Édipo, por causa do reconhecimento, revela-se como contrária à anterior, a ação de Édipo atinge um resultado inverso àquele a que visara. Na abertura do drama, o estrangeiro de Corinto, decifrador de enigmas, salvador de Tebas, instalado no governo da cidade e que o povo venera como um deus, por seu saber e seu devotamento à causa pública, deve fazer face a um novo enigma, o da morte do antigo rei. Quem matou Laio? Ao termo da pesquisa, o justiceiro descobre-se idêntico ao assassino. Atrás da elucidação progressiva do enigma policial, que forma a trama da ação trágica, o que se desenrola, de fato, é o reconhecimento feito por Édipo de sua identidade. Quando aparece pela primeira vez, na abertura da peça, para anunciar aos suplicantes sua resolução de descobrir custe o que custar o criminoso e sua certeza de chegar a isso, ele se exprime em termos, cuja ambiguidade sublinha que, atrás da pergunta à qual ele se gaba de responder (quem matou Laio?), se desenha, em filigrana, num outro problema (quem é Édipo?). "Voltando, por minha vez, declara orgulhosamente o rei, à origem (dos acontecimentos que permaneceram desconhecidos), sou eu que os porei à luz", Ἀλλ᾽ ἐξ ὑπαρχῆς αὖθις αὔτ᾽ἐγὼ φανῶ (verso 132)[14]. O escoliasta não deixa de observar que há nesse *egò phanô* qualquer coisa de dissimulado que Édipo não quer dizer, mas que o espectador compreende "já que tudo será descoberto no próprio Édipo,

13 *Poética*, 1452a 32-33.
14 *Édipo-Rei*, 132.

ἐπεὶ τὸ πᾶν ἐν αὐτῷ φανήσεται". *Egò phanô*: sou eu que porei à luz o criminoso – mas também: eu me descobrirei criminoso.

Quem é, portanto, Édipo? Como seu próprio discurso, como a palavra do oráculo, Édipo é duplo, enigmático. Do princípio ao fim do drama ele permanece psicológica e moralmente o mesmo: um homem de ação e de decisão, coragem que nada pode abater, inteligência conquistadora, e à qual não se pode imputar nenhum erro moral, nenhuma falta deliberada à justiça. Mas, sem que saiba, sem tê-lo querido, nem merecido, essa personagem edipiana revela-se, em todas suas dimensões social, religiosa, humana, inversa à que aparece no governo da cidade. O estrangeiro coríntio é, na realidade, nativo de Tebas; o decifrador de enigmas, um enigma que não pode decifrar; o justiceiro, um criminoso; o clarividente, um cego; o salvador da cidade, sua perdição. Édipo, aquele que para todos é célebre[15], o primeiro dos homens[16], o melhor dos mortais[17], o homem do poder, da inteligência, das honras, da riqueza, se reconhece o último, o mais infeliz[18], e o pior dos homens[19], um criminoso[20], uma poluição[21], objeto de horror para seus semelhantes[22], odiado pelos deuses[23], reduzido à mendicância e ao exílio[24].

Dois traços sublinham o alcance dessa "reviravolta" da condição edipiana. Nas primeiras palavras que o sacerdote de Zeus dirige a Édipo, faz dele, de uma certa forma, o igual aos deuses: ἰσούμενος θεοῖσι[25]. Quando o enigma é resolvido, o coro reconhece em Édipo o modelo de uma vida humana que, através desse paradigma, lhe parece igual ao nada, ἴσα καὶ τὸ μηδὲν[26]. No início, Édipo é o espírito clarividente, a inteligência lúcida que, sem a ajuda de ninguém, sem o socorro de um deus, nem de um presságio, soube adivinhar só pelos recursos de sua *gnome*, o enigma da Esfinge. Ele tem desprezo pelo olhar cego do adivinho, cujos olhos estão fechados para a luz do sol, e que, segundo sua própria expressão, "não vive senão de trevas"[27]. Mas, quando as trevas são dissipadas, tudo se torna claro[28], e a luz se faz sobre Édipo, é precisamente nesse momento que ele vê o dia pela

---

15 *Édipo-Rei*, 8.
16 *Idem*, 33.
17 *Idem*, 46.
18 *Idem*, 1204-06, 1297 e ss., 1397.
19 *Idem*, 1433.
20 *Idem*, 1397.
21 *Idem*.
22 *Idem*, 1306.
23 *Idem*, 1345.
24 *Idem*, 455-56, 1518.
25 *Idem*, 31.
26 *Idem*, 1187-88.
27 *Édipo-Rei*, 374.
28 *Idem*, 1182.

80   MITO E TRAGÉDIA NA GRÉCIA ANTIGA

última vez. Desde o instante em que Édipo é "elucidado", posto a descoberto[29], oferecido aos olhos de todos como espetáculo de horror[30], não lhe é mais possível nem ver, nem ser visto. Os tebanos desviam dele seus olhos[31], incapazes de contemplar de frente esse mal "terrível de ver"[32], essa angústia da qual não se pode suportar a narrativa, nem a vista[33]. E se Édipo cega seus olhos, é, como ele explica[34], porque se lhe tornou impossível sustentar o olhar de qualquer criatura humana, entre os vivos e entre os mortos. Se tivesse podido, ele teria também obstruído os seus ouvidos para isolar-se numa solidão que o separasse da sociedade dos homens. A luz que os deuses projetaram sobre Édipo, é luminosa demais para que um olho mortal pudesse fixá-la. Ela expulsa Édipo deste mundo, feito para a claridade do sol, o olhar humano, o contato social. Ela o restitui ao mundo solitário da noite, onde vive Tirésias, que também pagou com seus olhos o dom da dupla visão, o acesso a uma outra luz, a luz ofuscante e terrível do divino.

Considerado do ponto-de-vista dos homens, Édipo é o chefe clarividente, igual aos deuses; considerado do ponto-de-vista dos deuses, ele aparece cego, igual ao nada. A reviravolta da ação, como a ambiguidade da língua, marca a duplicidade de uma condição humana, que, à maneira do enigma, se presta a duas interpretações opostas. A linguagem humana se inverte quando os deuses falam através dela. A condição humana se inverte – tão grande, tão justa, tão feliz que se seja – desde o momento em que se a meça com o padrão dos deuses. Édipo "tinha lançado sua flecha mais longe do que qualquer outro, tinha conquistado a felicidade mais afortunada"[35]. Mas, aos olhos dos Imortais, quem se eleva ao mais alto é também o que está mais embaixo. Édipo, o bem aventurado, toca o fundo da infelicidade: "Que homem, canta o coro, conheceu mais felicidade do que esta que ele imagina, para cair no infortúnio após essa ilusão? Com teu destino, como exemplo, sim teu destino, infeliz Édipo, não estimo feliz nenhuma vida humana"[36].

Se é bem esse o sentido da tragédia, como os helenistas concordam em pensar[37], reconhecer-se-á que *Édipo-Rei* não está somente

29 *Idem*, 1213.
30 *Idem*, 1397.
31 *Idem*, 1303-05.
32 *Idem*, 1297.
33 *Idem*, 1312.
34 *Idem*, 1370 e ss.
35 *Idem*, 1196-96.
36 *Idem*, 1189 e ss. Nesse sentido, a tragédia, desde antes de Platão, se opõe ao ponto-de-vista de Protágoras e da "filosofia das luzes" desenvolvida pelos sofistas no século V. Longe de o homem ser a medida de todas as coisas, é deus que é a medida do homem, como do resto; cf. Knox, *op. cit.*, pp. 150 e ss. 184.
37 Cf. ainda, em último lugar, E. R. Dodds, "On Misunderstanding the Oedipus Rex", *Greece and Rome*, 2nd séries, 13, 1966, pp. 37-49.

AMBIGÜIDADE E REVIRAVOLTA... 81

centrado no tema do enigma, mas que, na sua apresentação, seu desenvolvimento, seu desenlace, a peça é construída como enigma. A ambiguidade, o reconhecimento, a peripécia, homólogos uns aos outros, integram-se igualmente na estrutura enigmática da obra. O fecho da abóbada da arquitetura trágica, o modelo que serve de matriz à sua organização dramática e à sua língua, é a reviravolta, isto é, o esquema formal, segundo o qual os valores positivos se invertem em valores negativos, quando se passa de um a outro dos dois planos, humano e divino, que a tragédia une e opõe, como o enigma, segundo a definição de Aristóteles, reúne termos inconciliáveis[38].

Por meio desse esquema lógico da inversão, correspondente ao modo de pensar ambíguo próprio da tragédia, um ensinamento de um tipo particular é proposto aos espectadores: o homem não é um ser que se possa descrever ou definir, é um problema, um enigma cujos duplos sentidos jamais se chegou a decifrar. A significação da obra não pertence nem à psicologia nem à moral; ela é de ordem especificamente trágica[39]. O parricídio, o incesto, não correspondem nem ao caráter de Édipo, ao seu *Êthos*, nem a uma falta moral, *adikía*, que ele teria cometido. Se ele mata seu pai, se dorme com sua mãe, não é porque, mais ou menos obscuramente, odeie o primeiro, esteja apaixonado pela segunda. Em relação àqueles que ele crê serem seus verdadeiros, seus únicos pais, Mérope e Pólibo, Édipo tem sentimentos de igual ternura filial. Quando mata Laio, é em situação de legítima defesa contra um estrangeiro que o atingiu primeiro; quando desposa Jocasta, é um casamento sem inclinação que a cidade de Tebas lhe impõe com uma estrangeira, para fazê-lo aceder ao trono, como recompensa de seu feito: "A um fatal casamento, a uma união maldita, a cidade me ligou e eu não sabia de nada [...]. Eu recebi esse dom que jamais deveria receber de Tebas, após ter-lhe sido útil"[40]. Como Édipo proclama: cometendo o parricídio e o incesto, nem sua pessoa (*sôma*), nem seus atos (*érga*) estão em causa; na realidade, ele mesmo nada fez (οὐκ ἔρεξα)[41]. Ou antes, enquanto cometia um ato, o sentido de sua ação, sem que ele soubesse e sem que ele compreendesse, se invertia. A legítima defesa fez-se parricídio; o casamento, consagrando sua glória, incesto. Inocente e puro do ponto-de-vista do direito humano, é culpado e impuro do ponto--de-vista religioso. O que ele realizou, sem o saber, sem má intenção nem vontade delituosa, foi o mais terrível insulto à ordem sagrada que

---

38 *Poética*, 1458a 26. Aproximaremos este esquema da reviravolta àquele que se encontra no pensamento de Heráclito, especialmente fr. 88, expresso pelo verbo *metapíptein*. Cf. Clémence Ramnoux, *Héraclite ou l'homme entre les choses et les mots*, 1959, pp. 33 e ss. e 392.

39 A respeito dessa especificidade da mensagem trágica, cf. *supra*, p. 9.

40 *Édipo em Colono*, 525 e 539-540.

41 *Idem*, 265 e s., 521 e s., 539.

82 MITO E TRAGÉDIA NA GRÉCIA ANTIGA

governa a vida humana. Semelhante a esses pássaros que comem carne de pássaros, para retomar a expressão de Ésquilo[42], ele por duas vezes se nutriu de sua própria carne, primeiro derramando o sangue paterno, depois, unindo-se ao sangue materno. Édipo se vê, assim, por uma maldição divina igualmente gratuita quanto à eleição da qual se beneficiam outros heróis da lenda, arrancado do convívio social, lançado fora da humanidade. Ele é, a partir de então, *ápolis*; encarna a figura do excluído. Na sua solidão, ele aparece ao mesmo tempo aquém do humano, animal feroz, monstro selvagem, e além do humano, portador de uma qualificação religiosa temível, como um *daímōn*. Sua poluição, seu *ágos*, é o inverso da potência sobrenatural que se concentrou nele para perdê-lo: ao mesmo tempo em que impuro, ele é sagrado e santo, *hierós* e *eusebés*[43]. À cidade que o acolher, à terra que retiver seu cadáver, ele trará a garantia das maiores bênçãos.

Esse jogo de inversões se exprime, paralelamente às expressões ambíguas, por outros processos estilísticos e dramáticos. Em particular pelo que B. Knox[44] chama uma reviravolta (*reversal*) no emprego dos mesmos termos no decorrer da ação trágica. Não se pode deixar de indicar aqui o belo estudo do qual reteremos apenas alguns exemplos. Uma primeira forma dessa reviravolta consiste em utilizar, para caracterizar o estatuto de Édipo, um vocabulário cujos valores se invertem sistematicamente, passando do ativo ao passivo. Édipo é apresentado como um caçador que rastreia, persegue, desentoca a fera[45] que erra na montanha, que correndo foge precipitadamente[46], isolando-se dos homens[47]. Mas, nessa caçada, o caçador se torna finalmente a caça: caçado pela terrível imprecação de seus pais[48], Édipo erra e muge como uma fera[49], antes de furar seus olhos e de fugir para as montanhas selvagens do Citéron[50]. Édipo faz uma pesquisa, ao mesmo tempo judiciá-ria e científica, que o emprego do verbo *zeteîn*[51] sublinha. Mas o pesquisador é também o objeto da pesquisa, o *zetôn* é também o *zetoúmenon*[52], como o examinador, o interrogador[53] é também a resposta à questão[54]. Édipo é o descobridor[55] e o objeto da descoberta[56], aquele mesmo que

42 *Suplicantes*, 226.
43 *Édipo em Colono*, 287.
44 *Oedipus at Thebes. Sophocles' Tragic Hero and his Time*, 1957. 2. ed., 1966, p. 138.
45 *Édipo-Rei*, 109-110, 221, 354, 475 e ss.
46 *Idem*, 469.
47 *Idem*, 479.
48 *Idem*, 419.
49 *Idem*, 1255, 1265.
50 *Idem*, 1451.
51 *Idem*, 278, 362, 450, 658-659, 1112.
52 Cf. Plutarco, *De curiositate*, 552c e *Édipo-Rei*, 362, 450, 658-659, 1112.
53 *Édipo-Rei*, *skopeîn*: 68, 291, 407, 964; *historeîn*: 1150.
54 *Édipo-Rei*, 1180-1181.
55 *Idem*, *heureîn, heuretés*: 68, 108, 120, 440, 1050.
56 *Idem*, 1026, 1108, 1213.

AMBIGÜIDADE E REVIRAVOLTA... 83

é descoberto[57]. Ele é o médico que emprega, para falar do mal de que sofre a cidade, um vocabulário, mas também o doente[58] e a doença[59]. Uma outra forma de reviravolta é a seguinte: os termos que qualificam Édipo, no alto de sua glória, vão se destacando dele pouco a pouco, para se fixar sobre personagens divinas; a grandeza de Édipo se anula aos poucos e na medida em que a dos deuses se afirma mais claramente, em contraste com a sua. No verso 14, o sacerdote de Zeus, nas suas primeiras palavras, dirige-se a Édipo como soberano: *Kratýnon*; em 903, o coro implora a Zeus como soberano: *ô Kratýnon*. Em 48, os tebanos chamam Édipo salvador: *sotér*; em 150, Apolo é invocado como salvador, para fazer cessar (*paustérios*) o mal, como Édipo outrora fizera "cessar" a Esfinge[60]. Em 237, Édipo dá ordens enquanto é senhor do poder e do trono (ἐγὼ κράτη τε καὶ θρόνους νέμω, v. 237); em 201, o coro implora a Zeus "senhor do poder do raio" (ἀστραπᾶν κράτη νέμων, v. 201). Em 441, Édipo lembra a proeza que o fez grande (*mégas*); em 871, o coro lembra que nas leis celestes reside um deus grande (*mégas*), que não envelhece. O domínio (*arkhé*) que Édipo se orgulha de exercer[61], o coro o reconhece para sempre imortal nas mãos de Zeus[62]. Os socorros (*alké*) que o sacerdote, em 42, pede a Édipo, o coro implora a Atena, em 189, que os conceda. No primeiro verso da tragédia, Édipo se dirige aos suplicantes como um pai fala a seus filhos; mas em 202, para destruir a pestilência da cidade, é a Zeus que o coro confere seu título de pai: *ô Zeû páter*.

Até o nome de Édipo se presta a esses efeitos de reviravolta. Ambíguo, ele carrega em si o mesmo caráter enigmático que marca toda a tragédia. Édipo é o homem de pé inchado (*oîdos*), enfermidade que lembra a criança maldita, rejeitada por seus pais, exposta para morrer na natureza selvagem. Mas Édipo é também o homem que sabe (*oîda*) o enigma de pé, que consegue decifrar sem dificuldade[63], o "oráculo"[64] da sinistra profetisa, da Esfinge de canto obscuro[65]. E esse saber põe no trono de Tebas o herói estrangeiro, entroniza-o no lugar dos reis legítimos. O duplo sentido de *Oidípous* encontra-se no interior do próprio nome, na oposição entre as duas primeiras sílabas e a terceira. *Oîda*: eu sei, uma das palavras dominantes na boca de Édipo

57 *Idem*, 1397: *heurískomai*.
58 *Idem*, 674.
59 *Idem*, 1293, 1387-1388, 1396.
60 *Idem*, 397.
61 *Édipo-Rei*, 259-383.
62 *Idem*, 905.
63 *Escólio a Eurípides, Fenícias*, 45.
64 *Édipo-Rei*, 1200.
65 *Idem*, 130, 191 e ss.; *Fenícias*, 1505-1506.

84 MITO E TRAGÉDIA NA GRÉCIA ANTIGA

triunfante, de Édipo tirano[66]. *Poús*: o pé – marca imposta desde o nascimento àquele cujo destino é terminar como começou, um excluído, semelhante a um animal selvagem que seu pé faz fugir[67], que seu pé isola dos homens, na esperança vã de escapar dos oráculos[68], perseguido pela maldição de pé terrível[69] por ter transgredido as leis sagradas de pé elevado[70], e incapaz de agora em diante de tirar o pé dos males em que se precipitou, elevando-se ao alto do poder[71]. Toda a tragédia de Édipo está, portanto, como que contida no jogo ao qual o enigma de seu nome se presta. Ao muito sábio senhor de Tebas, que a Boa Sorte protege, parece opor-se em tudo a criança maldita, o *Pé inchado* lançado fora de sua pátria. Mas para que Édipo saiba realmente quem ele é, é preciso que a primeira das duas personagens que ele de início assumiu, se inverta até vir a coincidir com a segunda.

O saber de Édipo, quando ele decifra o enigma da Esfinge, trata já, de uma certa forma, dele mesmo. Qual é o ser, interroga a sinistra cantora, que é ao mesmo tempo *dípous, trípous, tetrápous*? Para *Oi-dípous*, o mistério é apenas aparente; trata-se dele, é claro, trata-se do homem. Mas esta resposta só é um saber na aparência; ela mascara o verdadeiro problema: o que é então o homem? O que é Édipo? A pseudorresposta de Édipo abre-lhe todas as grandes portas de Tebas. Mas, instalando-o na chefia do Estado, ela realiza, dissimulando-a, sua verdadeira identidade de parricida e incestuoso. Penetrar seu próprio mistério, é para Édipo reconhecer no estrangeiro que reina em Tebas, a criança do país outrora rejeitada. Essa identificação, em lugar de integrar definitivamente Édipo à pátria que é a sua, de fixá-lo no trono, que ele ocupa, a partir de então, não como um tirano estrangeiro, mas como o filho legítimo do rei, faz dele um monstro que é preciso expulsar para sempre da cidade, retirar do mundo humano.

Venerado como um deus, inconteste senhor de justiça, tendo nas mãos a salvação de toda cidade, colocado acima dos outros homens, tal é a personagem de Édipo, o Sábio, que, no fim do drama, se inverte, para projetar-se numa figura contrária: no último degrau da decadência aparece Édipo – Pé inchado, abominável poluição, concentrando

---

66   *Édipo-Rei*, 58-59, 84, 105, 397; cf. também 43.
67   *Idem*, 468.
68   *Idem*, 479 e ss.
69   *Idem*, 418.
70   *Idem*, 866.
71   *Idem*, 878. Cf. Knox, *op. cit.*, pp. 182-184. Na sua chegada, o mensageiro de Corinto pergunta: Sabeis onde está Édipo? Como observa Knox, os três versos 924-926 terminam com o nome Édipo e com o advérbio interrogativo, *hópou*, o que dá: μάθοιμ' ὅπου –, Οἰδίπου –, ὅπου. "These violent puns, écrit Knox, suggesting a fantastic conjugation of a verb 'to know where' formed from the name of the hero who, as Tiresias told him, does not know where he is (413-414) this is the ironic laughter of the gods whom Oedipus' excludes in his search for the truth".

sobre si toda a poluição do mundo. O rei divino, purificador e salvador de seu povo, encontra o criminoso impuro que é preciso expulsar como um *pharmakós*, um bode expiatório, para que a cidade, de novo pura, seja salva.

É, com efeito, seguindo o eixo, no qual o rei divino ocupa o pico e o *pharmakós* a base, que se opera a série de reviravoltas que afetam a personagem de Édipo e fazem do herói o "paradigma" do homem ambíguo, do homem trágico.

O aspecto quase divino da majestosa figura que avança para a entrada de seu palácio, no começo da tragédia, não escapou aos comentadores. Já o antigo escoliasta o observava, no seu comentário ao verso 16, que os suplicantes vêm aos altares da casa real como aos altares de um deus. A expressão que o sacerdote de Zeus usa: "Tu nos vês reunidos perto de teus altares" aparece ainda mais carregada de sentido já que Édipo pergunta: "Por que estais ajoelhados numa atitude ritual de súplica a mim com ramos coroados de fitas?" Essa veneração em relação a um homem que se coloca mais alto que o homem, porque salvou a cidade "com a ajuda de um deus"[72], que se revelou, por um favor sobrenatural, a *Týkhē*, a Boa Sorte da cidade[73], não enfraquece do começo ao fim da peça mesmo depois que foi revelada a dupla poluição de Édipo, o coro não celebra menos, como seu salvador, aquele que ele chama "meu rei" e que se postou como uma torre contra a morte[74]. No momento em que ele evoca os crimes expiáveis do infeliz, o coro conclui: "E, todavia, para dizer a verdade, graças a ti pude respirar e repousar"[75].

Mas é no momento crucial do drama, quando a sorte de Édipo repousa sobre o fio da navalha, que a polaridade entre o estatuto de semideus e o de bode expiatório se revela mais claramente. Qual é en-tão a situação? Sabe-se já que Édipo talvez seja o assassino de Laio; a simetria dos oráculos pronunciados de uma parte a Édipo, de outra a Laio e Jocasta, torna mais opressiva ainda a angústia que aperta o coração dos protagonistas e dos notáveis tebanos. O mensageiro de Corinto chega nesse instante: ele anuncia que Édipo não é o filho daqueles que ele crê seus pais; é uma criança achada; ele mesmo a recolheu das mãos de um pastor no Citéron. Jocasta, para quem tudo está claro a partir de então, implora a Édipo para não levar a pesquisa avante. Édipo recusa. A rainha dirige-lhe, então, esta última advertência: "Infeliz, possas tu jamais saber quem tu és!" Mas desta vez ainda o tirano de Tebas se engana sobre o sentido de quem é Édipo. Ele crê que a rainha teme que seja divulgada a baixa origem

---

72 *Édipo-Rei*, 38.
73 *Idem*, 52.
74 *Idem*, 1951.
75 *Idem*, 1207.

86 MITO E TRAGÉDIA NA GRÉCIA ANTIGA

da "criança achada" e que seu casamento se revele uma aliança inferior com alguém que não vale quase nada, um escravo, filho de escravo de terceira geração[76]. É precisamente nesse momento que Édipo se recupera. Na sua alma abatida, a notícia do mensageiro faz nascer uma louca esperança, partilhada pelo coro que a exprime alegremente no seu canto. Édipo se proclama filho da *Týkhē*, da Boa Sorte, que invertendo sua situação no decorrer dos anos, de "pequeno" que era, o fez "grande"[77], isto é, transformou a criança achada e disforme no sábio soberano de Tebas. Ironia das palavras: Édipo não é o filho da *Týkhē*; como o predisse Tirésias[78], ele é sua vítima; e a "reviravolta" se produz em sentido inverso reconduzindo o grande Édipo ao que existe de menor, do igual ao deus a um igual ao nada.

No entanto compreende-se a ilusão de Édipo e do coro. A criança exposta pode ser um rebotalho do qual se quer ver-se livre, monstro disforme ou vil escravo. Mas ela pode ser também um herói de destino excepcional. Salvo da morte, vencedor da prova que lhe é imposta desde o nascimento, o excluído revela-se um eleito, investido de poderes sobrenaturais[79]. Voltando triunfante à pátria que o expulsou, ele viverá não mais como um cidadão comum, mas como senhor absoluto, reinando sobre seus súditos, como um deus no meio dos homens. É por isso que o tema da exposição figura em quase todas as lendas gregas de heróis. Se, portanto, Édipo foi rejeitado no seu nascimento, cortado de sua linhagem humana, é, sem dúvida, como imagina o coro, porque ele é o filho de um deus, das ninfas do Citéron, de Pã ou de Apolo, de Hermes ou de Dioniso[80].

Esta imagem mítica do herói exposto e salvo, rejeitado e que volta como vencedor, se prolonga até o século V, sob uma forma transposta, em uma certa representação do *týrannos*. Como o herói, o tirano acede à realeza por uma via indireta, fora da descendência legítima; como aquele, ele se qualifica para o poder por seus atos, suas proezas. Ele reina não pela virtude de seu sangue, mas por suas próprias virtudes; ele é o filho de suas obras ao mesmo tempo em que da Boa Sorte. O poder supremo, que soube conquistar fora das normas comuns, coloca-o para o bem e para o mal, acima dos outros homens, acima das leis[81]. Segundo a justa observação de B. Knox, a

---

76 *Édipo-Rei*, 1065.
77 μικρὸν καὶ μέγαν, *idem*, 1083.
78 *Idem*, 442.
79 Cf. Marie Delcourt, *Oedipe ou la légende du conquérant*, 1944, onde este tema é largamente desenvolvido e onde está bem marcado seu lugar no mito de Édipo.
80 *Édipo-Rei*, 1086-1109.
81 E também as leis matrimoniais reconhecidas como norma pela cidade. No "Mariages de Tyrans", *Hommage à Lucien Febvre*, 1954, pp. 41-53, L. Gernet, lembrando que o prestígio do tirano procede do passado em muitos aspectos e que sua desmedida tem modelos na lenda, observa que "para Periandro foi

AMBIGÜIDADE E REVIRAVOLTA... 87

comparação da tirania com o poder dos deuses (esses deuses que se definem aos olhos dos gregos como "os mais fortes", "os mais poderosos") é um lugar comum da literatura dos séculos V e VI. Eurípides[82] e Platão[83] se encontram para falar da τυραννίς ἰσόθεος, da tirania igual ao deus, enquanto tem poder absoluto de fazer tudo que quer, de tudo se permitir[84].

A outra face de Édipo, complementar e oposta (seu aspecto de bode expiatório) não foi tão claramente destacada pelos comentadores. Viu-se bem que Édipo, ao termo da tragédia, é expulso de Tebas, como se expulsa o *homo piacularis* a fim de "afastar a polução", τὸ ἄγος ἐλαύνειν[85]. Mas foi Louis Gernet quem soube estabelecer de forma precisa a relação do tema trágico com o ritual ateniense do *pharmakós*[86].

Tebas sofre de um *loimós* que se manifesta, segundo o esquema tradicional, por um esgotamento das fontes da fecundidade: a terra, os rebanhos, as mulheres não geram mais, enquanto uma peste dizima os vivos. Esterilidade, doença, morte, são sentidas como uma mesma força de poluição, um *míasma* que desregrou todo o curso normal da vida. Trata-se, portanto, de descobrir o criminoso que é a polução da cidade, seu *ágos*, a fim de expulsar o mal através dele. Sabe-se que foi o que aconteceu em Atenas, no século VII, para expiar o assassinato ímpio de Cílon, quando se expulsaram os Alcmeônidas, declarados impuros e sacrílegos, ἐναγεῖς καὶ ἀλιτήριοι[87].

Mas existe também em Atenas, como nas outras cidades gregas um rito anual que visa a expulsar periodicamente a poluição acumulada no decorrer do ano. "É costume em Atenas, relata Heládio de Bizâncio, fazer desfilar em procissão dois *pharmakoí* em vista da purificação, um para os homens, o outro para as mulheres..."[88] Segundo a lenda, o rito encontraria sua origem no assassinato ímpio cometido pelos atenienses na pessoa de Androgeu, o Cretense: para expulsar o *loimós* desencadeado pelo crime, instituiu-se o costume de uma purificação constante pelos *pharmakoí*. A cerimônia tinha lugar no

---

reeditado o tema mítico do incesto com a mãe". Esta mãe se chama Krateia, que quer dizer soberania.

82 *As Troianas*, 1169.

83 *A República*, 568b.

84 Cf. Platão, *A República*, 360bd.

85 Sobre Édipo *ágos*, cf. 1426; e tb. 1121, 656, 921, com os comentários de Kamerbeek, *op. cit.*, sobre essas passagens.

86 Num curso ministrado na École Pratique des Hautes Études e que não foi publicado, ver agora J. P. Guépin, *The Tragic Paradox*, Amsterdam, 1968, pp. 89 e ss. – Marie Delcourt, *op. cit.*, pp. 30-37, sublinhou as relações entre o rito da exposição e o do bode expiatório.

87 Heródoto, 5, 70-71; Tucídides, I, 126-127.

88 Fócio, *Biblioteca*, p. 534 (Bekker); cf. Hesíquio, s. v., φαρμακοί.

88 MITO E TRAGÉDIA NA GRÉCIA ANTIGA

primeiro dia da festa das Targélias, no dia 6 do mês *Thargelión*[89]. Os dois *pharmakoí* usando colares de figos secos (pretos ou brancos segundo o sexo que representavam) desfilavam através de toda a cidade. Batia-se no sexo deles com cebolas albarrãs, figos e outras plantas selvagens[90], depois eles eram expulsos. Talvez, ao menos na origem, eles fossem condenados à morte por lapidação, seus cadáveres queimados, suas cinzas dispersas[91]. Como eram escolhidos os *pharmakoí*? Tudo leva a pensar que eram recrutados na ralé da população, entre os *kakoûrgoi*, malfeitores condenáveis, que sua maldade, sua feiura física, sua baixa condição, suas ocupações vis e repugnantes, designavam como seres inferiores, degradados, *phaûloi*, o rebotalho da sociedade. Aristófanes, nas *Rãs*, opõe aos cidadãos bem nascidos, sábios, justos, bons e honestos que são como a boa moeda da cidade, as más peças de cobre "estrangeiros, ruivos, malfeitores nascidos de malfeitores, últimos a chegar, que a cidade não teria aceito facilmente ao acaso mesmo como *pharmakoí*"[92]. Tzetzes, citando fragmentos do poeta Hipônax, observa que, quando um *loimós* se abatia sobre a cidade, escolhia-se o mais vil de todos (*amorphóteron*) como *katharmós* e *pharmakós* da cidade doente[93]. Em Lêucade, escolhia-se para purificação um condenado à morte. Em Marselha, um pobre diabo se oferecia para a salvação de todos. Ele aí vivia um ano, às custas do público. Decorrido um ano, faziam-no desfilar ao redor da cidade sob execrações solenes, para que caíssem sobre ele todas as faltas da comunidade[94]. Também a imagem do *pharmakós* vem naturalmente ao espírito de Lísias, quando quer denunciar aos juízes a repugnante vilania de uma personagem como Andócides, ímpio, sacrílego, delator e traidor, expulso de cidade em cidade, como marcado, nas suas desgraças, pelo dedo de deus. Condenar Andócides, "é purificar a cidade, libertá-la da poluição, expulsar o *pharmakós*"[95].

---

89 O dia 6 de *Thargelión*, dia do nascimento de Sócrates, é, diz-nos Diógenes Laércio (2, 44), aquele em que os atenienses "purificam a cidade".

90 Fócio, *op. cit.*; Hesíquio, s. v. κραδίης νόμος; Tzetzes, *Chiliades*, V, 729; Hipônax, tr. 4 e 5, Bergk.

91 *Escólio a Aristófanes*, *Rãs*, 730; *Cavaleiros*, 1133; Suda, s. v. φαρμακούς; Harpocratio, citando Istro, s. v. φαρμακός; Tzetzes, *Chiliades*, V, 736.

92 Aristófanes, *As Rãs*, 730-734.

93 Tzetzes, *op. cit.*; o escoliasta de Aristófanes, *Cavaleiros*, 1133, escreve que os atenienses mantinham, para servir-lhes de *pharmakoí*, pessoas no mais alto grau ἀγενεῖς καὶ ἀχρήστους, de baixa origem e malfeitores; o escoliasta das *Rãs*, 703, que eles sacrificavam, para afastar a fome, τοὺς φαύλους καὶ παρὰ τῆς φύσεως ἐπιβουλευομένους, seres degradados e desgraciosos (literalmente: aqueles que foram maltratados pela natureza); cf. M. Delcourt, *op. cit.*, p. 31, n. 2.

94 Lêucade: Estrabão, 10, 9, p. 452; Fócio, s. v. Λευκάτης. – Massília: Petronius in Servius, *ad. En.*, 3, 57; Lactâncio Plácido, *Comment. Stat. Theb.*, 10, 793.

95 *Contra Andócides* 108, 4: "τὴν πόλιν καθαίρειν καὶ ἀποδιοπομπεῖσθαι καὶ φαρμακὸν ἀποπέμπειν..." Lísias emprega um vocabulário religioso. Sobre διοπομπεῖν, ἀποδιοπομπεῖσθαι, ἀποπέμπειν e os ritos de expulsão, os πομπαῖα –, cf. Eustácio, *ad. Odys.*, 22, 481. No *E. R.*, em 696, o Corifeu, após a

AMBIGÜIDADE E REVIRAVOLTA... 89

As Targélias atenienses comportavam uma segunda parte. À expulsão do *pharmakós*, elas associavam um outro ritual que se desenrolava no dia 7 do mês, dia dedicado a Apolo. Consagravam-se à divindade as primícias dos frutos da terra sob forma de *thárgelos*, de uma bolacha e de um pote cheio de sementes de todas as espécies[96]. Mas o elemento central da festa era o ato de carregar a *eiresióne*, ramo de oliveira ou de loureiro amarrado com fita de lã, acompanhado de frutas, de doces, de pequenos frascos de óleo e de vinho[97]. Meninos passeavam pela cidade com essas "árvores de maio". Algumas eles depositavam na entrada do templo de Apolo, outras, penduravam nas portas das casas particulares, πρὸς ἀποτροπὴν λιμοῦ, para afastar a fome[98]. A *eiresióne* na Ática, em Samos, Delos e Rodes, a *kopó* em Tebas, têm valor de renascimento primaveril. Acompanhada de cantos e de uma coleta de presentes, sua procissão consagra o fim da velha estação e inaugura o novo ano sob o signo do dom, da abundância e da saúde[99]. Essa necessidade para o grupo social de revigorar as forças

querela que opôs Creonte a Édipo, deseja que este último continue sendo "o feliz guia" da cidade, εὔπομπος. Sobre esse ponto ainda, a reviravolta será completa: o condutor será reconduzido, o *eúpompos* será o objeto dos *pompaîa*, da *apópempsis*.

96 Plutarco, *Quaest. Conv.* 717d; Hesíquio, s. v. Θαργήλια; escol. *Aristófanes, Pluto*, 1055 e *Cavaleiros*, 729, Ateneu, 114a; Eustácio, *ad. Il.*, 9, 530.

97 Sobre a *eiresióne*, cf. Eustácio, *ad. Il.*, 1283, 7; escol. *Aristófanes, Pluto*, 1055, *Et. Magnum*, s. v. Εἰρεσιώνη; Hesíquio, s. v. Κορυθαλία; Suda, s. v. Διακόνιον; Plutarco, *Vida de Teseu*, 22.

98 *Esc. Aristófanes, Pluto*, 1055; Esc. Aristófanes, *Cavaleiros*, 728: οἱ μὲν γάρ φασὶν ὅτι λιμοῦ, οἱ δὲ ὅτι καὶ λοιμοῦ, Eustácio, *ad. Il.*, 1283, 7: ἀποτροπὴ λιμοῦ.

No calendário religioso, a *eiresióne* intervém ainda no mês *Pyanepión*, por ocasião da festa das Oscofórias. O mês *Pyanepión* marca o fim do verão, como o mês *Thargelión* (ou o mês imediatamente precedente *Mounikhión*) marca sua abertura. A oferenda ritual do *pýanion* (Ateneu, 648b) no dia 7 do mês do outono responde à oferenda do *thárgelos*, no dia 7 do mês da primavera: nos dois casos, trata-se de uma *panspermía*, de um mingau de todas as sementes dos frutos da terra. Da mesma forma, no mito, a procissão primaveril da *eiresióne* corresponde à partida de Teseu (Plutarco, *Vida de Teseu*, 18, 1 e 2) sua procissão outonal ao retorno do mesmo herói. (*idem.*, 22, 5-7). Cf. L. Deubner, *Attische Feste*, Berlin, 1932, pp. 198-201 e 224-6, H. Jeanmaire, *Couroi et Courètes*, 1939, pp. 312-3 e 347 e ss.; J. e L. Robert, *Revue des études grecques*, 62, 1942, Bulletin épigraphique, n. 45, p. 106.

99 Talismã de fertilidade, a *eiresióne* é chamada, às vezes, como o *thárgelos*, εὐετηρία, ὑγίεια, prosperidade e saúde. O escoliasta de Aristófanes, *Cavaleiros*, 728, observa que as estações, αἱ ὧραι, estão "presas aos ramos". Platão, *Banquete*, 188a, escreve que quando as estações comportam na sua disposição (relações do seco e do úmido, do quente e do frio) justa medida, elas trazem aos homens, aos animais, às plantas, *euetería* e *hygíeia*; quando, ao contrário, há *hýbris*, nas suas relações mútuas, surgem os *loimoí*, numerosas doenças, que atingem também os animais e as plantas. – O *loimós* manifesta um desregramento das estações, bastante próximo do desregramento das condutas humanas, para que o segundo possa acarretar também o primeiro; o rito do *pharmakós* realiza a expulsão da desordem humana – a *eiresióne* simboliza o retorno da boa ordem das estações. Nos dois casos, é a *anomía* que é afastada.

90   MITO E TRAGÉDIA NA GRÉCIA ANTIGA

de fecundidade das quais depende sua vida, desfazendo-se daquelas que murcharam no decorrer do ano, aparece claramente no rito ateniense. A *eiresióne* permanece pendurada nas portas das casas, onde ela murcha e seca até o dia das Targélias onde a substitui aquela que o ano novo fez verdejar[100].

Mas o renascimento que a *eiresióne* simboliza só pode se produzir se toda a poluição do grupo foi expulsa, se a terra e os homens se tornaram puros. Como lembra Plutarco[101], as primícias de todos os tipos que enfeitam a *eiresióne* comemoram o fim da *aphoría*, a esterilidade que se abateu sobre o solo da Ática em punição ao assassinato de Androgeu, esse assassinato que a expulsão do *pharmakós* deve precisamente expiar. O papel maior da *eiresióne* nas Targélias explica a glosa de Hesíquio Θάργηλος : ἡ ἱκετηρία, pois, na sua forma e sua função, a *eiresióne* não é nada mais que um ramo de suplicante[102].

São precisamente essas *hiketeríai*, esses ramos de suplicantes, coroados de lã, que, na abertura do drama de Sófocles, os representantes da juventude tebana, agrupados por idade, crianças e jovens levam em procissão até as portas do palácio real e depositam diante do altar de Apolo, para conjurar o *loimós* que esmaga a cidade. Uma outra indicação permite definir mais precisamente o cenário ritual que a primeira cena da tragédia evoca. Duas vezes[103], lembra-se que a cidade ressoa com "peãs misturados às lágrimas e aos gemidos". O peã é normalmente um canto alegre de vitória e de ação de graça. Opõe-se ao treno, canto de luto, melodia de pranto. Mas, sabemos por um escoliasta da *Ilíada* que há um outro tipo de peã, aquele que se canta para "fazer cessar os males e para que eles não ocorram"[104]. Esse peã catártico, do qual os pitagóricos especialmente mantiveram a lembrança, aparece

---

100   Aristófanes, *Cavaleiros*, 728 e o escólio; *Pluto*, 1054: "A menor faísca a faria arder como uma velha *eiresióne*", *Vespas*, 399. Aproximaremos o ressecamento do ramo primaveril ao ressecamento da terra e dos homens, em caso de *limós* (o *limós*, a fome é frequentemente associada ao *aukhmós*, a seca). Hipônax, maldizendo seu inimigo Búpalo, esse *ágos* cuja expulsão deseja, quereria vê-lo ξηρὸς λιμῷ, seco de fome, exposto em procissão como um *pharmakós* e como ele chicoteado sete vezes sobre as partes genitais.

101   Plutarco, *Vida de Teseu*, 22, 6-7. Cf. 18, I: após o assassinato de Androgeu "a divindade arruinava o país atingindo-o com esterilidade e doenças, e secando os rios".

102   Hesíquio, s. v. θαργήλια: "... καὶ τὴν ἱκετηρίαν ἐκάλουν Θάργηλον"; cf. também Plutarco, *Vida de Teseu*, 22, 6 e 18, 1; Eustácio, *ad. Il.*, 1283, 6.

103   *Édipo-Rei*, 5 e 186.

104   *Schol. Victor. ad Iliad.*, 10, 391; "Peã: aquele que se canta para fazer cessar os males e para que eles não ocorram. A música primitiva não se relacionava apenas com os banquetes e com a dança, mas também com os trenos. Ela tinha prestígio ainda na época dos Pitagóricos que a chamavam purificação (κάθαρσις)". Cf. também Ésquilo, *Agam.*, 645, *Coéforas*, 150-151, *Sete*, 868 e 915 e ss. Cf. L. Delatte, "Note sur un fragment de Stésichore", *L'Antiquité classique*, 7, fasc. I, 1938, pp. 23-29. A. Severyns, *Recherches sur la chrestomathie de Proclus*, I, t. 2, 1938, p. 125 e ss.

AMBIGÜIDADE E REVIRAVOLTA... 91

igualmente bem, segundo o escoliasta, como um treno. É o peã misturado de soluços de que fala a tragédia. Esse canto purificador é praticado num momento muito preciso do calendário religioso, nessa virada do ano que a estação da primavera representa quando, na entrada do verão, se abre o período dos empreendimentos humanos: colheitas, navegação, guerra[105]. Situadas em maio, antes do começo das colheitas, as Targélias pertencem a esse complexo de festas primaveris.

Esses detalhes deviam ainda mais facilmente impor aos espectadores da tragédia a aproximação com o ritual ateniense, uma vez que Édipo é apresentado de maneira explícita, como o *ágos*, a poluição que é preciso expulsar[106]. Nas suas primeiras palavras, ele se define, sem o querer, em termos que evocam a personagem do bode expiatório: "Eu sei bem, diz ele aos suplicantes, que vós sofreis, todos; e sofrendo assim, não há ninguém que sofra mais do que eu. Pois vossa dor atinge cada um de vós, enquanto é um só, e ninguém mais, mas minha pessoa (*psykhé*) geme ao mesmo tempo pela cidade, por mim e por ti"[107]. Um pouco mais longe: "Eu carrego a desgraça de todos esses homens mais do que se ela fosse a minha"[108]. Édipo engana-se: esse mal, ao qual Creonte dá logo seu verdadeiro nome, chamando-o *míasma*[109], é precisamente o seu. Mas, enganando-se, ele diz, sem saber, a verdade: porque é ele mesmo, enquanto miasma, o *ágos* da cidade, Édipo carrega efetivamente o peso de toda desgraça que esmaga seus concidadãos.

Rei divino-pharmakós: tais são, portanto, as duas faces de Édipo, que lhe conferem seu aspecto de enigma, reunindo nele, como numa fórmula de duplo sentido, duas figuras que são o inverso uma da outra. A essa inversão na natureza de Édipo, Sófocles empresta um alcance geral: o herói é o modelo da condição humana. Mas, a polaridade entre o rei e o bode expiatório (polaridade que a tragédia situa no próprio seio da personagem edipiana) Sófocles não teve de inventá-la. Estava inscrita na prática religiosa e no pensamento social dos gregos. O poeta apenas lhe emprestou uma significação nova, fazendo

---

105 L. Delatte, *op. cit.*, *Estesícoro*, Fr. 37, Bergk = 14 Diehl; Jâmblico, *V. P.*, 110, Deubner; Aristóxeno de Tarento, tr. 117 Wehrli: "Aos habitantes de Locros e de Régio que consultaram o oráculo para saber o meio de curar a loucura de suas mulheres, o deus respondeu que era preciso cantar peãs na primavera durante sessenta dias". Sobre o valor da primavera, que é menos uma estação como as outras do que um corte do tempo, marcando ao mesmo tempo o renascimento dos produtos do solo e o esgotamento das reservas humanas nesse momento crítico de "soldagem" de um ano agrícola a outro, cf. Alcmã, tr. 56 D = 137 Ed.: As estações (Zeus), as fez três, verão, inverno, outono a terceira, e uma quarta a primavera, quando tudo floresce e brota, mas não se pode comer até a saciedade"...

106 *Édipo-Rei*, 1426; cf. *supra*, n. 85, p. 87.

107 *Idem*, 59-64.

108 *Idem*, 93-93

109 *Idem*, 97.

dela o símbolo do homem e de sua ambiguidade fundamental. Se Sófocles escolhe o par *týrannos* e *pharmakós*, para ilustrar isso que nós chamamos o tema da reviravolta, é porque na sua oposição essas duas personagens aparecem simétricas e, em certos aspectos, permutáveis. Um e outro se apresentam como indivíduos responsáveis pela saúde coletiva do grupo. Em Homero e Hesíodo, é da pessoa do rei, descendente de Zeus, que depende a fecundidade da terra, dos rebanhos, das mulheres. Se ele se mostra, em sua justiça de soberano, *amýmon*, irrepreensível, tudo prospera na cidade[110]; se ele enlouquece, é *toda a cidade* que paga pelo erro de *um só*. O Cronida faz cair sobre todos a desgraça, *limós* e *loimós*, fome e peste, tudo junto: os homens morrem, as mulheres param de gerar, a terra fica estéril, os rebanhos não se reproduzem mais[111]. Também a solução normal, quando se abate sobre um povo uma catástrofe divina, é sacrificar o rei. Se ele é o senhor da fecundidade e se ela se esgota é que sua potência de soberano, de uma certa forma, se inverteu; sua justiça se fez crime, sua virtude poluição, o melhor (*áristos*) tornou-se o pior (*kákistos*). As lendas de Licurgo, de Atamante, de Ênoclo comportam assim para a expulsar o *loimós*, a lapidação do rei, sua exposição à morte ritual, ou, não sendo isso possível, o sacrifício de seu filho. Mas acontece também que se delegue a um membro da comunidade o cuidado de assumir esse papel de rei indigno, de soberano ao avesso. O rei passa sua carga para um indivíduo que é como sua imagem invertida para tudo aquilo que sua personagem pode comportar de negativo. Tal é o *pharmakós*: réplica do rei, mas ao inverso, semelhante a esses soberanos de carnaval que são coroados no tempo de uma festa, quando a ordem é posta abaixo, as hierarquias sociais são invertidas: as proibições sexuais são suspensas, o roubo torna-se lícito, os escravos tomam o lugar dos senhores, as mulheres trocam suas roupas com os homens; – então, o trono deve ser ocupado pelo mais vil, mais feio, mais ridículo, mais criminoso. Mas, terminada a festa, o antirrei é expulso ou condenado à morte, carregando consigo toda a desordem que ao mesmo tempo encarna e da qual ele purifica a comunidade.

Na Atenas clássica, o rito das Targélias deixa ainda transparecer, na personagem do *pharmakós*, certos traços que evocam a figura do soberano, senhor da fecundidade[112]. A horrível personagem que deve encarnar a poluição é mantida às custas do Estado, alimentada de pratos especialmente puros: frutas, queijo, bolacha consagrada de *máza*[113]; se durante a procissão ela é enfeitada, como a *eiresióne*, de

---

110 Homero, *Od.*, 19, 109 e ss.; Hesíodo, *Trabalhos*, 225 e ss.
111 Hesíodo, *Trabalhos*, 238 e ss.
112 Sobre o duplo aspecto do *pharmakós*, cf. R. L. Farnell, *Cults of the Greek States*, 1907, 4, pp. 280-281.
113 Suda, S. V. φαρμακούς; Hipônax, Fr 7 (Bergk); Sérvio, *ad. Aen.*, 3, 57; Lactâncio Plácido, *Comment. Stat. Theb.* 10, 793: "[...] *publicis sumptibus alebatur purioribus cibis...*"

AMBIGÜIDADE E REVIRAVOLTA... 93

colares de figos e de ramos, batida nas partes sexuais com cebolas albarrãs, é porque possui uma virtude benéfica de fertilidade. Sua poluição é uma qualificação religiosa que pode ser utilizada num sentido benéfico. Como o de Édipo, seu *ágos* faz dela um *katharmós*, um *kathársios*, um purificador. No mais, a ambiguidade da personagem se marca até nas narrações etiológicas que pretendem explicar a fundação do rito. À versão de Heládio de Bizâncio, que citamos, se opõe a de Diógenes Laércio e a de Ateneu[114]: no tempo em que Epimênides purificava Atenas do *loimós* causado pelo assassinato de Cílon, dois jovens, dos quais um se chamava Cratino, tinham se oferecido voluntariamente para purificar a terra que os havia alimentado. Esses dois jovens se apresentaram, não como rebotalhos da sociedade, mas como a flor da juventude ateniense. Segundo Tzetzes, nós vimos, escolhia-se como *pharmakós* um ser particularmente feio, ἀμορφότερος: segundo Ateneu, Cratino era, ao contrário, μειράκιον εὔμορφον um belo adolescente.

A simetria do *pharmakós* e do rei legendário, o primeiro assumindo por baixo um papel análogo àquele que desempenha o segundo por cima, talvez esclareça uma instituição como o ostracismo, do qual J. Carcopino sublinhou o caráter, em muitos aspectos, estranho[115]. No quadro da cidade grega, sabe-se, não há mais lugar para a personagem do rei, senhor da fecundidade. Quando o ostracismo ateniense é instituído, no fim do século VI, é a figura do tirano que herdou, transpondo-os, alguns dos valores religiosos próprios do antigo soberano. O ostracismo visa, em princípio, a afastar um cidadão que, tendo subido muito alto, ameaça aceder à tirania. Mas, sob esta forma bem positiva, a explicação não poderia dar conta de certos traços arcaicos da instituição. Ela funciona todos os anos, sem dúvida entre a sexta e a oitava pritania, e seguindo regras contrárias aos processos ordinários da vida política e do direito. O ostracismo é uma condenação que visa a "afastar da cidade" um cidadão por um exílio temporário de dez anos[116]. Ela é pronunciada, fora dos tribunais, pela assembleia, sem que tenha havido denúncia pública ou mesmo acusação formulada contra alguém. Uma primeira sessão preparatória decide, pelo ato de levantar a mão, se é o caso de utilizar ou não o processo do ostracismo no ano em curso. Nenhum nome é pronunciado, nenhum debate intervém. Se os votantes se declaram favoráveis a ele, a assembleia se reúne de

---

114 Diógenes Laércio, I, 110; Ateneu, 602 cd.

115 Carcopino, *L'Ostracisme Athénien*, 1935. Encontrar-se-ão os principais textos comodamente reunidos na obra de A. Calderini, *L'Ostracismo*, Como. 1945. Nós devemos a L. Gernet a ideia da aproximação entre a instituição do ostracismo e o rito do *pharmakós*.

116 μεθίστασθαι τῆς πόλεως; cf. *Et. Magnum*, s. v. ἐξοστρακισμός; Fócio, s. v. ὀστρακισμός.

94 MITO E TRAGÉDIA NA GRÉCIA ANTIGA

novo, em sessão extraordinária, algum tempo mais tarde. Ela tem lugar na Ágora e não como normalmente na Pnyx. Para proceder ao voto propriamente dito, cada participante inscreve sobre um pedaço de cerâmica o nome de sua escolha. Desta vez ainda nenhum debate, nenhum nome é proposto; não há nem acusação nem defesa. Vota-se sem que seja feito apelo a nenhuma ordem de razão, seja política, seja jurídica. Tudo é organizado para dar ao sentimento popular que os gregos chamam *phthónos*[117] (ao mesmo tempo inveja e desconfiança religiosa em relação àquele que sobe muito alto, que se sai muito bem), a oportunidade de manifestar-se da forma mais espontânea e mais unânime (é preciso ao menos 6.000 votantes), fora de toda regra de direito e de toda justificação racional. O que se reprova ao ostracizado senão sua superioridade que o eleva acima do comum e sua grande sorte que ameaça atrair sobre a cidade a punição divina? O medo da tirania se confunde com uma apreensão mais profunda, de ordem religiosa, em relação àquele que coloca todo o grupo em perigo. Como escreve Sólon: "Uma cidade perece por causa de seus homens muito grandes, ἀνδρῶν δ' ἐκ μεγάλων πόλις ὄλλυται"[118].

O desenvolvimento que Aristóteles consagra ao ostracismo é, nesse sentido, característico[119]. Se um ser, diz ele, ultrapassa o nível comum, em virtude e em capacidade política, não se poderia admiti-lo num pé de igualdade com os outros cidadãos: "Um tal ser, com efeito, será naturalmente como um deus entre os homens". Foi por isso, acrescenta Aristóteles, que os Estados democráticos instituíram o ostracismo. Fazendo isso, eles seguiram o exemplo do mito: os argonautas abandonaram Héracles por um motivo análogo. A nau Argo recusou-se a levá-lo, como os outros passageiros, por causa de seu peso excessivo. E Aristóteles conclui que é assim nesse setor como nas artes e nas ciências: "Um chefe de coro não admitiria entre seus cantores aquele cuja voz ultrapassasse em força e em beleza todo o resto do coro".

Como a cidade poderia admitir no seu seio aquele que, como Édipo, "lançou sua flecha mais longe que um outro" e tornou-se *isótheos*? Quando ela funda o ostracismo, cria uma instituição cujo papel é simétrico e inverso ao ritual das *Targélias*. Na pessoa do ostracizado, a cidade expulsa o que nela existe de muito elevado e encarna o mal que pode vir do alto. Na pessoa do *pharmakós*, expulsa o que ela comporta de mais vil e que encarna o mal que a ameaça por baixo[120]. Por

---

117 Notar-se-á, no *Édipo-Rei*, a presença do tema do *phthónos* em relação àquele que está na direção da cidade, cf. 380 e ss.

118 "É da nuvem que caem a neve e o granizo. O trovão sai do raio resplandecente. É dos homens muito grandes que vem a perda da cidade", Sólon, Fr. 9-10 (Edmonds).

119 *Política*, 3, 1284a3-b13.

120 Numa conferência pronunciada em fevereiro de 1958 no Centro de estudos sociológicos e não publicada, Louis Gernet observava que, entre os dois polos opostos

AMBIGÜIDADE E REVIRAVOLTA... 95

esta rejeição dupla e complementar delimita-se a si mesma em relação a um além e a um aquém. Ela toma a medida própria do humano em oposição, de um lado, ao divino e ao heroico, de outro, ao bestial e ao monstruoso.

O que a cidade realiza assim espontaneamente no jogo de suas instituições, Aristóteles exprime de maneira plenamente consciente e refletida na sua teoria política. O homem, escreve ele, é por natureza um animal político; aquele, então, que se encontra por natureza *ápolis* é ou *phaûlos*, um ser desprezível, um sub-homem, ou κρείττων ἤ ἄνθρωπος, acima da humanidade, mais poderoso que o homem. Um tal homem, continua Aristóteles, é "como um peão isolado num jogo de damas (ἅτε περ ἄζυξ ὢν ὥσπερ ἐν πεττοῖς)". E o filósofo volta à mesma ideia um pouco mais tarde, quando observa que aquele que não pode viver em comunidade, "não faz parte da cidade e consequentemente é ou um animal bruto, ou um deus (ἢ θηρίον ἢ θεός)"[121].

E o próprio estatuto de Édipo, no seu aspecto duplo e contraditório, que se acha assim definida acima e abaixo do humano, herói mais poderoso que o homem, igual ao deus e, ao mesmo tempo, animal bruto lançado na solidão selvagem das montanhas.

Mas a observação de Aristóteles vai mais longe. Ela nos permite compreender o papel do parricídio e do incesto na reviravolta que faz coincidir na pessoa de Édipo igual ao deus e igual ao nada. Estes dois crimes constituem, com efeito, um atentado às regras fundamentais de um jogo de damas onde cada peça se situa, em relação às outras, num lugar definido sobre o tabuleiro da cidade[122]. Tornando-

do *pharmakós* e do ostracizado, se produziu algumas vezes, no jogo das instituições, como um curto-circuito. Tal foi o caso, por ocasião da última aplicação do ostracismo que Atenas conheceu. Em 417, havia duas personagens de primeiro plano, Nícias e Alcibíades, que, podia-se esperar, fossem designadas pelo voto. Os dois compadres, tendo-se entendido, conseguiram fazer cair o ostracismo sobre um terceiro, Hipérbolo, demagogo de baixa categoria, geralmente odiado e desprezado. Hipérbolo foi então condenado ao ostracismo mas, como fazia observar Louis Gernet, o ostracismo não mais vigorou: aterrorizados por este "erro de manobra" que sublinha ao mesmo tempo a polaridade e a simetria do *pharmakós* e do ostracizado, os atenienses se desgostaram sempre da instituição.

121 *Política*, I, 1253a 2-7. Para definir o ser desprezível, o sub-homem, Aristóteles emprega o mesmo termo φαῦλος do qual o escoliasta se serve para caracterizar o *pharmakós*. Sobre a oposição animal bruto-herói ou deus, cf. *Ética a Nicômaco*, 7, 1145 a 15 e ss.: "Quanto ao estado oposto à bestialidade, não se poderia, sem dúvida, fazer melhor do que falar de virtude sobre-humana, heroica e divina, em suma [...] Se é raro encontrar um homem divino [...], a bestialidade não é menos rara entre os homens".

122 Na fórmula de Aristóteles que citamos conforme a tradução usual "como um peão num jogo de damas'', não há oposição somente entre *ázyx*, botão desparelhado, e *pettoí* ou *pessoí*, os peões normais de que se servem os jogadores. (Cf. J. Tréheux, "Sur le sens des adjectifs περίζυξ et περίζυγος", *Revue de Philologie*, 1958, p. 89). Com efeito, na categoria dos jogos que os gregos designavam pelo verbo *pesseúein*,

96 MITO E TRAGÉDIA NA GRÉCIA ANTIGA

-se culpado, Édipo embaralhou as cartas, misturou as posições e os peões: encontra-se, a partir de então, fora do jogo. Por seu parricídio seguido de incesto, ele se instala no lugar ocupado por seu pai; confunde em Jocasta a mãe e a esposa; identifica-se ao mesmo tempo com Laio (como marido de Jocasta) e com seus próprios filhos (dos quais é, ao mesmo tempo, o pai e o irmão), confundindo as três gerações da linhagem. Sófocles sublinha esta igualação, esta identificação daquilo que deve permanecer distinto e separado com uma insistência que, às vezes, chocou os modernos, mas que o intérprete deve plenamente levar em consideração. Ele o faz por um jogo verbal centrado nas palavras *homós* e *ísos*, semelhante e igual, com seus compostos. Mesmo sem nada conhecer sobre sua verdadeira origem, Édipo se define, na sua relação com Laio, como o que partilha o mesmo leito e tem uma esposa *homospóron*[123]. Na sua boca, a palavra quer dizer que ele semeia a mesma mulher que Laio semeou antes dele; mas no verso 460, Tirésias retoma o termo para dar-lhe seu verdadeiro valor: anuncia a Édipo que ele se descobrirá ao mesmo tempo como o assassino de seu pai e seu *homósporos*, seu cosemeador[124]. *Homospóros* tem comumente um outro sentido: nascido do mesmo sêmem, membro do mesmo tronco familiar. De fato, Édipo, sem saber, pertence à mesma família de Laio e de Jocasta. A igualação de Édipo a seus filhos se exprime em uma série de imagens brutais: o pai semeou os filhos lá mesmo onde ele foi semeado; Jocasta é uma esposa, não esposa mas mãe, cujo campo produziu, numa dupla colheita, o pai e os filhos; Édipo semeou aquela que o engendrou, onde ele mesmo foi semeado, e nesses mesmos campos, nesses campos "iguais", ele obteve seus filhos[125]. Mas é Tirésias que dá a este vocabulário de igualdade todo seu peso trágico, quando se dirige a Édipo nestes termos: "virão os males que te farão igual a ti mesmo, fazendo-te igual a teus filhos"[126]. A identificação de Édipo com seu próprio pai e seus próprios filhos, a assimilação em Jocasta da mãe e da esposa, tornam Édipo igual a ele mesmo, isto é

existe um ao qual eles davam o nome de *pólis*. Segundo Suetônio, "a *pólis* é também um tipo de dado no qual os adversários tomavam peões, colocados, como nas damas (*petteutikós*), sobre casas delimitadas por linhas entrecruzadas. Não sem espírito, chamavam-se cidades (*póleis*) as casas assim delimitadas e cães (*kýnes*) os peões que se opunham uns aos outros." Segundo Pólux "o jogo onde se deslocam muitos peões é um tabuleiro provido de casas, delimitadas por linhas. Chama-se o tabuleiro *pólis*, os peões *kýnes*" Cf. J. Taillardat, *Suetônio: Des termes injuneux. Des jeux grecs*, Paris, 1957, pp. 154-5. Se Aristóteles, para definir o indivíduo *ápolis*, se refere às damas, é porque, no jogo grego, o tabuleiro que delimita as posições e os respectivos movimentos dos peões é susceptível, como seu nome o indica, de figurar a ordem da *pólis*.

123 *Édipo-Rei*, 260.
124 Cf. *idem*, 1209-1212.
125 Cf. 1256-7; 1485; 1496-8: "κἀκ τῶν ἴσων ἐκτήσαθ᾽ ὑμᾶς, ὧνπερ αὐτὸς ἐξέφυ".
126 Cf. 425.

AMBIGÜIDADE E REVIRAVOLTA...

fazem dele um *ágos*, um ser *ápolis*, sem medida comum, sem igualdade com os outros homens e que, crendo-se igual ao deus, se acha finalmente igual ao nada[127]. Pois o tirano *isótheos* não reconhece as regras do jogo que fundam a cidade humana mais que um animal feroz[128]. Entre os deuses, que formam uma só família, o incesto não é proibido; Crono e Zeus atacaram e destronaram seus pais. Como eles o tirano pode crer que tudo lhe é permitido; Platão o chama "parricida"[129] e o compara com um homem que, em virtude de um anel mágico, teria liberdade de violar impunemente as regras mais sagradas: matar quem quer, unir-se a quem lhe agrada, "livre para tudo fazer como um deus entre os homens"[130]. Os animais selvagens não têm também que respeitar as proibições sobre as quais repousa a sociedade dos homens. Eles não estão como os deuses acima das leis por excesso de poder; eles estão abaixo das leis, por falta de *lógos*[131]. Díon Crisóstomo relata a irônica observação de Diógenes a respeito de Édipo: "Édipo lamenta-se por ser, ao mesmo tempo, o pai e o irmão de seus filhos, o marido e o filho de sua esposa; mas disto os galos não se indignam, nem os cães, nem pássaro algum"[132]. Pois, não há para eles nem irmão, nem pai,

127 Sobre esta "não igualdade" de Édipo em relação aos outros tebanos, cujo direito a um estatuto igual alguns, como Tirésias e Creonte reivindicam, diante dele, cf. 61, 408-9, 544, 579 e 581, 630. Ao golpe que lhe dá Laio com seu chicote, Édipo responde também "não igualmente" (810). E o desejo final que Édipo decaído exprime a respeito de seus filhos é que Creonte "não iguale as desgraças deles às suas" (1507).

128 "Não se poderia falar de virtude a propósito de deus, mais do que de vício a propósito de um animal: a perfeição de deus tem mais honra que a virtude e a maldade do animal é um outro tipo de vício " Aristóteles, *Et. a Nic.*, 7, 1145 a 25.

129 *República*, 569 b.

130 *Idem*, 360c. É neste contexto, acreditamos, que se deve compreender o segundo estásimo (863-911) ao qual se propuseram interpretações muito diversas. É o único momento em que o coro adota uma atitude negativa em relação a Édipo-Tirano; mas as críticas que ele associa à *hýbris* do tirano, aparecem totalmente deslocadas no caso de Édipo, que seria bem o último, por exemplo, a aproveitar de sua situação para "fazer bens injustos" (889). De fato, as palavras do coro concernem não à pessoa de Édipo, mas a seu estatuto "à parte" na Cidade. Os sentimentos de veneração quase religiosa, em relação àquele que é mais do que um homem, se transformam em horror, tão logo Édipo se revela aquele que pôde cometer um crime e que hoje parece não mais ter fé nos oráculos divinos. Nesse caso, *isótheos* não aparece mais como o guia em que se pode entregar-se, mas como uma criatura sem freio, nem lei, um senhor que pode tudo ousar, tudo permitir-se.

131 O *lógos*, palavra e razão, é o que faz do homem o único animal "político". Os animais não têm senão a voz, enquanto "o discurso serve para exprimir o útil e o prejudicial, e, por consequência também, o justo e o não justo: pois é o caráter próprio do homem, em relação aos outros animais, ser o único a ter o sentimento do justo e do não justo, e outras noções morais, e é a comunidade desses sentimentos que engendra família e Cidade". Aristóteles, *Política*, I, 1253a 10-18.

132 D. Crisóstomo, 10, 29, cf. B. Knox, *op. cit.*, p. 206; cf. também Ovídio, *Metamorfoses*, 7, 386-7: "Menéfron devia unir-se à sua mãe, como fazem os animais selvagens!" Cf. também 10, 324-331.

nem marido, nem filho, nem esposa. Como peças isoladas no jogo de damas, eles vivem sem regras, sem conhecer nem a diferença, nem a igualdade[133], na confusão da *anomía*[134].

Fora do jogo, excluído da cidade, afastado do humano pelo incesto e parricídio, Édipo se revela, no fim da tragédia, idêntico ao ser monstruoso que evocava o enigma cuja solução ele imaginava, no seu orgulho de "sábio" ter encontrado. Qual é, interrogava a Esfinge, o ser dotado de voz que tem dois, três e quatro pés? A pergunta apresentava confusas e misturadas as três idades que o homem percorre sucessivamente e não pode conhecer senão uma após a outra: criança, quando ele anda com quatro patas; adulto, quando ele se mantém firme sobre suas pernas; velho, apoiando-se na sua bengala. Identificando-se, ao mesmo tempo, com seus jovens filhos e com seu velho pai, Édipo, o homem de dois pés, apaga as fronteiras que devem manter o pai rigorosamente separado dos filhos e do avô, para que cada geração humana ocupe, na sequência do tempo e na ordem da cidade, o lugar que lhe convém. Última reviravolta trágica: é sua vitória sobre a Esfinge que faz de Édipo, não a resposta que ele soube adivinhar, mas a pergunta que lhe foi feita, não um homem como os outros, mas um ser de confusão e de caos, o único, dizem-nos, de todos aqueles que andam na terra, no ar e nas águas a "mudar sua natureza" em vez de conservá-la bem distinta[135]. Formulado pela esfinge, o enigma do homem comporta, portanto, uma solução que, no entanto, se volta contra o vencedor do monstro, o decifrador de enigmas, para fazê-lo aparecer como um monstro, um homem em forma de enigma, e de enigma, desta vez sem resposta.

De nossa análise de *Édipo-Rei* podemos destacar algumas conclusões. Em primeiro lugar, existe um modelo que a tragédia utiliza em todos os planos em que se manifesta: na língua, pelos múltiplos processos estilísticos, na estrutura da narrativa dramática onde

---

133 No início da tragédia, Édipo se esforça para integrar-se na linhagem dos Labdácidas, da qual, enquanto estrangeiro, ele se sente muito afastado (cf. 137-141, 258-268), como escreve B. Knox: "The resounding, half-envious recital of Laius' royal genealogy emphasizes Oedipus' deep-seated feeling of inadequacy in the matter of birth [...] And he tries, in his speech, to insert himself into the honorable line of Theban Kings" (*op. cit.*, p. 56). Mas sua desgraça não reside na grande diferença que o separa da linhagem legítima, mas no fato de pertencer a esta mesma linhagem. Édipo se inquieta também de uma baixa origem que o fazia indigno de Jocasta. Mas, nesse caso ainda, sua desgraça não vem de uma distância muito grande, mas de uma muito estreita proximidade, da ausência completa de diferença entre as linhagens dos cônjuges. Pior que uma aliança inferior, seu casamento é um incesto.

134 A bestialidade não implica somente ausência de *lógos* e de *nómos*; ela se define como um estado de "confusão" onde tudo está embaralhado e misturado ao acaso; cf. Ésquilo, *Prometeu Acorrentado*, 450; Eurípides, *Suplicantes*, 201.

135 Cf. argumento das *Fenícias* de Eurípides: ἀλλάσσει δὲ φυὴν μόνον...

reconhecimento e peripécia coincidem; no tema do destino de Édipo; na própria pessoa do herói. Esse modelo não é dado em qualquer parte, sob forma de uma imagem, de uma noção, de um complexo de sentimentos. É um puro esquema operatório de reviravolta, uma regra de lógica ambígua. Mas essa forma tem na tragédia um conteúdo. Para tomar o rosto de Édipo, paradigma do homem duplo, do homem invertido, a regra se encarna na reviravolta que transforma o rei divino em bode expiatório.

Segundo ponto: se a oposição complementar com que Sófocles joga, entre o *týrannos* e o *pharmakós*, como nos pareceu, está bem presente nas instituições e na teoria política dos antigos, faz a tragédia outra coisa que apenas refletir uma estrutura já presente na sociedade e no pensamento comum? Cremos, ao contrário, que, longe de ser um reflexo dela, a tragédia a contesta e a põe em questão. Pois, na prática e na teoria sociais, a estrutura polar do sobre-humano e do sub-humano visa a melhor delimitar, nos seus traços específicos, o campo da vida humana definida no conjunto dos *nómoi* que a caracterizam. O aquém e o além se respondem como duas linhas que desenham claramente as fronteiras no interior das quais o homem se acha incluído. Ao contrário, em Sófocles, sobre-humano e sub-humano se encontram e se confundem na mesma personagem. E como essa personagem é o modelo do homem, todo limite que permitiria delimitar a vida humana, fixar sem equívoco seu estatuto, se apaga. Quando ele quer, como Édipo, levar até o fim a pesquisa sobre o que ele é, o homem se descobre enigmático, sem consistência nem domínio que lhe sejam próprios, sem ponto de apoio fixo, sem essência definida, oscilando entre o igual a deus e o igual ao nada. Sua verdadeira grandeza consiste naquilo que exprime sua natureza de enigma: a interrogação.

Último ponto, enfim. O mais difícil talvez não seja restituir à tragédia, como tentamos fazê-lo, seu sentido autêntico, aquele que existia para os gregos do século V, mas compreender os contrassensos aos quais ela emprestou, ou antes, como ela se prestou a tantos contrassensos. Donde vem essa relativa maleabilidade da obra de arte que faz também sua juventude e sua perenidade? Se a mola verdadeira da tragédia é, em última análise, esta forma da inversão que joga como um esquema lógico, compreende-se que a narrativa dramática permaneça aberta a diversas interpretações e que Édipo-Rei tenha podido assumir um sentido novo aos poucos e na medida em que através da história do pensamento ocidental, o problema da ambiguidade no homem se deslocou, mudou de terreno e se formulou, em outros termos que não os dos Trágicos gregos, o enigma da existência humana.

6. A Caça e o Sacrifício na Oréstia de Ésquilo*

A *Oréstia* se abre pela aparição da fogueira que, de Troia** destruída até Micenas, traz o "dia em plena noite", "no inverno o verão de volta"[1], mas que na realidade pressagia episódios que são o inverso dessa aparência; ela se encerra com uma procissão noturna "à claridade das tochas brilhantes"[2] (φέγγει λαμπάδων σελασφόρων), cujo brilho não é agora enganador, mas ilumina um universo reconciliado – o que não significa, é claro, um universo onde as tensões desapareceram. À custa da ação trágica, a desordem cede à ordem, tanto entre os deuses, jovens e velhos, cuja querela é evocada desde o começo do *Agamêmnon* sob a forma do conflito dos Urânidas[3] e que se defrontam no tribunal de Atenas, quanto entre os homens. Do começo ao fim da trilogia, entretanto, dois temas parecem correr, o do sacrifício e o da caça. As *Eumênides* terminam com o apelo do cortejo ao grito ritual que as mulheres lançam quando o animal do sacrifício é abatido, a ὀλολυγή[4]: "E agora lançai o grito ritual em resposta ao nosso canto (ὀλολύξατε νῦν ἐπὶ μολπαῖς)". Mas a primeira imagem do sacrifício aparece desde o verso 65 do *Agamêmnon*, onde a entrada em combate é

---

*   Tradução de Maria Conceição M. Cavalcante.

** Primeira publicação: *Parola del Passato*, 129, 1929, pp. 401-425. Este estudo retoma e desenvolve as comunicações feitas no seminário de J. P. Vernant na Escola Prática de Altos Estudos e no colóquio sobre o "Momento de Ésquilo" organizado em Brièves em junho de 1969, por M. Gilbert Kahn. Agradeço aos participantes suas observações.

1   *Agamêmnon*, 22, 522, 969.

2   *Eumênides* – 1022 (trad. Mazon); cf. também πυριδάπτῳ λαμπάδι, *idem*, 1041-42.

3   *Agamêmnon*, 169-175.

4   *Eumênides*, 1043, 1047.

comparada ao sacrifício introdutório do casamento, προτέλεια, e logo depois sobrevém o tema do sacrifício que os deuses não aceitam, ou, como se tem dito, do "sacrifício corrompido": "Alimenta teu fogo, de lenha por baixo, de azeite por cima, nada apaziguará o inflexível rancor das oferendas cuja chama não quer pegar"[5].

Não menos presente é a imagem da caça: o presságio subjacente a todo o *Agamêmnon* e, além da peça, ao passado, presente e futuro dos Atridas, é uma cena de caça animal em que duas águias devoram urna lebre prenhe. As *Eumênides* evocam por sua vez uma caça ao homem, em que Orestes é a caça e as Erínias são os cães. Estas "imagens" de caça foram reunidas numa monografia que é útil, mas cuja análise não vai além de um nível literário muito banal[6]. Quanto ao tema do sacrifício, cuja importância tinha inteiramente escapado a um investigador como E. Fraenkel que simplesmente fala de um "disfarce de linguagem ritual destinada a provocar um efeito sinistro"[7], ele tem sido objeto de trabalhos muito mais aprofundados no decurso destes últimos anos, quer se trate, como no caso de Froma I. Zeitlin, de destacar as suas significações através da trilogia[8], quer se procure, de maneira mais ambiciosa e às vezes mais contestável, ligar o estudo do sacrifício ao de toda a tragédia grega, como o fazem W. Burkert e J. P. Guépin[9].

Dito isto, que exista um liame entre a caça e sacrifício, que sejam os dois temas, na *Oréstia*, não simplesmente entrelaçados, mas diretamente superpostos, que nestas condições valha a pena estudá-los conjuntamente, eis o que até agora não parece ter sido percebido[10].

---

5   *Agamêmnon*, 68, 71.

6   J. Dumortier, *Les Images dans la poesie d'Eschyle* – Paris, 1935; cf. pp. 71-87; 88-100; 101-111; 134-155 etc. O tema do sacrifício é, ao contrário, extremamente negligenciado; cf. pp. 217-220.

7   *Aeschylus – Agamemnon edited with a commentary by* E. Fraenkel, Oxford, 1950, III p. 653.

8   F. I. Zeitlin – "The Motif of the Corrupted Sacrifice in Aeschylus Orestia". *Trans. and Proc. of the Amer. Phil. Assoc.*, 96, 1965, pp. 463-508; "Postscript to Sacrificial Imagery in the Oresteia. (Ag. 1235-1237)", *idem*, 97, 1966, pp. 645-653.

9   W. Burkert, "Greek Tragedy and Sacrificial Ritual", *Greek, Roman and Byzantine Studies*, 7 (1966) pp. 87-122; J. P. Guépin, *The Tragic Paradox: Myth and Ritual in Greek Tragedy*, Amsterdam, 1968. Este último livro é muito rico, mas J. P. Guépin, teria feito obra ainda mais útil se se tivesse sacrificado menos ao impossível estudo das origens rituais (notadamente dionisíacas) da tragédia. O resultado é que, descrevendo a tragédia como "festa da colheita e das vindimas" (pp. 195-200), ele omite descrever o que é a tragédia para tentar explicar de onde ela vem e não consegue sair das hipóteses já muito antigas de J. E. Harrison e de F. M. Cornford.

10 J. P. Guépin pressentiu o interesse de um tal estudo; cf. *op. cit.*, pp. 24-32 sobretudo; ele chega a dizer (p. 26): "Of course hunting metaphors are extremely common in ancient Greek, especially in the spheres of war and love. A mere enumeration of these hunting metaphors would not help us. But sometimes one feels that something more, a ritual allusion, may be intended". Ele cita vários textos que efetivamente podem referir-se a uma caça ritual.

A CAÇA E O SACRIFÍCIO NA *ORÉSTIA* DE ÉSQUILO   103

São entretanto as mesmas personagens, Agamêmnon e Orestes, que sucessivamente são caçadores e caçados, sacrificadores e sacrificados (ou ameaçados de o ser). No presságio da lebre prenhe devorada pelas águias, a caça é a imagem de um sacrifício monstruoso, o de Ifigênia. Domínio ainda relativamente pouco explorado, a caça grega evoca, entretanto, todo um mundo de representações. É antes de tudo uma atividade social que se diferencia em função das etapas da vida; assim eu pude distinguir e opor caça efébica e caça hoplítica, caça astuciosa e caça heroica[11]. Mas ela é também alguma coisa mais; em inúmeros textos trágicos, filosóficos e mitográficos, a caça é uma das expressões da passagem da natureza à cultura. Sob esse aspecto, sem dúvida ela se cruza com a guerra. Para dar um só exemplo, no mito do *Protágoras* de Platão[12], quando o sofista descreve o mundo humano antes da invenção da política, ele diz: "Os humanos primeiro viveram dispersos e nenhuma cidade existia. Assim eles eram destruídos pelos animais, sempre e em toda parte mais fortes do que eles, e sua indústria, suficiente para alimentá-los, permanecia impotente para a guerra contra os animais selvagens (πρὸς δὲ τὸν τῶν θηρίων πόλεμον ἐνδεής). Pois ainda não possuíam a arte política, de que a arte da guerra é uma parte"[13].

Entre a caça e o sacrifício, isto é, entre os dois modos que os gregos dispunham para conseguir a alimentação de carne, as conexões não são menos estreitas. Será que se trata como sustenta K. Meuli, de um nexo de filiação, os ritos sacrificatórios derivando-se remotamente dos ritos dos caçadores pré-históricos, tais como ainda são praticados na Sibéria?[14] Para provar historicamente sua tese, K. Meuli é obrigado a admitir que os ritos dos caçadores, antes de se tornarem os dos sacrificadores, atravessaram uma dupla camada histórica, a civilização agrícola dos gregos sucedendo a uma civilização pastoril que, por sua vez, tinha surgido de uma civilização da caça[15]. Suponhamos estes fatos

11   Cf. P. Vidal-Naquet, "Le Chasseur noir et l'origine de l'éphébie athénienne", *Annales E. S. C.*, 1968, pp. 947-964, publicado também nos *Proceedings of the Cambridge Philological Society*, 194, 1968, pp. 49-64.

12   Cf. 322b.

13   Igualmente, Aristóteles – *Política*, I, 1256 b 23; sobre este tema, na literatura grega, das "origens" da civilização, cf. Th. Cole, *Democritus and the Sources of Greek Anthropology*, Ann Arbor, 1967, pp. 34-36, 64-65, 83-84, 92-93, 115, 125-126.

14   K. Meuli – "Griechische Opferbräuche". *Phyllobolia für Peter von de Mühll*, Basel, 1946, pp. 185-288. Por mais discutível que seja este estudo, é inegável que ele fornece um prodigioso repertório de fatos e de ideias, o que é o maior trabalho sobre o sacrifício entre os gregos. Entre os recentes trabalhos sobre o assunto, igualmente utilizei muito J. Rudhart, *Notions fondamentales de la pensée religieuse et actes constitutits du culte dans la Grèce classique*, Genève, 1958 e J. Casabona, *Recherches sur le vocabulaire des sacrifices en grec*. Aix-Gap, 1966, sem falar da melhor e sempre muito útil coletânea de P. Stengel. *Opferbräuche der Griechen*, Leipzig, Berlin, 1910.

15   Cf. o que a respeito ele mesmo diz, *op. cit.*, pp. 223-224.

104   MITO E TRAGÉDIA NA GRÉCIA ANTIGA

demonstrados, mesmo assim vê-se mal como eles nos informariam sobre as relações entre caça e sacrifício nos gregos da época clássica, isto é, num povo que não era essencialmente um povo caçador, mas que praticava sempre a caça[16] e a quem ela continuava a fornecer em abundância mitos e representações sociais. Nessa circunstância, mesmo para o historiador – sobretudo para o historiador que não é um amador de antiguidades – é o estudo sincrônico que se impõe.

De um lado e de outro do altar sobre o qual se realiza o sacrifício "olímpico" repartem-se, segundo o mito narrado por Hesíodo, "nos tempos em que resolvia a disputa dos deuses e dos homens mortais em Mecone"[17], habitantes do céu e hóspedes da terra. Para uns vão os ossos e a fumaça, e para outros a carne cozida. O mito de Prometeu é estritamente vinculado ao de Pandora; a posse do fogo necessário à refeição do sacrifício, isto é, no plano do mito, à refeição simplesmente, tem por contrapartida, nascida de Zeus, "a raça, a geração maldita das mulheres"[18], e a devorante sexualidade. Assim é traçado o destino do homem da idade de ferro, este lavrador, que só os trabalhos dos campos podem salvar.

A função da caça é ao mesmo tempo complementar e oposta à do sacrifício. Digamos numa palavra que ela define as relações do homem com a natureza selvagem. O caçador é, ao mesmo tempo, o animal predatório, o leão, ou a águia; o animal astucioso, serpente ou lobo – em Homero a maior parte das imagens de caça são de animais[19] – e o possuidor de uma arte (*tékhne*) que justamente nem o leão nem o lobo possuem. E o que exprime – entre cem outros textos – o mito do Prometeu, tal qual o comenta o Protágoras de Platão.

O ato do sacrifício é um ato culinário, o animal sacrificado por excelência é o boi. Este sacrifício que afinal é um crime e que, aliás, alguns textos declaram interdito[20], é dramatizado na cerimônia das *Bufonias* em honra de Zeus Polieus em Atenas, quando o animal sacrificado, recheado com palha, é atrelado a uma charrua, enquanto cada um dos seus "assassinos", do sacerdote ao cutelo do sacrifício, é "julgado"[21], mas o nexo entre o sacrifício e o mundo dos campos

---

16   K. Meuli trata muito abreviadamente a questão; cf. p. 263.

17   *Trabalhos*, 535-536.

18   *Idem*, 591.

19   Ver alguns exemplos *infra*, p. 117 e, para um repertório e uma comparação com a arte contemporânea, R. Hampe, *Die Gleichnisse Homers und die Bildkunst seiner Zeit*, Tübingen, 1952, especialmente pp. 30 e ss.

20   Cf. *Schol.* Arat. *Phaen.*, 132; Eliano, *N. A.*, 12, 34, *Schol. Odisseia*, 12, 353; Nicolau de Damasco, fr. 103, i Jacoby; Eliano, *Var. Hist.*, 5, 14 Varrão, *De re rustica*, 2, 5, 4; Columela, 6, *Praef*; Plinio, *N. H.*, 8, 180. Estes textos extrapolam muito do mundo grego.

21   Pausânias, 1, 28, 10; Eliano, *Var. Hist.*, 8, 3. Porfírio, *De Abstinentia*, 2, 28; para o conjunto da tradição, cf. L. Deubner, *Attische Feste*, Berlim, 1932, p. 158.

A CAÇA E O SACRIFÍCIO NA *ORÉSTIA* DE ÉSQUILO   105

cultivados é bem mais fundamental do que poderia sugerir uma festa que podemos ser tentados a julgar como marginal. Eis um belo exemplo arcaico: quando os companheiros de Ulisses, esgotados os seus víveres, decidem sacrificar os bois do Sol, falta-lhes precisamente os produtos da cultura; em lugar da cevada, cujos grãos eram torrados, eles apanham a folhagem de um carvalho e, em lugar de vinho para as libações, água. O resultado foi um desastre: "As carnes cozidas e cruas mugiam em torno dos espetos"[22]. A alternativa para este sacrifício ímpio entretanto existia e é o próprio Ulisses que a indica: a caça e a pesca[23].

Vista globalmente a caça tem, com efeito, uma situação oposta à do sacrifício olímpico clássico. Sabe-se que o sacrifício de animais caçados é um fenômeno raro (isto se explica tanto mais facilmente quanto o animal sacrificado deve estar vivo), como de uma maneira geral ele está ligado a divindades rebeldes à cidade, divindades de natureza selvagem como Ártemis e Dioniso[24]. Frequentemente, como no mito de Ifigênia, o sacrifício de um animal caçado aparece em lugar de um sacrifício humano, a selvageria da vítima de certo modo substituindo a selvageria do ato.

Existem, todavia, entre estes domínios opostos, zonas de interferência de que justamente se aproveita a tragédia. As *Bacantes* de Eurípides* trazem uma descrição impressionante da omofagia (despedaçamento da carne crua) dionisíaca, um ato em que se confundem caça e sacrifício. Penteu será a vítima de uma caça sacrificial desse tipo.

Meu propósito aqui não é o de enumerar todas as passagens da *Oréstia* em que se trata de sacrifício, de caça e às vezes de pesca, mas simplesmente o de acentuar as linhas de força das três peças, a respeito das quais se poderá ver que, de certa maneira, elas se opõem termo a termo.

Iniciemos pelo coro que segue imediatamente o párodo do *Agamêmnon*[25], pela evocação do presságio que se manifestou aos Aqueus em Áulide. Mais ainda do que a respeito da grande cena de Cassandra, pode-se dizer que aqui o poeta "agrupa num todo [...] o passado mais remoto e o futuro iminente"[26], mas precisamente porque estamos no limiar da peça, tudo aqui é muito mais velado[27].

---

22 *Odisseia*, 356-396.

23 *Idem*, 329-333; consultar sobre este ponto meu artigo "Valeurs religieuses et mythiques de la terre et du sacrifice dans l'Odyssée", *Annales E. S. C.*, 1970, pp. 1288-1289.

24 Um apanhado que deveria ser completado especialmente por um exame arqueológlco preciso, foi efetuado por P. Stengel: "Über die Wild und Fischopfer der Griechen", *Hermes*, 1887, pp. 94-100, retomado em *Opferbräuche...*, pp. 197-202.

* Cf. Eudoro de Sousa, *As Bacantes de Eurípides*, Livraria Duas Cidades, 1974 (N. da T.).

25 Cf. *Agamêmnon*, 105-159.

26 J. de Romilly, *Revue des études grecques*, 1967, p. 95, cf. também *Le Temps dans la tragédie grecque*, Paris, 1971, pp. 73-74.

27 Somente depois de redigir estas páginas tomei conhecimento do excelente estudo de J. J. Peradotto, "The *Omen* of the Eagles and the ἦθος of Agamemnon", *Phoenix* 23, 1969, pp. 237-263.

106 MITO E TRAGÉDIA NA GRÉCIA ANTIGA

"Dois reis dos pássaros aparecem aos reis das naus; um todo negro (κελαινός), outro com o dorso branco. Apareceram perto do palácio, do lado do braço que brande a lança, empoleirados bem à vista, e devorando, com toda a sua cria, uma lebre prenhe, frustrada de recurso de uma última carreira". Calcas logo deduz que as águias são os Atridas, que estes tomarão Troia, que Ártemis, insultada pela matança da lebre, arrisca exigir um resgate muito mais pesado (Ifigênia), o que, por sua vez, acarretará outras catástrofes: "Pois pronta a um dia se reerguer terrível, uma intendente pérfida guarda a casa, a Cólera que lembra e quer vingar uma criança (μίμνει γὰρ φοβερὰ παλίνορτος / οἰκονόμος δολία μνάμων Μῆνις τεκνόποινος)"[28]. Assim é anunciada, sob uma forma abstrata, a vingança astuciosa de Clitemnestra.

Vocabulário da caça e vocabulário do sacrifício estão aqui estreitamente mesclados. A lebre é "frustrada" do recurso de uma última carreira", (λοισθίων δρόμων)[29] o que é uma expressão técnica sobre a lebre, o próprio tipo do animal caçado[30], o único, diz Heródoto, cuja fêmea concebe mesmo quando está prenhe, tanta é a necessidade que a natureza tem de suas vítimas[31], a antítese do leão e da águia, Homero evoca Aquiles: "Ele tem o *elán* da águia negra, a águia caçadora, o mais forte e ao mesmo tempo o mais rápido dos pássaros" (αἰετοῦ οἴματ' ἔχων μέλανος τοῦ θηρητῆρος / ὅς θ'ἅμα καρτιστός τε καὶ ὤκιστος πετεηνῶν), ou ainda ele é tal como a "a águia de alto voo que se vai para a planície, através de nuvens tenebrosas, raptar um tenro cordeiro ou uma lebre que se agacha" (πτῶκα λαγωόν), "a águia, o mais seguro dos pássaros, o caçador sombrio que é chamado o Negro"[32] (μόρφνον θηρητῆρ', ὅν καὶ περκνὸν καλέουσιν). Mas não se trata de qualquer caça. Como já foi notado[33], um regulamento de caça assinalado por Xenofonte recomenda aos "esportivos" que deixem os filhotes à deusa: τὰ μὲν οὖν λίαν νεογνὰ οἱ φιλοκυνηγέται ἀφιᾶσι τῇ θεᾷ[34]. A caça das águias é ao mesmo tempo caça real e caça desleal, invadindo o domínio de Ártemis.

28 *Agamêmnon*, 151-155.
29 *Idem*, 120.
30 Xenofonte, *Cinegética*, 5, 14; 9, 10; Arriano, *Cinegética*, 17, evocam a "primeira carreira" do animal acuado. A aproximação é feita particularmente por P. Mazon, p. 14 da edição Budé.
31 Heródoto, 3, 108. Sobre a lebre no culto de Ártemis especialmente em Brauron na Ática, ver o artigo de J. J. Peradotto *supra cit.*, p. 244.
32 *Ilíada*, 21, 252-53; 22, 310; 24, 315-316, trad. P. Mazon; cf. também 17, 674-77 onde é Menelau que é o objeto da comparação, ou ainda o μελανάετος καὶ λαγωφόνος de Aristóteles, H. A., 9, 32, 2. Para outras referências e a identificação zoológica destas águias (a branca e a negra), cf. o comentario de E. Fraenkel, 11, pp. 67-70.
33 Mazon, p. 15 da edição Budé.
34 *Cinegética*. 5, 14.

A CAÇA E O SACRIFÍCIO NA *ORÉSTIA* DE ÉSQUILO   107

Mas esta caça é também um sacrifício, Calcas assim o diz em termos próprios temendo que Ártemis exija "um outro sacrifício monstruoso, cuja vítima lhe pertença inteiramente" (θυσίαν ἑτέραν ἄνομον τιν' ἄδαιτον)[35], e sobretudo, esta identidade é afirmada no extraordinário verso 136, obra-prima de ambiguidade esquiliana, expressando a cólera de Ártemis contra os "cães alados de seu pai" (αὐτοτόκον πρὸ λόχου μογερὰν πτάκα θυομένοισιν) o que significa ao mesmo tempo "tendo sacrificado antes do parto a desgraçada lebre com o seu feto" e "tendo sacrificado sua própria criança, pobre ser agachado, na frente das tropas"[36].

Pode-se precisar melhor do que o faz Calcas, o significado do presságio? É o próprio adivinho que sublinha o seu caráter ambivalente. Os elementos favoráveis estão perfeitamente claros. As águias aparecem "do lado do braço que brande a lança"[37], isto é, do lado direito, um deles tem o dorso branco, cor religiosamente benéfica[38]. A caça das águias é um sucesso. Num sentido, a lebre prenhe é Troia[39], que será apanhada numa rede de onde nem criança, nem adulto poderá evadir-se[40], Troia, cuja captura será uma caça[41]. Mas a lebre é igualmente como se viu, Ifigênia sacrificada por seu pai, Ártemis, a bela, a benevolente (εὔφρων ἁ Καλά do verso 140) estende sua perigosa proteção "tanto sobre a frágil prole dos leões ferozes, como sobre os tenros filhotes de todos os bichos do campo"[42]. Agamêmnon é também um leão[43], Ifigênia, vítima das águias sob a forma de lebre prenhe, vítima de Ártemis como filha do leão, Ifigênia será sempre a vítima de seu pai. Deusa da natureza selvagem, cujo nome Calcas invoca quando propõe

---

35 *Agamêmnon*, 150: "um outro sacrifício", de preferência a "não exija por sua vez um sacrifício" (Mazon). O sacrifício é ἄδαιτος, isto é, sem refeição sacrificial: é um sacrifício de aniquilamento.

36 Remeto, para uma demonstração detalhada, a W. B. Stanford, *Ambiguity in Greek Tragedy*, Oxford, 1939, p. 143. O comentário de Fraenkel é mudo a este respeito.

37 *Agamêmnon*, 116.

38 Cf. G. Radke, *Die Bedeutung der Weissen und der Schwarzen Farbe im Kult und Brauch der Griechen und Römern*, Berlim, 1936, especialmente pp. 27 e ss.

39 Ainda que o símbolo seja muito diferente, o ouvinte de Ésquilo devia evocar a famosa cena onde Calcas interpreta o presságio fornecido por uma cobra que devora oito pardais e sua mãe, e é transformada em pedra, o que anuncia a tomada de Troia, após nove anos de combate (*Ilíada*, 2, 301-329). Mas em Homero, uma vez interpretado, o presságio é inteiramente transparente, o que não ocorre em Ésquilo.

40 *Agamêmnon*, 357-360.

41 Cf. *infra*, p. 112.

42 *Agamêmnon*, 140-143.

43 Cf. pelo menos *Agamêmnon*, 1259 e, muito provavelmente, 827-828. Ver a brilhante demonstração de B. M. W. Knox "The Lion in the House", *Classical Philology*, 47, 1957, pp. 17-25, que prova sem nenhuma dúvida que, na famosa imagem do leãozinho crescendo (*Agamêmnon*, 717-736), deve-se reconhecer não somente Páris, mas também o próprio filho de Atreu.

108 MITO E TRAGÉDIA NA GRÉCIA ANTIGA

o sacrifício de Ifigênia[44], Ártemis só intervém porque Agamêmnon, sob a forma de águia, já penetrou no domínio do selvagem[45], e muito antes da cena de Áulide, outros filhotes como os da lebre tinham sido evocados pela grande cena de Cassandra. Mais tarde Clitemnestra dirá que é "o áspero gênio vingador de Atreu" que "imolou esta vítima adulta para vingar crianças", τόνδ' ἀπέτεισεν / τέλεον νεαροῖς ἐπιθύσας[46]. A lebre pode também ser identificada com as crianças massacradas.

As águias são os Atridas, mas a primeira delas, a águia negra, sombrio caçador definitivamente destinado à desgraça[47], só pode ser o herói do drama, Agamêmnon. Este não é comparado, mais adiante na peça, a um "touro de chifres negros"?[48]

A cor branca, assim atribuída implicitamente a Menelau, lembra sem dúvida que para ele o empreendimento terminava bem. Menelau é o herói sobrevivente do drama satírico que finaliza a peça – o *Proteu*[49].

---

44 Προφέρων "Αρτεμιν, 201-02.

45 E em suma o que pode reter, salvo algumas nuanças, do estudo de W. Whallon "Why is Artemis angry?", *American Journal of Philology*, 82, 1961, pp. 78-88. E. Fraenkel (*op. cit.*, II, pp. 97-98) mostrou, por outro lado, quanto Ésquilo se absteve de evocar as tradições, segundo as quais os Atridas teriam violado um recinto reservado a Ártemis, ou morto um animal consagrado a ela. De fato, não há nenhuma necessidade de fazer intervir um tal ato porque, na ótica trágica, Agamêmnon, enquanto Atrida já é culpado, mesmo ficando sempre livre para não o ser. À primeira vista somos tentados a ver no verso 141 uma alusão à lenda da salvação de Ifigênia, levada a Táuride pela deusa: Não está Ártemis "movida de piedade" (134)? Mas nenhum texto de Ésquilo permite afirmá-lo.

46 *Agamêmnon*, 1502-1503.

47 O caçador negro efébico, que constitui o objeto de meu estudo *supra*, apenas provisoriamente é "negro", durante o tempo de seu retiro ritual; trata-se aqui de algo bem diferente: Agamêmnon é um caçador maldito.

48 Τὸν ταῦρον ἐν πέπλοισιν / μελάγκερων λαβοῦσα μηχανήματι / τύπτει: "Na armadilha de um manto ela pegou o touro de chifres negros: ela o golpeia" (1126-1128). Assim traduzi, malgrado Fraenkel (*op. cit.*, II, pp. 511-519) seguido notadamente por Thomson e por J. D. Denniston e D. Page, em suas edições do *Agamêmnon*, Oxford, 1957, pp. 171-173. Estes autores, como Fraenkel, fazem concordar μελαγκέρω com μηχανήματι. Por seu lado, J. P. Guépin, *op cit.*, pp. 24-25, pensa que é o próprio manto "uma maquinação de chifres negros". Entretanto, chifres vão melhor num touro do que num ardil ou num manto. Conservo então, com Mazon, o μελάγκερων dos manuscritos Tr. F, V e M (antes da correção) e não adoto a correção de M μελαγκέρωι. Fraenkel traduz: "With black contrivance of the horned one", o que é muito estranho, e ele explica que μηχανήματι exige um adjetivo qualificativo; esta observação é no mínimo contestável; cf. *Coéforas*, 980-981:"Ἴδεσθε δ' αὖτε τῶνδ' ἐπήκοοι κακῶν τὸ μηχάνημα, δεσμὸν ἀθλίῳ πατρί, "Contemplai, vós que apenas ouvistes nossos males, contemplai enfim a cilada, liame que prendeu meu infeliz pai". (Trad. Mazon modificada): δεσμόν é aqui, com toda probabilidade, um nome em aposição, não um adjetivo.

49 No seu comentário, E. Fraenkel cita (II, p. 67) vários textos que caracterizam a águia "de dorso branco" pela δειλία covardia. Esta interpretação não é contraditória com a que defendemos aqui: em favor desta, lembramos que o final feliz do destino de Menelau, que desapareceu na tempestade do retorno, é diretamente anunciado arauto nos versos 674-679.

O hoplita, oculto em parte por seu escudo (decorado com um trícelo) e acompanhado por seu cão, parte para a caça ladeado por dois arqueiros citas. Ânfora de figuras negras (fim do século VI a.C.), *Museu do Louvre*, F(260) *C.V.A.*, Louvre, fasc. 5, França, fasc. 8 111 He, 54, 4; M.F. Vos, *Scytian Archers*, n. 166. Foto Chuzeville (Louvre).

Caça ao javali de Cálidon; os caçadores têm seu nome indicado, mas a nudez total dos jovens e o paralelismo das atitudes sublinham o aspecto de caça coletiva (de efebos em vias de integração?). A outra face representa uma proeza afébica típica: Teseu matando o Minotauro; uma ligação como essa não é fato isolado. O paradoxo é que no documento precedente o *hoplita caçador* está sozinho e, neste, o grupo de jovens está desnudo. Taça de Munique, assinada por Glauquites e Arquicles (mais ou menos 540) *Museum Antiken Kleinkunst*, n. 2443; Beazley *A.B.V.*, Glauquites n. 2, p. 163; cf. G. Daltrop, *Die Kalydonische Jagd in der Antike*, segundo P.E. Arias e M. Hirmer, *Le Vase Grec*, Paris, 1960, quadro 50. Reproduzido com autorização de Hirmer Fotoarchiv, Munique.

Cratera, em forma de sino, com figuras vermelhas, Museu de Siracusa (36319); C.V.A., Itália (*Museo Archeologico di Siracusa*) XVII, Fasc. 1, IV, E, 8; A.D. Trendall, *The Red-figured Vases os Lucania, Campania e Sicily*, Oxford, 1967, Capanian, 1, n. 32, p. 204. (*Foto do Museu.*)

112   MITO E TRAGÉDIA NA GRÉCIA ANTIGA

Mas, para complicar ainda a tarefa do intérprete, essas águias também são abutres (αἰγυπιοί) que, no início da peça, o corifeu mostra rodopiando por cima da sua eira deserta, reclamando – e obtendo justiça – pelos filhotes roubados, isto é, por Helena raptada[50]. Será que esta oposição é absolutamente sem importância? Ésquilo empregou duas palavras para designar o mesmo pássaro? É o que tem sido geralmente sustentado[51], e é verdade que os dois pássaros são às vezes confundidos[52]. Ainda assim, é estranho que seja o animal nobre, real, a águia das alturas, o que é apresentado a cometer uma ação horrível, e que o animal ignóbil, o de carniça, reclame justiça[53]. Não é o abutre o animal que, ao contrário da águia, é atraído pela podridão, pelo cheiro dos cadáveres, e que não suporta o contacto dos aromáticos?[54] Não é esta "contradição", ao contrário, uma das molas da peça? Em todo caso, a podridão está bem presente na peça. Na grande cena de Cassandra a adivinha grita: "Este palácio está cheirando a matança e a sangue derramado. – Diz que ele cheira a oferendas queimadas na lareira. Dir-se-ia a exalação que sai de um túmulo. – Tu lhe atribuis um perfume que nada tem de incenso"[55].

Num sentido, toda a peça nos vai mostrar como esse sacrifício corrompido que é a morte de Ifigênia sucede a outros e provoca outros, do mesmo modo que o festim das águias, esta caça monstruosa, sucede a outros e provoca outros. A própria guerra de Troia é uma caça, e o coro evoca "esses inúmeros caçadores armados de escudo (πολύανδροί τε φερασπίδες κυναγοί) [que] se lançavam na esteira desvanecida da

50 *Agamêmnon*, 49-54.
51 Por ex. W. G. Headiam e G. Thomson, *The Oresteia of Aeschylus*, Cambridge, 1938, p. 16; W. Whallon, que no entanto viu com muita clareza a importância do bestiário de Ésquilo para a interpretação de sua obra: "The repeated beast symbols of the Oresteia are the Aeschylean counterpart of the Sophoclean dramatic irony" (*op. cit.*, p. 81), conclui no mesmo sentido: "The generic difference between the vulture and the eagle are unimportant here; the eagle might well have been the bird of vengeance, the vulture might have been the bird of predacity" (*idem*, p. 80). O problema é melhor colocado por F. I. Zeithn, *The Motif...*, pp. 482-483.
52 Cf. G. D'Arcy W. Thompson, *A Glossary of Greek Birds*, Oxford 1936, pp. 5-6 a 26.
53 Sobre a oposição – e às vezes a confusão – entre o abutre e a águia cf. os textos compilados por J. Heurgon, "Vultur", *Revue des Études Latines*, 14, 1936, pp. 109-118. Todas as referências desejáveis são encontradas em D'Arcy W. Thompson, *op. cit.*
54 Quanto a esta oposição, comparar por exemplo Esopo, fábula 6; Eliano, *N. A.*, 3, 7; 18, 4; Antoninus Liberalis, 12, 5-6; Dionysios, *De Aucupio*, 1, 5 (Garzya). Ver D'Arcy W. Thompson, *op. cit.*, p. 84. Agradeço a Marcel Detienne, cujo livro *Les Jardins d'Adonis*, Paris, 1972 (ver pp. 48-56) estava então em preparo, por ter-me esclarecido sobre este ponto; Manolis Papathomopoulos assinalou-me o último texto citado.
55 *Agamêmnon*, 1309-1312.

A CAÇA E O SACRIFÍCIO NA *ORÉSTIA* DE ÉSQUILO   113

nau de Helena"[56]. Esses caçadores não são "estranhos"[57], eles são simplesmente idênticos a esses numerosos caçadores equipados como hoplitas, ou pelo menos carregando o escudo, que os vasos áticos apresentam em oposição aos caçadores efébicos nus[58]. Mas, como sugere logo depois a parábola do leãozinho, esses caçadores hoplíticos não se comportam como hoplitas. Do mundo da batalha (*mákhe*) se vai passar ao da caça animal, selvagem e ímpia. O arauto é quem o diz terminando o seu discurso de chegada: "Os Priâmidas pagaram duas vezes suas faltas"[59].

Clitemnestra havia feito a sugestão cinicamente: uma guerra que não respeita os deuses dos vencidos seria uma guerra perigosa para os vencedores[60]. Agamêmnon vai falar mais claramente ainda, descrevendo a tomada de Troia: a vingança foi ὑπερκότως[61], sem proporção com o rapto de Helena. É bem certo que são hoplitas, um ἀσπιδηστρόφος λεώς, uma "tropa com ágeis escudos"[62], que levam a melhor, mas esses hoplitas combatem à noite[63], coisa contrária à moral grega da batalha. A

---

56   *Idem*, 694-695.

57   Como pretende P. Mazon que assim traduz, acrescentando uma palavra ao texto.

58   Em sua dissertação de mestrado sobre os temas de caça nos vasos áticos dos séculos VI e V (1968), Alain Schnapp reuniu sobre o assunto um importante dossiê, que, espero, ele publicará um dia: ver por enquanto os quadros I e II.

59   *Agamêmnon*, 537.

60   *Idem*, 338-344.

61   Todavia ὑπερκότως (822) é uma correção de Kayser, adotada por Mazons em lugar do impossível ὑπερκότως dos manuscritos. Se se adota com Fraenkel, Thomson e Denniston-Page a correção de Heath, ὑπερκότως, os versos 822-823 traduzir-se-ão: "Conseguimos o pagamento (ἐπραξάμεσθα) de raptos (χάρπαγάς) presunçosos": χάρπαγάς é aliás igualmente uma correção.

62   *Agamêmnon*, 825.

63   No mergulhar das Plêiades, ἀμφὶ Πλειάδων δύσιν; estas três palavras do verso 826 foram, desde o Renascimento, um *tummelplatz* da erudição; encontra-se o essencial da discussão em Fraenkel, *op. cit.*, pp. 380-82, e Thomson, *The Oresteia of Aeschylus*, Praga, 1966, p. 68. Para uns δύσις designa, como quer o escoliasta de T, o mergulhar *helíaco* das Plêiades (14 de novembro), que marcava tradicionalmente o começo da má estação. Esta indicação concordaria muito bem com a tempestade narrada pelo arauto no verso 650 e, simbolicamente, com a peripécia perigosa que a tomada de Troia e a volta de Agamêmnon na realidade representam. Assim comentam, com pequenas diferenças, Thompson e Denniston-Page (p. 141), estes últimos autores chegando mesmo a pensar que a indicação é puramente gratuita. Outros estimam que δύσις designa simplesmente o mergulhar noturno desta constelação, e Fraenkel lembra que no momento das grandes Dionísias (Fim de março) as Plêiades mergulham pelas dez horas da noite. Sem que seja necessário apelar, como faz Fraenkel, para os hábitos alimentares do leão, hábitos já conhecidos de Homero, (*Ilíada*, 17, 657-660), é preciso confessar que, a seguir ao movimento da narrativa, imagina-se muito mais facilmente um leão, mesmo metafórico, saltando *de noite* do que um leão saltando *no começo da estação hibernal*. Toda a tradição punha a tomada de Troia durante a noite. Wilamowitz, seguido por Mazon e Fraenkel, trouxe um argumento de peso a esta tese,

114 MITO E TRAGÉDIA NA GRÉCIA ANTIGA

tropa, progênie do cavalo, é "o monstro devorador de Argos"[64], que saltou e "como leão cruel lambeu até se fartar o sangue real"[65]. A guerra então repete a matança da lebre, tendo o leão, outro animal real, substituído as águias. A grande cena de Cassandra e o assassínio de Agamêmnon repetirão por sua vez tanto o sacrifício de Ifigênia como a guerra e a morte dos filhos de Tiestes. Mal é preciso lembrar que o vocabulário é aqui ainda constantemente o do sacrifício[66] e da caça. Cassandra é uma cadela de caça[67]. Agamêmnon é ao mesmo tempo um homem abatido num sacrifício tanto mais monstruoso quanto é acompanhado de juramento e do grito ritual da Erínia familiar[68], e uma fera aprisionada na rede, acuada antes de ser morta[69], vítima ao mesmo tempo da leoa Clitemnestra e do leão covarde, que é também um lobo – animal ao mesmo tempo cruel e

associando-lhe [SAFO], fr. 52 (Bergk): δέδυκε μὲν ἁ Σελάνα καὶ Πλειάδες, μέσαι δὲ νύκτες, "a Lua e as Plêiades mergulharam, é meia-noite".

64 Ἀργῖον, δάκος, ἵππου νεοσσός (823-824). Δάκος (cf. δάκνω, morder) é aliás empregado por Ésquilo para designar a Esfinge que figura sobre o escudo de Partenopeu (Sete..., 558), ou os monstros marinhos (Prometeu, 583).

65 Agamêmnon, 827-828.

66 Para o detalhe dos textos remeto aos artigos já citados F. I. Zeitlin.

67 Agamêmnon, 1093-94, 1184-85.

68 Cf. 1056, 1115-17 (o grito ritual), 1431 (os juramentos). Não creio como F. I. Zeitlin (The motif... p. 477) que esses juramentos se refiram ao passado. Clitemnestra é bem consciente do caráter monstruoso do sacrilégio que ela acaba de cometer, pois ela pensa mesmo num hiper-sacrilégio, verter uma libação sobre um cadáver, ἐπισπένδειν νεκρῷ (1395), o que não faz parte, como ela diz, das conveniências (πρέποντα). Esta expressão deve compreender-se com referência às libações derramadas sobre uma vítima antes de sua execução, e sem dúvida também àquela que acompanha a vitória; cf. D. W. Lucas, "ἐπισπένδειν νεκρῷ Agamêmnon, 1393-8". Proc. of the Cambr. Phil. Soc., 195, 1969, pp. 60-68, cuja demonstração aceito no essencial.

69 Imagens da rede e da cilada de caça: para Cassandra, 1048: para Agamêmnon, 1115, 1375, 1382 (rede para peixe). 1611 O tema da rede, da "veste da traição", é ou não anterior a Ésquilo? Nenhum texto literário permite responder a esta questão. Quanto aos documentos iconográficos, eles são objeto de uma áspera discussão. E. Vermeule, que recentemente publicou uma magnífica cratera do museu de Boston sobre a qual Clitemnestra envolve o esposo num pano enquanto Egisto mata ("The Boston Oresteia Krater", American Journal of Archaeology, 70, 1966, pp 1-22; cf. Metzger, "Bulletin archéologique, Céramique", Revue des études grecques, 81, 1968, pp. 165-166) apoia-se precisamente neste silêncio das fontes literárias para datar este documento depois da representação de Orestia (458). Outros autores e especialmente M. I. Davies que acaba de retomar o conjunto do dossiê ("Thoughts on the Oresteia before Aischylos", Bulletin de correspondence hellenique, 93, 1969, pp. 214-260) pensam reencontrar pelo menos um testemunho sobre um pínax de Gortyna do século VII (fig. 9 e 10, pp. 228-229 do estudo de Davies), que representaria a morte de Agamêmnon. Segundo esta interpretação, Clitemnestra golpearia enquanto Egisto estenderia uma rede por cima da cabeça do rei, mas a própria existência dessa rede parece sujeita à caução. Quanto à cratera de Boston, M. I. Davies data-a nos anos 470, apoiando-se especialmente no fato de que é Egisto que, ao contrário do que se passa na peça de Ésquilo, tem o primeiro papel (loc. cit. p. 258).

A CAÇA E O SACRIFÍCIO NA *ORÉSTIA* DE ÉSQUILO 115

astuto para os gregos – Egisto[70]. Ele é também o sacrificador sacrificado[71], e esta caça-sacrifício por sua vez repete o assassínio original, aquele que tomou a forma horrível de um sacrifício humano acompanhado de um juramento[72], e de algo pior que um sacrifício humano na medida em que é uma οἰκεία βορά, um repasto familiar, o resultado de um canibalismo doméstico[73]. O cru e o cozido[74], a caça e o sacrifício se reencontram precisamente no ponto em que o homem não é mais que um animal. A οἰκεία βορά é, em suma, equivalente do incesto.

70 Egisto leão-covarde: 1224; Egisto lobo companheiro da leoa, 1258-59. O lobo dos gregos era ao mesmo tempo pérfido e feroz, ao passo que a astúcia não é certamente o traço que o caracteriza em nossa cultura. "Ueberhaupt gilt er als ein schlaues Tier, "como escrevia justamente O. Keuer, *Thiere des classischen Alterthums*..., Innsbrück, 1887, p. 162; cf. Aristóteles, *H. A.*, 1, 1, 488b onde os lobos são classificados entre os animais ao mesmo tempo γενναῖα καὶ ἄγρια καὶ ἐπίβουλα, (ao mesmo tempo corajosos, selvagens e insidiosos), e Aristófanes de Bizâncio, *Epítome* 1, 11 (Lambros): τὰ δὲ ἐπίβουλα καὶ ἐπιθεικὰ ὡς λύκος. "Os animais insidiosos e empreendedores, como o lobo". Sobre a utilização dessa astúcia do lobo em certos ritos, cf. L. Gernet, "Dolon le loup", *Mélanges F. Cumont*, Bruxelles, 1936, pp. 189-208, retomado em *Anthropologie de la Grèce ancienne*, Paris, 1968, pp. 154-172.

71 A célebre expressão παθεῖν τὸν ἔρξαντα "ao culpado o castigo" (*Agamêmnon*, 1564) que as *Coéforas* (313) retomam sob a forma δράσαντι παθεῖν joga talvez, em Ésquilo, com o duplo sentido de ἔρδω efetuar e sacrificar.

72 O pai leva à boca as vísceras de seus filhos (1221); sobre o papel das carnes cortadas e dos σπλάγχνα no juramento, cf. J. Rudhardt, *op. cit.*, p. 203.

73 βορά, *nomen actionis* de βιβρώσκω (cf. P. Chantraine, *Dictionnaire étymologique*, S. V.), devorar, designa propriamente o pasto do animal. Este termo só é em geral empregado para a alimentação humana quando os homens são reduzidos ao estado selvagem ou comparados aos animais; cf. os exemplos coligidos por Ch. P. Segal, pp. 297-99, de seu estudo "Eurípides, Hippolytus 108-112: Tragic Justice", *Hermes*, 97, 1969, pp. 297-305. Não sei por que Segal enfraqueceu sua demonstração escrevendo (p. 297): "The noun βορά, can be used of ordinary human food". Os exemplos citados em nota não convergem, sem dúvida, neste sentido; Ésquilo, *Persas*, 490: trata-se do alimento dos soldados persas esfomeados, portanto reduzidos ao estado animal, Sófocles, *Filoctetes*, 274, 308, dois exemplos admiráveis da alimentação de um homem tornado selvagem; Heródoto, 1, 119, 15, trata-se do festim canibalesco oferecido a Hárpagos por Astíages, exemplo paralelo ao da *Oréstia*; Id., 2, 65, 15, refere-se ao alimento dado pelos egípcios *aos animais*; Id., 3, 16, 15, o fogo é comparado a um bicho que devora seus alimentos; Eurípides, *Orestes*, 189, o herói enlouquecido, i. e. reduzido à selvageria, não tem nem mesmo πόθον βορᾶς, que eu traduziria, o desejo de satisfazer o animal. Um exemplo pode prestar-se a equívoco: Sófocles, *Édipo-Rei*, 1463, texto aliás difícil que alguns propuseram corrigir e que suscitou interpretacões bem diversas (cf. J. C. Kamerbeek, *The Plays of Sophocles*, IV, Commentary, Leyde, 1967, p. 262). Édipo, depois de ter dito a Creonte que seus filhos, sendo homens, não corriam o risco de carecer do que é necessário à vida (τοῦ βίου), evoca suas filhas, αἵν οὔποθ᾽ ἡμὴ χωρὶς ἐστάθη βορᾶς τράπεζ᾽ ἄνευ τοῦδ᾽ ἀνδρός "para as quais nunca minha mesa foi posta sem alimento e sem que estivesse presente". Édipo não está comparando aqui, implicitamente, suas filhas a animais familiares que comem o mesmo que ele? Quando em *Hipólito*, 952, Teseu fala da ἀψύχου βορᾶς de seu filho, ele sugere claramente que, sob os seus modos de vegetariano, este era canibalesco e incestuoso.

74 Recordemos que os filhos de Tiestes foram assados; cf. *Agamêmnon*, 1097.

116 MITO E TRAGÉDIA NA GRÉCIA ANTIGA

Fato notável, e que a meu ver confirma a análise precedente, é que, enquanto no *Agamêmnon* a captura do ser humano que será sacrificado é descrita com metáforas de caça, a própria execução é em geral evocada com metáforas de animais de criação. Ifigênia é sucessivamente cabra e ovelha[75]; Agamêmnon, que Clitemnestra tinha descrito como o cão do estábulo[76], como ela é a cadela[77], é capturado numa rede mas abatido como um touro[78]. É um outro modo de exprimir o sacrilégio, pois os animais de criação, que são precisamente as vítimas normais do sacrifício, devem por um sinal indicar o seu assentimento[79], o que é exatamente o contrário de uma morte por emboscada. As *Bacantes* de Eurípides fornecem talvez um interessante ponto de comparação. Quando Agave retorna de sua caça, trazendo a cabeça de seu filho Penteu[80], ela imagina primeiro trazer da montanha a hera de Dioniso, "feliz caça", μακάριον θήραν, depois um leãozinho pegado na rede, esta uma façanha cinegética real, e enfim, antes de descobrir a verdade, um veado novo, νέος μόσχος, porém peludo como um bicho selvagem, ὥστε θὴρ ἄγραυλος[81]; e Agave põe-se a louvar *Bákkhios*, o hábil caçador, o grande senhor da caça, ἄναξ ἀγρεύς[82]. A habilidade de Dioniso consistiu precisamente em fazer com que Agave *cace* o seu filho, pronta a tratá-lo em seguida como a um animal doméstico, sem saber precisamente a que ponto ele lhe era próximo. O que Agave faz inconscientemente, os caçadores sacrificadores de *Agamêmnon* fazem-no conscientemente. Esse animal selvagem que eles imolam como um animal doméstico, é o que eles têm de mais próximo, sua filha, seu marido.

O *Agamêmnon* vai assim resultar numa revirada total, numa inversão de valores: a fêmea matou o seu macho[83], e a desordem instalou-se na cidade, o sacrifício foi um antissacrifício, uma caça pervertida. Sem dúvida o último verso, pronunciado pela rainha, evoca o restabelecimento da ordem, mas esta ordem falaciosa será destruída nas *Coéforas*.

---

75 Cf. *Agamêmnon*, 232, 1415.

76 *Ibid.*, 896.

77 *Ibid.*, 607. O vigia noturno é também comparado a um cão (3).

78 *Agamêmnon*, 1126.

79 Aristófanes, *Paz*, 960 e *Escólios*; Porfírio, *De Abstinentia*, 2, 9 (Teofrasto); Plutarco, *Quaest. Conv.*, 8, 8, 279a e s; *De Defect. Orac.*, 435b; *Syllogé*³, 1025, 20; cf. K. Meuli, *loc. cit.*, p. 267. Agamêmnon não dá seu assentimento, está claro, e é golpeado três vezes (1384-86), ao passo que se procurava abater o animal de um só golpe e sem dor (K. Meuli, *idem*, p. 268). J. P. Guépin, *op. cit.*, p. 39, compara a morte de Agamêmnon ao sacrifício das *Bufonias*. Esta assimilação me parece indefensável. Não há, na imolação do animal doméstico por excelência, nem sombra de uma caça precedente.

80 O relato do mensageiro alterna as imagens de caça e de sacrifício: cf. os versos 1108, 1114, 1142, 1146. Pretendo fazer proximamente um estudo sobre este duplo tema no *Hipólito* e nas *Bacantes*.

81 Bacantes, 1188.

82 *Idem*, 1192.

83 *Agamêmnon*, 1231.

A CAÇA E O SACRIFÍCIO NA *ORÉSTIA* DE ÉSQUILO   117

Num estudo recente do primeiro estásimo das *Coéforas*, a Srta. A. Lebeck mostrou que a segunda peça da trilogia não apenas tinha a mesma estrutura fundamental que o Agamêmnon[84], mas formava a sua exata contrapartida[85]. Onde uma vítima é recebida pelo seu assassino, um assassino é recebido por sua vítima, no primeiro caso a mulher que o acolhe engana o homem que retorna, enquanto no segundo é o homem que retorna que engana a mulher que o acolhe. Tudo isso é verdade até no detalhe, as *Coéforas* são, em face de *Agamêmnon*, um verdadeiro contraponto especular. Entretanto, uma diferença fundamental entre as duas peças, como já foi bem observado[86], é que o tema do "sacrifício" está em vias de desaparecer. Orestes não sacrifica monstruosamente sua mãe, ele executa a ordem do oráculo. Todavia o motivo não desaparece completamente, e o coro das cativas exclama: Ἐφυμνῆσαι γένοιτό μοι πυκά – ἐντ' ὀλολυγμὸν ἀνδρὸς – / θεινομένου γυναικός τ'ὀλλυμένας. "Que eu possa enfim a plena voz proferir o sagrado grito sobre o homem abatido, sobre a mulher imolada"[87]. O sangue de Egisto, mas não o de Clitemnestra, é na boca de Orestes objeto de uma libação à Erínia, divindade infernal, o que não é um sacrilégio. Retrospectivamente também as coisas mudam. Agamêmnon não é mais o guerreiro apanhado na armadilha e abatido pela espada que pune ao mesmo tempo pelas faltas da guerra de Troia e pelo sacrifício de Ifigênia. A primeira é inteiramente justificada: "Ela chegou, a Justiça; ela acabou por atingir os Priâmidas, e com um pesado castigo"[88]; quanto ao segundo, em parte alguma se faz menção dele, mesmo por boca da rainha[89]. Agamêmnon torna-se um sacrificador puro, seu túmulo é um altar (*bomós*), como os que se elevam aos deuses urânios[90]; ele foi para Zeus um *thutér*[91], um sacrificador[92]. Zeus não terá mais hecatombes se Agamêmnon não for vingado[93]. O reinado de Orestes é associado, por antecipação, aos banquetes e aos sacrifícios. A morte de Agamêmnon não é mais do que uma abominável cilada. Orestes lamenta que

---

84   Cf. A. Lesky, "Die Orestie des Aischylos", *Hermes*, 66, 1931, especialmente pp. 207-08.

85   A. Lebeck, "The first stasimon of Aeschylus' Choephori: Myth and mirror image", *Classical Philology*, 57, 1967, pp. 182-85.

86   F. I. Zeitlin, *The motif...*, pp. 484-85.

87   *Coéforas*, 385-88.

88   *Idem*, 935-36.

89   Quando o coro resume o drama dos Atridas no fim da peça (1065-76), ele se limita a três "borrascas": o assassínio dos filhos de Tiestes, o de Agamêmnon, e o outro, ambíguo, de Clitemnestra.

90   *Coéforas*, 106.

91   *Idem*, 255.

92   Sobre o sentido de θυτήρ mais ou menos equivalente de Θύων, cf. J. Casabona, *op. cit.*, pp. 145-46.

93   *Coéforas*, 261.

118   MITO E TRAGÉDIA NA GRÉCIA ANTIGA

seu pai não tenha sido morto num combate, como um guerreiro[94]. Quando Electra e seu irmão invocam o seu pai morto, eles dizem:

Electra – Lembra-te da rede de suas astúcias novas.
Orestes – Das cadeias não de bronze pelas quais foste capturado, (ἐθηρεύθης), meu pai[95].

"Cadeias não de bronze", o poeta insiste nisso várias vezes, quando Orestes evoca a maquinação (*mekhánema*)[96], de que seu pai foi vítima, quando ele define sua própria mãe uma armadilha para fera, ἄγρευμα θηρός[97]. E mesmo se faz menção, um instante, da espada de Egisto, que tingiu de sangue de Agamêmnon o manto que prendeu o rei, mas é o próprio manto que é declarado assassino, πατροκτόνον θ' ὕφασμα[98]. Essas observações me levam a estudar o personagem central das *Coéforas*, Orestes, que se não é propriamente um sacrificador, é um caçador e um guerreiro. O que impressiona imediatamente, em Orestes, é o seu caráter duplo: não falo aqui apenas do fato que ele é ao mesmo tempo culpado e inocente, o que faz prever sua absolvição ambígua nas *Eumênides*. O coro não sabe, no fim das *Coéforas*, se ele representa o salvador ou o desastre σωτῆρ' ἢ μόρον εἴπω?[99] Mas, ainda mais fundamentalmente, Orestes aparece desde o início da peça com essa ambivalência que caracteriza, tentei mostrá-lo alhures[100], pré-hoplita, o efebo, aprendiz-de-homem e aprendiz-de-guerreiro que usa a astúcia antes de adquirir a moral da batalha.

O primeiro gesto de Orestes é o de ofertar sobre a tumba do pai, em sinal de luto, um cacho de cabelo; esta oferenda de luto[101] (*penthetérion*) repete, o próprio herói o diz[102], a oferenda de agradecimento pela educação (*threptérion*) que Orestes adolescente tinha consagrado ao rio Ínaco[103]. Este cacho descoberto por Electra e suas companheiras deixa hesitante o chefe do coro: trata-se de um homem ou de uma moça? Na verdade, pode-se efetivamente confundir Orestes com

---

94 *Idem*, 345-54.
95 492-493; Mazon traduz: "Onde foste prisioneiro", o que não dá a imagem da caça; cf. *Eumênides*, 460 e 627-628, onde Orestes explica que Clitemnestra nem mesmo utilizou o "arco de longo alcance da Amazona guerreira".
96 *Coéforas*, 981.
97 *Idem*, 998.
98 *Idem*, 1015.
99 *Idem*, 1073-1074.
100 Cf. meu artigo já citado, "Le chasseur noir", *Annales E. S. C.*, 1968.
101 *Coéforas*, 7.
102 *Idem*, 6.
103 Sobre a oferenda de cabelos em geral, cf. as indicações e a bibliografia coligida por K. Meuli, *loc. cit.*, p. 205, n. 1; sobre a tonsura de cabelos do efebo, cf. J. Labarbe, "L'age correspondant au sacrifice du κούρειον et les donnéos historiques du sixième discours d'Isée", *Bull. acad. roy. Belg.*, Cl. Lettres, 1953, pp. 358-394.

A CAÇA E O SACRIFÍCIO NA *ORÉSTIA* DE ÉSQUILO   119

Electra, seu duplo[104]. O sinal de reconhecimento entre o irmão e a irmã é uma tapeçaria outrora bordada por Electra e que representa uma cena de animais selvagens, θήρειον γραφήν[105]. É precisamente uma espécie de caça efébica onde a astúcia tem seu lugar, desta vez legítimo.

A ambivalência do comportamento guerreiro de Orestes comporta na peça muitas expressões surpreendentes. Assim, descrevendo antecipadamente a morte de Egisto, Orestes se mostra "envolvendo (seu adversário) com um bronze ágil (ποδάκει περιβαλὼν χαλκεύματι)"[106]. Uma rede é para envolver, mas o bronze é para combater. Este combate num sentido é bem uma *mákhe*: é Ares contra Ares, como é Díkē contra Díkē[107]. Mas os aspectos ardilosos deste combate são claríssimos. "É preciso, diz Orestes, que depois de ter imolado pela astúcia um herói respeitado, eles (Clitemnestra e Egisto), sejam apanhados e pereçam na mesma rede"[108], e Clitemnestra lhe faz eco: δόλοις ὀλούμεθ᾽ ὥσπερ οὖν ἐκτείναμεν: "Vamos perecer pela astúcia assim como matamos"[109]. É de uma persuasão ardilosa (πειθὼ δολία)[110], que Orestes deve fazer uso, e efetuado o assassínio o coro triunfa: ἔμολε δ᾽ ᾧ μέλει κρυπταδίου μάχας / δολιόφρων ποινά: "Chegou aquele que, lutando na sombra, sabe pela astúcia ultimar o castigo"[111]. Mas o próprio emprego do termo *mákhe* nos adverte de que não se trata de não importa que astúcia. O coro prossegue: "Ela tocou seu braço na batalha (ἔθιγε δ᾽ ἐν μάχα χερὸς ἐτητύμως), a filha de Zeus, a que nós mortais designamos com o nome que cabe, Justiça"[112]. Quando o coro, no início da peça, evoca o que será o vingador ideal, ele descreve um guerreiro armado ao mesmo tempo do arco cita palíntono que se deve recurvar para trás[113], e da espada "em que lâmina e cabo são um só, para combater de mais perto"[114]. Orestes será ao mesmo tempo hoplita e arqueiro[115]. O coro de seu

---

104 169 e s.; sobre os aspectos femininos da efebia, cf. Vidal-Naquet, *loc. cit.*, pp. 959-960.

105 *Coéforas*, 232.

106 *Idem*, 576.

107 *Idem*, 461.

108 *Idem*, 556-587.

109 *Idem*, 888.

110 *Idem*, 726.

111 *Idem*, 946-947.

112 *Idem*, 948-951.

113 Sobre o arco palíntono dos citas, de curvatura inversa, cf. A. Plassart *Revue des études grecques*, 1913, pp. 157-58 e A. Snodgrass, *Arms and armours of the Greek*, Londres, 1967, p. 82, e a documentação iconográfica coligida por M. F. Vos, *Scythian archers in Archaic Attic Vase-Painting*, Groningue, 1963.

114 *Coéforas*, 15 8-161.

115 Sobre a oposição entre o arqueiro e o hoplita, o texto fundamental é Eurípides, *Héracles*, 153-164. A documentação reunida por M. F. Vos permitiria renovar o assunto. Este autor interpreta certos vasos como uma iniciação à caça, dada a efebos por arqueiros citas (cf. p. 30). Esta interpretação me conviria admiravelmente; ver também a figura 1.

120 MITO E TRAGÉDIA NA GRÉCIA ANTIGA

lado dirá, resumindo tudo, que a vitória de Orestes, ou antes a do oráculo, foi conseguida (ἀδόλοις δόλοις), "por astúcias que não são astúcias"[116]. Mas é o estudo do bestiário das *Coéforas* que finaliza a demonstração.

De Electra é simplesmente dito que ela tem um coraçao de lobo[117], o que a situa do lado da astúcia e da dissimulação. Orestes por seu lado é serpente, não somente no sonho famoso de sua mãe, que o imagina agarrado sob esta forma ao seu seio[118], mas também segundo a definição que ele dá de si mesmo: ἐκδρακοντωθεὶς δ᾽ ἐγώ / κτείνω νιν: "Sou eu, tornado serpente, que a matarei"[119]. Mas a relação que ele tem com sua mãe é reversível, a própria Clitemnestra é uma serpente[120]. Ela é a víbora que se apoderou dos filhotes da águia[121], ela é "moreia ou víbora"[122]; a verdadeira serpente é ela, e Orestes serpente é também um dos filhotes abandonados da águia que gritam de fome, "pois não estão na idade de trazer ao ninho a caça paterna"[123]. Tal ele é com Electra. A imagem que abria o *Agamêmnon* reaparece então, mas invertida; não são mais os abutres que gritam por vingança contra o rapto dos seus filhotes, são as pequenas águias que são privadas de seus pais[124]. Mas Orestes é também o animal real adulto; em resposta a Clitemnestra que trata seu filho de serpente[125], o coro declara: "É chegado à casa de Agamêmnon o duplo leão, o duplo Ares"[126], aquele

---

116 *Coéforas*, 955. Sobre esta expressão e outras semelhantes, cf. D. Fehling, "Νυκτὸς παῖδες ἄπαιδες. Eumênides und das sogennante Oxymoron in der Tragödie", *Hermes*, 90, 1968-69, pp. 142-155, especialmentc p. 154.

117 *Coéforas*, 421.

118 *Idem*, 527-534.

119 *Idem*, 549-550.

120 No *Agamêmnon* ela era leoa, vaca e, uma só vez (1233), ἀμφίσβαινα, serpente que pode mover-se nos dois sentidos, e comparada a Cila. No seu estudo "The serpent at the breast", *Trans. and Proc. of the Amer. Assoc.*, 89, 1958, pp. 271-75, W. L. Whallon viu bem essa reversibilidade: "Clytemnestra and Orestes each assumes the role of the serpent toward the other" (p. 273), mas não tirou todas as consequências possíveis de sua observação.

121 *Coéforas*, 246-249.

122 *Idem*, 994.

123 *Idem*, 249-251.

124 Cf. F. I. Zeitlin, *The Motif...*, p. 483. O combate da águia e da serpente, sobre o qual nem é preciso lembrar que ele opõe um animal nobre a um que é posto na categoria dos ἀνελεύθερα καὶ ἐπίβουλα, dos "seres não livres e insidiosos" (Aristóteles, *H. A.*, 1, 1, 488b), é um *tópos* da arte e da literatura gregas (cf. e. g. *Ilíada*, 12, 200-209, Aristóteles, *idem*, 9, 1, 609a, e os fatos coligidos por O. Keller, *op. cit.*, pp. 247-481) que se encontram também em outras culturas; cf. o estudo (de um ambicioso difusionismo) de R. Wittkower "Eagle and Serpent. A Study in the migration of Symbols", *Journal of the Warburg Institute*, 2, 1939, pp. 293-325 (para o mundo greco-romano, v. pp. 307-312); num outro espírito, o dos "arquétipos" de C. J. Jung, M. Lurker "Adler und Schlange", *Antaios*, 5, 1963-1964, pp. 344-352.

125 *Coéforas*, 929.

126 *Idem*, 937-938.

A CAÇA E O SACRIFÍCIO NA *ORÉSTIA* DE ÉSQUILO   121

mesmo que "decepa com um golpe feliz a cabeça das duas serpentes"[127], Clitemnestra e Egisto. As serpentes, é verdade, reaparecem sobre a cabeça das Erínias[128]. O destino de Orestes não é, portanto, decidido: personagem duplo, caçador e guerreiro, serpente e leão, Orestes vai se reencontrar nas *Eumênides*, como uma caça que ameaçam sacrificar.

Nas *Eumênides*, a oposição entre a natureza selvagem e a civilização, a respeito da qual tentei mostrar que, sob uma forma mais ou menos mascarada, ela estava constantemente presente nas duas primeiras peças da trilogia, vai aparecer em plena luz e desembocar no mundo político. É só em aparência que deixamos o mundo dos homens para ver o afrontamento dos deuses. Pois é mesmo do homem e da cidade que em última instância se vai tratar.

O discurso da Pítia, no prólogo da peça, dá sobre as origens de Delfos um relato que é próprio a Ésquilo: o de uma sucessão que foi "sem violência (οὐδὲ πρὸς βίαν[129])", e em que não há margem para o assassínio de Píton. As divindades donas do lugar se repartem em dois grupos entrelaçados: A Terra e sua filha Febe de um lado, Têmis (Ordem) e Febo de outro, a ordem de sucessão fazendo alternar natureza selvagem e civilização. O último titular, Febo, tem o apoio de Zeus, mas de Delos ao Parnasso ele é acompanhado pelos atenienses: "Os filhos de Hefesto lhe abrem seu caminho, domesticando para ele o solo selvagem (χθόνα ἀνήμερον τιθέντες ἡμερωμένην)"[130]. A invocação que em seguida a Pítia dirige às divindades e que termina, como deve, por um apelo a Zeus responsável por uma nova ordem, com igual evidência agrupa os deuses em duas categorias. *Pallas Pronaia* de um lado, que abre a série fechada por Zeus, e do outro as "Ninfas do antro corício, asilo dos pássaros"[131], retiro também de Dioniso "Brômios", o ruidoso – "Eu me guardo de o esquecer (οὐδ' ἀμνημονῶ)"[132] –, o rio Pleistos e Posídon, o que abala o solo.

O Dioniso que aqui é invocado não nos é por certo indiferente, é um Dioniso caçador[133], o que conduziu as Bacantes ao combate (ἐστρατήγησεν) e para Penteu preparou a morte de uma lebre[134]; é a própria morte que as Erínias preparam para Orestes. Somos então advertidos desde o início da peça: o mundo do selvagem pode ser integrado, dominado por Zeus, a transição pode ser feita sem violência – e é o que o processo de Atenas consegue – mas nem por isso ele deixa de subsistir. Negar sua existência seria negar uma parte da realidade.

---

127 *Idem*, 1047.
128 *Idem*, 1050.
129 *Eumênides*, 5.
130 *Idem*, 13-14.
131 *Idem*, 22-23.
132 *Idem*, 23.
133 Ponto relevado por J. P. Guépin, *op. cit.*, p. 24.
134 *Eumênides*, 25-26.

122 MITO E TRAGÉDIA NA GRÉCIA ANTIGA

O Orestes caçador das *Coéforas* tornou-se então a caça. Ele é um pequeno veado que escapa à armadilha[135], veadinho agachado (καταπτακών)[136], uma lebre cujo sacrifício saldará a morte de Clitemnestra[137]. Uma vez mais Ésquilo utiliza o vocabulário técnico da caça[138]. As Erínias são caçadoras[139], mas caçadoras puramente animais. A selvageria que fazia parte das personagens de Agamêmnon, de Clitemnestra e do próprio Orestes, nela é sem mistura. São serpentes[140], são também cadelas[141]. Seu caráter puramente animal é sublinhado com muita ênfase, é verdade que por Apolo, nos versos 193 e seguintes: "É no antro de um leão bebedor de sangue (λέοντος αἱματοτρόφου) que convém viver, em lugar de vir a este templo fatídico inflingir aos outros vossa impureza". Um leão bebedor de sangue era igualmente o exército de Agamêmnon quando da tomada de Troia[142]. As Erínias estão mesmo além da selvageria e da animalidade, elas são "as virgens conspurcadas, as velhas filhas de um passado longínquo, de quem não se aproxima nem deus, nem homem, nem fera", οὐδὲ θήρ[143].

Naturalmente o simbolismo das cores concorre para expressar esta realidade. Estas "filhas da noite"[144], que só conhecem os véus negros[145], cujo ódio é igualmente negro[146], são ameaçadas pela serpente alada, pelas flechas brancas de Apolo[147]. Estas divindades recebem sacrifícios que não as definem menos claramente. A sombra de Clitemnestra lembra-as de suas oferendas: "Não lambestes[148] frequentemente minhas oferendas, libações sem vinhos sóbrias beberagens apaziguantes (νηφάλια μειλι–γματα)? Não ofereci mais de uma vítima, de noite, aos vossos santos repastos sobre o altar-lareira (ἐπ' ἐσχάρα πυρός) numa hora ignorada dos outros deuses?"[149] Composição característica: trata-se apenas de produtos "naturais", sem nada que dependa da agricultura e as oferendas são consumidas num sacrifício de aniquilamento[150]. As Erínias têm o direito

---

135 *Idem*, 111-112.
136 *Idem*, 252.
137 *Idem*, 327-328.
138 Assim ἐπιρροιδεῖν no verso 424 que significa exatamente lancar o grito que solta os cães.
139 *Eumênides*, 231.
140 *Eumênides*, 128.
141 *Idem*, 132.
142 Cf. F. I. Zeitlin. *The Motif...*, p. 486.
143 *Eumênides*, 68-70.
144 *Idem*, 416.
145 *Idem*, 351, 370.
146 *Idem*, 832.
147 *Idem*, 181-183.
148 ἐλείξατε (106): "lambestes" de preferência a "aspirastes" (Mazon) igualmente in *Agamêmnon*, 828.
149 *Eumênides*, 106-109.
150 A respeito desta noção, cf. K. Meuli, *loc. cit.*, pp. 201-10.

A CAÇA E O SACRIFÍCIO NA *ORÉSTIA* DE ÉSQUILO   123

aos dois extremos: o "puro", o "natural" é também o cru. Elas não bebem vinho, mas comem os homens. São assim, com mais o vinho[151], as *Bacantes* de Eurípides alimentando-se do leite e do mel que surgem do solo e devorando a crua carne do bode antes de despedaçar Penteu. As deusas da noite dirigem-se também a Orestes: "Tu, vítima cevada para os meus sacrifícios, bem vivo, sem degola no altar, tu me fornecerás meu festim"[152]. O antissacrifício é desta vez designado pelo que é, sem a paródia que a matança de Agamêmnon evocava. Mas a expressão mais impressionante encontra-se nos versos 264-266: "És tu que em compensação deves, bem vivo, fornecer à minha sede uma rubra oferenda tirada de teus membros". Uma rubra oferenda, ἐρυθρὸν πελανόν. O *pelanós* é uma oferenda puramente vegetal, bolo ou líquido. É um *pelanós* que Electra oferece sobre o túmulo de Agamêmnon[153]. Um *pelanós* é uma imagem surpreendente da monstruosidade.

A transformação das Erínias em Eumênides não mudará sua natureza. Divindades da noite, elas são objeto da festa noturna que termina a trilogia. Normalmente elas recebem suas vítimas degoladas, suas oferendas sacrificiais: suas σφάγια[154] e suas θυσίαι[155]. Mas, como protetoras do crescimento, elas têm o direito doravante às primícias, "oferendas de nascimento e oferendas do himeneu"[156].

Divindades do sangue e do que é selvagem, elas se transformam em protetoras da vegetação, da cultura e da criação, a dos animais e a dos homens: "Que a rica fecundidade do solo jamais se canse de tornar próspera minha cidade! Que nela a semente humana seja também protegida"[157]. De uma maneira impressionante se passa do vocabulário da caça ao vocabulário da agricultura e da criação. As caçadoras têm uma sede ἕδρα[158], Atena pede às Eumênides que se comportem como o φιτυποιμήν[159], o pastor das plantas, o jardineiro que revolve o solo para eliminar dele as ervas daninhas, as impuras: τῶν δυσσεβούντων δ' ἐκφορωτέρα πέλοις[160]. A parte que é do selvagem permanece no interior da cidade, pois Atena se encarrega de retomar o "programa" das Erínias, "nem anarquia, nem despotismo"[161], que o temor, φόβος,

---

151 Mas o vinho de Eurípides – *Bacantes*, 143 – escorre do solo, e extenso relato do mensageiro insiste sobre a sobriedade dos três tíasos encontrados no Citéron: οὐχ ὡς σὺ φῂς / ᾠνουμένας (686-687), "e não como dizia, ébrios de vinho".
152 *Eumênides*, 304-305.
153 *Coéforas*, 92.
154 *Eumênides*, 1006.
155 *Idem*, 1037.
156 *Idem*, 835.
157 *Idem*, 907-909. Cf. também os versos 937-948.
158 *Eumênides*, 855.
159 *Idem*, 911.
160 *Idem*, 910.
161 Cf. os versos 525-26 e 696.

124 MITO E TRAGÉDIA NA GRÉCIA ANTIGA

fique instalado com o respeito, σέβας[162], no exterior da cidade, na medida em que ele forme fronteira: "O fogo que consome os jovens rebentos não transporá vossas fronteiras"[163]. O furor, "estas agulhas sangrentas que devastam as jovens entranhas", αἱματερὰς θηγα-΄νας, σπλάγχνων βλάβας / νέων[164], este mundo de animalidade, deve ser reservado à guerra estrangeira: "Não chamo combates os que opõem pássaros do mesmo viveiro (ἐνοικίου δ' ὄρνιθος οὐ λέγω μάχην)"[165]. A parte de cada um nos diferentes tipos de sacrifício é fixada.

---

162 *Eumênides*, 691.

163 *Idem*, 940-941.

164 *Idem*, 859-860.

165 *Idem*, 866, a tradução de P. Mazon: "Chega de combates entre aves do viveiro!" parece-me inexata. Aproxime-se esta imagem daquela em que o Dânao da *Suplicantes* (226) exprime a proibição do incesto: Ὄρνιθος ὄρνις πῶς ἄν ἀγρεύοι φαγών; "A ave que come carne de ave permanece pura?"

7. O Filoctetes de Sófocles e a Efebia*

O trabalho que se vai ler** pretende complementar e ilustrar uma pesquisa anterior. Eu havia tentado então pôr em evidência o que se pode chamar de o paradoxo da efebia ateniense[1]. O efebo, ao prestar o seu famoso juramento, compromete-se a agir de acordo com a moral coletiva dos hoplitas, a do combate de falange contra falange, combate leal e combate solidário: "Não abandonarei o meu companheiro de fileira". Ora, o relato etiológico da festa das *Apatúrias*, durante a qual, no seio da frátria, os efebos sacrificavam suas cabeleiras, lançava-nos em um universo totalmente diferente: o da astúcia, da *apáte*. O combate singular e frontal que opunha o "negro" (Melanto) ao "loiro" (Xanto) só era vencido pelo primeiro, que de imediato acedia ao trono de Atenas, graças a um engano, trapaça divina ou humana. Na realidade este paradoxo era o da efebia toda e, para além desta instituição ateniense, o de um conjunto de ritos e processos pelos quais o jovem grego simbolizava a passagem da condição de criança à de adulto, isto é, de guerreiro[2]. O efebo opõe-se ao hoplita ao mesmo tempo pela localização espacial de suas atividades

---

*   Tradução de Maria da Conceição M. Cavalcante.

**   Primeira versão: *Annales E. S. C.*, 1971, pp. 623-638.

1   "Le Chasseur noir et l'origine de l'éphébie athénienne", *Annales E. S. C.*, 1968, pp. 947-964, publicado também em inglês nos *Proceedings of the Cambridge Philological Society*, 194, 1968, pp. 49-64. Remeto a este artigo para todo o detalhe da demonstração, limitando-me aqui a resumir as principais conclusões.

2   A literatura sobre o assunto foi por muito tempo dominada pelo livro de H. Jeanmaire – *Couroi et Courètes*, Lille et Paris. 1939; recentemente dispomos de uma síntese de A. Brelich, *Paides e Parthenoi*, Roma, 1969; ver sobre este último livro: C. Calame, "Philosophie et anthropologie struturale: à propos d'un livre récent d'Angelo Brelich", *Quaderni Urbinati di Cultura Classica*, II, 1971, pp. 7-47, Ch. Sourvinou, *The Journal of Hellenic Studies*, 91, 1971, pp. 172-177.

126 MITO E TRAGÉDIA NA GRÉCIA ANTIGA

guerreiras e pela natureza dos combates de que participa. O efebo (ou o *kryptés* lacedemônio) está ligado à zona-fronteira. É o *perípolos*, o que contorna a cidade sem penetrá-la, como faz no sentido próprio do termo o efebo das *Leis* de Platão, o *agronómos*. Institucionalmente é o hóspede dos fortins da fronteira (os *oúreia* cretenses). Seu modo normal de combate não é o afrontamento hoplítico, que é por sua vez herdeiro, à sua maneira, do combate homérico, mas a emboscada, noturna ou não, a astúcia. Tudo isso deixava se reduzir a um esquema iniciático de tipo bem clássico, análogo à "prova no mato" que tantas sociedades primitivas conhecem, sobretudo as africanas. O estudo da mitologia grega mostrava aliás que, muito frequentemente, esta prova era dramatizada por uma caça, que se fazia solitariamente ou em pequenos grupos, com direito dos jovens ao emprego da astúcia, da *apáte*[3]. Mas sem dúvida este direito à astúcia é estritamente localizado no espaço e no tempo. A menos que se perca no mato, como acontece com o Melânio da canção de Lisístrata[4], o "caçador negro" que deu título ao nosso estudo precedente, é imprescindível que o jovem retorne. O juramento dos efebos atenienses, sobre o qual aliás gostaríamos de saber em que momento do *cursus* efébico ele era prestado[5], se no começo ou no fim dos dois anos de "serviço militar" nos quais se confirmava a efebia no século IV, não fala nem de astúcia, nem de zona-fronteira, fala exatamente do contrário. Na realidade é um juramento de hoplitas. A famosa invocação pela qual ele termina: "Os marcos da pátria, os grãos de cevada, as vinhas, as oliveiras, as figueiras", é, entre todas, significativa. O campo de atividade do futuro hoplita será não o espaço indeciso das fronteiras, mas o espaço cultivado dos campos. A menção dos "marcos da pátria" não deve induzir em erro. Não se trata aqui da *eskhatiá*, dessas zonas disputadas onde se defrontam Melanto e Xanto e muitos outros heróis da fábula ou da história grega, mas sim dos *marcos* que fisicamente delimitam a *khôra* propriamente dita, as terras de cultivo[6]. Sem dúvida este esquema ideal foi grandemente revolvido

3 Sobre a caça nas iniciações gregas, ver A. Brelich, *op. cit.*, pp. 175, 198-199.
4 *Lisístrata*, 783-92.
5 A tradição antiga é estritamente contraditória. Licurgo, cujo testemunho é evidentemente o mais direto, mas só é válido para o seu próprio tempo, menciona o juramento que prestam "todos os cidadãos quando são inscritos no registro do demo e quando se tornam efebos". (*Contra Leócrates*, 76); mesma indicação numa glosa de Ulpiano (*Sch. ad Demosth Ambass.*, 303 em *Oratores Attici*, Didot, II, p. 637). Ao contrário, a inscrição no registro dos demos (o que é manifestamente falso) quanto o juramento no término do serviço efébico (8, 105 s. v. περίπολοι). C. Pélékidis (*Histoire de l'éphébie attique*, Paris, 1962, p. 111) é inclinado a seguir Licurgo. Todavia a palavra περίπολοι que designa ao mesmo tempo os efebos e os soldados pertencentes ao corpo dos patrulheiros (Pélékidis, *op. cit.*, pp. 35-47) e atestado numa data muito mais antiga do que a palavra ἔφηβοι, e não está totalmente excluído que Pólux dependa de uma fonte mais antiga que Licurgo.
6 Devo ter compreendido a importância capital desta distinção ao ensino de L. Robert na École des hautes études (1963-1964).

O *FILOCTETES* DE SÓFOCLES E A EFEBIA 127

pela história. As formas de combate que por muito tempo tinham sido o apanágio dos jovens, dos pré-hoplitas, dos combatentes da noite, aos poucos vão-se impondo a todos, no decurso da guerra do Peloponeso, e mais ainda, no século IV, quando o mercenário substitui pouco a pouco o soldado-cidadão[7].

Tal como acabo de resumi-lo, este esquema parece-me próprio a esclarecer certos aspectos do Filoctetes, a penúltima das sete tragédias conservadas de Sófocles, representada em 409 a.c., data em que a guerra do Peloponeso assumira em Atenas feição trágica. Não se trata aqui – devo precisar? – de desvendar não sei que "segredo" do *Filoctetes*, que teria escapado aos comentadores da peça. É mais que duvidoso que tais "segredos" existam. Mas a comparação de uma obra literária tão profundamente inscrita na liturgia cívica, como é uma tragédia grega, com um esquema institucional é um método que já foi provado e que pode facilitar uma nova leitura ao mesmo tempo histórica e estrutural da obra.

Brevemente evocada na *Ilíada* (2, 718-725), tratada na *Pequena Ilíada* e nos *Cantos Cíprios*[8], tendo sido objeto, antes de Sófocles, de tragédias perdidas de Ésquilo e de Eurípides[9], a lenda de Filoctetes[10] impunha a Sófocles um esquema extremamente simples: relegado em Lemnos depois de ter sido picado por uma serpente, coxeando e

7 Para um esboço desta evolução, cf. meu estudo "La tradition de l'hoplite athénien" – J. P. Vernant (ed.) *Problèmes de la guerre en Grèce ancienne*, Paris et La Haye, 1968, pp. 161-181. notadamente pp. 174-179. Sobre a obra de Xenofonte como testemunha desta evolução, cf. a contribuição de A. Schnapp, in M. I. Finley ed., *Problèmes de la terre en Grèce ancienne*.

8 Resumo da *Petite Iliade* em A. Severyns, *Recherches sur la Chestomathie de Proclos*, IV, Paris, 1963, p. 83, 1. 217-218; para os *Cantos Cíprios*, ver *Idem*, p. 89, 1. 144-146.

9 Resumo e comparação das três tragédias em Díon Crisóstomo, 52 e 59. A originalidade de Sófocles com relação aos seus antecessores e à tradição mítica é corretamente definida por E. Schlesinger, "Die Intrige im Aufbau von Sophokles Philoktet", *Rheinisches Museum*, N. F. 111, 1968, pp. 97-156 (notadamente pp. 97-109). Sobre a trilogia de que fazia parte o Filoctetes de Ésquilo, cf. F. Jouan, "Le 'Tennés' (?) d'Eschyle et la légende de Philocete", *Les Études Classiques*, 32, 1964, pp. 3-9; sobre o Filoctetes de Eurípides, F. Jouan, *Euripide et les légendes des chants cypriens*, Paris, 1966, pp. 308-317 e a exposição apoiada de modo, às vezes, imprudente na comparação com os monumentos figurados, de T. B. T. Webster, *The Tragedies of Euripides*, Londres, 1967, pp. 57-61.

10 A exposição de conjunto mais completa da tradição continua sendo a de L. Milani, *Il mito di Filottete nella litteratura classica e nell'arte figurata*, Florença, 1879, que seu próprio autor completou "Nuovi monumenti di Filottete e considerazioni generali in proposito", *Ann. Inst. Corr. Arch.*, 53, 1881, pp. 249-289; ver também Turk in Roscher, *Lexikon*, s. v. "Philoktet", col. 2500, 2509, 1938. A documentação iconográfica aumentou desde então, mas nenhuma exposição de síntese lhe foi consagrada, para uma bibliografia recente, cf. M. Taddei, "Il mito di Filottete ed un episodio della vita del Buddha", *Archeologia Classica*, 15, 1963, pp. 198-218, ver p. 202, n. 17. Sobre os problemas suscitados por um vaso do museu de Siracusa, cf. *infra* a figura III e o apêndice.

128 MITO E TRAGÉDIA NA GRÉCIA ANTIGA

exalando um odor insuportável, mas possuidor do arco infalível de Héracles, Filoctetes permanece exilado durante dez anos, até o dia em que uma expedição grega o reconduz a Troia onde será curado. O adivinho Heleno, capturado por Ulisses, revelara que só sua presença e a do arco assegurariam a tomada de Troia[11]. Na peça de Ésquilo – como na de Eurípides, representada ao mesmo tempo que Medeia em 431 – o papel essencial no retorno de Filoctetes junto aos solda-dos do exército grego era desempenhado por Ulisses, mas enquanto o Ulisses de Ésquilo antes de tudo usava a astúcia para se apossar do arco de Filoctetes, a personagem de Eurípides triunfava pela persu-são (*peithó*), no decorrer de um grande debate em que se defrontava com os enviados dos troianos: tema tão diretamente político quanto se pode desejar[12].

No simples plano da intriga dramática, a originalidade de Sófo-cles com relação a seus antecessores é dupla: tanto Ésquilo como Eurí-pides tinham feito Filoctetes dialogar com os habitantes de Lemnos, que constituíam o coro. Uma das personagens de Eurípides, Áctor, o confidente de Filoctetes, é mesmo um lêmnio. Em Sófocles a solidão do herói é total: "ele vive numa terra sem abordagem e sem habitante (οὔτ᾽ εὔορμον οὔτ᾽ οἰκουμένην)"[13]. Os lêmnios não desempenham nenhum papel e nem mesmo sua existência é mencionada[14]. O coro é formado pela tripulação do barco grego. Aliás, enquanto Píndaro, na primeira *Pítica*, faz Filoctetes ser procurado por anônimos "heróis semelhantes aos deuses"[15], em Eurípides Ulisses, personagem reto-mada de Ésquilo, está acompanhado de Diomedes[16], único presente

---

11 E o que diz a *Pequena Ilíada*, *loc. cit.*

12 Πολιτικωτάτη καὶ ῥητορικωτάτη οὖσα, "a mais política e a mais retórica" (das três); tal era o julgamento de Díon, 52, 11.

13 *Filoctetes*, 221. Cf. também os versos 300-304 onde toda ilha é apresentada como um lugar repulsivo, e o verso 692: "Nenhum indígena se acercava de sua miséria". Cito a tradução de P. Mazon (Collection Guillaume Budé) às vezes modifican-do-a um pouco. O texto é de A. Dain (*Idem*), todavia levei em conta a última "mise-an-point" crítica sobre a tradição manuscrita, a de P. E, Easterling, "Sófo-cles" *Philoctetes*: Colle-tions of the manuscripts R. G. and Q". *Classical Quarterly*, n. s. 19, 1969, pp. 57-85.

14 Sófocles, por assim dizer, não faz uso da riquíssima mitologia ligada à ilha de Lemnos, fora mesmo da personagem de Filoctetes, e na qual G. Dumézil reco-nheceu a transposição de ritos de iniciação (*Le Crime des Lemniennes*, Paris, 1924). As únicas alusões são as que faz o herói ao "fogo de Lemnos", isto é, ao fogo de Hefesto, o deus coxo que tinha caído sobre a ilha (800, 986-987), Mar-cel Detienne sugere-me que um confronto entre a peça de Sófocles e os mitos "lêmnios" poderá ser fecundo, ver seu livro *Les Jardins d'Adonis*, Paris, 1972, pp. 173-184 e W. Burkert "Jason, Hypsipyle and New Fire at Lemnos. A Study in Myth and Ritual", *Classical Quarterly*, n. s. 20, 1970, pp. 1-16.

15 *Pyth*, 1, 53.

16 Sófocles alude a esta tradição nos versos 591-592 postos na boca do "mercador", isto é, do vigia (σκοπός, 125) que faz parte da expedição grega e que Ulisses

O *FILOCTETES* DE SÓFOCLES E A EFEBIA 129

no resumo da *Pequena Ilíada*. Sófocles, por sua vez, inova dando um papel essencial ao jovem Neoptólemo, filho de Aquiles: é a ele que Ulisses encarrega de, pela astúcia, se apossar do arco e da pessoa do herói. A maior parte da peça é constituída de diálogos entre Filoctetes, o herói envelhecido, exilado há dez anos e ferido, e o adolescente cuja juvenilidade é a todo instante sublinhada.

Tal como é, esta peça de Sófocles tem intrigado consideravelmente os comentadores que sublinharam suas "anomalias" reais ou supostas – falou-se frequentemente de um "barroco sofocleano" –, que puseram em questão ou, ao contrário, afirmaram sua "ortodoxia" com relação ao resto da obra de Sófocles[17]. Esta paixão tem muitas motivações: o *Filoctetes* é a única tragédia conservada de um autor grego que não comporta nenhum papel feminino, a única também em que o problema colocado é resolvido *ex-machina* por uma divindade[18], as relações entre os deuses e os homens mostraram-se aqui tão singulares que foi perguntado se se tinha dado ênfase, como nas outras peças de Sófocles, à coerência do mundo dos deuses em face da ignorância e da cegueira dos homens, ou se, ao contrário, Sófocles não tinha, a exemplo de Eurípides, projetado no mundo dos deuses a opacidade da condição humana[19].

Desta disputa eu vou aqui apenas destacar um ponto que na verdade é capital: *Filoctetes* dá-nos o exemplo, único na obra de Sófocles, de uma mutação do herói trágico. O jovem Neoptólemo aceita,

disfarçou. Ignoramos se Ulisses estava acompanhado ou não na peça de Ésquilo. A segunda hipótese é a mais verossímil.

17   Encontrar-se-á o essencial da bibliografia recente em H. F. Johansen, *Lustrum* 7 (1962), pp. 247-255, ver também H. Musurillo, *The Light and the Darkness, Studies in the Dramatic Poetry of Sophocles*, Leyde, 1967, pp. 109-29, A. E. Hinds, "The prophecy of Helenus in Sophocles' Philoctetes", *Classical Quarterly*, b. s. 17, 1967, pp. 169-180; E. Schlesinger, *op. cit.*, *supra*, n. 9. O estudo mais completo sobre a peça é a dissertação de J. C. Fuqua, *The Thematic Structure of Sophocles*, Cornell, 1964, de que pude consultar um microfilme. A nota cômica nesta imensa bibliografia é dada por I. Errandonea, *Sofocles: Investigaciones sobre la estrutura dramatica e sus siete tragedias y sobre la personalidad de sus coros*. Madrid, 1955, pp. 233-302, que supõe por exemplo que o "mercador" e Héracles são o próprio Ulisses, disfarçado. Duas publicações só estiveram ao meu alcance depois da redação deste estudo, a edição brevemente comentada de T. B. L. Webster, Cambridge, 1970, que não aborda praticamente nenhum dos problemas estudados aqui, e a obra póstuma de R. Von Sheliha, *Der Philoktet des Sophokles. Ein Beitrag zur Interpretation des Griechischen Ethos*, Amsterdam, 1970.

18   A. Spira mostrou entretanto (*Untersuchungen zum Deus ex-machina bei Sophokles und Euripides*, 1960, pp. 12-32) que este desenlace era estritamente adaptado à estrutura da peça.

19   Ver as exposições antagônicas de C. M. Bowra, *Sophoclean Tragedy*, Oxford, 1944, pp. 261-306, que defende, em geral com razão, a primeira tese, e de H. D. Kitto – *Form and meaning in Drama*, Londres, 1956, pp. 87-138.

130 MITO E TRAGÉDIA NA GRÉCIA ANTIGA

de início, a despeito de sua repugnância de filho de rei, fiel ao seu caráter original (*phýsis*), enganar Filoctetes dirigindo-lhe um discurso falso, ditado por Ulisses, com o fim de apoderar-se de seu arco; depois ele muda de opinião[20], decidindo sucessivamente dizer a verdade[21], restituir o arco[22] e por fim abandonar não só Lemnos mas o campo de batalha troiano, para retornar, em companhia de Filoctetes, à sua pátria[23]. Há em tudo isso um violento contraste com o comportamento habitual dos heróis sofocleanos, essas personagens que em bloco afrontam o mundo da cidade, como o dos deuses, e que a maquinária divina termina por destroçar[24]. A tentação de explicar esta mutação em termos de "psicologia" ou pelo menos daquilo que os comentadores de tragédia batizam com este nome era evidentemente muito forte e muita gente não deixou de cair nela[25]. Mas este "psicologismo" também suscitou reação, a mais retumbante das quais foi a de Tycho von Wilamowitz[26]. Entretanto, sua explicação das dificuldades do *Filoctetes* e das mutações de seus heróis unicamente pelas leis da "técnica dramática" e da ótica de teatro, se ela podia dar conta de certos detalhes[27], não era capaz de fornecer uma visão de conjunto, e com

20 Esta mudança é expressa no verso 1270 pelo verbo μεταγνῶναι que terminará designando a noção cristã de arrependimento, fonte quase inevitável de confusão.

21 *Filoctetes*, 895 e ss.

22 *Idem*, 1286.

23 *Idem*, 1402.

24 O melhor estudo de conjunto é o de B. W. Knox, *Tile Heroic Temper, Studies in Sophoclen Tragedy*, Cambridge, Mass., 1964 (sobre o *Filoctetes*. cf. pp. 114-142); ver também do mesmo autor, "Second Thoughts in Greek Tragedy". *Greek, Roman and Byzantine Studies*, 7, 1966, pp. 213-232.

25 Assim, o juiz Holmes escrevia a F. Pollock em 2 de outubro de 1921 estas linhas reveladoras: "A propos of the rare occasions *when the Ancients seem just like us*, it always has seemed to me that a wonderful example was the *repentance* of the lad in the play of Sophocles over his deceit and the restoration of the bow", citada por E. Wilson, "*The Wound and the Bow*", Londres, 1961, p. 246, n. 1. Os termos e as expressões foram sublinhadas por mim. É bem certo que, mesmo se elas empregam uma linguagem mais elaborada, muitos autores modernos, que não é preciso citar aqui, pensam o mesmo.

26 Tycho von Wilamowitz-Moellendorf. "Die dramatischc Technik des Sophokles". *Philol. Untersuch*, 22, 1917; sobre o *Filoctetes* ver pp. 269-312. Contra as interpretações "psicológicas", cf. por exemplo, C. Garton "Characterization in Greek Tragedy", *Journal of Hellenic Studies*, 1957, pp. 247-254; K. Alt, "Schicksal und φύσις im Philoktet des Sophokles", *Hermes*, 89, 1961, pp. 141-174.

27 Um exemplo claro do que "a ótica de teatro" pode explicar: no verso 114. Neoptólemo parece "ignorar" que, segundo o oráculo, o arco e Filoctetes são necessários à tomada de Troia, o que permite a Ulisses lembrá-lo ao público; mas os versos 197-200 mostram que o filho de Aquiles na realidade estava bem a par. Em caso semelhante é permitido distinguir a "personagem de teatro" e o "herói", mas este tipo de inquérito só pode dar resultados bem limitados; em todo caso, qualquer que seja a liberdade com que os poetas gregos se servem dos mitos, esta não iria,

O *FILOCTETES* DE SÓFOCLES E A EFEBIA 131

ela se corria o risco de perder as personagens de Sófocles, enquanto heróis trágicos e não apenas personagens de teatro[28].

Como o leitor suspeita, o propósito deste estudo é o de fazer progredir o debate pelo recurso a uma comparação entre a "mutação" do jovem Neoptólemo e a instituição evocada no início destas páginas: a iniciação efébica.

Um dos traços mais característicos das últimas peças de Sófocles, o *Filoctetes* e o *Édipo em Colono*, é a importância cada vez maior que nelas ganham os problemas de localização, o que J. Jones chamou de "uma espécie de interdependência entre o homem e o lugar"[29]. O lugar da ação é descrito[30] como uma *eskhatiá*, um fim de mundo. No conjunto da literatura grega, há poucas evocações tão impressionantes de uma natureza selvagem e de um homem abandonado e asselvajado. A solidão de Filoctetes se exprime na palavra *éremos*, que é repetida umas seis vezes[31]. Mais ainda Filoctetes foi no sentido técnico do termo, exposto: Ποίαντος υἱὸν ἐξέθηκ᾽ ἐγώ ποτε: "Fui eu que outrora expus o filho de Poías", relembra Ulisses[32]; expus, isto é, pus num lugar que "contrasta com o recinto da casa e com as terras cultivadas que lhe são próximas, como o domínio de um espaço longínquo e selvagem... Poderá ser, em alguns casos, o mar ou os rios na medida em que eles são símbolos do outro mundo. Mas será sobretudo, longe das casas, dos jardins e dos campos, a terra inculta onde os rebanhos vivem, o espaço estranho e hostil do *agrós*"[33]. Como disse ainda J. Jones, esta solidão não é a de Robinson Crusoé[34]. Não é também, diz o coro muito explicitamente, o universo da pastoral: οὐ μολπὰν σύριγγος ὡς ποιμὴν ἀγροβάτας: "Ele não faz ressoar uma flauta de Pã, como um pastor nos campos"[35].

---

por exemplo, até a lhes fazer imaginar que não tivesse havido a guerra de Troia, e parece-me impossível seguir D. B. Robinson quando ele tenta fazer-nos admitir que o espectador ateniense podia crer num abandono efetivo de Filoctetes no fim da peça ("Topics in Sofocles' Philoctetes", *Classical Quartetly*, n. s. 19, 1969, pp. 34-56, ver pp. 45-51). Isto é ir demasiado longe na direção aberta por Tycho von Wilamowitz. O mesmo artigo atribui, sem nenhuma razão, uma dupla conclusão ao *Filoctetes*; ver o contrário *infra*, p. 140.

28 Cf. B. Knox, *The Heroic Temper*. pp. 36-38.

29 J. Jones, *Aristotle and Greek Tragedy*, Oxford, 1962. p. 210.

30 *Filoctetes*, 144.

31 *Idem*, 228, 265, 269, 471, 487, 1018.

32 *Filoctetes*, 5. Como me lembrou Ph. Rousseau, só o pai tinha o direito de expor um recém-nascido.

33 J. P. Vernant, *Mythe et Pensée*, 1, pp. 161-162. A imagem da exposição é retomada nos versos 702-703, onde Filoctetes é descrito "como uma criança abandonada por sua nutriz".

34 *Op. cit.*, p. 217, W. Schadewaldt escrevia ao contrário em 1941: "Filoctetes vive como um Robinson do mundo antigo na ilha deserta de Lemnos" (*Hellas und Hesperien*, p. 238).

35 *Filoctetes*, 213-214.

132   MITO E TRAGÉDIA NA GRÉCIA ANTIGA

Este mundo selvagem é fortemente sublinhado pela própria encenação: onde habitualmente a cena apresenta a porta do palácio, é a entrada de uma caverna que é figurada[36].

A este mundo selvagem se opõem, muito nitidamente, dois outros mundos formando o que se pode chamar o "triângulo" espacial do *Filoctetes*[37]; o primeiro é o campo de batalha troiano, isto é, o universo da cidade representado pelos cidadãos armados, os hoplitas; e o segundo é o mundo dos *oíkos* o universo familiar de Filoctetes e de Neoptólemo. É entre os dois que os heróis serão chamados a escolher.

Filoctetes aparece como inteiramente estranho ao mundo dos campos cultivados: "Ele não colhia para alimentar-se nem o grão que nos vem da terra sagrada, nem nenhum destes outros frutos que nós cultivamos, nós os mortais comedores de pão... Ah! deplorável existência a de um homem que há dez anos não teve a alegria de ver lhe servirem vinho"[38]. O herói exilado está sem família, sem companheiro (μηδὲ ξύντροφον ὄμμ' ἔχων), "não dispondo de nenhum olhar fraterno"[39], crendo mesmo que seu pai está morto[40]. Ulisses fez dele um morto social: ἄφιλον, ἔρημον, ἄπολιν, ἐν ζῶσιν νεκρόν: "Um homem sem amigos, sem cidade, um cadáver entre os vivos"[41]. Ulisses justifica a sentença de exílio contra ele proferida lembrando que, por causa de seus gritos, o exército não podia mais fazer em paz uma libação nem um sacrifício[42], em outras palavras, que sua presença impossibilitava o exercício do culto cívico. O próprio Filoctetes retomará, por sua conta, esta explicação quando considera a possibilidade de embarcar: "No dia em que embarcarem em minha companhia, como será ainda possível fazer que chamejem oferendas para os deuses, oferecer-lhes libações?"[43] É a palavra *ágrios*, selvagem, que melhor define sua condição, Filoctetes é, propriamente falando, "asselvajado",

---

36   O texto salienta a encenação e o cenário: ὁπόταν δὲ μόλη / δεινὸς ὁδίτη τῶνδ' ἐκ μελάθρων: "Quando o terrível caminheiro sair destes apartamentos" (146-147). É preciso suprimir a vírgula que a maior parte dos editores introduzem depois de ὁδίτης; cf. A. M. Dale, "Seen and Unseen in scenic Conventions", *Wiener Studien*, 59, 1956, *Mélanges A. Lesky*, pp. 96-106 (ver p. 105); as conclusões deste notável estudo não me parecem absolutamente postas em causa pelas objeções de A. B. Robinson, *loc. cit. supra*, p. 130, n. 27, pp. 45-51.

37   Cf. A. Cook, "The Patterning of effect in Sophocles' Philoctetes", *Arethusa*, 1968, pp. 82-93, que entretanto eu não sigo aqui em suas considerações psicanalíticas.

38   *Filoctetes*, 708-715. No verso 709, Sófocles emprega a palavra ἀλφησταί, que designa em Homero os comedores de pão, isto é, os homens simplesmente. Sobre o valor desta palavra, cf. meu estudo "Valeurs religienses et mythiques de la terre et du sacrifice dans l'Odyssée", *Annales E. S. C.*, 1970, p. 1280, nota 3.

39   *Filoctetes*, 171.

40   *Filoctetes*, 497. Héracles lhe informará (1430) que na realidade ele está vivo.

41   *Idem*, 1018.

42   *Idem*, 8-9.

43   *Idem*, 1032-1033.

O *FILOCTETES* DE SÓFOCLES E A EFEBIA   133

ἀπηγριωμένος[44]. O vocabulário que o caracteriza é o que define a selvageria animal[45]. Como já o disseram muito bem, ele "adquiriu por assim dizer um parentesco com o mundo animal"[46]. O mal que o tortura, e que é definido como *ágrios*, é nele a parte do selvagem[47]. Filoctetes encontra-se, então, exatamente no limite da humanidade e da selvageria animal. Na grota que ele ocupa alguns sinais mostram ainda que ele pertence à humanidade: "Uma taça de madeira maciça obra de um bem medíocre artista. E, também ali, algo com que fazer fogo"[48]. E o fogo culinário que permanecendo assegura a salvação do herói, ὅ καὶ σώζει μ᾽ ἀεί[49]. Esta situação limite é muito naturalmente simbolizada pela caça, única atividade que permite Filoctetes viver fora da *khôra*, da cidade e dos campos cultivados: "Assim fatalmente deve passar sua vida, atirando na caça com seus dardos alados, miserável, miseravelmente"[50]. Mas as relações que Filoctetes mantém com os animais, seus companheiros e suas vitimas, são reversíveis, quando ele é privado do seu arco, por causa do embuste urdido por Ulisses, o caçador corre o risco de ser caçado: "Meu arco não mais abaterá pássaro alado, nem animal selvagem das montanhas, e sou eu, desgraçado, que morrendo irei fornecer um repasto à caça que me alimentava[51]. Os bichos que eu caçava me caçarão por sua vez"[52]. O instrumento desta caça é precisamente o arco que Héracles legou a Filoctetes, e sobre o qual Ulisses lembra a Neoptólemo, no começo da peça, que ele lança "tiros infalíveis,

44   *Filoctetes*, 226. Cf. também no verso 1321, ἠγρίωσαι, "tu fizeste de mim um selvagem".

45   Sua morada é uma toca de animal, αὔλιον (954, 1087, 1149); seu alimento é pasto, βορα (274): ver sobre esta última palavra a minha nota, *supra* p. 115, n. 73: ele não come, mas devora (βόσκων, 313).

46   H. C. Avery, "Heracles, Philoctetes, Neoptolemus", *Hermes*, 93, 1965, pp. 279-297: a exposição citada está na p. 284. Este "parentesco" é afirmado pelo próprio herói: ὦ ξυνουσίαι θηρῶν ὀρείων: "Oh! bichos da montanha, meus companheiros" (936-937); cf. também os versos 183-185.

47   Cf. os versos 173, 265, 266 (ἀγρίᾳ νόσῳ), e o verso 758, onde o mal é comparado, como bem viu o escoliasta, a um bicho selvagem que se acerca e se afasta alternadamente; o pé de Filoctetes é ἔνθηρος, assevajado (697); cf. P. Biggs, "The Disease theme in Sophocles". *Classical Philology*, 1966, pp. 223-235.

48   *Filoctetes*, 35-36.

49   *Idem*, 297.

50   *Filoctetes*, 164-166. Cf. também os versos 286-289, 710-711, 1092-1094. A importância das imagens e dos temas de caça foi relevada na dissertção, citada acima, de C. J. Fuqua.

51   Θανὼν παρέξω δαῖθ᾽ ὑφ᾽ ὧν ἐφερβόμην (957). O vocabulário é característico: o termo δαίς designa normalmente um repasto humano, contrariamente a βορά; seu emprego no sentido de alimentação animal é bem excepcional (*Ilíada*, 24, 43); ao contrário o verbo φέρβω é geralmente empregado para os animais. Sófocles inverteu então os valores dos dois termos.

52   *Filoctetes*, 955-958. Cf. também a invocação às aves de rapina dos versos 1146-1157.

134 MITO E TRAGÉDIA NA GRÉCIA ANTIGA

portadores da morte"[53]. Como foi notado com frequência, o arco é a contrapartida do ferimento[54]. Mas é preciso dizer mais e melhor: o arco é o que assegura a vida de Filoctetes. A exemplo de Heráclito, Sófocles joga com as palavras βιός (arco) βίος (vida)[55]: Ἀπεστε– ´ρηκας τὸν βίον τὰ τόξ᾽ ἑλών: "Tu me roubaste a vida roubando-me o arco"[56]. Mas o arco é também o que isola Filoctetes do mundo dos humanos. Uma das versões do mito entendia que Filoctetes se tivesse ferido precisamente com uma das flechas do arco de Héracles[57]. Não é esta a versão que Sófocles manteve: seu Filoctetes é mais diretamente culpado pois ele violou o santuário de Crise[58]. Mas um arqueiro não pode ser um hoplita, e veremos que Filoctetes, uma vez curado, não será mais um arqueiro propriamente dito. No famoso diálogo do *Héracles* de Eurípides sobre as virtudes respectivas dos arqueiros e dos hoplitas[59], o porta-voz dos hoplitas não faz mais que traduzir a regra moral do seu tempo, quando declara: Ἀνδρὸς δ᾽ἔλεγχος οὐχὶ τόξ᾽ εὐψυχίας: "O arco não é a prova da valentia de um homem"[60]. Esta εὐψυχία consiste "em permanecer no seu posto e ver, sem baixar nem desviar os olhos, a correr diante de si todo um campo de lanças erguidas, sempre firme em sua fileira"[61]. O arco possibilita a subsistência de Filoctetes, mas faz dele um caçador maldito, sempre no limite da vida e da morte, como ele está no limite da humanidade e da selvageria; foi mordido "por uma víbora matadora de homem"[62], mas esta não o matou. "Ele parece uma vítima votada ao deus dos mortos"[63], fala em morrer, proclama sua

53 *Filoctetes*, 105.
54 Sobre estes fatos complementares na tradição mítica, ver por exemplo A. Brelich. *Gli Eroi Greci*, Roma, 1958, p. 244; Les Monosandales", *Nouvelle Clio*, 7-8-9, 1955-56-57, pp. 468-489; sobre o *Filoctetes*, cf. E. Wilson, *The Wound and the Bow*. pp. 244-264; W. Harsh. "The role of the Bow in the Philoctetes of Sophocles", *American Journal of Philology*, 81, 1960, pp. 408-414; P. Biggs, *loc. cit. supra*, pp. 231-235; H. Musurillo, *op, cit.*, p. 121.
55 Βίος: τῶι οὖν τόξωι ὄνομα βίος ἔργον δὲ θάνατος: o nome do arco é vida, sua obra é morte", (fr. 48. Diels). Quanto a outras aproximações entre o *Filoctetes* e os fragmentos de Heráclito, cf. K. Reinhardt, *Sopilokles*[3], Frankfurt, 1947, p. 212.
56 *Filoctetes*. 931.
57 Versão conhecida por *Sérvio, Ad. Aeneid.*, 3, 402.
58 *Filoctetes*, 1327-1328. É inteiramente falso então fazer dele o inocente absoluto que vê nele, por exemplo, H. D. Kitto, *Form and Meaning*, p. 135; a culpabilidade de Filoctetes é aliás sublinhada pelo coro, que compara seu destino ao de Íxion, autor de uma tentativa de estupro sobre a pessoa de Hera (676-685).
59 *Héracles*. 153-164.
60 *Idem*, 162.
61 *Héracles*, 162-164.
62 *Filoctetes*, 266-267. Parece-me absolutamente ridículo procurar, como ainda faz H. Musurillo, *op. cit.*, p. 119, n. 1, identificar exatamente a espécie de animal que mordeu Filoctetes!
63 *Filoctetes*, 860.

O *FILOCTETES* DE SÓFOCLES E A EFEBIA 135

morte e não pode consegui-la[64]; ele é, repitamos, "um cadáver entre os vivos"[65], "um cadáver, à sombra de uma fumaça, um vão fantasma"[66]; politicamente, sem que jamais a palavra tenha sido pronunciada, ele é exatamente um ἄτιμος, um morto cívico[67].

É neste universo desolado e junto a este homem asselvajado que desembarcam Ulisses, um homem de idade madura, e Neoptólemo, um adolescente, quase um menino ainda. Um menino e mesmo um filho para Filoctetes. O cálculo foi feito por H. C. Avery[68], Neoptólemo sessenta e oito vezes é chamado παῖ (menino) ou τέκνον (meu filho) das quais cinquenta e duas por Filoctetes. Ora, este menino será qualificado de ἀνήρ, de homem, duas vezes, primeiro no verso 910, depois que começou a confessar o ardil pelo qual ele tinha enganado Filoctetes, e uma segunda e última vez por Héracles, já bem no fim da peça quando este convida Filoctetes a combater σὺν τῷ δ' ἀνδρί, "com este homem"[69]. Este simples confronto tende a estabelecer, parece-me, que Neoptólemo mudou de estatuto, que no decurso da peça ele passou pela iniciação efébica[70].

Henri Jeanmaire demonstrou em *Couroi et Courètes* que os relatos míticos das infâncias reais serviam de paradigma aos adolescentes efébicos. É bem o advento de um filho de rei que nos é contado no *Filoctetes*. Desde a abertura da peça, Ulisses relembra-o: ὦ κράτιστον πατρὸς Ἑλλήνων τραφεὶς / Ἀχιλλέως παῖ: "Rebento do mais valente dos gregos, filho de Aquiles"[71], e a primeira intervenção do coro é para lembrar a Neoptólemo que ele é o herdeiro do poder[72]: "Foi para as tuas mãos, meu filho, que do fundo das idades veio o poder supremo". Releiamos agora o primeiro diálogo entre Ulisses e Neoptólemo. Ele

---

64   *Idem*, 797-98, 1030, 1204-1217.

65   *Idem*, 1018.

66   *Idem*, 946-947.

67   Como W. Schadewaldt mostrou num estudo célebre "Sophokles und das Leid", 1941, retomado em *Hellas und Hesperien*, Zurich und Stuttgart, 1960, pp. 231-247, todos os heróis de Sófocles são precisamente personagens limites e a observação pode ser estendida muito além do "sofrimento".

68   *Loc. cit. supra*, p. 285.

69   *Filoctetes*, 1423.

70   Não creio que esta observação tenha sido feita, mas certos comentadores assinalaram a mutação de Neoptólemo sem entretanto invocar a efebia, assim M. Pohlenz, *Die griechische Tragödie*. Göttingen, 1954, p. 334: "Der Jungling Neoptolemus reift zum Manne heran"; H. Weinstock, *Sophokles*, Leipzig und Berlin, 1931, p. 79 ss.; B. W. Knox, *The Heroic Temper*, p. 141: "He has grown to manhood in the fire of his ordeal and though before he was Odysseus' subordinate, now he is to be Philoctetes' equal". O termo efebo foi pronunciado, mas acidentalmente, parece, por K. I. Vourveris, Σοφοκλέους Φιλοκτήτης, Atenas, 1963, p. 34; o autor não faz senão retomar o que, por seu lado, tinha dito Weinstock sobre o *Filoctetes* como tragédia da educação.

71   *Filoctetes*, 3-4.

72   *Idem*, 141-142.

136 MITO E TRAGÉDIA NA GRÉCIA ANTIGA

põe em cena um oficial e um militar estreante. Ulisses invoca a ordem outrora recebida para explicar e justificar a "exposição" de Filoctetes em Lemnos[73]. Lembra a Neoptólemo que ele está em serviço e deve-lhe obediência[74]. Como bem viu B. W. Knox, trata-se no caso da "primeira façanha" de Neoptólemo[75]. Nada indica que Neoptólemo tenha alguma vez carregado armas. Sem dúvida, quando Ulisses convida o jovem a contar a Filoctetes que as armas de Aquiles foram recusadas ao filho do herói e atribuídas a ele, Ulisses[76], ele o incita a proferir uma mentira, mas esta mentira é bem singular; Filoctetes a retoma por sua conta no fim da peça, apesar de Neoptólemo ter revelado toda artimanha[77]. Seu interlocutor não lhe faz então nenhum desmentido, e aliás o autor do *Ájax* sabia perfeitamente que Ulisses tinha de fato herdado por uns tempos as armas de Aquiles. Tudo isto só tem coerência se se admite que efetivamente Neoptólemo está bem no começo de sua carreira de soldado.

Um detalhe sugere mesmo que Sófocles talvez faça alusão ao juramento que fazia do efebo um hoplita: "Tu não és juramentado" (σὺ μὲν ... οὖτ᾽ ἔνορκος)[78], diz ele a Neoptólemo. Tecnicamente Ulisses faz alusão ao juramento que tinham prestado os pretendentes de Helena, mas não é ilícito que se veja nisso uma alusão ao juramento efébico, e quando Neoptólemo jura que permanecerá no posto: ἐμβάλλω μενεῖν[79], a alusão torna-se mais clara ainda. Esta primeira façanha de Neoptólemo, que se desenrola, como se viu, fora do espaço cívico, no lugar normal das iniciações efébicas ou crípticas, é, como o modelo fornecido pelo mito etiológico das *Apatúrias*, um ardil, uma *apáte*[80]. Desde o início da peça Ulisses emprega a linguagem do reconhecimento, da espionagem militar[81]. Essa emboscada é também uma caça. Quando Ulisses conseguiu convencer Neoptólemo a se apoderar por ardil do arco de Filoctetes, o jovem lhe responde: θηρατέ᾽ οὖν γίγνοιτ᾽ἄν, εἴπερ ὧδ᾽ἔχει, "É preciso capturá-lo caçando, se é assim"[82]. Quando Filoctetes desmaia, Neoptólemo profere hexâmetros de estilo oracular: "O que vejo eu, é que capturamos este arco (θήραν

---

73 *Idem*, 6.
74 Cf. o emprego do verbo ὑπηρετεῖν (estar em serviço) no verso 15 e o do nome ὑπηρέτης (53).
75 *The Heroic Temper*, p. 122.
76 *Filoctetes*, 62-64.
77 *Idem*, 1364.
78 *Idem*, 72.
79 *Idem*, 813.
80 O vocabulário é – ainda aqui – característico; cf. o emprego dos termos ἀπάτη (1136, 1228). δόλος, δόλιος (91, 107, 608, 1118, 1228, 1282), τέχνη, τεχνᾶσθαι (80, 88), κλέπτειν (55, 968).
81 Ulisses manda enviar um homem εἰς κατασκοπήν, "em emboscada" (45).
82 *Filoctetes*, 116.

O *FILOCTETES* DE SÓFOCLES E A EFEBIA   137

/ τὴνδ᾽... ἔχομεν τόξων) em vão, se partimos sem o homem[83]; e Filoctetes evoca suas mãos que se tornaram a caça (συνθηρώμεναι) do homem que o capturou[84].

Sem dúvida, esse vocabulário de caça e de guerra é um vocabulário metafórico: o Filoctetes não é *The Red Badge of Courage*; a caça de Neoptólemo se desenrolará no nivel da linguagem: τὴν Φιλοκτήτου σε δεῖ/ ψυχὴν ὅπως λόγοισι ἐκκλέψεις λέγων, "É pela tua linguagem que deves roubar a alma de Filoctetes"[85]; linguagem de mentira: Ulisses recusa ao mesmo tempo o uso da força e o da persuasão[86], linguagem de duplo sentido, como a que terá o pseudomercador[87].

Se voltamos agora à metáfora militar, importa compreender bem o seguinte: sendo a situação do efebo, por definição, transitória, Neoptólemo é totalmente incapaz de justificar seu ato de outro modo, senão invocando a obediência ao poder estabelecido[88]. Os efebos podem ter uma prática da ἀπάτη, uma mitologia da *apáte*, mas não certamente uma ética. "Mestre dos noviços[89], Ulisses resume as coisas a seu modo, dizendo a Neoptólemo: δίκαιοι δ᾽ αὖθις ἐκφανούμεθα / νῦν δ᾽ εἰς ἀναιδὲς ἡμέρας μέρος βραχὺ / δός μοι σεαυτόν, κᾆτα τὸν λοιπὸν χρόνον / κέκλησο πάντων εὐσεβέστατος βροτῶν: "Mais tarde mostraremos honestidade. Desta vez, presta-te a mim por um curto instante – um dia, no mínimo – de desfaçatez. Depois disso, todo o resto de tua vida poderás fazer que te chamem o mais escrupuloso dos mortais"[90]. A virtude da façanha efébica esgota-se com sua realização; qualquer prolongamento é impossível. Assim é que, no próprio momento em que Neoptólemo engana Filoctetes, ele exprime a comum admiração de ambos pelo ideal hoplítico em sua versão aristocrática, é claro. Não era Neoptólemo-Pirro o pai da pírrica, dança guerreira hoplítica por excelência?[91] O próprio Ulisses quando, em nome de Zeus, tenta convencer Filoctetes a segui-lo a Troia, propõe-lhe que seja um ὅμοιος τοῖς ἀριστεῦσιν[92], um membro da elite guerreira que se apoderou de Troia. Ocorre todavia que Ulisses dificilmente pode propor

83 *Idem*, 839-840.
84 *Idem*, 1005-1007.
85 *Idem*, 54-55.
86 *Idem*, 54-95.
87 *Idem*, 130. Este tema da função da linguagem no *Filoctetes* merecia ser consideravelmente desenvolvido: cf. o esboço de A. Podlecki, "The Power of the Word in Sophocles' Philoctetes", *Gr. Rom. and Byz. St.*, 7, 1966, pp. 233-250.
88 *Filoctetes*, 925.
89 Devo essa expressão a F. Jouan.
90 *Filoctetes*, 82-85.
91 J. Pouilloux mostrou que esta tradição, atestada explicitamente por Luciano, *De Saltatione*, 11, já o era implicitamente por Eurípides, *Andrômaca*, 1135 – J. Pouilloux e G. Roux, *Énigmes à Delphes*, Paris, 1963, p. 117.
92 *Filoctetes*, 997.

138 MITO E TRAGÉDIA NA GRÉCIA ANTIGA

isto, porque, em todo o seu desempenho, é claro que ele escolheu não a ἀρετή mas a τέχνη. A despeito do fato de que o oráculo proferido por Heleno afirmava que a presença *voluntária* de Filoctetes e não apenas a de seu arco, era necessária para a tomada de Troia[93], Ulisses só se preocupa com o arco, ou encara a possibilidade de pela força[94] transportar Filoctetes para Troia. Ele age e fala como se o arco pudesse ser separado do homem. Há, diz ele, outros arqueiros como Filoctetes e seu arco pode ser confiado a Teucro[95]. Se examinarmos as três cenas em que ele está presente, constatamos que o vocabulário militar une-se ao que serve para caracterizar os sofistas[96]. Trata-se de um político puro? Sem dúvida, no sentido em que o Cléon de Tucídides ou os atenienses do diálogo com os mélios são políticos puros. Sófocles chegou mesmo a fazer dele, voluntariamente, um político ateniense[97]. Ele termina sua admoestação a Neoptólemo fazendo apelo ao mesmo tempo a Hermes, a Nike e a Atena Poliás[98]. O Pseudo-mercador explica por ordem sua que os filhos de Teseu, rei de Atenas, partiram em perseguição a Neoptólemo[99]. Sua última intervenção consiste em dizer que vai prestar contas τῷ δὲ σύμπαντι στρατῷ "ao conjunto do exército"[100], o que quer dizer, em termos políticos, que ele vai convocar a assembleia do povo. Dito isto, considere-se que estamos num universo trágico e não no da história ou da filosofia política. Político puro, Ulisses sai da *pólis* por excesso de política. Ele é a exata antítese de Filoctetes, um hipercivilizado em face de um homem asselvajado. E uma outra versão do personagem de Creonte, e para retomar a terminologia que um célebre coro de *Antígona* aplica ao homem que só é provido de *tékhne*, longe de ser *hypsípolis*, ele é como o próprio Filoctetes, mas por razões inversas, um *ápolis*[101]. Assim, embora

---

93 Isto aparece tanto no relato do pseudomercador (605-621) quanto na última tentativa de Neoptólemo para convencer Filoctetes a segui-lo (1332).

94 É o que bem viu B. W. Knox: "In fact Odysseus repeatedly and exclusively emphasizes one thing and one thing only – the bow" (*The Heroic Temper*, p. 126); cf. os versos 68, 113-115, 975-983, 1055-1062.

95 Cf. *Filoctetes*, 1055-1062.

96 Assim σόφισμα (14), σοφισθῆναι (77), τεχνᾶσθαι (80).

97 Dito isto, parece-me inútil procurar as "chaves" das personagens de Sófocles, um joguinho que divertiu muita gente, desde o século XVIII, por exemplo, Alcebíades exilado e reconvocado sendo assimilado a Filoctetes; cf. por fim M. H. Jameson, "Politics and the Philoctetes", *Classical Philology*, 51, 1956, pp. 217-227.

98 *Filoctetes*, 133-134.

99 *Idem*, 562. É possível que Sófocles faça aqui alusão à sua própria tragédia dos *Skýrioi* na qual os Teseidas iam, foi sustentado, procurar Neoptólemo em sua ilha (cf. T. Zielinski, *Tragodamenon libri tres*, Cracovie, 1925, pp. 108-112, e para uma representação desta mesma cena sobre um vaso, Ch. Dugas, "L'Ambassade à Skyros", *Bulletin de correspondance hellénique*, 1934, pp. 281-290).

100 *Idem*, 1257.

101 *Antígona*, 370; cf. H. Funk "Κρέων ἄπολις", *Antike und Abendland*, 12, 1966, pp. 29-50.

O *FILOCTETES* DE SÓFOCLES E A EFEBIA 139

num sentido tenha cumprido sua missão, ele perde tudo na aventura que o Filoctetes descreveu. É dele que Neoptólemo, no começo da peça[102], é chamado filho, mas o jovem torna-se o filho, depois o do companheiro de Filoctetes[103]. Entre Ulisses e Filoctetes, Neoptólemo, cujo próprio nome sugere aliás a juventude, faz figura de mediador obrigatório. Ulisses e o herói ferido, um e o outro instalados em seus paroxismos, não se podem comunicar. Efebo, o filho de Aquiles, está ligado à natureza selvagem, o que lhe permite relacionar-se com Filoctetes; soldado e futuro cidadão, ele deve obediência ao magistrado que é Ulisses. Mas a presença deste último deixa de ser necessária desde que os dois outros homens sao reintegrados na vida "normal". Assim, quando Héracles chega para resolver o problema colocado, Ulisses desapareceu; ele não assiste à cura final, em cujo decurso Héracles apresenta uma solução que assegura a volta tanto de Filoctetes, quanto de Neoptólemo ao seio da cidade.

Há, com efeito, um problema a resolver, um problema propriamente trágico. Para que Neoptólemo transponha a etapa que separa o efebo do hoplita, não basta que volte a ser ele mesmo como o exorta Filoctetes[104], que volte à sua *phýsis* primeiro[105]. A moral hoplítica que ambos invocam supõe a participação na guerra. Quando Filoctetes põe a questão que se encontra em toda a tragédia grega, τί δράσω; "que farei?"[106], depois de Neoptólemo pela última vez lhe suplicar que retornasse ao campo de batalha, ele escolhe como Antígona os valores familiares: πέμψον πρὸς οἴκους, "conduz-nos para casa, depois fica em Esciros"[107]. Ele promete a Neoptólemo o reconhecimento de seu pai. Filoctetes escolhe então o sofrimento e o arco, que a ele está ligado. A Neoptólemo que se preocupa em saber o que fará se os aqueus vierem devastar sua terra, ele responde que o ajudará com as flechas de Héracles. No fundo, o que fará é apenas mudar-se de Lemnos. Neptólemo faz a mesma escolha. Em termos militares, isto se chama uma deserção, e Tycho von Wilamowitz que escrevia durante a Primeira Guerra Mundial não se enganou nisso![108]

Esta opção pelos valores familiares, contra os valores cívicos, é tanto mais notável quanto um personagem bem diferente não deixa realmente de estar presente ao longo da tragédia, esse mesmo que vai aparecer no fim. Filoctetes, que é rei da Mélida, como Sófocles[109]

---

102 *Filoctetes*, 99-130.
103 K. Reinhardt (*op. cit. supra*, p. 176) compara com razão as relações entre Ulisses e Neoptólemo com as de Creonte e de seu filho Hêmon na Antígona.
104 *Filoctetes*, 950.
105 *Filoctetes*, 902.
106 *Idem*, 1063, 1350.
107 *Idem*, 1368: a expressão é repetida no verso 1399.
108 *Op. cit., supra*, p. 280.
109 *Filoctetes*, 725.

140 MITO E TRAGÉDIA NA GRÉCIA ANTIGA

muito bem sabe, é definido, repetidas vezes como o homem do Oeta[110], montanha que sem dúvida é vizinha a seu reino, mas que é sobretudo o lugar da fogueira de Héracles. Foi lá que Filoctetes recolheu o arco do herói que se tornou deus. Mas o Héracles invocado aqui, o Héracles que, por assim dizer, é o pai de Filoctetes[111], não é precisamente o Héracles arqueiro, o Héracles caçador, matador de animais selvagens, é ὁ χάλκασπις ἀνήρ, "o guerreiro do escudo de bronze"[112], um Héracles hoplita. Como em todas as peças de Sófocles, o plano dos deuses é cumprido sem que os atores tenham consciência dele[113]. A reintegração de Filoctetes no mundo dos homens, que é o objetivo da façanha efébica de Neoptólemo, começa na realidade desde que Filoctetes, pela primeira vez depois de dez anos, ouve falar grego, isto é, retoma contacto com a linguagem[114]. A proposta que lhe fazem[115] de deixar que em Troia o tratem e o curem é, sem dúvida, a que será posta em prática. Mas o mais notável, talvez, é constatar como Héracles vai-se portar como o arauto desse ideal hoplítico que está constantemente presente na peça. Digo notável porque o mito aqui era imperativo. Todo grego sabia que Filoctetes tinha morto Páris num "combate singular"[116], com as flechas de Héracles e é difícil transcrever esta façanha em termos hoplíticos. Mas que diz Héracles no fim da peça? "Partindo com este homem (Neoptólemo) para a cidade troiana [...] tu farás com que caia sob minhas flechas Páris, o autor de vossos males"[117]. E o deus logo introduz uma distinção entre o que o arco ganhará e o que ganhará Filoctetes por seu valor pessoal como guerreiro, pelo mérito que terá combatendo ao lado dos outros gregos: "Tu tomarás Troia e a parte do espólio que então obterás como recompensa pela tua valentia entre todos nossos guerreiros[118], tu a enviarás ao teu palácio para teu pai no planalto do Oeta, teu país. Mas, quanto à que receberás do exército, em memória de minhas flechas[119] leva-a à minha fogueira"[120]. O que provém do arco voltará portanto à fogueira de Héracles. É em suma a separação de Filoctetes arqueiro e de Filoctetes hoplita. Quanto a

110 *Idem*, 453, 479, 490, 664, 728, 1430.
111 Tudo isso foi bem visto por H. C. Avery em seu artigo, citado *supra*, do *Hermes*, 1965.
112 *Filoctetes*, 726.
113 Sobre este ponto Bowra tem, sem nenhuma dúvida, razão contra Kitto; cf. *supra* p. 129, n. 19.
114 *Filoctetes*, 220-231.
115 *Idem*, 919-920, 1376-1379.
116 Μονομαχήσας Ἀλεξάνδρῳ κτείνει, diz o resumo da *Pequena Ilíada* (*loc. cit. supra*, p. 142, n. 8).
117 *Filoctetes*, 1423-1426.
118 *Idem*, 1429 (ἀριστεῖ ἐκλαβὼν στρατεύματος).
119 *Idem*, 1432 (τόξων ἐμῶν μνημεῖα).
120 *Idem*, 1428-1433.

O *FILOCTETES* DE SÓFOCLES E A EFEBIA   141

Neoptólemo a sua situação irá também mudar. Sua transformação em guerreiro com pleno exercício está consumada. Enquanto ele, como homem que se acreditava destinado a tomar a cidade, inquietava-se com a função do arco na queda de Troia, Ulisses havia-lhe respondido: "Tu não podes sem o arco, o arco não pode sem ti (οὔτ᾽ ἂν σὺ κείνων χωρὶς, οὔτ᾽ ἐκεῖνα σοῦ)"[121]. Héracles, dirigindo-se por sua vez ao filho de Aquiles, retoma uma fórmula análoga, mas referente desta vez não mais a Filoctetes: "Tu, sem ele não podes conquistar a planície troiana e também ele não pode sem ti"[122]. Da união de um homem e de um arco passou-se a de dois homens, de dois combatentes. Héracles acrescenta: Ἀλλ᾽ὡς λέοντε συννόμῳ φυλάσσετον οὗτος / σὲ καὶ σὺ τόνδε: "Como dois leões compartilhando a mesma sorte[123], vigiai um pelo outro, ele por ti, tu por ele"[124]. E esse o juramento que pronuncia o efebo de não abandonar seu companheiro de fileira.

O homem selvagem reintegrou-se portanto na cidade, o efebo tornou-se hoplita. Resta entretanto uma última mutação a operar, a da própria natureza. Até o momento final da peça, Lemnos é a terra desabitada de homens, o país da natureza selvagem e feroz, o pais das aves de rapina e das grandes feras. A gruta de Filoctetes era definida como ἄοικος εἰσοίκησις, "uma morada que não é morada"[125] mas é a uma terra pastoril que Filoctetes diz adeus, mesmo se recorda o que aí sofreu; não que ela se tenha tornado "civilizada", mas a selvageria por assim dizer mudou de signo, um pouco como a ilha da *Tempestade* de Shakespeare pode ser ora a de Caliban, ora a de Ariel. As Ninfas substituem os animais selvagens. Todo um mundo do úmido surge[126]: "Vamos! Que, na hora em que me afasto, eu pelo menos saúde esta terra. Adeus, morada[127] que tanto tempo me abrigou; e vós, Ninfas dos prados úmidos, e tu másculo túmulo do vagalhão […] Eis a hora de vos deixar, fonte e água de Apolo Lício"[128]. Quanto ao mar, ele não isola mais, ele reúne: "Adeus, solo de Lemnos que as ondas envolvem,

---

121 *Idem*, 115.

122 *Idem*, 1434-1435.

123 σύννομος pode referir-se ao companheirismo militar, cf. Ésquilo, *Sete*, 354. Notemos também o emprego do dual que reforça o tema da solidariedade.

124 *Filoctetes*, 1436-1437.

125 *Idem*, 534.

126 A nuança não foi inteiramente apreendida por Ch. Segal que, num artigo aliás excelente ("Nature and the world of Man in Greek Literature", *Arion*, 2, 1, 1963, pp. 19-57), escreve: "His final words are a welcoming of the human world, but a last farewell to the wildness in which he has suffered but thc is a tie between it and the man".

127 Mais exatamente μέλαθρον, palácio, mas o termo não tem aqui o mesmo valor (ao mesmo tempo irônico e designativo do cenário) que no verso 147, cf. *supra*, p. 132, n. 36.

128 *Filoctetes*, 1452-1461.

142 MITO E TRAGÉDIA NA GRÉCIA ANTIGA

permite que uma feliz travessia me leve sem estorvos"[129]. É por um voto de *Eúploia*, de feliz navegação, que a peça termina[130], sob o signo de Zeus e das Ninfas do mar. É a ordem divina que permite aos homens que de novo se tornem os senhores da natureza selvagem. Tal é a última reversão de Filoctetes.

APÊNDICE – SOBRE UM VASO DO MUSEU DE SIRACUSA

Desde a sua descoberta em 1915 na necrópole de Fusco perto de Siracusa, o vaso cuja face principal reproduzimos aqui (a outra representa uma mênade sentada entre dois sátiros) tem sido frequentemente discutido e comentado. Estes comentários não foram em vão. A. D. Trendall pôde com segurança determinar o autor, um dos mais antigos entre os "pintores de Paestum" o "pintor de Dirce", cuja obra inteira parece comentar cenas trágicas (mas num espírito que é mais do drama satírico do que da tragédia propriamente dita, como deixa ver a presença muito frequente de jovens sátiros) e a data (por volta de 380-360 a.C.)[131].

A personagem central foi identificada[132] imediatamente: Filoctetes barbudo, os cabelos embaraçados, está sentado sobre uma pele de leopardo, no meio de uma gruta delimitada por uma arcada vermelha irregularmente sublinhada de linhas negras, enquanto largas manchas brancas marcam as asperezas da rocha[133]. Seu pé esquerdo doente está apoiado sobre a rocha. Com a mão direita ele segura uma pluma, sem dúvida destinada a aliviar seus sofrimentos, e com a esquerda seu arco. Acima dele pássaros, produto de sua última caça; digo de sua última porque seu carcás, suspenso à sua esquerda está *vazio*. Sob o seu braço esquerdo uma ânfora está firmada no solo. Os dois personagens que emergem acima da gruta também não causam problema. À direita Ulisses, reconhecível por seu *pílos* (boné de marinheiro) e por sua barba, tem um carcaz fechado (contendo as flechas de Filoctetes?). Ainda à esquerda, apoiado numa árvore, um efebo desnudo jogando para trás uma clâmide bordada, enquanto o boldrié que ele tirou parece fazer corpo com a

---

129 *Idem*, 1464-1465.

130 Este voto de εὔπλοια repete o (de duplo sentido) que Neoptólemo tinha pronunciado após o sucesso de sua astúcia (779-781).

131 Cf. A. D. Trendall, *Paestan Pottery. A Study of the Red-figured Vases of Paestum*, Roma, 1936, pp. 7-18, n. 7.

132 Cf. B. Pace, "Filottete a Lemno. Pittura vascolare com riflessi dell'arte di Parrasio", *Ausonia*, 10, 1921, p. 159 e, do mesmo, "Vasi figurati com riflessi della Pittura di Parrasio", *Mon. Ant. Accad. Linc.* 28, 1922, pp. 522-598 (part. pp. 542-550). Nosso vaso foi devidamente repertoriado por F. Brommer, *Vasenlisten zur griechischen Heldensage²*, Marburg, 1960, p. 329.

133 Inspiro-me aqui no comentário de P. E. Arias no fascículo do *Corpus Vasorum Antiquorum* (C. V. A.), Roma, 1941.

O *FILOCTETES* DE SÓFOCLES E A EFEBIA 143

árvore, pode corresponder ou a Diomedes, que acompanhava Ulisses na peça de Eurípides, ou a Neoptólemo de Sófocles[134]. Trata-se de um problema relativamente secundário, pois é claro que temos aqui um efebo que parece receber as instruções de Atena guerreira[135]. O mistério começa quando se trata de identificar a jovem ricamente vestida e paramentada que se encontra à direita, a mão direita tocando a rocha, e que parece falar com Ulisses. Como disse bem P. Wuilleumier, ela é "estranha [...] a todas as reproduções literárias e artísticas da cena"[136]. Nenhuma das interpretações sugeridas é convincente[137] e a literatura não menciona por enquanto

134 A primeira hipótese era a de B. Pace; L. Séchan (*Études sur la tragédie grecque dans ses rapports avec la céramique*, Paris, 1926, p. 491) fez valer que "a imagem faz de preferência pensar, pelo seu aspecto juvenil, no Neoptólemo de Sófocles". O argumento não é decisivo, pois conhecemos uma outra cratera em forma de sino da mesma necrópole e do mesmo pintor (Trendall, *Red-figure Vases...* Campanian I, n. 31, p. 204, quadros 80-82) que indiscutivelmente (cf. Ch. Picard, *Comptes rendus de l'Academie des inscriptions et belles lettres*, 1942, pp. 244-246) representa a captura de Dólon por Ulisses e Diomedes; ora este último é representado como um efebo imberbe e nu. De um modo geral, o semiprofano que sou na matéria não pode senão, uma vez mais, ficar maravilhado pela audácia com que certos especialistas decidem as questões delicadíssimas suscitadas por problemas como os da passagem do teatro para a arte figurada. Não é sem espanto, por exemplo, que se lê em Marg. Bieber, *The History of the Greek and Roman Theater*[2], Princeton, 1961, p. 34 e fig. 119: "Vase paintings based upon stage setting for Sophocles' Philoctetes have only a large rock and a single tree as a sitting, while those for Euripides' Philoctetes represent a large cave around the hero. The vases testify that Euripides had a chorus of women and used Athena as *deus ex-machina* instead of Heracles who was used by Sophocles". Isso é esquecer, primeiro, que tanto a peça de Sófocles quanto a de Eurípides alojavam o herói numa gruta; segundo, que os artistas dispunham de outras fontes que não as do teatro clássico; terceiro, que a jovem do vaso de Siracusa não é de modo algum representante de um coro; quarto, que nada permite fazer de Atena o *deus ex-machina* da peça de Eurípides, a menos precisamente que nosso vaso seja um reflexo dela, o que é uma simples possibilidade. T. B. L. Webster não aceitou esta possibilidade e eu me inclino a lhe dar razão; infelizmente o argumento que ele utiliza (*Tragedies of Euripides*, p. 58): "Seria preciso então supor audaciosamente que o jovem é Ulisses remoçado por Atena" não vale nada, pois Ulisses estava precisamente acompanhado por Diomedes. Muito curiosamente, o mesmo autor, num livro republicado no mesmo ano, emite esta mesma hipótese audaciosa e, sem mais hesitação, atribui o vaso aos ilustradores de Eurípides: *Monuments illustrating Tragedy and Satyr Play*, London, 1967, p. 162.

135 O comentário do *C V. A.* sublinha com razão o caráter oratório do gesto de Atena.

136 "Questions de céramique italiote", *Revue Archéologique*, 33, 1931, p. 248.

137 B. Pace tinha proposto ver nela uma ninfa, uma personificação da ilha ou a deusa Bêndis, mas não se vê bem o que esta deusa trácia tem a fazer aqui. L. Séchan (*op. cit.*, p. 491), após ter afastado estas hipóteses e a que faria da personagem feminina a deusa *Peithó* (acompanhante de Afrodite), pensa antes numa personagem de sedutora que seria tomada de uma peça desconhecida de nós. Enfim, S. Setti, num comentário recente ao nosso vaso ("Contributo esegetico a un vaso 'pestano'", *Dioniso*, 38, 1964, pp. 214-220), retoma a primeira hipótese de Pace, fazendo da jovem uma ninfa e dando ao mito, à jovem e ao vaso uma significação funerária.

nenhum documento paralelo. Não é certo de modo nenhum, em todo caso, que esta personagem seja uma deusa. Ela não traz nenhum sinal distintivo da divindade e ela não está elevada como Atena. Seja o que for, mal é necessário lembrar que o mito de Filoctetes em todas as interpretações que conhecemos não faz intervir nenhuma mulher. Então é impossível, por ora, um pronunciamento sobre a identidade da personagem.

As observações que seguem, e que são apresentadas a título provisório e precário (um documento novo sempre pode aparecer), tentam esclarecer este documento por uma outra via. Com efeito, é difícil não deixar de notar as relações de simetria e de inversão que se estabelecem de um lado e de outro da gruta e do homem selvagem. Tentemos seriar essas oposições e essas simetrias.

A oposição entre as duas personagens masculinas e duas personagens femininas é evidente. As duas mulheres trazem bracelete e colar, todas as duas estão vestidas enquanto as personagens masculinas estão nuas ou desnudadas, segundo uma convenção, aliás, clássica. Mas as personagens do mesmo sexo se opõem entre si, como a juventude se opõe à idade adulta. O efebo é naturalmente imberbe

Os argumentos utilizados são bem fracos. Em particular, se se devesse atribuir, como Setti parece pretender, a todas as cenas representadas sobre vasos descobertos em túmulos uma significação ctônia e funerária, seria preciso proceder a uma séria revisão de nossos conhecimentos em matéria de mitologia grega. Sem ver aí contradição com sua interpretação geral, S. Setti associa também o vaso de Siracusa com a peça de Eurípides, cujo caráter funerário é mais que duvidoso; de qualquer modo, é vão esperar uma coincidência perfeita entre a tradição literária e a tradição iconográfica. Assim, um documento descoberto nas escavações de Castro (Etrúria) associa, na ilha de Lemnos, Filoctetes, Palamedes e Hermes, o que nada permitia prever (cf. R. Lambrechts, "Un miroir étrusque inédit et le mythe de Philoctète", *Bulletin de l'Institut historique de Rome*, 39, 1968, pp. 1-25). Neste último objeto, o artista quis mesmo informar-nos escrevendo o nome de Palamedes a quem teríamos sido perfeitamente capazes de identificar. Por minha parte, não me atrevi a propor um nome para a personagem feminina, mas noto aqui que Sta. F. H. Pairault, membro da Escola Francesa de Roma, que também trabalhou sobre o vaso de Siracusa e que leu este estudo em manuscrito, escreve-me que, por sua parte, ela estaria plenamente de acordo comigo e não hesitaria em propor o nome de Apate para a personagem desconhecida. Com efeito, ela observa: "Os vasos da Magna Grécia oferecem uma quantidade de personagens femininas, de demônios e de vitórias em geral misteriosas, e trata-se frequentemente de abstrações personificadas". A personagem de Apate figura nomeadamente sobre um vaso célebre, mais ou menos contemporâneo do nosso documento, a cratera em volutas descoberta em Canusium (Apúlia), e conhecido pelo nome de "vaso de Dario" (Museu de Nápoles, 3252; cf. M. Borda, *Ceramiche Apule*, Bergamo, 1966, p. 49 e quadro 14). O que ela traz consigo (pele de pantera, uma tocha em cada mão) é bem diferente do que usa nossa jovem, mas o estilo (histórico-trágico) do pintor é igualmente muito diferente; ver também sobre o vaso de Dario, C. Anti, "Il vaso di Dario ed i Persiani di Frinico", *Archeologia Classica*, 4, 1, 1952, p. 23-45 (sobre Apate, p. 27). O artigo *Apate* da *Enciclopédia dell'arte classica*, I, p. 456 e fig. 625, escrito por C. Bermond Montanari, dá apenas um exemplo, muitíssimo anterior, na pintura ática.

O *FILOCTETES* DE SÓFOCLES E A EFEBIA 145

e de corpo gracioso, sua cabeleira é disfarçada pelo toucado; o *pílos* de Ulisses está, ao contrário, jogado para trás, desprendendo uma abundante cabeleira. A barba, contrariamente à de Filoctetes é, como os cabelos, cuidadosamente cortada. O alto opõe-se por outro lado ao baixo, pela presença ou ausência das armas (o *boldrié* que o efebo tirou assume aqui todo seu valor). Mas a personagem feminina da esquerda, Atena, está equipada com armas que caracterizam a virilidade plena do hoplita. O braço é forte, o peito pouco acentuado. Ulisses tem, ao contrário, um carcás, símbolo da astúcia; se se admite que este carcaz contém as flechas de Filoctetes, a astúcia é mesmo dupla: a da arma e a do ato. As duas personagens jovens não se opõem entre si somente pelo sexo (a feminilidade da personagem da direita é fortemente marcada tanto pela riqueza da vestimenta, como pelo modelado dos seios). O efebo mantém-se afastado da gruta e do mundo selvagem, a jovem, pelo contrário, toca com sua mão direita a parede externa da gruta. Esta oposição é ainda sublinhada por detalhes de vestimenta: a clâmide do efebo é ornamentada com os mesmos motivos da túnica de Filoctetes, o que sugere talvez, um parentesco espiritual análogo ao descrito por Sófocles, enquanto a cintura da jovem oferece uma decoração muito próxima da do carcás carregado por Ulisses. Um contraponto discreto é dado então às simetrias mais visíveis: nudez dos homens, joias das mulheres[138]. Dir-se-á então que a cena da esquerda aparece como centrada sobre as virtudes do hoplita, do valor guerreiro tradicional, enquanto o lado direito é aquele das técnicas, da astúcia e da sedução feminina, e que Filoctetes está no centro deste debate (ἀγών). Mas a polaridade masculino-feminino inverte em parte esta oposição; à esquerda é a mulher armada de hoplita e à direita o adulto que representa a astúcia. O drama do efebo que se torna hoplita fazendo um rodeio pelo mundo selvagem e pela astúcia "feminina"[139] talvez encontre aqui sua expressão imagética.

138 Devo esta sugestão a Maud Sissung.
139 Sobre os aspectos "femininos" do efebo, cf. *supra* p. 119 e n. 104.

MITO E TRAGÉDIA
II

Prefácio

Apresentando, em 1972, os sete estudos que, reunidos, formavam o primeiro volume de *Mito e Tragédia*, que François Maspero recebera bem, escrevemos, não sem uma certa imprudência, que esse primeiro volume seria "tão rapidamente quanto possível seguido de um segundo". Tínhamos até, sem manifestá-la, a ideia de que um terceiro volume não estaria, afinal, fora de cogitação.

Eis então *Mito e Tragédia II*, mas, no tocante ao tempo, precisamos de quase catorze anos para cumprir nossa promessa. Será que teremos ainda treze anos para publicar um terceiro volume? O tempo, dizem, "nada muda"; é este livro, tal como é e não como deveria ou poderia ser, que apresentamos ao público, que recebeu de maneira inesperada nossa primeira obra comum, tanto na França quanto no exterior.

Durante esses catorze anos, ambos trabalhamos e publicamos, sozinhos ou com amigos. Cada um de nós teve o seu campo de pesquisas, que não coincidia necessariamente com o do vizinho e do amigo. De qualquer forma, a tragédia grega continuou sendo, para nós, um terrreno comum, mesmo quando o abordávamos separadamente, pois estávamos seguros de uma concordância fundamental, e o pensamento de que este livro um dia existiria não nos deixou. Assim como a obra precedente, este volume pode parecer, à primeira vista, feito de trechos e de fragmentos: dez estudos (em vez de sete) publicados, numa primeira forma, na França ou no exterior[1], alguns em revistas "eruditas", outros em volumes destinados ao chamado "grande público erudito". Todos têm uma inspiração comum

---

1 Eles foram atentamente relidos em diferentes graus, e, às vezes, remanejados e aumentados, sem que parecesse útil mencionar essas correções e esses acréscimos.

que remonta, como dissemos ao apresentar o primeiro volume, aos ensinamentos de Louis Gernet e à sua tentativa de compreender o momento trágico: entre o direito nascente e o direito constituído.

Em relação a *Mito e Tragédia I*, este volume apresenta algumas inovações; o primeiro volume era inteiramente consagrado à tragédia do século V nos seus aspectos gerais e à análise sistemática de algumas peças: a *Orestia* de Ésquilo, o *Édipo Rei* e o *Filoctetes* de Sófocles. Nos dois casos, tratava-se de compreender ao mesmo tempo as articulações das obras e sua relação, seu diálogo com as instituições políticas e sociais de seu tempo. A busca do sentido fazia-se através de um vaivém entre o interno e o externo, mas o âmbito permanecia estritamente delimitado: o do século V trágico. O presente volume explora, provavelmente com técnicas talvez um pouco refinadas, o mesmo campo: uma tragédia de Ésquilo, *Sete contra Tebas*, uma obra de Sófocles, *Édipo em Colono*, a última obra de Eurípides, as *Bacantes*, são objeto de estudos detalhados cuja técnica é emprestada (sem renegar a contribuição da filologia mais tradicional) ao que se convencionou chamar análise estrutural. A tais ensaios acrescentam-se estudos de alcance mais geral: reflexões sobre o tema trágico, sobre o deus mascarado da ficção trágica, apresentações de conjunto de Ésquilo e de Sófocles.

Os estudos centrados em Dioniso e sua máscara (e suas máscaras, deveríamos dizer) assinalam uma inovação. Não procuramos Dioniso nas origens da tragédia, tentamos mostrar como Dioniso, deus da aparência, podia se manifestar no e através do pluralismo trágico. Mas, estando Dioniso na tragédia, ele a ultrapassa em todas as direções, e não nos detivemos nos limites do teatro.

No nosso primeiro volume, o *e* de *Mito e Tragédia* tinha um valor forte. Recusando explicitamente identificar a tragédia com uma forma comum de narrativa mítica, sublinhamos que, para nós, o mito está na tragédia e é, ao mesmo tempo, rejeitado por ela: Sófocles faz Édipo vir da era mais remota, a que precede a cidade democrática, e o destrói, assim como Ésquilo destrói os Atridas. Sem renegar, de modo algum, esse modelo, tentamos também um outro: existiria, por exemplo, um elo entre a tirania, o parricídio e o incesto, sem que seja necessário recorrer à forma trágica? É à resposta dessa questão que se dedica o primeiro dos estudos reunidos neste novo livro, com a esperança de que ele possa, por sua vez, lançar um pouco de luz sobre *Édipo Rei*. Além da tragédia clássica, há enfim aquilo que ela se tornou na história, nem sempre contínua, ao contrário, fértil em rupturas da nossa cultura. Confrontar a tragédia do século V e suas exegeses, antigas ou mais ou menos recentes, não era uma empresa estranha ao nosso primeiro volume, já que questionávamos, em diversos graus, tanto a legitimidade da explicação de Aristóteles, na *Poética*, quanto a de Freud na *Interpretação dos Sonhos*. O que tentamos agora, principalmente

PREFÁCIO   151

a propósito do *Édipo Rei* de Sófocles, é um pouco diferente. Como foi compreendida essa tragédia em Vicência, no final do século XVI, quando, pela primeira vez desde a Antiguidade, se decidiu representá-la num teatro que pretendia inspirar-se nos edifícios antigos?

Como essa mesma tragédia se transformou e se multiplicou em Paris, entre a época de Luís XIV e a Revolução Francesa? Tudo isso, talvez, ajude a compreender a história intelectual dos séculos XVI ou XVII, mas permite-nos também compreender melhor, através dessas etapas, como se formou a nossa própria leitura da tragédia antiga.

Será que isso é tudo? 1972-1986. Nem os autores deste livro nem a reflexão sobre a tragédia grega são hoje exatamente o que eram quando o primeiro volume foi publicado. Escrevemos em 1972: "Este livro é apenas um começo. Esperamos prossegui-lo, mas temos certeza de que, se esse tipo de pesquisa tiver futuro, outros por sua vez irão continuá-la". A partir de 1972, não fomos os únicos e não pretendíamos, de modo algum, ser os únicos na origem de uma corrente exegética que assumiu uma dimensão considerável. Basta citar alguns nomes: na América, Charles Segal e Froma Zeitlin; na Inglaterra, Richard Buxton e Simon Goldhill; na Itália, Maria Grazia Ciani, Diego Lanza e ainda muitos outros; na Romênia, Liana Lupas e Zoe Petre; na França, Florence Dupont, Suzanne Saïd e, sobretudo, Nicole Loraux. Essa lista, que, se olhada de perto, é bem diversificada, não é um quadro de honra, e não procuramos criar uma seita em oposição a uma Igreja ou a outras seitas. Se, para compreender a tragédia grega, utilizamos um modelo que tentamos dia após dia aperfeiçoar, não deixamos de fabricar, na medida do possível, nosso mel com todas as flores, tanto as da filologia clássica quanto as da antropologia.

Dito isso, é impossível não observar certas diferenças, nem que decorressem de ataques de que o nosso primeiro livro foi alvo, quer elas resultem de uma má compreensão ou, ao contrário, de uma compreensão excessiva.

No centro de inúmeros estudos consagrados, no decorrer desses últimos anos, à cidade grega (a dos antropólogos mais do que a dos historiadores dos eventos e das instituições)[2] aparece, evidentemente, o sacrifício de sangue, porque ele define a comunidade cívica nas suas relações tanto com os deuses quanto com o mundo selvagem que a cerca[3]. É verdade que o sacrifício não é estranho à tragédia, mas, em

---

2   Quanto a essa distinção, ver N. Loraux, "La cité comme cuisine et comme partage", *Annales E.S.C.*, 1981, pp. 614-622.

3   Dentre as pesquisas nas quais estivemos envolvidos direta ou indiretamente, ver J.-P. Vernant e M. Detienne (ed.), *La cuisine du sacrifice en pays grec*, Paris, 1979; *Le sacrifice dans l'Antiquité*. Entretiens sur l'Antiquité classique XXVII, Fundação Hardt, Vandoeuvre-Genebra, 1981. P. Vidal-Naquet, *Le chasseur noir*, Paris, 1983, J.-L. Durand, *Recherches sur le bouphonies*.

152 MITO E TRAGÉDIA NA GRÉCIA ANTIGA

relação às práticas sociais da cidade grega, ele é duplamente desviado, é um sacrifício representado e, como sacrifício humano e não animal, um sacrifício corrompido[4].

Em uma empresa cujo grande alcance deriva, no nosso entender de uma forma de gnosticismo, René Girard dispõe sobre o sacrifício, e mais particularmente sobre a expulsão do bode expiatório, uma economia que, por falta de outro termo, será chamada economia da redenção e da salvação[5]. Do sacrifício do bode expiatório trágico, Édipo ou Antígona, ao sacrifício de Cristo há uma distância da escuridão à claridade, distância e inversão: "Tudo está escrito em preto e branco, em quatro textos ao mesmo tempo. Para que o fundamento violento fosse eficaz seria preciso que ele permanecesse escondido; aqui, ele é inteiramente revelado"[6]. Poder-se-ia discorrer sobre esse mito da ordenação da história, buscar suas origens na *Epístola aos Hebreus* e na literatura patrística[7], ou, mais recentemente, em Joseph de Maistre, mas não se trata mais disso, hoje em dia. René Girard explicou-se exaustivamente, foi a tragédia grega que lhe forneceu o modelo do que denomina "crise sacrifical". E, no entanto, na cidade grega do século V, o sacrifício trágico não é, de modo algum, uma prática social teorizada, mas, ao contrário, uma representação condenada. Poder-se-iam descobrir nas tragédias, como fazem inúmeros discípulos de René Girard, "crises sacrificais", ou melhor, de que modo poder-se-ia deixar de descobri-las, já que precisamente esta noção é tirada, sob o preço de uma deformação capital, da própria tragédia grega? Por que então censurar-nos por termos chamado Édipo de *pharmakós* e não de "bode expiatório"? Seria realmente pela esperança de "evitar a censura daqueles dentre nossos colegas que não são absolutamente sensíveis ao perfume de vítima que se desprende do mito"?[8] Seria porque não sentimos que Édipo prefigurava obscuramente o Cristo, bem como os heróis das *Bacantes* de Eurípides, aos olhos do autor cristão do *Christus patiens*?[9] Mas, de fato, Édipo não é um *pharmakós*, a personagem que era expulsa ritualmente da cidade ateniense por ocasião da festa das Targélias. O *pharmakós* é um dos termos limite que permitem

---

4 Ver *infra*, pp. 101-104, e os trabalhos de F. I. Zeitlin que são citados nessas páginas, e *infra*, pp. 231-235.

5 Ver principalmente *La violence et le sacré*, Paris, 1972, e, mais recentemente, *Le bouc émissaire*, Paris, 1982; referimo-nos também, em virtude da sua clareza, às tomadas de posição de René Girard na mesa-redonda que lhe foi consagrada em *Esprit*, novembro de 1973.

6 R. Girard, *Esprit*, *loc. cit.*, p. 551.

7 Cf. Frances M. Young, *The use of sacrificial ideas in Greek christian writers from the New Testament to John Chrysostom*, Cambridge (Mass.), 1979.

8 René Girard, *Le bouc émissaire*, pp. 177-179.

9 Título latino de uma peça grega do século V de nossa era, cujo esquema e número de versos são tirados de Eurípides para ilustrar a narrativa evangélica.

PREFÁCIO   153

compreender a personagem trágica; esta não se identifica com aquele[10].
Édipo não se inscreve, como vítima, numa pré-história da salvação. Se
a tragédia fosse a expressão direta da "crise sacrifical", como explicar a
sua historicidade tão estreitamente definida, não só pela cidade grega,
mas pela Atenas do século V?

No cerne de várias análises desenvolvidas nos dois volumes desses ensaios encontra-se a noção de ambiguidade. Empregar tal palavra,
destacar tal noção no estudo da tragédia grega refletiria, segundo um
crítico italiano, não uma pesquisa científica, mas a perturbação que
caracteriza "alguns intelectuais de hoje, sempre em crise, ou melhor:
em busca perpétua de novos modelos ou de novas modas contemporâneas"[11]. Essa fórmula sociologicamente refinada desfecha uma análise
e precede outros estudos por meio dos quais V. Di Benedetto pretende
mostrar a incompatibilidade radical entre a nossa conduta e a ortodoxia
marxista. Na verdade, essa ortodoxia não nos preocupa mais do que as
outras, e, de nossa parte, seria fácil ironizar a ambiguidade radical de
tal crítica. Ela emana de um autor que é, ele próprio, bastante ambíguo, já que só se revela "marxista" na polêmica, enquanto sua própria
obra, quando trata da tragédia grega, depende da mais incolor tradição filológica do século XIX[12]. V. Di Benedetto aceita de bom grado o
dualismo, e até o maniqueísmo. Desse modo, faz a distinção entre um
"bom" Vernant, aluno de Louis Gernet, que sabe reconhecer na tragédia
grega o encontro de dois modelos de pensamento, um anterior à pólis, o
outro contemporâneo da triunfante, e um "mau" Vernant, discípulo do
psicólogo Ignace Meyerson e pervertido por ele, e por alguns outros[13].
Mas, em virtude de qual milagre dois séculos, dois modelos jurídicos,
dois modelos políticos, dois modelos religiosos, a "reação" e o "progresso", poderiam coexistir no seio de um mesmo gênero literário e
de três grandes poetas, assim como Etéocles "coexiste" com Polinices?
Não seria inevitável recorrer ao que Nicole Loraux chamou "interferência trágica"?[14] A ambiguidade trágica não nos parece um tema ele-
gante para dissertação, ela se encontra no mais íntimo da linguagem
trágica, no que foi chamado, há muito tempo, o "discurso ambíguo" de
Ájax, nas próprias palavras suscetíveis de várias interpretações, no jogo
desenvolvido pelos poetas entre o herói e o coro, os atores e os espectadores, os deuses e os homens. Há ambiguidade entre o andamento

10 Ver *infra*, pp. 87-93, 305-306.
11 V. Di Benedetto, *in* V. Di Benedetto e A. Lami, *Filologia e marxismo – Contra le
    mistificazioni*, Nápoles, 1980, p. 114. Além dos dois autores de *Mito e Tragédia*,
    os especialistas visados nesse livro são L. Brisson, M. Detienne e M. I. Finley.
12 Ver, em último lugar, seu *Sofocle*, Florença, 1983, cujo último capítulo, "La buona
    morte", consagrado a *Édipo em Colono*, revela bem a inspiração cristã.
13 V. Di Benedetto e A. Lami, *op. cit.*, pp. 107-114.
14 *Critique*, 317, 1973, pp. 908-926.

humano do drama e o plano decidido pelos deuses, entre o que dizem as personagens e o que os espectadores compreendem, ambiguidade no próprio íntimo dos heróis, por exemplo, em Etéocles, entre os valores da *pólis* e os do *oíkos*. E, para aquele que não compreende isso, só se pode repetir, fazendo a transposição, o conselho dado pela pequena cortesã veneziana a Jean-Jacques Rousseau: "Lascia le tragedie greca e studia la matematica".

O debate que às vezes nos opõe a Jean Bollack, e aos que o acompanham ou o acompanharam no seu esforço, é de outra natureza e de outro alcance. Assim como outros puseram em prática o retorno a Marx ou o retorno a Freud, Jean Bollack pôs em prática e teorizou o retorno ao Texto, com a esperança de constituir a filologia como ciência total do Texto[15]. Mas será que as regras colocadas valeriam para qualquer texto?

> Dois métodos complementares servem para restituir o sentido. Partindo do conhecimento da expressão corrente e típica, o primeiro leva a uma espécie de cálculo de probabilidades. Ele se aplica a obras como os discursos de Lísias e as comédias de Menandro, onde a palavra não tem ascendência sobre a língua. Postula-se a coerência externa, aproveitando os aspectos estatísticos do vocabulário e da gramática. O outro método conduz à decifração da expressão excepcional e particular. Ele não pode prescindir da evidência das estruturas autônomas, sendo aplicado a obras onde a palavra integra fortemente os elementos preexistentes da língua e de outras palavras, como nas odes de Píndaro e nas tragédias de Sófocles [...]. Enquanto, para um texto que decorre do linguajar comum, somos autorizados a procurar o maior denominador comum, a concordância científica do bom senso, uma ode de Píndaro coloca o intérprete subitamente numa situação completamente diferente, análoga à do próprio Píndaro diante do "bom senso" de sua época[16].

Mas, se é verdade que os textos poéticos especula sempre, ao contrário da argumentação prosaica de um orador, sobre vários planos de significados, daí decorre que tais textos, mais do que os outros, estiveram ameaçados pelo "bom senso" dos copistas que no-los transmitiram, e o retorno sistemático ao texto dos manuscritos, útil a título de propedêutica, traz inevitavelmente uma faceta ilusória. Em nenhum caso ele dá acesso por si próprio à "transparência do significado"[17], pois essa transparência é antinômica ao linguajar poético. As traduções de Jean Bollack protestam contra tal expressão no que elas têm de melhor. Mas há mais: se é verdade que a "empatia total requerida pelas obras mais poderosas exclui a indiferença de um juízo vindo de fora e, frequentemente, do alto de uma ciência banal"[18], o hermeneuta corre o risco de se encontrar preso entre duas solidões, a do texto e a sua própria, com a esperança, talvez

---

15 Esse esforço e essa ambição são notavelmente descritos por H. Wisman, "Le métier de philologue", *Critique*, 1970, pp. 462-479 e 774-781. Como se verá, *infra*, p. 300, nós mesmos devemos a Jean Bollack mais de uma indicação preciosa.

16 H. Wisman, *loc. cit.*, p. 780.

17 *Idem, ibidem.*

18 *Idem, ibidem.*

PREFÁCIO

em parte ilusória, de que, justamente por empatia, elas se encontrem para definir e iluminar o sentido. Existe, então, o risco de reintroduzir exatamente o que se queria espantar, os pressupostos, os preconceitos que separam o intérprete moderno do texto antigo.

Justificando o que foi tentado no nosso primeiro volume[19], Jean Bollack reconhecia que não desprezávamos a originalidade do autor trágico, mas "esta está, afinal, submetida ao domínio, maior ou menor, dos códigos preestabelecidos", e "o fundamento da obra (a saber: as relações entre os conflitos e suas causas) não deixa de ser imposto de fora. O autor, mesmo quando paradoxal, é apenas intérprete ou virtuose". Em última análise, é "ao estado da sociedade que se pede para fornecer o princípio da compreensão da obra"[20]. Na verdade, nós havíamos escrito exatamente: "Mas se a tragédia parece assim, mais que outro gênero qualquer enraizada na realidade social, isso não significa que seja um reflexo dela. Não reflete essa realidade, questiona-a. Apresentando-a dilacerada, dividida contra ela própria, torna-a inteiramente problemática"[21].

Mas deixemos de lado o debate sobre o "princípio da compreensão", tão vão, à sua maneira, quanto o do ovo e da galinha. O verdadeiro problema proposto por Jean Bollack é o da legitimidade da explicação histórica e sociológica, não como contexto imediato de cada tragédia, mas como horizonte sem o qual o sentido não pode, de fato, ser compreendido. Tentando explicar o que se torna o herói de Sófocles, em *Édipo em Colono*, quando ele se instala em Atenas, mostramos exatamente[22] que as categorias jurídicas não podem justificar inteiramente o que Édipo se torna em Atenas, mas, sem o conhecimento preciso dessas categorias jurídicas, nem poderíamos levantar a questão, nem poderíamos, com empatia ou não, tentar dialogar com o poeta antigo. Um exemplo mostrará como se podem introduzir os anacronismos mais pérfidos. Quando, no *Édipo Rei* de Sófocles, o servidor de Laio compreende que o homem que tem diante de si, soberano de Tebas, é a própria criança que, com os pés feridos, ele entregou ao pastor do rei de Corinto, ele lhe diz, de acordo com a tradução de Jean e Mayotte Bollack: "Se és o homem que ele (o pastor de Corinto) diz que és, sabes que nasceste danado"[23]. O texto grego diz: ἴσθι δύσποτμος γεγώς; "sabes que nasceste para um destino funesto". O que será que

---

19 E no artigo citado supra de N. Loraux.
20 J. Bollack, *in* J. Bollack e P. Judet de La Combe, *Agamemnon I*, I, Lille, 1981, pp. LXXVI-LXXVIII. Muito curiosamente, na p. LXXVI, n. 1, J. Bollack aproxima a nossa "perspectiva histórica" da V. Di Benedetto, aproximação que não deixa de surpreender.
21 Ver *supra*, pp. 9-11.
22 Ver *infra*, capítulo 7, parte II.
23 *Oedipe-Roi*, 1180-1181, trad. de J. e M. Bollack, Paris, 1985, p. 72.

156   MITO E TRAGÉDIA NA GRÉCIA ANTIGA

traz aqui o emprego do termo *danado*[24] com a teodiceia cristã que ele veicula? Nada, a não ser uma proximidade "inquietante", não por dar conta da angústia trágica, mas por substituí-la pela predestinação agostiniana ou calvinista. O diálogo é, então, interrompido. Para retomá-lo, é preciso seguir a palavra de ordem de um poeta de hoje:

> *Le bonheur jaillit de mon cri,*
> *pour la recherche la plus haute,*
> *un cri dont le mien soit l'écho**.

Resta-nos agradecer, com alegria, a todos os que tornaram este livro possível: nossos ouvintes e nossos interlocutores da França e do exterior, o pessoal das *Editions de la Découverte*, que, cumprindo as promessas e o programa de François Maspero, permitiram a existência da coleção em que este livro é lançado; François Lissarrague, que nos forneceu a ilustração da capa[25] e cuja amizade e competência nos foram tantas vezes preciosas; Françoise Frontisi-Ducroux, que é a coautora de um dos textos reunidos neste volume, texto que, com a sua gentileza habitual, nos autorizou a reproduzir. Hélène Monsacré, com a ajuda de Agathe Sauvageot, encarregou-se do difícil trabalho de reler o conjunto desses textos e de eliminar muitas imperfeições, de unificar a sua apresentação. Que todos aqueles que citamos e muitos outros ainda saibam que este livro também lhes pertence.

J.-P. V. e P. V.-N.

---

24   Pode-se encontrar nessa mesma tradução, p. 52, para o verso 823: Ἀρ' ἔφυν κακός; "Nasci para o mal?", o seguinte: "Sou um danado de nascença?"; enquanto o poeta faz aqui eco ao verso 248, às maldições lançadas por Édipo contra o assassino de Laio. Observemos finalmente o emprego do termo "danação" para traduzir, no verso 828, o grego *omós daímōn*, "uma divindade selvagem".

*   "A felicidade jorra do meu grito, / pela mais alta busca, / um grito de que o meu seja eco." (N. da T.)

25   Agradecemos também a E. Borowski, que generosamente autorizou a utilização desse documento no qual se poderá consultar J. R. Guy, *Glimpses of excellence (exposition)*, Toronto, 1984.

1. O Deus da Ficção Trágica*

Corria entre os gregos um ditado famoso sobre a tragédia: "O que tem isso a ver com Dioniso?"; ou, numa forma mais categórica: "Isso não tem nada a ver com Dioniso". Segundo Plutarco[1], foi quando se viu Frínico e Ésquilo, nos primeiros decênios do século V, desenvolver no palco precisamente o que dá ao espetáculo trágico a sua especificidade, o seu caráter próprio, a saber, retomando os termos de Plutarco, o *mŷthos* – isto é, uma intriga contínua que relata uma história legendária como a de Héracles, dos Atridas ou de Édipo – e o patético, com toda a seriedade e a majestade exigidas, que foi pronunciada pela primeira vez uma fórmula onde se distinguia o espanto do público e que se transformaria em provérbio.

A confusão dos gregos antigos é compreensível. Entre Dioniso e a tragédia, a seus olhos, um elo deveria se impor como evidência. As representações trágicas – cuja data de nascimento conhecemos; a primeira, por volta de 534, época de Psístrato – desenrolavam-se na época e no quadro das festas mais importantes do deus, as Grandes Dionísias, celebradas no começo da primavera, no fim de março, em plena cidade, na encosta da Acrópole. Eram chamadas Dionísias urbanas, para distingui-las das Dionísias ditas rústicas, cujos cortejos alegres, coros, torneios de dança e de canto animavam no meio do inverno, em dezembro, as aldeias e os vilarejos dos campos áticos.

Integrado às festividades mais marcantes de Dioniso, o espetáculo dramático, que durava três dias, estava intimamente associado

---

*   Uma primeira versão deste texto apareceu na *Comédie Française*, 98, abril de 1981, pp. 23-28.

1   Plutarco, *Conversas à Mesa*, I, 1, 5 (615a).

MITO E TRAGÉDIA NA GRÉCIA ANTIGA

a outras cerimônias: concurso de ditirambos, procissão de jovens, sacrifícios violentos, transporte e exibição do ídolo divino; constituía, assim, um momento no cerimonial do culto, um dos componentes de um conjunto ritual complexo. Além disso, no edifício do teatro consagrado a Dioniso era reservado um lugar para um templo do deus, onde sua imagem permanecia; no centro da *orkhêstra*, onde evoluía o coro, erguia-se um altar de pedra, a *thymélê*, finalmente, sobre as arquibancadas, no lugar de honra, um belo trono esculpido era reservado a quem de direito: o sacerdote de Dioniso.

BUSCA DE UMA LOUCURA DIVINA

Como, a partir daí, não levantar o problema do elo que normalmente deveria ter unido, internamente, o jogo trágico, tal como ele se apresentava no palco, e o universo religioso do dionisismo a que o teatro, de modo tão manifesto, se achava ligado? Como não estranhar que, na forma de que a tragédia se reveste no século V ateniense, quando ela é tragédia de fato, nada nos temas, na textura das obras, no desenrolar do espetáculo, se relacione especialmente com um deus que, no seio do panteão grego, fica um pouco de lado: Dioniso encarna não o domínio de si, a moderação, a consciência dos seus limites, mas a busca de uma loucura divina, de uma possessão extática, a nostalgia de um completo alheamento; não a estabilidade e a ordem, mas os prestígios de um tipo de magia, a evasão para um horizonte diferente; é um deus cuja figura inatingível, ainda que próxima, arrasta seus fiéis pelos caminhos da alteridade e lhes dá acesso a uma experiência religiosa quase única no paganismo, um desterro radical de si mesmo. E no entanto não foi na tradição mítica relativa a esse deus singular, à sua paixão, suas divagações, seus mistérios, seu triunfo, que os poetas trágicos foram buscar inspiração. Com algumas exceções, como as *Bacantes* de Eurípides, o assunto de todas as tragédias é a lenda heroica que a epopeia tornara familiar a cada grego e que não tem absolutamente nada a ver com Dioniso.

Quanto a isso, a pesquisa erudita dos modernos continua a tarefa das perplexidades antigas. Procurou-se compreender a tragédia grega ligando-a a suas origens religiosas; desejou-se recuperar o seu alcance autêntico ressaltando o velho fundo dionisíaco de onde ela teria emergido e que revelaria, na sua pureza, o segredo do espírito trágico. Empresa arrojada no terreno dos fatos, vã e ilusória no dos princípios. Primeiramente, os fatos. Os documentos que são invocados para fixar as raízes da tragédia nos ritos sagrados de outrora são incertos, equivocados, muitas vezes contraditórios. Tomemos o exemplo da máscara que os atores usavam e que é logo associada aos disfarces animais de

O DEUS DA FICÇÃO TRÁGICA

que dá testemunho, nas representações figuradas, o grupo dos sátiros e silenos que constitui a alegre escolta de Dioniso, nas suas danças burlescas. Mas a máscara trágica – que Téspis, criador da tragédia, apesar disso só teria utilizado após ter inicialmente empregado o branco-de--cerusa – é uma máscara humana, não uma fantasia bestial. Sua função é de ordem estética: responde a exigências precisas do espetáculo, não a imperativos religiosos que visam a traduzir, pelo disfarce, estados de possessão ou aspectos de monstruosidade.

Não saberíamos tirar, da dupla indicação que Aristóteles dá sobre os antecedentes da tragédia, muito mais do que ele próprio se limitou a formular. A tragédia, escreve, "vem dos que conduziam o ditirambo"[2], isto é, dos que conduziam um coro cíclico, cantado e dançado, muito frequentemente – mas não sempre – para Dioniso. Muito bem. Mas Aristóteles, propondo tal filiação, pensa sobretudo marcar a série das transformações que, em todos os planos, levaram a tragédia, se não a virar as costas, pelo menos a romper deliberadamente com a sua origem "ditirâmbica" para tornar-se outra coisa, para atingir, como diz, "sua plena natureza"[3]. A segunda observação de Aristóteles diz respeito à "fala satírica" de que a tragédia se afastou quando abandonou o tetrâmetro, próprio de uma poesia "associada aos sátiros e mais ligada à dança", para recorrer ao metro jâmbico[4], o único, aos olhos do filósofo, que se adaptava à forma dialogada, a esse intercâmbio direto de propósitos entre protagonistas que o dramaturgo, pela primeira vez na literatura, coloca diante do público, como se suas personagens conversassem no palco, em carne e osso. Será que devemos concluir que a ronda do ditirambo era, na origem, em honra de Dioniso, dançada, cantada, gesticulada por homens disfarçados de sátiros, representando bodes ou revestidos de peles de cabra, e que as evoluções do coro trágico, em torno da *Thymêle*, as conservariam como lembrança? Nada disso. Precisamente os participantes das provas de ditirambo que se associavam aos concursos trágicos, por ocasião das Grandes Dionísias, não usavam máscara. E é o drama satírico, não a tragédia, que preserva, no século V, uma tradição de cantos fálicos onde o travestido, o burlesco, o licencioso se misturam. A tragédia se situa exatamente no polo oposto do espetáculo.

Os eruditos buscaram portanto noutro lugar o rasto do cordão umbilical que ataria a representação trágica à sua matriz religiosa. Ao questionar até o nome da tragédia (*trag-oidía*, canto do bode), eles viram, no trágico (*tragoidós*), ora aquele que canta para receber como prêmio um bode, ora aquele que canta no sacrifício ritual do bode. Daí

2 Aristóteles, *Poética*, 1449 *a* 11.
3 *Idem*, 1449 *a*, 15.
4 *Idem*, 1449 *a*, 20-25.

160   MITO E TRAGÉDIA NA GRÉCIA ANTIGA

a supor que, no centro da *orkhêstra*, o altar em torno do qual girava o coro era aquele onde se realizava originalmente o sacrifício do bode, e que esse bode devia ter tido um significado de vítima expiatória, cuja função religiosa era expurgar, todos os anos, a cidade das suas impurezas, liberá-la completamente de seus erros – era um passo. Os que o deram abriram caminho para uma interpretação do drama próxima à proposta por René Girard[5] quando compara o espetáculo trágico à representação ritual da imolação de um bode expiatório, sendo a "purificação" das paixões que a tragédia opera na alma do público efetivada pelos mesmos mecanismos que o grupo realiza para se liberar de suas tensões, focalizando toda a agressividade que carrega em uma única e mesma vítima, levada à morte coletivamente, como a encarnação do mal.

Infelizmente, continua impossível encontrar esse bode, *trágos*. Tanto no teatro quanto nas Grandes Dionísias não se sacrificavam mais bodes do que cabras. E quando, noutros contextos, Dioniso usa um epíteto cultual que evoca um caprídeo, é o termo *aíx* que se emprega, nunca *trágos*.

A TRAGÉDIA: UMA INVENÇÃO

Mas, a bem da verdade, todas essas dificuldades, ainda que reais, são secundárias. O fato decisivo é que os dados que nos permitem seguir as etapas da formação da tragédia, na virada do século VI para o V, assim como a análise das grandes obras que chegaram até nós de Ésquilo, Sófocles e Eurípides, evidenciam que a tragédia foi, no sentido mais forte do termo, uma invenção. Se queremos compreendê-la, é necessário evocar suas origens – com toda a prudência requerida – para melhor avaliar o que ela trouxe como inovação, as descontinuidades e as rupturas que representa em relação tanto às práticas religiosas quanto às formas poéticas antigas. A "verdade" da tragédia não jaz num passado remoto, mais ou menos "primitivo" ou "místico", que continuaria a assombrar secretamente o palco do teatro; ela é decifrada em tudo o que a tragédia trouxe de novo e de original para os três planos em que modificou o horizonte da cultura grega. Primeiramente, o plano das instituições sociais. Sob o impulso, talvez, desses primeiros representantes das tendências populares que são os tiranos, a comunidade cívica instaura concursos trágicos, colocados sob a autoridade do mais alto magistrado, o arconte, que obedecem, até nos detalhes da sua organização, exatamente às mesmas normas que regem as assembleias e os tribunais democráticos. Desse ponto

5   René Girard, *La violence et le sacrè*, Paris, 1972.

de vista, pode-se dizer que a tragédia é a cidade que se faz teatro, que se coloca ela própria em cena, diante do conjunto dos cidadãos. A seguir, no plano das formas literárias, com a elaboração de um gênero poético destinado a ser representado e gesticulado num palco, escrito para ser visto, ao mesmo tempo que ouvido, programado como espetáculo e, nesse sentido, fundamentalmente diferente dos que existiam anteriormente. Enfim, no plano da experiência humana, com o advento de que se pode chamar de consciência trágica, o homem e sua ação perfilam-se, na perspectiva própria da tragédia, não como realidades estáveis que poderiam ser delimitadas, definidas e julgadas, mas como problemas, questões sem resposta, enigmas cujo duplo sentido continua à espera de ser decifrado. A epopeia, que fornece ao drama seus temas, suas personagens, o quadro de suas intrigas, apresentava as grandes figuras dos heróis de outrora como modelos; ela exaltava os valores, as virtudes, os grandes feitos heroicos. Através do jogo dos diálogos, do confronto dos protagonistas com o coro, das inversões da situação durante o drama, o herói lendário, cuja glória era cantada pela epopeia, torna-se, no palco do teatro, o objeto de um debate. Quando o herói é questionado diante do público, é o homem grego que, nesse século V ateniense, no e através do espetáculo trágico, descobre-se ele próprio problemático.

Já nos explicamos suficientemente, segundo outros helenistas, sobre todos esses pontos, para que não tivéssemos vontade de voltar ao assunto.

Mas, assim como os gregos, o leitor não deixará de devolver-nos, no fim de nossa análise, a questão colocada no início deste estudo. Ele dirá: afinal de contas, na sua opinião, o que isso tem a ver com Dioniso? A resposta tem dois níveis. Que tenha havido, no teatro grego, uma dimensão religiosa, é por demais evidente. Mas a religião não tem, para os antigos, nem o mesmo sentido nem o mesmo lugar que para nós. Ela não está realmente separada do social e do político. Toda manifestação coletiva importante, no quadro da cidade e da família, do público e do privado, comporta um aspecto de festa religiosa. Isso é verdade com relação à posse de um magistrado, a uma reunião da assembleia, a um tratado de paz e, também, a um nascimento, a uma refeição entre amigos, a uma partida de viagem. É verdade, com mais razão ainda, para o teatro.

No entanto, insistiremos: nessa dimensão religiosa, por que Dioniso? Se, à série das causas propriamente históricas, difíceis de serem deslindadas, fosse preciso acrescentar, ou substituir, razões de uma outra ordem, que dizem respeito não mais à origem da tragédia, mas ao significado que o leitor de hoje está tentado a reconhecer, eu diria, de bom grado: mais ainda do que nas raízes que, com freqüência, nos escapam, é no que a tragédia instituiu de mais novo, no que sustenta no século V – e ainda para nós – sua modernidade, que reside sua conivência com Dioniso. A tragédia apresenta no palco personagens e acontecimentos que camuflam, na atualidade do espetáculo, todas as aparências da existência real. No exato momento em que os espectadores os têm sob os olhos, eles sabem que os heróis trágicos não estão ali e nem poderiam estar, já que, ligados a uma época completamente terminada, pertencem, por definição, a um mundo que não existe mais, a um lugar inacessível. A "presença" encarnada pelo ator no teatro é, portanto, sempre o signo ou a máscara de uma "ausência" da realidade cotidiana do público. Arrastado pela ação, perturbado pelo que vê, o espectador não deixa de reconhecer que se trata de fingimentos, de simulações ilusórias – numa palavra, do "mimético". Na cultura grega, a tragédia abre assim um novo espaço, o do imaginário, sentido e compreendido como tal, isto é: como uma obra humana decorrente do puro artifício. "A consciência da ficção", escrevi recentemente, "é constituinte do espetáculo dramático; ela aparece ao mesmo tempo como sua condição e seu produto"[6]. Ficção, fingimento, imaginário; mas, se acreditamos em Aristóteles, há nesse jogo de sombras que a arte ilusionista do poeta faz reviver no palco mais seriedade e verdade para o filósofo do que comportam as narrativas da história autêntica, quando ela se dedica a lembrar como os eventos efetivamente se passaram na realidade. Se um dos traços maiores de Dioniso consiste, como pensamos, em misturar incessantemente as fronteiras do ilusório e do real, em fazer surgir bruscamente o Além aqui embaixo, em nos desprender e em nos desterrar de nós mesmos, é mesmo o rosto do deus que nos sorri, enigmático e ambíguo, nesse jogo de ilusão teatral que a tragédia, pela primeira vez, instaura sobre o palco grego.

6 *Infra*, "O Sujeito Trágico: Historicidade e Trans-historicidade", pp. 216-217.

2. Figuras da Máscara na Grécia Antiga*

Além das máscaras, cômicas ou trágicas, usadas em cena pelos atores, a Grécia conheceu máscaras esculpidas no mármore, modeladas em terracota, talhadas na madeira, destinadas a representar uma divindade ou a cobrir o rosto de seus celebrantes durante o rito.

Máscaras cultuais, portanto, diferentes da máscara teatral. À primeira vista, essa distinção pode surpreender, já que em Atenas, assim como nas outras cidades antigas, os concursos dramáticos não se dissociam do cerimonial religioso em honra de Dioniso. Eles se desenrolam por ocasião das festas do deus, por ocasião das Grandes Dionísias urbanas, e conservam, até o fim da Antiguidade, um caráter sagrado. De resto, o próprio edifício do teatro reserva um lugar para o templo de Dioniso; no centro da *orkhêstra* ergue-se um altar de pedra para o deus, a *thymélē*, e, na arquibancada, no lugar de honra, o assento mais belo é reservado ao sacerdote de Dioniso.

Uma separação impõe-se, porém, entre a máscara cênica, acessório cuja função é resolver, assim como os outros elementos do vestuário, problemas de expressividade trágica, e, de um lado, as mascaradas rituais em que os fiéis se fantasiam com fins propriamente religiosos e, de outro, a máscara do próprio deus, que, por sua face única com olhos estranhos, traduz alguns aspectos próprios de Dioniso, essa força divina cuja presença parece inelutavelmente marcada pela ausência.

A existência, na Grécia antiga, de máscaras cultuais no caso de certas divindades coloca um problema que deve ser abordado numa perspectiva mais geral: as diversas formas de figuração do divino.

---

* Este estudo, escrito em colaboração com F. Frontisi-Ducroux, foi objeto de uma primeira publicação no *Journal de Psychologie* 1/2, 1983, pp. 53-69. Agradecemos a F. Lissarrague, que se encarregou de executar os desenhos que o ilustram.

164 MITO E TRAGÉDIA NA GRÉCIA ANTIGA

Os gregos conheceram quase todos os tipos de expressão simbólica da divindade: pedra bruta, trave, pilar, figura animal monstruosa, representação humana, máscara. Na época clássica, sabe-se, a forma canônica imposta para a estátua do culto é a imagem antropomórfica. Entretanto, para certas forças divinas, que se afastam da regra e constituem um grupo singular, a máscara mantém todo o seu valor, toda a sua eficácia simbólica. Quais são esses deuses que a máscara tem especialmente vocação de representar? O que eles têm em comum, que os filia a esse domínio particular do sobrenatural que a máscara, mais que qualquer outra forma, possibilita evocar?

Reteremos, para reagrupá-las, três forças divinas maiores.

Já de início, uma força que é inteiramente máscara, que atua através da máscara, nela e através dela: Gorgó, a górgona. A seguir, uma deusa que, sem nunca ter sido representada pela máscara, reserva no seu culto um lugar privilegiado às máscaras e aos disfarces: Ártemis. Finalmente, a divindade cujas afinidades com a máscara são, em todos os níveis, tão íntimas, que ela ocupa no panteão grego o lugar de deus da máscara: Dioniso. Entre essas três entidades do Além, distâncias e contrastes, mas também conivências e evoluções, permitem colocar o problema geral da máscara no universo religioso dos gregos.

GORGÓ

O modelo plástico da górgona se apresenta numa forma dupla: uma personagem feminina de face monstruosa, Medusa, que das três Górgonas é a única mortal. Perseu corta-lhe a cabeça, evitando cuidadosamente o seu olhar petrificante; ele oferece essa cabeça a Atena, que a fixa no centro de sua égide, transformada, a partir de então, em *Gorgóneion*. Mas Gorgó é, antes de tudo, uma máscara de múltiplos usos: nos frontões dos templos, em baixo-relevo, no acrotério ou antefixa, ela parece desempenhar um papel *apotropaico*, ao mesmo tempo que decorativo. Suspensa nos ateliês dos artesãos, ela vela pelos fornos dos oleiros e afasta das forjas os demônios malfeitores. Nas residências particulares, a máscara de Gorgó pertence ao ambiente familiar, repetida incessantemente nas taças e nas anforas. É encontrada, igualmente, como emblema no escudo do guerreiro.

Quer ela seja representada em pé, quer como uma máscara isolada, desde o seu aparecimento no século VII, pelas variantes ática e lacônia na fabricação de imagens em Corinto, uma constante fundamental domina as suas representações: a facialidade.

Quando seu corpo e suas pernas são representados de perfil, segundo a norma, Gorgó apresenta sempre ao espectador, frontalmente, o seu rosto arredondado, distendido, de olhos esbugalhados.

Máscara de Gorgó entre dois olhos profiláticos (Museu de Nápoles).

Máscara de Dioniso entre dois olhos profiláticos (Museu de Madri).

166 MITO E TRAGÉDIA NA GRÉCIA ANTIGA

Como Dioniso, que, veremos, é o único de todos os olímpicos a ser representado de frente, Gorgó é uma força que o homem não pode abordar sem cair vítima de seu olhar. Esse predomínio do olhar é sublinhado num certo número de imagens de ceramica que enquadram a máscara de Gorgó entre dois grandes olhos profiláticos[1]. Na mesma posição encontra-se também a máscara de Dioniso ou a de um sátiro. Uma variante desse motivo apresenta a face de Gorgó ocupando, no fundo de cada olho, a posição da pupila – que os gregos chamavam de *Kóre*, a "donzela"[2].

Nos textos, em particular na epopeia, o olhar de górgona que brilha às vezes nos olhos do guerreiro furioso provoca o espanto: pânico sem motivo, desarrazoado, pavor em estado puro, terror como dimensão do sobrenatural. O olho gorgôneo do combatente irresistível, seu aspecto caricato, semelhante ao horrendo rosto sobre a égide de Atena, é a morte inelutável cuja espera congela os corações, que paralisa e petrifica[3]. Dessa forma, o *Gorgóneion* é o emblema mais frequente dos escudos heroicos nas imagens de vasos[4]. Sua eficácia visual é reforçada por uma dimensão sonora. A boca distendida de Gorgó evoca o grito enorme de Atena ao surgir no campo dos troianos, o urro pavoroso de Aquiles ao retornar ao combate, mas também o som da flauta, inventada por Atena para imitar a voz aguda das Górgonas[5]. A deusa tocava flauta quando percebeu, na água de uma fonte, suas faces inchadas, distendidas, desfiguradas, à semelhança da máscara gorgônea. Despeitada, ela abandona o seu novo brinquedo; Mársias, o sátiro, apossa-se dele[6]. A flauta guerreira, a flauta das possessões iniciáticas, é o instrumento do delírio, de um delírio que pode ser fatal[7].

Exposto ao olhar de Gorgó, o homem defronta-se com as forças do Além na sua alteridade mais radical, a da morte, da noite, do nada. Ulisses, o herói da perseverança, faz meia-volta na entrada do Inferno: "Um pálido medo de que a nobre Perséfone me enviasse, do fundo do Hades, a cabeça gorgônea do monstro aterradora poderou-se de mim – disse"[8]. Gorgó marca a fronteira do mundo dos mortos. Penetrar nele

---

1 Cf. E. E. Bell, "Two Krokotos mask cups at San Simeon", *CSCA*, 10, 1977, pp. 1-15.

2 Coupe FN, Cambridge GB, Fitzwilliam Museum, 61; J. Beazley, *ABV* 202, 2.

3 *Il.*, V, 738; VIII, 349.

4 *Il.*, V, 738 e ss.; cf. G. H. Chase, *The shield devises of the Greek*, Cambridge (Mass.), 1902.

5 Píndaro, XII[a] *Pítica*, 12-42.

6 Aristóteles, *Política*, 1342 b e ss.; Apolodoro, I, 4, 2; Athénée, XIV, 616 e-f; Plutarco, *Moralia*, 456b e ss.

7 Platão, *Leis*, VII, 790 c-791 b; Jamblique, *Des mystères* 3, 9. Cf. a análise de J.-P. Vernant, *La mort dans les yeux*, Paris, 1985, pp. 55-63.

8 *Od.*, XI, 633-635.

FIGURAS DA MÁSCARA NA GRÉCIA ANTIGA

é, a seus olhos, transformar-se, assim como Gorgó, no que os mortos são, cabeças vazias e sem força, cabeças vestidas de noite[9].

Essa alteridade radical é expressa formalmente pelos artistas gregos, para torná-la visível aos olhares humanos, pela monstruosidade. Uma monstruosidade baseada numa confusão sistemática de todas as categorias que o mundo organizado distingue e que, nesse rosto, se misturam e se interferem. Na face de Gorgó, o bestial sobrepõe-se ao humano: a cabeça alargada, arredondada, evoca uma máscara leonina; a cabeleira é tratada como crina animal ou, mais frequentemente, eriçada de serpentes. As orelhas enormes evocam as de um bovino. A boca aberta num ricto fende toda a largura do rosto, descobrindo, no alinhamento dos dentes, presas de fera ou de javali. A língua, gigantesca, projetada para fora, recai sobre o queixo. Ela baba como o cavalo imprevisível e aterrador, animal vindo do Além, que com freqüência é representado nos seus braços ou de cujo corpo ela pode, tal como uma fêmea de centauro, assumir a forma[10].

Mistura de humanidade e de animalidade, portanto, mas também fusão de gêneros: o queixo-é peludo e barbudo. Representada em pé, ela é às vezes dotada de um sexo masculino, enquanto, por outro lado, essa criatura fêmea, que se une a Posídon, é mostrada dando à luz. Mas geralmente é a partir do seu pescoço cortado que ela gera seus dois filhos: o cavalo Pégaso e Crísaor, o gigante[11].

Como suas irmãs, as Graias, velhas donzelas nascidas com cabelos brancos, enrugadas como nata de leite, Gorgó tem nas faces e na testa rugas profundas. Assim como elas, é jovem e velha ao mesmo tempo.

De uma feiura repulsiva, ela é no entanto sedutora, bastando o desejo de Posídon para prová-lo. Uma tradição faz dela uma jovem encantadora, que, tendo entrado em competição de beleza com alguma deusa, foi punida por essa insolência[12]. Tardiamente, a Medusa é representada com os traços de uma mulher extremamente bela, fascinante como a morte que carrega nos olhos.

Jovem-velha, bela-feia, masculina-feminina, humana e bestial, Gorgó une também o mortal e o imortal. Suas duas irmãs são imperecíveis. Só ela morreu, mas sua cabeça cortada continua a viver e a dar a morte. As três Górgonas, nascidas no reino da noite, nas regiões subterrâneas próximas do mundo dos mortos, são aladas, e seu voo mágico permite-lhes circular sobre e sob a terra, como no Além, nos

9   *Od.*, X, 521, 536; XI, 29, 49.
10 Métopa de terracota do Athenaion de Siracusa (620-610); ânfora beócia com relevos do Louvre (início do século VII); cf. K. Schefold, *Frühgriechische Sagenbilder*, Munique, 1964, pl. II e 156.
11 Hesíodo, *Teogonia*, 280-281.
12 Apolodoro II, 3, 4; Ovidio, *Metamorfoses*, IV, 795 e ss.

168 MITO E TRAGÉDIA NA GRÉCIA ANTIGA

ares. O filho da Medusa, Pégaso, cavalo-fonte jorrado de seu pescoço cortado, doravante unirá o céu e a terra, transportando o raio.

Combinando todos os contrários, confundindo as categorias normalmente distintas, essa face desordenada provoca o espanto, evoca a morte, mas pode também assumir a forma da crise de possessão. No semblante do possuído, o delírio frenético, que os gregos chamam *Lýssa*, a Irada, coloca a máscara de Gorgó. Os olhos reviram-se, os traços deformam-se, a língua projeta-se para fora da boca, os dentes rangem: esse demente, descrito pelo texto trágico, é Héracles furioso, massacrando seus filhos: a própria encarnação de Gorgó[13].

Se os textos acentuam a inquietante estranheza desse semblante transtornado, as imagens escolhem quase sempre o outro polo do monstruoso, o grotesco. A maioria das representações de Gorgó, sem apagar totalmente o horror latente, são risíveis, humorísticas, burlescas, bem próximas desses monstros com que assustamos as criancinhas, os *mormolýkeia*, espécie de bichos-papões, espantalhos. Modo de exorcizar a angústia, de transmutar a ameaça em proteção através de um processo de inversão, de fazer com que o perigo, visando apenas ao adversário, se torne um meio de defesa.

Em alguns casos, o grotesco pode surgir do confronto entre o rosto e o sexo. Como para os sátiros, esses seres equívocos cujo falo ereto se destina a provocar o riso, salientamos em Gorgó afinidades manifestas com a representação do sexo, feminino no caso. A afinidade mais evidente é fornecida pela personagem de Baubó, que alguns textos comparam também às ogras dos contos das amas, ou aos espectros noturnos, e que desempenha um papel decisivo nos relatos etiológicos dos rituais eleusianos: é ela que, com seus alegres gracejos, consegue romper o luto de Deméter, provocando o riso da deusa. Segundo as narrativas dos doutores da Igreja, Baubó, por falta do que inventar, tem a ideia de levantar a saia e exibir seu sexo[14]. Ora, o sexo que ela desnuda é também um rosto de criança. Baubó, ao manipulá-lo, dá-lhe um aspecto zombeteiro, e Deméter cai na gargalhada. A exibição do sexo, que em outros contextos, em particular iniciáticos, suscita um efeito de terror sagrado, provoca aqui a hilaridade e põe termo à angustia do luto. Esse rosto-sexo, esse sexo feito máscara, cuja visão é liberadora, é encontrado nas curiosas estatuetas de Priene, onde o ventre e a face estão sobrepostos e fundidos[15].

---

13 Eurípides, *Héracles*, 931 e ss.
14 Clemente de Alexandria, *Protréptica*, II, 21; Arnobe, *Adv. Nat.*, V, 25, p. 196, 3 Reiff (Kern fr. 52 e 53).
15 Cf. J. Raeder, *Priene. Funde aus einer griechischen Stadt*, Berlim, 1983, fig. 23 a-b c.

ÁRTEMIS

Ártemis não se apresenta na forma de uma máscara. Seu tipo plástico, tal como o fixaram a estatuária e a cerâmica, é muito conhecido: é a virgem caçadora, bela e esportiva, de túnica curta, com o arco na mão, muitas vezes escoltada pelos seus cães ou rodeada de animais. Na medida em que essa deusa retoma, no mundo grego, alguns aspectos de uma divindade pré-helênica, a *Pótnia therón*, a "mestra das feras", com toda a certeza é possível encontrar relações entre suas representações e as formas de figuração mais arcaicas de Gorgó[16]. No entanto, não será assim que procederemos. Se Ártemis é uma divindade da máscara, é porque seu culto, e mais precisamente os rituais iniciáticos de jovens que ela preside dão às máscaras e às mascaradas um lugar especial. Para depreender daí os significados e tentar compreender o que une a irmã gêmea de Apolo a essa zona do sobrenatural que a máscara tem especialmente função de exprimir, é necessário traçar o perfil de Ártemis, situá-la no conjunto do panteão, marcar mais nitidamente o lugar que lhe cabe na organização dos poderes sobrenaturais[17].

O espaço artemisiano se desdobra nas zonas fronteiriças: montanhas que limitam e separam os Estados, lugares afastados das cidades, onde os grandes santuários da deusa são frequentemente disputados por povos vizinhos e inimigos, locais enfim onde, nas densas florestas, assim como nas cristas áridas, a deusa conduz sua matilha ao massacre dos animais selvagens, que são sua propriedade e que, afinal, ela protege. Ela reina também sobre as praias e orlas marinhas, limites entre a terra e o mar, onde a lenda a faz às vezes aparecer, estranha e inquietante estátua vinda de um país bárbaro. Seu lugar situa-se ainda nas planícies interiores, à beira dos lagos, nos terrenos pantanosos e à margem de alguns rios, onde as águas estagnadas, as inundações sempre possíveis, criam um espaço meio aquático, meio terreno, onde, entre seco e úmido, entre líquido e sólido, a demarcação fica difusa.

Quais são os traços comuns entre esses espaços tão diversos? Mais do que um espaço de completa selvageria, que representa, em relação às terras cultivadas da cidade, uma alteridade radical, o mundo de Ártemis é o dos confins, das zonas limítrofes em que o Outro se manifesta no contato mantido com ele, selvagem e civilizado lado a lado, para se oporem, é certo, mas para se interpenetrarem igualmente.

16 Cf. Th. G. Karagiorga, *Gorgeiè Kephalé*, Atenas, 1970.

17 Sobre os diversos aspectos de Ártemis evocados aqui, cf. J.-P. Vernant, *Annuaire du College de France*, 1980-1981, pp. 391-405; 1981-1982, pp. 408-419; 1982-1983, pp. 443-457; *La mort dans les yeux*, pp. 15-24; F. Frontisi-Ducroux, "Artémis bucolique", *RHR CXCVIII*, I, 1981, pp. 29-56, e a coletânea *Recherches sur les cultes grecs et l'Occident*, 2, *Cahiers du Centre Jean Bérard*, Nápoles, 1984.

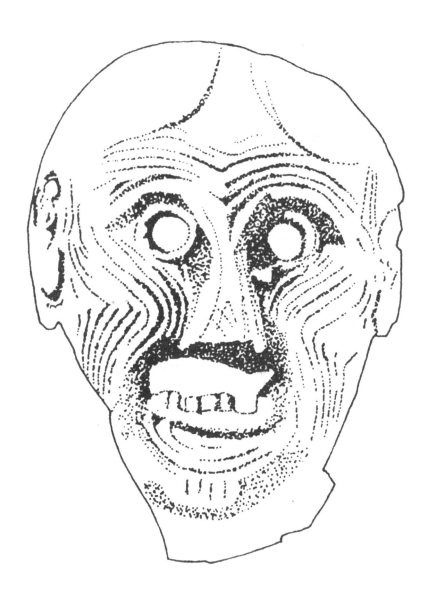

Máscara de uma velha, encontrada no santuário de Ártemis Ortía (Museu de Esparta).

FIGURAS DA MÁSCARA NA GRÉCIA ANTIGA 171

Deusa *Kourotróphos*, Ártemis preside ao parto, ao nascimento, à criação das crianças. Situada na interseção entre o selvagem e o civilizado, seu papel é ocupar-se das crias dos homens que lhe pertencem, assim como das crias dos animais, animais ferozes ou animais domésticos. Ela conduz essas crianças do estado informe de recém-nascido à maturidade, domando-as, amansando-as, moldando-as para fazê-las ultrapassar o limiar decisivo que representa para as moças o casamento, para os rapazes, o acesso à cidadania. No decorrer de uma série de provas, no meio selvagem, às margens da cidade, é preciso que o jovem consiga romper os elos que, desde o nascimento, o unem a esse mundo diferente. Inicialmente, é preciso que entre o rapaz e a moça, no estágio ambíguo em que a fronteira entre os sexos permanece ainda incerta, uma distinção se instaure, nítida e irreversível.

Ártemis faz as meninas amadurecerem, torna-as núbeis, prepara-as para o casamento, onde a união sexual deve se realizar do modo mais civilizado. Ao rejeitar o casamento, Ártemis recusa a própria violência do ato sexual, que atemoriza as jovens esposas como um espantalho. E a obsessão do estupro e do rapto, condutas que, em vez de integrar a feminilidade à cultura, são razão de selvageria para os dois sexos, leem-se nos relatos míticos das *parthénoi* devotadas a Ártemis. Com toda a certeza, violência masculina, mas também ameaça oriunda do lado feminino, quando a jovem que quer imitar sua deusa recusa o casamento e cai na bestialidade total, caçadora indomável que persegue e massacra o macho que deveria desposar.

O ritual de Brauron na Ática é um exemplo do modo como Ártemis prepara a boa integração da sexualidade à cultura. As meninas de Atenas não podiam se casar – coabitar com um homem – se não tivessem, entre cinco e dez anos, imitado a ursa. Imitar a ursa não indica um retorno ao estado selvagem, como no caso de Calisto, punida com uma transformação em ursa por não ter permanecido fiel ao mundo virginal da deusa, por ter conhecido, através da violência, a união sexual e o parto. No caso das jovens atenienses, trata-se de refazer o percurso de uma ursa, outrora domesticada, que viera, familiar, coabitar com os humanos, criar-se em sua companhia, no santuário de Ártemis. Uma menina insolente ou descarada, certamente imprudente, tinha brincado muito com o animal: ela foi arranhada no rosto, e seu irmão, enfurecido, matou a ursa. Desde então, como reparação, as filhas dos cidadãos de Atenas imitam a ursa, domesticando-se lentamente, como ela, destruindo nelas a selvageria latente, a fim de poder, sem perigo para os dois parceiros, vir coabitar com um esposo.

Será que máscaras eram usadas por ocasião dessas cerimônias? Nada mais duvidoso, apesar de um fragmento de vaso que mostra uma personagem feminina adulta – uma sacerdotisa? – usando uma

172 MITO E TRAGÉDIA NA GRÉCIA ANTIGA

máscara de ursa[18]. Mas a imitação de um modelo animal tem a função de mascarada simbólica.

É necessário para os meninos, antes de aceder à cidadania, adquirir as qualidades físicas e morais necessárias ao cidadão combatente. Esse processo era particularmente institucionalizado em Esparta, onde, aliás, a população masculina era, da infância à velhice, dividida em classes de idade consideravelmente organizadas. Desde os sete anos, no quadro de uma educação comunitária, submetia-se o menino, destinado a se unir um dia à categoria dos "iguais", a um adestramento muito rigoroso, que comportava deveres impostos e provas sucessivas, com uma demarcação muito nítida na passagem da infância para a adolescência.

Durante essa paideia, a mimesis desempenhava um papel considerável, tanto na forma de comportamentos cotidianos obrigatórios como por ocasião das mascaradas eventuais.

Os meninos, por exemplo, deviam praticar uma virtude chamada *sophrosýnē*: andar em silêncio, na rua, com as mãos sob a veste, sem olhar nem à direita, nem à esquerda, com os olhos fixos no chão. Nunca responder, não deixar ouvir a voz. Era preciso mostrar que até em matéria de modéstia o sexo masculino superava o sexo feminino. Assim, relata Xenofonte, acreditariam estar vendo verdadeiras jovens[19]. Mas, paralelamente a essa postura casta e reservada, hiperfeminina, poderíamos dizer, eles deviam fazer o que normalmente era proibido: roubar da mesa dos adultos, ser astuciosos, desembaraçar-se, insinuar-se para conseguir alimentação sem se deixar surpreender. Durante cruéis batalhas coletivas, onde todos os golpes eram permitidos, mordidas, unhadas, coices, era necessário dar prova da mais violenta brutalidade, praticar a selvageria absoluta, atingir os limites extremos dessa virtude especificamente masculina que se chama *andreía*: frenesi do guerreiro que quer vencer a todo custo, prestes a devorar o coração e o cérebro de seu inimigo, no rosto de quem se desenha a máscara horrível de Gorgó. Hipervirilidade, dessa vez oscilando para a animalidade, a selvagem bestialidade.

Em outras ocasiões, os jovens adeptos do pudor e da reserva entregavam-se a manifestações burlescas, rivalizando em incongruências verbais, injúrias e obscenidades.

É nesse contexto que talvez seja preciso recolocar as máscaras descobertas por ocasião das escavações arqueológicas no santuário de Ártemis Órthia[20]. Trata-se de ex-votos de terracota, na maioria meno-

---

18 Cf. L. Kahil, "L'Artémis de Brauron: rites et mystères", *Antike Kunst*, 20, 1977, pp. 86-98.

19 Xenofonte, *República dos Lacedemônios*, III, s.

20 R. M. Dawkins, *The sanctuary of Artemis Orthia at Sparta*, Londres, 1929, em particular cap. V e pl. XLVI-LXII.

res que rostos de crianças, que interpretamos como a reprodução das máscaras de madeira usadas nas cerimônias do culto dessa deusa.

Algumas representam velhas com o rosto completamente enrugado, a boca desdentada, que evocam as Graias, irmãs longínquas das Górgonas. Há também sátiros caricatos, numerosos Gorgós, de semblantes grotescos, mais ou menos bestiais, às vezes disformes. Encontramos também rostos impassíveis de jovens guerreiros de capacetes.

Sabe-se também que alguns outros rituais iniciáticos comportavam, sempre em Esparta, danças de caráter mimético – dança do leão, por exemplo – ou abertamente inconveniente.

Tudo isso permite supor que, durante essas mascaradas e esses rituais, os jovens espartanos deviam imitar, através de gesticulação, de disfarces e máscaras, as atitudes mais diversas e mais contrastantes: reserva feminina e ferocidade animal, pudor e obscenidade, degradação da velhice e vigor do jovem guerreiro, explorando sucessivamente todos os aspectos da marginalidade e da estranheza, endossando todas as possibilidades da alteridade, aprendendo a transgressão para melhor apropriar-se da regra a que, doravante, deveriam se ater.

Do mesmo modo, em muitas sociedades, a ordem, para ser fortalecida, tem necessidade de ser periodicamente contestada, perturbada durante esses poucos dias de carnaval em que reina a inversão: mulheres vestidas de homens, homens fantasiados de mulheres ou de animais, escravos que tomam o lugar dos senhores, rei do carnaval que expulsa simbolicamente o chefe da cidade. Durante esses dias, a obscenidade, a bestialidade, o grotesco, o aterrador e o burlesco, negação de todos os valores estabelecidos, tomam de assalto o mundo da cultura.

Do mesmo modo, sob a proteção vigilante de Ártemis, divindade das margens e das transições, as crianças gregas aprendem a identidade social: as menininhas imitando o lento trajeto que as conduz da selvageria inata de seu sexo à civilidade da boa esposa, os meninos iniciando-se em cometer todos os excessos a fim de reconhecer e de encontrar, sem risco de retorno nem de recaída, a norma da cidadania.

DIONISO

Com Dioniso o processo pode parecer completamente oposto. Ele é, de fato, complementar. É sobre o adulto plenamente socializado, cidadão integrado, mãe de família no refúgio do lar, que o deus exerce seus poderes, introduzindo no seio da vida cotidiana a dimensão imprevisível do Além.

Possuímos poucos documentos sobre o culto dirigido ao deus-máscara. Nada nas descrições das festas dionisíacas precisa se o ritual se dirige ao deus figurado na forma de uma simples máscara,

174 MITO E TRAGÉDIA NA GRÉCIA ANTIGA

ou a uma estátua cultual, antropomorfa, análoga à dos grandes olímpicos de que ele faz parte. É um primeiro aspecto de sua ambivalência. Embora deus autenticamente grego, de tão boa origem e de tão grande antiguidade como os outros – ele já está presente em Micenas –, ele é porém o "estrangeiro", o "outro", aquele que perpetuamente chega d'além-mar, ora como Ártemis, na forma de um ídolo de aspecto incomum trazido pelas ondas, ora surgindo em pessoa, desde a Ásia bárbara, seguido de seu grupo de bacantes que se espalha sobre a Grécia estupefata.

No entanto, para tentar delimitar a personalidade do deus-máscara, temos à nossa disposição dois tipos de documentos.

– Inicialmente, arqueológicos: de um lado, máscaras de mármore, de diferentes dimensões, com orifícios não perfurados, que não eram usadas, mas dependuradas, como indicam buracos de suspensão[21]; de outro lado, imagens de cerâmica que representam um ídolo-máscara fixado num pilar.

– Em seguida, textuais: a peça de Eurípides, as *Bacantes*, que coloca em cena, no teatro, a onipotência da *mania* dionisíaca de um modo particularmente ambíguo. Sob a máscara trágica, um ator encarna o deus, protagonista do drama, mas esse deus, ele próprio mascarado, dissimula-se numa aparência humana, que não deixa de ser por sua vez equívoca. Homem-mulher com o rosto pintado, emoldurado por longas tranças, olhar estranho, vestido com uma roupa asiática, Dioniso faz-se passar por um de seus profetas, vindo para revelar aos olhos de todos a epifania do deus cujas manifestações essenciais são a metamorfose, o disfarce e a máscara[22].

O texto trágico, bem como as representações figuradas, coloca em evidência uma das características fundamentais desse poder divino: a facialidade. Como Gorgó, Dioniso é um deus com quem o homem só pode entrar em contato cara a cara: é impossível olhá-lo sem cair imediatamente sob o fascínio de seu olhar, que nos arrasta para fora de nós mesmos.

É o que o Dioniso das *Bacantes* explica a Penteu, o ímpio, quando finge ser apenas um de seus próprios fiéis, tendo recebido a iniciação durante um confronto decisivo com o deus: "Eu o vi me vendo"[23].

É também o que traduzem as figuras de cerâmica. No vaso François[24], todos os deuses avançam, de perfil, em longa procissão. E o rosto de Dioniso, repentinamente oferecido de frente, introduz uma

---

21 W. Wrede, "Der Maskengott", *Athenische Mitteilungen*, Berlim, 1928, pp. 67-98, pl. XXI-XXVII.

22 Cf. J.-P. Vernant, "O Dioniso Mascarado das *Bacantes* de Euripides", *infra*, pp. 335-360.

23 Eurípides, *Bacantes*, 470.

24 Florença, Mus. Arq., 4209, cf. K. Schefold, *op. cit.*, pl. 46.

FIGURAS DA MÁSCARA NA GRÉCIA ANTIGA 175

ruptura surpreendente na regularidade do cortejo. Com seus olhos esbugalhados, ele fixa o espectador, que com isso se encontra colocado em posição de iniciado nos mistérios. Nas taças de bebida, o deus, com o corpo de perfil, em pé ou estendido num leito, erguendo numa mão o cântaro ou o chifre para beber, ou cambaleando sob o efeito da embriaguez, olha ainda nos olhos daquele que o olha.

Mas são sobretudo as representações de seu ídolo mascarado que melhor exprimem a fascinação de seus olhos inelutáveis. Sobre um pilar está dependurada uma máscara barbuda, cabeluda, coroada de hera. Embaixo, as dobras de um tecido flutuante. Em volta, o culto se organiza. Mulheres, ao sair do transe extático, manipulam gravemente recipientes de vinho. Sob o olhar do deus, para quem seus olhares convergem, atraindo, por sua vez, os olhos do espectador, elas distribuem a bebida perigosa, maléfica se absorvida sem as precauções rituais. Pois Dioniso ensinou aos homens o bom uso do vinho, o modo de misturar, para domesticá-lo, o líquido selvagem que faz perder a cabeça, pondo qualquer um fora de si. Diante da máscara, as mulheres, que não consomem o vinho, servem e repartem, com uma piedosa dignidade, a bebida destinada aos homens e aos deuses[25].

Noutro lugar, a enorme máscara está rodeada de bacantes agitadas e de sátiros gesticulantes. Esses últimos são, eles próprios, máscaras, criaturas mistas, meio homens, meio animais, inquietantes como o cavalo, de quem trazem as orelhas e a cauda, e grotescos como o asno ou o bode, de quem imitam a luxúria. Suas cabriolas e seus saltos exprimem plasticamente um outro aspecto do dionisismo, o delírio feliz e libertador que se apodera daquele que não recusa o deus, que aceita com ele questionar as categorias, suprimir as fronteiras que separam o animal do homem, o homem dos deuses, esquecer os papéis sociais, os sexos e as idades, dançar sem temor do ridículo como dançam os dois velhos encanecidos das *Bacantes*, Tirésias e Cadmo, sábios por reconhecerem e aceitarem a loucura Divina.

Quando a máscara é representada de perfil, no centro de uma imagem, sozinha ou redobrada, a dança das bacantes, que evoluem em torno do pilar, parece assinalar um outro aspecto do ritual: o esforço dos humanos para evocar, fixar e circunscrever, em um ponto do solo, cercada no meio de seus adoradores, em plena natureza e não no espaço sagrado de um templo, essa presença divina cuja máscara oca de olhos vagos sublinha a intangível ubiquidade, a irremediável alteridade[26].

25 Cf. J.-L. Durand e F. Frontisi-Ducroux, "Idoles, figures, images: autour de Dionysos", *RA*, 1/1982, pp. 81-108.

26 Cf. "Au miroir du masque", in *La cité des images*, obra col., Paris-Lausanne, 1984. pp. 147 e ss.

176   MITO E TRAGÉDIA NA GRÉCIA ANTIGA

Esses acessórios vazios, a máscara barbuda, a coroa de hera, o vestido esvoaçante que representam a divindade, com quem, cara a cara, fascinado, o fiel pode se fundir, o próprio homem pode vesti-los, endossando assim as marcas do deus, tomando-os para si a fim de melhor se deixar possuir. Tornar-se outro, oscilando no olhar do deus, ou assemelhar-se a ele por contágio mimético, esse é o objetivo do dionisismo, que coloca o homem em contato imediato com a alteridade do divino.

É um fenômeno paralelo que ocorre no teatro, quando, no século V, os gregos instauram um espaço cênico onde apresentam personagens e ações cuja presença, ao invés de inscrevê-los no real, lança-os nesse mundo diferente que é o da ficção. Quando eles veem Agamêmnon, Héracles ou Édipo representados pela sua máscara, os espectadores que os olham sabem que esses heróis estão ausentes para sempre, que não podem estar ali onde são vistos, que doravante pertencem ao tempo findo das lendas e dos mitos. O que Dioniso realiza, e aquilo que a máscara provoca também, quando o ator a coloca, é, através do que foi tornado presente, a incursão, no centro da vida pública, de uma dimensão de existência totalmente estranha ao universo do cotidiano.

A invenção do teatro, do gênero literário que encena o fictício como se fosse real, só podia intervir no quadro do culto de Dioniso, deus das ilusões, do tumulto e da confusão incessante entre a realidade e as aparências, a verdade e a ficção.

Esse rápido esboço dos empregos religiosos da máscara no mundo grego permite extrair alguns traços comuns das três forças divinas que ocupam o setor do sobrenatural definido pela máscara, e também tornar público, ao lado das constantes, as oposições que regem as relações respectivas dessas três entidades.

Através do jogo das máscaras o homem grego defronta-se com diversas formas de alteridade. Alteridade radical da morte no caso de Gorgó, cujo olhar petrificante mergulha aquele que ela subjuga no terror e no caos. Alteridade radical, também, para o possuído por Dioniso, mas em direção oposta: a possessão dionisíaca, pelo menos para quem a aceita, abre um universo de alegria onde são abolidos os limites estreitos da condição humana. Em face desses dois tipos de alteridade, verticais, poder-se-ia dizer, que arrastam o homem ora para baixo, ora para o alto, para a confusão do caos ou para a fusão com o divino, a alteridade que sob o patrocínio de Ártemis os jovens gregos exploram parece situada num plano horizontal, com relação ao tempo e ao espaço: cronologia da existência humana, pontuada por etapas e passagens, espaço concêntrico da sociedade civilizada que se estende desde a cidade até as zonas longínquas das montanhas e dos mares, do coração da cultura às margens da selvageria. Essa selvageria que parece aproximá-la de Gorgó, Ártemis marca e assinala apenas para melhor rejeitá-la, mantê-la à distância, relegando-a ao horizonte dos

Máscara cultual de Dioniso (Museu Villa Giulia, Roma).

178 MITO E TRAGÉDIA NA GRÉCIA ANTIGA

contornos. Numa lenta aprendizagem das diferenças, a deusa conduz o jovem a uma boa integração à vida cívica. Exatamente aquilo que ela articula comedidamente, durante rituais transgressores, parece ser função de Dioniso, justamente, fazer brilhar. Abolindo as proibições, confundindo as categorias, desintegrando os quadros sociais, Dioniso insere no coração da vida humana uma alteridade tão completa que pode tanto lançar seus inimigos ao horror, ao caos, à morte, como faria Gorgó, quanto elevar seus fiéis a um estado de êxtase, de completa e feliz comunhão com o divino.

Dioniso partilha com Gorgó o poder fascinante do olhar. Mas seu culto, como o de Ártemis, cede lugar a mascaradas desenfreadas. Nos três casos, a máscara serve para traduzir efeitos de tensão entre termos contrários, terror e grotesco, selvageria e cultura, realidade e ilusão. Nos três casos, também, seu emprego é acompanhado e duplicado pelo riso que resolve essas tensões; riso liberador do pavor e da morte, das angústias, do luto, da constrição das proibições e das conveniências, riso que liberta a humanidade de pesadas constrições sociais.

A esse Riso – em grego *Gélos* – a que os lacedemônios haviam consagrado um santuário, ao lado dos que ocupavam seus dois sombrios acólitos, Terror (*Phóbos*) e Morte (*Thánatos*), o legislador Licurgo havia mandado erigir, em pleno centro da austera Esparta, uma estátua[27].

---

27 Plutarco, *Licurgo*, 24, 4.

3. O Tirano Coxo:
de Édipo a Periandro*

Na *Anthropologie structurale* Lévi-Strauss propôs, como exemplo de seu método, uma análise do mito de Édipo que se tornou clássica[1]. Sua interpretação apresenta duas características. Inicialmente, na visão dos helenistas, ela pareceu pelo menos contestável. Em seguida, modificou tão radicalmente o campo dos estudos mitológicos que, a partir dela, em Lévi-Strauss e em outros sábios, a reflexão sobre a lenda edipiana seguiu caminhos novos e, creio, fecundos.

Dessa renovação, reterei apenas um aspecto. Conforme sei, Lévi-Strauss foi o primeiro a destacar a importância de um traço comum às três gerações da linhagem dos Labdácidas: um desequilíbrio do andar, uma falta de simetria entre os dois lados do corpo, um defeito em um dos pés. Lábdaco é o coxo, aquele que não tem as duas pernas iguais, do mesmo tamanho ou com a mesma força; Laio, o dissimétrico, o torto, o canhestro; *Oidípous*, aquele que tem o pé inchado. Inicialmente Lévi-Strauss acreditou poder ler esses nomes de personagens gregas que evocam um defeito no andar ou uma má-formação do pé à luz dos mitos ameríndios, segundo os quais os homens nascidos da terra, os autóctones, permanecem ligados ao solo, de onde acabam de emergir, por uma anomalia no seu modo de locomoção, no modo pelo qual se deslocam sobre a terra andando. Interpretação difícil de sustentar, pois a aplicação de modelos americanos aos fatos gregos revela-se gratuita e arbitrária[2].

---

*   Este estudo foi objeto de uma primeira publicação em *Le temps de la réflexion*, II, 1981, pp. 235-255.
1   *Authropologie structurale*, I, Paris, 1958, pp. 227-255.
2   Nos mitos gregos de autoctonia, os homens "nascidos da terra" não apresentam, como tais, nenhuma anomalia no pé ou no andar. No caso preciso de Tebas, os

180 MITO E TRAGÉDIA NA GRÉCIA ANTIGA

Mas o próprio Lévi-Strauss, como que obcecado por esse mito ao qual ele não deixa de voltar, seja diretamente, seja por vias indiretas, deixou de lado essa primeira hipótese, ampliando e modificando sua leitura sobre pontos essenciais. Assinalarei dois deles. De início, na sua *Leçon inaugurale du College*[3], relacionou o tema do enigma, curiosamente esquecido em sua primeira análise, onde não dizia uma palavra sobre o tema do andar: o enigma deve ser compreendido como uma questão separada de sua resposta, isto é, formulado de tal modo que a resposta não possa chegar a atingi-lo, não consiga encontrá-lo. Desse modo, o enigma traduz um defeito ou uma impossibilidade de comunicação no intercambio verbal entre dois interlocutores: o primeiro faz uma pergunta a que apenas pode responder o silêncio do segundo. Em seguida, em um estudo mais recente[4], colocando-se no mais alto nível de abstração e tentando livrar o quadro puramente formal da armadura mítica, ele antecipou a seguinte hipótese: o coxear, quando um homem não anda ereto, a gagueira, quando um homem, coxeando da língua e não do pé, arrasta o passo de seu discurso e não projeta diretamente a trama ao ouvinte, o esquecimento, enfim, quando um homem não pode reatar o fio de suas lembranças dentro de si próprio – são marcas convergentes que o mito utiliza, ligadas aos temas da indiscrição e do mal-entendido, para exprimir defeitos, distorções ou bloqueios da comunicação nos diferentes níveis da vida social: comunicação sexual, transmissão da vida (o aborto normal opondo-se à esterilidade ou à monstruosidade), comunicação entre gerações sucessivas (os pais transmitindo seus estatutos e funções aos filhos), intercâmbios verbais, comunicação de si consigo (a presença de espírito, a transparência para si próprio contrastando com o esquecimento, a divisão, o desdobramento de si, como em Édipo)[5].

Essa orientação nova – mais próxima da leitura do mito proposta por Terence Turner, que eu, por minha vez, havia sugerido numa análise da tragédia de Sófocles –, gostaria de tentar testá-la, como exercício experimental, no que diz respeito ao coxear (deixarei de lado, pelo menos por enquanto, a gagueira, isto é, do ponto de vista dos helenistas, as narrativas referentes às origens de Cirene, cuja fundação,

---

Spartoí – isto é, os "semeados" diretamente saídos do solo, e cujos descendentes intervêm na linhagem dos Labdácidas, na lenda real da cidade – trazem no corpo a marca de sua origem, mas ela não tem nada a ver com o pé. A assinatura da autoctonia é, no ombro dos Filhos da Terra, a figura da lança, autenticando sua raça e lembrando sua vocação guerreira.

3   *Anthropologie structurale*, II, Paris, 1973, pp. 31-35.
4   "Mythe et oubli", in *Langue, discours, societé. Pour Emile Benveniste*, Paris, 1975, pp. 294-300.
5   Cf., no *Annuaire de l'Ecole Pratique des Hautes Études*, 5ª seção, "Ciências Religiosas", ano 1973-1974, o relato do semináno que J.-P. Vernant consagrou a essas questões, pp. 161-162, e *Réligions, histoires, raisons*, Paris, 1979, pp. 30-31.

O TIRANO COXO: DE ÉDIPO A PERIANDRO   181

retardada e desviada por um esquecimento dos Argonautas, foi realizada, apesar dos bloqueios da comunicação com o deus de Delfos,
ao fim de muitas divagações e desvios, por Batos, o "Gago", epônimo
da dinastia real dos Batíadas que acaba com um último *bátos*, este
"coxo que não se mantém bem sobre suas pernas [χωλός τε ἐὼν καὶ
οὐκ ἀρτίπους]", como nota Heródoto[6].

Examinarei em que medida semelhante quadro interpretativo
permite depreender os traços comuns entre duas narrativas de gêneros muito diferentes: de um lado, um mito, a lenda dos Labdácidas,
do outro, a narrativa "histórica", em Heródoto, da dinastia dos tiranos
de Corinto, os Cipsélidas, oriundos de Labda, a Coxa.

Essa tentativa supõe uma condição preliminar. É preciso que, nos
próprios gregos, a categoria "coxo" não esteja estritamente limitada
a um defeito do pé, da perna e do andar, que seja suscetível de uma
extensão simbólica a outros domínios que não o simples deslocamento
no espaço, que ela possa exprimir metaforicamente todas as formas
de conduta que pareçam desequilibradas, desviadas, moderadas ou
bloqueadas. Os valores do coxear no mito, nós, Marcel Detienne e eu,
explicamos longamente nas *Ruses de l'intelligence*, para que não fosse
necessário voltar atrás[7]. Que me permitam, apenas, lembrar o caráter
equívoco do coxear, sua ambivalência[8]. Comparado ao andar normal,
constitui comumente um defeito; falta alguma coisa ao coxo; uma de
suas pernas tem menos do que necessário (em tamanho, em força,
em retidão). Mas esse afastamento em relação à regra pode também
conceder ao coxo o privilégio de um estatuto fora do comum, de uma
qualificação excepcional: não mais defeito, porém sinal ou promessa
de um destino singular, a assimetria das duas pernas apresenta-se
então sob um outro aspecto, positivo em vez de negativo: ela acrescenta ao andar normal como que uma dimensão nova, libertando o
andante da necessidade comum de avançar sempre reto, nos limites
de uma única direção. Vamos explicar minuciosamente esse ponto.
Como os dois pés do coxo não estão no mesmo plano, a claudicação
produz um andar ziguezagueante, oscilante, desequilibrado, cujo rasto
é sinuoso. Comparado ao deslocamento normal em que cada pé avança
depois do outro para progredir, em constante equilíbrio, no mesmo
caminho, trata-se certamente de um defeito. Mas se chegarmos ao seu
último limite, a seu ponto extremo, o tipo de derreamento que o avanço

---

6   Heródoto. IV, 161, 2; é preciso ler toda a passagem do livro IV, de 147 a 162; e
    Píndaro, *Píticas*, IV, 57-123 e 452-466.

7   Especialmente no capítulo intitulado: "Les pieds de Héphaïstos", pp. 257-260 da
    2. ed., Paris, 1978.

8   Cf. Elena Cassin, "Le droit et le tordu", *Ancient Near Eastern studies in memory of
    J. J. Finkelstein*, Academia de Artes e Ciências de Connecticut, 19, 1977, pp. 29-37,
    e A. Brelich, "Les monosandales". *La Nouvelle Clio*, 7-9, 1955-1957, pp. 469-489.

182 MITO E TRAGÉDIA NA GRÉCIA ANTIGA

do coxo põe em marcha, esse movimento de balança, encontra uma outra forma de locomoção, dessa vez superior e mais que humana, a saber, esse andar inteiramente balançado, completamente circular que caracteriza, aos olhos dos gregos, diversas categorias de seres excepcionais: em vez de caminhar reto, afastando as pernas, um pé depois do outro, esses seres têm em comum a progressão em círculo, como se girassem em torno de si mesmos, todas as direções do espaço confundidas num giro onde se suprime essa oposição entre a frente e o atrás que, ao dar um sentido ao andar do homem normal, lhe impõe ao mesmo tempo limites rigorosos. Desse modo, o andar de Hefesto, o coxo divino, parece circular quando ele "roda" na sua oficina, em volta de seus foles[9]; é também circular o andar dos homens primordiais, esses seres "completos", se comparados aos humanos de hoje, divididos em dois (seguindo o eixo que determina a clivagem frente-atrás), tal como os coloca a narrativa de Aristófanes no *Banquete*[10]: graças ao deslocamento de cada uma de suas quatro pernas em relação às três outras (sem falar nos quatro braços que se conjugam aos membros inferiores), esses coxos extremos – esses coxos, azimutes completos, poder-se-ia dizer – avançam e recuam indiferentemente ao fazer a roda[11], semelhantes, pelo seu modo circular de locomoção, aos tripés montados sobre rodinhas que a magia de Hefesto fabrica (à semelhança do deus) para que esses autômatos animados se desloquem tão à vontade para a frente quanto em sentido inverso[12]– semelhantes, ainda, a esses animais da ilha do Sol, cujo andar rotatório, atestado por Iâmboulos, testemunha, entre outras maravilhas, a superioridade dos insulares sobre o comum dos mortais[13].

Mas, que não se manca apenas do pé, que há, para os gregos, coxos de espírito em oposição aos que são ágeis, rápidos, firmes sobre as duas pernas, *bébaioi*, aos que vão reto, *euthýs*, *orthós*, vê-se em particular no sétimo livro da *República*[14], onde Platão distingue das almas bem-nascidas, feitas para a filosofia, aquelas que são "estropiadas e coxas"; ao fazer isso, ele assimila, como evidente, o coxear intelectual a uma bastardia da alma, o *kholós* sendo um *nóthos*, um bastardo, não um *gnésios*, de filiação reta e legítima[15], como no caso em que o filho é

9   *Ilíada*, XVIII: ἑλισσόμενον περὶ φύσας.
10 Platão, *Banquete*, 189e. Zeus partiu em dois esses homens primordiais, para que assim "eles andassem reto sobre as duas pernas" (190d).
11 "Como, naquele tempo, eles tivessem oito membros para lhes servir de ponto de apoio, ao fazer a roda, avançavam circularmente com rapidez" (κυβιστῶσι κύκλῳ [...] ταχύ ἐφέροντο κύκλῳ) (190 a).
12 *Ilíada*, XVIII, 375-8.
13 Diodoro da Sicília, 11, 18.
14 *República*, VII, 536 d e ss.
15 *Idem*, 536 a: χωλοῖς τε καὶ νόθοις.

O TIRANO COXO: DE ÉDIPO A PERIANDRO   183

"semelhante ao pai" que o concebeu normalmente, sem afastamento, sem deformidade, porque a filiação se mantém em linha reta, e não coxa. Dois textos têm um valor decisivo no que diz respeito às relações entre o coxear e a filiação: Xenofonte, *Helênicas*, III, 3, 1-3, e Plutarco, *Agesilau*, III, 1-9. Morto Ágis, o rei de Esparta, era preciso indicar seu sucessor. Ágis tem um filho, Leotíquidas, e um irmão, Agesilau. Normalmente a sucessão recai sobre o filho, não sobre o irmão do rei morto. Além disso, Agesilau é coxo, fisicamente coxo. No entanto, suspeita-se que Leotíquidas fosse, na verdade, o filho de Alcibíades que era notoriamente conhecido como amante de Timeia, esposa de Ágis, durante sua permanência em Esparta. Entretanto, para sustentar a causa de Leotíquidas, o adivinho Diopites tira de suas gavetas um "oráculo antigo", que previne Esparta aproximadamente nestes termos: "Atenção, Esparta, firmate sobre tuas duas pernas (*artípous*), para que um dia tua realeza não se torne manca (*kholé basileía*). Tu serias, então, cumulada de males"[16]. O debate opõe, então, para a sucessão real de Ágis, seu irmão coxo a seu filho presumidamente bastardo. Do *kholós* e do *nóthos*, qual é o mais coxo dos dois? A resposta de Lisandro – e dos lacedemônios – não deixa margem a dúvidas. Segundo Xenofonte: "O deus não ordenava que se evitasse um homem que mancasse por ter tido uma queda, mas um homem que reinasse sem ser da verdadeira raça (μὴ οὐκ ὢν τοῦ γένους). Nesse caso, então, a realeza seria coxa". E Plutarco: "Um homem tornado manco poderia reinar, mas se um rei não fosse legítimo, nem oriundo dos Heráclidas (μὴ γνήσιος ὢν μήδ᾽ Ἡρακλείδης), isso tornaria a realeza coxa"[17].

Examinemos, nessa perspectiva, a série Lábdaco, Laio, Édipo e seus dois filhos, Etéocles e Polinice.

Lábdaco, o Coxo, morre quando seu filho é ainda um bebê de um ano. A descendência legítima é interrompida, como se corta a ligação normal entre pai e filho. O trono é ocupado por um estranho, Lico. O jovem Laio não é apenas desviado do trono, mas afastado, apartado de Tebas para se refugiar junto a Pélops.

Laio, o Canhestro, ao tornar-se adulto, mostra-se desequilibrado e unilateral nas suas relações sexuais e no relacionamento com seu hóspede. Ele desvia seu comportamento erótico através de uma homossexualidade excessiva, através de uma violência que faz o jovem Crisipo, filho de Pélops, sofrer, rompendo assim as regras de

---

16   Realeza "firme sobre seus pés" ou "coxa": a fórmula aplica-se ainda mais ao caso de Esparta, já que a cidade se apoia em duas linhagens reais, que devem estar igualmente intactas.

17   Cf. também Plutarco, *Vida de Lisandro*, 22, 12: "A realeza seria coxa se bastardos e pessoas malnascidas reinassem, em vez dos Heráclidas"; e Pausânias, 111, 8-10.

184 MITO E TRAGÉDIA NA GRÉCIA ANTIGA

simetria, de reciprocidade, que se impõem tanto entre amantes como entre hóspedes. Crisipo se mata. Pélops lança contra Laio uma maldição que condena sua raça ao esgotamento: o *génos* dos Labdácidas não deve mais se perpetuar.

De volta a Tebas, restabelecido no trono, casado com Jocasta (ou Epicasta), Laio é advertido pelo oráculo. Não deve ter filhos. Sua linhagem está condenada à esterilidade, sua raça, consagrada ao desaparecimento. Se desobedecer e procriar um filho esse filho "legítimo", em vez de prolongá-lo normalmente, na semelhança com seu pai, o destruirá e dormirá com sua mãe. O *gnésios*, o bem-nascido, vai assim se revelar pior que um *nóthos*, além da bastardia: um monstro.

Laio mantém com a esposa uma relação desviada, de tipo homossexual, para não ter filhos. Mas, numa noite de embriaguez, não toma cuidado: semeia um filho no sulco de sua esposa. Esse filho, ao mesmo tempo legítimo e maldito, é expulso de Tebas desde o nascimento, afastado para o espaço do Citéron, onde deve morrer abandonado. Na verdade, ele vai, ao mesmo tempo, menos e mais longe. Escapa da morte, fica aqui na terra, mas é afastado, apartado de seu lugar normal, desvia-do ao longo de uma caminhada, que deixa em seu pé o vestígio de sua origem e, ao mesmo tempo, de sua rejeição[18]; ele se encontra em Corinto em casa de estranhos de quem acredita ser filho, tendo um nome que lembra e esconde a linhagem a que pertence e da qual foi, desde o nascimento, excluído.

A história de Édipo é a do retorno ao lugar de origem, de sua reintegração à linhagem de que é o filho legítimo e a criança proibida. Esse retorno se realiza como o de um bumerangue, não no tempo desejado, nas condições exigidas, na retidão de uma sucessão que respeita a ordem regular das gerações, mas na violência de uma identificação excessiva: Édipo não vem ocupar, por sua vez, o lugar a que o pai renunciou para lhe deixar livre, ele assume o lugar do pai pelo parricídio e pelo incesto materno, ele vai muito longe atrás: encontra-se,

---

18 Nas *Rãs* (1189-1195), Aristófanes pinta, de um modo cômico, o seguinte quadro das infelicidades de Édipo: "Logo que nasceu, em pleno inverno, foi abandonado num vaso de terra, por medo de que, quando crescesse, fosse o assassino de seu pai; em seguida, arrastou-se para a casa de Pólibo, com os pés inchados! Depois, desposou, bem jovem, uma velha, que além do mais era a sua própria mãe; em seguida, furou os olhos". Para dizer que ele se arrastou, com os pés inchados, até a casa de Pólibo, Aristófanes emprega o verbo *érrhein*, o mesmo que, no canto XVIII da *Ilíada*, designa o andar de Hefesto claudicante, *kholeúein* para ir juntar-se, ao sair de sua forja, à mãe de Aquiles, Tétis, que veio visitá-lo (versos 411, 417, 421).

Será que é necessário acrescentar que essa aproximação não significa que, aos nossos olhos, Édipo fosse realmente, para os gregos, coxo, mas que o inchaço do pé, ligado à maldição de seu nascimento e à sua rejeição da linhagem familiar, tinha valor metafórico de coxear, do ponto de vista de sua filiação, de seu casamento, de seu poder, de seu destino?

O TIRANO COXO: DE ÉDIPO A PERIANDRO

como marido, no ventre que o gerou como filho, de onde não tinha o direito de sair.

Duas seqüências da narrativa colocam em evidência esses aspectos do mito. Assim que, tendo ultrapassado o limiar da adolescência, Édipo, já homem, deixa Corinto para fugir daqueles que acredita serem seus pais, enquanto se dirige, através de Delfos, para a Tebas de sua origem, Laio deixa Tebas em direção a Delfos, caminhando em sentido inverso, para consultar o oráculo sobre a infelicidade que abala sua cidade: a Esfinge. Os dois homens encontram-se numa encruzilhada de três vias, mas cruzam-se em um lugar muito estreito para que dois possam passar de frente. Pai e filho, ao invés de seguirem ao longo de um mesmo caminho que conduziria ambos a ocuparem sucessivamente o mesmo lugar – sem se chocarem nem se confundirem –, juntam-se, depois de terem sido brutalmente afastados, numa passagem onde podem apenas se confrontar. As duas gerações de coxos entrechocam-se, ao invés de se sucederem. Édipo mata o pai, que, do alto de seu coche, se desequilibra no mesmo nível que ele.

Segunda seqüência. O enigma da Esfinge. Primeiro, é preciso ler uma das versões que Pausânias trouxe de Tebas e que é, na nossa perspectiva, preciosa, já que a Esfinge é uma filha bastarda de Laio, e seu papel é pôr à prova todos os filhos do soberano para distinguir os *nóthoi* dos *gnésioi*[19].

"A Esfinge, segundo o que dizem alguns, era uma filha bastarda de Laio (*nóthe thygáter*); este, devido à benevolência particular que sentia por ela, revelou-lhe o oráculo que Delfos proferira a Cadmo. Ninguém, além dos reis, conhecia esse oráculo. Portanto, quando um dos irmãos vinha discutir com ela seu direito ao trono – Laio tivera filhos com concubinas, mas o oráculo de Delfos só dizia respeito a Epicasta e aos filhos que Laio tivera com ela –, ela se utilizava de uma trapaça para com seus irmãos, dizendo que, se eram filhos de Laio, deviam conhecer o oráculo proferido a Cadmo. Quando não podiam responder, ela os punia com a morte, como se não tivessem direitos válidos nem à linhagem, nem ao trono. Mas Édipo se apresentou como conhecedor do oráculo, por ter tomado conhecimento de seu conteúdo num sonho".

Em seguida, e sobretudo, o próprio enigma. Há até uma relação entre o enigma e o modo de andar, mas, no caso de Édipo, isso vai muito mais longe do que Lévi-Strauss pensava. O enigma da Esfinge define o homem pelo seu modo de locomoção, seu andar. E o define em oposição a todas as outras criaturas vivas, a todos os animais que avançam, que se deslocam sobre a terra, no ar, nas águas, isto é, que andam, que voam, que nadam (que têm quatro pés, dois pés ou não

---

19 Pausânias, IX. 26, 3-5.

têm pés)[20]. De fato, todas essas criaturas nascem, crescem, vivem e morrem sempre com o mesmo modo de locomoção. O homem é o único a mudar a natureza de sua mobilidade para assumir três tipos diferentes de andar: quatro pés, dois pés, três pés. O homem é um ser que ao mesmo tempo permanece sempre o mesmo (tem uma única voz, *phoné*, uma única essência) e se torna outro: ao contrário de todas as espécies animais, ele conhece três estatutos diferentes de existência, três "idades": criança, adulto, velho. Deve percorrê-las em seqüência, cada uma a seu tempo, porque cada uma implica um estatuto social particular, uma transformação de sua posição e de seu papel no grupo. A condição humana estabelece uma ordem do tempo, porque a sucessão das idades, na vida de cada indivíduo, deve se articular na seqüência das gerações, respeitá-la para harmonizar-se com ela, sob pena de retorno ao caos.

Édipo, *Oidípous*, decifra o enigma; ele próprio é o *dípous*, o homem de dois pés. Mas seu erro, ou melhor, a maldição que pesa sobre sua linhagem coxa faz com que, ao decifrar o enigma, reunindo a resposta e a pergunta, ele encontre também seu próprio lugar de origem no trono de seu pai, na cama de sua mãe. Em vez de torná-lo semelhante ao homem que avança na vida caminhando ereto na sucessão de uma linhagem, seu sucesso identifica-o com esse monstro que as palavras da Esfinge evocam: o ser que tem, ao mesmo tempo e na mesma ocasião, dois, três, quatro pés, o homem que na progressão de sua idade não respeita, mas embaralha e confunde a ordem, social e cósmica, das gerações. Édipo, o adulto de dois pés, é na verdade idêntico a seu pai, o velho cujos passos são ajudados por uma bengala, esse "três pés" de quem ele tomou o lugar à frente de Tebas, até no leito de Jocasta – idêntico também a seus filhos, que andam de quatro e que são, ao mesmo tempo, seus filhos e seus irmãos[21].

20 Lembremos o texto do enigma, tal como aparece no argumento das *Fenícias*, de Eurípides: "Há na terra um ser com dois, quatro, três pés, cuja voz é única. Apenas muda sua natureza entre os que se movem no chão, no ar e no mar. Mas, quando anda se apoiando sobre mais pés, é então que seus membros têm menos vigor". O texto nos foi igualmente transmitido em Athénée, X, 456 b; *Anthologie palatine*, XIV, 64; *Scholie à Lycophron, Alexandra*, 7, 1.22 Scheer, 11, p. 11. Algumas variantes a assinalar: no primeiro verso, em vez de "cuja voz (*phoné*) é única", temos "cuja forma (*morphé*) é única"; no segundo verso, "ele muda sua natureza", temos ora *phyén*, ora *phýsin*, e uma vez *boén*, seu grito (o que supõe, através de uma má grafia de *hoû*, no fim do primeiro verso, que se leia "sua voz não é única", em vez de "cuja voz é única"). Diodoro da Sicília resume o enunciado do seguinte modo: O que é que, permanecendo sempre o mesmo, tem dois, três, quatro pés?" (IV, 64). Observaremos que, em todas as versões, o enigma mistura a ordem cronológica normal, começando pelo homem adulto (dois pés), passando, em seguida, ora ao velho (três pés), ora à criança (quatro pés). Encontraremos em Athénée, XIII, 558 d, uma transposição erótica do enigma, onde a prostituta assume o lugar da Esfinge.

21 Sobre essa igualdade, ou identidade, de Édipo ao mesmo tempo com o pai e os filhos, cf. *infra*, pp. 95-99. Como diz Leônidas de Alexandria, in *Anthologie*

O TIRANO COXO: DE ÉDIPO A PERIANDRO   187

Os dois filhos que gerou, Etéocles e Polinices, não se comunicarão normalmente nem com ele, nem entre si. Édipo os amaldiçoará, como Pélops amaldiçoara Laio. Eles se confrontarão, como Édipo e Laio, para se reencontrarem unidos apenas na morte que cada um infligirá ao outro. Desse modo, no final desse longo desvio, colocado sob o signo do coxear, a linhagem dos Labdácidas, em vez de continuar retamente, volta ao seu ponto de partida, suprimindo-se. O canhestro, Laio, filho do coxo, não pode ter descendência reta.

Se me fosse permitido – antes de passar a Heródoto para confrontar "história" e lenda – formular, depois de tantos outros, as questões que o mito coloca à prova através da narrativa das infelicidades do andar claudicante, os problemas como que subjacentes ao terreno que a narração explora, eu diria:

Como o homem pode participar dele, enraizar-se solidamente nele, tornando-se até o fim de sua existência três vezes diferente? Como a permanência de uma ordem pode se manter em criaturas submetidas, em cada idade da vida, a uma mudança completa de seu estatuto? Como os títulos e as funções de rei, de pai, de marido, de ancestral, de filho podem permanecer intactos, imutáveis, enquanto são outras pessoas que sucessivamente os assumem, e a mesma pessoa deve ser, também, filho, pai, esposo, avô, jovem príncipe, velho rei, alternadamente?

Ou ainda, em que condições o filho deve caminhar ereto no sulco do pai para vir a ocupar seu lugar, muito semelhante a seu genitor, para que esse lugar continue indefinidamente o mesmo, bem distinto dele para que essa substituição de um pelo outro não culmine numa confusão caótica?

Vejamos, agora, se esse esquema lança alguma luz sobre a articulação da narrativa de Heródoto, em V, 92, e III, 50-54, e sobre a imagem que os gregos fazem da pessoa do tirano no século V.

Se acreditamos em Heródoto, foi para prevenir os lacedemônios e seus aliados contra a tirania, "o que há de mais injusto e mais sanguinário no mundo", que Socles de Corinto havia escolhido contar uma aventura que ele conhecia bem, a dos Cipsélidas, tiranos de sua própria cidade. Na pena de Heródoto, essa "história" se parece, ao mesmo tempo, com o conto da mulher do povo, com a narrativa maravilhosa e com a tragédia. No decorrer de episódios extraordinários, de impulsos imprevistos, uma inexorável necessidade vem à luz. "Era preciso", escreve Heródoto, "que a descendência de Eécion fosse o germe de infortúnios para Corinto"[22]– como se a infelicidade, que os deuses haviam decidido que iria se instalar como senhor no

---

palatine, VI, 323, Édipo é aquele que era "o irmão de seus filhos, o marido de sua mãe".

22 V, 92, δ 1-2.

coração da cidade, devesse se encarnar em uma família marginal, ao mesmo tempo maldita e eleita, uma linhagem de pessoas cujo desvio da origem predestinava, desde antes do nascimento, a representação da figura do tirano.

À frente de Corinto encontrava-se, até então, uma oligarquia. Os Baquíadas – era esse o nome do pequeno grupo de homens que monopolizava o poder –, os Baquíadas, portanto, unicamente para conservar em proveito próprio os privilégios de uma realeza cujo encargo comum eles asseguravam, casavam-se exclusivamente entre si, reservando suas filhas, que trocavam, no interior do grupo, para oferecerem como esposa uns aos outros. Os Baquíadas não exercem, portanto, apenas a realeza no plural; constituem, no cume da cidade, uma espécie de Pai coletivo da linhagem real. Ora, um dentre eles teve uma filha manca chamada Labda. Nenhum baquíada quis desposá--la. A enfermidade de Labda coloca-a à margem da raça a que pertence. A coxa é afastada da descendência reta, desviada da linhagem direta que deveria normalmente prolongar. Ou talvez, como Louis Gernet sugeria, é preciso inverter os termos da relação entre casamento e claudicação. "Tendo se casado fora do grupo, a filha será chamada a Coxa"[23]. De qualquer modo, que ela não tenha podido se casar segundo as regras, porque manca, ou que a tenham denominado manca porque casada fora das regras, Labda é desqualificada para dar à luz um baquíada autêntico, um filho legítimo semelhante ao pai que o gerou e de quem deve ser, com retidão, a cópia fiel. Em relação ao grupo dos Reis-Pais, a criança de Labda herdará de sua mãe um nascimento coxo.

Rejeitada por seus pretendentes normais, Labda encontra marido num coríntio, Lapitas de origem, descendente de Caineu. Esse Caineu era tido como andrógino, ao mesmo tempo homem e mulher, como Tirésias. Se, por seu desvio, sua estranheza, seu caráter ambivalente (o andrógino pode ser um efeminado, bem como um super-homem), o hermafroditismo não deixa de evocar uma forma de coxear no estatuto sexual dos indivíduos (o andrógino não é completamente macho dos dois lados: tem uma metade homem, outra mulher), nos sentiremos ainda mais tentados a admitir que um fragmento de Hesíodo estabelece, a propósito de uma outra personagem, uma equivalência completa entre bissexualidade e coxear: segundo esse texto, Plístenes, que Hesíodo faz o pai de Agamêmnon e de Menelau, "era hermafrodita *ou* coxo"[24].

23 Louis Gernet, "Mariages des tyrans", in *Anthropologie de la Grèce antique*, Paris, 1968, p. 350.

24 Cf., em *Nouveaux fragments d'auteurs anciens*, editados e comentados por Manolis Papathomoulos, Joannina, 1980, o texto do fragmento tal como aparece no *Schol. ad Exeg. in I1iadem*, A 122, e o comentário muito pertinente, pp. 11-26.

O TIRANO COXO: DE ÉDIPO A PERIANDRO   189

Como Laio, ele também coxo sexual a seu modo, o esposo de Labda vem a Delfos consultar o oráculo sobre sua descendência, *perì génous*. Pois ele não conseguiu filhos nem de Labda, nem de uma outra mulher. Como Laio, ainda, ele deseja ouvir da boca do deus se poderá um dia tê-los. Para Laio, Apolo responderá com uma proibição e uma ameaça: tu não deves ter filhos; se tiveres um, ele te matará, dormirá com sua mãe. Ao marido de Labda, Eécion, o deus anuncia logo de saída: "Labda está grávida; dará à luz uma pedra rolante que se abaterá sobre os homens reinantes e castigará Corinto"[25].

Afastada da linhagem direta, a Coxa dá à luz um rebento, que, rolando, girando como uma pedra que desce a montanha, vai encontrar o lugar de que, através de sua mãe, fora afastado[26]. E, como uma bola lançada num jogo de malha, o retorno do excluído fará, para infelicidade de Corinto, caírem por terra os *ándres moúnarkhoi*, os homens feitos, os adultos com dois pés (os Pais coletivos), que são ao mesmo tempo os senhores legítimos do poder (os Reais).

As analogias com o esquema que pensamos poder decifrar na história de Édipo são ainda mais surpreendentes na medida em que as diferenças de situação entre os protagonistas vêm reforçá-las. Num caso, trata-se de um filho legítimo, rejeitado depois do nascimento por seus verdadeiros pais, excluído da linhagem real (e coxa) dos Labdácidas a que eles pertencem. Quando ele volta a Tebas, é na esperança de salvar, fugindo de Corinto, seus falsos pais, que o acolheram como filho, de quem acreditava ser filho legítimo, mas de quem é, na verdade, o bastardo. Aqueles que ele destrói com o seu retorno, instalando-se no lugar e na posição de seu pai, são seus pais diretos, que ele, por

25 Heródoto, V, 92, β 7-13, que compararemos, no que diz respeito a Laio, a Eurípides, *Fenícias*, 13-20. Aceitamos a tradução que a edição de Ph.-E. Legrand, *Contra*, cf. Edouard Will, *Korinthiaka*, Paris, 1955, pp. 450-451, dá do texto do oráculo; a edição Will compreende "que se abaterá sobre os monarcas e trará justiça a Corinto". Heródoto utilizaria uma tradição de narrativas populares favoráveis aos Cipsélidas, e o oráculo, na versão que Heródoto retoma, teria sido, ele próprio, redigido no tempo de Cípselo. Então, ele estabeleceria uma distinção nítida entre os baquíadas, monopolizadores do poder, justamente castigados, e a cidade de Corinto, inocente. Entretanto, um dos oráculos trazidos por Heródoto dirige-se diretamente aos coríntios para adverti-los da vinda próxima, na pessoa de Cípselo, de um "leão poderoso e feroz (*omestés*: devorador de carne crua), que mutilará os joelhos de muitos". A perspectiva não é muito tranquilizadora para os coríntios, e também para a cidade a que "era preciso que a descendência de Eécion fosse o germe de infelicidades (*kakà anablástein*)". Se devêssemos encontrar na fórmula do oráculo um ponto de comparação, seria preciso tomá-lo – como Nicole Loraux, a quem devemos esta aproximação – em Teógnis, que exprime, nos versos 39 e s., seu temor de que um tirano venha restabelecer a ordem em Mégara. A "Labda está grávida, dará à luz uma pedra rolante", corresponde, em Teógnis: "Nossa cidade já esta grávida, e temo que dê à luz um redentor de nossos excessos".

26 Sobre o que evoca a "pedra rolante", *holooítrokhos*, descendo uma encosta, cf. *Ilíada*, XIII, 136 e ss.; Heródoto, VIII, 52, 10; Xenofonte, *Anabasis*, IV, 2, 3.

não reconhecê-los, trata como estranhos. No segundo caso, tudo se passa *antes* do nascimento da criança; é na pessoa da mãe que o filho se encontra afastado, reduzido a uma filiação coxa, inferior, bastarda em relação ao que deveria ter sido. Desse modo, é de acordo com seus verdadeiros pais coxos, de quem é filho legítimo, que ele cairá como uma pedra sobre esses Pais, que representam em Corinto a descendência reta, e que, ao consagrá-lo antecipadamente a um nascimento coxo, fizeram dele, não seu filho autêntico, mas um estranho a essa linhagem dos baquíadas que ele, com sua volta, vai destruir.

Essas divergências de partida no estatuto familiar dos atores conduzem a modular de modo diferente o tema da exposição, que, na narrativa histórica, como no mito, ocupa uma posição central. Édipo é abandonado por seu pai e sua mãe legítimos, que o confiam, para que ele morra, a um pastor. Não conseguindo se decidir a matar o recém-nascido, o pastor o entrega a um outro pastor, que o entrega nas mãos de seus senhores, soberanos de Corinto. Dessa morte por abandono, da qual escapou contra todas as expectativas, Édipo tira seu nome, um nome que é como o sinal de seu destino, já que lembra uma enfermidade, da qual se pode dizer, também, que é a marca deixada em seu corpo por sua rejeição e a marca de sua perfeita vinculação à família coxa dos Labdácidas[27].

O recém-nascido que Labda põe no mundo é também, desde seu nascimento, submeticlo a uma prova que lembra o abandono do pequeno Édipo, mas que o lembra como sua imitação, invertendo seus valores. Sempre que é necessário, a Coxa faz desaparecer seu filho depositando-o no interior de um recipiente de terracota que serve de colmeia para dissimulá-lo[28]; essa aparência de rejeição, essa ausência

27 Dessas relações múltiplas e ambíguas entre o nome de Édipo, seus pés feridos, seu destino pessoal, a linhagem coxa dos Labdácidas, representada por seu pai, de quem é ao mesmo tempo o filho legítimo e o assassino, Eurípides conserva um sentido notavelmente vivo. Nas *Fenícias*, ele não se contenta em lembrar as cavilhas de ferro que atravessaram pelo meio os calcanhares do recém-nascido, entregue ao abandono. Todo o episódio do encontro fatal, no cruzamento das estradas, entre Laio e Édipo é colocado sob o signo do pé. 1) O encontro do pai e do filho, que seus caminhos mútuos reúnem no mesmo lugar, é expresso pela fórmula ξυνάπτετον πόδα ἐς ταὐτὸν [...] σχιστῆς ὁδοῦ, ambos se encontraram no mesmo *pé* de uma estrada que se bifurca (verso 37). *Synáptein póda*, encontrar-se, é unirem-se pelo pé, como *synáptein kheîra*, estender a mão, dar as mãos (em sinal de amizade), e *synáptein stóma*, unir a boca, beijar-se. O efeito de sentido é reforçado pelo lugar de *póda* no fim do verso. 2) Quando o cocheiro ordena a Édipo que se afaste para deixar passar o coche de seu senhor, ele grita: "Afasta-te, não fiques nos pés dos reis (*týrannois ekpodôn*)" (40). 3) Enfim, como Édipo prossegue seu caminho sem hesitar, os corcéis do coche, no seu ímpeto, "ensanguentam-lhe os tendões dos pés (*ténontas podôn*) com seus cascos (*khelaís*)" (42).

28 Sobre todo esse episódio, cf. Georges Roux, "*Kypselê*. Où avait-on caché le petit Kypselos?", *REA*, LXV, 1963, pp. 279-289.

O TIRANO COXO: DE ÉDIPO A PERIANDRO

simulada do bebê, que de repente é impossível encontrar no espaço doméstico, não visam, como o abandono, mandá-lo para longe a fim de deixá-lo morrer entre os dentes dos animais ferozes no deserto de um monte selvagem, mas, muito pelo contrário, a preservá-lo, a salvar sua vida ao escondê-lo, para torná-lo invisível até nos limites da casa. Aqueles que não querem deixar a criança viver são os *ándres moúnarkhoi*, os baquíadas senhores do poder e da descendência legítima. Quando compreenderam o sentido do oráculo proferido a Eécion, sem soltar uma palavra sobre isso, decidiram matar o recém-nascido. Assim que Labda dá à luz, o Pai coletivo confia a uma delegação de dez de seus membros a missão de suprimir a criança. No caminho, em direção à casa da Coxa, que não suspeita de nada, o grupo decide que o primeiro que recebesse o recém-nascido das mãos da mãe, toda confiante, teria o encargo de esmagá-lo no chão, na soleira da casa. Mas "era preciso" que a linhagem coxa trouxesse a Corinto a expiação de suas lágrimas. Por um acaso providencial, "uma sorte divina", como diz Heródoto[29], assim que o bebê se viu nos braços de um dos baquíadas, sorriu, e o homem, com pena, apressou-se a passá-lo para seu vizinho, que o passou ao seguinte. A criança percorre, assim, de mão em mão, toda a série dos dez prepostos ao assassinato, para se encontrar, no final, no ponto de partida: nos braços de sua mãe coxa. Os baquíadas saem; na soleira discutem, cumulando-se mutuamente de repreensões. Decidem então voltar novamente à casa de Labda e realizar o assassinato, todos juntos, sem distinção. Mas, do outro lado da porta, a mulher os ouviu. Teve tempo de esconder a criança onde ninguém teria a ideia de ir procurá-la, numa *kypséle*, uma colmeia abandonada por suas abelhas[30]. Por

29 V. 92, γ 14-5.
30 Heródoto não nos diz onde estava colocada a *kypséle*, esse objeto agreste, esse pedaço de espaço camponês, senão selvagem, inserido no recinto doméstico. Georges Roux supõe, com boas razões, que devia estar no pátio da casa de Eécion, ali onde os dez baquíadas inicialmente se apresentaram a Labda. Antes do aparecimento do estudo de Georges Roux, interpretava-se o termo *kypséle* segundo uma indicação que Pausânias dá em V, 17, 5. Em Olímpia, o Periegeta vira, no templo de Hera, um cofre de madeira (*lárnax*) que lhe haviam dito ser o mesmo onde Cípselo tinha sido escondido. Mas uma *lárnax* não é uma *kypséle*, Pausânias sabe bem disso, e é obrigado a fingir que só na época de Cípselo, e só na casa de alguns coríntios, é que se dava o nome de *kypséle* ao cofre de madeira cujo nome grego é *lárnax*. Recipiente de terracota utilizado como colmeia, a *kypséle* podia servir também de vaso, para depositar o frumento (cf. Aristófanes, *A Paz*, 631). Observaremos que o cofre de madeira (*lárnax*) e o pote de terra (*khýtra, óstrakon*) constituem os dois tipos de recipientes nos quais, segundo a lenda heroica, os pais fechavam os filhos para enjeitá-los. De um certo modo, ao colocá-lo na colmeia de terracota para escondê-lo, Labda "enjeita" o filho em sua casa: simulacro de rejeição, é certo, rejeição invertida, mas testemunhada claramente pelo texto de Plutarco, que, por sua vez, retoma, para resumi-la, a narrativa de Heródoto: os baquíadas, escreve Plutarco (164a), procuraram, mas não encontraram, o

192   MITO E TRAGÉDIA NA GRÉCIA ANTIGA

mais que os baquíadas revistassem a casa, a criança permanecia bem escondida, como se tivesse realmente desaparecido da casa familiar. O filho da Coxa, como Édipo, escapa então da morte a que parecia destinado. Como Édipo, seu nome lhe vem desse episódio, evocando ao mesmo tempo o grande perigo de seu nascimento e a salvação inesperada: chama-se Cípselo, o filho da *kypséle*[31]. O episódio faz surgir, de Édipo a Cípselo, toda uma série de convergências; o recém-nascido escapa da morte passando de mão em mão, de um camponês a outro, em seguida ao rei de Corinto, ou de um baquíada a seus vizinhos. Nos dois casos, os executores do assassinato evitam contar o que aconteceu; os dez baquíadas, como o camponês de Laio, decidem não dizer nada e, fingindo que a missão havia sido cumprida, fazem acreditar que a criança maléfica fora suprimida.

Logo que atravessou o limiar da adolescência e que se tornou adulto, com dois pés, Édipo vai a Delfos, interroga o oráculo sobre seu nascimento e, aterrorizado pela resposta, ao invés de voltar para Corinto, dirige-se a Tebas, onde vai se tornar tirano.

Na mesma etapa de sua vida, assim que atingiu a idade de homem, o filho de Labda vem, ele também, consultar o oráculo de Delfos. Ao saudá-lo com o título de "rei de Corinto", o deus o convida, sem ambiguidade, a entrar na cidade para apoderar-se dela. E é assim que Cípselo, estabelecido tirano de Corinto, faz perecer um bom número dos *ándres moúnarkhoi*.

Mas é ao seu filho Periandro que caberia dar à personagem do tirano sua verdadeira dimensão. De Periandro, pode-se dizer que, ao suceder Cípselo, ele o completa; realiza em sua plenitude a vocação tirânica de seu pai. "Tudo o que Cípselo havia deixado de matar e de banir", escreve Heródoto, "Periandro terminou"[32]. Os homens primeiro. Todos aqueles cujas cabeças ultrapassam um pouco a dos outros, as tem cortadas e deitadas por terra por Periandro, assim como Édipo, ao bater em Laio com sua bengala, o faz cair do carro ao chão, a seus pés. Em seguida, as mulheres. A tradição grega faz de Periandro modelo do tirano, um novo Édipo: em segredo, ele teria consumado a união sexual com sua mãe, Crateia[33]. Mortos os Pais reais, o que resta ao descendente da Coxa fazer senão dormir no leito de uma mãe cujo nome proclama tão claramente o que ela representa: a soberania sobre uma cidade que o tirano julga inteiramente sua?

recém-nascido "depositado" (*apotethénta*) numa colmeia (*kypséle*) por sua mãe. O verbo *apotíthénai*, o substantivo *apothésis*, são, com *ektíthemi* e *ékthesis*, os termos técnicos que designam o enjeitamento (cf. J.-P. Vernant, *Mythe et pensée chez les Grecs*, nova ed., Paris, 1985, p. 193, n. 153).

31 V, 92, ε 2-3.
32 V, 92, η 14-5.
33 Diógenes Laércio, 1, 96.

O TIRANO COXO: DE ÉDIPO A PERIANDRO 193

Na narrativa de Heródoto, onde o episódio do incesto materno não aparece, uma curiosa seqüência ocupa talvez, em relação à morte do pai, uma posição análoga. Logo depois de ter lembrado o destino dos machos, do grupo completo dos Pais, ao notar que "tudo o que Cípselo deixara para matar ou banir, Periandro terminara", Heródoto discorre sobre as mulheres: "Num dia, Periandro fez despojar de suas vestes todas as mulheres dos coríntios em honra de sua própria mulher Melissa"[34]. Quando reúne no templo de Hera toda a população feminina da cidade, mulheres livres e criadas confundidas, para despojá-las das roupas e adereços de festa com os quais elas estão enfeitadas, é toda a Corinto feminina que o tirano despe em conjunto, que ele desnuda de uma vez em proveito de sua própria esposa defunta, como se toda a raça feminina de Corinto tivesse vocação para ocupar, junto a ele, o lugar que a morte de sua cônjuge deixara vago.

Mas a tirania, realeza coxa, não saberia progredir no sucesso por muito tempo. O oráculo, que dera o sinal verde a Cípselo e lhe abrira o caminho do poder, tinha de saída fixado o limite além do qual a descendência de Labda, assim como a de Laio, não tinha direito a se perpetuar. "Cípselo, filho de Eécion, rei da ilustre Corinto", proclamara o deus, mas para logo acrescentar: "Ele e seus filhos, mas não os filhos de seus filhos"[35]. Na terceira geração, o efeito de choque produzido pela "pedra rolante" saída do ventre de Labda não se faz mais sentir. Para a linhagem dos coxos, instalados no trono de Corinto, chega o momento em que o destino vacila, balança, afunda-se nas infelicidades e na morte.

É essa inversão que Heródoto narra, em detalhes, na longa dissertação que consagra, em seu livro III, ao tema da hostilidade, opondo Corinto a sua colônia de Corcira[36]. Há pouco, evoquei resumidamente o desaparecimento da linhagem dos Labdácidas, profetizada de início a Laio, que se realiza, depois da efêmera promoção de Édipo, pela morte trágica de seus dois filhos, ambos opostos a seu pai, bem como um ao outro, e que só se encontram reunidos num assassinato recíproco. Sigamos um pouco mais de perto, com Heródoto, o fim dos Cipsélidas oriundos de Labda. De sua mulher, Melissa, Periandro teve também dois filhos, quase da mesma idade. Entre os dois jovens, nada havia em comum[37]. A infelicidade de Periandro pode se resumir do seguinte modo: seu primogênito, que lhe é próximo e devotado, mas que é seu contrário, devido à lentidão de espírito, desatenção, irreflexão, não se

---

34 Heródoto, V, 92, η 6-7.
35 V, 92, ε 8-9.
36 III, 50-54.
37 Sobre o contraste entre os dois filhos, cf. Diógenes Laércio, I, 94: "Ele teve dois filhos, Cípselo e Licofronte; o caçula, inteligente (*synetós*), o primogênito, simples de espírito (*áphron*)".

194 MITO E TRAGÉDIA NA GRÉCIA ANTIGA

comunica consigo mesmo dentro de seu próprio pensamento, não se lembra de nada. Seu caçula, cópia semelhante a Periandro, por ser de inteligência ágil, caráter obstinado, memória precisa e fiel, recusa-se a se comunicar com o pai: não lhe dirige a palavra; não lhe responde. De um lado, o esquecimento; do outro, o silêncio; nos dois casos, para os descendentes de Labda, um canal de comunicação está bloqueado.

O drama começa com a morte de Melissa, que Periandro, numa crise de cólera, mata à força de golpes. O avô materno dos dois jovens, Proclo, tirano de Epidauro, faz com que eles venham para junto dele e os trata com grande afeição. Antes de mandá-los embora para Corinto, lhes diz: "Vocês sabem, meus filhos, quem matou sua mãe?" O primogênito não dá nenhuma importância à observação: não a tendo compreendido, não a retém na memória, não se lembra dela[38]. O caçula Licofronte está tão transtornado com essa revelação que, após sua volta, ao ver em seu pai o assassino da mãe, não lhe dirige uma única palavra, "não replicando nada, se seu pai falasse; não respondendo, se ele o interrogasse"[39]. Periandro, furioso, expulsa-o do palácio.

Quando o pai, à força de prensar com perguntas aquele de seus filhos que era incapaz de "compreender" e de reter, conseguiu, enfim, "compreender" o que seu caçula tinha na cabeça[40], proibiu a todos receber esse filho em casa. Foi dada a todos ordem de expulsá-lo. A recusa de se comunicar com o pai faz de Licofronte um banido na cidade, expulso de toda parte, um ser sem casa nem lar, semelhante a um filho rejeitado pelos seus. Mas o estatuto de Licofronte é ambíguo. Se as ordens de Periandro o colocam em posição de *ápolis*, refugiado na sua solidão, cortado de qualquer laço social, seu nascimento legítimo não deixa de o designar para suceder ao pai como tirano; de antemão, ele o projeta, no cume da cidade, tão alto, acima do comum, quanto sua condição de excluído o rejeita mais abaixo. "Vendo nele o filho de Periandro, contudo, a despeito de seus temores, as pessoas o recebiam"[41].

Para forçar Licofronte a seus últimos redutos, Periandro manda declarar, pelo arauto, que todo aquele que o acolhesse, ou até conversasse com ele, teria que pagar uma multa muito pesada. Ninguém quer mais, desde então, trocar palavra com o jovem. Na sua obstinação, Licofronte aceita esse estado de completo isolamento, de não comunicação. Por não ter querido seguir seu pai, na via reta de uma sucessão

38   III, 51, 4.
39   III, 50, 13-14.
40   A oposição é marcada pela retomada, três linhas abaixo, da mesma fórmula: o filho primogênito não compreende (*ou nóoi labón*), e Periandro compreende (*nóoi labón*); III, 51, 4, e III, 51, 7.
41   III, 51, 14-52.

O TIRANO COXO: DE ÉDIPO A PERIANDRO 195

que o levaria aonde é seu lugar, ao palácio, ele vagueia, perambula de um lado para outro, "revirando-se sob os pórticos"[42]. O neto de Cípselo, a pedra rolante cujo impulso jogou por terra os Pais reais, também é agora semelhante a uma pedra rolante, mas dessa vez trata-se daquela de que fala o provérbio francês, quando evoca a infelicidade de quem não pode parar no lugar: "Pedra que rola não cria musgo".

Licofronte não tem mais o que comer. Ele se depaupera. Periandro o encontra sujo e desfeito. Sua cólera se abranda, pergunta-lhe qual das duas é preferível: a tirania ou a vida errante (*alétes bíos*)? "Tu és meu filho", diz-lhe, "o rei da rica Corinto [...], volta ao palácio."[43] Sem outra resposta, Licofronte declara que seu pai devia pagar a multa por ter conversado com ele.

Assim como se expulsa um *pharmakós*, Periandro expede então seu filho a Corcira, longe de seus olhos (ἐξ ὀφθαλμῶν μιν ἀποπέμπεται)[44]. O tirano não arranca os olhos para não mais ver, como Édipo; ele rejeita seu filho para não mais vê-lo.

Mas o tempo também passa: progride do mesmo modo que os homens. Com o passar do tempo (ἐπεὶ δὲ τοῦ χρόνου προβαίνοντος)[45], Periandro fica velho. O homem de dois pés agora tem três: não se sente mais capaz de assumir as responsabilidades do poder. Chegou a hora de ceder o lugar ao filho. Ora, o primogênito não lhe agrada: seu espírito, que caminha se arrastando, não anda muito depressa: é muito lento (*nothésteros*)[46] para seguir as pegadas do pai. Então, de início, Periandro envia um mensageiro a seu caçula, em seguida, a sua irmã, para convencê-lo a voltar a Corinto e ocupar o lugar que lhe cabe: "A tirania", explica a irmã a Licofronte, "é coisa instável, vacilante (*khrêma sphalerón*); tem muitos amadores. Teu pai está velho agora, passou da idade da força; não dês de presente a outros os bens que te pertencem"[47]. Mas Licofronte, inflexível, confirma sua decisão: não voltará a Corinto enquanto souber que seu pai ainda vive. Decisão semelhante à que toma Édipo em Delfos, quando jura não pôr os pés em Corinto

---

42 III, 52, 6: ἐν τῇσι στοιῇσι ἐκαλινδέετο. O verbo *kalindéomai*, "rolar", resulta, muito provavelmente (Chantraine, *Dictionnaire étymologique de la langue grecque*, II, p. 485), de um cruzamento entre *alindéomai* e *kylindéomai*, rolar. Sobre o emprego de *kylíndo*, no sentido ativo, no sentido de: fazer descer girando uma pedra rolante, cf. Xenofonte, *Anábasis*, IV, 2-3: ἐκυλίνδουν [...] ὀλοιτρόχους e Teócrito, XXII, 49-50: πέτροι ὀλοίτροχοι οὔστε κυλίνδων [...] ποταμὸς [...] περιέξεσε.

43 III, 52, 9-20.

44 III, 52, 24-25.

45 III, 53.

46 III, 53, 6.

47 III, 53, 16-18. Sobre as afinidades entre o "vacilante" e o "coxo", cf. a velha fórmula de imprecação acerca dos que, partindo para a caça, não invocaram, como deveriam, Pan e Ártemis: para eles, aos cavalos mancam (*kholeúontai*) e os homens cambaleiam (*sphállontai*)". Arrien, *Cynég.*, 35, 3.

196 MITO E TRAGÉDIA NA GRÉCIA ANTIGA

enquanto seu pai estiver vivo. Semelhante, mas apenas isso, pois o pai de quem Édipo foge – por afeição e não por ódio – é, na verdade, um estranho, e para evitar esse falso parente Édipo cruza, no caminho, com um estrangeiro com o qual se choca violentamente e que é, de fato, seu verdadeiro pai.

Para vencer a resistência do filho, Periandro aperfeiçoa então uma solução que deveria ter permitido regular esse difícil problema de sucessão entre os dois seres, ao mesmo tempo mais próximos pelo parentesco e mais afastados pelos sentimentos, bem como por seu lugar de residência, evitando as infelicidades que a descendência dos Labdácidas conheceu. Por um terceiro mensageiro, o tirano propõe ao filho trocar de posição com ele sem risco de encontro, de estarem juntos no mesmo lugar; Licofronte deveria regressar a Corinto para assegurar a tirania, enquanto ele iria para Corcira, de onde não sairia mais. Licofronte aceita a oferta; tudo parece acertado por essa contradança, que restabelece, no momento exato, o filho legítimo em seu lugar e posição, no trono do pai, sem que o jovem e o velho, até então radicalmente dissociados, tivessem que se defrontar para se unirem, que se entrechocar, como ocorreu com Édipo, que, para voltar à terra de seu nascimento, teve de abalroar na estrada Laio, que caminhava em sentido inverso[48].

Tudo parece estabelecido, "logicamente" estabelecido. Mas um oráculo é um oráculo: "Rei de Corinto, tu, teu filho, mas não os filhos de teus filhos", decretara a Pítia. No último momento, os corciranos, avisados do projeto, matam o filho para não terem de herdar o pai. A descendência de Labda, como a de Lábdaco, mergulha no nada, em vez de continuar no caminho reto das gerações sucessivas.

Que conclusão tirar desse estranho paralelismo no destino dos Labdácidas da lendária Tebas e dos Cipsélidas da histórica Corinto? Em *Mariages de tyrans*, Louis Gernet observava que, por mais inovador que fosse o tirano, ele provém "naturalmente" do passado: "Seu descomedimento", escreveu, "tem modelos na lenda"[49]. São esses modelos que, de um extremo ao outro, orientam a narração de Heródoto. Quando

---

48 Os filhos de Édipo, Polinice e Etéocles, para resolver o equívoco fundamental que os opunha reciprocamente, haviam avistado também uma solução análoga à de Periandro. Depois que Édipo, trancado à chave por seus filhos para "esquecer" sua sorte, os amaldiçoou, desejando que dividissem o palácio a fio de espada, os dois rapazes, "de medo que os deuses cumprissem esses votos, se eles morassem juntos, convieram que o caçula, Polinice, se exilaria voluntariamente, enquanto Etéocles ficaria para deter o cetro por um ano, por seu turno", Eurípides, *Fenícias*, 69-74. Mas, ali também, a contradança prevista não será bem-sucedida. Uma vez no trono, Etéocles recusa-se a abandoná-lo e conserva Polinice no exílio. Os dois irmãos se reunirão ao se encontrarem frente a frente, de armas na mão, para se matarem.

49 *Anthropologie de la Grèce antique*, Paris, 1968, p. 344.

o pai da história relata, como dados de fato, os acontecimentos que instalaram uma linhagem de tiranos à frente de Corinto, muito "naturalmente" ele mitologiza, e sua narrativa presta-se a um tipo de análise análogo àquele que podemos aplicar à lenda edipiana. "Na perspectiva da lenda, observava ainda Gernet, precisamente a propósito de Corinto, a tirania só pode ter saído de um casamento perturbador."[50] Se o texto de Heródoto retém, para ligá-los tão claramente, os temas que pensáramos poder assinalar na saga dos Labdácidas – o coxear, a tirania, o poder conquistado e perdido, a seqüência contínua ou bloqueada das gerações, a sucessão direta ou desviada, a retidão ou os desvios nas relações sexuais, o acordo ou mal-entendido na comunicação dos pais com os filhos e dos filhos entre si, a presença de espírito ou o esquecimento –, é porque, no imaginário grego, a figura do tirano, tal como é pintada nos séculos V e IV, desposa os traços do herói legendário, ao mesmo tempo eleito e maldito. Rejeitando todas as regras que fundamentam, aos olhos dos gregos, a vida comum, o tirano se coloca fora do jogo social. Ele é exterior à rede de relações que une, segundo normas precisas, o cidadão ao cidadão, o homem à mulher, o pai ao filho. Ele se afasta, para o melhor e para o pior, de todos os canais através dos quais os indivíduos entram em comunicação uns com os outros e constituem uma comunidade policiada. A estrada, desviada e solitária, onde o tirano se aventura, a despeito dos caminhos percorridos, dos itinerários balizados, exila-o para longe da cidade dos homens, com suas trocas fixadas, seus contatos recíprocos, num isolamento comparável tanto àquele de um deus, muito acima das leis humanas para aceitar submeter-se, como àquele de uma besta fera, muito dominada por seus apetites para respeitar algo proibido[51]. Desprezando as regras que presidem ao agenciamento do tecido social e que determinam, pelo entrecruzamento regular dos filhos, a posição de cada um em relação aos outros – ou, como diz Platão, mais cruamente, prestes a matar o pai, a dormir com a mãe, a devorar a carne dos próprios filhos[52] –, o tirano, ao mesmo tempo igual ao deus[53] e igual a uma besta feroz, encarna, na sua ambivalência, a figura mítica do coxo, com seus dois

---

50 *Idem*, p. 350.

51 Cf. J.-P. Vernant, "Ambiguidade e Reviravolta. Sobre a Estrutura Enigmática de *Édipo Rei*", *infra*, pp. 91-98. Em "Histoire de tyran ou comment la cité grecque construit ses marges", Pauline Schmitt-Pantel escreve: "Sendo ao mesmo tempo, ou às vezes alternadamente, um ser efeminado ou supermacho, o tirano fracassa em manter com a sexualidade a boa distância que faria dele um cidadão possível" (*Les marginaux et les exclus dans l'histoire*, Cahiers Jussieu 15, p. 299.) "Efeminado e supermacho": tal é o estatuto do coxo sexual, do hermafrodita Caineu, cujo descendente, por seu casamento com Labda, a Coxa, funda a dinastia dos tiranos Cipsélidas.

52 Platão, *República*, 571 c-d e 619 b-c.

53 Sobre a tirania *isótheos*, igual ao deus, cf. Eurípides, *Troianas*, 1168; Platão, *República*, 360c e 568b.

aspectos contrários: está além do andar humano, porque, rolando mais veloz e ágil em todas as direções ao mesmo tempo, ele transgride as limitações a que está submetido o andar reto, mas também está aquém do modo normal de locomoção, porque, mutilado, desequilibrado, vacilante, ele só avança claudicante, a seu modo singular, para melhor cair no final.

Postscriptum

Um Édipo Romeno

Para esclarecer as relações que o mito estabelece, na Grécia, entre coxear, parricídio e incesto, colocamos paralelamente o Édipo tirano da tragédia ática e o Periandro tirano da história de Corinto. A essa documentação "clássica", queríamos acrescentar uma nova peça, diferente dessa vez, popular e tirada do folclore romeno. Nós a devemos à amizade do doutor Paul Galmiche, grande *expert* em podologia, cuja curiosidade e cuja competência ultrapassam largamente o campo da medicina. Ele quis nos comunicar o texto de uma cantilena publicada em Bucareste em 1967, na coletanea dos *Chants d'autrefois*, reunidos e editados por Cristea Sandra Timoc. No final desse estudo, fornecemos a sua tradução francesa, de autoria da sra. Cl. Lemaire, a quem agradecemos.

No conto romeno, de início tudo pode parecer estranho à lenda grega: o tom geral, o cenário, os atores, as circunstâncias e as peripécias do drama, o feliz desenlace. Mas não é preciso ser grande conhecedor para logo distinguir uma versão derivada do mito de Édipo. O essencial da aventura – o que se pode chamar o núcleo da fábula, e que constitui o móvel da intriga – permaneceu intacto, perfeitamente conservado. Não estamos mais em Tebas, nem em Corinto, mas num lugarejo campestre tão pequeno que se esconde, anônimo, no verde. Nada de linhagem principesca, nada de palácio real: a choupana de um camponês, proprietário de vinhas. Nada de Apolo, nem de oráculo de Delfos, mas as três fadas, que, depois das parteiras, velam o nascimento da criança. São elas que, no terceiro dia, vêm assombrar o sonho da mãe para contar de antemão o destino do recém-nascido; sem saber, sem querer, esse filho matará seu pai, dormirá com a mãe e "vociferará" na casa que comandará como senhor soberano.

202   MITO E TRAGÉDIA NA GRÉCIA ANTIGA

Avisados das infelicidades que os espreitam, os pais, em vez de matar o filho, o fecham numa pipa, que o pai, com um pontapé, faz "rolar" até o Danúbio. Abandonado na sua prisão de madeira redonda e flutuante, como tantos heróis gregos entregues às ondas, no vazio de uma *lárnax* (cofre de madeira que funciona como arca), o enjeitado desce o curso do rio. Barqueiros o veem, o recolhem, o criam. Chegado à idade de homem, toma a estrada. No caminho, ao passar pelo lugarejo em que nascera, cruza com um desconhecido – seu pai –, que lhe pergunta por que anda assim. Ele responde que está procurando se estabelecer. Então o homem o contrata como guardião do vinhedo. Dá-lhe a tarefa de ficar de sentinela durante a noite, com o fuzil na mão, e de atirar em qualquer pessoa que se aproximasse sem luz, antes que o galo tivesse cantado. Durante um mês, tudo corre bem. Mas uma bela noite, por descuido, o patrão vem sem trazer, conforme o combinado, seu sinal luminoso. O filho, aplicando a senha ao pé da letra, o visa, atira e o faz cair morto ao primeiro tiro. Enterram a vítima. Duas semanas se passam, deixando a casa e o leito conjugal vazios de macho. Transcorrido esse tempo, a viúva convida o rapaz para ocupar, em sua casa, o lugar de seu defunto marido. Ele aceita de pronto, muito contente, ele, o errante, por encontrar finalmente raiz e moradia. Ei-los então na noite de núpcias, ambos estendidos, mãe e filho, lado a lado, prestes a se tornarem fisicamente marido e mulher. Felizmente, quando estão prestes a passar ao ato, trocam algumas palavras; de repente, reconhecem o que são um para o outro: uma mãe e seu filho. Se o parricídio ocorrera, o incesto materno foi com certeza evitado. Apesar do casamento, os cônjuges não consumam carnalmente a união proibida. De uma geração à seguinte, redescobertas, reunião e coabitação se realizam sem serem manchadas pelo pecado. O filho-marido poderá, com boas intenções, tomar conta da mãe, pelo resto da vida e "reinar" sem contestação sobre a riqueza doméstica.

Portanto, versão "otimista", que assinala acerca da união sexual com a mãe a força de uma censura com que o mito grego não se preocupava muito. Mas o eufemismo da narrativa não modifica em nada a armadura fundamental da lenda. Toda a intriga, desde a rejeição da criança, ao nascer, até seu retorno à casa, quando homem, liga-se a temas estreitamente imbricados do assassinato do pai, do incesto com a mãe, da conquista do poder – poder doméstico, nesse contexto camponês, um lugar de poder real e político.

É um último traço que o conto romeno salvaguardou. Parece ainda mais significativo porquanto, na versão nova, nada é esperado, e seríamos tentados a denunciar um acréscimo factício, um pormenor gratuito, se as histórias combinadas de Édipo e de Periandro já não tivessem assinalado seu lugar na economia do mito. Desde a primeira seqüência do conto, a pipa aparece. Presença normal, com

O TIRANO COXO: DE ÉDIPO A PERIANDRO

toda a certeza, na casa de um viticultor. Mas, descendo as encostas do Danúbio até o rio, afastando, ao rolar, a criança de sua terra natal, desviando-a do lar em que deveria ter crescido normalmente, seguindo passo a passo as pegadas do pai, essa pipa, que pressagia e prepara uma brusca e perigosa volta, não deixa de evocar a "pedra rolante" que Labda, a Coxa, dá à luz, e que, como um bumerangue, voltará, sem mais nem menos, em sua violência, de encontro aos Pais reais de Corinto. A analogia encontra-se expressamente confirmada no final da narração. Enquanto eles conversam, deitados na mesma cama, a mãe reconhece o filho pelas suas pernas tortas em arco. Ora, de onde vem essa má-formação dos membros que comandam o andar, e que, nele, são curvos em vez de retos? A resposta está clara no texto. É que, em lugar de ter sido enfaixada – isto é, mantida embrulhada no coração do espaço familiar, na inteira dependência daqueles de onde saiu e que quando chegar a hora deverá suceder –, a criança foi alojada dentro de uma pipa circular. Seu modo de locomoção inicial consistiu em "rolar" na pipa, em desposar o movimento giratório, afastando-se assim da casa onde deveria, para criar raízes, permanecer enfaixado em seu berço. Rolando no tonel, arrancado, assim que nasce, de seu lar e de seus genitores, ser-lhe-á preciso, para reunir-se a eles, ao fim de um percurso desviado, de uma trajetória coxa, tomar, como tantos atalhos, as vias proibidas do parricídio e do incesto.

Le chant des fées*

Laine verte d'un épinard,
En bordure de Taligrad
Se trouve un petit village
Si petit, qu'il est caché.
Mais dans le village vivait
Une jeune épousée.
Mariée depuis l'hiver
Un moment heureux lui arrivait
Au monde un enfant elle mettait.
Elle fit avertir les accoucheuses
Pour qu'elles s'occupent de l'enfant
Comme le veut la coutume.
A trois jours de la naissance
Elle vit les fées[54]
Mais la nuit qu'est-ce qui se passa?
Voyez, la femme rêva,

---

*　Cristea Sandra Timoc, *Chants d'autrefois et cantilènes* (em romeno), Bucareste, EPL, 1976.
O Canto das Fadas

Verde lã dum espinafre, / Às margens de Taligrad, / Encontra-se uma aideia / Tão pequena que escondida. / Mas na aldeia vivia / Uma jovem esposa. / Casada desde o inverno. / Um momento feliz lhe chegava, / Um filho ao mundo ela dava. / Mandou advertir as parteiras / Para que se ocupassem da criança, / Como quer o costume. / A três dias do nascimento, / Ela viu as fadas, / Mas à noite, que sucedeu? / Vejam só, a mulher sonhou, /

54　Trata-se das três fadas que presidem ao nascimento, benéficas ou maléficas.

Comme si c'était la réalité
Trois femmes venaient à elle,
Et la plus agée disait:
"Cet enfant stil grandit
Qu'il meure tué à coup de fusil
Pendu par la taille".
Mais la plus jeune lui dit:
"Quand cet enfant grandira,
Il prendra sa mère
Pour lui être épouse,
Et tonner en sa maison".
Mais la femme, en entendant,
Lorsque le jour se leva
Raconta son rêve à son mari
Le mystère tel qu'il était.
Le mari en entendant
Prit son fusil, le mit en joue
Ma foi! était prêt à tirer,
Mon frère, pour l'en achever.
Mais l'épouse en entendant,
De sa bouche lui dit ainsi:
– Hé, mon homme, pas comme ça.
Sais-tu ce que nous devons faire,
Nous le mettrons dans un tonneau
Et d'une culbute dans le Danube nous l'enverrons
Ainsi nous n'aurons plus à nous soucier de lui.
Le mari en entendant
Dans le grenier monta
Et en choisit un tonneau
Environ comme cleux baquets.
Il enleva seulement le fond
Prit l'enfant
Sans même le langer

Como se fosse a realidade, / Três mulheres vinham ter com ela / E a mais velha dizia: / "Esse menino, se crescer, / Que morra assassinado por tiro de fuzil, / Suspenso pela cintura". / Mas a mais jovem lhe disse: / "Quando esse menino crescer, / Ele tomará a mãe / Como esposa, / E vociferará em sua casa". / Mas a mulher, assim ouvindo, / Quando o dia amanheceu, / Contou o sonho ao marido, / O mistério tal como era. / O marido, /assim ouvindo, / Pegou seu fuzil, o pôs em marcha. / Cáspite! Estava prestes a atirar, / Meu irmão, para liquidá-lo, / Mas a esposa, assim ouvindo, / Disse-lhe da própria boca: / – Ei, meu homem, não assim. / Sabes o que devemos fazer, / Colocá-lo-emos numa pipa, / E, com um pontapé, ao Danúbio lança-lo-emos, / Assim, não teremos mais de nos preocupar com ele. / O marido, assim ouvindo, / Ao sótão subiu / E escolheu uma pipa, / Quase como duas tinas. / Retirou, apenas, o fundo, / Pegou o menino, / Sem nem mesmo enfaixá-lo, /

Et le mit dans le tonneau.
Puis le fond à sa place remit
Et d'une culbute l'envoya sur le Danube.
Descendit le tonneau, descendit,
Pendant trois jours et trois nuits,
Et tout près d'un petit village
C'est là que par hasard
Quelques péniches étaient au repos.
Mais les mariniers le virent
De suite, sautèrent dans une barque
Et attrapèrent le tonneau
Puis le mirent sur une péniche
Et quand ils enlevèrent le fond
Ils virent, Bon Dieu, Que l'enfant encore vivait.
Et les mariniers le prirent
Et avec du lait ils l'élevèrent.
Il grandit aujourd'hui, il grandit le lendemain,
Ainsi il arriva à ses dix-sept ans.
Alors les mariniers lui dirent:
– Mon garçon, toi
Écoute-nous ici.
Tu dois savoir que nous t'avons trouvé
Tu vois, c'est arrivé ainsi
Dans un tonneau abandonné
Et dans le Danube jeté.
Jusqu'à maintenant nous t'avons élevé
Comme nous avons pu,
Mais maintenant tu dois partir
Sur des chemins nouveaux, va-t'en
Te faire engager quelque part.
Tu dois te faire engager tout seul
Dans ce monde, pour y vivre.
Mais le garçon en entendant

E colocou-o na pipa. / Depois, o fundo em seu lugar recolocou, / E, com um pontapé, ao Danúbio o lançou. / Desceu a pipa, desceu, / Por três dias e três noites, / E, bem próximo à sua aldeia, / Foi que, por acaso, / Algumas barcaças repousavam. / Mas os marinheiros o viram, / De pronto, saltaram numa barca / E apanharam a pipa. / Depois, colocaram-na numa barcaça / E, quando retiraram o fundo, / Viram, Santo Deus, / Que o menino ainda vivia. / E os marinheiros o pegaram, / E com leite o criaram. / Então ele cresceu, depois ele cresceu, / Assim chegou aos dezesseis anos. / Então os marinheiros lhe disseram: / – Meu rapaz, / Escuta-nos. / Deves saber que te achamos, / Vês, aconteceu assim, / Numa pipa abandonado, / E ao Danúbio lançado. / Até agora, te criamos / Como pudemos, / Mas agora deves partir / Por novos caminhos, vai, / Faz-te empregar nalgum lugar. / Deves te fazer empregar sozinho / Nesse mundo, para nele viver. / Mas o rapaz, assim ouvindo, /

A commencé à pleurer.
Il n'avait personne au monde,
Il marchait de village en village
Et arriva jusqu'à son village
Et rencontra son père.
Ma is le père ne le connaissait pas
Et le garçon ne connaissait pas plus son père.
Son père lui demanda:
– Mon garçon, mon ami,
Pourquoi marches-tu ainsi?
Et le garçon lui répondit:
– Hé, vous, mon oncle,
Je cherche à m'établir
Quelque part pour y servir
Dans ce monde pouvoir y vivre
Gagner mes vêtements.
Mais le père en entendant:
– Si tel es ton souci
Viens alors à ma maison
Nous ferons un bon marché
Et traiterons bien honnêtement.
Ce que tu demandes je te payerai
Seule ma vigne tu dois garder.
Si quelqutun arrive
Avant le chant du coq
Et dans ma vigne surgit
De suite tu lui tireras dessus,
De rien je ne serai responsable.
Le fusil en main lui mit,
Et dans la vigne il l'amena;
Il guetta aujourd'hui, et guetta le lendemain
Il guetta pendant un mois
Et quand le patron lui apportait le dîner
Il venait toujours avec une lumière.

Começou a chorar. / Ele não tinha ninguém no mundo, / Andava de aldeia em aldeia, / E chegou até sua aldeia, / E encontrou seu pai. / Mas seu pai não o conhecia, / E o rapaz não conhecia mais seu pai. / Seu pai lhe perguntou: / – Meu rapaz, meu amigo, / Por que andas assim? / E o rapaz respondeu-lhe: / – Eh, o senhor, tio, / Procuro estabelecer-me / Nalgum lugar para nele servir, / Nesse mundo poder viver, / Ganhar minhas vestimentas. / Mas o pai, assim ouvindo: / – Se tal é tua preocupação, / Vem, então, à minha casa, / Faremos um bom negócio, / E trataremos bem honestamente. / O que pedires, eu pagarei, / Só minha vinha deves guardar. / Se alguém chegar, / Antes do canto do galo, / E, em minha vinha, surgir, / De pronto, atirarás nele, / De nada serei responsável. / O fuzil na mão lhe pôs, / E à vinha o levou; / Então ele vigiou, depois ele vigiou, / Ele vigiou durante um mês, / E quando o patrão lhe trazia o jantar, / Ele vinha sempre com uma luz. /

Mais un jour il fut retardé
Par tous les travaux qu'il avait
Et en lui portant le dîner
Avant le chant du coq.
Le garçon en le voyant
Sachant la consigne qu'il lui avait donnée
Mit son fusil en joue
Et ne tira qu'une seule fois
Mais le descendit à plat ventre.
Au lever du jour,
Il vit que c'était son patron.
Dans le village, dans la vallée il descendit
Et à sa mère il dit:
– Ma patronne
Comme nuit il est arrivé
Que j'ai tiré sur le patron.
Il ne s'est pas fait voir
Quand il est entré dans les vignes!
Mais l'épouse en entendant
Prit le corps de son mari
Et lui fit un bel enterrement.
Deux semaines passèrent
Et alors la femme lui dit:
– Toi, mon garçon,
Jusqu'ici tu as été mon valet de ferme
Mais maintenant tu seras mon mari!
Et le garçon en entendant
Était très content
Car il était tellement pauvre
Et n'avait personne au monde
Ainsi il pouvait rester là.
Et quand le soir arriva
Vraiment il se dépêcha de se coucher
Le Bon Dieu même les poussait.

Mas um dia ele se atrasou, / Por todos os trabalhos que tinha, / E trouxe-lhe o jantar / Antes do canto do galo. / O rapaz, assim o vendo, / Sabendo o recado que ele lhe havia dado, / Pôs seu fuzil em marcha, / E atirou uma única vez, / Mas derrubou-o de bruços. / No nascer do dia. / Ele viu que era seu patrão. / À aldeia, ao vale, ele desceu, / E, à sua mãe, ele disse: / – Minha patroa, / Como era noite, aconteceu / Que atirei no patrão. / Ele não se deu a ver / Quando entrou nas vinhas! / Mas a esposa, assim ouvindo, / Pegou o corpo do marido, / E lhe fez um belo enterro. / Duas semanas se passaram, / E então a mulher lhe disse: / – Tu, meu rapaz, / Até hoje foste meu valete, / Mas agora serás meu marido! / E o rapaz, assim ouvindo, / Ficou muito contente, / Pois ele era tão pobre, / E não tinha ninguém no mundo, / Assim ele poderia ficar ali. / E quando a noite chegou, / Realmente, apressou-se em se deitar / O próprio Bom Deus os empurrava. /

Mais sa femme lui dit:
– Toi, mon garçon
Arrête-toi, qu'on se demande
Et que nous voyons qui nous sommes
Car nous sommes trop semblables!
Et le garçon dit:
– Femme, ma femme
Moi, ce que je suis!
Des mariniers m'ont attrapé
Alors que le Danube je descendais
Dans un tonneau abandonné
Et dans le Danuha jeté.
Ils m'ont trouvé
Et joliment m'ont élevé.
Mais la mère en entendant
De sa bouche lui dit:
– Oh, pauvre de moi, quel péché!
Tu as épousé ta mère!
Tes jambes on été tordues
Car ta maman ne t'a pas langé
Mais t'a mis dans un tonneau.
– C'est bien, mère, nous nous sommes retrouvés
Le Bon Dieu nous a protégés
Et nous n'avons pas péché!
Et ainsi il resta
Et prit soin de sa mère
Et régna sur toute la richesse
Et sans être entachés dans l'au-delà.
Bon Dieu, que l'on en parle
Tant que le soteil brillera.

Mas sua mulher lhe disse: / – Tu, meu rapaz, / Para, que nos interroguemos
/ E que vejamos quem somos, / Pois somos muito semelhantes! / E o rapaz disse:
/ – Mulher, minha mulher, / Eu, o que sou! / Marinheiros me pegaram, / Quando
o Danúbio eu descia, / Numa pipa abandonada, / E ao Danúbio lançada. / Eles
me encontraram, / E, alegremente, me criaram. / Mas a mãe, assim ouvindo,
/ Disse-lhe da própria boca: / – Oh, pobre de mim, que pecado! / Desposaste
tua mãe! / Tuas pernas foram torcidas, / Pois tua mamãe não te enfaixou, / Mas
colocou-te numa pipa. / – É verdade, mãe, nos encontramos, / O Bom Deus nos
protegeu, / E nós não pecamos! / E assim ele ficou, / e tomou conta de sua mãe,
/ E reinou sobre toda a riqueza, / E sem serem maculados no além. / Bom Deus,
que se fale disso / Enquanto o sol brilhar. / (N. da T.).

4. O Sujeito Trágico: Historicidade e Transistoricidade*

De todos os gêneros literários herdados da Grécia, a tragédia é sem dúvida o que melhor ilustra o paradoxo que, na *Introdução Geral à Crítica da Economia Política*[1], Marx formulava a propósito da arte grega em geral e, mais especialmente, da epopeia. Se os produtos da arte, como qualquer outro produto social, estão ligados a um contexto histórico definido, se só podem ser compreendidos na sua gênese, nas suas estruturas, nos seus significados, nesse e através desse contexto, como explicar que permaneçam vivos, que continuem a nos tocar quando as formas da vida social, em todos os níveis, se transformaram e as condições necessárias à sua produção se dissiparam? Em outras palavras, como é possível afirmar o caráter histórico das obras e do gênero trágicos e, ao mesmo tempo, constatar sua permanência através dos séculos, sua transistoricidade?

Lembremos a fórmula tão frequentemente citada por Marx: "Mas a dificuldade não está em compreender que a arte grega e a epopeia estão ligadas a certas formas de desenvolvimento social. Eis a dificuldade: elas nos causam ainda um prazer artístico e, de um certo modo, nos servem de norma, são para nós um modelo inacessível"[2].

Marx coloca de passagem esse problema. A arte não é o seu negócio. Ela não está no centro de sua reflexão. Marx não tentou fundar uma estética marxista. Nesse trecho quer apenas sublinhar que existe, entre o desenvolvimento geral da sociedade, o progresso da produção

---

*   Uma primeira versão desse texto apareceu em Belfagor, 6, 1979, pp. 636-642.

1   Karl Marx, "Introdução Geral à Crítica da Economia Política", in *Oeuvres*, tomo I, Paris, 1963, pp. 235-266; edição estabelecida por M. Rubel.

2   *Op. cit.*, p. 266.

212 MITO E TRAGÉDIA NA GRÉCIA ANTIGA

material e a arte, uma "relação desigual"[3]. As mais altas formas exemplares da arte podem nascer nas sociedades menos ou muito pouco desenvolvidas.

Em relação à ideologia de seu tempo, a resposta que Marx propõe para esse problema não é nem original, nem especialmente marxista. Para Marx, como para os homens cultos de sua geração na Alemanha, a Grécia é a infância da humanidade. Marx sabe bem que houve, fora da Grécia e até antes dela, outras civilizações, por conseguinte outras infâncias. Mas a seus olhos todos esses inícios, esses primeiros passos, não são, tão tipicamente como a Grécia, a infância de uma humanidade que, no seu curso normal, passa por uma série de idades sucessivas. Há, diz Marx, crianças mal-educadas e crianças precoces. Muitos povos, acrescenta, pertencem a essas categorias. Mas os gregos eram crianças "normais"[4]. A atração que sua arte exerce sobre nós viria, assim, da ingenuidade, do frescor próprios a uma natureza infantil sadia, desse encanto que, na criança equilibrada, seduz e deleita o adulto, que encontra nela, numa forma natural e espontânea, as primícias do que ele se tornou na maturidade, uma fase dele próprio, tão mais preciosa por ter se dissipado para sempre.

Hoje ninguém saberia aceitar a resposta de Marx. Por que os gregos seriam a infância da humanidade? Por que essa infância seria mais sadia, mais "normal", que a dos chineses, dos egípcios, dos babilônios ou dos africanos? Será a infância, afinal, a ingenuidade, o natural que nos seduzem numa tragédia grega, por exemplo, nas *Bacantes* de Eurípides? Seria preciso que pretendêssemos também que é a infância normal que nos seduz no *Banquete*, no Timeu, no *Parmênides* ou na *República* de Platão? Uma infância singularmente adormecida e sofisticada, confessemos.

No entanto, há em Marx observações que deveriam nos permitir enfrentar com melhores armas esse problema do histórico e do transistórico na arte. Numa outra obra[5], Marx observa, de fato, que o homem é o único animal em quem os sentidos (a visão, a audição, o olfato etc.) não são apenas resultados da evolução biológica das espécies, mas produtos duma história social e cultural, especialmente duma história das diversas artes nas suas especificidades, cada qual atuando no seu domínio próprio; a pintura cria objetos plásticos, produtos de uma espécie de exploração do domínio visual: universo das formas, volumes, cores, valores, expressão da luz e do movimento; a música cria um mundo organizado de sons, de harmonias, de dissonâncias, de ritmos; as artes da linguagem se aplicam igualmente, cada qual

3   *Idem*, p. 264.
4   *Idem*, p. 266.
5   *Esboço de uma Crítica da Economia Política*, in K. Marx, *Oeuvres*, tomo II, Paris, 1968, pp. 44-141.

em seu setor, em exprimir, dando-lhes uma forma literária, alguns planos da realidade humana.

Marx escreve: "A educação dos cinco sentidos é a obra da história universal inteira"[6]. "O olho torna-se humano tal como seu objeto se torna um objeto social, humano, vindo do homem e terminando no homem"[7]. Em outras palavras, o olho se tornou humano quando se criaram produtos para que o parceiro social os tivesse debaixo dos olhos como objetos de visão, o que significa que, ao lado de seu interesse prático, de seu valor de uso, esses produtos comportam uma dimensão estética, ou, como diz Marx, são bonitos de olhar. Marx acrescenta: "Assim, os sentidos se tornaram 'teóricos' em sua ação imediata"[8]. Fórmula admirável por sua modernidade. Se a aplicarmos ao domínio da pintura, diremos que o olho do pintor, associado à sua mão, edifica uma arquitetura de formas, uma linguagem de geometria figurada e colorida que, mesmo sendo inteiramente diferente da linguagem da ciência matemática, não deixa de ser, a seu modo e no seu registro, uma exploração do campo visual, de suas possibilidades, de suas regras de compatibilidade e de incompatibilidade; em suma, um saber, uma espécie de experimentação na ordem ótica. Do mesmo modo que o sentido musical do homem, para retomar a fórmula de Marx, só é despertado pela música, o sentido plástico se desenvolve e se transforma na e através da prática pictórica. A riqueza da visão e as formas particulares de que essa riqueza se reveste no quadro duma civilização caminham lado a lado com o desenvolvimento que as artes figuradas conheceram, e dependem da via na qual se envolveram.

"É apenas graças ao florescimento da riqueza do ser humano", escreve ainda Marx, "que se forma e se desenvolve a riqueza da sensibilidade subjetiva do homem: um ouvido musical, olhos para a beleza das formas, em suma, sentidos capazes de prazer humano"[9]. E acrescenta estas linhas essenciais: "Pois, não só os cinco sentidos, mas também os sentidos ditos espirituais, os sentidos práticos (a vontade, o amor etc.), numa palavra, o sentido humano dos sentidos, a humanidade dos sentidos, formam-se apenas graças à existência de seu objeto [Marx quer dizer de um objeto produzido pelo homem para o homem], graças à natureza humana"[10]. A natureza tornada humana é esse mundo de obras, particularmente obras de arte que constituem, em cada momento da história, o quadro no qual se desdobram os diversos tipos de atividades humanas.

6   *Op. cit.*, p. 85.
7   *Idem*, p. 83.
8   *Idem, ibidem.*
9   *Idem*, p. 85.
10   *Idem, ibidem.*

214 MITO E TRAGÉDIA NA GRÉCIA ANTIGA

Tudo o que Marx afirma das relações da mão e do trabalho, que a mão cria o trabalho, mas que o trabalho também cria a mão, sendo a mão, ao mesmo tempo, o órgão e o produto do trabalho, ele diz também da arte e de suas obras: "O objeto artístico – como qualquer outro produto – cria um público sensível à arte, um público que sabe usufruir da beleza"[11]. Em arte, a produção não produz apenas um "objeto para o sujeito", mas um "sujeito para o objeto"[12] – esse objeto novo que acaba de ser criado.

A invenção da tragédia grega na Atenas do século V não se limita apenas à produção de obras literárias, de objetos de consumação espiritual destinados aos cidadãos e adaptados a eles, mas, através do espetáculo, da leitura, da imitação e do estabelecimento de uma tradição literária, da criação de um "sujeito", abrange a produção de uma consciência trágica, o advento de um homem trágico. As obras dos dramaturgos atenienses exprimem e elaboram uma visão trágica, um modo novo de o homem se compreender, se situar em suas relações com o mundo, com os deuses, com os outros, também consigo mesmo e com seus próprios atos. Do mesmo modo que não há nenhum ouvido musical fora da música e de seu desenvolvimento histórico, não há visão trágica fora da tragédia e do gênero literário cuja tradição ela fundamenta.

Sob esse aspecto, o estatuto da tragédia grega parece comparável ao de uma ciência, como a geometria euclidiana, ou de uma disciplina intelectual, como a filosofia tal como instituída por Platão e Aristóteles ao fundarem suas escolas. A obra de Euclides é composta por textos determinados e datados; mas é também um campo de estudos que se abre e se delimita, um objeto novo que se constitui: o espaço em sua idealidade abstrata – com um modo de demonstração e de raciocínio correlativo, uma linguagem propriamente matemática: em suma, um domínio do real, um tipo novo de operação mental, instrumentos intelectuais até então ignorados. Platão e Aristóteles, a Academia e o Liceu, são a inauguração de uma prática filosófica com um horizonte de problemas novos: o que são o ser, o conhecer, suas relações? São também a constituição de um vocabulário, de um tipo de discurso, de um modo de argumentação, de um pensamento filosófico. Ainda hoje, filosofar supõe que nos integremos a essa tradição, que nos coloquemos no interior do horizonte intelectual descortinado pelo movimento da filosofia, talvez para alargá-lo, modificá-lo ou questioná-lo, mas sempre inserindo-nos em sua linha, retomando os problemas no ponto onde foram elaborados por todos os filósofos que nos precederam. Assim

11 *Introdução Geral...*, p. 245.
12 *Idem.*

O SUJEITO TRÁGICO: HISTORICIDADE E TRANSISTORICIDADE   215

como os pintores olham não a natureza, mas as obras dos mestres e os quadros de seus contemporâneos, os filósofos respondem a seus antecessores, pensam em relação a eles, contra eles, ou esforçam-se para resolver as dificuldades que a reflexão anterior fez surgir no campo da pesquisa filosófica.

Do mesmo modo, se temos o direito de chamar tragédias às obras de Shakespeare, de Racine, ou a algumas obras contemporâneas, é porque com os deslocamentos, as mudanças de perspectiva ligadas ao contexto histórico, elas se enraízam na tradição do teatro antigo, onde encontram, já traçado, o quadro humano e estético próprio do tipo de dramaturgia que instaurou a consciência trágica, dando-lhe sua plena forma expressiva.

Que dizer desse "homem trágico", nascido em Atenas, no palco do teatro, durante o século V? Através de que traços se deve caracterizar, na sua historicidade e transistoricidade, o rápido momento em que ele surge e se afirma nos grandes dramaturgos áticos, tendo bastado para desvendar, no seio da cultura ocidental, o plano onde cada um poderá doravante ter a experiência do trágico, compreendê-lo, vivê-lo em seu foro íntimo?

Após essa longa introdução, irei me ater a dois pontos. Evocarei apenas o primeiro; já tratei dele antes[13]. A tragédia tem, como matéria, a lenda heroica. Não inventa nem as personagens nem a intriga de suas peças. Encontra-as no saber comum dos gregos, naquilo que eles acreditam ser seu passado, o horizonte longínquo dos homens de outrora. Mas, no espaço do palco e no quadro da representação trágica, o herói deixa de se apresentar como modelo, como era na epopeia e na poesia lírica: ele se tornou problema. O que era cantado como ideal de valor, pedra de toque da excelência, acha-se, no decorrer da ação e através do jogo dos diálogos, questionado diante do público; o debate, a interrogação de que o herói é doravante o objeto atingem, através de sua pessoa, o espectador do século V, o cidadão da Atenas democrática. Na perspectiva trágica, o homem e a ação humana se perfilam, não como realidades que poderíamos delimitar e definir, como essências à maneira dos filósofos do século seguinte, mas como problemas que não comportam resposta, enigmas cujo duplo sentido está sempre por decifrar.

Segundo ponto. A tragédia desempenhou um papel decisivo na tomada de consciência do "fictício" no sentido próprio; foi ela que permitiu ao homem grego, na virada dos séculos V e IV, descobrir-se, na sua atividade de poeta, como um puro imitador, como o criador de um mundo de reflexos, de aparências enganosas, de simulacros e de fábulas, constituindo, ao lado do mundo real, o da ficção. Platão

---

13   "O Momento Histórico da Tragédia na Grécia", *supra*, pp. 1-5, e *passim*.

e Aristóteles tentarão fixar o estatuto, o lugar e a função daquilo a que hoje chamamos arte ou imaginário, elaborando uma teoria da mimesis[14], da imitação, estreitamente ligada à experiência nova do espetáculo trágico. Na verdade, na tradição da epopeia, o poeta, inspirado pelas musas de quem é o profeta, não imita a realidade: ele a desvela. Como um adivinho, ele revela, dizendo "o que é, foi e será". Sua palavra não representa, ela torna o ser presente. O que faz a tragédia? Dispõe aos olhos do público, faz as figuras lendárias da idade heroica falarem e agirem diante dos espectadores. Para os gregos, dissemos, essas personagens não são fictícias, nem o seu destino. Elas existiram efetivamente, mas num outro tempo, numa idade inteiramente revoluta. São homens de outrora, que pertencem a uma outra esfera de existência, diferente da nossa. Sua encenação implica um estar-ali, uma presença real de personagens, colocadas ao mesmo tempo como se não pudessem estar ali, dependendo do alhures, de um invisível Além. No teatro, o público não tem diante de si um poeta que lhe faz uma narrativa das provações suportadas, no tempo antigo, por homens desaparecidos cuja ausência é como que implicada pela narração; essas provações são produzidas diante dele, de seus olhos, revestindo as formas da existência real na atualidade do espetáculo. Então, o poeta trágico desaparece totalmente atrás das personagens, que agem e falam no palco, cada uma por sua conta, como se estivessem vivas. É esse aspecto direto do discurso e da ação que constitui, na análise de Platão, o inerente à mimesis: em vez de se expressar em seu nome, relatando os acontecimentos em estilo indireto, o autor dissimula-se nos protagonistas, endossa sua aparência, seus modos de ser, seus sentimentos e suas palavras, para imitá-los. No sentido preciso de *mimeîsthai*, imitar é simular a presença efetiva de um ausente. Diante de tal representação, há apenas duas atitudes possíveis. A primeira lembra a dos espectadores nas salas de cinema, logo no início da sétima arte. Por falta de hábito, de terem fabricado o que poderíamos chamar de uma consciência do fictício ou de uma conduta do imaginário, investiam contra os maus, encorajavam e felicitavam os bons na tela, como se as sombras que lá passavam fossem seres de carne e osso; consideravam o espetáculo como se fosse a própria realidade. A segunda atitude consiste em entrar no jogo, em compreender que o que nos é dado ver no palco se situa num plano diferente do real, e que se deve definir como o da ilusão teatral. A consciência da ficção é constitutiva do espetáculo dramático: ela aparece ao mesmo tempo como sua condição e como seu produto.

Desse ponto de vista, compreende-se melhor o alcance e as implicações de um fenômeno característico da tragédia grega. Durante

---

14 Cf. J.-P. Vernant, *Religions, histoires, raisons*, Paris, 1979, pp. 106 e ss.

O SUJEITO TRÁGICO: HISTORICIDADE E TRANSISTORICIDADE

todo o século V, ela se mantém num terreno que de certo modo escolheu como o seu próprio: o da lenda heroica. Poderia ter sido diferente. A prova: em 494, uma das primeiras peças da repertório trágico, *A Tomada de Mileto*, do poeta Frínico, apresentava no palco o desastre que, apenas dois anos antes, os persas haviam infligido à cidade jônica de Mileto. Tragédia consequentemente não lendária, mas histórica; tragédia de atualidade, deveríamos dizer. Ora, leiamos Heródoto, que relata o fato: "Os espectadores se desmancharam em lágrimas, o poeta foi punido com uma multa de mil dracmas por ter lembrado as infelicidades nacionais (as próprias infelicidades, *oikeîa kaká*), e foi proibido a quem quer que fosse representar esse drama no futuro"[15]. No despertar do século V, quando a tragédia dá seus primeiros passos, os grandes acontecimentos do tempo, os dramas da vida coletiva, as infelicidades concernentes a cada cidadão não aparecem como realidades suscetíveis de serem transpostas para o palco do teatro. Eles estão muito próximos, não permitem esse distanciamento, essa transposição graças à qual os sentimentos de terror e piedade são deslocados para um outro registro; não mais sentidos, como na vida real, mas de súbito apreendidos e compreendidos na sua dimensão de ficção.

Vão me perguntar: o que é feito dos *Persas*? É verdade que em 472 Ésquilo monta uma tragédia que encena a derrota sofrida pelos bárbaros em Salamina oito anos antes. Ésquilo, bem como uma parte de seu auditório, participara pessoalmente do combate, e o corego que se encarregara do espetáculo não era outro senão Péricles. Mas o que impressiona nos *Persas* de início é precisamente que as infelicidades que formam o núcleo do drama não são, para o público grego, as suas próprias, mas as dos outros, infelicidades estranhas e estrangeiras; em seguida, e principalmente, que, ao se colocar entre os persas e na sua perspectiva, o poeta trágico substitui o habitual afastamento dos fatos lendários num tempo revoluto por uma outra distância, dessa vez espacial, um afastamento cultural que permite agregar os monarcas persas e sua corte ao mundo dos heróis de outrora. Evocados pelo coro, contados pelo mensageiro, decifrados pela sombra de Dario, os eventos históricos são apresentados no palco num clima de lenda; a iluminação que a tragédia projeta sobre eles não é a que convém a realidades políticas; é a luz que um longínquo além refrata até o teatro de Atenas, o reflexo, no palco, de uma ausência que se deixa ver como se estivesse presente.

O que os gregos chamam história (a pesquisa sobre os conflitos entre as cidades, dentro das cidades, entre helenos e bárbaros) é o assunto de Heródoto e de Tucídides. A tragédia busca seu assunto em outro lugar: nas velhas lendas. Ao recusar colocar-se no campo dos

---

15 Heródoto, VI, 21.

acontecimentos contemporâneos, da vida política efetiva, ela adquire, aos olhos de Aristóteles, não menos, senão ainda mais valor, mais verdade que a história[16]. Colocar em cena o curso real dos acontecimentos seria contar ingenuamente o que aconteceu, sem mais. Montar uma tragédia é uma outra história. Não é inventar personagens imaginárias, nem forjar uma intriga conveniente. É utilizar os nomes e o destino de figuras exemplares, conhecidas de todos, para fabricar um roteiro, uma montagem de cenas agenciadas de tal modo que se veja como e por que, dada tal personagem, há toda uma verossimilhança ou uma inteira necessidade de que ela pratique tal tipo de ação cujo resultado será este ou aquele. A tragédia, ao contrário da história, não conta, dentre todos os acontecimentos que poderiam ter se produzido, os que aconteceram efetivamente; ela mostra, reorganizando,em função de seus próprios critérios, a matéria da lenda, ordenando a progressão da intriga, seguindo a lógica do provável ou do necessário, como os acontecimentos humanos, por uma marcha rigorosa, podem ou devem ter lugar. No espírito do filósofo, que a compara à história, constitui também uma criação mais séria e mais filosófica. Graças à liberdade que lhe assegura a ficção do *mŷthos*, ela alcança o geral; a história, por seu objeto, permanece fechada no particular. O geral, isto é, que tal tipo de homem, escolhido de início pelo poeta para submeter seu destino singular à prova do desenrolar trágico, aparecerá, na lógica da ação, como devendo fazer tal coisa "verossímil ou necessariamente".

Visto que a tragédia coloca em cena uma ficção, os acontecimentos dolorosos, aterradores que ela mostra na cena produzem um outro efeito, como se fossem reais. Eles nos tocam, nos dizem respeito, mas de longe, do Além; situam-se num lugar diferente do da vida. Como seu modo de existência é imaginário, eles são postos à distância, ao mesmo tempo que representados. No público, desvinculado deles, eles "purificam"[17] os sentimentos de temor e de piedade que produzem na vida cotidiana. Se os purificam é porque, em vez de fazê-lo simplesmente experimentá-los, trazem-lhe, através da organização dramática – com seu início e fim, o encadeamento combinado das seqüências, a coerência de episódios articulados num todo, a unidade formal da peça –, uma inteligibilidade que o vivido não comporta. Arrancadas da opacidade do particular e do acidental pela lógica de um roteiro que depura simplificando, condensando, sistematizando, os sofrimentos humanos,

---

16 *Poética*, 1451 a 36-b 32.

17 Aristóteles, *Poética*, 6, 1449 b 28. Sobre os problemas da *kátharsis* aristotélica e sobre o sentido dessa purificação ou "deporação" das emoções, como a piedade e o medo, por meio da representação trágica, cf. Roselyne Dupont-Roc e Jean Lallot, *Aristote, La Poétique*, texto, tradução, notas, Paris, 1980, pp. 188-193.

comumente deplorados ou sofridos, tornam-se, no espelho da ficção trágica, objetos de uma compreensão. Em relação às personagens e aos acontecimentos singulares, ligados ao quadro histórico e social que é o seu, adquirem um alcance e um significado muito mais amplo.

O drama antigo explora os mecanismos pelos quais um indivíduo, por melhor que seja, é conduzido à perdição, não pelo domínio da coação, nem pelo efeito de sua perversidade ou de seus vícios, mas em razão de uma falta, de um erro, que qualquer um pode cometer. Desse modo, ele desnuda o jogo de forças contraditórias a que o homem está submetido, pois toda sociedade, toda cultura, da mesma forma que a grega, implica tensões e conflitos. Dessa forma, a tragédia propõe ao espectador uma interrogação de alcance geral sobre a condição humana, seus limites, sua finitude necessária. Ela traz consigo, na sua mira, uma espécie de saber, uma teoria relativa a essa lógica ilógica que preside à ordem de nossas atividades de homem. Há tragédia quando, pela montagem dessa experiência imaginária que constitui um roteiro, com sua progressão dramatizada através dessa *mímesis práxeos*, como diz Aristóteles[18], dessa simulação de um sistema coerente de ações seguidas que conduzem à catástrofe, a existência humana acede à consciência, ao mesmo tempo exaltada e lúcida, tanto por seu preço insubstituível quanto por sua extrema vaidade.

---

18 *Poética*, 1449 *b* 24.

5. Ésquilo, o Passado e o Presente*

OS CONJUNTOS

Em 405 a.C., pouco depois da morte de Eurípides e de Sófocles, Aristófanes representou Dioniso indo para o Inferno, acompanhado de um coro de rãs para relembrar o primeiro dos poetas trágicos. O debate, o *agón*, instaura-se entre Ésquilo e Eurípides, ficando Sófocles em segundo plano, mas obtendo o segundo lugar. Debate mais complexo do que parece: Aristófanes dá a vitória a Ésquilo e insulta copiosamente Eurípides, mas é esse último poeta que está presente em quase todos os seus versos, e esse gosto literário de Aristófanes será também o do século IV e da época helenístico-romana.

Ésquilo, Sófocles, Eurípides. Essa ordem canônica, a da idade: os antigos gostavam de dizer forçando um pouco as datas, que, por ocasião de Salamina (480), Ésquilo (nascido por volta de 525) lutava, Sófocles (nascido em 496 ou 495) cantava o peã e Eurípides (nascido por volta de 485) nascia; essa ordem canônica não é então uma criação dos modernos, e Aristófanes foi ouvido. No século seguinte, Licurgo fez votar uma lei que "ordenava realizar em bronze efígies dos poetas Ésquilo, Sófocles e Eurípides, e transcrever suas tragédias para conservar, nos arquivos, a cópia que o secretário da cidade devia fazer os atores lerem, sendo proibido modificar o texto durante a representação"[1]. É um tipo de honra comparável àquela que a cidade concede, normalmente na época clássica e na época helenística, a seus benfeitores

---

*   Prefácio de Ésquilo, *Tragédias*, trad. de Paul Mazon, Paris, Gallimard, col. Folio, 1982, pp. 7-39.

1   Pseudo-Plutarco, *Vida de Licurgo*, 15. Cf. *infra*, pp. 317-318.

222 MITO E TRAGÉDIA NA GRÉCIA ANTIGA

(*evergétas*). Não resulta obrigatoriamente que a tríade assim constituída se encontre em todo lugar. Constata-se com surpresa, por exemplo, que ela não exista, propriamente na *Poética* de Aristóteles, cuja influência se faz sentir durante séculos. O único capítulo onde os três trágicos são citados juntos menciona também Agatão (fim do século V), muito conhecido pelo papel que representa no *Banquete* de Platão; Eurípides é, de longe, o autor mais citado, enquanto Ésquilo não é mais citado que Agatão, e Aristóteles menciona ainda inúmeros trágicos de quem nada sobrou.

Em 264 a.c., na cidade de Paros, nas Cíclades, fez-se gravar no mármore uma crônica da história grega essencialmente ateniense, desde o advento de Cécrops, situado em 1581, até o arcontado de Diogneto em Atenas (264). As datas a que chamaríamos "culturais" são numerosas. Se excetuarmos Téspis, criador da tragédia, os únicos trágicos mencionados são os três poetas maiores. A primeira vitória de Eurípides no concurso trágico (442) é mencionada imediatamente após a morte de Ésquilo (456), e de Sófocles (405), logo depois da de Eurípides (406), o que é evidentemente menos surpreendente. No setor da difusão cultural, a estatística dos papiros literários mostra que, se Eurípides a lidera de longe, na verdade são os três grandes trágicos que permanecem quase os únicos realmente difundidos.

Esse conjunto nos foi então imposto. Em que medida ele é natural? Sófocles rivalizou com Ésquilo e Eurípides com Sófocles, mas eles não eram os únicos em questão. A imitação, a mimesis de poeta em poeta, é uma das leis da literatura grega. Impossível, por exemplo, ler a *Electra* de Eurípides e a de Sófocles sem relacioná-las uma à outra e aproximá-las das *Coéforas* de Ésquilo. As *Fenícias* de Eurípides constituem a primeira "leitura", como dizem, dos *Sete contra Tebas*. Mas o próprio Ésquilo não é um começo absoluto, e não faço apenas alusão a uma personagem mais ou menos legendária como Téspis. O primeiro verso dos *Persas* (472) remete ao primeiro verso das *Fenícias* de Frínico (470), de que conhecemos apenas o início, mas de onde "as velhas árias sidonianas, doces como o mel"[2], tornaram-se célebres no decorrer do século V. Um conjunto de quatro termos, não de três, não teria sido inconcebível.

Seja como for, e por caminhos variados, esses três trágicos se tornaram clássicos, se é verdade que o classicismo é a possibilidade, até a obrigação, da repetição. A transformação é consumada, para os três poetas, no final de seu século. No caso de Ésquilo, ela começou muito cedo. O autor anônimo da *Vida de Ésquilo* (11), obra medíocre que chegou até nós com uma parte da tradição manuscrita, ensina que os atenienses "amaram tanto Ésquilo que, depois de sua morte,

2   Aristófanes, as *Vespas*, 219-220.

ÉSQUILO, O PASSADO E O PRESENTE 223

decidiram que todo aquele que quisesse representar as obras de Ésquilo obteria da cidade um coro". Era fazer um morto concorrer e lhe dar um prêmio indiscutível. Sabemos também que um ano depois da representação de Atenas (472), os *Persas* foram reapresentados na Sicília.

No mais das vezes, este conjunto de três foi respeitado pela posteridade mais longínqua, embora cada época tenha tido sua preferência[3], e é preciso admitir que ele se adapta maravilhosamente a toda espécie de construções, à dialética hegeliana, por exemplo, que faz as artes evoluírem do "simbólico" com "excesso do fundo sobre a forma" ao "romântico" com "excesso da forma sobre o fundo", passando pelo equilíbrio clássico. Que escritores podiam ilustrar esse esquema melhor que Ésquilo, Sófocles e Eurípides? De resto, Hegel não percebeu isso.

Mas será que nós devemos manter os trágicos entre eles? Vamos introduzir, então, ficando sempre na esfera do teatro, o cômico. Aristófanes não é apenas o leitor e o comentarista irônico dos três poetas; ele nos obriga também a lembrar que suas "trilogias" – uma só subsistiu, a *Oréstia* de Ésquilo – terminavam com um "drama satírico", gênero intermediário muito próximo da comédia, que Ésquilo manejava tão bem quanto ele – sabemos disso através de raros fragmentos – a brincadeira fálica.

Mas podemos também recusar esse conjunto e constituir outros, ficando na Antiguidade, ou saindo dela. Ésquilo pode ser lido, como ele provavelmente quis, na sua relação com Homero e com Hesíodo. Ele pode ser lido em confronto com os líricos, seus contemporâneos, Píndaro e Baquílides, com os filósofos do século V, Heráclito, Empédocles, Parmênides. Podem-se ler também os trágicos associando-os aos historiadores: o paralelo Ésquilo-Heródoto impõe-se a todo leitor dos *Persas*, e às vezes tentou-se explicar Tucídides através de Ésquilo.

Querem um exemplo dessas leituras cruzadas? Nas *Rãs*, Dioniso consulta Ésquilo e Eurípides sobre a oportunidade de lembrar a Atenas Alcibíades, o célebre e, às vezes popular, aventureiro. Eurípides manifesta-se contra. "E você, qual é sua opinião?", pergunta o deus a Ésquilo. "Sobretudo, não ir alimentar um leão numa cidade, senão, uma vez criado, será preciso se prestar a seus caprichos!" (1430-1432). Alusão evidente a um coro célebre do *Agamêmnon*: "Foi assim que um homem alimentou em sua casa um leãozinho, privado do leite da mãe ainda

---

3   Ver o estudo recente de Thomas G. Rosenmeyer, no livro dirigido por Moses I. Finley, *The legacy of Greece*, Oxford, 1981, pp. 120-154. Teremos uma ideia da imensidão e da complexidade da tradição esquiliana ao folhearmos a *Bibliographie historique et critique d'Eschyle et de la tragédie grecque*, 1518-1974, estabelecida por André Wartelle, Paris, 1978.

pequeno, e nos seus primeiros dias o viu, cheio de brandura, acariciar as crianças, divertir os velhos, mais de uma vez, até ficar nos seus braços, como um bebê, feliz e acariciando a mão a quem sua fome fez obedecer. Mas, com o tempo, ele revela a alma que deve a seu nascimento..." (717-728). Quando, no início deste século, num livro célebre[4], M. F. Cornford quis mostrar que a história, segundo Tucídides, permanecia prisioneira de um esquema trágico, acentuou a personagem de Alcibíades e intitulou o capítulo que lhe consagrou de "o filhote do leão". Essa análise, diremos, supondo que seja correta, não lança nenhuma luz sobre Ésquilo. Será absolutamente certo? Aristófanes era um melhor leitor de Ésquilo que muitos críticos contemporâneos. Qual é o sentido da metáfora do leãozinho? Quem é esse "sacerdote de *Áte* [divindade da vingança], enviado pelo Céu, que a casa alimentou" (735-736)? A estrofe é colocada entre uma evocação de "Páris de amores fúnebres", que fora acolhido em Esparta e violou a hospitalidade de Menelau, e uma outra, de Helena, "flor de desejo que inebria os corações". Todos os dois geram a infelicidade em Troia. Mas o leão, foi demonstrado de modo pungente[5], é também a personagem que cresceu no meio da cidade e se tornou não um rei, mas um tirano, isto é, o próprio Agamêmnon. E, assim, é colocado todo o problema do estatuto do herói trágico diante da cidade que o projeta e o enjeita. Será verdade que Aristófanes e Tucídides não nos ajudaram a compreender isso?

Será que abandonaremos as artes da palavra e da escrita? Isso é aventurar-se num terreno difícil. Há pintores de vasos, por exemplo, que foram influenciados pela representação da *Oréstia*, mas isso não nos autoriza a transpor a linguagem da tragédia para a pintura. Os ritmos de evolução não são os mesmos. Instintivamente, aproximaríamos o primeiro dos trágicos do maior dos pintores de vasos de figuras negras, Exéquias, mas o pintor é anterior ao poeta pelo menos meio século. Falta lembrar, às vezes, contemporaneidades que poderiam ter algum sentido. Comparar a cena central dos *Sete contra Tebas* a um frontão esculpido seria fatalmente absurdo?[6] O próprio Ésquilo, nessa cena e em outras, refere-se ao repertório dos artesãos, escultores e bronzistas.

Será que devemos mesmo permanecer no mundo grego?

Em 1864, Victor Hugo apresenta, num livro inteiro, uma nova tradução de Shakespeare, obra de seu filho François-Victor. Ele prepara uma curta lista de gênios que precedem e anunciam Shakespeare, estando subentendido que Shakespeare precede e anuncia Victor

---

4   *Thucydides Mythistoricus*, Londres, 1907, reimpr., Nova York, 1969.
5   Bernard M. W. Knox, "The lion in the house", *CPh*, 47, 1957, pp. 17-25, retomado em *Word and action. Essays on the ancient theater*, Baltimore-Londres, 1979, pp. 27-38.
6   Cf. *infra*, pp. 241-266.

ÉSQUILO, O PASSADO E O PRESENTE

Hugo. São: Homero, Jó, Ésquilo, Isaías, Ezequiel, Lucrécio, Juvenal, Tácito, São João, São Paulo, Dante, Rabelais e Cervantes: o mundo hebraico (ainda que Jó seja considerado um árabe), o mundo grego e, melhor representados, os latinos, os princípios do cristianismo, o Ocidente medieval e renascentista. Na gama mundial, o setor representado é limitado. Victor Hugo se explica. Existem, por exemplo, no Extremo Oriente ou nos países germânicos, "vastas obras coletivas" que não são o legado de gênios individuais: "Os poemas da Índia, em particular, têm a amplidão sinistra do possível, sonhado pela demência ou contado pelo sonho. Ésquilo é posto em paralelo e em oposição a Jó: "Ésquilo, iluminado pelo vaticínio inconsciente do gênio, sem duvidar que tem, atrás de si, no Oriente, a resignação de Jó, completa-a, sem saber, pela revolta de Prometeu; de modo que a lição será completa e que o gênero humano, a quem Jó ensinava apenas o dever, sentirá despontar em Prometeu o direito"[7]. Puro absurdo escrito num momento em que os próprios orientalistas ignoravam que, efetivamente, o livro de Jó, que data de depois do Exílio, é grosseiramente contemporâneo à obra de Ésquilo. Eis porém o que escrevia recentemente um grande historiador contemporâneo: "Confúcio, o Buda, Zoroastro, Isaías, Heráclito ou Ésquilo. Essa lista teria provavelmente intrigado meu avô e os homens de sua geração. Hoje, ela tem um sentido, e esse fato simboliza a mudança de nossas perspectivas históricas... Esses homens não são conhecidos uns dos outros... Entretanto, sentimos que descobrimos agora um denominador comum que faz com que todos eles nos toquem..."[8] Esse algo que nos toca é uma mesma reflexão sobre as relações entre a justiça dos homens e a dos deuses. Inserir Ésquilo nesse conjunto ultrapassa a ambição dessa apresentação; seria preciso lembrar, assim mesmo, que ele existe.

DEMOCRACIA TRÁGICA

Nascido por volta de 525, Ésquilo tem cerca de dezoito anos por ocasião da grande reforma de Clístenes que desembocou na democracia. Presente em Maratona (490), em Salamina (480), ele é contemporâneo dos conflitos que, depois das Guerras Médicas, opõem os democratas liderados por Efialtes, assassinado em 461, depois por Péricles, a seus adversários, cujo chefe mais representativo foi Címon, filho de Milcíades. Quando Ésquilo morre, em Gela, na Sicília, em 456, Címon, que foi

7   Victor Hugo, "William Shakespeare", in *Oeuvres*, ed. Jean Massin XII, Paris, 1969, pp. 189 e 174.
8   Arnaldo Momigliano, *Essays in ancient and modern historiography*, Oxford, 1977, p. 9.

banido em 461, acaba talvez por ser autorizado a retornar a Atenas, em guerra contra a Lacedemônia, mas é preciso que o conflito fundamental esteja regulamentado. Uma etapa importante foi a reforma de Efialtes (462), que privou o Areópago de seu papel de conselho "guardião das leis", para limitá-lo em seus atributos judiciários. A *Boulé*, conselho sorteado, passa a ser doravante, ao lado da assembleia popular, o único órgão deliberativo com função política.

Como Ésquilo viveu essa transformação? Como votou na assembleia? De que lado ficou? Não sabemos. Mais precisamente, temos apenas duas indicações exteriores em seu teatro. Em 472, seu "corego", isto é, o rico ateniense que financia a tetralogia cuja segunda peça, única conservada, são os *Persas*, é Péricles, então com cerca de vinte anos. Do mesmo modo, em 476, Temístocles fora o corego de Frínico. Essa escolha pode indicar que o poeta está do lado democrata. Mas, inversamente, segundo Pausânias (I, 14, 5), "quando Ésquilo sentiu a aproximação do fim, ele, que ganhara tanta glória por sua poesia e que combatera no mar, em Artemísion e em Salamina, esqueceu tudo e escreveu simplesmente seu nome, seu patronímico e o nome de sua cidade, acrescentando que atestava, como testemunhas do seu valor, a baía de Maratona e os medas que nela haviam desembarcado". Temos realmente o texto de um epitáfio, que é talvez o que Ésquilo, então na Sicília, ditara, e que as pessoas de Gela mandaram gravar em seu túmulo: "Esse memorial encerra Ésquilo, filho de Eufórion, ateniense, morto em Gela, rica em frumento. O meda de cabelos longos e a baía célebre de Maratona sabem o que foi seu valor"[9]. Mencionar Maratona, ignorar Salamina, pode ser considerado como uma escolha ideológica, a da república dos hoplitas contra a dos marinheiros, muito mais numerosa. Mas, admitindo que essa tenha sido a escolha individual de Ésquilo no final de sua vida, isso apenas nos informa pouco sobre o que dizem suas obras, defasadas do resto em relação às escolhas cotidianas. O final da *Oréstia*, que glorifica o papel judiciário do Areópago, pôde ser interpretado ora como uma apologia ora como uma crítica de Efialtes.

Podem-se seguir, quase ano a ano, as escolhas políticas de Eurípides. Sófocles foi estrategista ao lado de Péricles, e no fim de sua vida ocupava um cargo, numa comissão que desempenhou um papel preparatório no golpe de Estado de 411, mas a cidade de que ele fala não é nem a dos democratas nem a dos oligarcas. Suas obras conservadas dispersam-se em várias dezenas de anos. O mesmo não acontece com Ésquilo: outrora, acreditou-se que as *Suplicantes* eram quase contemporâneas ao advento da democracia; sabe-se hoje, pela descoberta de um papiro, que elas devem datar de 464[10]. De fato, as sete tragédias

9   *Vida de Ésquilo*, 10.
10   *Pap. Ox.*, XX, 2256, fr. 3.

ÉSQUILO, O PASSADO E O PRESENTE 227

que subsistem de uma obra imensa, noventa tragédias, uma vintena de dramas satíricos, estão agrupadas num espaço de tempo muito curto: 472, os *Persas*; 467, os *Sete*; 458, a trilogia da *Oréstia*. Só o *Prometeu* não tem data, mas é tido como posterior aos *Sete*, dizem alguns que até à *Oréstia*, e alguns contestam, sem razão, sua autenticidade.

Portanto, é impossível esquecer que se situava num segundo plano a ação dessa personagem amplamente ocultada: o reformador Efialtes, certamente um dos criadores da democracia ateniense. Mas nada nos permite dizer se Ésquilo se colocou do seu lado. O problema, para dizer a verdade, coloca-se diferentemente.

A tragédia é uma das formas de identificação da cidade nova, democrática; opondo o ator ao coro – é Ésquilo que introduz um segundo ator –, ela vai procurar, no longínquo mito, o príncipe tornado tirano, ela o projeta e o questiona, representa seus erros, suas escolhas errôneas que o conduzem à catástrofe. Nos *Persas*, o herói não é um príncipe grego desaparecido há muito tempo, mas um rei persa, ainda neste mundo. Mas as outras peças da trilogia colocam igualmente em cena a cegueira real. O espaço bárbaro tem a mesma função que o tempo grego. Racine saberá se lembrar disso ao prefaciar *Bajazet*.

Eu disse uma das formas; há outras, bem diferentes: a oração fúnebre, por exemplo, que mostra, ao contrário, uma cidade modelarmente unificada[11].

Mas se o príncipe, sem ser o tirano, é parente do tirano[12], o coro não é o povo, e notadamente não o povo armado. Composto de deusas (*Prometeu*), de Fúrias (as *Eumênides*), de mulheres, até de escravas (os *Sete*, as *Suplicantes*, as *Coéforas*), de velhos (os *Persas*, *Agamêmnon*), o coro não está qualificado para encarnar a cidade combatente ou pacífica. É impossível o diálogo político entre Etéocles, chefe único e soberano, e as mulheres de Tebas. "Vá, ouça as mulheres, por mais duro que seja", dizem elas ao herói que escolheu a sétima porta e, consequentemente, o confronto fratricida (712). Numa cidade democrática, o conselho propõe, a assembleia decide por voto, os magistrados executam as decisões. E os magistrados e conselheiros fazem parte da assembleia. A decisão trágica é tomada pelo herói, repetição de uma decisão anterior que se inscreve num longo período: o dos Atridas ou o dos Labdácidas. O erro de Agamêmnon data de sua decisão de pisar o tapete, reservado aos deuses, que lhe estende Clitemnestra, do sacrifício de Ifigênia, do crime de Atreu ou da destruição sangrenta de Troia? O erro de Etéocles repete o de Édipo, o de Laio[13]. Suas escolhas

11 Ver Nicole Loraux, *L'invention d'Athènes*, Haia, Berlim, Paris, 1981.
12 Ver Diego Lanza, *Il tirano e il suo pubblico*, Turim, 1977.
13 Compararemos essa cascata de crimes com o que diz Richard Marientras do mundo de Shakespeare: "A violência social segue mecanicamente seu curso devastador: a um primeiro assassinato (a uma primeira infração), sucede um segundo

228 MITO E TRAGÉDIA NA GRÉCIA ANTIGA

inscrevem-se, portanto, em um tempo que não é o da cidade. Mas o coro não decide. Apenas o das *Suplicantes* faz, de algum modo, parte da ação. Antes do início da peça, ele tomou a decisão coletiva de recusar o casamento. As mulheres desse coro estão na tragédia. Em *Agamêmnon*, o coro dos velhos exerce, é verdade, a função de conselho, mas no momento do assassinato mostra, de modo quase caricato, sua impotência. Cada coreuta opina alternadamente, e quando o corifeu conclui, é para dizer: "Pelo menos minha voz dá número [mais exatamente, a maioria] a essa opinião: saber exatamente o destino do Atrida" (1370-1371). Quando, no final dos *Sete*, que talvez não seja totalmente de Ésquilo, a cidade se divide em dois lados opostos, são mulheres, Antígona e Ismene, que estão à frente das duas facções.

O povo não está presente no palco. Seu lugar é nos degraus do teatro. Será que ele está representado? Sim, por figurantes mudos, no início dos *Sete*, e é a esses figurantes que Etéocles lança sua apóstrofe inicial (1-2): "Povo de Cadmo [mais exatamente: cidadãos da cidade de Cadmo], ele deve dizer o que a hora exige, o chefe que, a toda prova, no leme da cidade, mantém o pulso firme...". As Danaides, que formam o coro das *Suplicantes*, exigem do rei de Argos que tome sozinho a decisão de acolhê-las. Democrata, Pelasgo recusa e recorre à assembleia do povo (365-375). Esta vota um decreto que confere às jovens o estatuto de meteco. É inclusive por ocasião desse voto que, pela primeira vez, nos textos que temos, a palavra *dêmos* (povo) foi aproximada do verbo *krateîn* (comandar). Mas a assembleia é descrita, não é representada no palco, ou na *orkhếstra*.

Nas *Eumênides*, os juízes que decidirão o destino de Orestes, e que votam efetivamente, são também figurantes mudos. Apenas Atena fala e vota ao mesmo tempo. Seu voto conduz à absolvição de Orestes (734-753). A cidade está representada por sua deusa epônima. São esses os deslocamentos que marcam a democracia trágica.

OS DEUSES E OS HOMENS

Numa tragédia como as *Bacantes* de Eurípides (406), a inserção de um deus disfarçado como Dioniso, no mundo dos homens, sua inquietante proximidade, é o motor do trágico. Nas peças de Sófocles, o tempo dos deuses e o tempo dos homens estão separados, mas é o primeiro que, em última análise, presta contas do segundo. O sentido dos oráculos modifica-se pouco a pouco para conduzir à transparência final. As aparições dos deuses são raras: Atena, no início do *Ájax*, Héracles divinizado no final do *Filoctetes*.

assassinato que deve vingar o primeiro, um terceiro que deve vingar o segundo. A espiral vai se alargando..." *Le proche et le lointain*, Paris, 1981, p. 15.

ÉSQUILO, O PASSADO E O PRESENTE   229

Em Ésquilo, a interferência entre mundo divino e mundo humano é permanente. Os dois universos refletem-se um no outro. Não há conflito humano que não traduza um conflito entre as forças divinas. Não há tragédia humana que não seja também uma tragédia divina.

Não se trata de um "ainda não". Não se trata de acreditar que Ésquilo vive em não sei que mundo primitivo que não chegaria a conceituar a relação do homem com os deuses, do homem com a natureza. A dominação de Zeus, a transcendência de Zeus, o triunfo final de Zeus estão no horizonte de toda a obra de Ésquilo, assim como estarão no horizonte da obra de Sófocles. Mas o Zeus de Sófocles está fora da história, e o Zeus de Ésquilo, como o de Hesíodo, tem uma história, uma história a que põe termo.

"Outrora, um deus foi grande, transbordando de uma audácia prestes a todos os combates: algum dia não se dirá mais que ele apenas existiu. Em seguida, vem um outro que encontrou seu vencedor e seu fim. Mas o homem que, com toda a sua alma, celebrará o nome triunfante de Zeus terá a sabedoria suprema." Tal é a linhagem dos Urânidas: Urano, Crono, Zeus no *Agamêmnon* (167-175). Mas uma outra história teria sido possível. O *Prometeu* é uma tragédia no mundo dos deuses. Zeus é tirano e Prometeu, escravo, mas um escravo senhor do tempo, capaz de impor a Zeus essa repetição do crime que caracteriza os Atridas e os Labdácidas: ontem Crono contra Urano; em seguida, Zeus contra Crono; amanhã, o filho de Zeus contra seu pai. Nessa espantosa tragédia, *Krátos*, a Dominação, o Poder, aparece no palco ao lado de *Bía*, a Violência, a Força.

Na *Oréstia*, o conflito dos jovens deuses políticos contra as velhas divindades do sangue escande a trilogia na mesma razão em que o embate entre a linhagem de Agamêmnon e Clitemnestra. Nesse plano, muitos modernos foram vítimas da ilusão histórica que Ésquilo lhes deixou. Eles realmente acreditaram que essa oposição exprimia uma mutação, que Ésquilo dramatizava a passagem de uma religião telúrica e naturalista a uma religião cívica, do matriarcado ao patriarcado, do clã à cidade[14]. Não se trata de história, mas de uma dramatização do presente.

Os homens estão à procura dos signos. Seu universo relativo é o da Persuasão, *Peithó*[15]. Mas será que se trata da "persuasão santa" que Atena evoca no final das *Eumênides*, "que dá à [sua] palavra sua mágica suavidade" (886) e que transforma as Erínias em Eumênides, ou se trata dessa "persuasão traidora", que o corifeu invoca nas *Coéforas* e que conduz Clitemnestra à morte, assim como ela ajudara a

14   Cf. George Thomson, Aeschylus and Athens, Londres, 1941, inúmeras reedições.
15   Ver R. G. A. Buxton, *Persuasion in Greek tragedy. A study of Peitho*, Cambridge, 1982.

230 MITO E TRAGÉDIA NA GRÉCIA ANTIGA

matar Agamêmnon? São ainda signos que Etéocles se esforça por decifrar e reverter ao ouvir o mensageiro descrever, um após o outro, os escudos dos *Sete contra Tebas*, esses signos que constituem pouco a pouco para nós um conjunto que podemos decifrar mais completamente que Etéocles, esses signos que exprimem, afinal, o triunfo de Zeus, a salvação da cidade, a morte dos dois reis irmãos.

Signos ainda: os sonhos, nunca completamente transparentes. Finalmente, signos também os presságios. Desse modo, no início do *Agamêmnon*, a lembrança daquele que marcou a partida para a Tróade: "Dois reis dos pássaros apareceram aos reis das naves, um todo preto, o outro com o dorso branco. Eles apareceram perto do palácio, ao lado do braço que brandiu a lança, empoleirados, bem à vista, a devorar, com toda a sua ninhada, uma lebre prenhe, frustrada nas chances de uma última corrida" (114-120). Calcas, o adivinho, dá um princípio de explicação: as duas águias são os Atridas, e eles se apoderarão de Troia, mas, violando as regras da caça, matando animais inocentes, contrariando as regras fixadas por Ártemis, senhora da natureza selvagem, desencadearão a tempestade. Quem é a lebre prenhe? Ao mesmo tempo, Troia e Ifigênia, sacrificada por seu pai, os filhos inocentes do festim oferecido a Tieste por Atreu. Essa polissemia, essa sobredeterminação dos presságios, é característica de Ésquilo. Mas a rede das imagens, das metáforas, acrescenta-se à rede dos presságios. Os Atridas são "representados" por águias, animais das alturas, são comparados a abutres, aves de rapina devoradoras de cadáveres: "Terríveis, gritam a guerra do fundo de seu coração irritado, semelhantes aos abutres que, desnorteados pelo luto de sua ninhada, rodopiavam no ar, singrando o espaço com grandes frêmitos de asas, frustrados no esforço realizado para conservar os filhos no ninho" (47-54). Não procuremos separar, na obra de Ésquilo, a poesia do sentido trágico. São uma única e mesma dimensão do texto. Entre a metáfora e o presságio, a imagem e o signo vindo dos deuses, há continuidade, como se os leões ou as águias das aparições ou das comparações saltassem subitamente no palco. Essa continuidade é talvez o aspecto mais surpreendente da arte de Ésquilo.

Entre a obscuridade humana e o mundo divino, que não é o da transparência, há apenas o sonho, o presságio e a imagem; há um intermediário que são os adivinhos e os profetas. Aqui, ainda, não há solução de continuidade, entre o intérprete do sonho metafórico e a personagem com o estatuto de adivinho. No início das *Coéforas*, é a lembrança do crime de Clitemnestra, ou, se quisermos, o remorso que é chamado "profeta" (mais exatamente, intérprete dos sonhos): "Numa linguagem demasiado clara, com que os cabelos se arrepiam, o profeta, que nessa casa fala pela voz dos sonhos, soprando a vingança do fundo

ÉSQUILO, O PASSADO E O PRESENTE 231

do sono, em plena noite, no coração do palácio, proclamando seu oráculo num grito de espanto, acaba pesadamente de se abater sobre os
quartos das mulheres. E, interpretando esses sonhos, homens, cuja
voz tem os deuses como garantia, proclamaram que, sob a terra, os
mortos asperamente se lastimam e se irritam contra seus assassinos"
(32-42). Há nas tragédias de Ésquilo figuras do divino e de sua arte, a
prática divinatória. A personagem de Calcas, por exemplo, esgota-se
na interpretação do presságio da lebre prenhe. Anfiarau é "o homem
da dupla maldição", como Polinice é "o homem das mil contendas" –
esses jogos de palavras são constantes em Ésquilo e desempenham
seu papel na determinação do texto –, Anfiarau é uma personagem
nomeada, não uma personagem representada, que aparece no palco:
ele é um dos "sete" contra Tebas, e por isso está destinado a morrer,
mas é adivinho e conhece seu destino. Na cena central dos *Sete*, ele
amaldiçoa ao mesmo tempo Tideu, o primeiro dos heróis, e Polinice,
o último. De todos os escudos descritos longamente, o seu é o único
sem nenhum emblema, "pois ele não quer parecer um herói, quer
sê-lo" (592). De repente, o adivinho, isto é, o imputador de sentido,
transporta os escudos de seus companheiros do mundo do ser ao
do parecer e nos convida a interpretá-los enquanto falsas aparências.

Os adivinhos de Sófocles, Tirésias, por exemplo, na *Antígona* e
no *Édipo Rei*, são apenas adivinhos. Eles antecipam a tragédia, mas
estão à sua margem, como em Sófocles e no próprio Ésquilo estão os
mensageiros, os arautos ou os servidores.

A Pítia de Delfos aparece no início das Eumênides, mas, se ela
conta o passado do lugar santo, um passado que prefigura o que será
Atenas no final da trilogia, um lugar onde as forças divinas estão
combinadas, não confrontadas, ela não conta o futuro e dirige-se a
Apolo, médico, curandeiro, intérprete dos prodígios.

O único intermediário entre passado, presente e futuro cujo destino não se representa na tragédia é o fantasma de Dario, modelo
morto do velho rei lúcido, isto é, do rei impossível, que aparece no
palco apenas para condenar o jovem rei louco (*Persas*, 719 e ss.).

Apolo é ao mesmo tempo deus oracular e deus exegeta. Seu oráculo conduziu Orestes ao assassinato de sua mãe. Mas, no processo
que se instaura em Atenas e que deve propor um direito que ainda
não existe, ele é ao mesmo tempo testemunha e parte, do mesmo
modo que as Erínias. Em duas das personagens de Ésquilo essa fusão
entre a qualidade de adivinho e a de personagem trágica é realizada,
de um modo total, numa mulher, Cassandra, e num deus, Prometeu.

Deus-adivinho, deus-médico (mas incapaz de se curar), intermediário entre os imortais e os homens, aos quais ensinou as técnicas e
a vida em sociedade, que anuncia na tragédia à única personagem
humana, Io, qual seria seu destino, Prometeu é ao mesmo tempo vítima

e senhor do segredo de que depende o futuro de Zeus. O homem é seu passado; a salvação de Zeus, seu futuro; é seu sofrimento presente, sua ruptura entre o passado e o presente, que faz dele uma personagem trágica. Cassandra, vítima de Apolo e beneficiária de seus dons, penetra no palácio dominando ao mesmo tempo o passado, o do assassinato dos filhos de Tiestes, e o futuro, o do assassinato de Agamêmnon e o seu próprio: "E eis que, hoje, o próprio profeta que me fez profetisa conduziu-me a esse destino de morte" (1275-1276), sem falar do futuro mais longínquo, o da vingança de Orestes. Discurso "sem enigma"; dessa vez a obscuridade não está nas palavras, mas na personagem.

Entre os deuses e os homens, o modo normal de comunicação é o sacrifício, essa invenção de Prometeu. Mas, precisamente no mundo trágico de Ésquilo, não há sacrifício regular, todo sacrifício está "corrompido"[16], e isso é verdade tanto na *Oréstia* como nos *Sete contra Tebas*, todo sacrifício tentado deve se interromper, como o que a rainha dos persas dirige aos deuses. Reciprocamente, todo assassinato, o de um irmão, de uma filha, de um marido, de um pai, todo assassinato é pintado com as tintas de um sacrifício. O próprio suicídio projetado das *Suplicantes* assume a forma de uma oferenda aos deuses de Argos. Na tragédia grega, a norma só é colocada para ser transgredida, ou porque já foi transgredida; é nisso que a tragédia depende de Dioniso, deus da confusão, deus da transgressão.

OS HOMENS E A CIDADE

A cidade grega é um espaço de terra cultivada, tendo por limite a montanha ou o "deserto", onde erra a bacante, onde caminha o pastor, onde se arrasta o efebo; ela é um tempo instituído na permanência das magistraturas e na renovação dos magistrados; é uma ordem sexual que repousa sobre a dominação política dos machos e sobre a exclusão provisória dos jovens; é uma ordem política na qual se insere, mais ou menos facilmente, a ordem familiar; é uma ordem grega que exclui os bárbaros e limita a presença dos estrangeiros, até gregos; é uma ordem militar onde os hoplitas levam vantagem sobre os arqueiros, sobre as tropas ligeiras e até sobre a cavalaria; é uma ordem social fundamentada na exploração dos escravos e no afastamento do artesanato e, pelo menos, sempre dos artesãos. É a combinação, a ação recíproca dessas inclusões e dessas exclusões que constitui a ordem cívica.

---

16 Cf. Froma I. Zeitlin, "The motif of the corrupted sacrifice in Aeschylus' *Oresteia*", *TAPhA*, 96, 1965, pp. 463-508; ver também, em geral, Zoe Petre, "La représentation de la mort dans la tragédie grecque", *Stud. Clas.*, XXIII, 1985, pp. 21-35.

ÉSQUILO, O PASSADO E O PRESENTE 233

Na tragédia, é preciso que a cidade ao mesmo tempo se reconheça e se questione. Em outras palavras, a tragédia é ao mesmo tempo uma ordem e uma desordem. O autor trágico desloca, inverte, às vezes suprime, a ordem política. São os afastamentos que criam a evidência, ou, no sentido etimológico da palavra, a encenação. Só *Prometeu* vê sua ação desenrolar-se num deserto longínquo, onde o Poder e a Violência são exercidos sem mediação: o lugar comum da ação cênica é a frente do palácio real ou de um templo: Delfos, no início das *Eumênides*. No entanto, a ação das *Suplicantes* situa-se diante de um lugar sagrado, mas no limite da cidade, próximo à fronteira; todo o problema está em saber se essas estrangeiras que se dizem argivas serão admitidas no seio da cidade; tema que será retomado, por exemplo, no *Édipo em Colono* de Sófocles, mas que aqui constitui o primeiro exemplo conservado. A natureza selvagem serve de referência constante, com seu bestiário (o leão, o lobo), com a caça *dos* animais predadores e *aos* animais predadores, que intervém ao mesmo tempo no sacrifício e na guerra: não se deve matar o inimigo como se caça um animal feroz; não se devem sacrificar aos deuses animais caçados, mas animais domésticos, companheiros do homem na dominação da terra cultivada[17]. Entre o mundo selvagem e o mundo bárbaro pode haver cotejo: é o caso do Egito nas *Suplicantes*, não há obrigatoriamente identidade. É na medida em que a *hýbris* de Xerxes, sua loucura orgulhosa, o conduziu além dos mares, à Grécia, que ele representa a selvageria, e é a viúva de Dario, mulher, contudo, que representa com o coro dos velhos, os fiéis, o mundo da cultura.

Numa única tragédia, a segunda parte das *Eumênides*, a cena se passa no próprio coração da cidade, no "lar de Atena", na Acrópole, diante de um grupo de cidadãos chamado para se renovar, de geração em geração, na colina de Ares, o Areópago, não longe dali. Esses mudos encarnam o início do tempo cívico. Diante de Atena e dos juízes, tanto as Erínias como Orestes são estrangeiros cujas relações com a cidade devem ser definidas. Orestes será absolvido, mas não se tornará cidadão. As Eumênides serão, como as *Suplicantes* em Argos, dotadas de um estatuto de metecos, mas metecos divinos. São elas que irão definir o programa político da jovem democracia ateniense: "nem anarquia, nem despotismo", programa retomado por Atena: "Vós vos mostrareis ao mundo todos juntos, conduzindo vosso país, vosso povo, através dos caminhos da plena justiça" (992-994).

Agamêmnon teme "a cólera de seu povo", mas vai além, e afirma-se desse modo como tirano. A única personagem explicitamente

---

17   Cf. Pierre Vidal-Naquet, "A Caça e o Sacrifício na *Oréstia* de Ésquilo", *supra*, pp. 101-124.

234 MITO E TRAGÉDIA NA GRÉCIA ANTIGA

democrata da obra de Ésquilo é um rei: o Pelasgo das *Suplicantes*. As filhas de Dânao se dirigem a ele em nome das relações familiares. Ele responde-lhes, mostrando que é o destino da cidade que está em jogo.

Etéocles é ao mesmo tempo um chefe político que parece enfrentar com lucidez a ameaça quase bárbara que pesa sobre a cidade grega de Tebas e o representante de uma linhagem maldita, a dos Labdácidas. A ação trágica separa o que parece inextricavelmente ligado. Politicamente, Polinice é o inimigo de Tebas, e seu traidor, no plano da linhagem, é o duplo de Etéocles. Será que a morte dos dois irmãos salva a cidade das ruínas da linhagem? Sim e não: o coro se divide em dois, e as duas irmãs, Antígona e Ismene, assumem, a crer em nossos manuscritos, a liderança de duas facções que, por sua vez, vão se dilacerar. A tragédia continua: direito contra direito.

Esse paradoxo de as mulheres assumirem o encargo da cidade pode nos conduzir a esta reflexão: é certo que a cidade grega não é a única civilização a excluir as mulheres da vida política, mas ela oferece essa particularidade, muito notável, de dramatizar essa exclusão, de fazer dela um dos motores da ação trágica. Aqui, ainda, são os afastamentos que permitem definir a norma. Clitemnestra, essa mulher que fala "sensatamente como homem sábio", usurpa tanto o poder político quanto a soberania familiar. Seu crime é o assassinato de um marido, mas nas *Coéforas* o coro, que pinta o que pode fazer uma mulher criminosa, estabelece a gama dos crimes concebíveis: assassinato do pai, do filho, do marido, não da filha. Estranho par, todavia, formam Clitemnestra e sua filha Electra (alguns interpretavam: Alectra, isto é, sem hímen), filha virgem de uma mãe poliandra, contudo viril como ela, mas que está tão decidida a vingar seu pai, Agamêmnon, quanto sua mãe de tentar destruí-lo[18].

Se o "sonho de uma hereditariedade puramente paterna nunca cessou de assombrar a imaginação grega", deu-se o mesmo com o sonho de um mundo sem mulheres. O primeiro é expresso por Apolo em seu testemunho no processo instaurado contra Orestes; o segundo, por Etéocles no início dos *Sete*. Acrescentaremos a isso que, sendo personagens criadas ou, antes, recriadas por Ésquilo, as Danaides sonham com um mundo sem homens[19]. Esse último sonho não tem evidentemente o mesmo estatuto que os primeiros, que encontram alimento na realidade política e social. Dentro de certos limites, contudo: Apolo

18 Ver Jean-Pierre Vernant, *Mythe et pensée chez les Grecs*, nova ed., Paris, 1985, pp. 163-166, de onde tomo emprestada, também, a fórmula colocada abaixo, entre aspas.

19 Sobre essas questões, ver os trabalhos de Nicole Loraux, principalmente *Les enfants d'Athéna*, Paris, 1981, e de Froma I. Zeitlin, principalmente "The dynamics of misogyny: myth and mythmaking in the *Oresteia*", *Arethusa*, 11, 1-2, 1978, pp. 149-189.

não é a tragédia, e o que uma personagem trágica como Etéocles diz testemunha a *hýbris* da personagem, sua ultrapassagem dos limites. Na *Oréstia*, Atena, isto é, a cidade, proclama, absolvendo Orestes: "Meu coração sempre – até o himeneu, pelo menos – perdoa tudo ao homem: sou sem reservas pelo pai" (737-738). De resto, ela se esforça com sucesso por convencer as Erínias, divindades femininas, vingadoras do sangue derramado, a se instalarem em Atenas e politizarem de algum modo os valores que detêm sob sua guarda: "Vós não estais vencidas: um veredicto indeciso, único, saiu da urna, para satisfazer a verdade, não para humilhar-vos" (795-796). Os valores femininos decorrem também da *timé*, da honra cívica[20].

Homem-mulher, adulto-jovem, a aproximação não é artificial. Um jovem homem é feminino antes que a prova da iniciação faça dele um adulto. Entre Orestes e sua irmã há, no início das *Coéforas*, uma quase geminalidade. As classes de idade na tragédia grega, eis, infelizmente, um assunto ainda por tratar. O Orestes de Ésquilo talvez seja a única personagem da tragédia grega que se pode seguir, através de uma morte fictícia, da infância à idade adulta: bebê, na narrativa da ama-de-leite das *Coéforas*, quando se acredita que ele está morto; adulto e transformado pelo tempo, positivamente, na época do processo de Atenas: "Já faz muito tempo que usei minha mácula, em contato com outros lares e em todos os caminhos da terra e dos mares" (451-452). Entre os dois, a personagem das *Coéforas*: ela é dupla, masculina e feminina, valente e astuta, combatente do dia e da noite, hoplita e arqueiro[21], ela é um efebo trágico. Etéocles qualifica-se como hoplita, mas um hoplita isolado é uma contradição – o hoplita existe somente na frente de batalha –, e essa contradição é precisamente um aspecto da cesura que cinde a personagem.

Estranho destino o dos valores hoplíticos, os da disciplina coletiva da falange, na tragédia esquiliana. Eles são constantemente proclamados, eles até triunfam no epílogo das *Eumênides*, e são constantemente negados pelos heróis e até pelas coletividades nas narrativas. No *Agamêmnon*, é Clitemnestra que explica qual deve ser o comportamento de um exército, ao mesmo tempo valente e respeitoso para com os deuses do inimigo. No entanto, a tomada de Troia é obra não dos hoplitas, mas do "monstro devorador de Argos" (824), que saltou e, "como um leão cruel, lambeu o sangue real até se saciar" (827-828). O hoplita Etéocles morrerá num combate singular. Mas o problema mais curioso é o que a tragédia dos *Persas* apresenta. As personagens trágicas são os persas e, mais especificamente, o rei Xerxes, e a peça é evidentemente escrita por um ateniense para glória dos seus e dos gregos

---

20   Ver Nicole Loraux, "Le lit, la guerre", *L'Homme*, XXI, I, 1981, pp. 37-67.
21   Cf. Pierre Vidal-Naquet, *supra*, pp. 117-120.

236 MITO E TRAGÉDIA NA GRÉCIA ANTIGA

em geral. Mas as técnicas de narrativa utilizadas são surpreendentes. O exército persa descrito no início da peça é uma força onde os cavaleiros, os arqueiros, os combatentes sobre rodas dominam. Quando o corifeu se questiona sobre o resultado da guerra, coloca assim o dilema: "Será que é a arma de arremesso, o arco, que triunfa? Será que é a força da lança de ponta de ferro que venceu?" (146-148). A lança é a arma do hoplita, está ligada aos valores do combate aberto, em que falange enfrenta falange; o arco é a arma da astúcia, a arma da noite. Mas os gregos e os persas enfrentam-se também simbolicamente, sempre no início da peça, na forma do milhano e da águia. Ambos são aves de rapina, mas, dos dois, é a águia que está ligada aos valores da soberania e das alturas. É a águia persa que "foge para o altar baixo [*eskhára*] de Febo" (205-206), e é o milhano que se precipita sobre ele vindo do céu. Quanto à guerra propriamente dita, está representada sobretudo na batalha naval de Salamina, empreendida graças à astúcia de Temístocles e terminada por uma imagem de almadrava: os gregos esmagam os persas como os pescadores fazem com os atuns (424), na "câmara de morte". Do primeiro episódio hoplítico da Segunda Guerra Médica, das Termópilas, nem se falará. Quando muito, a sombra de Dario anunciará a grande batalha, hoplítica e largamente lacedemônia, de 479: "A libação de sangue que a lança dória fará escorrer sobre o solo de Plateia deve ser muito abundante!" (816-817). Será que é preciso justificar essas singularidades, fazendo notar que os valores (hoplíticos) se chocavam tanto com os fatos conhecidos pelos espectadores (a astúcia de guerra, a batalha naval) quanto com o patriotismo ateniense que conduzia Ésquilo a minimizar as façanhas dos hoplitas de Esparta?

Um episódio mostra que, na verdade, ainda há uma dificuldade a suplantar. Segundo Heródoto, que escreve uns quarenta anos depois de Ésquilo, mas que não é um autor trágico, Aristides – que na historiografia ateniense é um moderado – teria desembarcado com uma partida de hoplitas, durante a própria batalha de Salamina, na pequena ilha de Psitália, e massacrado os persas que ali se encontravam (VIII, 95). Ora, no fim da narrativa do mensageiro, Ésquilo coloca de outro modo o episódio que, para ele, é posterior à vitória, e mesmo se ele faz intervirem soldados couraçados, são armas de arremesso que inauguram o massacre: "E, de início, milhares de pedras saídas de suas mãos o arrasam (o persa), enquanto, projetados da corda do arco, dardos levavam a morte a suas fileiras" (459-461). É só depois da intervenção dessas armas que os gregos matam seus inimigos com armas brancas. Verdade de Ésquilo contra mentira de Heródoto? Essa tese foi sustentada[22], assim como,

---

22 Charles W. Fornara, "The hoplite achievement at Psyttaleia", *JHS*, 86, 1966, pp. 51-54; Georges Roux, "Eschyle, Hérodote, Diodore, Plutarque racontent la

aliás, a inversa. Ou coação da narrativa trágica que, até o final, faz os guerreiros de um império serem aniquilados pelos combatentes mais fracos, heroicos, certamente, mas protegidos e guiados pelos deuses? Acima do mensageiro astuto de Temístocles há "um gênio vingador, um deus maldoso, surgido não sei de onde" (353-354). "É um deus... que destruiu nosso exército, dando às partes oportunidades muito desiguais nos pratos da balança" (345-346). No discurso que lhe confere Heródoto (VI, 109) na véspera de Maratona, em intenção do polemarco Calímaco, Milcíades dizia, ao contrário: "Se empreendermos o combate sem esperar que haja, em alguns atenienses, algo de podre, estaremos em situação, *contanto que os deuses mantenham a balança igual*, de levar vantagem no combate". Narrativa histórica contra narrativa trágica?

A menção dos arqueiros, esses "pobres-diabos" da cidade clássica, leva-nos a abandonar o centro da cidade pelos seus arredores e suas categorias inferiores. Em que medida os escravos e os artesãos aparecem na obra de Ésquilo, e que sentido tem sua presença?

Há nas tragédias de Ésquilo criados e escravos que só estão presentes pelo que dizem, sendo eles próprios transparentes, sem que sua condição intervenha de alguma maneira. O mensageiro dos Persas, o dos *Sete*, são escravos? Eles representam uma função dramática, como os arautos, nas *Suplicantes* e no *Agamêmnon*. No prólogo da sentinela, no início dessa última peça, a condição servil é assinalada por uma metáfora animal: a sentinela, deitada no terraço à espera do sinal da tomada de Troia, compara-se a um cão, mas a um cão que "aprendeu a conhecer a assembleia das estrelas noturnas". Ele marca sua dupla dependência: por direito, ele pertence a Agamêmnon, de fato, ao tirano feminino Clitemnestra. Nas *Coéforas*, o criado de Egisto solta um grito de desespero quando seu senhor é assassinado.

Na verdade, há dois tipos de escravos na obra de Ésquilo: escravos por destinação e escravos por captura, sendo esses últimos, gregos ou filhos dos deuses e dos reis, vítimas do direito da guerra. Os primeiros são anônimos, com uma única exceção: a ama-de-leite de Orestes nas *Coéforas*. Como tantos escravos na Grécia, ela usa o nome de seu lugar de origem: Kílissa, a ciliciana. Surpreendente e célebre cena. Acabam de anunciar a morte de Orestes, mas, ao contrário de Euricleia na *Odisseia*, Kílissa não reconheceu sua cria. A cena tem uma tonalidade cômica, e é de fato, não só em Ésquilo mas no conjunto da tragédia grega, que as cenas cômicas fazem os escravos, as pessoas de baixa condição intervirem e falarem do corpo, vivo ou morto. Pensemos no

---

batailhe de Salamine", *BCH*, 98, 1974, pp. 51-94, interpreta o texto de outro modo, inteiramente às avessas: os arqueiros seriam os persas (ver p. 91).

guarda da Antígona e em suas conversas "realistas". O cômico é um dos meios pelos quais a tragédia está vinculada ao presente.

Kílissa criou Orestes, não por conta de sua mãe, "para seu pai"[23], o que permite integrar sua fala à ação trágica. O que o texto diz é característico da representação desse tipo de escravo. Kílissa conhece apenas o corpo de sua cria, menciona apenas o corpo, o de um animal, ali outra vez: "É preciso criar como um cachorrinho o que não tem discernimento, não é? Acostumar-se a seus modos. Nos cueiros, a criança não fala, tenha fome, sede ou necessidade premente, e seu pequeno ventre se alivia sozinho. Seria preciso ser um pouco adivinha, e como, palavra de honra! Muitas vezes me enganei, tornava-me máquina de lavar cueiros; lavadeira e ama-de-leite confundiam suas necessidades" (753-760).

O real modelo dos escravos por direito de conquista é Cassandra: ao mesmo tempo concubina de Agamêmnon, profetisa de Apolo e escrava. Diante dela, Clitemnestra dita a norma grega, mas arroga-se o poder do tirano sobre o corpo do que reduz à escravidão. Toda a apóstrofe de Clitemnestra a Cassandra deveria ser analisada, inclusive sua notável oposição entre os destinos dos escravos na casa dos novos-ricos, na casa dos senhores ricos e na casa dos senhores "ricos de longa data". "Tu podes esperar de nós as atenções costumeiras", diz (1046). Mas o jogo de palavras é terrível: "Zeus clemente quis que, nesse palácio, tu participasses conosco da água de purificação..." (1036-1037). É o anúncio do sacrifício humano que fará de Cassandra uma vítima, ao lado de Agamêmnon.

No *Prometeu* reencontramos essa mesma relação entre o tirano e o escravo, acidentalmente, mas enriquecida e tornada mais complexa. Zeus-tirano e Prometeu-escravo, um escravo torturado, como só os escravos podem ser, o par se reencontra entre os deuses. Mas há escravos e escravos, e Prometeu opõe, à servidão voluntária de Hermes, o criado do tirano, sua própria condição: "Por uma servidão semelhante à sua, saiba bem, eu não trocaria minha infelicidade" (966-967). Mas Hermes não se reconhece como escravo, e define Zeus não como seu senhor, mas como seu pai[24].

Uma outra categoria social intervém no *Prometeu*, a dos artesãos. O caso é único: pode se tratar, em outros lugares, da obra dos artesãos, por exemplo, na descrição dos escudos dos *Sete*, e a própria condição poética, na época de Ésquilo, era a de um artesão[25], o que ligava, a seu

23   Cf. Nathalie Daladier, "Les mères aveugles", Nouvelle Revue de Psychanalyse, XIX, 1979, pp. 229-244.
24   Cf. Katerina Synodinou, *On the concept of slavery in Euripides*, Janina, 1977, p. 92.
25   Cf. Jesper Svenbro, *La parole et le marbre. Aux origines de la poétique grecque*, Lund, 1976.

modo, o poeta ao mundo da fabricação e da troca, mas, regra geral, o artesão que não é reconhecido como tal na cidade não aparece na cena trágica. O artesão que no *Prometeu* vemos amarrar um escravo a um rochedo com a ajuda do Poder e da Força é, na verdade, um deus, Hefesto, um deus que não executa seu trabalho sem nenhuma reflexão[26]. Poder e Força... os valores políticos o arrebatam aos valores da fabricação. Prometeu é o deus da função técnica, e Hermes, o da troca. O Prometeu talvez seja a última peça conservada de Ésquilo, e, com toda a certeza, a visão que temos disso é fatalmente falseada, porque da trilogia de que ela fazia parte não possuímos nem o meio, nem o fim, que contava a libertação do deus acorrentado. Tentemos imaginar uma *Oréstia* de que possuíssemos apenas o *Agamêmnon*. Não há empecilho: os problemas que afloram nessa peça, os das relações entre o poder e o saber, entre a função política e a função técnica, esses problemas talvez não tenham cessado de nos atormentar.

---

26 Pode-se agora remeter a Suzanne Saïd, *Sophiste et tyran ou le problème du "Prométhée enchaîné"*, Paris, 1985, principalmente pp. 131-154.

6. Os Escudos dos Heróis*. Ensaio sobre a Cena Central dos Sete contra Tebas

> *La parole écrite s'installe dans l'avènement des jours comprés, sur une ardoise de hasard**.*
>
> René Char, *Chants de la Balandrane*

Este trabalho[1] situa-se no encontro de três questões que atormentaram – de modo irregular – os exegetas de Ésquilo, três questões que, como pretendo mostrar, não passam, em última instância, de uma única.

A primeira questão é, se posso dizer, a da psicologia de Etéocles. Todos notaram: tudo se passa como se essa personagem, que é *a* personagem da peça de Ésquilo, experimentasse, a partir do verso 653, o que se poderia chamar de uma mudança brusca. Com seu modo um tanto afetivo de tratar esses problemas, Gilbert Murray apresentou muito bem a opinião comum. Até o verso 652, Etéocles é um homem "frio e calmo, tem o espírito alerta e a preocupação com o moral de seu povo"; ele é, em poucas palavras, o líder ideal da *pólis*. Depois, vem a virada. "Num clarão, Etéocles torna-se um outro homem. Sua frieza e seu autocontrole desapareceram. É um homem desesperado, dominado, esmagado

---

*   Uma primeira versão desse estudo apareceu nos *Annali del seminario di studi del mondo classico*, Nápoles, 1979, pp. 96-118.

**   "A palavra escrita instala-se no advento dos dias contados sobre uma ardósia de acaso." (N. da T.)

1.   Ele foi objeto, numa primeira versão, de várias exposições em inglês, no fim de 1976, em Bergen (Noruega), em Bristol, Cambridge, Liverpool, Oxford e Londres. Aliás, os temas aqui abordados foram objeto de seminários na França e na Itália, antes de dar lugar a uma comunicação na Association pour l'Encouragement des Études Grecques, em 9 de janeiro de 1978. Agradeço aos participantes por suas observações, mas são, uma vez mais, as discussões que tive com Nicole Loraux que se revelaram as mais frutíferas. Nossas trocas de opiniões sobre o texto de Ésquilo multiplicaram-se durante vários anos.

242   MITO E TRAGÉDIA NA GRÉCIA ANTIGA

pela maldição."[2] O que aconteceu? No episódio precedente, Etéocles decidiu que, depois de ter colocado diante dos chefes inimigos seis heróis tebanos nas seis primeiras portas de Tebas, postar-se-ia ele próprio diante da sétima.

282   Ἐγὼ δέ γ'ἄνδρας ἓξ ἐμοὶ σὺν ἑβδόμῳ
         ἀντηρέτας ἐχθροῖσι τὸν μέγαν τρόπον
         ἐς ἑπτατειχεῖς ἐξόδους τάξω μολών,

("Vou às sete saídas das muralhas postar seis guerreiros, e eu mesmo, o sétimo, a enfrentar com grandeza o inimigo.")[3]

Que se tratava de uma conduta racional, destinada a dominar o imprevisível, é o que dizem bem os versos 285-286:

285   πρὶν ἀγγέλους σπερχνούς τε καὶ ταχυρρόθους
         λόγους ἱκέσθαι καὶ φλέγειν χρείας ὕπο.

("Antes que mensageiros desvairados e palavras muito precipitadas nos surpreendam e infíamem tudo pela necessidade.")

Mensageiros desvairados... é precisamente depois de ter ouvido um mensageiro que ele desconsiderava, por assim dizer, antecipadamente, que Etéocles muda brutalmente de comportamento. Ao escutar o *ángelos*, o espião que enviou às linhas inimigas, ouve com calma a descrição, contudo aterradora, dos seis primeiros chefes do exército de Argos. Diante de cada um deles acampa um herói tebano, mas o sétimo é seu irmão Polinice, e é ilustre o grito:

> Aliás, este texto já estava redigido, no seu conjunto, quando pude tomar conhecimento de dois manuscritos muito importantes: D. Pralon, "Eschyle: les *Sept contre Thèbes*", e P. Judet de La Combe, "Histoire des interprétations des *Sept contre Thèbes* d'Eschyle (fin XVIIIe-XIXe siècle)". Desse último artigo, pude ler apenas o que diz respeito ao debate até Wilamowitz, que me serve precisamente de ponto de partida. Assinalo, em notas, as indicações que tirei do estudo de D. Pralon. Infelizmente, essas duas últimas comunicações permaneceram inéditas.
> Este texto foi concluído no mês de agosto de 1978; desde então, a propósito de um debate sobre os *Sete* organizado na Universidade de Princeton, tive oportunidade de tomar conhecimento de trabalhos inéditos de F. I. Zeitlin e da dissertação de W. G. Thalmann, *Dramatic art in Aeschylus "Seven against Thebes"*, New Haven, Conn., 1978. Só posso me alegrar com a concordância que existe entre esses trabalhos e meu estudo. Desde a publicação, em revista, deste texto, os problemas tratados foram discutidos singularmente por Liana Lupas e Zoe Petre, *Commentaire aux "Sept contre Thèbes" d'Eschyle*, Bucareste e Paris, 1981, e Froma I. Zeitlin, *Under the sign of the shield*, Roma, 1982; aliás, P. Judet de La Combe tentou uma síntese intitulada: "Étéocle interprète", que esperamos não permaneça inédita.

2   G. Murray, *Aeschylus; the creator of tragedy*, Oxford, 1940, p. 140; em princípio, traduzi os textos em língua estrangeira.

3   Utilizo e, às vezes, corrijo livremente as traduções de J. Grosjean (Pléiade) e de P. Mazon (C.U.F.); em muitos casos, eu próprio traduzi diretamente. (N. da T.: transpusemos para o português as traduções utilizadas.)

OS ESCUDOS DOS HERÓIS... 243

653 Ὦ θεομανές τε καὶ θεῶν μέγα στύγος,
ὦ πανδάκρυτον ἁμὸν Οἰδίπου γένος
ὤμοι, πατρὸς δὴ νῦν ἀραὶ τελεσφόροι...

("Ah! Linhagem furiosa, tão duramente odiada pelos deuses, linhagem de Édipo, a minha deplorável entre todas. Ai! Eis que as maldições de um pai hoje chegam a seu fim.")

Constatado o próprio fato da mudança, todo o problema consistirá em explicá-lo, e não é necessário ser um grande perito em lógica histórica para adivinhar que não há um número infinito de soluções. A explicação mais simples é certamente a que consiste em justificar o caráter duplo do Etéocles de Ésquilo pelo caráter duplo das fontes que inspiraram o poeta. Será que não podemos admitir que ele tenha misturado, com maior ou menor destreza, duas tradições inconciliáveis? Assim pensou Wilamowitz, que em 1903 deu uma forma brutal a essa hipótese: "Todo o seu drama tem dois motivos básicos (*Grundmotive*), completamente opostos um ao outro. Um é a *Edipodia*, a história exemplar do oráculo de Delfos, da desobediência de Laio, da maldição de Édipo, do destino fatal da besta pecadora. Essa história termina com o assassinato recíproco dos dois irmãos. O outro motivo é o da defesa vitoriosa de Tebas contra os argivos, o destino fatal dos *Sete*"[4]. Em outras palavras, duas personagens se sucedem na peça de Ésquilo: Etéocles, o *segundo*, herói da Tebaida, salvador de Tebas, é aquele que aparece em primeiro lugar no palco. Mas a partir do verso 653 ele cede lugar a Etéocles, o *primeiro*, personagem da *Edipodia*, filho maldito do esposo de Jocasta. Paradoxalmente, Wilamowitz pôde escrever, em 1914, com duas páginas de intervalo, que Etéocles era a única personalidade individualizada, o único indivíduo de todo o drama de Ésquilo, e que seu criador "não se perguntara: como vou pintar meu Etéocles? Ele pegou o que lhe era dado (*Er nahm was ihm gegeben war*), mas ele era duplo (*Das was aber Zweierlei*)... O portador da maldição hereditária era um outro Etéocles"[5].

Se cito Wilamowitz desse modo, não é pelo prazer de mostrar que o maior filólogo de seu tempo propôs um esquema de interpretação que nenhum de nossos contemporâneos provavelmente aceitaria levar a sério, mas é precisamente para mostrar que a interpretação tem uma história que abandona tanto aquisições duráveis como problemáticas esquecidas. Mesmo nós fazemos parte dessa história, e basta dizer que não se trata de não sei qual dialética hegeliana que desemboca no triunfo da Ideia. A explicação de Wilamowitz tinha o mérito de ser uma delas. Hoje, não passa de um armazém da tradição.

---

4 "Drei Schlusszenen griechischer Drama", *SDAW*, 1903, pp. 436 e ss.; cito a p. 438.
5 Wilamowitz, *Aischylos Interpretationen*, Berlim, 1914, pp. 641-643; ver ainda *Griechische Versekunst*, Berlim, 1921. p. 199.

244 MITO E TRAGÉDIA NA GRÉCIA ANTIGA

Pode-se admitir que o debate moderno, ainda em curso, e a que esse estudo quer trazer sua contribuição, foi inaugurado em 1937 por F. Solmsen no seu artigo sobre o papel da Erínia na peça de Ésquilo[6]. Não se trata de enumerar as partes interessadas e suas opiniões respectivas[7], mas é muito bom destacar a lógica da discussão.

Uma primeira atitude consiste em pensar que devemos viver bem com as contradições de Ésquilo e ele sua personagem. Pode-se até pensar que são deliberadas, que são um elemento da "técnica dramática" do poeta, para usar uma expressão celebrizada no livro de Tycho von Wilamowitz sobre Sófocles. Assim pensa Roger Dawe, que julga "haver em Ésquilo contradições que até uma interpretação de última vanguarda não pode reduzir a um sistema lógico"[8]. Outros críticos julgam que devem provar que Ésquilo e Etéocles são respectivamente um autor e uma personagem perfeitamente coerentes. Em suma, há apenas dois procedimentos. Ou mostramos que bem antes do verso 653 Etéocles já estava amaldiçoado e sabia disso; ou nos esforçamos por provar que tanto depois, como antes desse verso fatídico, Etéocles permanece um homem político e um estrategista.

A primeira solução – a do próprio Solmsen – pode se apoiar, por exemplo, na invocação que Etéocles dirige, no início da peça:

69   Ὦ Ζεῦ τε καὶ Γῆ καὶ πολισσοῦχχοι θεοὶ,
    Ἀρά τ᾽᾽ Ἐρινὺς πατρὸς ἡ μεγασθενής

("Oh, Zeus, Terra, deuses senhores da cidade, e vós, Erínia, poderosa Maldição de um pai.")

Mas, ao contrário, não deixa de ser verdade dizer que Etéocles permanece, até o final da peça, o chefe militar que está presente na abertura. O grande discurso que começa no verso 653 acaba numa decisão de ordem militar:

675   φέρ᾽ ὡς τάχος
    κνημῖδας, αἰχμῆς καὶ πετρῶν προβλήματα

("Vamos, rápido, que tragam minhas cnêmidas contra as lanças e as pedras!")

Schadewaldt não mostrou, recentemente, que o diálogo que se segue entre Etéocles e o coro é escondido, em cena, pela sua investidura

6   F. Solmsen, "The Erinys in Aeschylus *Septem*", *TAPhA* 69, 1937, pp. 197-211.
7   Encontraremos o essencial da bibliografia recente no artigo de síntese de R. P. Winnington-Ingram, "*Septem contra Thebas*", *YCS*, XXV, 1977, pp. 1-45.
8   R. D. Dawe, "Inconsistency of plot and character in Aeschylus", *PCPhS*, 189, 1963, pp. 21-62, cf. p. 32; muito próxima da interpretação de R. Dawe é a de A. J. Podlecki, "The character of Eteocles in Aeschylus Septem", *TAPbA*, 95, 1964, pp. 283-299.

como hoplita?[9] Etéocles perde a vida, mas ganha a guerra. Durante toda a peça, permanece o bom piloto, o *oiakostróphos* do verso 62, o navegador que sabe guiar na tempestade o navio da cidade, presa dos elementos desencadeados[10]. Um caminho intermediário consiste em jogar sutilmente com as relações entre a decisão de Etéocles e a dos deuses, em explorar esse inesgotável meio termo da tragédia grega. Será que Etéocles designa os chefes tebanos que enfrentarão os chefes argivos, ou a decisão foi tomada acima dele? Esse tema, bem como outros, pode ser pormenorizado infinitamente[11]. Por mais sutil que tenha sido, às vezes, a discussão, somos tentados a dar razão a R. Dawe, que escreveu que, com ela, "assistimos mais aos debates de um clube privado do que aprendemos sobre Ésquilo"[12]. Talvez o mais grave seja que muitos participantes da discussão se preocupam menos em interpretar o texto de Ésquilo do que em dar a Etéocles uma verossimilhança e uma profundidade psicológicas conformes a "nossos" próprios hábitos mentais. Perguntamo-nos o que se passa atrás da *skēnē*, como se alguma coisa acontecesse realmente[13], e, em última instância, esforçamo-nos, com L. Golden, por fazer de Etéocles "at least a believable human being"[14].

Entretanto, nunca é demais dizer que Etéocles não é "ser humano", racional ou não; ele não depende nem da psicanálise, que pode interpelar apenas vivos ou ficções muito próximas de nós, para dar efetivamente ensejo a esse modo de interpretação, nem do estudo de caráter à moda dos romances do século XIX. Ele é personagem de

9   W. Schadewaldt, "Die Waffnung des Eteokles", *Mélanges H. Hommel*, Tübingen, 961, pp. 105-116, mas ver, entretanto, as objeções de O. Taplin, *op. cit.*, *infra*, nota 19, pp. 158-161.

10 Cf. G. Kirkwood, "Eteokles Oiakostrophos", *Phoenix*, 23, 1969, pp. 9-25; podemos também, a propósito das imagens marítimas e políticas, ler Z. Petre, "Thèmes dominants et attitudes politiques dans les *Sept contre Thèbes* d'Eschyle", *Stud Clas*, XIII, 1971, pp. 15-28. Esse último artigo contribuiu muito para despertar meu interesse pelos *Sete*.

11 Contento-me em indicar alguns artigos que se respondem uns aos outros: E. Wolff, "Die Entscheidung des Eteokles in den *Sieben gegen Theben*", HSPh, 62, 1958, pp. 89-95; H. Pater, "Die dramatische Handlung den *Sieben gegen Theben*", *idem*, pp. 97-119, B. Otis, "The unity of the Seven against Thebes", GRBS, 3, 1963, pp. 153-174; K. Von Fritz, "Die Gestalt des Eteokles in Aeschylus *Sieben gegen Theben*", in *Antike und moderne Tragödie*, Berlin, 1962, pp. 193-222; A. Lésky, "Eteokles in den *Sieben gegen Theben*", WS, 74, 1961, pp. 5-17.

12 R. Dawe, *loc. cit.*, *supra*, n. 8, p. 21: "We are not so much learning about Aeschylus as uwitnessing the transactions of a pnsate club".

13 Além do artigo de E. Wolff citado *supra*, n. 11, ver, por exemplo, F. Ferrari, "La scelta dei difensori nei *Sette contra Tebe* di Eschilo", SCD, 19-20, 1970-1971, pp. 140-155.

14 Golden, "The character of Eteocles and the meaning of the Septem ", CPh, 59, 1964, pp. 78-89 (cito a p. 80). O Etéocles de L. Golden é um homem político prudente, que não acredita na fatalidade.

246 MITO E TRAGÉDIA NA GRÉCIA ANTIGA

uma tragédia grega, e é como tal que deve ser estudado. Os valores que se defrontam de um lado e de outro do verso 653, para conservar essa fronteira simbólica, valores da *pólis*, valores ligados ao mundo familiar, não são estados d'alma[15]. Não temos que tapar os buracos do texto, passar de um Etéocles textual a um Etéocles vivo, mas sim justificar o texto de modo que tenha significado. Se Etéocles está rasgado, esse não é um traço de seu caráter. O rasgo passa ao próprio tecido trágico.

Segunda questão: Etéocles e as mulheres. Por si só, ela foi pouco estudada[16], e estudá-la não é contentar-se com exclamações como a de V. Albini: "L'idea di un coro femminile, trattandosi di una guerra, è splendida' "[17]. Etéocles é um dirigente político e militar, um homem. Suas primeiras palavras são dirigidas aos cidadãos de Tebas, mais exatamente aos que ele chama, sem paradoxo, cidadãos (concidadãos) de Cadmo:

1   Κάδμου πολῖται, χρὴ λέγειν τὰ καίρια

     ὅστις φυλάσσει πρᾶγος ἐν πρύμνῃ πόλεως

     οἴακα νωμῶν βλέφαρα μὴ κοιμῶν ὕπνῳ...

("Cidadãos da cidade de Cadmo, ele deve dizer o que a hora exige, ele, o chefe, que, inteiramente absorto, na popa da cidade, detém o leme, sem pestanejar.")

Mas quem são esses cidadãos? Duas teses se defrontam: uns julgam que os únicos cidadãos a quem se dirige o ator que representa Etéocles são os cidadãos de Atenas, sentados na plateia do teatro de Dioniso na primavera de 467[18], e pretendem que Tebas, durante toda

15   Cf. J.-P. Vernant, "Tensões e Ambiguidades na Tragédia Grega", *supra*, pp. 13-15.

16   Ver, entretanto, R. S. Caldwell, "The misogyny of Eteocles", *Arethusa*, 6, 1973, pp. 197-231; R. P. Winnington-Ingram, "Aeschylus, *Septem* 187-190, 750-771", *BICS*, 13, 1966, pp. 83-93; H. Bacon, "The shield of Eteocles", *Arion*, III, 3, 1964, pp. 27-38 (artigo essencial); Eadem, "Woman's two faces: Sophocle's view of the tragedy of Oedipus and his family", *Science and Psychoanalysis*, X, 1966, pp. 13-23; S. Benardete, "Two notes on Aeschylus *Septem*", WS, n.f., I, 1967, pp. 22-30 e *n.f.*, 2, 1968, pp. 15-17, principalmente pp. 26-30 (com observações luminosas); U. Albini, "Aspetti dei Sette a Tebe", *Parola del Passato*, 27, 1972, pp. 289-300, sobre o problema feminino na *Orestia*, muito mais estudado, o artigo de F. I. Zeitlin. "The dynamics of misogyny: myth and mythmaking in the *Oresteia*", *Arethusa*, 11, 1-2, 1978, pp. 148-189, é fundamental e remete a uma bibliografia importante.

17   U. Albini, *loc. cit.*, na nota precedente, p. 290.

18   Nesse sentido, por exemplo, H. J. Rose, *A commentary on the surviving plays of Aeschylus*, 1, Amsterdam, 1957, *ad. loc.*; Rose é seguido por C. Dawson na sua tradução comentada dos *Sete*, Prentice-Hall, Englewood Cliffs, N. J., p. 29; ver também D. Lanza, "Lo spettatore sulla scena", in D. Lanza, M. Vegetti, G. Caiani, E. Sircana, *L'ideologia della città*, Nápoles, 1977, p. 61. Na sua tradução da peça (Londres e Nova York, 1974), H. Bacon e A. Hecht observam a presença, no palco, de "cidadãos masculinos de Tebas", mas sem demonstrá-la.

a peça, é a máscara de Atenas, vitoriosa frente ao inimigo persa. Na verdade, parece que O. Taplin demonstrou a tese oposta: Etéocles dirige-se efetivamente a figurantes, notadamente a figurantes armados, a quem o ator, nos versos 30-35, dá a ordem de alcançar as muralhas[19]. Mas isso não muda em nada o problema essencial. Os figurantes não passam de figurantes, e, no decorrer da peça, Etéocles não terá nenhum cidadão por interlocutor, a não ser que se tome o mensageiro, que não é uma personagem trágica, como um tal interlocutor. Mas seu papel é puramente funcional. No decorrer dos Sete, o interlocutor de Etéocles aparece no verso 78 com o *párodos*, o canto de entrada do coro, e esse coro, como nas outras peças, é composto por mulheres. É com as mulheres tebanas que Etéocles dialogará. Pode-se dizer, melhor ainda: é com elas que tentará um impossível diálogo cívico. Na célebre fala em que Etéocles exprime seu horror pela espécie feminina (versos 181-202), seu temor da subversão feminina, ele diz:

193   τὰ τῶν θύραθεν δ᾽ ὡς ἄριστ᾽ ὀφέλλεται
        αὐτοὶ δ᾽ ὑπ᾽ αὐτῶν ἔνδοθεν πορθούμηθα

        ("Os que estão fora de nossas portas [o inimigo argivo] recebem, assim,
o melhor reforço: nós próprios nos destruímos no interior.")

O *nós* da cidade são, aí, Etéocles e as mulheres. Num primeiro momento, podemos dizer que a cidade se encontra entre dois perigos, um perigo exterior e o da subversão feminina. E com certeza veremos que as coisas são muito mais complexas, que "esse perigo do exterior, que não se deve deixar entrar, e esse perigo interior, que não se deve deixar sair", de que fala H. Bacon[20], são apenas um único e mesmo perigo, mas, nesse primeiro momento do tempo trágico, Etéocles, chefe militar, tem também a tarefa de impedir que as mulheres penetrem no terreno político:

200   μέλει γὰρ ἀνδρί, μὴ γυνὴ βουλευέτω,
        τἄξωθεν ἔνδον δ᾽ οὖσα μὴ βλάβην τίθει.

        ("O que se faz fora da casa é assunto do homem. Que a mulher não se
imiscua nisso. Fique dentro de casa e não nos atrapalhe.")

Podemos, devemos, inserir o discurso de Etéocles nessa longa polêmica contra o *génos gynaikôn* aberta por Hesíodo (*Teogonia*, 591)[21] e

---

19   *The stagecraft of Aeschylus*, Oxford, 1977, pp. 129-136; a demonstração de Taplin parece-me decisiva; ele mostra bem que a tragédia, ao contrário da comédia, não conhece o discurso dirigido aos espectadores, e que a encenação implica obrigatoriamente a presença de figurantes.

20   *Loc. cit.*, *supra*, n. 16, p. 29.

21   Consultar o estudo de Nicole Loraux, "Sur la race des femmes et quelques-unes de ses tribus", *Les enfants d'Athéna*, Paris, 1981, pp. 75-117; o artigo é centrado

248 MITO E TRAGÉDIA NA GRÉCIA ANTIGA

várias vezes retomada, principalmente na tragédia. Podemos pensar que, vituperando as mulheres e pedindo-lhes que não participem da deliberação, o que todo o coro faz, por definição[22], Etéocles segue a norma grega, pelo menos enquanto permanece o chefe lúcido da cidade, isto é, para manter provisoriamente essa ruptura antes do verso 653.

Mas Etéocles não seria uma personagem trágica se não fosse além da norma, isto é, se não ultrapassasse o limite que separa o cidadão do tirano[23]. Etéocles questiona a própria existência das mulheres:

256 Ὦ Ζεῦ, γυναικῶν οἷον ὤπασας γένος.

("Ó Zeus, que é essa raça das mulheres que criastes.")

Nesse surpreendente diálogo em versos, é o coro das mulheres que invoca os deuses da cidade, e Etéocles quem acusa as mulheres, esses seres apolíticos por excelência, de reduzir a cidade à escravidão:

253 θεοὶ πολῖται, μή με δουλείας τυχεῖν.
Αὐτὴ σὺ δουλοῖς κἀμὲ καὶ πᾶσαν πόλιν.

("Deuses da cidade, que eu possa não encontrar a escravidão. Sois vós quem nos reduzis à escravidão, a mim e a toda a cidade.")

Poderíamos multiplicar as pesquisas. Contentemo-nos com duas observações. Na famosa invocação aos deuses dos versos 69-77, quem são, ao lado de Zeus e dos deuses da cidade, as divindades femininas que Etéocles invoca? São Ará, a Maldição, a Erínia paterna, e também Gê, a terra da pátria. Uma relação especial, a que retornarei, une Etéocles, os outros descendentes dos espartanos e a terra de Tebas, mas essa relação direta implica sempre, na mitologia grega, o que chamaremos, em termos levi-straussianos, um excesso de masculinidade[24]. Oriundos da terra mãe, os machos – e só eles – defendem a terra mãe[25].

no poema de Semônides de Armorgos contra as diversas tribos femininas, mas tem um alcance muito mais geral.

22 M. Shaw escreve muito acertadamente sobre personagens femininas da tragédia grega: "Indeed, by the very act of being in a drama, which always occurs outside the house they are doing what women should not do" ("The female intruder: women in fifth century drama", *CPh*, 70, 1975, pp. 255-266 [v. p. 256]). Mas será que essa observação vale apenas para as personagens trágicas? Pelo menos, temos aí matéria para pesquisa.

23 Ver D. Lanza, *Il tiranno e il suo pubblico*, Turim, 1977, livro que lamentavelmente dá muito pouco espaço ao Etéocles de Ésquilo.

24 Cf. Cl. Lévi-Strauss, *Anthropologie structurale*, 1, Paris, 1958, pp. 236-241, e, em geral F. Vian, *Les origines de Thèbes, Cadmos et les Spartes*, Paris, 1963; ver agora, principalmente sobre os mitos de autoctonia, N. Loraux, "L'autochtonie: une topique athénienne", *Les enfants d'Athéna*, pp. 35-73.

25 Ao contrário, no *párodo*, 110-165, o coro se dirige a quatro divindades femininas (Atena, Afrodite, Ártemis, Hera) e a quatro divindades masculinas (Zeus,

OS ESCUDOS DOS HERÓIS... 249

Às mulheres, Etéocles só tem um pedido positivo a fazer:

267   κἀμῶν ἀκούσασ' εὐγμάτων ἔπειτα σύ
    ὀλολυγμὸν ἱερὸν εὐμενῆ παιώνισον,
    Ἑλληνικὸν νόμισμα θυστάδος βοῆς,
    θάρσος φίλοις, λύουσα πολέμιον φόβον.

("Depois, ouve meus desejos, e os acompanha, em canto favorável, do bramido sagrado que, segundo o costume grego, saúda a queda das vítimas. Ele dará [o brado] confiança aos nossos e neles dissipará o temor do inimigo.")[26]

Que significa esse pedido? Observamos, de início, com L. Deubner, que o canto que Etéocles espera das mulheres é um grito especificamente masculino[27]. É um grito de guerra que as mulheres não estão normalmente preparadas para lançar. No momento imediato, não se trataria de sacrifício. Provavelmente Etéocles assume a responsabilidade de oferecer aos deuses um grande sacrifício (271-278), mas o *ololygmós* deve ser imediato, deve responder aos votos formulados por Etéocles. Se for assim, ele deve acompanhar não o sacrifício, nem mesmo a salvação da pátria[28], mas a guerra; não a morte de um animal, mas a morte dos homens. O poeta e seu público sabem disso, Etéocles prepara-se para matar um homem, o mais próximo de todos os seus próximos. O equívoco entre a guerra e o sacrifício humano[29] já foi posto em marcha nos versos 230-232:

230   Ἀνδρῶν τάδ'ἐστί σφάγια καὶ χρηστήρια
    θεοῖσιν ἔρδειν πολεμίων πειρωμένους
    σὸν δ'αὖ τὸ σιγᾶν καὶ μένειν εἴσω δόμων.

("É assunto dos homens oferecer vítimas a fim de obter a resposta dos oráculos divinos, quando perseguem[30] o inimigo. O teu é calar-te e ficar em casa.")

Creio que esse é um bom exemplo do que se pode chamar "interferência trágica"[31].

    Poseidon, Ares e Apolo); cf. S. Benardete, *loc. cit. supra*, n. 16, p. 27.

26 Esse texto foi estudado com precisão por L. Deubner, "Ololyge und Verwandtes", *Abhandl-Preuss Ak*, 1947, 1, pp. 22-23.

27 L. Deubner, *idem*, e p. 4, apoiando-se em Pollux, I, 28.

28 Como no verso 825. Como observa S. Bernadete, *loc. cit. supra*, n. 16, p. 23, o coro não responde de imediato ao apelo de Etéocles.

29 Em outro lugar, evoquei um uso perverso semelhante do vocabulário do sacrifício: cf. "A Caça e o Sacrifício na *Oréstia* de Ésquilo", pp. 101-124.

30 πειρωμένους é uma correção de H. Weil que somos tentados a julgar excelente, pois os manuscritos hesitam entre πειρωμένοις e πειρωμένων.

31 Cf. N. Loraux, "L'interférence tragique", *Critique*, 317, 1973, pp. 908 925. Ao insistir, aqui, sobre o aspecto "transgressivo" do pedido de Etéocles, vou além da interpretação de J.-P. Vernant, que escreve: "A única contribuição que Etéocles aceita da parte do elemento feminino, num culto público e político, que sabe respeitar esse caráter longínquo dos deuses sem pretender misturar o divino ao

Ora, essa relação entre Etéocles e as mulheres muda depois do verso 653. Agora, são as mulheres que o mensageiro chamará, depois da morte dos dois irmãos, no verso 792, παῖδες μητέρων τεθραμμέ-ναι, "crianças, mulheres bem filhas de suas mães", como interpreta muito bem P. Mazon, são as mulheres que se imiscuem diretamente na política ao dar conselhos a Etéocles; eis, no verso 712, o que resume tudo: πιθοῦ γυναιξί καίπερ οὐ στέργων ὅμως ("Obedece às mulheres, mesmo se não gostas disso"). A inversão permanece, e doravante as mulheres encarnam os valores da ordem, os valores cívicos, mesmo se Etéocles, mergulhando na sua *hýbris* de guerreiro, de *anér hoplítes* (717), recusa-se a obedecer. Inversão brutal, pois a obediência, uma disciplina até propriamente militar, é exatamente o que Etéocles queria impor às mulheres:

224   πειθαρχία γάρ ἐστι τῆς εὐπραξίας
        μήτηρ, γύναι, σωτῆρος

       ("A disciplina, ó mulheres, é mãe do sucesso salvador"),

com essa surpreendente aproximação: *méter, gýnai*. Ao povo das mulheres, Etéocles proclamara sua soberania e seu direito de usar a pena de morte para qualquer um, "homem, mulher ou qualquer outro", ἀνὴρ γυνή τε χὤ τι τῶν μεταίχμιον[32], que colocasse sua autoridade em questão.

Podemos até questionar se essa inversão, que no espaço de um verso faz suceder uma ginecocracia a um governo hipermasculino[33], não pode, por sua vez, elucidar o tão discutido final dos *Sete*[34]. Pois

humano, é a *ololygé*, o canto qualificado de *hierós*, porque a cidade o integrou à sua própria religião e o reconhece como o grito ritual que acompanha a queda da vítima no grande sacrifício sangrento" (ver *supra*, p. 18).

32   *Metaíkhmion*, no verso 197, significa "o que é intermediário". Etéocles está "irritado demais para falar com completa coerência" (R. Dawson, trad. cit., p. 50) ou, ao contrário, ultrapassa, através da *hýbris*, a polaridade masculina/feminina? Observaremos (com R. Dawson, *idem*) a importância do vocabulário político. No verso 199, *psêphos* é a pedra que serve para lapidar, é também o instrumento do voto. Belo exemplo de ambiguidade trágica.

33   Sobre o significado do fenômeno no pensamento mítico, cf. P. Vidal-Naquet, "Esclavage en gynécocratie dans la tradition, le mythe, l'utopie", *Le chasseur noir*[2], Paris, 1983, pp. 267-288; sobre o tema ginecocrático na *Orestia*, cf. F. I. Zeitlin, *loc. cit.*, supra, n. 16, pp. 153-156, que remete à literatura anterior, principalmente ao "Review essay" de M. B. Arthur sobre as mulheres no mundo clássico e as teorias interpretativas, *Signs, Journal of Women in Culture and Society*, 2, 1976, pp. 382-403. Agradeço a F. I. Zeitlin ter-me comunicado esse último artigo. Li com proveito o estudo de Nicole Loraux, *Les enfants d'Athéna*, Paris, 1981, pp. 119-153: "Le nom athénien: structures imaginaires de la parenté à Athènes".

34   Não quero abordar diretamente esse problema e, por isso, não cito sua imensa bibliografia.

a leitura do texto dos manuscritos é um debate político que vai opor uma metade do coro à outra, quer sejam ou não conduzidas por Antígona e por Ismene, debate que opõe o direito mutável da cidade ao direito estável da linhagem[35]. Seja ou não totalmente de Ésquilo, o epílogo dos *Sete* inscreve-se plenamente na lógica da peça.

A terceira questão é, seguramente, o sentido que convém dar à famosa série dos sete discursos paralelos, *Redenpaare* da crítica alemã, que o mensageiro e Etéocles pronunciam, o primeiro descrevendo os chefes inimigos, o segundo revertendo essa descrição e designando os chefes tebanos. É no interior desse conjunto que se situam as figurações de sete escudos argivos e de um escudo tebano que me concernem nesse ensaio.

E, certamente, não é um terreno virgem. Medimos com dificuldade a amplitude do que foi escrito sobre o assunto desde que Friedrich Ritschl publicou em 1858 seu célebre ensaio sobre o paralelismo nos sete discursos antitéticos[36], uma tentativa de demonstrar que o mensageiro e Etéocles mantinham discursos rigorosamente paralelos, com exatamente o mesmo número de versos, o que significava que era preciso expurgar, lapidar, cortar o texto transmitido, até que se chegasse à absoluta simetria de uma ode lírica. Se menciono aqui o nome de Ritschl – cujo aluno preferido se chamava F. Nietzsche –, não é por ter sido convencido pelo que Wilamowitz chamava "dialética tirânica"[37], mas porque a análise de Ritschl, com sua pesquisa um tanto terrorista, é verdade, de uma simetria absoluta, é a seu modo estruturalista *avant la lettre*. Lembrar a que excessos ele foi conduzido é, para mim, um modo de dirigir o que J. Larsen chamava – em circunstâncias diferentes – "a humble prayer to *Sophrosyne*"[38].

Desde Ritschl, o "tema", como dizem, foi constantemente retomado. Mas ainda é preciso saber o que se procura nessa literatura. Será que se trata do objeto deste estudo: justificar as "mutações" paralelas de Etéocles e do coro das mulheres através da cena principal da peça? Então preciso constatar, por exemplo, que o principal estudo moderno, o de um dos maiores discípulos de Wilamowitz, E. Fraenkel, não tem rigorosamente nada a nos ensinar, porque o próprio problema

---

35 Ver os versos 1065-1075; concordo com S. Benardete, que escreve, *loc. cit.*, p. 29: "Antígona sobrevive a Etéoeles para provocar uma cisão na cidade, exatamente no plano em que ele assumia, audaciosamente, que ela formava um todo".

36 F. Ritschl, "Der Parallelismus der Sieben Redenpaare in den *Sieben gegen Theben* des Aischylos", *JahrClassPhil* 77, 1858, pp. 761-784, retomado em *Kleine Philologische Schriften*, I, Leipzig, 1866, pp. 300-361 (apêndice, pp. 362-364).

37 *Aischylos Interpretationem*, citado *supra*, n. 5, p. 74.

38 J. Larsen, "Federation for peace in ancient Greece", *CPh*, 39, 1944, pp. 145-162, cito a p. 145 e devo essa referência a A. Aymard, "Rapport", no IX Congresso Internacional de Ciências Históricas, I, Paris, 1950, p. 516.

do sentido da cena não foi colocado[39]. Na verdade, o que faltou à maior parte da literatura moderna[40] é ter tentado mostrar francamente – através da rede das imagens de que a cena é tecida – como a ação dramática progride, ou, em outras palavras, como trabalha a Erínia de Édipo[41]. Idealmente, qual é a tarefa do intérprete? Vamos repeti-la, contra a tradição positivista: é preciso interpretar, nem que seja só porque o texto de Ésquilo é um apelo constante à interpretação, a um jogo interpretativo. O mensageiro descreve sucessivamente os sete guerreiros que vão assaltar Tebas, e mais especificamente os emblemas que adornam seus escudos[42]. São evocados sete escudos, a que se acrescenta um oitavo, o do tebano Hipérbios, mas isso perfaz apenas um total de sete emblemas, já que o escudo de Anfiarau é virgem. Cada emblema tem certamente um significado evidente e agressivo aos olhos de Tebas. Mas esse significado é retomado por Etéocles, no seu diálogo com o mensageiro, comentado pelo coro[43]. O que Etéocles não sabe – antes do verso 653 –, mas que sabem Zeus e o poeta, seu intérprete, é que essa rede de emblemas que pretendem anunciar a queda de Tebas não apenas pressagia sua salvação, mas também o desastre da casa dos Labdácidas, a morte de Etéocles e de Polinice.

Idealmente, a tarefa do intérprete é realmente gigantesca: com efeito, é preciso jogar com diversos quadros. Há o que dizem, diretamente, os três atores da cena: o mensageiro, Etéocles, as mulheres. Há as personagens *representadas* em primeiro grau: os sete contra Tebas e seus adversários tebanos. E há as personagens representadas em *segundo* grau, as que figuram sobre os emblemas, da lua de Tideu à pretendida *Díkē* de Polinice; há a rede espacial, também representada, a das sete portas de Tebas, as divindades que as guardam. Finalmente, há, além do texto de Ésquilo e das leituras que foram feitas

---

39 E. Fraenkel, "Die Sieben Redenpaare in Thebaner Drama des Aischylos", *SBAW*, 1957, Heft 5. Naturalmente, o estudo de Fraenkel contém um grande número de indicações úteis no nível do detalhe.

40 Os trabalhos que me foram mais úteis são, além do memorial citado supra, n. 16, de H. Bacon, dos artigos de S. Benardete citados supra, n. 16; A. Moreau, "Fonction du personnage d'Amphiaraos dans les *Sept contre Thèbes*. Le 'blason en abyme' ", *BAGB*, 1976, pp. 158-181 (estudo que deve muito ao trabalho inédito de D. Pralon); e o livro de H. D. Cameron, *Studies on the "Seven against Thebes" of Aeschylus*, Haia e Paris, 1971.

41 H. D. Cameron fala, justamente, de "two intimately connecting systems, one of plotand themeand one of imagery", *op. cit.*, p. 15.

42 A arqueologia nos ensinou muito sobre os emblemas, seja pelo estudo direto dos escudos, seja, sobretudo, pelas representações nos vasos. Anne Jacquemin, antigo membro da Escola de Atenas, consagrou a essa questão, sob a orientação de P. Devambez e F. Robert, uma dissertação de mestrado aprofundada (1973). Ela mostra que não é da arqueologia que pode advir a interpretação dos emblemas de Ésquilo.

43 Ver, além dos artigos citados supra de S. Benardete e H. D. Cameron, "The power of words in the *Seven against Thebes*", *TAPhA*, 101, 1970, pp. 95-108.

OS ESCUDOS DOS HERÓIS... 253

a esse respeito de Eurípides aos nossos dias, os textos que serviram de referência a Ésquilo, os poemas homéricos e as epopeias perdidas do ciclo tebano. Em resumo, eis o que uma enumeração global deveria operar. Eis uma empresa difícil[44], talvez impossível. Não é aí que minha ambição se situa. Vou tentar definir uma rede de significados, a dos emblemas, e colocá-la em relação com o movimento dramático da peça. Não me preocuparei em seguida em olhar além e fazer intervirem outros níveis do texto, mas penso ter definido claramente o objetivo primeiro a que me propus.

Agora, proponho, a título de hipótese puramente *prática*, a leitura do conjunto dos emblemas através de um esquema emprestado de uma arte da época de Ésquilo, a do frontão esculpido[45]. Não que eu tenha a menor intenção de sugerir que Ésquilo tivesse tal esquema na cabeça ao escrever essa cena trágica; penso simplesmente que esse esquema permite reagrupar comodamente um certo número de dados, torná-los significativos aos nossos olhos, que leram Ésquilo e viram os frontões de Olímpia. Admitiremos que essas duas formas de arte podem, contudo, coincidir às vezes. De resto, o próprio Ésquilo convida-nos a confrontar duas formas de arte. Ele não descreve em seu texto um mundo imaginário de objetos fabricados, objetos falantes, objetos significantes, ao mesmo tempo como presságios e como obras de arte? Quanto ao método utilizado aqui para descrever os objetos, quero dizer, os emblemas, ele não aspira a nenhuma originalidade particular. Trata-se simplesmente de aplicar a velha regra escolástica e definir cada objeto *per genus proximum et differentiam specificam*.

Partamos do princípio: o primeiro escudo, o de Tideu, traz um υ ὑπέρφρον σῆμα, um "brasão de orgulho" (387):

388   φλέγονθ᾽ ὑπ᾽ ἄστροις οὐρανὸν τετυγμένον
      λαμπρὰ δὲ πανσέληνος ἐν μέσῳ σάκει,
      πρέσβιστον ἄστρων, νυκτὸς ὀφθαλμός, πρέπει.

   ("Um céu forjado, brilhando sob os astros, e, no meio do escudo, resplandecente, a lua cheia, o mais antigo dos astros, olho da noite, se vê.")

A resposta de Etéocles consiste em recusar o sentido simbólico dos brasões em geral:

---

44   O único a ter tal audácia foi Didier Pralon, e é por isso que lastimo tanto que seu estudo não tenha sido publicado.

45   Embora nossos métodos sejam tão diferentes, não posso deixar de remeter à tentativa de interpretação do texto de Heródoto feita por J. Myres: ver seu *Herodotus, father of history*, Oxford, 1948. O esquema que ilustra minha hipótese (ver *infra*, p. 254), e que foi desenhado por Annie Schnapp-Gourbeillon, a quem agradeço, não tem – seria necessário dizer? – nenhuma pretensão arqueológica.

Esquema dos emblemas dos sete guerreiros que vão assaltar Tebas.
Ver supra nota 45, p. 253

OS ESCUDOS DOS HERÓIS...

398 οὐδ' ἑλκοποιὰ γίγνεται τὰ σήματα

("Eles não ferem, os brasões")

Mas esse é apenas um primeiro momento, já que Etéocles, jogando com os dois sentidos possíveis da palavra *noite*, o sentido "físico" e o "metafórico"[46], da morte, anuncia que o símbolo se voltará contra seu possuidor:

403 εἰ γὰρ θανόντι νὺξ ἐπ' ὀφθαλμοῖς πέσοι

("Se é verdade que a noite desce sobre seus olhos de morrente")

Em todo caso, no ponto de partida da série, estamos no cosmos, mas num cosmos noturno, num cosmos onde a lua é central, funciona como um antissol[47], "um horrível sol negro de onde a noite se irradia", para usar a imagem de Victor Hugo.

Com o escudo de Capaneu, deixamos o domínio do cosmos para entrar no da guerra e dos guerreiros:

432 Ἔχει δὲ σῆμα γυμνὸν ἄνδρα πυρφόρον,
φλέγει δὲ λαμπὰς διὰ χεροῖν ὡπλισμένη
χρυσοῖς δὲ φωνεῖ γράμμασιν Πρήσω πόλιν.

("Ele tem por brasão um homem nu trazendo o fogo: uma tocha flamejante arma seus braços e ele proclama em letras de ouro: 'Tomarei a cidade.'")

Efetivamente, passou-se do cosmos ao mundo dos homens, homens que falam e que *escrevem*. O escudo não mais tem significado apenas através da imagem, mas através do texto, mentiroso também. O guerreiro está *gymnós*. A palavra tem aqui um sentido técnico clássico. O guerreiro "nu" é o guerreiro sem armadura[48]. É o guerreiro armado ligeiramente, especialista em combates noturnos, usuário das técnicas da caça e da emboscada, um dos dois tipos de soldado que a Grécia clássica conhecia[49], e o texto sublinha esse valor através do emprego do verbo *hoplízo*: é a tocha a arma desse guerreiro da noite[50]. A esse tipo de guerreiro opõe-se o *hoplita* pesadamente

---

46 Cf. S. Betenardete, *loc. cit.*, *supra*, n. 16, p. 5.

47 Em geral, faremos referência ao estudo de Claire Preaux, *La lune dans la pensée grecque*, Bruxelas, 1973, *passim*.

48 *Armourless*, traduz H. Weir Smyth na tradução da Loeb Classical Library.

49 Ver meus artigos, "Le chasseur noir[2] et l'origine de l'éphébie athénienne", e "Le cru, l'enfant grec et le cuit", in *La chasseur noir*[2], Paris, 1983, pp. 151-175 e 177-207; F. I. Zeitlin mostrou, com detalhes, *loc. cit.*, *supra*, n. 16, pp. 160-162 como essas oposições funcionam na *Oréstia* e ajudam a definir a personagem de Orestes.

50 Será necessário lembrar que, na literatura grega, o incêndio de uma cidade acontece à noite?

256 MITO E TRAGÉDIA NA GRÉCIA ANTIGA

armado, e não é preciso procurá-lo muito longe, já que ele figura no brasão do guerreiro seguinte, Etéoclos:

465 Ἐσχημάτισται δ' ἀσπὶς οὐ σμικρὸν τρόπον,
ἀνὴρ δ' ὁπλίτης κλίμακος προσαμβάσεις
στείχει πρὸς ἐχθρῶν πύργον, ἐκπέρσαι θέλων
βοᾷ δὲ χοῦτος γραμμάτων ἐν ξυλλαβαῖς
ὡς οὐδ' ἂν Ἄρης σφ' ἐβάλοι πυργωμάτων.

("Seu escudo está coberto de uma insígnia não medíocre, um hoplita galga os degraus de uma escada apoiada na parede da fortaleza inimiga e quer destruí-la. Ele próprio grita, em altos brados, que o próprio Ares não o jogaria para baixo da muralha.")

Na verdade, estranho hoplita, que combate sozinho, não, como é de lei, enfileirado com outros hoplitas. Além da passagem do guerreiro "nu" ao guerreiro pesadamente armado, observemos dois outros deslizes ou, se quisermos, dois outros progressos em relação ao escudo precedente. A cidade era apenas nomeada no escudo de Capaneu: Πρήσω πόλιν ("tomarei a cidade"); dessa vez, ela está representada por seu símbolo mais eloquente: a muralha. O desafio do guerreiro "nu" dirigia-se à cidade, o do hoplita dirige-se ao deus da guerra selvagem: Ares.

Essa última mudança de plano facilita, por assim dizer, a mutação que traz o escudo do quarto chefe, Hipomedonte, do mundo dos homens, àquele mundo primordial, o dos deuses e do combate que eles tiveram que assumir para impor sua soberania:

491 ὁ σηματουργὸς δ' οὔ τις εὐτελὴς ἄρ ἦν
ὅστις τόδ' ἔργον ὤπασεν πρὸς ἀσπίδι,
Τυφῶν' ἱέντα πυρπνόον διὰ στόμα
λιγνὺν μέλαιναν, αἰόλην πυρὸς κάσιν

("É certo que o brasonador que acrescentou essa obra ao escudo não era um artesão comum: um Tífon que, com sua boca de fogo, emite um vapor enegrecido, irmão matizado do fogo.")

O texto escrito desaparece, só vai tornar a aparecer no último escudo com figuração humana[51]. Quer estejamos acima dos homens com as forças cósmicas, com Zeus e seu adversário Tífon, quer no mundo monstruoso do infra-humano, com a Esfinge, não é necessário signo escrito. Escrever é decididamente próprio do homem. Com Tífon (Tifeu), o texto de Ésquilo opera o que se poderia chamar um retorno a Hesíodo. Tifeu não existe em si mesmo, existe em e através

---

51 Não conto como um homem o cadmeu que aparece sob a Esfinge no verso 543. Pelo menos, ele não é a personagem central da cena. Ele não pode nem falar, nem escrever, e não sem motivo.

OS ESCUDOS DOS HERÓIS... 257

de seu combate contra Zeus, evocado na *Teogonia*[52]. Representado em um escudo, Tífon invoca quase automaticamente a vinda de Zeus. Mas Zeus não pode figurar num escudo argivo: isso seria prever a vitória do inimigo. Zeus, pelo menos num primeiro momento, deve figurar no campo tebano, aquele que militarmente está destinado a destruí-lo:

519 Ὑπερβίῳ τε πρὸς λόγος τοῦ σήματος
σωτὴρ γένοιτ' ἂν Ζεὺς ἐπ' ἀσπίδος τυχών.

("Que Zeus possa, ao figurar no escudo, ser, para Hipérbios, salvador, segundo a linhagem do brasão.")[53]

Hipérbios será portanto o único tebano cujo escudo será descrito e deverá figurar em nosso conjunto[54].

Abramos um duplo parêntese, inicialmente, para dizer que o confronto entre Zeus e Tífon foi exatamente o que nos impôs o modelo do frontão. Se há uma forma clássica do adorno timpanal no frontão arcaico e clássico, é o "agrupamento antitético"[55] e, mais precisamente, o confronto entre as divindades da ordem e da soberania cósmica e as da desordem primitiva: monstros ou gigantes. Mas, além disso, não podemos deixar de sentir que Zeus não é, não pode ser, um emblema qualquer. E o fato de estar provisoriamente no campo de Etéocles não basta para lhe dar sua originalidade. Sua vinda é preparada no decorrer da cena. Capaneu afirma que "o desafio de Zeus, mesmo se abatendo diante dele, não o deteria", o que Etéocles logo retoma (443). É o raio, arma de Zeus, que abaterá o agressor, é ele, não a tocha de seu emblema, que será na verdade *pyrphóros* (444). Zeus precede e Zeus segue.

O quinto chefe, Partenopeu, afirma também que devastará a cidade, "violando Zeus", βίᾳ Διός (531-532), e a questão se impõe: saber, no verso 662, se *Díkē*, filha de Zeus, está mesmo no campo de Polinice. Presente de um extremo ao outro da cena, Zeus domina, com todo o direito, nosso frontão.

52 Hesíodo, *Teogonia*, 820 e ss.: texto sobre o qual veremos M. Detienne e J.-P. Vernant, *Les ruses de l'intelligence, la mètis des grecs*[2], Paris, 1978, pp. 115-119. Sobre Tífon em Ésquilo, ver. A. Moreau, *Eschyle: la violence et le chaos*, Paris, 1985, pp. 147-150.

53 É inteiramente sem razão que os versos 515-520 não foram fixados por Dindorf e, em seguida, por Mazon.

54 No texto dos manuscritos, o nome do portador do escudo é dado no verso 547, depois da descrição da personagem e de seu escudo, e creio ser preciso conservar essa ordem.

55 Contento-me em remeter a E. Lapalus, *Le fronton sculpté en Grèce*, Paris, 1947, pp. 284 e ss.

258   MITO E TRAGÉDIA NA GRÉCIA ANTIGA

Podemos agora abordar o lado direito, com o emblema do escudo de Partenopeu[56]:

539   τὸ γὰρ πόλεως ὄνειδος ἐν χαλκηλάτῳ
σάκει, κυκλωτῷ σώματος προβλήματι.
Σφίγγ' ὠμόσιτον προσμεμηχανημένην
γόμφοις ἐνώμα, λαμπρὸν ἔκκρουστον δέμας
φέρει δ' ὑφ φαύτῇ φῶτα Καδμείων ε''να,
ὡς πλεῖστ' ἐπ' ἀνδρὶ τῷδ' ἰάπτεσθαι βέλη

("Pois, no escudo de bronze, muralha[57] de seu corpo, ele ia brandindo o ultraje infligido à cidade, a Esfinge, comedora da carne crua, cuja imagem, fixada por pregos, destaca-se radiante, em relevo, e que mantém, sob sua guarda, um dos cadmeus, a fim de atrair para o guerreiro o maior número de setas possível.")

Modifiquei, aqui, muito pouco a tradução de Paul Mazon. Entretanto, ele fala de "Tebas", quando o texto fala da cidade. Mas permanece verdade que, de uma cidade em geral, passou-se, no nível dos emblemas, à cidade cujo destino é representado na peça. É um "cadmeu" que a Esfinge mantém sob sua guarda[58]. Quanto à presença do monstro, ela nos reintroduz, pela primeira vez, nas lendas entremeadas de Tebas e da família dos Labdácidas. "O ultraje infligido à cidade" é também a glória e a infelicidade de Édipo, rei de Tebas e marido de Jocasta.

O sétimo escudo, o do adivinho Anfiarau, personagem que, como veremos, fornece de um certo modo a chave do conjunto[59], apenas nos deterá aqui pelo jogo de oposições que introduz:

591   σῆμα δ' οὐκ ἐπῆν κύκλῳ
οὐ γὰρ δοκεῖν ἄριστος ἀλλ' εἶναι θέλει,

("Mas não se via nenhum brasão sobre o orbe. Pois ele não quer parecer um herói, mas sê-lo.")

De repente, o conjunto dos outros escudos passou do ser ao parecer e foi colocado no reino dos signos ambíguos.

---

56   No texto dos manuscritos, o nome do portador do escudo é dado no verso 547, depois da descrição da personagem e de seu escudo, e creio ser preciso conservar essa ordem.

57   Não creio, como H. Bacon e H. Hecht, que seja preciso traduzir *problèmati* por *riddle* e ver nisso uma alusão ao enigma da Esfinge, mas um jogo de palavras não seria totalmente impossível.

58   S. Benardete, *loc. cit.*, p. 12, escreve, não sem usar a litote, "Partenopeu usa uma imagem que, embora hostil em relação aos tebanos, não lhes é estrangeira como Tífon".

59   Como disse, com razão, A. Moreau, *loc. cit.*, *supra*, n. 40, Anfiarau é "o portavoz do escritor" (p. 164). É o papel normal do adivinho numa tragédia, cf. *supra*, 230-232.

OS ESCUDOS DOS HERÓIS... 259

O último emblema aparece no escudo de Polinice, e é o mais complexo de todos. Como os escudos números 2 e 3, traz uma divisa escrita; como esses escudos, traz uma personagem humana, um "guerreiro em ouro cinzelado", portanto, não um simples hoplita, como no escudo de Etéocles, mas ao lado do homem há uma mulher que se diz divina:

642 Ἔχει δὲ καινοπηγὲς εὔκυκλον σάκος
διπλοῦν τε σῆμα προσμεμηχανημένον
χρυσήλατον γὰρ ἄνδρα τευχηοτὴν ἰδεῖν
ἄγει γυνή τις σωφρόνως ἡγουμένη
Δίκη δ' ἄρ εἶναι φησιν, ὡς τὰ γράμματα
λέγει Κατάξω δ' ἄνδρα τόνδε καὶ πόλιν
ἕξει πατρῴων δωμάτων τ' ἐπισροφάς

("E ele traz um escudo perfeitamente redondo e recentemente forjado; um duplo brasão aparece como artifício. Um guerreiro em ouro cinzelado vê-se conduzido por uma mulher, que o guia com prudência. E ela diz ser *Díkē*, como afirmam as letras inscritas: 'Reconduzirei este homem e ele recuperará sua cidade e conseguirá voltar ao lar dos pais.'")

Com Polinice, como antes com Partenopeu, passa-se da guerra estrangeira, da agressão bárbara contra uma cidade onde se fala o grego, como é dito nos versos 72-73, ao conflito que dilacera Tebas. O tebano que a Esfinge mantém sob sua dominação é o alvo dos defensores tebanos. É, por definição, a *díkē* particular de Polinice que deve conduzi-lo ao interior de sua cidade, ao interior de seu *oîkos*.

Permaneçamos, ainda um momento, apenas no nível dos emblemas. Como se organiza o conjunto? Será possível tirar desse exame conclusões provisórias? Tentamos mostrar, no correr dessa análise, os deslizes que se operavam de um emblema para outro, como em uma gama cromática[60], mas podemos agora ir além. De ambos os lados do confronto entre Zeus e Tífon, cujo vencedor é conhecido de antemão, que marca uma indiscutível ruptura, o lado "esquerdo" é o lado do cosmos, o lado da guerra estrangeira e das duas formas fundamentais da atividade guerreira. O único elemento feminino é o astro lunar; e é preciso sublinhar que essa dimensão feminina não é realmente notada pelo poeta. Os homens são machos, guerreiros em toda a sua violência. O lado "direito" é o da lenda de Édipo, que faz sua aparição no escudo de Partenopeu. É o lado onde domina o mundo feminino. É bem o caso de falar em ginecocracia. A Esfinge, personagem ao mesmo tempo feminina e infra-humana – ela come cru –, domina, no escudo de Partenopeu, um cidadão de Tebas. É uma mulher que guia o guerreiro do escudo de Polinice. O lado esquerdo é o lado da pólis em contenda com o inimigo, com o agressor bárbaro que quer destruir a cidade; ele

60 Sobre esse ponto, cf. S. Benardete, *loc. cit.*, pp. 16-17.

260   MITO E TRAGÉDIA NA GRÉCIA ANTIGA

resume a primeira parte da peça. O lado direito lembra-nos os terríveis problemas da linhagem dos Labdácidas. E, se for preciso voltar à personagem "dividida" de Etéocles, de onde parti, direi que o lado esquerdo diz respeito a Etéocles guerreiro e cidadão; o lado direito, a Etéocles filho de Édipo e Jocasta, irmão de Polinice. O mínimo que se pode dizer é que a "ruptura" do verso 653 é cuidadosamente preparada. Existe, como é dito no verso 519, uma linguagem do brasão.

Se minha análise não é completamente falsa, ela deveria encontrar agora no contexto, quero dizer, nos portadores desses escudos e nos companheiros de Etéocles, uma confirmação. E é exatamente o que acontece.

Passar dos emblemas aos portadores dos escudos é absolutamente legítimo na medida em que é o que Ésquilo faz propriamente. Assim, Etéocles, quando "gira" o emblema de Etéoclos, fala, no duelo, "dos dois guerreiros e da cidade que aparece no escudo": καὶ δύ ἄνδρε καὶ πόλισμ᾽ ἐπ᾽ἀσπίδος (478)[61]. Um dos guerreiros é Etéoclos, o outro é o hoplita que aparece em seu escudo. No verso 544, ἐπ᾽ ἀνδρί designa o cadmeu preso pela Esfinge, e suas feridas simbólicas têm valor de feridas reais. E quando Etéocles proclama, no verso 398, que os brasões não produzem feridas, não se deve esquecer que esse é o propósito de um herói trágico dominado pela *Áte*. Os brasões não produzirão as feridas que anunciam, mas, através deles, é a Erínia que opera. Que esse trabalho se faça debaixo da máscara, pela astúcia, a *mêtis* – constantemente presente, nem que seja apenas pela representação da habilidade enganadora dos artesãos –, é uma das leis do gênero.

Mas voltemos, na ordem de nosso frontão, às próprias personagens representadas. O lado esquerdo, que podemos estender até Hipomedonte, é o da *hýbris* masculina, da selvageria masculina. Assim, Tideu:

392   βοᾷ παρ᾽ ὄχθαις ποταμίαις μάχης ἐρῶν,

      ("Ele grita, à beira do rio, no desejo da batalha.")

Capaneu vai além do orgulho humano, οὐ κατ᾽ ἄνθρωπον φρονεῖ (425), mas é marcado, como vê Etéocles, τῶν τοι ματαίων ἀνδράσιν φρονημάτων (438), "pelo que é, para os homens machos, pensamento louco". Etéoclos, cujo escudo desafia Ares, tem um equipamento animal e bárbaro, βάρβαρον τρόπον (463). O portador de Tífon, Hipomedonte, é mais um gigante que um homem (488)[62]. À direita, nada há de semelhante, muito pelo contrário. Partenopeu é um ἀνδρόπαις

---

61   S. Benardete fala, com razão, da "absorção de Etéoclos pela sua imagem, *loc. cit.*, p. 8.

62   Acontece, do mesmo modo, com Capaneu, que é propriamente um *gígas* (424).

ἀνήρ (533), um homem-criança-homem, o que redobra o que já diz seu nome, com o qual brinca o mensageiro (536). Ele é um meteco e não um cidadão, um marginal em relação à cidade de Argos (548). Seu nome, que contrasta com sua selvageria, é tão mais marcado do lado feminino quanto Partenopeu não é definido, de acordo com a regra grega, pelo nome do pai, mas pela evocação da mãe: ele é μητρὸς ἐξ ὀρεσκόου (532), "oriundo de uma mãe serrana", na espécie Atalante, que não está nomeada[63]. Mas como Ésquilo teria podido associar melhor esse tema "matrilinear" senão acoplando-o ao motivo "ginecocrático" do escudo?

Seguramente, o caso de Anfiarau é completamente diferente. Privado pela vontade de "ser" do emblema, adivinho, é ele que dá sentido a todo o episódio. Ressaltemos dois pontos. Anfiarau significa, segundo um tipo de jogo verbal familiar a Ésquilo, "o homem de dupla maldição"[64], amaldiçoa efetivamente duas personagens, Tideu e Polinice, o primeiro e o último, o que é um meio de tornar significativo todo o episódio. Ele diz que Tideu é ᾿Ερινύος κλητήρ (574), o arauto, quase o oficial da Erínia[65]. Qualificar Tideu dessa forma é para Ésquilo um modo de nos esclarecer, através da palavra verídica do adivinho, o que está em discussão na cena. O que *introduz* Tideu no discurso de Anfiarau é concluído por Polinice. Este, é bem verdade, é amaldiçoado *politicamente* como atacante da cidade de seus pais, πόλιν πατρῴαν (582), da terra de sua pátria (585)[66]. Não se trata apenas de uma guerra estrangeira. Polinice é um tebano. Mas Anfiarau diz também:

584   Μητρός τε πηγὴν τίς κατασβέσει δίκη;

("Qual reivindicação pode extinguir a fonte de uma mãe?")

P. Mazon traduz: "É então um agravo permitir secar a fonte materna?" Mas de que fonte se trata? De *Dírke* símbolo de Tebas?[67]

---

63 Sófocles glosará Ésquilo assim: ἐπώνυμος τῆς πρόσθεν ἀδμήτης χρόνῳ / μητρὸς λοχευθεὶς πιστὸς ᾿Αταλάντης γόνος ("Ele deve seu nome à mãe, que permanecerá tanto tempo virgem antes de lhe dar a vida. Panenopeu, filho leal de Atalante", *Édipo em Colono*, 1321-1322, trad. Mazon).

64 Como viu muito bem D. Pralon. Deixo de lado, por não poder provar que Ésquilo tivesse isso realmente presente em sua mente, o que, na lenda de Anfiarau e de sua mulher Erifila, poderia facilmente justificar o lugar de adivinho na metade "ginecocrática" do quadro. E, contudo, como não pensar no verso de Homero: ἀλλ᾿ ὄλετ ἐν Θήβῃσι γυναίων εἵνεκα δώρων ("Mas ele perece, em Tebas, por causa de presentes femininos", *Odisseia*, XV, 247)? Sobre esse ponto, ver A. Moreau, *loc. cit., supra*, n. 40, p. 169. O próprio Anfiarau joga, no verso 578, com o nome de Polinice, *o homem das mil brigas*.

65 Κλητήρ está próximo do homérico καλήτωρ, do micênico *Ro-re-te*, que designa um funcionário; sobre essas últimas palavras, cf. J. Taillardat, "Notules mycéniennes", I, *REG*, LXXIII, 1960, pp. 1-5.

66 Mais exatamente: a terra-pátria.

67 A fonte é nomeada pelo coro no verso 307.

262 MITO E TRAGÉDIA NA GRÉCIA ANTIGA

Talvez, num primeiro momento. Mas é difícil não pensar também, ao fazer de μητρός um genitivo de origem, nesse "sulco materno sagrado", ματρὸς ἀγνὰν ἄρουραν do canto coral (752-753), que Édipo, o parricida, ousou semear[68]. Polinice tomará o caminho inverso: matando seu próprio irmão, morrendo ele mesmo, ele secará efetivamente a fonte materna. Se é mesmo assim, será que não se trata de uma aparição de Jocasta?

No final da série, Polinice é visto não mais pelo adivinho, mas pelo mensageiro. Ele é mais o irmão de Etéocles que um puro guerreiro, utilizando contra sua cidade as vias de uma vingança judiciária. Daí o seu vocabulário jurídico-político, inextricavelmente emaranhado. Como a personagem do escudo de Etéoclos, ele quer escalar a muralha da cidade (πύργοις ἐπεμβάς, 634). Mas é pelo arauto, o *kêryx*, que quer ser proclamado senhor do país, κἀπικηρυχθεὶς χθονὶ (634). Etéocles é para ele o *atimastér* (637), aquele que o privou de sua *timé*. Ele quer ser, para seu irmão, o que o faz prisioneiro (*andrelátes*, 637), que trocará com Etéocles a morte ou o exílio (636-638). Em Polinice, a guerra exterior e o direito privado formam um todo, mas Anfiarau, pela imprecação que lançou contra ele, já demonstrou que sua *díkē* não é, como proclama o escudo, *Díkē* em pessoa.

Agora é preciso ir mais longe e observar alguns fenômenos muito estranhos. O rumo que toma a peça – e não é preciso mais fingir ignorá-lo – é o duelo de dois irmãos levados à catástrofe pela Erínia paterna, pelas maldições que, como Etéocles constata no verso 655, serão doravante levadas a cabo, *telesphóroi*. De Tideu, o introdutor, a Polinice, o que realiza, é a isso mesmo que assistimos. Tudo preparou a surpresa da sétima porta.

Mas releiamos o episódio sob um novo enfoque. Se quiséssemos, tudo poderia se resumir nestes versos:

404   τῷ τοι φέροντι σῆμ᾽ ὑπέρκομπον τόδε
        γένοιτ᾽ ἂν ὀρθῶς ἐνδίκως τ᾽ ἐπώνυμον.

("Ele contra si mesmo, trazendo esse brasão de orgulho, deve, justa e corretamente, ser o epônimo de seu destino.")

Trata-se seguramente de Tideu, que morrerá, devorando o crânio de seu adversário, Melanipo[69]. Mas é seu próprio destino que Etéocles, num outro nível, não deixa de anunciar. Contra Tideu, o chefe tebano instala na porta de Preto, a primeira, o espartano Melanipo, e acrescenta:

68   A aproximação é feita por Ch. Dawson na "Introdução" à sua tradução citada, n. 19, p. 21.
69   Apolodoro, III, 6, 8.

414   Ἔργον δ' ἐν κύβοις" Ἀρης κρινεῖ
       Δίκη δ' Ὁμαίμων κάρτα νιν προστέλλεται
       εἴργειν τεκούσῃ μητρὶ πολέμιον δόρυ.

Paul Mazon traduz: "Sobre o combate, os dados de Ares decidirão; mas é realmente o direito do sangue que o envia, em seu nome, para afastar da terra a quem ele deve o dia [digamos, mais simplesmente: da mãe que o deu à luz] as lanças inimigas". Seja, mas o que é essa *Díkē Homaímon*?[70] Além do parentesco de um homem e da Terra, mãe dos espartanos, há na peça duas personagens de mesmo sangue, e que *Díkē* faz se defrontarem. Sua morte é anunciada no verso 681, ἀνδροῖν δ' ὁμαίμαιν θάνατος, "a morte de dois homens de mesmo sangue".

No terceiro discurso de Etéocles, o rei espera, e já citei esse verso, que tanto o portador do terceiro escudo, Etéoclos, quanto o hoplita que lhe serve de emblema e a cidade que aparece no escudo pereçam sob os golpes do espartano Megareus:

478   ἢ καὶ δυ' ἄνδρε καὶ πόλισμ' ἐπ' ἀσπίδος.

Isso proporciona duas observações. A primeira, que não é nova, é que, por seu próprio nome, Etéoclos aparece como um duplo de Etéocles. Etéoclos – pudemos dizer – é "Etéocles além da muralha"[71]. A cidade defendida por Etéocles é, dessa forma, atacada por um outro Etéocles, que está ao mesmo tempo dentro e fora da cidade. Etéocles não é o único entre os sete a ter em seu escudo um *anér hoplítes* (466), que é a própria definição que Etéocles dá de si mesmo (717)? Mas Etéocles tem, além dos muros, um duplo muito mais marcante que esse quase homônimo: seu irmão. Quando ele

---

70   As traduções da expressão são muito variadas: assim, em inglês, "*Dike his blood sister*" (H. Bacon e A. Hecht); "*Justice his true kin in blood*" (H. Weir Smyth); "*Justice Goddess of Kindred's duty*" (Ph. Vellacott, na coleção Penguin); "*True duty to his kin*" (Ch. Dawson). Uma interpretação original é a de K. Wilkens, "Zu Aischylos *Sieben* 415", *Hermes*, 1969, pp. 117-121. Ela faz de um genitivo plural dependente do *pros* de *prostélletai*. *Díkē* coloca Melanipo diante de seus irmãos de sangue. Mas essa interpretação tem contra ela a existência, em Ésquilo, de um Zeus *Homaímon* (*Suplicantes*, 402) e o escólio de M: "o direito do parentesco".

71   "*Eteokles beyond the walls*" (H. Bacon e A. Hecht, prefácio à trad. cit., n. 18, p. 11). Mesma observação, formulada independentemente por D. Pralon. A personagem é desconhecida antes de Ésquilo, e só aparece nas listas posteriores dos autores trágicos (por exemplo, Sófocles, *Édipo em Colono*, 1316), quando Adrasto não aparece. Sua estátua aparecia contudo em Delfos, sobre o monumento dos Sete (Pausânias X, 10, 3); qualquer que seja a importância que eu atribuir à personagem de Etéoclos, não posso seguir A. Moreau quando escreve: "O momento em que Etéocles indica o nome do adversário de Etéoclos é o momento em que se compreende que ele caiu na armadilha de Áte" (*loc. cit.*, *supra*, n. 40, p. 181, n. 1).

264 MITO E TRAGÉDIA NA GRÉCIA ANTIGA

anuncia, usando o duelo, a morte de dois homens, é ainda de sua morte e da de Polinice que nos fala. Vítima da *Áte*, ele associa a cidade ao destino dos dois guerreiros, enquanto o desenlace trágico dissocia precisamente o que a ação trágica associa. Nos versos 71-72, Etéocles previra, mais lucidamente, seu destino: μή μοι πόλιν γέ... ἐκθαμνίσητε: "Cada vez menos... não desenraizeis minha cidade"[72].

Mas o verso 478 não é a última alusão ao tema dos dois irmãos, antes de ser posto em evidência. Diante do inimigo argivo, nesse caso Hipomedonte e Partenopeu, Etéocles associa dois irmãos, Hipérbios e Áctor (555). E quando enfim o mensageiro chegar ao único irmão que conta, Polinice, constataremos que seu brasão é duplo: διπλοῦν τε σῆμα (643). E talvez esse desdobramento seja a lei dissimulada de todo o episódio. H. Bacon viu isso muito bem: "*Each brother is subject to the law he invotes against the other. This is the inescapable knowledge which the shields express*"[73], e o Etéocles de Ésquilo o compreendeu a seu modo:

674   ἄρχοντι τ᾽ ἄρχων καὶ κασιγνήτῳ κάσις
        ἐχθρὸς σὺν ἐχθρῷ στήσομαι.

("Soberano contra soberano, irmão contra irmão, inimigo contra inimigo, é assim que farei frente.")

Serão as mesmas palavras que qualificarão Etéocles e Polinice até o conflito político do epílogo. Há fusão entre a guerra estrangeira e a guerra civil, dos dois lados do frontão. Tebas está salva, mas seus dois generais, δισσὼ στρατηγώ (816), estão mortos[74]. Ambos são "provocadores de briga", são Polinice:

830   καὶ πολυνεικεῖς
        ὤλοντ᾽ ἀσεβεῖ διανοίᾳ;

("E, provocadores de briga, não pereceram num pensamento sacrílego?")

Decididamente, ao contrário do que diz Etéocles (508), não foi Hermes, mas Zeus quem juntou os pares para chegar a esse par.

Mas, aquém ou além desse desdobramento, há um mito – H. D. Cameron compreendeu isso muito bem[75] – que corre ao longo dessa cena e de toda a peça: esse mito é o dos espartanos, dos guerreiros

---

72 O valor de γε não pode ser reduzido aqui, cf. R. Dawe, *loc. cit.*, *supra*, n. 8, p. 27.

73 *Loc. cit.*, *supra*, n. 16, p. 35.

74 Cf. também βασιλέες ὁμόσποροι, "os reis de mesma estirpe" (804), expressão repetida no verso 820.

75 *Op. cit.*, *supra*, n. 40, p. 89: "*The story of Thebes has come full circle, as the two brothers recapitulate the tale of the Sown men*".

OS ESCUDOS DOS HERÓIS... 265

semeados e colhidos por Cadmo com os dentes do dragão[76]. Esses guerreiros são autóctones, e a autoctonia é um procedimento mítico que elimina o papel das mulheres nas origens humanas e permite aos homens que se constituam em fraternidades guerreiras. Não há autoctonia para as mulheres[77]. Mas, no caso particular da lenda tebana evocada por Ésquilo, os guerreiros autóctones se matam uns aos outros: apenas cinco dentre eles, a quem Cadmo confere o título de cidadãos, sobrevivem[78].

Olhemos uma última vez nosso quadro, completando-o um pouco, excepcionalmente, com os dados recolhidos alhures da tradição. Os espartanos aparecem explicitamente diante de Tideu com Melanipo (413), diante de Etéoclos com Megarenses (474). F. Vian notou que Polifonte, o adversário de Capaneu, é também provavelmente um espartano, já que filho de Autófono, um nome realmente típico de um espartano[79]. Ele é o "matador de muitos", filho do "matador de si próprio". Não vejo razões muito sérias para considerar espartanos os outros guerreiros tebanos[80].

Parece que podemos dizer que "à esquerda" de nosso esquema, quer se olhe dentro ou fora das muralhas, estamos num mundo exclusivamente masculino, isto é, um mundo onde as mães não existem. A única mãe é a terra, aquela que Etéocles invoca no verso 16, quando conclama os cidadãos a correrem em socorro da cidade: Γῆ τε μητρὶ, φιλτάτη τροφῷ (17), "À terra mãe, à mais próxima das amas-de-leite"[81], a que alimenta o espartano Megareu (474). A maternidade propriamente dita, no sentido biológico, não metafórico do termo, aparece inicialmente a propósito de Partenopeu, definido como filho "de uma mãe serrana" (532); em seguida, a propósito do crime que Polinice se prepara para cometer (584) – se interpretei bem esse texto[82]. Ora, no verso que se segue (585) a terra muda de sexo, é *patrís* em vez de *méter*.

No escudo de Polinice, é uma mulher que conduz o herói à casa de seu pai, através de uma espécie de inversão do rito do casamento: Κατάξω δ' ἄνδρα τόνδε (647); e Etéocles atravessa uma nova etapa ao evocar a infância de seu irmão, o momento onde ele estava

---

76 Cf., em geral, F. Vian, *Les origines de Thèbes, Cadmos et les Spartes*, Paris, 1963.

77 Cf. o estudo, citado *supra*, n. 24, de Nicole Loraux.

78 Ferecides, *FGrHist*, 3, F 22 ab; cf. F. Vian, *op. cit.*, p. 23. *Autoktónos*, tendo eles próprios se matado mutuamente, tal é o advérbio que caracteriza Etéocles e Polinice (734).

79 F. Vian, *op. cit.*, pp. 169 e 185; cf. *Ilíada*, IV, 395 e segs.

80 F. Vian, *op. cit.*, p. 169, pensa que Hipérbios e seu irmão Áctor sejam talvez espartanos: "O nome do primeiro é trazido por um gigante e lembra o do espartano Hiperênor".

81 Cf., ainda, o verso 69.

82 Cf. *supra*, p. 261-262.

266 MITO E TRAGÉDIA NA GRÉCIA ANTIGA

φυγόντα μητρόθεν σκότον (664), "fugindo da obscuridade do seio materno"[83]. Com a maternidade, é a mácula que reaparece. Etéocles e Polinice não podem mais ser espartanos ou, se quisermos, são os últimos espartanos.

Uma palavra, ainda, antes de deixar Ésquilo. No século V, houve pelo menos um homem que leu Ésquilo com cuidado: foi Eurípides[84]. Nas Fenícias, Eurípides ridiculariza a longa descrição de Ésquilo:

751   Ὄνομα δ'ἑκάστου διατριβὴν πολλὴν ἔχει.

("Dar o nome de cada um é perder tempo.")

Seu Etéocles, longe de estar surpreso, deseja encontrar Polinice diante das muralhas (754-760). Depois do que, evidentemente, quando a primeira parte do combate termina, o mensageiro descreve os combatentes. A ordem é diferente da de Ésquilo, Polinice não é mais o sétimo. Os emblemas também são diferentes, com exceção daquele, mudo, de Anfiarau (1110-1112)[85]. Partenopeu, o primeiro nomeado, não tem Esfinge, mas apenas o emblema familiar: Atalante caçando o javali de Calidón (1108-1109). Hipomedonte tem no seu escudo Argos Pânoptes (1115). Tideu protege o seu com uma pele de leão e segura na mão direita[86] "o Titã Prometeu levando uma tocha como para incendiar a cidade" (1122), referência evidente ao escudo de Capaneu. Polinice goza de um dispositivo cinematográfico: as éguas de Pótnias, comedoras de carne humana, que um sistema de eixos permite animar (1123-1129). Capaneu tem um gigante que desenraíza uma cidade (1129-1133), outro exemplo de referência a Ésquilo. Adrasto tem serpentes que levam em suas mandíbulas os filhos de Cadmo (1138), o que foi evidentemente retomado do escudo de Partenopeu. Construir esse conjunto é um exercício que não fiz. Haveria nele um outro sentido a não ser o de uma desconstrução sistemática? De qualquer forma, tudo leva a crer que a cena dos Sete formava um conjunto suficientemente coerente para que Eurípides se obstinasse em destruí-lo.

---

83 N. Loraux aproxima, com razão, Eumênides, 665, onde se diz de Atena: οὐδ'ἐν σκότοισι νηδύος τεϑραμμένη, "não tendo sido nutrida à sombra de uma matriz". É o que permite a Atena presidir aos nascimentos autóctones. Dizer de Polinice que ele escapou das trevas maternas é reduzir a nada qualquer pretensão sua – e, em contrapartida, de seu irmão – à autoctonia.

84 Nada mais pretendo aqui senão levantar, em poucas palavras, um tema de pesquisa. Esta exigiria, para ser levada a bom termo, um estudo sistemático das Fenícias e das Suplicantes de Eurípides, sem falar nos versos 1309-1330 do Édipo em Colono de Sófocles.

85 Anfiarau é, na ordem de Eurípides, o segundo.

86 O texto é muito obscuro, e não me arrisco a interpretá-lo.

7. Édipo em Atenas*

O POETA E A CIDADE

"Felizardo Sófocles! Morreu após uma longa vida, homem de sorte e de talento; fez inúmeras e belas tragédias, e conheceu um belo fim, sem nunca ter sofrido mal algum." Desse modo o poeta cômico Frínico saudava, em 405 a.C., em sua comédia as *Musas*, a morte recente (406) de Sófocles, com cerca de noventa anos. A alusão é clara no início das *Traquínias* (1-3): "É uma verdade admitida há muito tempo entre os homens que não se pode saber, de nenhum mortal, antes que morra, se a vida lhe foi suave ou cruel", e, no final do *Édipo Rei*: "Evitemos chamar um homem de feliz antes que tenha atingido o termo de sua vida sem ter sofrido uma mágoa" (1529-1530). A vida de Sófocles foi, portanto, justamente o contrário de uma tragédia. Foi também uma vida altamente pública e política, no que Sófocles difere tanto de Ésquilo, esse cidadão simples, combatente de Maratona, mas que nunca ocupou cargo algum, como de Eurípides, esse homem doméstico que morreu, pouco antes do mais velho, Sófocles, na corte do rei da Macedônia. A vida de Sófocles acompanha a grandeza ateniense e extingue-se dois anos antes da derrocada de 404. Ele nasce em 496 ou 495 – uma dúzia de anos depois das reformas de Clístenes (508), que emolduram a futura democracia ateniense – , filho de um rico ateniense, Sófilos, dono de escravos, ferreiros e carpinteiros. Seu demo é Colono, no limite da cidade e do campo, e ele o pintará em sua última obra. Autor trágico, renuncia a representar suas obras

---

*   Prefácio a Sófocles, *Tragédies*, trad. de Paul Mazon, Paris, 1973, Gallirnard, col. Folio, pp. 9-37.

268   MITO E TRAGÉDIA NA GRÉCIA ANTIGA

devido à fraqueza de sua voz. Marido de uma ateniense e amante de uma siciônia, conheceu algumas dificuldades familiares: seu filho legítimo, Iofonte, também autor trágico, reprovava-o por favorecer seu neto ilegítimo, o poeta Sófocles, o Jovem, mas é duvidoso que tenha sido acusado por seus filhos de senilidade, como pretende um biógrafo anônimo. Seu sucesso nos concursos trágicos não teve precedentes. Teria sido coroado vinte e quatro vezes, e nunca foi o terceiro. Ésquilo só foi coroado treze vezes, e Eurípides conheceu apenas cinco vitórias, das quais uma póstuma. Ele é helenótamo em 443, isto é, administrador do tesouro ateniense vertido pelos "aliados" de Atenas, estrategista em 440, ao lado de seu amigo Péricles, junto ao qual participa da expedição de Samos; alguns anos mais tarde, ocupa novamente esse cargo junto ao "moderado" Nícias. Depois do desastre da Sicília (413), é um dos dez "comissários do conselho" (*próbouloi*), após uma espécie de golpe de Estado que devia culminar no efêmero regime oligárquico de 411. Essa longa carreira política, favorecida provavelmente por seus sucessos como autor trágico, e a ocupação dessas funções eletivas e não sorteadas não fizeram de Sófocles um técnico da coisa política. Nesse domínio, declara seu contemporâneo Íon de Quios, "ele não era nem hábil nem dotado de iniciativa, era um homem honesto de Atenas"[1]. Podemos traduzir "homem honesto" por "rico", e acrescentemos "conformista". Homem piedoso, membro de um grupo que cultua o herói-médico *Amýnos* (o Socorrista), em 421 dá asilo à estátua de Asclépio que os atenienses tinham mandado vir de Epidauro. Morto, conheceu a honra suprema da heroicidade. Foi *Déxios*, o Hospitaleiro. Conta-se que as fileiras dos sitiantes de Atenas se abriram para deixar passar seu cortejo fúnebre.

A *Oréstia* de Ésquilo (458) pode ser considerada um testemunho das reformas democráticas de Efialtes, de quem Péricles foi o adjunto, e, em seguida, o sucessor. Quase não é necessário lembrar que os *Persas* (472) são nossa "fonte" mais direta sobre a vitória naval de Salamina (480). Através da obra de Eurípides (da qual dezessete peças chegaram até nós), é legítimo e possível reconstituir toda a história de Atenas no século V[2]. É paradoxal, mas verdadeiro, dizer que a obra do único dos três grandes trágicos que esteve totalmente envolvido na vida política ateniense não se deixa interpretar ao longo dos acontecimentos. As alusões à "atualidade" são raras e de interpretação difícil e discutida. Elas não esclarecem nem as obras, nem a própria atualidade. Que Sófocles tenha sido patriota e tenha amado seu demo de Colono nos diz muito pouco. No *Ájax*, Tecmessa lamenta a sorte dos bastardos. Será preciso ver uma alusão à lei de 451, que define como cidadãos

1   *Apud* Athénée XIII, 604d.
2   Ver R. Goossens, *Euripide et Athènes*, Bruxelas, 1960.

ÉDIPO EM ATENAS 269

apenas aqueles que nasciam de pai e mãe atenienses?[3] Sófocles vivera
as conseqüências dessa lei em sua própria família, assim como Péricles, que era o autor da lei. O *Ájax* não se acha nem iluminado nem
datado por essa aproximação. A epidemia, a "peste" que é descrita no
início do *Édipo Rei*, pode remeter à peste de Atenas de 430, mas pode
também se inspirar no canto I da *Ilíada*. De toda a aventura ateniense
do século V, as Guerras Médicas, a dominação imperial, a Guerra do
Peloponeso, nada ou quase nada se reflete diretamente na obra. O elo
entre a tragédia sofocliana e a política ateniense existe, contudo, mas
ele se situa num outro nível. É inútil procurar separar o pensamento
do homem Sófocles de sua obra. Não existe "diário" do *Édipo Rei*. É
certo que se pode aproximar este ou aquele momento de uma tragédia
de fragmentos de Heráclito ou de Protágoras, mas Sófocles não tem,
como Eurípides às vezes, porta-voz, não tem outra política nem outra
filosofia senão a da própria tragédia, e isso já é muito.

De sua imensa obra – cento e vinte e três peças, segundo um
lexicógrafo bizantino – restam-nos sete tragédias, resultado de uma
escolha devida a qualquer universitário do Alto Império Romano.
Os papiros encontrados no Egito mostram que essas sete peças eram
realmente as mais lidas. A mesma fonte nos restituiu também longos
fragmentos de um "drama satírico"[4], os *Sabujos*. Outros fragmentos
são conhecidos, seja por citações de autores antigos, seja por papiros. Não é totalmente impossível que uma peça inteira seja, um dia,
descoberta no Egito. Mas Sófocles era menos popular na época helenístico-romana que Menandro, ou até Eurípides. Apenas duas dessas
peças têm datas precisas: o *Édipo em Colono*, que é sua última obra e
foi representada depois de sua morte (406), em 401, sob o patrocínio
de seu neto Sófocles, o Jovem, e o Filoctetes, que é de 409. Da *Antígona*, sabemos que foi representada antes da eleição de Sófocles como
"estrategista" (441). Através de critérios discutíveis, as *Traquínias* e
Ájax são datadas dos anos 450-440; *Édipo Rei* e *Electra*, de cerca de
430-420. Pode-se dizer que não sabemos nada sobre o início da carreira de Sófocles, cuja primeira vitória se situa em 468. Que tenha
tido, segundo seu próprio testemunho, relatado por Plutarco[5], três
"maneiras" diferentes, como Beethoven, não pode ser verificado.

---

3   É a tese sustentada por F. Robert, *"Sophocle, Périclès, Hérodote et la date d'Ajax"*
    R Ph, XXXVIII, 1964, pp. 213-227.

4   As tragédias eram representadas em grupo de três (trilogias), aos quais vinha
    se juntar um drama satírico cujo coro era formado por atores fantasiados de
    sátiros. Nenhuma trilogia de Sófocles foi conservada. Uma trilogia e um drama
    satírico formam uma tetralogia.

5   Plutarco, *Moralia (Do Progresso na Virtude)*, 79 b.

O MITO, O HERÓI, A CIDADE

A tragédia tem nascimento, segundo a palavra surpreendente de Walter Nestle, quando se começa a ver o mito com o olhar do cidadão. De fato, o poeta trágico se serve do imenso repertório das lendas heroicas, que Homero e os autores dos outros ciclos épicos haviam configurado e que os pintores imagistas de Atenas haviam representado nos vasos. Os heróis trágicos são todos emprestados a esse repertório, e podemos dizer que quando Agatão, jovem contemporâneo de Eurípides que encarna a Tragédia no *Banquete* de Platão, escreveu, pela primeira vez, uma tragédia cujas personagens eram de sua lavra, a tragédia clássica morreu, o que não a impede de subsistir enquanto forma literária. Não há outra origem da tragédia senão a própria tragédia. Que o protagonista saia do coro que canta um "ditirambo" em honra a Dioniso, que um segundo (com Ésquilo), depois um terceiro ator (com Sófocles) venham se juntar a ele no confronto entre o herói e o coro, não se pode explicar em termos de "origens". E nada mais se explicará ao dizermos que a palavra "tragédia" significa, talvez, canto declamado por ocasião do sacrifício do bode (*trágos*). Não são bodes que morrem na tragédia, mas homens; e se há sacrifício, é um sacrifício desviado de seu sentido.

Uma historieta relatada por Heródoto é contudo esclarecedora (V, 67). No século VI, o tirano Clístenes de Sícion, avô do revolucionário ateniense, teria abolido o culto do herói argivo Adrasto e transferido os coros trágicos, celebrados em sua honra, ao culto popular de Dioniso. Adrasto era um herói da lenda dos *Sete contra Tebas*, da qual Ésquilo fez uma tragédia. O herói, enquanto categoria religiosa, é uma criação da cidade que não parece remontar muito além do século VIII. Quando uma tumba real se cerca de tumbas mais modestas e se torna um lugar de culto, como a arqueologia nos faz constatar no fim do século VIII e no início do século VII, em Erétria, na Eubeia, nasce o herói. Os heróis são recrutados, por assim dizer, em qualquer lugar, aqui e ali, deuses decaídos ou reis promovidos. O importante é assinalar que seu culto está ligado à sua tumba, e que esta se inscreve no solo, em lugares que a cidade tem como simbólicos: a ágora, as portas da cidade, as fronteiras, por exemplo. O herói "ctônio" (ligado à terra) opõe-se desse modo ao deus "uraniano" (celeste), mas cria-se um segundo distanciamento, que a historieta narrada por Heródoto relata, com a cidade em vias de democratização do século VI e a cidade democrática do século V. O herói e a lenda ligam-se a esse universo de famílias nobres que, de todos os pontos de vista, práticas sociais, formas de religiosidade, comportamentos políticos, representa o que a cidade nova rejeitou no decorrer dessa mutação histórica profunda que começa em Atenas com Drácon e Sólon (fim

ÉDIPO EM ATENAS · 271

do século VII e início do século VI), para prosseguir com Clístenes, Efialtes e Péricles. Entre o mito heroico e a cidade, a distância foi escavada, mas não o bastante para que o herói deixe de permanecer presente e até ameaçador. A abolição da tirania em Atenas data apenas de 510, e Édipo não é a única personagem trágica a ser um *týrannos*. O direito (a *díkē*) contesta a tradição nobiliárquica e tirânica, mas trata-se de um direito que não está fixado ainda. A tragédia opõe constantemente uma *díkē* a outra, e vemos o direito deslocar-se e transformar-se em seu contrário, como nos diálogos entre Antígona e Creonte, entre Creonte e Hêmon, e como no *Édipo Rei*, onde o herói é ao mesmo tempo o inquiridor que age por delegação da cidade e o próprio objeto do inquérito.

O mito heroico não é trágico por si só, é o poeta trágico que lhe dá esse caráter. É certo que os mitos comportam, tanto quanto se queira, essas transgressões de que se nutriram as tragédias: o incesto, o parricídio, o matricídio, o ato de devorar os filhos, mas não comportam em si mesmos nenhuma instância que julga tais atos, como as que a cidade criou, como as que o coro exprime a seu modo. Em qualquer lugar onde se tem ocasião de conhecer a tradição, onde se exprimiu o mito, constata-se que é o poeta trágico que fecha o círculo que é a tragédia. É assim em Sófocles. O Édipo de Homero morre no trono de Tebas[6]; foram Ésquilo e Sófocles que fizeram dele um cego voluntário e um exilado. Nas *Traquínias*, o veneno que faz Héracles morrer não é o esperma do centauro Nessos, mas o sangue da Hidra de Lerna. Ao introduzir essa modificação, Sófocles não procura "atenuar a brutalidade da versão primitiva" (Paul Mazon); ele une a ação pela qual Dejanira mata "involuntariamente", mas impelida pelo amor, seu esposo Héracles à mais útil, à mais incontestável das explorações daquele: a liquidação de um monstro. É ainda Sófocles que cria a oposição Antígona-Creonte e a oposição Antígona-Ismene. Antes, Antígona e Ismene eram castigadas não pelo tirano Creonte, mas por Laodâmia, filho e herdeiro legítimo de Etéocles. A lenda de Filoctetes, um guerreiro exilado depois de um ferimento que em seguida é chamado a Troia e curado, porque seu arco é indispensável à tomada da cidade, não impunha absolutamente o confronto trágico, em torno do tema da astúcia e do combate leal, entre o velho excluído da cidade e o jovem que ainda não voltou. Parece que o Ájax da lenda se matava após sua crise de furor; é Sófocles que o faz reencontrar a lucidez antes da morte. O julgamento que atribuiu a Ulisses as armas de Aquiles não é mais pronunciado pelas Troianas, mas pelo voto dos pares do herói[7]. Assim como Antígona se opõe a Ismene, Electra se opõe a Crisótemis,

6   *Od.*, XI, 275-276.
7   Esse voto é representado em vasos de figura vermelha do século V desde antes de Sófocles: ele está ausente dos vasos da época arcaica.

272   MITO E TRAGÉDIA NA GRÉCIA ANTIGA

personagem desconhecida do próprio Ésquilo, e pode assim se tornar a intransigente guardiã do lar de Agamêmnon. E, voltando uma vez mais, a Édipo Rei, o que é a lenda de Édipo antes dos trágicos? É a de uma criança abandonada e conquistadora, para quem matar o pai e dormir com a mãe não tem talvez outro significado senão o de um mito de advento real de que há muitos outros exemplos.

O herói se separa então da cidade que o julga, e, em última instancia, os juízes serão os mesmos que atribuem o prêmio ao vencedor do concurso trágico, o povo reunido no teatro. É preciso que a separação tenha lugar ali mesmo onde, por uma reviravolta genial, Sófocles pintou, não a separação, mas o retorno, tanto no *Filoctetes* quanto no *Édipo em Colono*, tragédia da heroicidade, em Atenas, do velho exilado de Tebas. "É, portanto, quando não sou mais nada que me torno realmente um homem" (393).

TRAGÉDIA E HISTÓRIA

Heródoto é um contemporâneo de Sófocles, de quem foi até amigo. É um dos criadores do discurso histórico, do mesmo modo que Ésquilo e Sófocles foram os criadores do discurso trágico. Na obra de Heródoto encontramos não tragédias propriamente ditas, pois a tragédia não pode ser separada da *representação* trágica, desse duplo desdobramento que é, por um lado, a oposição entre o herói e o coro e, por outro, a relação que se estabelece entre o coro, os atores e a cidade presente nas arquibancadas, mas esquemas trágicos. Desse modo, a história de Creso, a dos Aquemênides, Ciro, Cambises, Xerxes, se desenrolam segundo uma ordem familiar aos leitores de tragédia: oráculos ambíguos e compreendidos de viés, uma escolha invariavelmente má que gera uma série de catástrofes pessoais e políticas. Por não ter interpretado corretamente oráculos que só são claros para nós, Creso perde ao mesmo tempo seu filho e seu império. Mas quem são esses heróis quase trágicos, atingidos pelo descomedimento (*hýbris*) e pela vingança divina (*átē*)? Na quase totalidade dos casos, esses heróis são déspotas orientais ou tiranos gregos (como Polícrates de Samos e outros), isto é, homens que confiscaram a cidade em proveito próprio. A cidade, com seus órgãos de deliberação e de execução, funciona em Heródoto como uma máquina antitrágica, quer seja "arcaica", como Esparta, ou democrática, como Atenas nos últimos tempos. Leônidas, rei de Esparta, foi morto nas Termópilas em 480 com seus trezentos guerreiros. Os espartanos consultaram o oráculo de Delfos[8] antes de entrar em guerra. O oráculo não oferece de modo

8   Heródoto, VII, 220.

algum esse caráter de ambiguidade que caracteriza o oráculo trágico e tantos oráculos esparsos na obra de Heródoto. Em termos de escolha política ele se mostra bastante simples: ou bem Esparta subsistirá, mas um de seus reis morrerá, ou bem Esparta será vencida, mas seu rei sobreviverá. A escolha de Leônidas é uma escolha política, e sua morte não é uma morte trágica.

Milcíades de Atenas aparece em Heródoto sob dois aspectos diferentes e, inclusive, opostos. Em Maratona (490), ele é um dos dez estrategistas eleitos de Atenas, perfeitamente integrado, por conseguinte, à cidade democrática. Mas é também o tirano de Quersoneso, onde foi vassalo do rei dos persas, e até em Atenas, após Maratona, seu papel é mais o de um candidato à tirania que o de um cidadão que arrasta os atenienses, sob pretextos ilusórios, a uma expedição contra Paros. Na véspera de Maratona, a situação é antes de tudo política, a de uma partilha de votos. Dos dez estrategistas, cinco são partidários do ataque e cinco, da espera. O árbitro é o chefe nominal do exército, o "polemarca" Calímaco. Milcíades vai encontrá-lo e lhe diz: "Podemos, *se os deuses permanecerem imparciais*, triunfar nessa contenda. Depende de você que Tebas seja livre..." (VI, 109). Se os deuses forem imparciais... os deuses da tragédia nunca são imparciais, mesmo se são os homens que realizam todos os gestos decisivos. A decisão tomada em Maratona é uma decisão política, tomada livremente por uma maioria. Mas o próprio Milcíades, algumas semanas depois, pede aos atenienses que lhe forneçam setenta navios, homens e dinheiro, "sem dizer nada do país que ele pretendia atacar". A expedição fracassa: Milcíades, guiado por uma sacerdotisa de Paros, penetra no santuário reservado às mulheres de Deméter Tesmóforos, o que é um ato de descomedimento. Tomado de pânico, recua e sofre um ferimento que o matará. A Pítia, consultada pelos pários, fez saber que a sacerdotisa fora o instrumento da vingança divina: "Milcíades devia acabar mal, e Timó [a sacerdotisa] aparecera a ele, para prendê-lo à sua infelicidade" (VI, 132-136). O oráculo intervém depois, e não antes da ação, mas Milcíades não deixou de ser logrado por um sinal divino enganador: ele se conduziu como tirano, e morre como uma vítima trágica.

O HERÓI E O CORO

No centro da *orkhêstra* circular, a *thymélē* é o altar redondo de Dioniso. É rumo a esse altar que se dirigem, num ritmo de marcha, os coreutas, por ocasião da entrada do coro, o *párodos*, momento solene da tragédia. É em relação à *thymélē* que evoluem os coreutas, girando ora num sentido, ora noutro, e ora permanecendo imóveis. Tangente à orquestra está a *skēnê* (donde vem nossa cena), tenda onde os atores se preparam. É Sófocles quem primeiramente a fez pintar, o que não significa, absolutamente, a introdução de um cenário, mas provavelmente de um simples efeito de perspectiva. No centro: uma porta que pode simbolizar, à vontade, a porta de um palácio, de um templo, ou a entrada de uma caverna, como no *Filoctetes*. Nas duas extremidades: duas saídas possibilitam entradas e saídas do lado da cidade e do lado do campo. Discute-se, e discutir-se-á muito tempo ainda, sobre o lugar exato onde ficavam os atores. A arqueologia não permite responder a essa questão, pois os teatros do século V eram de madeira, e nossos teatros, remanejados nas épocas helenísticas e romanas, datam, no máximo, como o de Epidauro, do século IV. No entanto, é certo, segundo o testemunho dos próprios textos e dos vasos, que uma estreita plataforma separava os atores do coro, diante da *skēnē*. Além disso, degraus permitiam o encontro e o diálogo. Desse modo, no início do Édipo em Colono, o coro convida Édipo a se manter sobre o "degrau" que o rochedo forma. A palavra grega é *bêma*, que designa o degrau da escadaria, mas também a tribuna da qual o orador se dirige aos cidadãos reunidos. Acima dessa *skēnē*, uma máquina simples permite as aparições divinas, como a de Héracles no fim do *Filoctetes*; através da porta central pode-se introduzir uma plataforma móvel, que permite, por exemplo, a exposição do corpo de Clitemnestra, no final da *Electra*.

A dualidade fundamental é a que opõe e confronta os três atores que representam todos os papéis heroicos – todos são homens, e é o mesmo ator que representa, nas *Traquínias*, os papéis sucessivos de Dejanira e de Héracles – e os quinze coreutas. O coro é coletivo, e os heróis, quer sejam Creonte ou Antígona, são individuais. Tanto o coro quanto os heróis estão fantasiados e mascarados, mas os coreutas usam, como os hoplitas da cidade, um uniforme: o próprio chefe do coro (o corifeu), intermediário obrigatório entre os heróis e os coreutas, não se distingue pelo traje. Ao contrário, as máscaras e os trajes dos atores são individualizados. O coro exprime então a seu modo, diante do herói atingido pelo descomedimento, a verdade coletiva, a verdade média, a verdade da cidade. O herói morre ou sofre, como Filoctetes ou Creonte, uma mutação decisiva, o coro subsiste. Ele não tem a primeira palavra, tem sempre, pela boca do corifeu, a última, como no *Édipo em Colono*. "Aqui, a história se fecha definitivamente".

Mas tudo o que acaba de ser dito pode ser agora revertido, e observemos primeiramente um detalhe técnico mais significativo: na empresa pública que é o concurso trágico, do mesmo modo que a construção dos navios de guerra, a cidade, que é responsável pela grande obra das trieres, provê os atores, e, assim como o trierarca financia, como liturgia, os aprestos do navio e o soldo da equipagem, é um rico ateniense, talvez até um meteco, que, sob o controle do arconte, recrutará, dirigirá ou mandará dirigir o coro; o conjunto era julgado pelos cidadãos. O coro é a expressão da cidade, que honra com suas evoluções o altar de Dioniso, isto é, do deus que, dentre todos os deuses do Olimpo, é o mais estrangeiro à cidade. Entre a linguagem travada pelos heróis e a travada pelo coro há muitas trocas, nem que seja apenas quando um e outro dialogam, ou modulam seus cantos, mas ainda é válido dizer que, de um modo geral, o coro, quando se exprime coletivamente, utiliza uma língua e uma métrica extraordinariamente complexas, enquanto os heróis falam uma linguagem simples, às vezes quase prosaica (que se leia, na *Antígona*, o diálogo entre Creonte e o guarda). Melhor ainda, se o coro é o órgão da expressão coletiva e cívica, é inteiramente excepcional que seja composto de cidadãos médios, isto é, adultos machos em idade de combate. Das trinta e duas tragédias que chegaram até nós em nome de Ésquilo, Sófocles e Eurípides (uma, o *Reso* de Eurípides, é provavelmente uma obra do século IV), só três (o *Ájax*, o *Filoctetes* e o *Reso*) têm um coro composto de guerreiros (ou de marinheiros) adultos. Em nove (inclusive na *Electra* e nas *Traquínias*), o coro é composto de mulheres e, às vezes, de mulheres escravas; nos vinte casos restantes (inclusive na *Antígona*, no *Édipo Rei* e no *Édipo em Colono*), ele é composto de anciãos. A exceção do *Ájax* e do *Filoctetes* é única, pois os guerreiros da primeira peça e os marinheiros da segunda estão na dependência direta de seus senhores Ájax e Neoptólemo. As mulheres, escravas ou livres, não são, nas cidades gregas, cidadãs, elas se situam aquém da cidade. Dos anciãos, ao contrário, somos tentados a dizer que são supercidadãos, já que são privilegiados na assembleia (onde são os primeiros a ter direito a palavra) ou no conselho (do qual não se pode fazer parte sem ter atingido um limite de idade que em Atenas é de trinta anos). Mas infra ou supercidadãos, quer se trate das mulheres de Tráquis ou dos demotas de Colono, a marginalidade não é menos real. Em Atenas, o conselho propõe e a assembleia decide; nas tragédias o coro nunca decide, ou suas decisões são objeto de derrisão; regra geral, é o herói – ou a força que o move – que toma as decisões irrevogáveis que estão no fundo de toda tragédia.

O *OÍKOS* E A CIDADE

A cidade é composta por lares que devem subsistir e se perpetuar para conservar o culto familiar cuja sede é precisamente o átrio (*héstia*) doméstico; sobre a ágora, o pritaneu onde a cidade acolhe os convivas que quer reverenciar é o lar comum da *pólis* grega, um dos lugares que melhor a simbolizam. A cidade é composta por esses lares. Para ser estrategista em Atenas é preciso ser proprietário de um bem na Ática e pai de filhos legítimos, e ter, desse modo, um patrimônio a defender. Mas a cidade não é composta apenas por esses lares, ela os engloba e os nega, às vezes brutalmente, como em Esparta, onde o antagonismo cidade-família aparece no estado puro, e às vezes mais sutilmente, como em Atenas. No século V, as grandes famílias, as *génē*, continuam evidentemente a desempenhar um papel essencial; é no seu seio que numerosos dirigentes são recrutados. Péricles é um "Bousyge", ligado, por sua mãe, ao *génos* dos "Alcmeônidas", que representou um papel determinante na eliminação dos tiranos no final do século VI. Mas a cidade democrática se fez também contra essas grandes famílias, e a arte funerária do século V exprime maravilhosamente a repressão a que está submetida a expressão dos sentimentos familiares, nem que seja apenas no momento da morte. A palavra *oíkos*, que às vezes traduzimos por "família", dificilmente é traduzível. Ora designa a família no sentido estrito do termo, ora a casa e todos os que gravitam em torno do lar: pais, filhos e escravos.

A tragédia exprime essa tensão entre o *oíkos* e a cidade. Na ilha deserta onde se situa o *Filoctetes*, a escolha que é oferecida aos dois heróis, escolha autenticamente trágica, deve ser feita entre o exército que combate diante de Troia, isto é, a cidade, e o retorno ao lar, isto é, a deserção. Esse seria o último partido que eles tomariam se não fossem impedidos por Héracles. Dejanira quer integrar a seu lar Iole, a cativa silenciosa, como escrava; diante do herói pan-helênico Héracles, ela não pode dividir seu *oíkos*, admitindo a presença de uma segunda esposa. Na *Electra*, a tragédia opõe, levando ao limite do assassinato, a mulher que passou para o lado dos homens, Clitemnestra, e sua filha, que pretende perpetuar o lar paterno, mas cujo destino "normal" seria abandoná-lo. Através de um jogo de palavras característico, ambas são "*álektroi*", isto é, fora do leito conjugal.

A *Antígona* é o exemplo mais célebre dessa tensão, e também aquele que foi quase sempre mal compreendido, apesar de algumas linhas luminosas que Hegel lhe consagrou na Estética. Conflito entre a "jovem selvagem", encarnada por Antígona, e a fria razão de Estado, representada por Creonte? Não foi Sófocles, mas Jean Anouilh, quem representou esse drama. Foi na sua *Antígona* que Creonte (ou Pierre Laval?) reuniu o conselho dos ministros depois da morte de todos os seus. O Creonte de Sófocles é partido pela catástrofe, como a própria Antígona; ele é "um cadáver ambulante". A *philía* (o amor de Antígona que se exprime desde os primeiros versos: "Tu és meu sangue, minha irmã Ismene...") é um sentimento que se dirige a seu *oíkos*, à sua família, que ela se recusa a dividir entre o irmão leal à cidade e o que morreu (assassinado pelo irmão e seu assassino) atacando-a, mas o *oíkos* que ela defende desmedidamente é o incestuoso e monstruoso de Édipo e dos Labdácidas.

"Eles vêm de longe", canta o coro, "os males que vejo abaterem-se sobre os vivos, sob o teto (*oíkos*) dos Labdácidas, sempre após os

ÉDIPO EM ATENAS

mortos, sem que nunca uma geração libere a seguinte" (594-596). O casamento cívico situa-se entre dois extremos: o extremo próximo, que é o incesto, quando "o pássaro come a carne do pássaro", para retomar uma imagem de Ésquilo, e o extremo longínquo, que é o casamento no estrangeiro. Édipo cometeu o incesto e Polinice desposou uma princesa argiva: "Ah! himeneu fatal de uma mãe! Incestuoso abraço que, aos braços de meu pai, uniu minha mãe desafortunada. De que culpados provenho, miserável! E são aqueles que hoje, malditos, sem himeneu, vou encontrar, por minha vez. Ah! O infeliz himeneu que tu então encontraste, irmão, já que, até morto, ainda pudeste perder a irmã que sobrevivera a ti" (862-871). E o coro pode replicar a Antígona: "Tua paixão só se aconselhou consigo mesma, e, desse modo, ela te pôs a perder" (875). Mas Creonte, por sua vez, não é o magistrado legítimo de uma cidade. Provavelmente, ele é definido, desde o verso 8, como o "estrategista" (o "chefe", na tradução de Paul Mazon) de Tebas, e Ismene pretende obedecer "aos poderes estabelecidos" (mais exatamente "aos que estão encarregados", expressão técnica que designa os magistrados – o plural é característico – da cidade). O próprio Creonte faz tudo para afirmar sua legitimidade. Mas essa legitimidade é radicalmente contestada pelos mesmos que, segundo as regras da cidade, estão em posição menos favorável para fazê-lo, a jovem Antígona (que proclama: "Os tebanos pensam como eu, mas contêm a língua") e o próprio filho de Creonte, Hêmon, um filho que enfrenta o pai, um jovem que se opõe a um adulto, mas um cidadão que se opõe ao tirano. Creonte pode invocar "esse cidadão dócil que... saberá comandar algum dia. do mesmo modo como se deixa comandar hoje" (668-669), o que é a própria definição da democracia antiga. Ora, no grande discurso que replica ao de Creonte, Hêmon responde: "Teu semblante intimida o cidadão simples" (690). E quando se estabelece o diálogo entre pai e filho, verso a verso, o espectador ateniense ouve o seguinte: Creonte: "Tebas deveria então ditar-me ordens?" Hêmon: "Estás vendo, tu respondes como uma criança". "Seria então para um outro que eu deveria governar esse país?" "Não há cidade que seja bem de um só." "Uma cidade, então, não é mais de seu chefe?" "Ah, tu servirias bem para comandar sozinho uma cidade vazia!" "Parece-me que esse rapaz se faz de defensor da mulher". "Se és mulher, sim, pois és o único a me interessar" (734-741).

O chefe legítimo, o homem, o adulto, é um tirano, uma mulher, uma criança. Acima da cidade (*hypsípolis*), ele está fora da cidade (*ápolis*). Entre aqueles que se defrontam, o coro não pôde, de imediato, decidir: "Falou-se muito bem aqui nos dois sentidos" (725), a lógica trágica, essa lógica do ambíguo, decide, conduzindo ao seu termo, os dois direitos que são também dois descomedimentos.

TEMPO DOS DEUSES E TEMPO DOS HOMENS

As reflexões sobre a instabilidade dos direitos humanos são tão numerosas e tão banais nos trágicos quanto em seu contemporâneo Heródoto ou em seus predecessores, os líricos. Desse modo, Ulisses no *Ájax*: "Vejo bem que não somos, nós todos que vivemos aqui, nada mais que fantasmas ou leves sombras" (125-126), e Atena responde: "Basta um dia para aumentar ou diminuir todos os infortúnios humanos" (131-132). Mas, quando Édipo viu revelada sua infelicidade, o coro canta: "O tempo, que tudo vê, descobriu-te contra a tua vontade!" (1213). Desse modo, opõem-se o tempo instável dos gestos humanos e o tempo soberano dos deuses, aquele que coloca cada um no lugar que deve ocupar no plano divino. Tempo dos deuses e tempo dos homens se encontram quando a verdade vem à tona. Após ter-se cegado, Édipo pode dizer: "Apolo, meus amigos! Sim, é Apolo que me inflige, nessa hora, essas atrozes, essas atrozes desgraças que são meu fardo, meu fardo daqui em diante. Mas nenhuma outra mão além da minha agiu, infeliz" (1329-1333). A oposição dessas duas categorias temporais é, em si, muito mais antiga que os trágicos, mas o palco trágico é precisamente o lugar onde os dois tempos, inicialmente disjuntos, se encontram.

Um dos modos normais de comunicação entre os deuses e os homens na sociedade grega é o vaticínio oracular. A soberania do oráculo é, nas tragédias, aquilo que o coro nunca contestará. Apesar disso, Jocasta propõe, por ter compreendido a verdade, o único meio possível de contestar a verdade oracular: "Viver ao acaso, como se pode, é de longe ainda o melhor..." (979). Viver ao acaso, é exatamente isso o que o herói trágico não faz. Mas entre os oráculos reais, os que conhecemos pelas inscrições de Delfos ou de Dodona, e o oráculo trágico as diferenças são surpreendentes. As questões colocadas pelos consulentes, individuais ou coletivos, são ambivalentes: Vou me casar ou não? Devemos guerrear ou não? A resposta é afirmativa ou negativa. A situação se inverte no caso do oráculo trágico. E a pergunta que é simples. Ela pode se resumir na interrogação que a maioria dos heróis propõe na tragédia: Que farei? Édipo foi avisado por Delfos de que mataria o pai e desposaria a mãe, mas o oráculo não lhe disse que o rei e a rainha de Corinto não eram seus pais. Creonte retorna de Delfos tendo sido avisado de que um homem maculava o solo de Tebas, mas o oráculo não disse quem encarnava essa mácula. A técnica trágica permite todas as soluções imagináveis em torno dessa ambiguidade fundamental. Desse modo, no *Filoctetes*, a profecia do adivinho troiano Helenos só é revelada de modo fracionado. Será Neoptólemo que tomará Troia? Neoptólemo e o arco de Filoctetes? Neoptólemo, Filoctetes e seu arco? Só tomaremos conhecimento disso progressivamente, e sem esse progresso na revelação não se compreenderia o

ÉDIPO EM ATENAS

rapto do arco do herói exilado, ordenado por Ulisses, realizado por Neoptólemo. Em suma, gestos humanos e plano divino seguem uma ordem inversa. Do mesmo modo que a *Oréstia* de Ésquilo, a *Electra* de Sófocles começa ao amanhecer e termina à noite. O amanhecer coloca em cena Orestes e o desespero de Electra, a noite cai sobre o assassinato na escuridão do palácio de Egisto. Nesse meio tempo, uma falsa temporalidade, uma falsa tragédia foi introduzida na verdadeira pela narrativa da pretensa morte de Orestes na corrida de carros de Delfos.

Mas é evidentemente no *Édipo rei* que se mostra com a mais extraordinária surpresa essa inclusão do tempo humano no tempo divino. Quando a peça começa, tudo já se realizou, mas ninguém sabe ainda. Édipo interrogou o oráculo, deixou seus "pais" de Corinto, matou um viajante que barrava seu caminho, libertou Tebas da Esfinge, desposou a rainha da cidade, ocupou o trono real, sem ver nessa sucessão nada além de uma sucessão. A pesquisa judiciária a que ele procede diante do enigma que a peste propõe, com os meios clássicos do procedimento ateniense (consulta do oráculo, do adivinho, das testemunhas), o revela a si próprio: "Agora, tudo se tornou claro". O enigma proposto pela Esfinge tem uma resposta, que era "o homem". O enigma proposto por Édipo tem uma resposta, que é ele próprio. Como observava Aristóteles (*Poética*, 52 e 29 e ss.), esses dois elementos essenciais que são, na tragédia grega, a *peripécia*, isto é, a inversão da situação da personagem, e o *reconhecimento*, isto é, a descoberta da identidade, estão reunidos no *Édipo*. Antes da descoberta final, uma última hipótese é contudo formulada. Édipo não é o filho de Pólibo e Mérope de Corinto. Não seria ele o filho da fortuna (*týkhe*) e até um homem selvagem? "Considero-me filho da Fortuna, Fortuna, a Generosa, e não sinto nenhuma vergonha disso. Fortuna foi minha mãe, e os anos que acompanharam minha vida tornaram-me, sucessivamente, ora pequeno, ora grande" (1080-1083), e cabe ao coro definir o Citéron, a fronteira selvagem que separa Tebas de Atenas, como o "compatriota de Édipo". Mas, em última instancia, não há na tragédia grega nem Fortuna nem homem selvagem. Édipo, o "tirano", isto é, o rei por acaso, é no início da peça venerado quase como um deus pelo povo de Tebas reunido, jovens e velhos confundidos, na presença de um altar que podemos crer era-lhe consagrado. É no momento em que se descobre cidadão e até rei legítimo de Tebas que ele é expulso da cidade. Todos os atos realizados por acaso doravante terão um sentido, e esse sentido o cega.

DISCURSO DUPLO

Um sofista do século V redigira *dissoí logoí*, "discursos duplos", para demonstrar que a tese e a antítese podiam ser defendidas sucessivamente.

A lógica da contradição entrava na Grécia do século V com fragor. Os trágicos – e Sófocles em particular – não ignoravam nem a palavra, nem a coisa, mas o *dissós lógos* não é, neles, o duplo discurso, o que separa o pró e o contra, mas o discurso duplo, o discurso ambíguo. A ambiguidade está presente em toda parte, no nível do que chamaríamos jogo de palavras; desse modo, a *Antígona* joga com o nome de Hêmon (em grego, *Haímon*), filho de Creonte, que o poeta aproxima da palavra que significa "sangue" (*haîma*). O célebre discurso ambíguo de Ájax (646-692) é compreendido pelo coro como sinal da resignação do herói diante da ordem dos deuses e do comando dos Atridas. "Finalmente, encontrei a salvação", mas o espectador compreende que Ájax decidiu se matar. Enfim, são as próprias estruturas das peças que são ambíguas e enigmáticas. Já observamos isso a respeito do *Édipo Rei* ou da *Electra*. É preciso tentar compreender por que.

A prática política, social, religiosa da cidade é uma prática de separação que visa a instalar cada um no seu domínio, os homens em relação aos homens, os homens em relação aos deuses. Assim, o território da cidade opõe o mundo dos campos cultivados, dos quais vivem os cidadãos, e o mundo selvagem, da fronteira, reservado a Dioniso e aos caçadores. O sacrifício que coloca os homens e os deuses em comunicação, mas que os fixa nos seus estatutos diferenciados (para os homens, a carne; para os deuses, a fumaça), está intimamente ligado ao mundo dos campos cultivados, sobre os quais reina Deméter. O animal sacrifical é um animal doméstico, o companheiro do homem no trabalho. Mundo selvagem e terra arável, caça e sacrifício não devem interligar-se.

Nessa prática social que é a guerra aparece uma polaridade do mesmo tipo. A guerra é uma atividade coletiva que depende do conjunto dos hoplitas, companheiros de fileira e intercambiáveis. O lugar normal onde ela se realiza é a planície cultivada, própria ao confronto das falanges, que é também exatamente aquilo que a cidade deve defender. Qualquer outra atividade guerreira, a emboscada, o combate noturno, a escaramuça nas fronteiras, depende do mundo selvagem e é confiada à parte selvagem da cidade, isto é, à juventude.

Através do espetáculo trágico, a própria cidade se questiona. Ora os heróis, ora o coro, encarnam sucessivamente valores cívicos e valores anticívicos. A tragédia também faz interligar-se o que a cidade separa, e essa interferência é uma das formas fundamentais da transgressão trágica. O Héracles divino do *Filoctetes* representa as virtudes hoplíticas, e é ele que manda os dois heróis da peça combaterem lado a lado diante de Troia. O Héracles estritamente humano das *Traquínias* é bem diferente. Diante do rio, com "o aspecto de touro" (509), Aquelóo é descrito como vindo "do país de Baco, de Tebas. Ele brande,

ÉDIPO EM ATENAS

ao mesmo tempo, o arco que se verga na batalha [literalmente: o arco de curvatura inversa dos citas], dardos, uma clava" (510-512), as armas da astúcia, as do combate clássico, as da brutalidade. Quando, na *Electra*, Orestes entra em cena, ele foi advertido pelo oráculo de que devia, "sozinho, sem escudo, sem armas, pela astúcia, dissimulando, prover o justo sacrifício que está reservado a seu braço". Antes de ser morto por Orestes, Egisto pode fazer a pergunta: "Por que, se o ato é belo, ele necessita da sombra?" (1493-1494), e declara ao filho de Agamêmnon: "Entretanto, não é de teu pai que vem a arte de que te vanglorias" (1500). Por uma ambiguidade suprema, o herói do *Édipo Rei* é caçador, mas a caça que ele persegue não é outra senão ele próprio. Ele é lavrador, mas o solo que semeou não é outro senão o campo materno. Ájax acreditou caçar e sacrificar homens guerreiros, mas na verdade realizou apenas uma matança de carneiros. Seu gesto final, realizado não diante do exército, mas diante do mar, no limite do mundo selvagem, é um sacrifício humano, o de si próprio. "A faca do sacrifício está então aqui, erguida, de modo a cortar da melhor maneira possível..." (815-816). Seu último adeus dirige-se precisamente ao solo de sua cidade, à planície onde o exército combate: "Solo sagrado de minha terra natal, Salamina, que serve de base ao lar de meus antepassados... E vós, fontes e rios que tenho sob os olhos, planície de Tróade, eu vos saúdo, todos juntos: adeus, vós que me nutristes" (859-863).

SABER, ARTE, PODER

Atenas quisera afirmar sua superioridade sobre Esparta pela posse de uma arte, um ofício, uma *tékhne* estranha ao combate tradicional do grego, a *tékhne* naval. "O que tange o mundo da esquadra é questão de ofício", diz Péricles em (I, 142). É também uma arte, um ofício, que os sofistas pretendiam ensinar quando se propunham como educadores da democracia. Um coro célebre da *Antígona* exalta os aspectos prometeicos do homem, e não é por acaso que ele coloca o domínio do mar no primeiro plano das conquistas humanas: "Há muitas maravilhas nesse mundo, não há nenhuma maior que o homem. Ele é o ser que sabe atravessar o mar cinzento, na hora em que o vento do sul e suas tempestades sopram, e que segue seu caminho no meio dos abismos que as ondas revoltas lhe abrem" (332-337). O domínio da terra e da agricultura só vem depois. No elogio de Atenas que o coro do *Édipo em Colono* pronuncia, a Ordem é invertida: do mundo selvagem "que Dioniso, o Bacante, frequenta", o poeta passa à terra e à oliveira, aos cavalos de Posídon e, enfim, apenas ao mar. De fato, a ambiguidade já aparecia no coro da *Antígona*, e a palavra que traduz "maravilhas" (*deiná*) significa em grego, ao mesmo tempo, "maravilhoso" e terrível".

A obra de Sófocles apresenta toda uma gama de personagens que encarnam o racionalismo humanista apoiado na *tékhne*, que é um aspecto, mas apenas um aspecto, da Grécia do século V. Assim, no nível mais simples, Jocasta. "Nunca", diz ela, "criatura humana possuiu a arte de predizer" (705-709, a palavra é ainda *tékhne*). O oráculo proferido a Apolo emanava não do deus, "mas de seus servidores". "Não temas", diz ela ainda, "o himeneu de uma mãe, muitos mortais já partilharam em sonho o leito materno" (980-982); e, de fato, segundo o testemunho de Heródoto, o vaticínio podia dar uma interpretação otimista da união com a mãe. A Dejanira das *Traquínias* emprega uma arte diferente para reconquistar o amor de Héracles; ela prepara o bálsamo mágico (na verdade, um veneno) cuja receita o centauro Nesso lhe indicara.

Édipo situa-se num outro nível. Através de um jogo frequente com o seu nome (Oidípous) e com o verbo que significa "eu sei" (*oîda*), Sófocles faz de Édipo o que ele sabe. É pelo saber e pela arte que ele liberta Tebas da terrível musicista, a Esfinge. É ao saber de Édipo que recorre o sacerdote, porta-voz do povo no início da peça: "Que a voz de um deus te ensine, ou que um mortal te instrua sobre isso, pouco importa" (42-43). Quando Tirésias, falando, por sua vez através de um enigma, afirma que "viu nele a força do verdadeiro", Édipo, que coloca a arte do adivinho num plano inferior ao seu saber, replica: "E quem lhe teria ensinado o verdadeiro? Seguramente, não foi tua arte" (357).

Diante de Creonte, de volta de Delfos, Édipo raciocina como técnico da coisa política. Pensa descobrir entre o adivinho e seu cunhado um complô destinado a expulsá-lo do poder. Pois, para Édipo, saber e poder caminham lado a lado.

No entanto, só há um único saber infalível: o que o vaticínio ocasiona, e Édipo está tão consciente disso que ele próprio se afirma, diante de Tirésias, como possuidor da arte do adivinho, mas os verdadeiros adivinhos são tão clarividentes quanto impotentes.

No século que seguirá o da tragédia, Platão oporá à fórmula de Protágoras ("O homem é a medida de todas as coisas") sua própria fórmula, que faz de Deus a medida de todas as coisas. É verdade que a divindade, nos trágicos, é também medida, mas é medida no termo da tragédia. É então, e só então, que o mundo ou o plano dos deuses torna-se *"inteligível"*. Platão na verdade não opõe o mundo sensível ao mundo inteligível; ele explica o primeiro, simples reflexo, pelo segundo, que o filósofo tem a possibilidade de descobrir. Mas o mundo trágico não comporta filósofos aptos a classificar os seres na sua hierarquia verdadeira, e é por isso que Platão rejeita a tragédia. No *Banquete*, o poeta trágico Agatão deve se inclinar, assim como Aristófanes, diante de Sócrates. O mundo trágico exclui a hierarquia dos saberes e a união entre saber e poder que o filósofo pretenderá

ÉDIPO EM ATENAS 283

realizar. Poderes e conhecimentos se defrontam nesse campo opaco que separa o mundo dos deuses do dos homens e cujo sentido é necessário escolher a toda hora. O coro da *Antígona*, para a glória do homem, diz ainda: "Senhor de um conhecimento cujas fontes engenhosas ultrapassam toda esperança, em seguida pode tomar o caminho do mal *assim como o do bem*" (364-366). O *Édipo em Colono*, que mostra o herói tebano entrando na eternidade a chamado dos deuses e conduzido pelo fundador mítico da democracia ateniense, Teseu, mostra que essa última hipótese não é inconcebível.

O DRAMA E O LEITOR

A trilogia da qual o *Édipo Rei* fazia parte não recebeu o primeiro prêmio no concurso das Grandes Dionísias. Este foi recebido pelo sobrinho de Ésquilo, Filoclés, cuja obra não chegou até nós (mas que talvez tenha apresentado uma obra de seu tio). O risco de perder era um dos elementos do concurso trágico. Escritas em 406, no momento da morte de Sófocles, as *Rãs* de Aristófanes mostram contudo que desde essa data Ésquilo, Sófocles e Eurípides gozam de uma primazia que ninguém contesta, embora a ordem na qual convém classificá-los seja ainda matéria para debate. No século IV, na Atenas de Licurgo, contemporâneo de Aristóteles, as efígies dos três grandes trágicos são vazadas em bronze, e o povo financia as reprises de suas peças. Somos os herdeiros desse primeiro classicismo, entrementes expurgado pelos professores romanos.

A história moderna do teatro de Sófocles começa em 3 e 5 de março de 1585, quando o *Édipo Tirano* foi representado com uma suntuosidade principesca no Teatro Olímpico de Palladio, em Vicência[9]. Mas, assim como uma igreja de L. B. Alberti não é um templo grego, o teatro de Palladio não é um teatro antigo; é até, num certo sentido, bem o contrário disso. O sol colorido que domina a cena não é o ar livre do teatro grego. A separação do palco e das arquibancadas exclui a *orkhéstra*, que garante a mediação entre os atores e o público. O mecenato da Accademia Olimpica não é o julgamento popular, e a representação de uma obra-prima não é um concurso trágico onde se defrontam autores, atores e coros de três tetralogias.

Evidentemente, podemos hoje representar *Édipo Rei* no teatro de Epidauro, mas uma leitura arqueológica permanece moderna, e nada se pode fazer para que não seja assim, mesmo que cada geração julgue descobrir, por uma operação de decapagem, o *verdadeiro* Sófocles e

---

9 Ver Léo Schrade, *La représentation d'Edipo-Tiranno au Teatro Olimpico*, Paris, CNRS, 1960, e *infra*, pp. 320-326.

o *verdadeiro* Édipo. A única superioridade da qual a nossa pode se vangloriar é, talvez, ser consciente dessas acumulações sucessivas de leituras.

Que leituras contraditórias tenham sido propostas (a antepenúltima é a leitura psicanalítica) não deve portanto nem nos espantar, nem nos indignar. Quando hoje tentamos compreender a tragédia grega através de um confronto sistemático entre as obras e as instituições, o vocabulário, as formas de decisão que caracterizavam a Atenas do século V, não pretendemos o saber absoluto (não há segredo no *Édipo Rei*, e nisso Freud, fascinado pelo "ilustre decifrador de enigmas", se enganou), e muito menos reencontrar, de uma vez por todas, o sentido que tinha, para seu autor e para seu público, a tragédia representada no século V. Dispomos apenas de obras, e não existe sentido absoluto.

Pelo menos, essa palavra, "obra", deve nos servir de resguardo, pois a obra é precisamente aquilo que não é necessário quebrar, aquilo fora do qual não temos que procurar um sentido. Talvez seja verdade que, para compreender o mito de Édipo, seja necessário, como afirmou Claude Lévi-Strauss, não sem paradoxo, reunir todas as versões do mito: as anteriores a Sófocles, a do poeta trágico, a de seus sucessores e, dentre elas, a do inventor do "complexo de Édipo"; mas uma obra não é um mito e não se deixa decompor em elementos primeiros. O mito só facilitará a leitura de uma obra de modo diferencial, na medida em que sabemos – o que não é sempre o caso – o que o poeta acrescenta e o que suprime. Desse modo, a Esfinge do *Édipo Rei* não é o monstro feminino, oriundo da terra que viola os jovens, como outros documentos permitem reconstituir, nem a filha de Laio, como defende uma tradição trazida por Pausânias. Ela é a "horrível cantora" que propunha o enigma e nada mais.

Isso não significa que não seja preciso esclarecer a tragédia através de outras fontes. Espetáculo ao mesmo tempo político e religioso, pode ser útil confrontar a tragédia com outros modelos políticos e religiosos. Desse modo, pudemos lembrar[10] que na época em que surgia no teatro a figura de Édipo, divino purificador e salvador de sua cidade, em seguida mácula abominável que a cidade rejeita e exila, existiam em Atenas e em outros lugares da Grécia duas instituições, a segunda uma versão politizada da primeira. O *pharmakós* era um "bode expiatório" (mas recrutado entre os homens) que a cidade expulsava anualmente do local como símbolo das máculas acumuladas durante o ano, em caso de necessidade, após tê-lo alimentado durante um ano como um rei derrisório, às expensas do tesouro público, e "Édipo

---

10 Cf. J.-P Vernant, "Ambiguidade e Reviravolta. Sobre a Estrutura Enigmática de *Édipo Rei*", *supra*, pp. 87-99.

ÉDIPO EM ATENAS

carrega realmente o peso de toda a infelicidade que oprime seus concidadãos", infelicidade da qual estes, na abertura da peça, suplicam que ele os livre. O ostracismo, procedimento que parece ter sido instituído em Atenas por Clístenes e que foi utilizado entre 487 e 416, visa a obter, por meios políticos, um resultado comparável: expulsar provisoriamente da cidade aquele dentre os cidadãos cuja superioridade corre o risco de atrair sobre si a vingança divina sob a forma da tirania. "O descomedimento", diz o coro do *Édipo Rei*, "gera a tirania" (873). Aristóteles dirá[11]: aquele que não pode viver em comunidade "não faz parte de nada na cidade, e consequentemente sente-se ou um bruto animal, ou um deus". Tal é o destino da personagem de Sófocles.

Do mesmo modo, quando nos lembramos que no mito, e ainda, em uma larga escala, nas instituições da época arcaica e clássica, o jovem cidadão, antes de ser integrado às fileiras dos hoplitas, era instalado nas fronteiras da cidade, devotado militarmente às emboscadas, até mesmo, como em Esparta, à caça e à exploração astuta e noturna que faz dele o inverso do cidadão normal, é difícil não relacionar essa série de fatos com a situação de Neoptólemo no *Filoctetes*: filho de Aquiles, futuro vencedor de Troia, mas por ora um adolescente, com a idade de um efebo ateniense, ele desembarca numa ilha deserta e é pressionado por seu chefe, Ulisses, a realizar o roubo do arco de Filoctetes, "exploração" contra a qual protestam tanto o passado de seu pai quanto seu próprio futuro. Na conclusão da tragédia, o homem selvagem que Filoctetes se tornara e o jovem provisoriamente destinado à traição reintegram o mundo da cidade[12].

Essas são hipóteses, e poderíamos propor outras, aplicáveis a outras peças de Sófocles. Digamos simplesmente, para concluir, que elas não visam, de modo algum, substituir a leitura que cada um faz e fará em definitivo, por sua própria conta, da obra do poeta grego.

11   *Política*, I, 1253a.
12   Ver P. Vidal-Naquet, "O *Filoctetes* de Sófocles e a Efebia", *supra*, pp. 132-145.

8. Édipo entre Duas Cidades. Ensaio sobre o *Édipo em Colono**

Édipo, tratado como um deus no início do *Édipo Rei*, aparece no fim da peça como a mácula que pesa sobre a cidade de Tebas. Vagabundo, miserável e cego no início do *Édipo em Colono*, suplicante às Eumênides e ao rei de Atenas, Teseu, ele se torna o hóspede e o benfeitor da cidade de Sófocles, o guia (*hegemón*, 1542) que se dirige à sua tumba de herói após ter vencido sucessivamente Creonte, que quer devolvê-lo a Tebas, e Polinice, que a ele implora, logo após ter quebrado os laços que ainda o ligavam à *pólis* de Tebas, da qual Creonte é o tirano, e ao *oíkos* dos Labdácidas.

Muito se escreveu sobre essa reviravolta exemplar, mas complexa[1], e não pretendo trazer visões revolucionárias, no máximo algu-

---

*   Publicado em *Métis*, 1, 1986.

1.   As páginas que apresento aqui remontam a seminários que começaram há mais de quinze anos. Pierre Ellinger era, então, um ouvinte particularmente eficaz. Desde então, foram objeto de exposições em Delfos, no dia 9 de abril de 1984, onde, graças a Yangos Andréadis, fui hóspede do Centro Europeu de Cultura, e em maio, em Pádua, onde, no Instituto de Grego, fui convidado de O. Longo e G. Serra Depois, tive a oportunidade de discutir esses problemas por ocasião de seminários realizados em Bruxelas, nos Países Baixos (em várias universidades), em Nápoles, em Catânia, em Tel Aviv e em Lille. Agradeço cordialmente a todos os meus ouvintes, quer tenham estado de acordo comigo ou sido meus críticos, e muito particularmente a J. Bollack, J. Bremmer, B. Cohen e P. Judet de La Combe. Acrescento a esses nomes o de meu velho amigo B. Bravo, que submeteu meu texto a uma crítica aprofundada. Não procurarei dar um esboço da imensa bibliografia do *Édipo em Colono*. Tive a satisfação de me encontrar em terreno familiar com o capítulo que Ch. Segal consagrou a essa tragédia no seu livro, *Tragedy and civilization – An interpretation of Sophocles*, Cambridge (Mass.), 1981, pp. 362-408. Devo muito a J. Jones, *On Aristotle and Greek tragedy*, 1962, pp. 214-235; a B. Knox, *The heroic temper; Studies in Sophoclean tragedy*, Cambridge, 1964; "Sophocles and the polis", *Entretiens de la Fondation Hardt*,

mas precisões novas. Três questões serão levantadas, e me esforçarei, naturalmente, por demonstrar que elas estão ligadas. Como se assinala e o que significa a oposição das duas cidades, Tebas e Atenas, entre as quais caminha o vagabundo, deixando a primeira para encontrar na segunda o asilo e a morte? Por outro lado, qual é o estatuto religioso, jurídico e político que Édipo adquire em Atenas, enquanto ainda está vivo, e após sua morte?

Enfim, como se assinala, no espaço cênico do teatro e no espaço representado direta e indiretamente, a mutação do herói?

Os gregos, já é sabido, inventaram a atividade política. Compreendamos essas palavras num sentido muito preciso[2]: o mundo humano é normalmente conflitante, e a atividade política consiste em objetivar esses conflitos sem pretender anulá-los. A *decisão* política é tomada não por um chefe soberano que fala em nome de uma divindade, nem mesmo, regra geral, por um consenso mais ou menos unânime (de que há, assim mesmo, exemplos), mas pela maioria. Ora – e esse é um fato notável –, se Atenas foi por excelência, desde Sólon e Clístenes, o local de emergência da atividade política, parece que a literatura ática pôs quase tanto cuidado em dissimular essa realidade quanto a cidade pusera engenho em fazê-la nascer. Por exemplo, pensemos no seguinte: somos informados por fontes históricas e por materiais documentários – que, aliás, estão muito longe de coincidirem exatamente – sobre as confrontações individuais entre líderes políticos, que o ostracismo permite resolver restabelecendo a paz cívica. Somos informados também sobre os grandes debates onde se chocam, na *ekklesía*, opções decisivas: matar ou não os mitilênios, ir ou não à Sicília, questões tão capitais como foram, para as democracias modernas, as de saber se era necessário mandar um homem à Lua ou instalar mísseis Pershing na Europa. Mas, além do caso particular do ostracismo, não estamos informados sobre os resultados das batalhas eleitorais.

> Vandoeuvres-Genebra, 1983, *Sophocle*, pp. 1-32; "Introduction a *Oedipe à Colone*", in *Sophocle, the three Teban plays*, 1984, pp. 255-277. A consulta, *in extremis*, ao comentário de J. Kamerbeek, *The plays of Sophocles*, VII, Leiden, 1984, não me trouxe grande coisa. Entre as sínteses recentes sobre Sófocles que consultei, assinalarei principalmente R. P. Winnington-Ingram, Sophocles; *An interpretation*, Cambridge, 1980, pp. 248-279 e 335-340; A. Machin, *Cohérence et continuité dans le théâtre de Sophocle*, Quebec, 1981, pp. 105-149 e 405-435; V. Di Benedetto, *Sofocle*, Florença, 1983, pp. 217-247, e, *last but not least*, para algumas fórmulas luminosas, p. 30, a brochura de R. G. A. Buxton, *Sophocles*, publicada com o n. 16 nas *New surveys in the classics*, de *Greece and Rome*, Oxford, 1984. O texto grego é, salvo advertência e alguns detalhes ortográficos, o de R. D. Dawe (Teubner, Leipzig, 1979): a tradução, às vezes modificada, é a de P. Mazon. Agradeço a Denise Fourgous pela ajuda que me deu na arte-final desse estudo, e Maud Sissung pela amizade que, uma vez mais, me demonstrou.
>
> 2 Ver M. I. Finley, *Politics in the Ancient World*, Cambridge, 1983; trad. fr. de J. Carlier, *L'invention de la politique*, Paris, 1985, e C. Ampolo, *La politica in Grecia*, Bari, 1981.

ÉDIPO ENTRE DUAS CIDADES. ENSAIO SOBRE O *ÉDIPO EM COLONO* 289

Além disso, o registro do ostracismo, tal como constituído nas pesquisas do Cerâmico, é diferente do que se podia tirar dos historiadores da cidade. Pensemos nesses dois homens: Mênon, filho de Menocleides, e Calíxenos, filho de Aristônimos (um Alcmeônida, talvez), abundantemente presentes nos fragmentos de louça descobertos pelos arqueólogos americanos, desconhecidos da tradição histórica[3].

Repitamos: não sabemos nada das batalhas eleitorais, e aqui o contraste é brutal com Roma. Nem sequer sabemos se houve realmente batalhas eleitorais.

As dificuldades encontradas por Péricles, depois dos primeiros fracassos da Guerra do Peloponeso, constituem apenas uma aparente exceção. O que diz, de fato, Tucídides? "Na ordem política, os atenienses deixavam se convencer por seus argumentos" (δημοσίᾳ μὲν τοῖς λόγοις ἀνεπείθοντο), mas os ricos e os membros do *dêmos*, por razões diferentes e de ordem econômica, coligaram-se contra ele "e só puseram termo à sua cólera comum depois de lhe terem imposto uma multa. Um pouco mais tarde, num retorno costumeiro das massas, eles o escolheram como estrategista e lhe confiaram a direção de todos os negócios. [...] Era o conjunto da Cidade (ἡ ξύμπασα πόλις) [isto é, a classe dos ricos e a classe popular] que o julgava o mais digno dessa função"[4].

Elíptico, como de costume, Tucídides não precisa se a carreira de Péricles como estrategista foi ou não interrompida pelo processo instaurado contra ele e pela condenação que se seguiu. O povo, no sentido geral do termo, não está politicamente dividido. Sucessivamente, ele é contra Péricles, e em seguida religado às suas escolhas políticas e estratégicas. Plutarco[5] pensa poder ser mais preciso, mas receio que haja nele mais uma amplificação retórica que uma informação verdadeira[6]. Depois de ter mencionado o último discurso cuja substância Tucídides (II, 60-64) pretende mostrar, ele acrescenta: "Os atenienses, transformados assim em senhores de sua sorte, fizeram de suas senhas de voto armas contra ele (τὰς ψήφους λαβόντας᾽ ἐπ᾽ αὐτὸν εἰς τὰς χεῖρας), tiraram-lhe a magistratura de estrategista e infligiram-lhe uma multa. Entretanto, a cidade, tendo feito a experiência de valor dos outros estrategistas e oradores para a condução da guerra, percebeu que nenhum dentre eles estava à altura de sua tarefa. [...] Assim ela lamentou Péricles. Chamaram-no à tribuna e ao *strategeîon*. [...] Tendo o povo se desculpado, ele consentiu em retomar os negócios em suas mãos e, nomeado estrategista, pediu a revogação da lei dos bastardos...". É certo que a

3 Cf. M. I. Finley, *Politics*, pp. 64-65.
4 Tucídides, II, 65, 2-4; modifico em vários pontos a tradução de J. de Romilly.
5 *Péricles*, 35, 4-6, 37.
6 Não coloco isso como regra geral, mas observaremos o ceticismo de Finley, *Politics*, pp. 50-51.

narrativa é mais detalhada que a de Tucídides, e é a única fonte que narra como Péricles perdeu suas funções de estrategista. Mas essas desculpas do povo a Péricles são suspeitas, e provavelmente mais romanas que gregas; em todo caso, não há nada aqui que reflita uma campanha eleitoral.

Não sabemos também se houve alguma vez listas politicamente homogêneas de candidatos. De modo algum está estabelecido que Sófocles, estrategista ao mesmo tempo que Péricles, tenha sido membro do mesmo grupo político que ele por ocasião da expedição de Samos (440) – trata-se até da única lista completa de estrategistas que possuíamos –, e todos sabem, para tomar um exemplo muito mais tardio, que Ésquines e Demóstenes fizeram parte da mesma embaixada junto a Filipe.

Em Atenas, o debate político, a luta política são quase sempre representados não como a prática normal da cidade democrática, mas como a *stásis*, para empregar essa palavra cujo sentido se desdobra num espectro que vai do simples estar em pé à guerra civil, passando pela facção política[7], com uma dominância muito nítida dos sentidos pejorativos. Nicole Loraux compreendeu isso bem: "A divisão, tornada ameaça absoluta, instala-se na cidade doente, dilacerada pelo confronto dos cidadãos entre si. [...] Da divisão das opiniões ao confronto sangrento há uma certa distância. E, contudo, para dar esse passo, nós nos contentamos – essa é, pelo menos, a hipótese – em imitar os gregos"[8]. Todos os gregos? Não, e Nicole Loraux sabe disso melhor do que ninguém. Nem todos os gêneros literários estão situados no mesmo plano material, e de bom grado eu diria, para chegar enfim ao ponto, que a história reconhece e delimita, dentro de certas fronteiras[9], o conflito político que a oração fúnebre anula[10], que a comédia ridiculariza na sua própria essência, e que a tragédia expatria.

O que isso quer dizer? Simplesmente: quando a cidade representada é Atenas ou um equivalente de Atenas, quer se trate da Argos das *Suplicantes* de Ésquilo, da Atenas das *Suplicantes* e dos *Heráclidas* de Eurípides, ou, enfim, do *Édipo em Colono*, o debate é de certo modo anulado, e a cidade é representada como Platão gostaria que fosse: una.

---

7   "All levels of intensity were embraced by the splendid Greek portman-teauword stasis", escreve Finley, *Politics*, p. 105.

8   N. Loraux, "L'oubli dans la cité", *Le temps de la réflexion*, 1, 1980, pp. 213-242.

9   Cf. Finley, *Politics*, pp. 54-55.

10   Isso é mostrado de um modo, a meu ver, decisivo por N. Loraux, *L'invention d'Athènes*, Berlim e Haia-Paris, 1981, nota às pp. 268-291. C. Ampolo também consagrou um capítulo no seu livro supra citado, nota 2, à negação da política (pp. 40-55), mas é necessário ir muito mais longe. A negação da política não diz respeito apenas aos filósofos.

ÉDIPO ENTRE DUAS CIDADES. ENSAIO SOBRE O *ÉDIPO EM COLONO* 291

Temos uma prova magnífica de que se trata de uma escolha numa passagem célebre das *Suplicantes* de Ésquilo. A decisão referente ao asilo dado às filhas de Dânao deve ser tomada pela maioria, e o corifeu pergunta:

603   ἔνισπε δ' ἡμῖν, ποῖ κεκύρωται τέλος,
        δήμου κρατοῦσα χεὶρ ὅπη πληθύνεται;

    ("Diga-nos a que se prende a decisão tomada, onde se acha a maioria dos sufrágios no voto soberano das mãos populares.")[11]

E a resposta é:

605   Ἔδοξεν Ἀργείοισιν οὐ διχορρόπως,

    ("Os argivos decidiram sem que houvesse um único voto dissidente...")

O decreto que faz das Danaides metecas, depois do uso da *peithó*, da Persuasão, por "hábeis arengas, próprias a persuadir as massas" (δημηγόρους [...] εὐπιθεῖς στροφάς) (623)[12], foi aprovado por unanimidade, *pandemíai* (607), sem que o arauto tenha de intervir (*áneu kletêros*, 622). Só no futuro é que se encara a possibilidade (613-614) de um cidadão de Argos não levar ajuda às vítimas.

Existe, é verdade, uma exceção aparente à regra que proponho. No final das *Eumênides* (752), o voto está dividido. Os figurantes mudos, que se sentam como juízes no Areópago[13], dão um voto de maioria aos inimigos de Orestes, e é Atena que provoca a absolvição, exprimindo, através de seu voto único e duplo, a unanimidade cívica. O debate aberto ocorreu apenas entre divindades, Apolo e as Erínias.

Mas se nos trágicos Atenas não debate com Atenas, a *stásis* tem um lugar privilegiado, Tebas, que poderíamos dizer ser uma anticidade[14]. É assim em Ésquilo nos *Sete*, cujo início marca a *stásis* entre Etéocles e as mulheres, e cujo final, seja ou não autêntico, revela que, com a divisão do coro entre os partidários de Antígona e os de Ismene, se passou da guerra estrangeira à guerra civil. É assim em Eurípides com as *Suplicantes*, as *Fenícias*, *Héracles* e, naturalmente, as *Bacantes*: poderíamos mostrar que nessa peça a *stásis* passa pelo interior da

---

11   Para o verso 603 segui apenas a tradução de P. Mazon.

12   Cf. R. G. A. Buxton, *Persuasion in Greek tragedy, A study of Peitho*, Cambridge, 1982, notadamente p. 79: "For the moment, political peitho is supreme".

13   Para uma discussão sobre seu número e seu papel, cf. O. Tapiln, *The stagecraft of Aeschylus. The dramatic use of exits and entrances in Greek tragedy*, Oxford, 1977, pp. 392-395.

14   Empresto essa ideia do ensinamento oral de Froma I. Zeitlin, que deve publicar em breve um ensaio sobre esse assunto, do qual tomei conhecimento quando essas páginas estavam redigidas: ver por enquanto *Under the sign of the shield*, Roma, 1982, p. 199, n. 5.

292 MITO E TRAGÉDIA NA GRÉCIA ANTIGA

personagem central, o rei Penteu, dividido entre o hoplita e a mulher. É assim em Sófocles, seguramente, com as três peças tebanas.

Para compreender no que Tebas é excepcional, fixa no papel de má cidade, basta, por exemplo, olhar o destino trágico de Argos-Micenas. Já disse que ela é a cidade-una nas *Suplicantes* de Ésquilo, tanto quanto é Atenas na peça homônima de Eurípides. Ao contrário, no *Agamêmnon* e nas *Coéforas*, bem como na *Electra* de Sófocles e na de Eurípides, ela é a cidade mal governada, a cidade cujo rei está ausente, a cidade governada por uma mulher. Mas ao final do mau governo desponta a esperança do bom. O caso do *Orestes* de Eurípides é, dentre todos, surpreendente. Verdadeira réplica, a mais de meio século de distância, das *Suplicantes* de Ésquilo[15], essa peça nos apresenta um julgamento de Orestes diferente do das *Eumênides*. Orestes e sua irmã são citados não diante do Areópago, onde deuses e cidadãos se confundem, mas diante de uma assembleia de Argos que se assemelha em tudo à de Atenas, vista pelos críticos da democracia – estamos na primavera de 408[16].

Os oradores se sucedem e se opõem. O arauto Taltíbios mantém uma linguagem dupla. Diomedes pleiteia o exílio, e "uns aplaudem, bradando que ele tinha razão, mas outros o desaprovam" (901-902). Um "argivo sem sê-lo", um meteco que o escoliasta identifica com o "demagogo" Cleofonte, propõe a lapidação (902-916), enquanto um camponês anônimo, um desses *autourgoí* caros ao pensamento político moderado do fim do século V[17], pede, ao contrário, uma coroa para Orestes; e os *Khrestoí*, isto é, os "dignos", os membros da classe superior, "davam-lhe razão" (917-930). E a vitória foi para o demagogo e para o partido popular. Não é o nome de Atenas, contudo; é Atenas, sem dúvida.

Mas é preciso compreender que a relação de Tebas com Atenas não é essa. Tebas não é um simples registro no qual se possam transcrever tanto a idealização de Atenas quanto sua caricatura selvagem. Será a longa hostilidade de vizinhança que separa as duas cidades, particularmente com a constituição da liga beócia, que surge como uma réplica às instituições preconizadas por Clístenes?[18] A Tebas trá-

---

15 Descreve-se uma assembleia que se reúne "no lugar alto onde, o primeiro, Dânao, para dar reparação a Egito, reúne, diz-se, o povo em assembleia" (871-873), em outras palavras, no local de origem da democracia.

16 "Num momento de profundo ceticismo para com a vida democrática e a função da *ekklesía* em Atenas", faz valer V. Di Benedetto na sua edição da peça, Florença, 1965, p. 171.

17 Cf. R. Goossens, *Euripide et Athènes*, Bruxelas, 1962, pp. 556-559, e Cl. Mossé, *La fin de la démocratie athénienne*, Paris, 1962, pp. 251-253.

18 Ver P. Lévêque e P. Vidal-Naquet, *Clisthène l'Athénien*, Besançon e Paris, 1964, pp. 112-113.

ÉDIPO ENTRE DUAS CIDADES. ENSAIO SOBRE O *ÉDIPO EM COLONO*   293

gica sempre funciona como paradigma da cidade dividida. Trata-se de uma essência, não de uma existência[19].

Vejamos então como esse princípio se aplica ao *Édipo em Colono*. E, de início, façamos essa simples pergunta: quem governa Tebas no momento em que Édipo chega a Atenas? O problema é formulado por Ismene em termos de narração histórica. No início, tomados por uma sadia *éris*, seus irmãos rivalizam em ardor para "deixar o trono a Creonte [...] e poupar, assim, uma mácula a Tebas" (367-369). Em seguida, é a *éris kaké* (372)[20], a rivalidade perversa, que é desde Hesíodo inseparável da primeira, que triunfa e que os opõem, em bloco, a Creonte, depois entre si, já que o caçula, Etéocles, quer triunfar sobre o primogênito, Polinice – esse último detalhe é uma invenção de Sófocles[21] –, que é expulso, banido, e se refugia em Argos, de onde conduz a guerra contra sua própria cidade (375-380). Ele também está entre duas cidades, duas cidades que guerreiam entre si; apenas, se uma é Tebas, a outra é Argos. Mas será que Etéocles é o rei de Tebas? Édipo convoca seus dois filhos, ambos acusados de terem preferido os tronos, os cetros, o exercício da tirania e do poder a seu pai (448-451, 1354-1357), em suma, a *pólis* ao *oíkos*. Mas Polinice diz a Édipo que Etéocles é tirano em nossa casa"[22], Ὁ δ᾽ ἐν δόμοις τύραννος – o tirano doméstico, de qualquer modo, o senhor do *oíkos*. A tirania política, ao contrário, é exercida por Creonte, que proclama sua soberania ao mesmo tempo em que finge depender da cidade: καὶ τύραννος ὢν, "por mais tirano que eu seja" (851). Sem falar de Édipo, a quem resta o poder de garantir a salvação de sua cidade natal com sua morte em Tebas, há três pretendentes à soberania sobre Tebas: Creonte, Etéocles

---

19   E é por isso que não acho, como B. Knox no seu célebre livro *Oedipus at Thebes*, New Haven, 1957, que Édipo (no *Édipo Rei*) seja uma figuração da audácia imperial de Atenas, em todo caso uma figuração consciente, e me oponho a J. Dalfon, "Philoktet und Oedipus auf Kolonos", *Festschrift E. Grassi*, Munique, 1973, pp. 43-62, que vê (pp. 56-57) no conflito dos dois irmãos em Tebas uma transposição da *stásis* ateniense.

20   A presença da *éris kaké* no verso 372 supõe que seja preciso manter, no verso 367, a palavra *éris* que Tyrwhitt, seguido por Jebb, corrigira para *éros*. Jebb achava que a influência do texto de Hesíodo (*Trabalhos*, 11 e ss.) se fizera sentir, mas no sentido de uma alteração do texto: ver nota na sua edição comentada (Cambridge, 1899, reimpressão Hakkert, Amsterdam, 1965), pp. 65-66.

21   Ver a nota de Jebb, *loc. cit.*, p. 67. Nas *Fenícias* de Eurípides (71), Etéocles lembra seu direito de primogenitura. Polinice invoca o seu no *Édipo em Colono*, nos versos 1294 e 1422. Mazon observa, a propósito do verso 1354 do *Édipo em Colono*: "De fato, Polinice nunca reinou sobre Tebas". Mas o que é o "fato" no passado de uma ação trágica? No novo fragmento de Lille (*P. Lille*, 73), os dois irmãos são colocados pela mãe no mesmo pé de igualdade, sem que se saça menção do direito de primogenitura, devendo o poder político ir para Etéocles e a riqueza para Polinice.

22   Tirano e não rei, como Mazon traduz no verso 1338; é preciso condenar, uma vez mais, o detestável costume dos tradutores franceses: traduzir *týrannos* por "rei".

294 MITO E TRAGÉDIA NA GRÉCIA ANTIGA

e Polinice, que está à frente de um exército argivo e tido como argivo por Teseu (1167), ao mesmo tempo que é parente (*engenés*) de Édipo.

"Nem anarquia nem despotismo", é a palavra de ordem das Erínias nas *Eumênides* (525-526 e 696), palavra de ordem que Atena retoma por sua conta. Acabamos de ver que Tebas é ao mesmo tempo privada de comando e submetida a uma tirania. Essa cidade tirânica é também uma cidade injusta. Ela é acusada em sua totalidade por Édipo de tê-lo unido a Jocasta e de ser, desse modo, responsável por suas infelicidades (525-526). Foi ela, coletivamente, que o expulsou do território tebano:

440 πόλις βία
   ἤλαυνέ μ᾿ ἐκ γῆς χρόνιον

   ("Tebas me expulsou à força de seu território – muito tempo depois.")

É ela ainda que, segundo Creonte, teria decidido o retorno de Édipo (736)[23].

Mas essa cidade responsável é também, pela fala de Creonte, uma cidade mentirosa, que usa uma falsa *peithó*[24], um tipo de "persuasão" que aproximaríamos do moderno discurso ideológico. O discurso de Creonte (728-760) fala de Tebas como se Tebas encarnasse os valores de Atenas, como se as duas cidades estivessem no mesmo plano. Ele vem a Atenas não como rei, mas como um ancião (733), em nome do princípio de antiguidade. "Não venho em nome de um homem, é pelo conjunto de meus concidadãos (ἀλλ᾿ ἀστῶν ὑπὸ πάντων κελευσθείς) que sou convocado" (737-738)[25]. Em nome da *peithó* (756), ele convida Édipo a entrar na sua cidade, na casa de seus ancestrais, na cidade que o alimentou. Mas ele foi avisado por Ismene (399-405): não deve de modo algum ultrapassar a fronteira; ficará no exterior, na borda, *páraulos* (785), isto é, como formula o escoliasta, em *ágrois*, no espaço de fora. No entanto, não se trata apenas do passado e do futuro: é sob os olhos dos espectadores que o representante de Tebas, Creonte, comete ilegalidades: viola a lei de Atenas, sequestra Antígona e Ismene, ameaça sequestrar Édipo e assim aumentar o saque (*rhýsion*) de sua cidade. Não se trata, salvo no nível do vocabulário, de represálias aplicadas em virtude de um direito que existe, mas da violência pura e simples[26].

---

23 Ver também os versos 540-541, onde Édipo fala do "preço de seus serviços" que sua cidade lhe concedeu.

24 Cf. Buxton, *Persuasion*, pp. 140-141.

25 Retive, como Jebb e Dawe, a lição *astôn* que dá um grupo de manuscritos, enquanto outros (dentre os quais o Laurentianus) têm *andrôn*, que parece nascido do *ándra* do verso 735.

26 Ver B. Bravo, "Sylân. Représailles et justice privée contre des étrangers dans les cités grecques", *ASNP*, série III, 10, 1980, pp. 675-987; para a interpretação do

ÉDIPO ENTRE DUAS CIDADES. ENSAIO SOBRE O *ÉDIPO EM COLONO*   295

Será que esse requisitório é compensado? Será que Tebas pode ser distinguida de seus dirigentes reais (Etéocles, Creonte) ou potenciais (Polinice)? Édipo anuncia a Polinice: não tomará Tebas (1372). A expedicão dos *Sete* terminará em fracasso. Aqui, dificilmente o mito podia ser ignorado. Mais surpreendente é o discurso de Teseu a Creonte:

919   Καίτοι σε Θῆβαι γ᾽ οὐκ ἐπαίδευσαν κακόν
      οὐ γὰρ φιλοῦσιν ἄνδρας ἐκδίκους τρέφειν.

("E, no entanto, Tebas não te criou para fazer o mal; ela não tem o hábito de alimentar homens injustos.")

Essa pequena passagem suscitou polêmicas violentas. Wilamowitz viu nela uma alusão ao partido de Ismene em Tebas, hostil à linha antiateniense da cidade[27]. Ao invés de ir nessa direção, valeria mais, como M. Pohlens[28], supor uma alusão a esses tebanos que, após a revolução dos trinta tiranos, deram asilo aos democratas atenienses refugiados na Beócia[29]. Os versos litigiosos teriam sido acrescentados entre a morte de Sófocles (406) e a representação da peça (401), período turbulento e, portanto, propício aos remanejamentos.

Mas não somos forçados a chegar a esse extremo. Que Teseu, o soberano-modelo da cidade-modelo, separe – o que Édipo não faz – a cidade de Tebas de seus dirigentes está, em suma, em conformidade com a lógica da personagem, mais ainda que com a da tragédia toda.

De fato, diante da anticidade, a cidade da violência pura e da *stásis*, para criar o retrato de Atenas como cidade-modelo[30] basta virar o retrato de Tebas. Seria então preciso citar toda a peça, e não apenas o ilustre coro (668-719) que, partindo da branca Colono, exalta a Atenas das oliveiras, dos cavalos e dos marinheiros. Limitar-me-ei a algumas observações. Atenas é uma cidade cujo chefe nunca é chamado de *týrannos*. Teseu é o *basileús*, o rei (67); o guia, *hegemón* (289); o soberano, *ánax* (1130, 1499, 1759); é, ainda, de uma palavra de origem

---

verso 858 do *Édipo em Colono* e da palavra *rhýsion*, não creio, como Bravo, pp. 775-777, que o emprego da palavra *rhýsion* seja inocente. Creonte a emprega especificamente no sentido de represálias, o espectador ateniense a compreende como pura violência.

27   Apud Tycho von Wilamowitz-Möllendorf, "Die dramatische Technik des Sophokles", Berlim, 1917, pp. 368-369. Essa interpretação suscitou o furor de K. Reinhardt, *Sophocle* (1933), trad. E. Martineau, Paris, 1971, p. 274.

28   *Die griechische Tragödie*, Leipzig, 1939, II, p. 245, nota ad I, p. 368, citado por Karl Reinhardt, *op. cit.*, p. 274, n. 18.

29   Xenofonte, *Hel.*, III, 5, 8; Diodoro, XII, 6, 3.

30   Cf. Segal, *op. cit.* supra, n. 1, p. 362: "The contrast between the two cities and the two images of society that they embody is essential to an understanding of the play".

296   MITO E TRAGÉDIA NA GRÉCIA ANTIGA

indo-europeia, o *koíranos*[31](1287), o chefe da guerra; é até mesmo e simplesmente "esse homem" (*anér*, 1486), ou, de modo mais metafórico, o responsável (*kraínon*) por esse país (862, 926); ele nunca é um tirano. E é muito naturalmente que o próprio Creonte assinala a presença, ao lado do rei, do sábio Conselho do Areópago (947). Atenas é, claro, uma cidade de homens livres e não de escravos (917), uma cidade onde o direito de falar (1287) é respeitado: o próprio Polinice beneficia-se disso[32].

Atenas é, enfim – e veremos que a observação tem sua importância –, uma cidade onde conta o elemento local, o demo, nesse caso o de Colono, que fornece o coro, comunidade orgulhosa de si mesma e que era a de Sófocles[33]. O coloniata que encontra Édipo não se permite expulsá-lo da cidade "sem o consentimento da cidade", *póleos díkha* (47-48). O demo é uma redução de Atenas, e é sua *agorá* que está representada na *orkhḗstra*, funcionando o coro como uma fração de assembleia política, mas é precisamente apenas uma fração, e Teseu, esse rei-*Ekklesía*, essa encarnação da soberania popular, marca a distinção[34]. Atenas é portanto a cidade ideal, capaz de mobilizar todos os cidadãos, hoplitas e cavaleiros, a serviço de uma justa causa (898); ela é a cidade que não decide nada sem o consentimento da lei, Κἄνευ νόμου κραίνουσαν οὐδέν (913). É preciso – ou possível – dizer mais?

Entre essas duas cidades, qual é o estatuto de Édipo? Tratando-se dos trágicos, é perigoso querer transcrever pura e simplesmente o estatuto heroico em termos jurídicos. Isso é verdade, afinal de contas, para todos os trágicos. Não apenas porque, como havia sentido Gernet, a tragédia exprime um direito que está se fazendo, que ainda não foi fixado[35], mas também porque a tragédia explora as situações extremas e ultrapassa os limites, o que, evidentemente, o direito não faz.

---

31 Uma etimologia grega com valor militar é defendida por A. Heubeck, "κοὶρανος, κόρραγος und Verwandtes", *Würzburger Jahrbücher für die Altertumswissenschaft*, NF 4, 1970, pp. 91-98.

32 Sobre os debates em torno da liberdade do cidadão de Atenas no fim do século V, ver, agora, K. A. Raaflaub, "Democracy, oligarchy and the concept of the *free citizen* in late fifth century Athens", *Political theory*, 11, 4 (nov. 1983), pp. 517-544.

33 Cf. os versos 58-61: "Os campos vizinhos gabam-se de ter por criador o cavaleiro que vês aí, Colono, e todos usam juntos o nome que lhe tomaram emprestado". Ésquilo, do demo de Elêusis, chamara *Eleusianas* a uma tragédia hoje perdida. Um de meus ouvintes de Utrecht, H. Teitler, fez-me notar que Colono foi também o lugar da reunião extraordinária da assembleia popular que é a origem da constituição de 411 (Tucídides, VIII, 67, 3).

34 Ver os versos 638-640; Teseu deixa a escolha a Édipo: ficar em Colono ou vir com ele até o centro.

35 Ver J.-P. Vernant, "La tragédie grecque selon Louis Gernet", *Hommages à Louis Gernet*, Paris, 1966, pp. 31-35.

ÉDIPO ENTRE DUAS CIDADES. ENSAIO SOBRE O *ÉDIPO EM COLONO*   297

Tomemos o caso das *Suplicantes* de Ésquilo, primeira "tragédia dos estrangeiros"[36]. Ao desembarcar em Argos, pretendendo-se argivas e reclamando por isso a cidadania, apesar de seu aspecto egípcio, as Danaides sentaram-se no santuário na postura das "suplicantes". O rei de Argos define seu estatuto, ou melhor, sua ausência de estatuto. Não ousaram elas vir a Argos:

238   οὔτε κηρύκων ὕ''πο
οὔτε κηρύκων ὕ''πο
ἀπρόξενοί τε, νόσφιν ἡγητῶν

sem os arautos *estrangeiros* que normalmente deveriam precedê-las, sem os guias (*locais*?) que deveriam acompanhá-las, sem os próxenos *argivos*[37] que supostamente deveriam acolhê-las? Um próxeno, no sentido clássico da palavra, seria um cidadão de Argos que se ocupava dos interesses da cidade de onde provinham as Danaides, o que se choca com uma dupla dificuldade: essas jovens se apresentam como de origem argiva (16, 274) e não vêm de uma cidade que poderia ter relacionamentos normais com Argos. Quanto ao arauto, ele existe, mas falará em nome dos filhos de Egito, primos irmãos das Danaides. Na falta de próxenos, elas pedem ao rei que represente esse papel:

418   φρόντισον καὶ γενοῦ πανδίκως
εὐσεβὴς πρόξενος
("Reflete e torna-te, com toda a justiça, um piedoso próxeno.")

É o que se tornará efetivamente Pelasgo, qualificado mais adiante (491) como *aidoîos próxenos*, "respeitoso próxeno" de seus hóspedes e fornecedor de guias, recrutados localmente (491-492). Pelasgo protege então as filhas de Dânao e dá-lhes um primeiro estatuto, a *aspháleia*, a segurança. O segundo lhes é conferido, em condições mais jurídicas, por meio de um decreto votado pela assembleia popular (605-624). Por esse decreto, a *Ekklesía* faz das Danaides metecas que não podem ser tocadas[38]:

609   ἡμᾶς μετοικεῖν τῆσδε γῆς ἐλευθέρους
Κἀρρυσιάστους ξύν τ᾽ ἀσυλίᾳ βροτῶν.
("Podemos residir nesta terra como indivíduos livres e intocáveis, com direito de asilo reconhecido.")

---

36   Ph. Gauthier, *Symbola. Les étrangers et la justice dans les cités grecques*, Nancy, 1972, p. 53.

37   Que se trata mesmo da proxenia tradicional é sustentado por Gauthier, *op. cit.*, 53-54, que cita (p. 54, n. 126) a opinião diferente de Wilamowitz.

38   Para um estudo preciso do direito de sequestro, ver B. Bravo, *op. cit.*, *supra*, n. 26.

298 MITO E TRAGÉDIA NA GRÉCIA ANTIGA

Daí em diante, como qualquer meteco, elas terão uma garantia, um acólito, um *prostátes*. Mas, aqui ainda, o poeta trágico passa do limite fazendo o rei dizer:

963 Προστάτης δ' ἐγώ
ἀστοί τε πάντες, ὥνπερ η″δε κραίνεται / ψῆφος,

("Como garantia, tendes a mim mesmo e a todos os meus concidadãos cujo voto é executado.")

Pode-se admitir também que nem toda cidade possuía "inúmeros domicílios", *dómata* [...] *pollá* (957) destinados a receber os hóspedes públicos, mas, afinal de contas, aqui a fuga do real é modelo.

As Suplicantes foram representadas em 465. Os *Heráclidas* de Eurípides (que datam de cerca de 430-437), outra tragédia dos estrangeiros, apresentam um caso duplamente interessante.

Iolau e os filhos de Héracles são *alómenoi* (15), errantes, que "ultrapassam uma fronteira após a outra", ἄλλην ἀπ' ἄλλης ἐξοριζόντων πόλιν (16). São as de Atenas que eles acabam de ultrapassar (37) no momento em que a peça começa. Atenas onde reinam dois reis, como em Esparta, mas sorteados (36), como os arcontes atenienses, entre os filhos de Pândion. Como as Danaides, os Heráclidas são suplicantes que se dirigem, ao mesmo tempo, a seus interlocutores e à cidade que estes representam. O rei de Argos, Euristeu, e seu arauto procuram pegá-los em nome de uma sentença argiva que os condenou à morte, atitude paralela à de Creonte ao pegar as filhas de Édipo, porque tebanas. Iolau responde que os Heráclidas não são mais argivos. Entre o representante de Euristeu e eles nada mais há em comum, *en mésoi* (184). Depois de um voto (186) da assembleia de Argos, os Heráclidas são legalmente estrangeiros em relação à sua cidade de origem. Como as Danaides, em Argos, os Heráclidas invocam um parentesco; Etra, mãe de Teseu e avó de Demofoonte, é, como Alcmena, mãe de Héracles, neta de Pélops. Esse parentesco não lhes dá nenhum direito em Atenas, mas, de cidade em cidade, o argumento do parentesco, da *syngéneia*, tem seu valor, que é diplomático[39]. Demofoonte de Atenas procede como Pelasgo de Argos. De início, trata os Heráclidas como hóspedes estrangeiros, *xénoi*, que são conduzidos do altar diante do qual eles suplicam à casa (340-343); ele deixa de convocar os cidadãos em assembleia política e militar (335)[40].

---

39 Ver o estudo clássico de D. Musti, "Sull'idea di συγγένεια in iscrizioni greche", *ASNP*, 32, 1963, pp. 225-239.
40 Deixo de lado a questão anexa do sacrifício humano imposto pelo oráculo para a salvação dos Heráclidas.

ÉDIPO ENTRE DUAS CIDADES. ENSAIO SOBRE O *ÉDIPO EM COLONO*

Os Heráclidas não deverão residir em Atenas como metecos. Anuncia-se, ao contrário, sua partida, e Eurípides faz suas personagens falarem como se a partida e o retorno, no Peloponeso, seguissem imediatamente a derrota e a morte de Euristeu. Haverá, contudo, residindo em Atenas, um meteco inesperado, um meteco morto, um meteco herói, um meteco salvador, assim como serão, porém vivos, os metecos que ajudarão Atenas a expulsar os tiranos: esse meteco é Euristeu, cuja tumba, em Palene, protegerá os atenienses contra os descendentes dos Heráclidas, como a tumba de Édipo protegerá esses mesmos atenienses contra os tebanos[41]:

1032 Καὶ σοὶ μὲν εὔνους καὶ πόλει σωτήριος
μέτοικος αἰεὶ κείσομαι κατὰ χθονός,
τοῖς τῶνδε δ᾽ἐκγόνοισι πολεμιώτατος.

("E, sob a terra onde repousarei, meteco, serei, para ti e tua cidade, um salvador, mas, para os descendentes deles, o inimigo mais declarado.")

Um rei inimigo, vencido e executado, é transformado depois de morto num meteco e num herói protetor. É acumulando essas possibilidades que Eurípides, por sua vez, alcança o limite.

E o Édipo de Sófocles? Será que obtém mais do que obtiveram as Danaides vivas e Euristeu morto? Torna-se um cidadão de Atenas? De que não é mais um tebano não há, evidentemente, nenhuma dúvida. Intimado pelo coro a dizer qual é sua pátria (206-206), Édipo responde que está "fora da pátria", *apóptolis* (208), e acusará Polinice de ter feito dele um sem-pátria, um *ápolis* (1357). B. Knox resolveu nestes termos o problema que me coloco. Opondo o destino de Édipo ao de Filoctetes, escreve: "Mas, nessa peça, nenhum deus aparece para provocar a reintegração de Édipo à *pólis*. Ele se torna efetivamente um cidadão (*émpolis*, 637), mas um cidadão de Atenas, não de Tebas, e sua cidadania começa e termina com sua morte misteriosa"[42]. Estamos portanto em presença de uma variação sobre um esquema sofocliano bem conhecido, o da reintegração do herói: morto Ájax, vivo Filoctetes, ambos são reintegrados ao exército que representa a pólis. Édipo é também reintegrado, não à sua cidade, mas a Atenas, em sua morte e através dela.

Isso exige ser examinado de perto. Os versos decisivos, tais como Knox compreende, são evidentemente os versos 636-637:

636 Ἁγὼ σεβισθεὶς οὔποτ᾽ ἐκβαλῶ χάριν
τὴν τοῦδε, χώρᾳ δ᾽ ἔμπολιν κατοικιῶ.

---

41 Cf. A. J. Festugière, "Tragédie et tombes sacrées", *RHR*, 1973, pp. 3-24, retomado em *Études d'historie et de philologie*, Paris, 1975, pp. 47-68, particularmente pp. 67-68.
42 "Sophocles and the polis" (*supra*, nota 1), p. 21.

300 MITO E TRAGÉDIA NA GRÉCIA ANTIGA

("Tendo-me curvado diante desses fatos, não repelirei o favor que ele quer nos prestar [ao fazer, para Atenas, a doação de seu corpo], eu o instalarei nessa terra como cidadão.")[43]

Essa interpretação em si não é nova, mas tem o mérito de explicitar o que muitos outros sábios admitiram como evidente, a partir de um texto que não é evidente.

Pois os manuscritos não têm ἔμπολιν, mas ἔμπαλιν; ἔμπολιν é uma correção póstuma de S. Musgrave, publicada em 1800 e aceita por muitos editores, não por todos[44]. Não se trata, em Musgrave e naqueles que o seguiram, exceto em Knox, de uma correção "positiva", introduzida pela preocupação de compreender o destino jurídico de Édipo em Atenas. O que constitui problema para inúmeros intérpretes é o sentido de ἔμπαλιν[45]. É claro que, para parodiar um princípio jurídico tão célebre quanto pouco aplicado, todo manuscrito deve ser considerado inocente até que a prova de um erro tenha sido apresentada. Nesse caso, ἔμπαλιν dá um sentido que é percebido pelo escoliasta da seguinte maneira: ἐκ τοῦ ἐναντίου, "ao contrário". Compreenderemos literalmente assim: "Tendo me curvado, não expulsarei[46] nunca o favor deste, mas, ao contrário, instalá-lo-ei [esse favor] na terra". Por metonímia, a graça, a *kháris* que Édipo quer conceder a Atenas, isto é, a doação de seu próprio corpo, está assimilada ao proprio Édipo, na verdade, a seu cadáver, já que Sófocles, senão Teseu, sabe perfeitamente que a residência de Édipo em Atenas está a ponto de acabar. Em rigor, eu poderia me ater a isso e declarar resolvido o problema colocado por B. Knox, na falta de um texto que apoie seu raciocínio. Mas não estamos no campo das ciências exatas, e, se é bem pouco provável que a correção de Musgrave remeta ao manuscrito de Sófocles, não é inútil perguntar a que sentido chegaríamos com esse texto. *Émpolis* é o que os gramáticos chamam "um composto por hipóstase de uma forma preposicional". Em outras palavras, *ho émpolis* é o equivalente de *ho en pólei*, aquele que está na cidade. Do mesmo modo, tem-se, a partir de Ésquilo, *amphíptolis*, aquele ou aquela que está em volta da cidade; *ankhíptolis*, aquele ou

---

43 Traduzo aqui *émpolis* por cidadão, como faz Knox, mas provisoriamente. A maioria dos intérpretes compreendem exatamente como ele.

44 Ela é aceita, em último lugar por Dawe, mas não por Dain (1960), nem por M. Gigante, na sua tradução (Siracusa, 1976), nem por Colonna (1983), nem mesmo por Kamerbeek, que, no seu comentário, p. 101, hesita em decidir, mesmo admitindo que ἔμπαλιν não é impossível. Para as observações seguintes, devo muito a B. Bravo, a J. Bollack e a M. Casevitz, que me dirigiram observações detalhadas de que tirei proveito, a ponto de modificar radicalmente minha hipótese inicial.

45 Esperaríamos antes τοῦπαλιν, como em Eurípides, *Hipólito*, 390, mas cf. *Traquínias*, 358.

46 É o sentido preciso do verbo *ekbállo*.

ÉDIPO ENTRE DUAS CIDADES. ENSAIO SOBRE O *ÉDIPO EM COLONO*   301

aquela que é vizinha da cidade[47]. O sentido primeiro de *émpolis* é sem dúvida local, mais que jurídico. É possível que o primeiro exemplo da palavra se encontre no cômico Êupolis[48]. Segundo o gramático alexandrino Pólux, Êupolis teria empregado de fato essa palavra no sentido de *astós*, isto é, de homem da terra, *enkhórios*, e Pólux acrescenta: "Creio que poderíamos ter dito também *entópios*". Em outras palavras, o vocábulo é compreendido em sua relação com o lugar: a cidade, a terra, o local. A dimensão jurídica de *pólis* não é indicada, mas é mais que justo notar que, no próprio Sófocles, há equivalência entre *ásty* e *pólis*[49]. A *Díade* de Êupolis data de 412. O primeiro emprego do vocábulo em seu contexto, o único que conheço, encontra-se precisamente no *Édipo em Colono* (156), detalhe que, evidentemente, tentou Musgrave. Teseu fala a Édipo de Polinice e insiste em sua relação paradoxal com Édipo:

1156   ἄνδρα, σοὶ μὲν ἔμπολιν
         οὐκ ὄντα, συγγενῆ δέ,

> ("[...] um homem que não é da mesma cidade que tu, mas que é teu parente.")[50]

De fato, Polinice, candidato ao trono de Tebas, está à frente de um exército argivo, e o fato de pertencer a Argos era provavelmente sublinhado por algum detalhe da encenação. Que o vocábulo possa evoluir em direção ao sentido de *polítes* é evidente. É a definição que Hesíquio dará ὁ πατρὶδα ἔχων, "aquele que tem uma pátria", mas o que sabemos do vocábulo não nos obriga, mesmo adotando a correção de Musgrave, a entender que Édipo se torna cidadão no sentido jurídico do termo. De resto, um outro modo de refletir sobre o sentido desse vocábulo consiste em examinar os significados do verbo deriva do *empolitéuein*, de que temos alguns exemplos, seja nos textos literários, seja nas inscrições[51]. Notavelmente, esse verbo nos aparece, na narrativa que Tucídides faz da tomada de Anfípolis por Brasidas (424), narrativa mais ou menos contemporânea da *Díade* de Êupolis e, provavelmente, anterior ao *Édipo em Colono*[52]. Anfípolis, cidade do império ateniense fundada em 437, tinha uma população mista. Na sua empresa, Brasidas conta com o apoio das pessoas de Argilos, cidade vizinha e colônia de Andros. Entre os habitantes, *oikétores* (IV, 103, 3)

---

47   *Coéforas*, 76; *Sete*, 501.
48   Fr. 137 Kock, citado por Pólux, *Onomasticon*, IX, 27 (ed. Beta, II, p. 153).
49   *Édipo em Colono*, 1372, e a nota de Mazon, p. 134.
50   Mazon traduz: "que não seria teu concidadão". Traduzo de modo mais neutro. O escoliasta interpreta assim: ἐν τῇ αὐτῇ πόλει οἰκοῦντα, "residente na mesma cidade".
51   M. Casevitz confirma categoricamente essa derivação: *empoliteúo* é um derivado de *émpolis*, não de um absurdo *empolítes*.
52   Ver as indicações dadas por J. de Romilly, pp. XX-XXI de sua edição dos livros IV e I (Belles-Lettres, 1967).

302 MITO E TRAGÉDIA NA GRÉCIA ANTIGA

de Anfípolis há argilianos. Os argilianos de Argilos contam com os argilianos de Anfípolis para desestabilizar o jugo de Atenas e unir-se à aliança espartana. Os argilianos de Anfípolis são definidos com *empoliteúontes* (VI, 103, 4), residentes.

Um pouco além, trata-se (IV, 106, 1) da população ateniense, pouco numerosa, instalada em Anfípolis (βραχὺ μὲν ᾿Αθηναίων ἐμπολιτεῦον). Evidentemente, os atenienses não renunciaram à sua cidadania, mas não podem ser metecos em Anfípolis. É preciso supor que eles tinham, e outros também, uma dupla cidadania, mas não sabemos nada, ou quase nada, sobre o que era a cidadania em Anfípolis[53]. Curiosamente, é ainda sobre Anfípolis que esse verbo reaparece, em Isócrates (*Filipe*, 5). Aconselhando uma vez mais os atenienses a não repetirem a aventura imperial do século passado, ele os conclama a evitar as empresas coloniais (*apoikíai*) que, já quatro ou cinco vezes, culminaram com a perda daqueles que haviam se instalado nas colônias (*toùs empoliteuthéntas*). É tentador imaginar, como M. Casevitz, que a palavra *émpolis* e o verbo dela derivado apareceram em Atenas ligados ao estatuto particular de Anfípolis – ou de outros estabelecimentos –, colônia ateniense de população mista cujos componentes deviam conservar sua cidadania no exterior mesmo fazendo parte da cidade súdita.

A esse minúsculo dossiê clássico, acrescentaremos um magro conjunto helenístico. Políbio (V, 9, 9) nos ensina que Antígono Dóson, rei da Macedônia, em guerra contra Cleômenes de Esparta e vencedor em Selásia (222), acha-se senhor da cidade e dos *empoliteuómenoi*. Trata-se não dos únicos *homóioi*, mas de todos os que, por várias razões, estão *na cidade*, inclusive todos os que foram introduzidos no corpo cívico por Cleômenes[54]. Finalmente, a palavra aparece em duas inscrições do Peloponeso[55], provavelmente do século III. A primeira, de Antigônia (Mantineia), é um decreto de proxenia que louva um argivo

---

53 O problema deveria ter sido colocado por F. Gschnitzer, *Abhangige Orte im griechischen Altertum*, Munique, 1958, pp. 91-92, mas não foi; para um estudo aprofundado, ver D. Asheri, "Studio sulla storia della colonizzazione di Anfipoli sino alla conquista macedone", *RFIC*, 3. série, 95, 1967, pp. 5-30; ele conclui que todos os grupos de *empoliteúontes* eram cidadãos; A. J. Graham, *Colony and mother city in Ancient Greece*, Manchester, 1964, pp. 245-249, tem o mérito de colocar claramente a questão da dupla cidadania. Se ele rejeita a ideia de que os atenienses de Anfípolis tenham permanecido cidadãos de Atenas, não deixa de concluir que sua cidadania antiga lhes será devolvida automaticamente, o que mostra bem o caráter frágil da cidadania em Anfípolis.

54 Sobre os fatos, ver Ed. Will, *Histoire politique du monde héllenistique*, IIª, Nancy, 1978, pp. 374-398.

55 *IG* V, 2, 263, e *IG* V, 2, 19. O primeiro texto é assinalado por E. Bikerman, *RPh*, 53, 1927, p. 365 e n. 2; a aproximação com o segundo e a interpretação são devidas a Ivana Savalli, *Recherches sur les procédures relatives à l'octroi du droit de cité dans la Grèce antique d'après les inscriptions*, tese de 3º ciclo, Paris I, 1983, 2 vol., I, pp. 112-113.

ÉDIPO ENTRE DUAS CIDADES. ENSAIO SOBRE O *ÉDIPO EM COLONO*   303

pela benevolência que ele sempre mostrou tanto para com os cidadãos de Antigônia, como para com τῶν ἐμπολιτευόντων ἐν 'Αντιγονείᾳ, "aqueles que residem em Antigônia". A segunda, de Tegeia, também na Arcádia, louva um cidadão de Megalópolis que residiu (*empoliteúsas*) durante alguns anos na cidade, antes de retornar à sua cidade propriamente dita (*idías*), isto é, a Megalópolis. Tanto num caso como no outro, pode-se tratar, em rigor extremo, de pessoas admitidas para se beneficiarem da cidadania, seja em caráter definitivo, em Antigônia, seja em caráter temporário, no quadro de um acordo de "*sympoliteía*", em Tegeia[56].

Mas não creio nessa interpretação. Parece tratar-se simplesmente de residentes estrangeiros; em outras palavras, sem dúvida, exceto por algumas nuanças, de metecos[57]. A oposição parece-me de fato clara, num e noutro documento, entre os cidadãos propriamente ditos e os que estão *na pólis*, sem serem contudo *da pólis*.

Creio que essa digressão era necessária, mas não resolve o problema do estatuto de Édipo em Atenas. Não há nenhuma dúvida de que ele penetra na *pólis* ateniense. Será que ele o faz enquanto cidadão? Esta é uma outra história, seja qual for o texto adotado em definitivo. A cidadania de Édipo, diz ele, "começa e acaba com sua morte misteriosa". Será que isso significa que, para ele, é ao morrer que Édipo se torna cidadão ateniense, incorporado ao solo de Atenas como são os heróis? Não, pois para Knox, é durante a ação trágica que se produz essa mutação. Ela é realizada no instante do rapto das jovens por Creonte: "Édipo é agora um cidadão de Atenas, e quando, presa das violências de Creonte, pede ajuda (*Ió pólis*, 833)[58], é Atenas que ele chama em socorro contra Tebas"[59]. Admitamos provisoriamente esse raciocínio. Será que seria preciso completá-lo, sugerindo, por exemplo, que Teseu oferece a Édipo a escolha de seu demo? De fato, ele pode ficar em Colono ou seguir Teseu até Atenas (638-639). Toda entrada na cidade supunha, evidentemente, a integração num demo ou numa tribo.

Mas, mal se fez essa sugestão, na linha da hipótese de Knox, os argumentos para destruí-la acumularam-se. Na própria fala em que proclama sua intenção de acolher Édipo, Teseu explica (632-633) que este é seu hóspede em caráter militar, por camaradagem guerreira, como a que é possível nascer entre dois estrangeiros[60]. Depois, como

---

56 É a interpretação de Bikerman para o decreto de Antigônia.

57 Não havia perto de Atenas nenhuma cidade como Atenas, no século V, e, portanto, nenhuma ou poucas trocas com as cidades vizinhas, no que diz respeito aos homens, exceto em caso de crise maior. A situação não é a mesma entre duas cidades da Arcádia como Tegeia e Megalópolis.

58 Mazon traduz simplesmente: "Ó Atenas!..."

59 B. Knox, "Sophocles and the *polis*", p. 24.

60 A palavra grega que traduzo desse modo é *dorýxenos*, literalmente, "o hóspede pela lança": ver, sobre esse assunto, nas *Questões Gregas* de Plutarco, o n. 17, com o comentário de Halliday (Oxford, 1928), p. 98. Parece que a palavra

304 MITO E TRAGÉDIA NA GRÉCIA ANTIGA

antes de sua "entrada na cidade", Édipo não deixa de ser tratado como estrangeiro, e a terra que o acolhe, como terra estrangeira[61]. E Teseu propõe acolhê-lo na *koiné héstia*, isto é, ao mesmo tempo no lar que lhes é comum e no *pritaneu*, lar comum da cidade, lugar onde ela acolhe seus hóspedes notáveis, bem como os cidadãos que ela quer ou deve honrar[62].

Darei dois exemplos precisos que nos obrigam a refletir. Enquanto se esperam notícias de Antígona e Ismene sequestradas, o coro dos coloniatas invoca os deuses, Zeus, Atena, em seguida, Apolo, caçador, e sua irmã Ártemis:

1094   Στέργω διπλᾶς ἀρωγὰς
        μολεῖν γᾷ τᾴδε καὶ πολίταις,

("[A esses deuses], conto meu desejo de vê-los levar seu duplo socorro a esse país e a seus cidadãos.")

Ora, mal falou dos cidadãos, o coro se volta para Édipo e lhe diz (1096): *Ó xeîn alêta*, "Ó estrangeiro errante..." E depois que Édipo morreu como estrangeiro, o mensageiro se dirige aos habitantes de Colono e inicia sua narrativa chamando-os de cidadãos: *Ándres polîtai* (1579). Se Sófocles tivesse querido dizer que Édipo é, daí em diante, um ateniense, ele teria dito.

Uma vez atingido esse ponto, não é fácil dizer o que se torna Édipo em Atenas. Nunca será demais repetir que o jogo, ambíguo, sobre as categorias jurídicas, a exploração do impossível, são uma das leis da tragédia grega[63]. Assim é o Édipo do *Édipo Rei*. Ele se acreditava um autóctone em Corinto, e é dessa cidade que foge, depois que seu destino lhe foi revelado pelo oráculo, a Corinto, onde ele ocupava "a primeira fila entre os cidadãos" (776, 794-795). Tirésias já explicou sua situação real. "Este homem [o assassino de Laio] está aqui mesmo. Pensamos que ele é um estrangeiro fixado no país, *xénos métoikos*, ele

> oscilou entre um único *interno* à cidade e um único *externo*, o que é o caso aqui. Logo disporemos de uma versão impressa da tese de G. Herman para o estudo dessas questões, *Ritualised friendship and the Greek city*, Cambridge, 1985.
>
> 61 Ver, por exemplo, os versos 1637, 1705, 1713-1714, que escolho voluntariamente no final da peça.
>
> 62 Trata-se, segundo o sentido imediato, de um lar comum a Teseu e Édipo, mas é difícil não fazer a aproximação com o pritaneu, sobre o qual veremos o estudo clássico de L. Gernet, "Sur le symbolisme politique: le foyer commun", *Anthropologie de la Gréce antique*, Paris, 1968, pp. 382-402.
>
> 63 Eu o repito aqui, sem esperança de convencê-lo, em consideração a V. Di Benedetto, para quem a ambiguidade trágica não passa da expressão do mal do século dos intelectuais desnorteados de hoje; ver seu artigo "La tragedia greca di Jean-Pierre Vernant", *Belfagor*, 32, 4, 1977, e *Filologia e marxismo. Contra le mistificazioni*, Nápoles, 1981, pp. 107-114.

ÉDIPO ENTRE DUAS CIDADES. ENSAIO SOBRE O *ÉDIPO EM COLONO*   305

se revelará um tebano autêntico" (451-453). Mas pode-se imaginar, em Atenas, esse monstro jurídico que é um meteco reinando? Detalhe surpreendente, no *Édipo em Colono*. Teseu ameaça prender Creonte se as jovens sequestradas não forem devolvidas, e fazer dele, "à força e contra a sua vontade", um meteco, um residente dessa terra (μέτοικος τῆσδε τῆς χώρας, 934). É claro que se trata de uma impossibilidade jurídica. Não há em Atenas metecos forçados, e Sófocles joga com a palavra e o direito.

Na verdade, para entender o que está em jogo, é preciso mudar de método. Não acredito que se possa fugir à questão e contentar-se em glosar a oposição, de fato fundamental para o comum da cidade, entre o cidadão e o estrangeiro. É impossível conter uma personagem trágica numa *única* rede de significados. Se o impasse ao qual chegamos agora tem algum sentido, é o de nos lembrar essa simples verdade.

Quando Jean-Pierre Vernant quis situar a personagem de Édipo no *Édipo Rei*[64], mostrou que era preciso jogar com dois registros pelo menos. No plano religioso, Édipo oscila entre a condição de rei divino e a do *pharmakós*, do bode expiatório que é expulso para Atenas, no dia 6 de Targélion, para purificar a cidade. No plano político, Édipo é um homem político poderoso, um candidato à tirania, ameaça a que a cidade do século V faz frente pela instituição, bastante laicizada, do ostracismo. Que os dois planos podem se confundir, é evidente. O discurso de Lísias contra Andócides é uma de nossas principais fontes sobre o ritual do *pharmakós*, e Lísias pede que se purifique a cidade dessa mácula que é Andócides[65]. Mas, precisamente na tragédia, há interferência[66] dos planos, e não uma confusão banal que emana da retórica política. E é verdade que se pode discutir o detalhe: no *Édipo Rei*, a personagem principal não é, ainda, expulsa de Tebas. Ele próprio se condenou, a cidade espera o veredicto do oráculo[67], mas esse incidente de ordem narrativa não impede os polos definidos por J.-P. Vernant de enquadrarem efetivamente a personagem de Édipo. E, evidentemente, Édipo revelado não é nem um *pharmakós* nem um ostracisado, está entre os dois, e é nisso que é um herói trágico.

Poderíamos retomar a análise de J.-P. Vernant, invertendo-a, aplicando-a ao *Édipo em Colono*. Tudo se reverte. O *pharmakós*, candidato à expulsão, torna-se o herói que guia Teseu rumo a um lugar central, o túmulo que será o sinal secreto de sua presença salutar em Atenas. Édipo é um errante que vai adquirir um domicílio fixo. É um suplicante – e

---

64 J.-P. Vernant, "Ambiguidade e Reviravolta. Sobre a Estrutura Enigmática de *Édipo Rei*", *supra*, I, pp. 73-99; e *Mélanges Cl. Lévi-Strauss*, 1970.

65 Lísias, *Contra Andócides*, 108.

66 Cf. N. Loraux, "L'interférence tragique", *Critique*, 317, 1973, pp. 908-925.

67 Ver *Édipo Rei*; v. 1436-1439, 1450-1454 e 1516-1521.

306 MITO E TRAGÉDIA NA GRÉCIA ANTIGA

sabemos, notadamente por um estudo recente de J. Gould[68], que a súplica é, do mesmo modo que a hospitalidade, por exemplo, uma instituição, até um fato social total, como Mauss definia a doação e a contradoação –, um suplicante que vai se tornar um herói e um salvador.

É incontestável que Édipo se torna efetivamente um herói, fato que foi estudado talvez em excesso[69]. Entretanto, está claro que, apesar dos críticos, é preciso manter a ideia de uma mutação heroica, com a condição de desvencilhá-la dos ranços cristãos da imortalidade pessoal e da reabilitação moral[70]. Aquilo a que a própria ideia de herói nos conduz, na verdade, é o plano político, pois o herói não existe para si mesmo, ele existe como um elemento do espaço cívico[71], como existe, justamente em Colono, o herói cavaleiro que é o epônimo do demo: "Os campos vizinhos se gabam de ter por criador o cavaleiro que vês ali, Colono, e todos aqui levam juntos o nome que lhe tomaram emprestado" (58-61). Édipo não pode ser um *pharmakós* que, de repente, reencontrasse por milagre o estado anterior à mácula. Ele também não é um ostracisado que torna a ultrapassar a fronteira,

68 J. Gould, "Hiketeia", *JHS*, 93, 1973, pp. 74-103; sobre o tema suplicante e salvador, ver P. Burian, "Suppliant and savior: *Oedipus at Colonos*", Phoenix, 28, 1974, pp. 408-429; sobre a súplica grega, D. Pralon escreveu um estudo original, que infelizmente não publicou.

69 Os dois estudos clássicos sobre o assunto são, provavelmente, o já citado supra, nota 40, de A.-J. Festugière, e o capítulo VIII, pp. 307-355 do livro de C. M. Bowra, *Sophoclean tragedy*, Oxford, 1944; poderemos subir mais alto na historiografia dessa discussão graças a D. A. Hester, "To help one's friends and harm one's enemies. A study in the *Oedipus at Colonus*", *Antichthon*, 11, 1977, pp. 22-41, que contesta o que ele chama de visão "ortodoxa" da peça, a que vê o triunfo de um humanismo heroico e insiste na reabilitação moral de Édipo.

70 O mínimo que podemos dizer é que o estudo dos cultos heroicos cedeu, muitas vezes, à tentação; cf. o próprio título da obra de L. R. Farnell, *Greek hero cults and ideas of immortality*, Oxford, 1921; de um modo característico, V. Di Benedetto chama "La buona morte" ao capítulo sobre o *Édipo em Colono* de seu Sófocles (supra, nota 1), pp. 217-247, onde, contudo, ele se distancia da interpretação "ortodoxa"; contra esta, encontraremos os antídotos necessários no artigo (citado na nota precedente) de D. A. Hester, na brochura (supra, nota 1) de R. G. A. Buxton, p. 30, e, melhor ainda, na nota de H. Dietz, "Sophokles, *Oed. Col.* 1583 f.", *Gymnasium*, 79, 1972, pp. 239-242; é demonstrado que a imortalidade pessoal de Édipo repousa, mais ainda que sua cidadania, em Atenas, uma correção de Z. Mudge, em 1769, no texto dos manuscritos. Onde estes têm, em 1583-1584: ὡς λελοιπότα κεῖνον τὸν ἀεὶ βίοτον ἐξεπίστασο, "saiba que ele abandonou esse modo de vida, que foi continuamente o seu", restituiu-se λελογχότα e traduziu-se, por exemplo, como Mazon: "Saiba que ele conquistou uma vida que não acaba".

71 Ver, na obra editada por G. Gnoli e J.-P. Vernant, *La mort, les morts dans les sociétés anciennes*, Cambridge e Paris, Maison des Sciences de l'Homme, 1982, notadamente a introdução de J.-P. Vernant, pp. 5-15, e os estudos de N. Loraux, pp. 27-43; Cl. Berard, pp. 89-105, e A. Snodgrass, pp. 107-119; para o *Édipo em Colono*, alguns resumos complementares in N. D. Wallace, "*Oedipus at Colonus*: The hero in this collective context", *QUCC*, 32, 1979, pp. 39-52.

ÉDIPO ENTRE DUAS CIDADES. ENSAIO SOBRE O *ÉDIPO EM COLONO*   307

como o fizeram, em Atenas, Címon e Aristides, já que precisamente
ele não volta a Tebas, e que esse não retorno é justamente a trama da
tragédia. O que é ele, então, em Atenas?

Agora, é preciso voltar a essa questão deixada de lado. Dizer
que ele é um herói, isto é, mais que um cidadão, e que partilha essa
qualidade com personagens que às vezes foram anexadas a Atenas,
como Ájax, não basta, porém. É necessário, e possível, integrar melhor
Édipo às instituições e práticas do tempo de Sófocles.

Nesses últimos vinte anos pesquisou-se muito sobre os estrangeiros e a cidade grega, na cidade e fora da cidade; pesquisou-se particularmente sobre as honras concedidas aos estrangeiros em Atenas
e nas outras cidades, e, enfim, sobre a concessão da cidadania aos
estrangeiros – o que às vezes se chama erroneamente de "naturalização", em Atenas e em qualquer parte[72].

Farei duas observações preliminares. A primeira, tomada de M.
J. Osborne, consiste em insistir sobre o que ele denomina *the dual
aspect of a grant of citizenship*[73]. A concessão da cidadania é ao mesmo
tempo uma marca de honra e um privilégio altamente prático, que
dá direitos muito concretos a quem dela se beneficia. Em outras palavras, a cidadania pode ser potencial ou real. É real quando se trata de
indivíduos ou de grupos (os plateus que se instalam, definitivamente,
na cidade). Ela é potencial quando se trata de honrar grandes personagens, reis, por exemplo, que não têm nenhuma intenção de se
instalar em Atenas, mas a quem se faz saber que, se vierem a Atenas,
serão tratados como cidadãos, com honras suplementares.

Para tomar dois exemplos opostos: o rei Evágoras de Chipre, benfeitor de Atenas, recebe, para si mesmo e para seus filhos, provavelmente no início de 407, a cidadania, possivelmente acompanhada de
uma coroa; e estrangeiros, provavelmente todos metecos, que haviam
combatido com os democratas atenienses por ocasião da Guerra Civil,
recebem em 401-400 a cidadania, inclusive o direito ao casamento, de

---

72 Citarei, em ordem cronológica, J. Pecirka, *The formula for the grant of Enktesis in Attic
inscriptions*, Acta Universitatis Carolina, Praga, 1969; Ph. Gauthier, *Symbola* (supra,
nota 35); B. Bravo, "Sulân", supra, nota 26 com o relato de Ph. Gauthier, *RD*, 60, 1982, pp.
553-576; M. J. Osborne, *Naturalization in Athens*, 2 vols. publicados, *Verhand, Konink
Aacad Letteren*, Bruxelas, n. 98, 1981, e n. 101, 1982; I. Savalli, *Recherches sur... l'octroi du
droit de cité* (supra, nota 55); M. F. Baslez, *L'étranger dans la Grece antique*, Paris, 1984.
    Naturalmente, é preciso voltar sempre ao célebre estudo de A. Wilhelm, "Proxe-
nie und Evergesie", Attische Urkunden, V, *SAWW*, 220, 1942, pp. 11-86. Sobre um caso
particular, em Tassos (?), J. Pouilloux e F. Salviat, "Lichos, Lacédémonien, archonte
à Thasos et le livre VIII de Thucydide", *CRAI*, abril-junho de 1983, pp. 376-403,
refletiram, eles também, sobre a integração dos estrangeiros. Ph. Gautier acaba de
publicar *Les cités grecques et leurs bienfaiteurs*, Atenas e Paris, 1985. I. Savalli resumiu
seu trabalho numa dissertação publicada in *Historia*, XXXIV (1985), pp. 387-431.
73 M. J. Osborne, *Naturalization*, I, p. 5.

308 MITO E TRAGÉDIA NA GRÉCIA ANTIGA

que farão evidentemente um uso bem concreto[74]. Era possível, ao contrário, mas não certamente na Atenas da época clássica, receber ao mesmo tempo a proxenia e a cidadania. Ora, é evidente que não se podia ser próxeno de uma cidade, portanto estrangeiro nessa cidade, e cidadão, no sentido prático do termo. Mas é preciso acrescentar que na própria Atenas era possível receber as mesmas honras que um "cidadão", como Evágoras, a começar pelo título de *evergeta* (εὐεργέτης), os mesmos privilégios, inclusive o direito de morar (*oíkesis*) e o direito de possuir terra em (*énktesis*) Atenas sem receber também o título de cidadão.

Assim, havia uma zona comum de honras entre o estrangeiro que é honrado e que permanece estrangeiro (falta assegurar que ele eventualmente gozará em Atenas dos direitos de um quase cidadão)[75], o estrangeiro que é honrado e que recebe a cidadania potencial, e o estrangeiro que é honrado e que recebe a cidadania real. Todos são considerados benfeitores, *evergetas* de Atenas[76].

Se detalharmos agora o procedimento, que é praticamente comum, constataremos que ele começa por uma *aítesis*, um pedido, "requisição acompanhada de um relatório circunstancial sobre os títulos do candidato, apresentada pelo próprio interessado ou por um terceiro"[77]. Naturalmente, o pedinte invocava os benefícios presentes ou futuros que havia dispensado, ou dispensaria, a Atenas[78], e esses benefícios são enumerados nos considerandos dos decretos. *Aítesis* é uma palavra que pode parecer neutra, mas podia ser associada à *hiketeía*, a "súplica", instituição eminentemente religiosa, pelo menos na sua origem[79]. Normalmente, quando se trata de um novo cidadão, o texto assinala que o beneficiário deve se inscrever numa tribo ou

---

74 Os documentos epigráficos trazem os n. 3 e 6 na coletânea de Osborne (*Naturalization*, I, pp. 31-33 e 37-41, e, para o comentário, II, pp. 21-24 e 26-43).

75 Sabe-se que Wilamowitz, num estudo célebre, "Demotika der attischen Metoeken", *Hermes*, XXII, 1857, pp. 107-128 e 211-259, retomado no *Kleine Schriflen*, V, 1, Berlim, 1937, pp. 272-342, chamava, não sem excesso, os metecos de "*Quasibürger*"; a expressão é retomada, em relação ao próxeno, por M. F. Baslez, *op. cit.*, p. 120. A expressão não vale para os metecos comuns, mas é útil para caracterizar a distinção feita a personagens notáveis como aquelas, por exemplo, que mencionam J. Pouilloux e F. Salviat, *op. cit.*, *supra*, nota 67, pp. 385-386.

76 É fácil colocar em evidência essa zona comum confrontando os documentos reunidos por Osborne e os quadros publicados por Pecirka, *The formula*, pp. 152-159.

77 I. Savalli, *Recherches... sur l'octroi du droit de cité*, I, p. 19.

78 Aristóteles, *Retórica*, I, 1361a, observa que as honras vão "para os que fizeram o bem, mas também para o que tem capacidade de fazê-lo"; foi I. Savalli que chamou minha atenção para esse texto.

79 I. Savalli, *op. cit.*, II, pp. 17-18, dá dois exemplos certos, do século IV, de ligação entre a "súplica e o pedido": IG II², 218, e IG II², 337 (= Tod, *Greek Hist.*, inscr. II, n. 189). O primeiro texto é particularmente interessante: ele outorga a dois abderitanos a proteção do Conselho e dos estrategistas, e, através de emenda, o direito de residência em Atenas até o momento do retorno a sua pátria.

ÉDIPO ENTRE DUAS CIDADES. ENSAIO SOBRE O *ÉDIPO EM COLONO*   309

num demo, mas os metecos pertencem também aos demos nos quais residem[80], e, na época de Sófocles, quando se honra um meteco sem lhe dar a cidadania, ele é igualmente inscrito em uma tribo[81].

Parece-me evidente que reencontramos o essencial desse procedimento no *Édipo em Colono*. Primeiramente, o pedido. Édipo apresenta-se, desde o verso 5, como um homem que "pede pouco", σμικρὸν μὲν ἐξαιτοῦντα[82]. Mas ele logo explica que, suplicante, é um benfeitor:

287   η''κω γὰρ ἱερὸς εὐσεβής τε καὶ φέρων
       ὄνησιν ἀστοῖς τοῖσδε.

   ("Chego aqui, mortal consagrado e piedoso, trazendo um benefício a todos esses cidadãos.")

Ele pede a Teseu que se una a ele, pelo bem de sua cidade, assim como pelo interesse do benfeitor (308-309). Édipo é indiscutivelmente, mesmo que a palavra não seja pronunciada, um *Evergeta* de Atenas, que, a título de *Kérde*, lhe doa vantagens, seu próprio corpo (576-578). Sua benevolência, sua *eumeneía* (631), para citar uma palavra que pertence ao repertório epigráfico, é patente.

Evidentemente, esse *evergeta* permanece, quase até o fim, marcado pela mácula. Ele é um intocável, e um intocável não deve ter contato físico com Teseu (1130-1136). Ele só lhe tocará a mão no finalzinho da peça, na hora de desaparecer (1632). Ele será um benfeitor e um benefício para Atenas, mas – agora, resolvamos a questão – ele não se tornará um cidadão. Teseu propõe a Édipo (639-642) que permaneça em Colono com aquele que o acolheu e que é, de um certo modo, sua garantia, seu *prostátes*, ou que o siga até Atenas; isso não faz dele um demota. Colono, demo de Sófocles, não se tornará o demo de Édipo, mas sua residência, ἔνθα χρὴ ναίειν, "ali onde é preciso que ele resida" (812), ali onde ele coexistirá (Teseu pronuncia a palavra *xynousía*, 647) com os demotas. Mesmo no final do processo, que se desenrola por etapas, ele não é Οἰδίπους Κολωνῆθεν ou ἐκ Κολωνοῦ, Édipo *de* Colono, mas Οἰδίπους ἐπὶ Κολωνῷ, Édipo *em* Colono. Seus filhos não recebem a cidadania, direito que tantos decretos concedem aos descendentes dos *evergetas*. Se é necessário escolher, direi que Édipo se torna de certo modo um residente, um meteco privilegiado, como são, na peça de Ésquilo (1011), as Eumênides, que ele encontra precisamente em Colono. Mesmo transformado num herói em Atenas, Édipo permanece um homem à margem.

---

80   Ver o estudo de Wilamowitz, citado supra, nota 70, e Ph. Gauthier, *Symbola*, p. 112.

81   Cf. Osborne, *Naturalization*, II, p. 33, sobre os metecos salvadores da democracia.

82   Teseu fala, no verso 583, do que Édipo lhe pergunta: τὰ λοἰσθί' αἰτῇ τοῦ βίου, "tua pergunta recai sobre teus últimos momentos".

E, agora, situemos esse homem das margens no espaço, o espaço representado, o espaço do jogo cênico. J. Jones viu e disse bem: "uma espécie de interdependência entre o homem e o lugar"[83] é característica das últimas peças de Sófocles. Como ele diz, isso vale para o *Filoctetes* e para o *Édipo em Colono*. Creio que vale também para a *Electra*.

Um tema fundamental retorna do longínquo ao próximo; o tema da fronteira[84]. Fronteiras do ecumênico: num canto que descreve Édipo sitiado pela tempestade, vítima da velhice e da *stásis*, o coro evoca as vagas que vêm dos quatro pontos cardeais: "poente, nascente, sul resplandecente" e, finalmente, "montes Ripeus mergulhados na noite", ἐννυχιᾶν ἀπὸ Ῥιπᾶν (1248). Os Ripeus (*Rhipaîa hóre*) são montanhas míticas que Sófocles situa, evidentemente, no extremo norte[85]. Fronteira de Tebas: é numa zona fronteiriça que os tebanos querem instalar Édipo. É o que Ismene anuncia:

404   σε προσθέσθαι πέλας
       χώρας θέλουσαι μήδ' ἵν' ἂν σαυτοῦ κρατῇς

("Eles querem colocá-lo perto da terra, para que não possa ser seu próprio senhor.")

Perto da terra, e não na terra. Será assim também com a tumba de Édipo: ele não será recoberto de "poeira tebana" (407). O sangue do pai o proíbe[86]. Já observei que em Tebas Édipo morará como *páraulos*, no espaço de fora (785). Meteco-herói em Atenas, Édipo seria em Tebas um cidadão excluído, um Filoctetes que, no entanto, sua cidade guardará ao alcance da mão, numa *no man's land* fronteiriça.

Fronteiras de Atenas do lado de Tebas; não é preciso que Ismene e Antígona, capturadas pelos homens de Creonte, independentemente do itinerário usado, ultrapassem a fronteira:

---

83   J. Jones, *op. cit.*, *supra*, nota 1, p. 219, e, depois, R. P. Winnington-Ingram, *Sophocles*, pp. 339-340; Ch. Segal está também, no seu capítulo sobre o *Édipo em Colono*, muito consciente do problema.

84   Cf. Ch. Segal, *Tragedy and civilization*, p. 369; R. G. A. Buxton, *Sophocles*, p. 30, escreve, por sua vez: "It (o *Ed. em Col.*) charts the crossing of a series of boundaries: from sacred grave to lawful ground, from outside a polis to inside it, from life to death".

85   O escoliasta do verso 1248 engana-se, evidentemente, colocando-os no extremo Ocidente; sobre os Ripeus, cuja localização pode oscilar entre o norte e o nordeste, ver J. Desautels, "Les monts Rhipées et les Hyperboréens dans le traité hippocratique *Des airs, des eaux et des lieux*, *REG*, LXXXIV, 1971, pp. 289-296; pude consultar também um manuscrito de A. Ballabriga, *Le soleil et le Tartare. Problèmes de l'image mythique du monde en Grèce archaique*. O capítulo III dedica várias páginas aos Ripeus.

86   Cf. B. Knox, *Three Theban plays*, p. 264: "They will bury him just at the frontier where be can be of no use to any other city".

ÉDIPO ENTRE DUAS CIDADES. ENSAIO SOBRE O *ÉDIPO EM COLONO*   311

884   Ἰὼ πᾶς λεὼς ἰὼ γᾶς πρόμοι,
        μόλετε σὺν τάχει μόλετ' ἐπεὶ πέραν
        περῶσ' οἵδε δή.

("Olá, todos, olá, chefes desse país, venham, venham depressa: eles [os raptores] já estão cruzando nossas fronteiras.")

É, um pouco mais longe, com uma alusão à região de Ôinoe, onde se encontram as duas estradas de Tebas, a que passa por Elêusis e a que segue reto para o norte: "Não é necessário que essas jovens atinjam essa encruzilhada" (902).

Fato muito mais estranho à primeira vista, Colono é apresentada como uma zona limite:

56   ὃν δ' ἐπιστειβεὶς τόπον
        χθονὸς καλεῖται τῆσδε χαλκόπους ὁδός,
        ἔρεισμ' Ἀθηνῶν.

("O lugar que estás pisando é o que se chama 'soleira de bronze'[87] desse país, o bulevar de Atenas.")

Foi nesse lugar que o andarilho Édipo sentou-se pela primeira vez (85, 99). E o oráculo preveniu o exilado de que encontraria abrigo e hospitalidade "no limite de uma terra", ou "numa terra longínqua", ἐλθόντι χώραν τερμίαν (89).

Como explicar essa definição? Naturalmente, Colono não é uma fronteira de Atenas. De Colono, fala-se de Tebas, a anticidade, mas vê-se Atenas, a cidade por excelência:

14   πύργοι μὲν οἵ
        πόλιν στέγουσιν, ὡς ἀπ' ὀμμάτων, πρόσω

("Vejo muralhas coroando uma acrópole, mas elas estão ainda, a crer em meus olhos, a uma boa distância.")

A "soleira de bronze" explica-se duplamente. Por uma razão geográfica muito simples: *Kolonós Híppios*, demo rural, demo onde canta o rouxinol, é também um dos demos "fronteiriços" da cidade de Atenas no sistema clisteniano. Esse demo da Ática está no limite norte da *ásty*, a cidade, que é, com a *paralía* (a encosta) e a *mesógeia*, uma das três divisões da Ática[88].

87 Ὁδός é certamente aqui, como o explica habitualmente, uma variante ortográfica introduzida por razões métricas para οὐδός, a soleira. Οὐδός aparece de resto num oráculo citado pelo escoliasta do verso 57. Outras explicações supõem que se leia ὁδός, a estrada, o caminho, e acredium numa alusão ao caminho que conduz ao Hades. Um jogo de palavras não é totalmente impossível; cf., também *infra*, nota 89.

88 Cf. para a localização exata desse demo e o pouco que se sabe dele, D. M. Lewis, "The deme Kolonos", *ABSA*, 1955, pp. 12-17; Lewis escreve, p. 16: "Be can now say with security that there was only one deme Kolonos, that it was a city-deme of Aigris,

312 MITO E TRAGÉDIA NA GRÉCIA ANTIGA

Acrescenta-se a isso uma razão mítica. O escoliasta já aproximava a "soleira de bronze" do verso 57 da soleira a pique, καταρράκτης ὁδός, da fissura do verso 1590, a soleira cujas "bases de bronze", χαλκοῖς βάθροισι (1591), enraízam-se no solo de Atenas[89]. Colono está na fronteira da cidade e da mesógeia, é também fronteira entre os deuses de baixo, que outrora Teseu e Pirítoo visitaram, visita amplamente evocada (1593-1594), e os deuses do alto, de modo que o mensageiro não pode dizer se a morte veio para Édipo do céu ou de sob a terra (1661-1662), e que Teseu dirige sua prece, ao mesmo tempo, à Terra e ao Olimpo (1654-1655).

Aproximemo-nos da frente do palco e da *orkhêstra* que está diante dele. As personagens que vão e vêm chegam, alguns – Polinice e Ismene – do exterior (Argos, Tebas), outros – Teseu, o demota de Colono, seus companheiros que formarão o coro – de Atenas. Colono é na peça um resumo, um condensado de Atenas. É de Colono e a partir de Colono que se eleva o famoso canto do coro (668-719) que exalta Atenas em suas oliveiras, seus cavalos, seus remadores, isto é, em sua totalidade[90]. Com seus homens, seus deuses, seu herói, seus santuários das Eumênides, de Posídon, de Deméter, e a proteção de Atena, Colono é uma pequena Atenas. Será que Sófocles acrescentou algo ao que existia? Por exemplo, ele é a única testemunha de um santuário das Eumênides em seu demo de origem. O grande santuário dessas deusas encontrava-se entre a Acrópole e o Areópago, e é, de resto, ali que Pausânias situava a tumba de Édipo[91].

and that it was the deme of Sophocles", cf. também P. Siewert, *Die Trittyen Attikas und die Heeresreform des Kleisthenes*, Munique, 1982, pp. 88-89; sobre a forma exata do demótico, questão pendente há muito tempo, ver por último J. Fairweather in F. Cairns (ed.), *Papers of the Liverpool Latin seminar*, IV (Liverpool, 1984), pp. 343-344.

89 Conferir a escólia do verso 1590 com referência à descida ao Hades e ao rapto, nesse local, de Kóre, filha de Deméter. Os modernos raciocinaram muitas vezes do mesmo modo: cf. A. J. Festugière, *op. cit.*, *supra*, nota 40, p. 55, e R. P. Winnington-Ingram, *Sophocles*, p. 340. Nem um nem outro citam seu longínquo predecessor. Festugière lembra que o Hades é normalmente de bronze, e qualifica, com razão, de absurda a explicação dada em nota no verso 1590 na edição Dain-Mazon, p. 143: "Toda a colina chama-se 'soleira de bronze'. É a soleira mineira da Ática". Essa explicação vem de uma escólia do verso 57. Acrescenta-se a todas essas aproximações a que me propõe minha colega norueguesa Vigdis Soleim: encontra-se em Hesíodo, *Teogonia*, 749-750 e 811, uma grande soleira de bronze, *mégan oudòn khálkeon*, na base da porta que, no Hades, separa o dia e a noite.

90 V. Di Benedetto escreve *Sofocle* (p. 234), que "não se saberia ver nesse *stásimon* um sinal da adesão de Sófocles aos valores propriamente políticos do Estado ateniense. O que Sófocles exalta não é a *pólis* enquanto centro urbano, mas o campo da Ática". Essa interpretação parece-me inteiramente falsa. Ela esquece que Colono era um demo da cidade, e que os marinheiros simbolizavam melhor o espírito urbano do que o espírito rústico.

91 Pausânias, I, 28, 7; cf. Valério Máximo, V, 3, 3, Sófocles é a fonte do Pseudo-Apolodoro, III, 5, 9. Em Colono, Pausânias (I, 30, 4) situava um "heroico" de Teseu

ÉDIPO ENTRE DUAS CIDADES. ENSAIO SOBRE O *ÉDIPO EM COLONO*   313

O espaço representado é dividido desde o início da peça, entre o bosque sagrado e o espaço acessível profano. Édipo pede à sua filha que lhe encontre uma sede [θάκησιν (9), ἢ πρὸς βεβήλοις ἢ πρὸς ἄλσεσιν θεῶν (10)], "seja em terra profana, seja no bosque dos deuses". Reconhecemos a dimensão da profundidade da zona sagrada, segundo Ismene, que foi realizar as cerimônias lustrais (495-509) num local onde está fora do alcance da voz (489). Ali se encontram uma fonte e crateras destinadas às libações (469-472)[92]. Todos os movimentos de Édipo vão fazê-lo dividir-se entre a zona sagrada e a zona profana. Quando ele chega, instala-se numa pedra não talhada (*áxestos*, 19; *asképarnos*, 101), sede que traz o epíteto das Eumênides, os *Semnaí*, os Temíveis (100). Édipo está do lado do sagrado[93], assimilado ele próprio às Eumênides.

Deixa essa sede para desaparecer "fora da estrada, no bosque" (113-114)[94]. Em seguida, reaparece sobre sua primeira sede, para grande escândalo do coro. Segue-se – nos versos 166-201 – uma ordem do coro e um movimento de Édipo, guiado por Antígona, que acabará por tornar possível o diálogo, sem perigo para Édipo e sem violação do território sagrado. O cego aproxima-se dos demotas de Colono, até o momento em que ele atinge "um degrau formado pela rocha" (ἀντιπέτρου βήματος, 192-193)[95]. Aí, Édipo não poderá ser agarrado: "Se parares aqui, nenhum homem, ancião, poderá arrebatá-lo dessa sede contra a tua vontade", ἐκ τῶνδ᾽ ἑδράνων, ἄκοντά τις ἄξει (176-177). Aí ele pode falar, ouvir (τὸ μὲν εἴποιμεν, τὸ δ᾽ ἀκούσαμεν 190). Todo o episódio está centrado na possibilidade, ou não possibilidade, do *lógos* entre Édipo e os anciãos de Colono:

e Pirítoo, e de Édipo e Adrasto; sobre essa questão das Eumênides na realidade e na tragédia, o artigo de A. L. Brown, "Eumenides in Greek tragedy", *CQ*, 34, 1984, pp. 260 281, dá um exemplo de confusão a tal ponto perfeito que devemos assinalá-lo. A "demonstração" segundo a qual as Eumênides de Sófocles não têm nada a ver com as de Ésquilo é um modelo do gênero.

92   Cratera igualmente mencionada no verso 159, o que prova sua importância.

93   Ele se abstém de vinho, é sóbrio (*nephón*), como é normal para o companheiro de deusas que recebem oferendas sem vinho (*nephália*) e que são portanto *áoinoi* (100); sobre o sentido do verso 100, cf. A. Henrichs, "The 'sobriety' of Oedipus; Sophocles O.C. 100 misunderstood", *HSPh*, 87, 1983, pp. 87-100.

94   Com um jogo de palavras evidente com o nome de Édipo no acusativo, *Oidípoda* e *ex hodoû póda* (113): "o pé fora do caminho".

95   Essa expressão continua misteriosa. Encontramos, na escólia do verso 192, uma série de explicações: compara-se, por exemplo, esse degrau à "soleira de bronze" do verso 57. Outra explicação: trata-se não de pedra, mas de bronze. Duas observações caminham certamente no bom sentido: trata-se de um "equivalente de rochedo", o que emana do cenário, e trata-se do "limite da zona inacessível": *hórion*; ἀντιπέ-τρου é o texto dos manuscritos. Musgrave propôs corrigi-lo para αὐτοπέτρου, isto é, suponho, "de pedra propriamente dita", correção seguida por Dawe e assinalada, com hesitação, por Segal, p. 372. Ela me parece inaceitável: creio que à pedra não talhada sobre a qual Édipo estava instalado opõe-se um degrau talhado.

314   MITO E TRAGÉDIA NA GRÉCIA ANTIGA

167   Ἀβάτων ἀποβὰς
ἵνα πᾶσι νόμος
φώνει.

("Abandona esses lugares proibidos e, quando estiveres onde a lei permite a todos falar, fala.")

Édipo está, portanto, ao mesmo tempo num degrau, *bêma*, que tem o mesmo nome que a tribuna da Pnix, de onde pode se dirigir à *agorá* de Colono, e sob a proteção das Eumênides, já que ele é inatingível na fronteira exata – uma a mais – do sagrado e do profano[96]. Estou tentado a dizer que uma bipartição análoga caracteriza o lugar da morte de Édipo, mesmo não sendo fácil interpretar tudo[97]. Trata-se, como diz Ismene, de um lugar "longe de tudo", *díkha te Pantós* (1732), mas que reproduz, pelo menos em parte, o dispositivo espacial do bosque e da orla do bosque. Se a água viva necessária às abluções e às libações de Édipo (1599) encontra-se numa colina de Deméter (1600), o lugar do desaparecimento do herói é descrito por quatro pontos: "Uma cavidade que forma uma cratera", ornada por uma inscrição que reproduz os juramentos que Teseu e Pirítoo trocaram, o rochedo de Tóricos, um túmulo de pedra e uma pereira oca. O fabricado (a inscrição, o túmulo) opõe-se ao natural (o rochedo, a pereira); a vida (a pereira, o rochedo de Tóricos), à morte (o túmulo, a descida ao inferno). Édipo representa então seu último ato nesse intervalo.

Acabo de passar ao vocabulário do teatro. Na verdade, é evidente que essa bipartição se exprime nas indicações que Sófocles dá, jogando com as palavras do espaço cênico e do espaço representado, para a representação de seu drama. Não quero abrir novamente a querela mais que secular entre partidários e adversários de uma plataforma que, elevada acima da *orkhéstra*, separasse os atores do coro. Não quero sobretudo pronunciar-me sobre a altura eventual dessa plataforma[98]. Em princípio, parece-me evidente, segundo o texto de Sófocles, que ela existia. Ou melhor, o *Édipo em Colono* nos fornece

---

96   Cf. D. Seale, *Vision and stagecraft in Sophocles*, Londres e Camberra, 1982, p. 122: "Oedipus is now in a position to come to the necessary understanding and accommodation with the people of Colonus. He is also literally on the threshold between sacred and common ground".

97   Ver a tentativa de Ch. Segal, *op. cit.*, p. 369, certamente a mais aprofundada. Ele lembra que, segundo um escólio de Licofronte, 766, e um outro de Píndaro, IV, *Pítico*, 246, o rochedo de Tóricos estava ligado à criação do cavalo, a patir do esperma de Posídon.

98   Encontraremos uma situação recente das discussões no livro de N. C. Hourmouziades, *Production and imagination in Euripides, form and function of the scenic space*, Greek Soc. for Hum. Stud., Atenas, 1965, pp. 58-74, e O. Taplin, *op. cit., supra*, nota 13, pp. 441-442. O livro de D. Seale, citado *supra*, nota 96, não aborda realmente a questão no que diz respeito a Sófocles.

ÉDIPO ENTRE DUAS CIDADES. ENSAIO SOBRE O *ÉDIPO EM COLONO*   315

talvez, com as *Fenícias* de Eurípides[99], o exemplo mais manifesto de uma separação entre os atores e o coro[100]. Como dizia P. Arnott: "A ideia de separação é a própria base da cena que abre a peça"[101]. Está claro que a *skēnē*, onde desaparece Ismene, representa o bosque, mas todo o jogo de Édipo, conduzido por Antígona, entre a pedra não talhada e o degrau (*bêma*) sobre o qual ele acabará por se fixar, supõe que ele se afasta do palco, e que se curva[102] para sentar-se num degrau (*bêma*) da escada que reúne o *logeîon* e a *orkhêstra*. Degrau talhado num rochedo, talvez tribuna, e modesto degrau de uma escadaria, ou, mais simplesmente ainda, de uma escada, eis um bom exemplo do jogo de Sófocles com o mito e o teatro...

O *Édipo em Colono* é uma tragédia da passagem. Vê-se Édipo, tendo ultrapassado as fronteiras, instalar-se sobre uma fronteira, em seguida, inocentado pela *Peithó*, a santa Persuasão que o anima, passar de Atenas para um outro mundo. Tentei mostrar aqui que, até no detalhe da encenação, a tragédia se refletia nas fronteiras, as que separam os homens e também as que lhes permitem se reunir.

---

99 Cf. J. Jouanna, "Texte et espace théatral dans les Phéniciennes d'Euripide", *Ktema*, I, 1976, pp. 81-97.

100 O. Taplin, que sobre essa questão é um pouco hesitante, mas não exclui uma plataforma de altura modesta, fala dos versos 192 e ss. do *Édipo em Colono* como sendo "perhaps the strongest evidence in tragedy" da existência de uma tal plataforma (*op. cit.*, p. 441).

101 P. Arnott, *Greek scenic conventions in the fifth century B.C.*, Oxford, 1962, p. 35.

102 Cf., no verso 196, *oklásas*, "tendo-se agachado".

9. Édipo em Vicência e em Paris: Dois Momentos de uma História*

Na interminável história de Édipo – o *Édipo* de Sófocles, mas que se afastou bastante de Sófocles –, escolhi privilegiar momentos[1]. Dois momentos? Em rigor, a palavra vale apenas para o que será minha primeira matéria de reflexão: a representação que inaugurou, no domingo, 3 de março de 1585, o Teatro Olímpico de Vicência. Nesse dia foi representado, na tradução de Orsatto Giustiniani, o *Édipo Tirano* de Sófocles. O próprio teatro havia sido construído sob os auspícios da Accademia Olimpica de Vicência de acordo com o projeto de um de seus membros, Andrea Palladio.

Ao contrário, o segundo *momento* estende-se durante todo um século e até além. Podemos fazê-lo começar com a primeira tradução francesa da peça de Sófocles, de André Dacier, em 1692, e prolongá-lo por toda uma série de traduções e de adaptações, dentre as quais uma só, a de Voltaire, em 1718, é célebre, até um termo que se pode fixar convencionalmente na publicação póstuma (1818) do *Édipo Rei* de Marie-Joseph Chénier, falecido em 1811.

Mas por que estudar esses dois momentos, independentemente mesmo da arbitrariedade de tal escolha? Que luz este estudo pode eventualmente lançar sobre o *Édipo Rei* de Sófocles representado em Atenas por volta de 420 a.C.?

---

*   Estudo publicado nos *Quaderni di Storia*, 14, julho-dezembro 1981, pp. 3-29.

1   Este ensaio reproduz, exceto por alguns detalhes, o que apresentei em Bolonha, no Pallazzo Monunari, no dia 17 de maio de 1980, por ocasião de uma mesa-redonda sobre o *Édipo Rei* organizada pela ATER (Associação Teatral da Emilia-Romagna) de Módena. Agradeço vivamente aos organizadores pelo convite, e aos participantes por suas observações. Desde essa ocasião, tive que apresentar essas observações em Namur, no congresso da Federação dos Professores de Grego e de Latim, em fevereiro de 1981.

318   MITO E TRAGÉDIA NA GRÉCIA ANTIGA

Deixemos de lado os que, em maior número do que pensamos, julgam poder estar em ligação direta com esse momento da história de Atenas. Posso apenas admirar sua certeza. Faltam dois tipos de justificativa aos trabalhos de que apresento um esboço.

Para um grupo importante de filólogos e sociólogos, como Jean Bollack e seus colegas, o trabalho histórico apresenta-se como uma empresa de decapagem: glosadores antigos e filólogos modernos acumularam em torno do texto toda uma série de camadas de interpretações e correções sucessivas que é preciso eliminar, como se descasca uma cebola, para atingir a nudez do texto de Sófocles. Mas de que texto se trata? Nenhum gravador registrou a representação de Atenas; a história da tradição se iniciou – e com ela, os primeiros *desvios* – assim que os copistas começaram a copiar os manuscritos. A nudez do texto não é a de Sófocles, mas a de um copista, de um editor bizantino, Manuel Moschopoulos, por exemplo. O celebérrimo *Laurentianus*, esse exemplar de "transliteração" (isto é, cópia em minúsculas de um texto escrito em unciais), permite-nos quando muito retornar ao *codex* do século V d.C., de que ele é uma cópia. Mais longe, é preciso postular um *volumen* da alta época imperial, que não é o texto de Sófocles, mas a interpretação de um filólogo da época de Adriano. E, se julgamos que a ruptura com Sófocles começou assim que o texto trágico se tornou texto escolar, literário, por assim dizer, "clássico", é preciso lembrar que a tragédia não se torna apenas literatura com a *interpretatio romana*, caso do *Édipo* de Sêneca, que os três grandes trágicos já estão classificados como tais por Aristófanes nas *Rãs* (406), e que são, desde Licurgo[2], "clássicos" no sentido estrito do termo. Data capital, seguramente, na transformação da civilização grega em civilização do escrito[3], mas posterior em um século à maioria das obras.

De resto, se tivéssemos o próprio manuscrito de Sófocles e o filme da primeira representação, o problema estaria apenas deslocado. Receio que propor o princípio de um *sentido* primordial único, que teríamos apenas que depreender das ruínas das interpretações sucessivas, seja voltar não à história, mas à intuição fulgurante cuja impossibilidade postulei. Reencontrar o espírito do século V? Quem não deseja conseguir isso? Mas como consegui-lo, senão *através* das interpretações sucessivas de que as nossas fazem parte, desde o momento em que são formuladas?

Mas coloquemos o problema de outro modo. Dentre as interpretações da peça de Sófocles que marcaram nossa época há, é certo, a de Freud[4]. Há alguns anos, Jean-Pierre Vernant dirigiu contra essa

---

2   Plutarco, *Licurgo*, 15; e *supra*, p. 98.
3   Os trabalhos de E. Havelock chamam a atenção para essa transformação.
4   No colóquio de Bolonha, foi Sergio Molinari quem debateu sobre Freud e *Édipo Rei*: ver seu livro *Notazioni sulla scienza dei sogni in Freud*, Bolonha, 1979.

ÉDIPO EM VICÊNCIA E EM PARIS: DOIS MOMENTOS DE UMA HISTÓRIA 319

interpretação um requisitório esmagador[5]. Mas, para dizer a verdade, a força do requisitório provinha em parte da fraqueza da defesa. Didier Anzieu cometera a imprudência de tentar demonstrar[6] que as aventuras do próprio Édipo se explicavam pelo "complexo de Édipo". Segundo essa interpretação, cada equívoco de Édipo é um ato sintomático "que revela que ele obedece inconscientemente a seu desejo de incesto e de parricídio"[7]. Ao que Vernant não teve dificuldade em responder, em meio a dez outros argumentos, que, na vida afetiva do Édipo trágico, a personagem que importa não é sua mãe carnal, Jocasta, mas sua mãe adotiva, Mérope, e que Sófocles, já que se trata dele, se absteve de fazer a menor alusão a qualquer sensualidade nas relações entre Édipo e Jocasta. Mas todos os narradores do mito não tomarão essa precaução e, sobretudo, os freudianos haviam respondido de antemão a Vernant e, secundariamente, a Anzieu, cuja empresa era perfeitamente inútil do ponto de vista freudiano. Como Édipo poderia ter o "complexo de Édipo" já que ele é precisamente Édipo? Citemos Jean Starobinski: "Édipo não tem portanto inconsciente, já que é nosso inconsciente, quero dizer: um dos papéis capitais que nosso desejo vestiu. Ele não precisa de uma profundidade própria, já que é nossa profundidade. Por mais misteriosa que seja sua aventura, seu sentido é pleno e não comporta lacunas. Nada está escondido: não há lugar para sondar os móveis e as segundas intenções de Édipo. Atribuir-lhe uma psicologia seria derrisório: ele já é uma instância psíquica. Longe de ser o objeto possível de um estudo psicológico, torna-se um dos elementos funcionais, graças aos quais uma ciência psicológica começa a se constituir"[8].

Assim seja, mas em que tempo funcionam esse *ele* e esse *nós* que cadenciam o propósito de Starobinski? Édipo é para nós, homens do século XX, leitores de Freud e, eventualmente, clientes de seus discípulos, um arquétipo e uma "instância psíquica". Mas será que ele já o era em 420 a.C.? Ou seria preciso, a partir do Édipo de Sófocles, remontar a um outro Édipo, o da *Odisséia*, por exemplo (XI, 271), que continua a reinar depois da revelação, ou ao da *Ilíada* (XXIII, 679), que cai na guerra? Seria preciso, ao contrário, descer até as *Fenícias* de Eurípides (410 a.C.), onde Jocasta sobrevive, onde Édipo, cego, permanece fechado no seu palácio, enquanto Etéocles e Polinice duelam e em seguida se matam? Será preciso ir mais longe ainda no tempo,

5 "Oedipe sans complexe", *Raison Présente*, 4 (1967), pp. 3-20, retomado *supra*, pp. 53-71.
6 D. Anzieu, "Oedipe avant le complexe ou de l'interprétation psychanalytique des mythes". *Temps modernes*, 245 (outubro de 1966), pp. 675-715.
7 J.-P. Vernant, *supra*, p. 65.
8 J. Starobinski, prefácio a E. Jones, *Hamlet et Oedipe*, trad. de A.-M. Le Gall, Paris, 1967, p. XIX.

até o Édipo do *Romance de Tebas*, até o Judas da lenda medieval, que, como ele, mata o pai e dorme com a mãe?[9]

Ou Édipo seria esse ser abstrato cuja história pode ser resumida em algumas linhas? Mas esse ser abstrato, esse ser de razão, supondo que exista, só o atingimos através das narrativas, que também são textos. São, portanto, dois momentos da história e do "trabalho" de um texto que gostaria de apresentar aqui.

Comecemos, portanto, pelo que se passou na época do carnaval de 1585, em Vicência, no Teatro Olímpico, no dia 3 de março: a representação de *Édipo Tirano*. Esse é um acontecimento que conhecemos muito bem, essencialmente graças a um dossiê conservado na Biblioteca Ambrosiana de Milão e a duas obras, devidas respectivamente a Leo Schrade e a Alberto Gallo, que exploraram esse dossiê e reconstituíram o acontecimento[10].

Surpreendente representação, na verdade, que inaugurou um surpreendente edifício, um "teatro antigo" construído entre 1580 e 1585. Graças a Filippo Pigafetta, oriundo de uma grande família de Vicência, que logo no dia seguinte redigiu um relatório dirigido a um anônimo "*Illustrissimo signore e padrone osservatissimo*"[11], estamos mais ou menos a par do acontecimento e sabemos que o sucesso foi imenso. O espetáculo durou três horas e meia, mas o público começou a entrar no teatro nove horas e meia antes do início da representação. Pigafetta concluía assim sua narrativa: "É um fato que, depois dos antigos gregos e romanos, os vicentinos souberam, antes e melhor que qualquer outra nação, compor poemas trágicos, e eles se saíram tão bem que não foram apenas os primeiros, mas os melhores". Portanto, um singular privilégio para os vicentinos: ressuscitaram a tragédia antiga em seu quadro original, o do teatro antigo, e foram não apenas os "primeiros", já que a Sofonisba de Trissin havia sido representada meio século antes, mas, graças a Palladio e a *Édipo Rei*, os melhores.

O fato é que um historiador do mundo antigo se encontra antes de tudo completamente à vontade nesse momento da história do Édipo Rei. Tudo se passa como se se tratasse de um acontecimento intensamente político, no sentido pleno do termo. Em 1591, G. Marzari publica em Veneza sua *Historia di Vicenza*. A obra está dividida

---

9   L. Constans, *La légende d'Oedipe*, Paris, 1881, pp. 93-103.

10 L. Schrade, *La réprésentatfon d'Edipo tiranno au Teatro Olimpico* (Vicência, 1585), estudo seguido de uma edição crítica da tragédia de Sófocles de Orsatto Giusdniani e da música dos coros de Angelo Gabneli, *CNRS*, Paris, 1960; A. Gallo, *La prima rappresentazione al Teatro Olimpico con i progetti e le relazioni dei contemporanei*, pref. de L. Puppi, Milão, 1973. Citarei doravante, respectivamente, *Représentation e Prima rappresentazione*. Uma segunda representacão teve lugar no dia 5 de março de 1585.

11 Texto na *Prima rappresentazione*, pp. 53-58; cf. *Représentation*, pp. 47-51.

ÉDIPO EM VICÊNCIA E EM PARIS: DOIS MOMENTOS DE UMA HISTÓRIA

em duas partes: a primeira relata os acontecimentos cronologicamente, a segunda é uma lista, um *álbum* dos grandes homens da cidade. Nessa segunda parte, Palladio e outros responsáveis pelo acontecimento de que falo ocupam o seu lugar. O livro I termina com a criação, em 1555, da Accademia Olimpica, a mesma que tomou a decisão de mandar edificar o *superbissimo teatro* que orna a pátria, e que não pode se comparar "com nenhum outro teatro construído para a representação, seja antigo ou moderno". Melhor ainda, ali nos reencontramos inteiramente no evergetismo do mundo greco-romano, no universo descrito por Paul Veyne[12], um erudito do século XVIII; apoiado nos arquivos de Vicência, o conde Montenari nos ensina que o teatro foi construído "às expensas dos acadêmicos e dos que queriam obter a cidadania"[13]. A cidadania concedida em troca de uma doação *privada* para um monumento público... estamos, decididamente, em plena época helenística.

A leitura da tradução de Orsatto Giustiniani toma esse rumo. O mínimo que se pode dizer é que ela não negligencia – às vezes até acentua – a dimensão cívica do texto de Sófocles. A começar pelo título: o que quer que se diga, o *týrannos* de Sófocles não é um "rei", como querem nossas traduções. O grande diálogo que defronta, que opõe o herói real e a cidade, está presente, soberbamente presente, no texto italiano. Damos alguns exemplos: no discurso de Tirésias: *phanésetai Thebaîos* (453), Édipo "revelará ser um tebano", é traduzido por *esser di Thebe cittadin*. No início da invocação do mensageiro (1223) Ὦ γῆς μέγιστα τῆσδ᾽ ἀεὶ τιμώμενοι, "Ó vós que, dentre todos, esse país sempre honrou", torna-se, por uma amplificação notável:

> O Principali Cittadini soli
> Ornamento e sostegno
> De la Città di Thebe;

> "Ó primeiros cidadãos que, únicos, são
> o ornamento e o sustentáculo
> da cidade de Tebas";

Πᾶσι Καδμείοισι (1288), "a todos os cadmeus", torna-se simplesmente *a tutti i cittadini*; ἐκ χθονός (1290), "fora dessa terra", é substituído por *fuor di questa cittade*. E, na invocação final do coro (1523): Ὦ πάτρας Θήβης ἔνοικοι, "moradores de Tebas, minha pátria", é substituído por: *O di questa mia patria incliti e degni Cittadini*. Novamente aparece um desvio. Estes textos dirigem-se de fato aos cidadãos, mas sobretudo a certos *cidadãos*.

---

12 *Le pain et le cirque*, Paris, 1976.
13 Conde G. Montenari, *Del Teatro Olimpico di Andrea Palladio*, Pádua, 1749², p. 3. Montenari apoia-se numa súplica dirigida; "*à Deputati al governo di essa Città*", pedindo-lhe para dar a "*Cittadinanza*" a doze pessoas, o que foi feito ern 1581.

322 MITO E TRAGÉDIA NA GRÉCIA ANTIGA

Mas será que se trata realmente de cidadãos? Patrício senador e homem político, Orsatto Giustiniani era, certamente, um dos *Principali Cittadini*, mas não de Vicência, e sim de Veneza. Desde 1404, Vicência foi anexada por Veneza, faz parte da "terra firme", da *khóra*, diriamos na Antiguidade; ela é apenas um fantasma de cidade que não aparece, enquanto fator político autônomo, na história do século XVI italiano[14]. De fato, o historiador da cidade, Marzari, felicita-se pelo concurso trazido à Accademia Olimpica por "quase toda a nobreza da Lombardia e da Marche de Treviso"[15], consequentemente uma nobreza muito pouco cidadã, já que não vem apenas da "Marche de Treviso", mas da própria Lombardia[16]. É certo que a autoridade municipal cedeu o terreno no qual foi construído o teatro, mas ela nada mais é do que um conselho municipal, estreitamente controlado por Veneza. Pigafetta assinala ainda que a autoridade militar esteve presente, na pessoa de alguns senadores (venezianos), mas não o prefeito da cidade: *Il clarissimo Capitano si trovò presente con alcuni Senatori e il Podestà restò fuori*[17].

Temos até uma crítica detalhada da representação de 3 de março de 1585, apresentada, em forma de carta, ao podestado (prefeito) de Vicência, por Antonio Riccoboni[18], mas devo confessar que a dimensão política dessa crítica, se existe, me escapa totalmente.

De fato, essa representação e o próprio teatro são, para uma camada dirigente de Vicência, uma espécie de projeção ideal. Os fundadores da Accademia Olimpica, principalmente Gian Giorgio Trissino, humanista e autor trágico, são, se quisermos, aristocratas que atraíram para seu meio Palladio, filho de um modesto artesão de Pádua. Em Vicência, o conhecimento da Antiguidade não conduz ao poder político, mas a algo como uma metáfora do poder. É o que permite, por exemplo, a Filippo Pigafetta apresentar desse modo a personagem principal da Accademia: "O príncipe da Academia é o ilustre conde Lunardo Valmarana, que tem a alma de César e veio ao mundo para as empresas magnânimas"[19]. Mas a

---

14 Desse modo, no volume de A. Visconti, *L'Italia nell 'epoca della Controriforsna dal 1516 al 1713*, Milão, 1958, obra considerável, encontrei duas referências a Vicência, uma para dizer que Palladio havia trabalhado lá (p. 128), a outra para assinalar a existência de um artesanato de lã (p. 229).

15 *La Historia de Vicenza*, Veneza, 1591, p. 160.

16 O *Cinquecento* é, na região veneziana, um periodo de forte ascensão da aristocracia, cf. A. Ventura, *Nobiltà e Popolo nella Società Veneta del 400 e 500*, Bari, 1964, pp. 275-374; sobre Vicência, cf. pp. 279-280 e 362-363; das indicações dadas nessa obra pode-se contudo deduzir que a *cittadinanza* era sentida como um privilégio. Agradeço a meu colega A. Tenenti ter me indicado esse livro.

17 *Prima rappresentazione*, p. 56.

18 *Idem*, pp. 39-51; cf. A. Gallo, *idem*, pp. XXII e XXVIII, que cita um documento dos arquivos da Academia: "O podestado recusa-se a ir à representação", e considera que "esse comportamento é difícil de interpretar", mas que ele representa mais uma decisão pessoal que uma tomada de posição oficial.

19 *Idem*, p. 55.

ÉDIPO EM VICÊNCIA E EM PARIS: DOIS MOMENTOS DE UMA HISTÓRIA 323

seqüência do texto nos informa quais foram as "empresas magnânimas" do conde Valmanara: ter recebido em seu palácio de Vicência a sereníssima imperatriz, e conceder aos estrangeiros de passagem pela cidade a honra de visitar seus jardins, que são, evidentemente, comparados aos "jardins de Salústio" (*horti Sallustiani*) da Roma antiga.

O próprio Teatro Olímpico é um monumento à glória dos acadêmicos, que são representados em trajes antigos na frente do palco, enquanto o registro superior é ocupado pelos Trabalhos de Hércules. James Ackerman notou bem esse ponto. "Na primavera de 1580, os acadêmicos observaram que seus próprios retratos de heróis tinham sido substituídos pelas figuras alegóricas propostas pelo desenho de Palladio [portanto, logo após a morte de Palladio]. E isso no exato momento em que os nobres de Vicência deviam renunciar a qualquer esperança de se tornarem um dia efetivamente heróis..."[20]. O próprio teatro é apresentado pelo mesmo crítico como "um discurso acadêmico em três dimensões, uma reconstituição erudita do teatro romano antigo, fundamentada numa longa familiaridade com os monumentos e os textos"[21]. A erudição de Palladio é bastante real, mas seu teatro não é, de modo algum, uma dissertação em três dimensões.

Deixemos de lado a difícil partilha entre o que pertence a Palladio, autor do projeto, e o que é de V. Scamozzi, que mandou executá-lo. Parece que L. Magagnato provou[22] que um dos traços mais agradáveis do teatro a nossos olhos – a rua em perspectiva que divide em dois a parede do palco – se deveu a um contrassenso sobre uma passagem do livro V de Vitruve[23]. Observaremos também que Palladio eliminou os assentos privilegiados de que falava o teórico romano. Todo espectador – aristocrata – é igual aos outros.

Mas há algo mais importante: essa tragédia grega, traduzida para o italiano (toscano) e escolhida por ser, segundo Aristóteles, a melhor, preferida a qualquer outra tragédia antiga ou moderna, preferida também a uma pastoral[24], é representada num teatro romano. Palladio e Scamozzi de modo algum pensaram em se inspirar na doutrina de

---

20 J. S. Ackerman, *Palladio*, trad. de Cl. Lauriol, Paris, 1981, p. 164; poderíamos, naturalmente, epilogar sobre esse "no mesmo momento". Além disso, consultei, sobre Palladio e seu teatro, as seguintes obras e artigos: L. Magagnato, "The genesis of the Teatro Olimpico", *JWI*, XIV, 1951, pp. 209-220; L. Puppi, *Palladio*, Londres, 1975; R. Schiavo, *Guida al Teatro Olimpico*, Vicência, 1980; H. Spelmann, *Andrea Palladio und die Antike*, Munique e Berlim, 1964; a documentação essencial encontra-se na coletânea de G. Zorzi, *Le ville e i teatri di A. Palladio*, Vicência, 1969.

21 J. S. Ackerman, *Palladio*, p. 20.

22 No artigo citado *supra*, n. 20.

23 *De Architectura*, V, 6, 8: "*secundum autem spatio ad ornatus, comparato*"; *secundum*, durante muito tempo, foi compreendido como significando "atrás" e não "ao lado".

24 A referência a Aristóteles é constante, encontra-se tanto em Pigafetta como em Ricco Boni; cf. *Prima Rappresentazione*, pp. 39-42 e 54. Sobre a escolha de uma

324 MITO E TRAGÉDIA NA GRÉCIA ANTIGA

Vitruve sobre o teatro grego. Melhor ainda, trata-se de um modelo reduzido, e um contemporâneo, G. V. Pinelli, disse, do modo mais breve possível: "*Il teatro troppo piccolo*"[25]. Trata-se também de um teatro coberto, e se essa cobertura, que é hoje (desde 1914) um céu, era em 1585 uma tela pintada[26], não era a luz do dia que iluminava os atores e o coro, e a primeira representação realizou-se à noite. Tudo isso está no espírito de um humanismo que imita a Antiguidade sabendo muito bem que não é a Antiguidade.

Resta dizer como a representação de 1585 se referiu ao teatro grego do século V antes de nossa era. Sobre as intenções e as realizações do encenador, o ferrarense Angelo Ingegneri, sobre as discussões que suscitou, estamos muito bem informados, já que temos, além das narrativas dos contemporâneos, o próprio texto de seu projeto[27].

Tanto quanto o próprio teatro, a encenação não é propriamente "arqueológica". Mas a dificuldade, para nós, está em separar o que se quis *reconstrução*, o que foi desvio voluntário (com intenção de transposição), e o que foi modernidade consciente.

Evidentemente, a reconstrução só podia ser livresca. E ela o foi, ao nível dos pormenores. Por exemplo, no início da peça, quando a cortina cai: "De início, sente-se um odor muito suave de perfume; era para fazer compreender que, na cidade de Tebas, tal como era representada segundo a história antiga, os homens espalhavam perfumes para inflectir o desdém dos deuses"[28], trata-se, talvez, de um comentário do verso 4 do *Édipo Rei*: Πόλις δ' ὁμοῦ μὲν θυμιαμάτων γέμει "a cidade está cheia de vapores odoríferos", como Giustiniani o compreendeu.

Sem dúvida, é inconscientemente que os coros musicados por Angelo Gabrieli[29], que Riccoboni comparou às *Lamentações de Jere-*

tragédia grega, em oposição a uma pastoral ou a uma tragédia italiana, cf. F. Pigafetta, *Prima Rappresentazione*, pp. 53-54, e A. Gallo, *idem*, pp. XIX, XXI.

25 *Idem*, p. 59; embora Pinelli não estivesse presente no dia 3 de março de 1585; cf. A. Gallo, *idem*, p. XXIII; às vezes, os contemporâneos superestimaram a capacidade do teatro. G. Marzari (*Historia di Vicenza*, p. 117) o declara capaz de receber 5.000 espectadores, o que é um grande exagero: cf. *Représentation*, p. 48.

26 O detalhe é mal conhecido; o documento principal é um camafeu de Antiodeo que representa, precisamente, o *Édipo Tirano*; cf. R. Schiavo, *Guida*, pp. 127-132.

27 Ele é reproduzido em *Prima Rappresentazione*, pp. 3-25; sobre a encenação, ver sobretudo L. Schrade, *Représentation*, pp. 51-56.

28 F. Pigafetta, *Prima Rappresentazione*, p. 56; a cortina que esconde a encenação está abaixada, não levantada: cf. Pigafetta, *idem*, e L. Schrade, *Représentation*, p. 49.

29 Cf. Schrade, *Représentation*, pp. 65-77: eu disse inconscientemente, porque o encenador, Ingegneri, considerava realmente o coro como a encarnação da presença dos homens no palco: "O coro representa a terra (*terra*)", *op. cit. infra*, n. 40, pp. 18-19; *terra* significa, então, a cidade.

ÉDIPO EM VICÊNCIA E EM PARIS: DOIS MOMENTOS DE UMA HISTÓRIA   325

mias[30], são transformados em intervalos que separam os atos. Sob muitos pontos de vista, de resto, o pequeno número de coreutas (são quinze) em relação ao enorme aparelho da encenação constitui uma mistura singular de arqueologia escrupulosa e de inovação semiconsciente.

Pois a grande inovação do espetáculo está no luxo voluntariamente real que lhe é dado. Se a ligação entre o coro e a cidade está mais bem expressa na tradução do que na encenação, o caráter real das personagens é abundantemente sublinhado. Tebas é, segundo Ingegneri, "célebre cidade da Beócia e capital do império"[31]. É preciso que Édipo "seja de uma estatura maior que a de todos os outros"[32]; é acompanhado, em cada uma de suas entradas, por um cortejo de vinte e oito pessoas, cifra que cai a vinte e cinco, para Jocasta, e a seis, para Creonte, que é apenas um príncipe[33]. Ingegneri especifica em seu projeto que os trajes devem ser gregos e não romanos, com exceção dos dos sacerdotes[34]. Mas as vestimentas que ele indica parecem ter sido escolhidas num Oriente mais familiar aos venezianos de 1585 que o Oriente grego, ou até bizantino: o Oriente turco. É singular confrontar esta frase de Ingegneri: "A guarda do rei será composta de homens vestidos todos com a mesma cor, à grega", e esta outra de Pigafetta: "O rei e a guarda de vinte e quatro arqueiros vestidos em traje dos *solachi* do grande Turco..."[35].

Será que até Roma, apesar da vontade de Ingegneri, está tão longe? Quase não há dúvida de que o Édipo de Sêneca está presente por trás do de Sófocles. O anônimo pastor de Laio da peça de Sófocles é chamado por Ingegneri *Forbante* (Phorbas), de acordo com o modelo latino[36]. O luxo real está mais de acordo com a tradição imperial ou papal[37] do que daquilo que sabia, no século XVI, da tradição grega. Um dos críticos contemporâneos, Sperone Speroni, opõe-se, em nome do trágico e da história, a essa *regal maestà*. Estavam em época de peste, e era hora "de súplica, não de pompa"[38], e ele explica,

---

30 *Prima Rappresentazione*, p. 49; L. Schrade observa (p. 76) que "dentre todas as observações, na maioria obtusas, que Riccoboni fez...", essa, pelo menos, não é desprovida de sentido, pois a música de Gabneli pode se inspirar efetivamente nas versões polifônicas das *Lamentações*.

31 *Prima Rappresentazione*, p. 9.

32 *Idem*, p. 10.

33 São as cifras citadas por A. Gallo, *idem*, p. XLV, e L. Schrade, *op. cit.*, p. 53; os dados transmitidos são um tanto contraditórios, e as cifras, às vezes um pouco inferiores.

34 *Prima Rappresentazione*, pp. 13-15; as roupas dos sacerdotes parecem se inspirar no traje tradicional dos sacerdotes judaicos na arte da Renascença.

35 Respectivamente, *Prima Rappresentazione*, p. 15 e p. 56.

36 *Idem*, p. 12.

37 Uma missa solene foi cantada no dia 4 de março de 1585 pelos acadêmicos.

38 "Era, para o rei e para todo o povo, o tempo da súplica; não o da pompa" (*idem*, p. 31).

326 MITO E TRAGÉDIA NA GRÉCIA ANTIGA

misturando um pouco as épocas, que os reis bárbaros têm uma fita branca em torno da cabeça, e os gregos, apenas um cetro, como se vê em Homero. Quanto a Jocasta, seu traje devia ter a simplicidade do de Penélope, e duas companheiras lhe bastam[39].

Resta porém o essencial: a aguda consciência de ser dos modernos. O texto de Ingegneri é insubstituível[40]. A encenação comporta o *apparato*: trajes, movimentos de conjunto, cerimonial; comporta também (além da música) a *ação*, que se divide em duas partes: "a ação consiste em duas coisas: a voz e o gesto"[41]. A voz diz respeito ao ouvido e o gesto se dirige aos olhos. Se é legítimo que os atores estejam vestidos "à grega", a arte moderna do gesto opõe-se a que eles usem a máscara, pois o gesto não é realizado principalmente pelos braços e pelas pernas, mas pelo rosto e pelos olhos: "O gesto consiste nos movimentos apropriados do corpo e de suas partes: mais particularmente das mãos, ainda mais do rosto, e, acima de tudo, dos olhos"[42]. Resulta disso que a máscara, cujo papel no teatro antigo[43] Ingegneri conhecia perfeitamente, é deliberadamente excluída da representação de 1585. Através dessa conscientização, a representação escapava de uma arqueologia mais ou menos imaginária para fazer da obra-prima grega, imposta pela poética de Aristóteles aos acadêmicos de Vicência, um momento de uma história vivida no presente.

Deixemos agora transcorrer pouco mais de um século e abandonemos Vicência por Paris.

Em 1692, André Dacier publica uma tradução comentada da *Electra* e do *Édipo Rei* de Sófocles[44]. Sob muitos pontos de vista, essa tradução, que será seguida de algumas outras[45], marca uma inversão sobre a qual é preciso que reflitamos.

---

39 *Idem.*

40 Ingegneri é um teórico importante da encenação, autor de várias obras especializadas (cf. L. Schrade, *Représentation*, pp. 51-52); sua obra mais importante, publicada em Ferrara em 1598, intitula-se: *Della poesía rappresentativa e del modo di rappresentare le favole sceniche*; encontra-se nela uma generalização, a partir da encenação de *Édipo Tirano*, principalmente à p. 18.

41 *Prima Rappresentazione*, p. 8. Essa divisão provém de Aristóteles, *Retórica*, III, 1403 b 20-1404 a 8, e *Poética*, 26, 1461 b 26-1462 a 4, textos sobre os quais veremos A. Lienhard-Lukinovitch, *La voce e il gesto nella retorica di Aristotele*, in Società di Linguistica Italiana, *Retorica e scienze del linguaggio*, Roma, 1979, pp. 75-92.

42 *Idem*, p. 18.

43 *Idem*, p. 8.

44 A. Dacier, *L'Oedipe et l'Electre de Sophocles, tragédies grecques traduites en Français avec des remarques*, Paris, 1692.

45 A de Boivin dos *Pássaros* de Aristófanes, Paris, 1729; a de R. P. Brumoy, em *Théâtre des Grecs*, Paris, 1730 (ele próprio reeditado por Rochefort e Laporte du Theil em 1785); a de Rochefort para o conjunto de *Sophocles*, I, Paris, 1788, pp. 3-133.

ÉDIPO EM VICÊNCIA E EM PARIS: DOIS MOMENTOS DE UMA HISTÓRIA   327

1. Essa tradução, como bem viu Marie Delcourt[46], marca a vitória de Sófocles sobre Sêneca (de quem havia, na época de Corneille, duas traduções recentes e quase completas). Não haverá mais tradução do *Édipo* de Sêneca antes de 1795[47]. No máximo, pode-se assinalar uma certa presença clandestina de Sêneca nas adaptações da peça de Sófocles, por intermédio de personagens como "Phorbas" ou a "Sombra de Laio".

2. Sem se fundar numa edição nova do texto – para tanto será preciso esperar a revolução dos professores no fim do século XVIII[48] –, essa tradução não deixa de marcar uma ruptura com as "belas infiéis" de Arnaud d'Andilly e de Perrot d'Ablancourt. Como dizia René Bray: "No fim do século, quando Dacier e a sra. Dacier traduzirão Aristóteles, Anacreonte, Platão, Plutarco, Horácio, Plauto e Terêncio e Sófocles, eles o farão como filólogos eruditos, não como escritores à procura de uma inspiração e de uma retórica"[49].

3. Essa tradução é o ponto de partida, quase a origem, o *arkhé*, de um número surpreendente de adaptações, paródias, reflexões sobre a peça de Sófocles e sobre o tema edipiano, que constitui um dos aspectos mais mal conhecidos do século XVIII literário e filosófico.

Pouco estudado até agora[50], esse tema foi aprofundado por um jovem pesquisador, Christian Biet[51], que identificou não menos de

---

46   Marie Delcourt, *Étude sur les traductions des tragiques grecs et latins en France depuis la Renaissance*, Bruxelas, 1925, p. 5.

47   A tradução de M. L. Coupé do *Théâtre de Sénèque*, Paris, 1795, I, pp. 309-400; o comentário é interessante por sugerir a confecção de "romances trágicos" (p. 398).

48   A edição de Brunck, prefaciada por J. Schweighäuser, é publicada em Estrasburgo, em 1779, a de F. A. Wolf, em Halle, em 1787.

49   R. Bray, citado por R. Zuber, *Perrot d'Ablancourt et ses "belles infidèles". Traduction et critique de Balzac à Boileau*, tese, Paris, 1968, p. 19; poderíamos multiplicar aqui as referências; por exemplo, G. de Rochefort nas suas "Observations sur les difficultés que se rencontrent dans la traduction des poètes tragiques grecs", publicadas como introdução ao *Théâtre de Sophocle*, I, Paris, 1788, pp. XXI-XLIII, explica que os leitores que mais se devem temer são os meios eruditos. Estes causam alarde no mundo; estão espalhados pelas sociedades, crê-se em suas palavras; passam por pessoas profundas aos olhos de pessoas superficiais. Não temem pronunciar-se ousadamente, ao primeiro golpe de vista, sobre uma obra meditada por muito tempo"; o inimigo, doravante, é o "homem da sociedade".

50   Pode-se apenas citar uma dissertação de Bochum (1933): W. Jordens, *Die französischen Oidipusdramen. Ein Beintrag zum Fortleben der Antike und zur Geschichte der französischen Tragödie*. W. Jordens ainda assinalou apenas cinco adaptações no século XVIII.

51   Ch. Biet, *Les transcriptions théâtrales d'Oedipe-Roi au XVIIIᵉ siècle*, tese de 3º ciclo, sob a orientação de J. Chouillet, Université de Paris-III, Paris, 1980; tive a honra de ser um dos julgadores desse trabalho, e desde então tive mais de uma oportunidade de discutir as conclusões com seu autor.

328 MITO E TRAGÉDIA NA GRÉCIA ANTIGA

dezessete adaptações (das quais duas paródias e duas óperas), que se escalonam entre 1718 e 1811[52].

4. Finalmente, digna de destaque, a tradução Dacier pretendia ser uma peça no dossiê da querela entre Antigos e Modernos, e Dacier desposava com energia a causa dos Antigos. O resultado foi o inverso do que era previsto tanto no plano geral como no do drama de Édipo. O que muda, a partir dos trabalhos do casal Dacier[53], é o próprio estatuto da tradução na República das Letras, submetida daí em diante a um imperativo de exatidão, até, em certos limites, de literalidade. Em 1687, Pierre Coustel explicava que a tradução de um texto profano está submetida a um critério de expansão estética: "Se traduzimos apenas literalmente, obtemos uma tradução fraca, inferior e sem energia: nós a fazemos sem beleza, sem movimento e sem vida, tão pouco semelhante ao original quanto um homem morto se assemelha a um homem vivo"; mas ele mantinha uma exceção a essa regra: a Bíblia. "É preciso, contudo, excetuar a Santa Escritura, que se deve traduzir sempre o mais literalmente possível: porque a ordem das palavras é muitas vezes um mistério."[54] Traduzir literalmente Sófocles é uma operação de duplo enfoque. Num primeiro tempo, tempo lógico mais que tempo histórico, isso pode significar que se trata de um texto sagrado tal como a Bíblia; num segundo, um e outro se tornam textos profanos. Em qualquer caso, há, no início, penetração num domínio proibido. Mas não é tudo, pois, sem que haja nisso paradoxo, essa *tradução* mais ou menos literal de Dacier iria por sua vez provocar *adaptações* que de modo algum o eram, e é Edipo, decididamente moderno, que acompanha as querelas ideológicas e políticas do século.

Voltaire, autor do primeiro desses *Édipos*, que conhece um grande sucesso de 1718 (de fato, o maior sucesso da história do teatro na França no século XVIII), coloca muito bem as coisas em sua carta de 1731 a R. P. Porée, jesuíta: "Eu estava repleto da leitura dos antigos

---

52 Citarei, mais adiante, muitas dessas adaptações, mas cabe ao próprio Ch. Biet publicar o dossiê que ele reuniu.

53 Ver Noémi Hepp, *Homère en France au XVIIe siècle*, Paris, 1969.

54 P. Coustel, *Règles de l'éducation des enfants où il est parlé de la manière dont il faut se conduire, pour leur inspirer les sentiments d'une solide piété et pour leur apprendre parfaitement les belles lettres*, 2 vols., Paris, 1687, pp. 193-194; devo essa referência, e muitas outras, a Ch. Biet; sobre os problemas colocados pela tradução da Bíblia, ver M. de Certeau, "L'idée de traduction de la Bible au XVIIe siècle: Sacy e Simon", *Recherches de science religieuse*, 66, 1978, pp. 73-92; tomo-lhe emprestado (p. 80) esse dado estatístico importante: de 1695 a 1700, de sessenta edições parisienses da Bíblia, há cinquenta e cinco em francês; a proporção era inversa meio século antes. Os dois autores estudados têm ideias diferentes, até opostas, sobre o que é uma tradução; ver também M. Delcourt, *op. cit.*, *supra*, n. 46, que insiste (pp. 155-157) sobre o papel cardeal de Pierre-Daniel Huet.

ÉDIPO EM VICÊNCIA E EM PARIS: DOIS MOMENTOS DE UMA HISTÓRIA   329

e de vossas lições, e conhecia muito pouco o teatro de Paris; trabalhei mais ou menos como se tivesse estado em Atenas. Consultei M. Dacier, que era do local. Aconselhou-me a colocar um coro em todas as cenas, à moda dos gregos. Era como se me aconselhasse a passear em Paris com a roupa de Platão"[55].

Não é preciso dizer que minha intenção não é fazer um estudo sistemático dessas peças, o que poderia ser apenas um resumo do estudo de Ch. Biet. Portanto, contentar-me-ei, em relação a essa coletânea, em formular algumas observações gerais.

A primeira consistirá em dizer que se trata de um conjunto intensamente reflexivo, que se liga a múltiplas referências. Num estudo, recentemente traduzido para o francês[56], Hans Robert Jauss perguntou-se por que uma peça como *Ifigênia em Táurida*, de Goethe, perdera todo o impacto. Ele sugeriu que isso se devia, pelo menos em parte, à dupla gama de referências que Goethe usava, referências hoje incomunicáveis à tragédia antiga, de um lado, à tragédia clássica francesa, do outro. Ninguém duvida de que essa dupla referência marca também Voltaire e seus sucessores, e acrescenta-se também uma referência constante à atualidade política e ideológica que faz com que essas peças se tornem rapidamente ilegíveis, porque incompreensíveis. O historiador reagirá de outro modo: um dos aspectos singulares que numerosas delas apresentam, aos nossos olhos, é sua inserção, muitas vezes explícita, às vezes implícita, num debate estético, ideológico, cultural, constantemente retomado. Isso é verdade para a tradução Dacier, à qual se acrescenta um comentário detalhado. Isso é verdade para Voltaire, cujo Édipo é acompanhado de toda uma série de cartas, das quais as primeiras são redigidas pelo próprio Voltaire e contêm "a crítica do *Édipo* de Sófocles, do de Corneille e do seu"[57].

Não é surpreendente, já que se trata de uma obra de erudição, que o volume do *Théatre des Grecs* de R. P. Brumoy, em sua edição de 1785[58], contenha ao mesmo tempo a tradução do texto de Sófocles, reflexões do tradutor sobre essa peça, extratos, sempre devidos a R. P. Brumoy, peças de Sêneca e de Corneille, um resumo anônimo do *Édipo Tirano*

---

55 *Oeuvres complètes de Voltaire*, edition Besterman, 86, Genebra, 1969, p. 49 (para a data, cf. p. 50).

56 "De l'Iphigénie de Racine à celle de Goethe", in *Pour une esthétique de la réception*, trad de Cl. Maillard, prefácio de J. Starobinski, Paris, 1978, pp. 210-262.

57 *Lettres écrites par l'auteur qui contiennent la critique de l'Oedipe de Sopbocles, de celui de Corneille et du sien*, Paris, 1719, retomado em Voltaire, *Oeuvres*, II, Paris, 1877, pp. 11-46. Unicamente no ano de 1719, Ch. Biet menciona nada menos de seis brochuras que debatem o novo Édipo; cf. R. Pomeau, *La réligion de Voltaire*, Paris, 1969, pp. 85-91, e J. Moureaux, *L'Oedipe de Voltaire. Introduction à une psycocritique*, Paris, 1973.

58 É o tomo III, publicado sob os auspícios de De Rochefort e Du Theil, da Académie Royale des Inscriptions et Belles Lettres.

330   MITO E TRAGÉDIA NA GRÉCIA ANTIGA

de Giustiniani, que, ainda em 1785, se sabe que foi "representado com muito aparato e pompa em Vicência pelos acadêmicos", e uma análise detalhada da peça de Voltaire. Nada mais normal, dirão com razão, e poderíamos fazer as mesmas observações para a *Electra* ou a *Antígona*. No entanto, é muito mais surpreendente que um cavalheiro como o conde de Lauraguais publique, em 1781, uma *Jocasta*, tragédia em cinco atos, precedida de uma *Dissertation sur les Oedipe* de cento e oitenta e três páginas, onde são confrontados Sófocles, Corneille, Voltaire, Houdar de La Motte e o próprio Lauraguais[59]. Édipo é uma peça que não pode se apresentar sozinha. Melhor ainda, Édipo é um pretexto completamente excepcional para a experimentação estética. Houdar de La Motte, grande defensor dos "Modernos", mas também adaptador da *Ilíada*, dá em 1726 duas versões sucessivas dele, uma em prosa, outra em verso. A primeira é recusada pelos comediantes franceses, o que explica a redação da segunda[60].

Mas o caso mais surpreendente é provavelmente o de M. de La Tournelle, comissário de guerra, amigo do acadêmico Boivin, tradutor de Sófocles e de Aristófanes. Essa personagem é o autor de uma (inencontrável) *Coletânea* que contém nada menos do que nove peças sobre o tema de Édipo. Quatro dessas peças, publicadas em 1730-1731, aparecem nas bibliotecas parisienses: *Oedipe ou les trois fils de Jocaste*, *Oedipe et Polybe*, *Oedipe ou l'Ombre de Laius*, *Oedipe et toute sa famille*. Trata-se de uma dupla e sistemática exploração. Exploração das possibilidades dramáticas que a família de Édipo, natural e adotiva[61], oferece, e ao mesmo tempo exploração psicológica dos sentimentos que se podem atribuir a esse curioso grupo familiar. Um exemplo bastante singular é o dos *Trois fils de Jocaste*, peça adaptada, ao mesmo tempo, do *Édipo Rei*, dos *Sete contra Tebas* de Ésquilo e das *Fenícias* de Eurípides. Polinice mata Etéocles, Jocasta mata Polinice, o que é absolutamente inédito, em seguida se mata com Édipo. Como escreve Christian Biet: "O final não desemboca em nenhum poder, não há mais nada. Isso lembra, numa palavra, o problema político colocado pelo conjunto dessas adaptações, que é efetivamente o do poder".

---

59   No catálogo da Biblioteca Nacional e na *Bibliographie de la littérature française*, de Cioranescu, n. 53638, essa dissertação é atribuída a G. de Rochefort: ignoro em que se fundamenta essa atribuição; em todo caso, o texto é apresentado como sendo do autor de *Jocasta*; sobre Lairaguais, o estudo de P. Fromageot, "Les fantaisies littéraires, galantes, politiques et autres d'un grand seigneur. Le comte de Lauraguais (1733-1824)", *Revue des Études Historiques*, 80, 1914, pp. 15-46, não menciona Jocasta.

60   Nós as encontraremos no tomo IV, pp. 3-68, e VIII, pp. 459-519, das *Oeuvres* de A. Houdar de La Motte, Paris, 1754; ver também no VIII, pp. 377-458, o "Quatrième discours à l'occasion de la tragédie d'Oedipe".

61   A reflexão sobre as relações entre Édipo e seu pai adotivo Pólibo parece-me praticamente única.

ÉDIPO EM VICÊNCIA E EM PARIS: DOIS MOMENTOS DE UMA HISTÓRIA   331

Dentro de certos limites, esse já era o problema da tragédia antiga: o diálogo entre o herói vindo do fundo da idade do mito e da moderna cidade democrática. *Édipo Rei* é um drama representado a três: o tirano, o coro, órgão cívico, e o detentor do acesso ao sagrado, o adivinho Tirésias.

Todas as transcrições terão que dar conta desse debate político, que já é objeto de uma radical transformação no *Édipo* de Corneille (1659), tragédia onde se defrontam poder tirânico e poder legítimo, sem que o *dêmos* esteja minimamente presente[62].

É por intermédio desses confrontos, muito mais que por urna reflexão direta sobre o incesto e o parricídio, que os *Édipos* do século XVIII encontram os grandes debates da época. O povo, os sacerdotes e os reis serão heróis do drama. Na época de Dacier, não se pode ainda falar de um confronto. Por um duplo contrassenso, que será durável, Dacier faz do sacerdote de Zeus que interpela Édipo no início da peça de Sófocles um "grão-sacerdote" equivalente ao dos judeus, e, se ele percebe que a ação começa "pela assembleia do povo", logo confia o papel político, o papel popular, a um coro dos "sacrificadores", que inventou pelas necessidades da causa e que serve para inspirar nos povos os sentimentos que devem ter"[63].

É em Voltaire que o coro readquirirá uma dimensão política autônoma, de resto muito modesta, pois Voltaire está muito receoso e reduz ao mínimo possível essa função política do coro, mas constata que há nele uma mola da tragédia de que é impossível escapar. Ouçamos sua definição desse mínimo: "A intriga de uma peça interessante exige comumente que os principais atores tenham segredos a confiar. E o meio de contar seu segredo a todo um povo". E ainda: "Há ainda hoje sábios que têm a coragem de garantir que não temos nenhuma ideia da verdadeira tragédia desde que banimos os coros. É como se, numa mesma peça, quisessem que colocássemos Paris, Londres e Madri no teatro, porque nossos pais assim faziam quando a comédia foi estabelecida na França". E Voltaire concluiu: "Portanto, acreditarei sempre, até que os fatos me desiludam, que só se pode arriscar o coro numa tragédia com a precaução de introduzi-lo em seu posto". A decisão final é dupla, tudo é ao mesmo tempo inextricavelmente estético e político. Eis o que ele diz sobre a beleza: admitir a presença do coro "apenas quando é necessária para a ornamentação da cena". E sobre a cidade, antiga e moderna: "O coro... convém apenas a peças onde se trata de todo um povo"[64], o que é por excelência, e Voltaire não discorda, o caso do *Édipo Rei*.

---

62   S. Dubrovsky, *Corneille et la dialectique du héros*, Paris, 1963, pp. 337-339; A. Stegmann, *L'héroisme cornélien. Genèse et signification*, I, Paris, 1968, pp. 618-619; A. Vialla, *Naissance de l'écrivain*, Paris, 1985, pp. 225-228.

63   A. Dader, *op. cit.*, pp. 149, 169, 198.

64   As citações são extraídas da cana VI sobre o *Édipo* (1729), "que contém uma dissertação sobre os coros", in *Oeuvres complètes*, II, Paris, Garnier, 1877, pp. 42-44.

332   MITO E TRAGÉDIA NA GRÉCIA ANTIGA

Um fato notável é que, quanto a esse ponto, Voltaire permanecerá isolado nesse início de século. Se agruparmos os *Édipos* do século XVIII em dois conjuntos cronologicamente separados: o que data, em linhas gerais, da Regência, que agrupa nada menos que onze peças entre 1718 e 1731, e o do fim do século e do início do século XIX, que representa seis peças, constata-se que, no primeiro grupo, só Voltaire dá um coro político à sua peça, enquanto o jesuíta Folard, que publica em 1722 um *Édipo* rival ao do filósofo, utiliza simplesmente um coro de crianças. Sobre as seis peças do segundo grupo, uma única, a de N. G. Leonard[65], que só será publicada em 1798, mas cujo autor morre em janeiro de 1793, tem um coro reduzido à sua mais simples expressão. Em todas as outras peças, o coro desempenha um papel importante, e em Marie-Joseph Chénier ele aparece em todos os atos e em todas as cenas. Sem dúvida, é preciso, nessa presença do coro, levar em conta a moda "antiga" característica do fim do século e ainda do Império, mas essa explicação tem seus limites. De fato, é difícil não ver nessa ascensão real do papel do coro – a leitura das peças a confirma amplamente – o sinal de uma ascensão do político no sentido moderno, democrático, do termo. É verdade que não temos necessidade dos *Édipos* para constatar esse fato, mas é sempre interessante ter uma confirmação disso, por mais indireta que seja.

Como será que os teóricos do século XVIII colocaram o problema? Negligenciando tudo o que faz com que o coro – não importa o que seja dito – deixe de se identificar inteiramente com a cidade, nem que seja por ser geralmente composto de pessoas estrangeiras à cidade ou acima dela (mulheres e anciãos)[66], deliberadamente eles assinalaram, na tragédia grega, melhor do que o fizeram muitos exegetas do século XIX, ou até do século XX, o confronto entre o príncipe e a cidade. Em 1730, no seu *Discours sur le parallèle des theatres*, R. P. Brumoy tem uma página soberba sobre os reis e a tragédia. Os gregos, diz ele, "só querem reis no palco para desfrutar seu rebaixamento através de um ódio implacável à dignidade suprema". Quando Rochefort e Du Theil reimprimem esse texto, protestam em nota: "Todo esse parágrafo precisa ser lido com precaução"[67]. Em 1788, no capítulo que consagra à tragédia grega no *Voyage du jeune Anacharsis*[68], o abade Barthélemy diz: "Os republicanos contemporâneos contemplam sempre com uma alegria maligna os tronos que rolam na poeira".

---

65   N.G. Léonard, *Oedipe ou la fatalité*, in *Oeuvres*, I, Paris, 1798, pp. 51-91.

66   As únicas exceções entre as peças conservadas são o *Ájax* e o *Filoctetes* de Sófocles, e o *Reso* que nos chegou com a obra de Eurípides: nessas três peças, o coro é formado por soldados ou por marinheiros adultos.

67   Brumoy, *Théâtre des Grecs*, Paris, 1785, I, pp. 186-187.

68   IV, cap. 71, p. 32.

O rei, a rainha, o grão-sacerdote, tais são, no plano dos indiví-
-duos, as personagens *políticas* do *Édipo Rei*. Acrescente-se, evidentemente, o modesto cunhado ou o pretendente orgulhoso, Creonte.
Essas personagens são tiradas de Sófocles, exceto o grão-sacerdote,
que é transformado, acrescentado, ora confundido com Tirésias, ora
distinto[69]. A paródia representada em 1719, devida a Biancolelli, come-
diante do duque de Orléans[70], faz de Tirésias um *magister* de aldeia,
enquanto, de modo significativo, numa outra paródia que visa Houdar de La Motte, Legrand substitui os deuses e o seu oráculo "por um
velho rabino e por uma mãe de gatos"[71].

A mesma oposição cronológica que funcionava para a ausência e
para a presença do coro funciona novamente aqui: no *Édipo* de Voltaire e nas peças que nele se inspiram, redigidas numa data em que os
conflitos religiosos – entre jesuítas e jansenistas, por exemplo – são
particularmente visíveis, são os sacerdotes (e atrás dos sacerdotes,
seu Deus) o principal alvo. A posteridade só reconheceu dois versos
da peça de Voltaire, em parte emprestados à crítica de Jocasta aos
adivinhos[72]:
> Les prêtres ne sont pas ce qu'un vain peuple pense,
> Notre credulité fait toute leur science*.

A peça termina com o franco elogio do déspota esclarecido, no
caso o rei "legítimo" Filoctetes.

No fim do século, naturalmente, é o rei transgressor, é a rainha
incestuosa que são questionados negativa ou positivamente. É assim
que, em 1786, na peça de um certo Bernard d'Héry[73], a tragédia é a
do "Grande Rei" diante do "Grão-Sacerdote" e do coro dos cidadãos.
O tema grego é interpretado como o sacrifício do rei pelo seu povo.
No fim da peça, o povo (o coro) pede a Édipo que fique, custe o que
custar.

Em 1791, Duprat de La Touloubre interrompe a representação
de sua ópera antes da morte de Jocasta e da automutilação de Édipo,

---

69 As duas personagens são distintas nas peças de Voltaire, na de Buffardin D'Aix,
    Oedipe à Thèbes ou le fatalisme, Paris, 1784, na de Marie-Joseph Chénier, no
    Oedipe-Roi de Bernard D'Héry, Londres e Paris, 1786, no *Oedipe à Thèbes* de
    Duprat de La Toulouse (ópera), Paris, 1791, no *Oedipe ou la fatalité* de N. G.
    Léonard.

70 B. E Biancolelli (dito Dominique) e A. F. Riccoboni, *Oedipe travesti*, comédia de
    M. Dominique, Paris, 1719.

71 M. A. Legrand, *Le Chevalier Errant. Parodie de l'Oedipe de Monsieur de La Motte*,
    Paris, s.d. (1726?).

72 *Édipo Rei*, 707-710; 857-858; 946-947; sobre a luta de Voltaire contra o "Deus
    terrível" e o "sacerdote cruel", na época da composição do *Édipo*, cf. as páginas
    já mencionadas de R. Pomeau, *La réligion de Voltaire*², pp. 85-91.

*   "Os sacerdotes não são o que um vão povo pensa. / Nossa credulidade faz toda
    a sua ciência." (N. da T.)

73 *Oedipe-Roi*, tragédie lírica em cinco atos, Londres e Paris, 1786.

para, diz o autor, "terminar o espetáculo de um modo brilhante". Pôde-se interpretar a peça como "uma defesa obstinada do Pai Rei em questão" (Ch. Biet). Finalmente, é um rei vítima da rebelião popular que é apresentado, pouco antes de sua morte, em 1793, por Nicolas G. Leonard. Que o coro tenha sido eliminado da peça não deve ter sido o efeito do acaso. Quanto ao republicano M.-J. Chénier, ele apresenta um Édipo que se opõe ao "direito que tem cada habitante da cidade de falar e de emitir julgamentos" (Ch. Biet).

Para dizer a verdade, os sentimentos pessoais dos autores importam pouco, por mais claros que sejam. O que conta é essa progressão, essa mutação da personagem real. De um debate no interior da função, que caracterizava o *Édipo* de Corneille e, ainda, o de Voltaire, passou-se a uma oposição religiosa e política entre o rei e seu povo. De Voltaire a Chénier, uma distância foi percorrida, mas, durante todo o percurso, uma linguagem comum foi conservada, e é o que seria preciso tentar trazer à luz.

Hoje, podemos sorrir desse Édipo plural do Século das Luzes, como podemos sorrir daquele de 1585, com sua coorte de vinte e oito arqueiros e cortesãos. A seu modo, contudo, eles contribuíram para dar forma ao nosso.

10. O Dioniso Mascarado das Bacantes de Eurípides*

Entre todos os testemunhos concernentes a Dioniso na Atenas do século V, o drama de Eurípides intitulado as Bacantes ocupa um lugar à parte[1]. A riqueza e a complexidade da obra, a densidade do texto, fazem dela um documento incomparável para explicitar o que deve ter sido, nos seus traços singulares, a experiência religiosa dos fiéis do deus que, mais que nenhum outro, assume no panteão grego as funções de divindade mascarada.

Apoiando-nos sobre as edições e comentários de que dispomos, em particular os de J. E. Sandys, E. R. Dodds, R. P. Winnington-Ingram, G. R. Kirk, Jeanne Roux, Ch. Segal[2], eruditos aos quais muito devemos, até em nossos desacordos com alguns dentre eles, optamos

---

* Uma primeira versão desse estudo apareceu em *L'Homme*, 93, janeiro-março de 1985, XXV (1), pp. 31-58.

1 A peça foi composta durante a estada de Eurípides junto ao rei Arquelau na Macedônia, para onde o poeta fora em 408, já septuagenário, e onde morreria em 406. Ela foi representada pela primeira vez em Atenas, em 405, sob a direção de Eurípides, o Jovem, seu filho ou sobrinho, numa trilogia que comportava também *Ifigênia em Áulis e Alcmeôn*, que valeu ao autor o primeiro prêmio em caráter póstumo.

2 E. Sandys, *The Bacchae of Euripides*, Cambridge, 4ª ed. 1980; E. R. Dodds, *Euripides, Bacchae*, Oxford, 1960, 2ª ed.; R. P. Winnington-lngram, *Euripides and Dionysus: An interpretation of the Bacchae*, Cambridge, 1948; G. R. Kirks, *The Bacchae of Euripides*, Cambridge, 1979 (1ª ed., 1970); Jeanne Roux, *Les Bacchantes. I: Introduction, texte, traduction*, Paris, 1970, *II: Commentaire*, 1972; Charles Segal, *Dionysiac poetics and Euripides Bacchae*, Princeton, 1982. Poderemos consultar também M. Lacroix, *Les Bacchantes d 'Euripide*, Paris, 1976; E. Coche de La Ferté, "Penthée et Dionysos. Nouvel essai d'interprétation des Bacchantes d'Euripide", *in* Raymond Bloch (ed.), *Recherches sur les religions de l'Ántiquité classique*, Genebra, 1980, pp. 105-258; H. Foley, *Ritual irony; poetry and sacrifice in Euripides*, Ithaca, 1985, pp. 205-258.

deliberadamente por privilegiar na nossa abordagem da tragédia tudo o que podia esclarecer os laços entre o deus e a máscara. Evidentemente, não devíamos esquecer que se tratava não de um documento religioso, mas de uma obra trágica que obedece às regras, convenções e finalidades próprias desse tipo de criação literária. Entretanto, o drama das Bacantes solicitava ainda mais nossa atenção na medida em que nele Dioniso não intervém, como fazem comumente os deuses na tragédia. Ele desempenha o papel principal. É colocado em cena pelo poeta como o deus que coloca no palco do teatro sua epifania, que se revela tanto aos protagonistas do drama quanto aos espectadores nas arquibancadas, um desses que manifesta sua divina presença através do desenrolar do jogo trágico – esse jogo colocado precisamente sob sua proteção religiosa. Tudo se passa como se, durante todo o espetáculo, ao mesmo tempo que aparece no palco, ao lado das outras personagens do drama, Dioniso agisse num outro plano, nos bastidores, para atar os fios da intriga e maquinar seu desfecho.

Essa constante relação entre o Dioniso da religião cívica – o deus do culto oficial – e do Dioniso da representação trágica – o deus senhor da ilusão teatral – encontra-se sublinhada, logo de início, pela dualidade ou desdobramento cênico de Dioniso: ele se apresenta como deus no *theologeîon*, e como o estrangeiro lídio "com ar de mulher" no palco, um e outro vestidos com o mesmo traje, ostentando a mesma máscara indiscerníveis e, contudo, distintos. A máscara que o deus e o estrangeiro humano – que é também o deus – usam é a máscara trágica do ator; sua função é fazer reconhecer as personagens pelo que são, designá-las claramente aos olhos do público. Mas, no caso de Dioniso, essa máscara, assim como o proclama, o dissimula, "mascarando-o" no sentido próprio, enquanto prepara, através do desconhecimento e do segredo, seu autêntico triunfo e sua autêntica revelação. Todos os protagonistas do drama, inclusive o coro de fiéis lídias que o seguiram até Tebas, veem na máscara teatral usada pelo deus apenas o missionário estrangeiro. Os espectadores também veem o estrangeiro, mas enquanto ele dissimula o deus, a fim de se dar a conhecer pelo que é: um deus mascarado cuja vinda deve trazer, para uns, a plenitude da felicidade, e para outros, que não souberam vê-lo, a destruição. Sublinhando ao mesmo tempo as afinidades e o contraste entre a máscara trágica, que consolida a presença de um caráter, que profere a identidade estável de uma personagem, e a máscara cultual, onde a fascinação do olhar impõe uma presença imperiosa, obcecante, invasora, mas ao mesmo tempo a de um ser que não está onde parece estar, que está também muito além, dentro das pessoas e em nenhum lugar – a presença de um ausente –, esse jogo se exprime na ambiguidade da máscara usada pelo deus e pelo estrangeiro. É uma máscara "sorridente" (434, 1021), contrariamente às normas da máscara trágica;

O DIONISO MASCARADO DAS *BACANTES* DE EURÍPIDES 337

consequentemente, máscara diferente das outras, deslocada, descon-certante, e que no palco do teatro evoca em eco a figura enigmática de algumas máscaras cultuais do deus da religião cívica[3].

Um texto, portanto. Mas um texto não é mais inocente que uma imagem. Assim como na série das representações dionisíacas, onde o pilar da máscara[4] aparece conforme o ídolo tenha sido visto, como a das Lenaias ou das Antestérias, ou a interpretação de conjunto des-sas cenas tenha se encontrado orientada desde o início em diversas vias, as *Bacantes* foram e são lidas em função de uma certa ideia que fazemos do dionisismo. E essa ideia – o que chamamos dionisismo – não é um dado de fato: é o produto da história moderna das religiões, desde Nietzsche. Os historiadores da religião grega certamente cons-truíram essa categoria a partir de documentos, mas com uma apa-relhagem conceitual e um quadro de referência cujos fundamentos, impulsos, implicações, dependem de seu próprio sistema religioso, de seu horizonte espiritual, no mínimo, tanto quanto daqueles dos gregos da época clássica. O mesmo texto, lido por excelentes helenistas, deu origem a dois tipos de interpretação radicalmente opostos. Encontra-mos ora uma condenação inapelável do dionisismo, uma carga antire-ligiosa na linha do ceticismo acerca dos deuses, que Aristófanes podia censurar em Eurípides; ora o testemunho de uma verdadeira conversão do poeta, que, no entardecer da vida, como tocado pela graça, teria querido exaltar essa forma mais que humana de sabedoria que, contra-riamente ao saber e à razão orgulhosa dos sofistas, traz o abandono ao êxtase divino, à loucura mística do deus da possessão bem-aventurada.

Fomos portanto levados a examinar como a categoria do "dioni-síaco" foi elaborada em função da dicotomia instituída por Nietzsche: Apolo-Dioniso[5]. A chave dessa construção, cuja linha vai de E. Rohde a M. P. Nilsson, J. Harrison, W. Otto, E. R. Dodds, H. Jeanmaire, para citar apenas as contribuições maiores, nós a encontramos em

3 Cf., sobre esse ponto, o belo estudo de Helene Foley, "The masque of Dionysos", *TAPhA*, 110, 1980, pp. 107-133.

4 Numa série de vasos que os arqueólogos costumam chamar de "vasos das Lenaias", o ídolo de Dioniso é representado por um poste ou coluna, revestido com uma roupa, no qual é pendurada uma máscara barbuda, frequentemente representada de frente, fixando no espectador dois grandes olhos abertos. Sobre essa série, cf. J. L. Durand e E Frontisi-Ducroux, "Idoles, figures, images", *RA*, 1982, I, pp. 81-108.

5 Cf. Park McGinty, *Interpretation and Dionysos, method in the study of the God*, Haia, Paris, Nova York, 1978; e, na obra coletiva *Studies in Nietzsche and the clas-sical tradition*, ed. por James L. O'Flaheny, Timothy E. Seliner e Robert M. Helm, Chapell Hill, 1976, os dois estudos seguintes: Hugh Llyod Jones, "Nietzsche and the study of the Ancient World", pp. 1-15, e Max L. Breumer, "Nietzsche and the tradition of the Dionysian", pp. 165-189. É preciso finalmente, assinalar a impor-tante colocação de Albert Henrichs, "Loss of self-suffering, violence: the modern view or Dionysus from Nietzsche to Girard", *HSPh*, 88, 1984, pp. 205-240.

sua origem: a *Psyché* de Rohde, publicada em 1893. Para o autor, o problema é compreender como, no quadro dessa religião grega de que Homero é para nós o testemunho privilegiado, pôde surgir uma religião de alma que está nos antípodas da primeira, visto que ela visa desenvolver em cada um de nós uma realidade aparentada com o divino, a *psykhé*, radicalmente estranha ao nosso mundo e cuja aspiração consiste em retornar à sua origem celeste, abandonando a prisão, onde ela se encontra acorrentada, para se libertar na união com a divindade.

Para Rohde – e esse é o ponto decisivo –, o dionisismo representa, na cultura grega, um corpo estranho. Essa estranheza, o historiador a assinala ao rejeitar a origem do deus fora das fronteiras da Grécia, na Trácia. Mas essa exterioridade de origem é, ela própria, um postulado que se imporia desde o início ao helenista como uma evidência. Dioniso não teria nada em comum com a civilização e a religião verdadeiramente gregas, a do mundo homérico. Essa completa alteridade consiste em que a experiência religiosa dionisíaca, em vez de integrar as pessoas ao mundo, no seu devido lugar, visa projetá-las para fora dele, no êxtase, a uni-las ao deus na possessão. Ao dar lugar a crises contagiosas de caráter mais ou menos patológico, as práticas de transe do Dioniso trácio teriam portanto, originalmente, constituído aos olhos dos gregos condutas anormais, *anômicas*, perigosas; porém, levavam consigo o germe daquilo a que a Grécia dará, no fim, um pleno desenvolvimento: um verdadeiro misticismo. No transe e na possessão, haveria continuidade entre o delírio coletivo da *manía*, a fuga para fora do mundo para atingir a plenitude de si, a condenação da existência mundana, as práticas da ascese, a crença na imortalidade da alma. Mas se é assim, se a partir dos fatos de transe e de possessão pode-se passar sem ruptura às técnicas espirituais de purificação, de concentração, de separação da alma do corpo, se a renúncia ao mundo, o ideal ascético, a busca da salvação individual inscrevem-se na linha do dionisismo, então é preciso concluir que há dois dionisismos e que a fronteira que separa o dionisismo da cultura grega se encontra no interior do próprio dionisismo. De tudo o que nele é exaltação da alegria, do prazer, do vinho, do amor, da vitalidade, de toda essa exuberância desenfreada, orientada para o riso e para a mascarada, desse desvio, não em direção a uma pureza ascética, mas a uma comunhão com a natureza selvagem, será preciso fazer, haja o que houver, assim como Rohde se restringe a supor, o resultado de uma "aculturação" do que não era grego por parte da Grécia, uma alteração secundária em relação ao dionisismo autêntico e original, o do Dioniso trácio. A infelicidade é que o "verdadeiro" Dioniso, o de Rohde, o trácio, não é percebido na Atenas do século V, enquanto vemos apenas o outro, o secundário, reformado e deformado.

O DIONISO MASCARADO DAS *BACANTES* DE EURÍPIDES 339

Por isso, D. Sabatucci foi levado, no seu *Essai sur le mysticisme grec*[6], a propor uma interpretação que inverte repentinamente os termos do problema. Para esse autor, Dioniso não é o deus do misticismo. Mas alguns de seus rituais puderam, secundariamente, ser reutilizados e resemantizados em vista de uma experiência que se pode qualificar de "mística", por tomar o sentido oposto das atitudes religiosas conformes à tradição grega. O que de início era um modo muito relativo de reforçar, através de uma crise passageira, a ordem religiosa usual torna-se um fim em si; e a experiência vivida durante a crise afirma-se como o absoluto, o único absoluto que traz a revelação autêntica de um "sagrado" que se define, desde então, por sua oposição radical às formas estabelecidas da piedade. A crise de possessão dionisíaca, instrumento temporário capaz de fazer o homem reencontrar a saúde e reintegrar-se à ordem do mundo, torna-se a única pela qual ele pode escapar do mundo, sair da condição humana e chegar, assemelhando-se ao divino, a um estatuto de existência que as práticas cultuais correntes não podiam alcançar, mas que também não tinha nem lugar, nem sentido, no sistema da religião cívica.

A "virada" de perspectiva operada por Sabatucci impunha-se talvez com maior urgência ainda na medida em que a hipótese de uma intrusão na Grécia, em uma data relativamente tardia, de um Dioniso vindo do estrangeiro, da Trácia ou da Lídia, ou de ambas, se viu arruinada pela presença, nos documentos micenianos em linear B. do nome de Dioniso, que não parece, portanto, menos antigo que os outros deuses do panteão. Contudo, o problema não está resolvido. Doravante, ele se formula da seguinte maneira: onde, quando e como se produziram essas mudanças, essas reviravoltas na orientação do dionisismo? Sabatucci evoca um "complexo órfico" que, nas diversas correntes e expressões do orfismo, teria colocado essa reinterpretação do dionisismo em ligação com os mistérios de Elêusis, componente essencial, a seus olhos, do misticismo grego. A própria palavra "misticismo" liga-se aos termos *mystes*, *mýesis*, *mystikós*, *mystérion*, que se referem especialmente a Elêusis, cujo ritual comporta iniciação, revelação, transformação interior, promessa de uma sorte melhor no Além. Mas a origem de uma palavra não prova que ela tenha conservado o mesmo sentido e as mesmas conotações religiosas ao longo de sua carreira. O sentido primeiro de *myó* é "fechar" ou "fechar-se". No que diz respeito a Elêusis, pode se tratar dos olhos, ou da boca. No primeiro caso, os *mystes* seriam aqueles que ainda têm os olhos fechados, isto é, aqueles que não "viram", que não tinham acesso à epopsia; a *mýesis* designaria então a purificação preliminar, em oposição à *teleté*, realização decisiva e

---

6   D. Sabatucci, *Saggio sul misticismo greco*, Roma. 1965 (trad. francesa de J.-P. Darmon com o título de: *Essai sur le mysticisme grec*, Paris, 1982).

340   MITO E TRAGÉDIA NA GRÉCIA ANTIGA

definitiva da epópsia[7]. No segundo caso, seriam aqueles que fecham a boca, os iniciados a quem é proibido divulgar o segredo que lhes foi revelado. Essa família de palavras conservará os mesmos valores de rito secreto, de revelação oculta, de *símbola*, cujo sentido é inacessível aos não iniciados até por volta do século III de nossa era. Apenas com Plotino seu significado se valorizaria e elas passariam a designar, não mais apenas uma revelação que repousa, como em Elêusis, mais sobre uma visão e sobre uma emoção experimentada do que sobre um ensinamento[8], mas uma experiência íntima do divino, um modo de experimentá-lo diretamente em si mesmo, de entrar em contato com ele e em comunhão consigo mesmo. Nessa linha, chegar-se-á a este "arrebatamento por Deus" de que fala Teresa d'Ávila, e que define muito bem as formas do misticismo cristão. Esse arrebatamento tem, como sabemos, três condições: a solidão, o silêncio, a imobilidade. Estamos longe de Elêusis, e nos antípodas do dionisismo.

Mas deixemos as observações de vocabulário[9] e admitamos, como Sabatucci, que todo sistema religioso pode ter sua forma particular de experiência mística, muito diferente da que se desenvolveu no quadro do monoteísmo cristão. Não deixamos de constatar que, no dionisismo da Atenas do século V, não há um documento onde esse dionisismo se ligue ao estado segundo, isto é, aquele que é utilizado para inverter sistematicamente os valores do sagrado e as orientações fundamentais do culto: nenhuma tendência ascética, nenhuma negação dos valores positivos da vida terrestre, a mínima veleidade de renúncia, nenhuma preocupação com a alma, com a sua separação do corpo, nenhuma perspectiva escatológica. Nem no ritual, nem nas imagens, nem nas Bacantes, percebe-se a sombra de uma preocupação de salvação ou de imortalidade. Aqui, tudo se representa na existência presente. O desejo incontestável de uma liberação, de uma evasão para um Além, não se exprime sob a forma de uma esperança de uma outra vida, mais feliz, depois da morte, mas na experiência, no seio da vida, de uma outra dimensão, de uma abertura da condição humana para uma bem-aventurada alteridade.

As análises dos antropólogos confirmam essa visão[10]. Mesmo fora do êxtase cristão alcançado por arrebatamento na solidão, no silêncio,

---

7   Cf. Platão, *Banquete*, 210, *Fédon*, 69c, e IG I² 6, 49.

8   Cf. Aristóteles, fr. 115, Rosa.

9   Se quisermos assinalar as interferências que se produziram, em certos momentos e em certos locais, entre dionisismo, eleusismo e orfismo, a pesquisa deveria estender-se aos termos: τελετή, ὄργια, ὀργιασμός, ὀργιάζειν, Βάκχος, Βακχεύς, Βακχεύειν, Βάκχειος; cf. Giovanni Casadio, "Per un'indagine storico-religiosa sul culto di Dioniso in relatione alla fenomenologia dei Misteri", I e II, *Studie e materiali di Storia delle Religioni*, 1982, VI, 1-2, e 1983, VII, 1, pp. 209-234 e 123-149.

10   Cf., em último lugar, Gilbert Rouget, *La musique et la transe. Esquisse d'une théorie générale des relations de la musique et de la possession*, Paris, 1980 (prefácio de Michel Leiris).

O DIONISO MASCARADO DAS *BACANTES* DE EURÍPIDES   341

na imobilidade, eles distinguem duas formas de transe é de possessão, em muitos aspectos opostas. Numa, é o indivíduo humano que toma a iniciativa e afirma-se senhor do jogo. Graças aos poderes particulares que ele soube adquirir através de diversos procedimentos, ele pode abandonar seu corpo, como em estado de catalepsia, viajar ao outro mundo e retornar a essa terra, guardando a lembrança de tudo o que viu no Além. Esse é, na Grécia, o estatuto dos "magos", personagens singulares, com sua disciplina de vida, seus exercícios espirituais, suas técnicas de ascese, suas reencarnações. Mais ou menos legendárias, essas figuras estão comprometidas mais com Apolo do que com Dioniso[11].

Na outra forma de transe, não é mais um indivíduo humano excepcional que sobe até os deuses, são os deuses que, a seu bel-prazer, descem à terra para possuir um mortal, cavalgá-lo, fazê-lo dançar. O possuído não deixa este mundo, é neste mundo que ele se torna outro pela força que o habita. Nesse plano, uma nova distinção se impõe. No *Fedro* (265a), ao abordar o problema da *manía*, Platão reconhece duas espécies: o delírio pode ser uma doença humana da qual é preciso se curar, ou um estado divino que tem valor plenamente positivo: uma linha de demarcação análoga separa as práticas de tipo coribântico do culto dionisíaco. No primeiro caso, trata-se de indivíduos doentes. Seu estado de crise, delírio ou abatimento é o sinal de um erro, a manifestação de uma impureza. São vítimas de um castigo imposto por um deus que eles ofenderam e que os pune através da possessão. Durante o ritual, trata-se pois de identificar o deus cuja vingança se opera, de modo a curar o doente através de purificações apropriadas que o libertem de seu estado de possessão. No *thíasos* dionisíaco, não há deus a "identificar" e caçar, não há doença, e os indivíduos não estão envolvidos em sua patologia singular. O *thíasos* é um grupo organizado de fiéis que, se praticam o transe, fazem disso um comportamento social, ritualizado, controlado, que certamente exige uma aprendizagem, cuja finalidade não é curar-se de uma doença, muito menos curar-se do mal de existir num mundo de que se deseja fugir para sempre, mas obter, em grupo, em traje de ritual, num cenário selvagem, real ou figurado, através da dança e da música, uma mudança de estado. Trata-se de, por um momento, no próprio quadro da cidade, com sua concordância, senão sob sua autoridade, ter a experiência de se tornar outro,

---

11   Sobre as afinidades dos "magos", como Ábaris, Aristéas, Hermótimos, Epimênides, Ferécides, Zálmoxis, com Pitágoras e Apolo Hiperbóreo, cf. E. *Rohde, Psyche. Le culte de l'âme chez les Grecs et leur croyance à l'immortalité*, trad. de A. Reymond, Paris, 1952, pp. 337 e ss.; E. R. Doods, *Les Grecs et l'irrationnel*, traduzido do inglês por M. Gibson, Paris, 1965, pp. 141 e ss. (ed. Orig.: *The Greeks and the irrational*, Berkeley, 1959); M. Detienne, *La notion de Daimôn dans le pytbagorisme ancien*, Paris, 1963, pp. 69 e ss.

não no absoluto, mas outro em relação aos modelos, às normas, aos valores próprios a uma determinada cultura[12].

Como não seria assim com o dionisismo? Dioniso não representa, no panteão grego, o divino, na medida em que constitui um domínio de realidade separado do mundo, oposto à inconsistência e à inconstância da vida humana. Ele ocupa uma posição ambígua, como ambíguo é seu estatuto: mais semideus que deus, mesmo se quiser ser deus plenamente e com todos os direitos. Até no Olimpo Dioniso encarna a figura do Outro. Se sua função fosse "mística", ele arrancaria o homem do universo do devir, do sensível, da multiplicidade, para fazê-lo ultrapassar o limiar além do qual se penetra na esfera do imutável, do permanente, do uno, do sempre o mesmo. Seu papel não é esse. Ele não desliga o homem da vida terrestre através de uma técnica de ascese e de renúncia. Embaralha as fronteiras entre o divino e o humano, o humano e o bestial, o aqui e o Além. Faz comungar o que estava isolado, separado. Sua irrupção na forma do transe e da possessão regulamentados é, na natureza, no grupo social, em cada indivíduo humano, uma subversão da ordem que, através de todo um jogo de prodígios, de fantasmagorias, de ilusões, através de um desterro desconcertante do cotidiano, oscila seja para o alto, numa confraternização idílica de todas as criaturas, a comunhão feliz de uma idade de ouro repentinamente reencontrada, seja, ao contrário, para quem o recusa e nega, para baixo, na confusão caótica de um horror aterrador.

De nossas análises do drama das *Bacantes* só reteremos, como dissemos, os únicos elementos suscetíveis de esclarecer a figura do deus da máscara e a religiosidade de seus fiéis.

O Dioniso das *Bacantes* é um deus que impõe, aqui embaixo, sua presença imperiosa, exigente, invasora: um deus de *parousía*. Em todas as terras, em todas as cidades que decidiu tornar suas, ele volta, ele chega, está aqui. A primeira palavra da peça, é *héko*: "Eis-me, eu vim". Irrupção súbita, como se Dioniso surgisse a cada vez de um outro lugar: o estrangeiro, o mundo bárbaro, o Além. Irrupção conquistadora que, de cidade em cidade, de lugar em lugar, estende e assegura o culto do deus. No seu desenvolvimento, toda tragédia ilustra essa "vinda", deixa ver a epifania dionisíaca. Ela a mostra no palco, onde Dioniso aparece ao mesmo tempo como um protagonista no meio dos outros atores e como o organizador do espetáculo, o maquinador secreto da intriga que conduz finalmente a seu reconhecimento enquanto deus,

---

12 Cf., sobre esse ponto, no importante artigo de Albert Henrichs, "Changing Dionysiac identities", as páginas 143-147 consagradas ao menadismo ritual, *Jewish and Christian self-definition*, vol. III, *Self-definition in the Graeco-Roman world*, ed. por Ben E. Meyer e E. P. Sanders. Londres, 1982, pp. 137-160.

O DIONISO MASCARADO DAS *BACANTES* DE EURÍPIDES

pelos tebanos. Mas essa epifania dirige-se também aos espectadores, que, através da ficção do drama, assistem, como se lá estivessem, à revelação do deus, permitindo-lhes, através do terror e da piedade que experimentam pelas vítimas, apreender em toda a sua extensão as implicações e os riscos, ocasionando-lhes também, graças ao tipo de compreensão que o jogo trágico traz na perfeição de sua disposição ordenada, esse mesmo sentimento de prazer, essa mesma "purificação" que Dioniso, assim que é reconhecido, aceito, integrado, concede às cidades onde escolheu aparecer.

Essa epifania não é nem a dos deuses comuns, nem uma "visão" análoga à epopsia dos mistérios. Dioniso exige que o "vejam". As últimas palavras do Prólogo, que respondem ao "estou aqui" do início, pedem "que a cidade de Cadmo veja", ὡς ὁρᾷ Κάδμου πόλις (61). Ele quer se fazer ver como deus, manifestar-se como deus aos mortais, fazer-se conhecer, revelar-se[13] ser conhecido, reconhecido, compreendido[14]. Esse caráter de "evidência", que em certas condições deve revestir a presença divina, o coro das fiéis lídias exprime com força, no quarto *stásimon*, na forma de um desejo – venha "visível à luz do dia", *phanerós* (993, 1011), a Justiça – e de uma afirmação de princípios – coloco minha felicidade para perseguir "o que é grande e manifesto", *phanerá* (1007) – , para logo invocar o Dioniso da epifania, exortando o deus a se mostrar, a deixar-se ver: "aparece!", *phánethi* (1018). Mas Dioniso revela-se escondendo-se, ele se deixa ver dissimulando-se diante do olhar de todos os que creem apenas no que veem, no que é "evidente aos olhos"[15], como, no verso 501, declara Penteu ao se ver confrontado com um Dioniso presente diante de seu nariz, mas invisível para ele no seu disfarce. Epifania, portanto, mas de um deus mascarado. Para impor sua presença a Tebas, para lá "aparecer", Dioniso mudou sua "aparência", transformou seu rosto, seu aspecto exterior, sua natureza[16]: assumiu a máscara de uma criatura humana; apresenta-se com os traços do jovem estrangeiro lídio. Distinto de Dioniso e ao mesmo tempo idêntico a esse deus, o estrangeiro assume as funções de uma máscara, visto que, ao dissimular sua verdadeira identidade (aos que não estão prontos para reconhecê-lo), ele é o instrumento de sua revelação, manifesta sua imperiosa presença aos olhos dos que, sob seu olhar, como que cara a cara com ele, aprenderam "a ver o que é preciso ver" (924): o mais evidente sob o disfarce do mais invisível.

O deus e seu fiel, cara a cara, olhos nos olhos? Mas o transe é coletivo, desenvolve-se em grupo, no quadro de um *thíasos*. Mas quando o bando das Mênades entrega-se em conjunto ao frenesi orgiástico, cada

13 δείκνυμι: 47, 50; φαίνομαι: 42, 182, 528, 646, 1031.
14 γιγνώσκω: 859, 1088; μανθάνω: 1113, 1296, 1345.
15 φανερὸς ὄμμασιν.
16 μορφή: 4, 54; εἶδος: 53; φύσις 54.

participante agita-se por sua conta, sem preocupação com uma coreografia geral, indiferente ao que os outros fazem (acontece o mesmo no *kômos*). Assim que o fiel entra na dança, ele se encontra, como eleito, a sós com o deus, completamente submisso à potência que o possui e que o conduz à vontade.

Embora se manifeste apenas através da orgia coletiva, a epifania de Dioniso não deixa de assumir, para cada indivíduo, a forma de um cara a cara direto, de uma relação fascinada onde, na troca cruzada de olhares, na indissociável reciprocidade do "ver" e do "ser visto", o fiel e seu deus se encontram, abolida qualquer distância. No transe, o homem representa o deus e o deus representa o homem; entre um e outro, as fronteiras momentaneamente se apagam, embaralhadas pela intensidade de uma presença divina que, para se mostrar em sua evidência diante dos homens, deve primeiramente ter assegurado o domínio de seus olhos, ter se apoderado de seu olhar, ter transformado até seu modo de vidência.

Quando Penteu interroga o estrangeiro lídio sobre esse deus de quem o jovem se proclama missionário, seu pedido traça uma linha de demarcação nítida entre duas formas opostas da visão: uma, ilusória, irreal, do dormidor sonhador; a outra, autêntica, irrecusável, do homem desperto, lúcido, de olhos arregalados. "Esse deus", questiona ele, "viste-o de noite [isto é, em sonho] ou com teus próprios olhos?" "*Horôn horônta*", responde o estrangeiro: "vendo-o me vendo" (470). Eu o vi que me via: resposta *à margem* que desloca a questão e sublinha que a epifania do deus situa-se fora da dicotomia que serve de quadro às certezas de Penteu: de um lado, o sonho, os fantasmas, as ilusões; do outro, a visão bem real, a constatação irrefutável. Além dessas duas formas, rindo-se de sua oposição, a "visão" que a divindade da máscara requer fundamenta-se sobre a reciprocidade do olhar, quando, pela graça de Dioniso, instituiu-se, como em um jogo de espelhos, uma inteira reversibilidade entre o fiel vidente e o deus visível, cada um sendo, juntamente e ao mesmo tempo, em relação ao outro, o que vê e o que se deixa ver.

A irrupção de Dioniso no mundo, sua presença insólita, questionam portanto essa visão "normal", ao mesmo tempo ingênua e segura, sobre a qual Penteu pensa poder fundamentar sua recusa ao deus e a toda a sua conduta-visão que se quer positiva, racional, mas que trai tudo o que existe de obscuro e de agitado no "voyeurismo" exacerbado do jovem rei, no seu desejo apaixonado, irreprimível (812) de ser espectador (*theatés*, 829), de contemplar nas torpezas das Mênades exatamente o que pretende temer[17], de ver o que é proibido a um

---

17 Nos versos 810 e ss., o estrangeiro pergunta a Penteu se ele deseja ver as bacantes na montanha. "Por todo o ouro do mundo", exclama o jovem homem, confessando o desejo ardente que o habita de contemplar um espetáculo que ao

O DIONISO MASCARADO DAS *BACANTES* DE EURÍPIDES 345

homem, a um não iniciado (472, 912, 1108), fazer-se vigia, espião[18], ora avançando à luz do dia abertamente[19], ora procurando ver sem ser visto (1050), para finalmente se revelar, ele próprio, em sua natureza bestial e selvagem[20], para aparecer bem visível (1076), mostrar-se claramente diante dos olhos daquelas que veio espionar (982, 1076, 1095). Ironia suprema para o homem dos olhos abertos, da visão lúcida: no momento decisivo do drama, quando sua vida é representada, "foi ele que vimos antes que visse" (1075).

Eidós, e até *idéa* (no 471), *morphé, phanerós, pháino, emphanés, horân, eído*, com seus compostos: nenhum outro texto comporta com uma insistência comparável, que quase se poderia dizer obsessiva, um tal desenvolvimento do vocabulário do ver e do visível. Eurípides o utiliza ainda mais facilmente para sugerir todo o jogo de polissemias, de ambiguidades, de inversões a que se presta a experiência humana confrontada com Dioniso, já que os mesmos termos se aplicam também à visão ordinária e normal, à "aparição" sobrenatural que o deus suscita, a sua revelação epifânica e a todas as formas ilusórias do "parecer", do assemelhar-se, da falsa aparência, da alucinação.

A visão de Dioniso consiste em fazer resplandecer do interior, em reduzir a migalhas essa visão "positiva" que se pretende a única válida, onde cada ser tem sua forma precisa, seu lugar definido, sua essência particular num mundo fixo, que assegura a todos sua identidade, no interior da qual esse ser permanece encerrado, sempre semelhante a si próprio. Para ver Dioniso é preciso penetrar num universo diferente, onde reina o Outro, não o Mesmo.

Sob esse aspecto, dois momentos da tragédia são particularmente significativos. No verso 477, Penteu pede ao estrangeiro: "Esse deus, já que dizes tê-lo visto claramente, como era ele?"[21] Para o homem da visão clara, os deuses devem, como qualquer ser e qualquer coisa, ter uma forma precisa, um aspecto visível característico de sua natureza, uma identidade. O estrangeiro responde: "Como bem lhe parecia". E acrescenta: "Eu não tinha ordem a lhe dar". Quando se manifesta, Dioniso não respeita uma senha quanto a seu modo de aparição, porque não tem forma preestabelecida que lhe convenha, onde o deus se encontraria de uma vez por todas

mesmo tempo, como ele afirma, lhe será penoso ver. "Ser-te-á, portanto, suave olhar o que te é amargo", πικρά, ironiza então o estrangeiro (815). Um amargo espetáculo foi o que Penteu prometera mostrar ao jovem bacante (357) pondo-o a ferros, esses ferros cujo milagre fará do palácio, precisamente para Penteu, o mais amargo dos espetáculos (634). Sobre o desejo de contemplar as bacantes em seus vergonhosos folguedos, ver também 957-958 e 1058-1062.

18 φύλαξ: 959; κατάσκοπος: 916, 956, 981.

19 ἐμφανῶς: 818; cf., com toda a ironia da aproximação, para Dioniso, o ver-so 22.

20 ἀναφαίνει: 538; cf., ainda, com o mesmo jogo para Dioniso, o verso 528.

21 Τὸν θεὸν ὁρᾶν γὰρ φὴς σαφῶς, ποῖός τις ἦν.

346 MITO E TRAGÉDIA NA GRÉCIA ANTIGA

encerrado. O texto trágico sublinha muitas vezes seguidas essa dimensão enigmática do deus da máscara, esse halo de incerteza quanto à sua forma e à sua natureza, com expressões do tipo: esse deus (ou esse estrangeiro), "quem quer que seja", "quem quer que possa ser"[22].

Um pouco mais adiante, no verso 500, o estrangeiro, diante das ameaças do jovem rei, proclama, ao falar do *daímōn autós*, do próprio deus, de Dioniso em pessoa: "Nesse mesmo instante, o que sofro, presente bem perto, ele o vê"[23]. Presença invisível de um Dioniso cuja vigilância não tem defeito, cujo olho está sempre aberto, mas o olhar de Penteu é cego a essa presença do deus, manifestada e dissimulada pela máscara que está diante dele. E quando o rei ironiza, como homem decidido a não se deixar enganar: "E onde está ele? Ele não é visível a meus olhos", o estrangeiro replica: "Ele está comigo, mas tu, sendo ímpio, não o vês"[24]. No segundo episódio, Penteu já não é mais exatamente ele próprio. Dioniso inspirou-lhe "uma ligeira demência" (851). Embora tenha saído do seu bom senso habitual, nem por isso ele entrou no universo dionisíaco. Erra num entremeio. Quando, na cena 4, ele deixa o palácio com os cabelos desmanchados, vestido de mulher, na roupa de bacante, com o tirso na mão – réplica ou reflexo exato do estrangeiro –, suas primeiras palavras são para bradar (918 e ss.): "Na verdade, creio estar vendo dois sóis e duas Tebas". Penteu vê dobrado, provavelmente como um homem ébrio, mas, mais profundamente, como um homem dividido entre dois modos contrários de ver, um homem que oscila, com o olhar desdobrado entre sua "lucidez" antiga, doravante perturbada, e a "vidência" dionisíaca que permanece para ele inacessível. Ele vê dois sóis, mas não percebe diante de si Dioniso, que o olha no fundo dos olhos. Essa duplicação no próprio interior da pessoa de Penteu é reforçada, para os espectadores do teatro, pela presença no palco de duas personagens da mesma idade, de mesmo andar, de roupa idêntica, que seriam indiscerníveis se seu "sorriso" não permitisse reconhecer o deus cuja máscara dissimula os traços e desnuda a presença; enfrentamento de dois seres aparentemente tão semelhantes, mas que pertencem a dois mundos radicalmente opostos.

A epifania de Dioniso é a de um ser. que, até na sua proximidade, no seu contato íntimo com as pessoas, permanece inatingível e ubiquo, que nunca está no lugar onde está, nunca é encerrado numa forma definitiva: deus no *theologeîon*, jovem que sorri no palco, touro que leva Penteu à perdição, leão, serpente, chama ou qualquer outra coisa. Está ao mesmo tempo no palco, no palácio, no Citéron,

---

22 ὅστις ἔστι: 220, 247, 769; cf. 894.
23 παρὼν ὁρᾷ.
24 οὐ γὰρ φανερὸς ὄμμασίν γ'ἐμοῖς. / [...] οὐκ εἰσορᾷς, 501-502.

em todo o lugar e em nenhum lugar. Quando as mulheres do coro o exortam a se manifestar, a se deixar ver em sua plena presença, elas cantam: "Aparece, touro, ou então dragão de mil cabeças para ver, ou então leão que cospe fogo para ser visto"[25]. Touro, serpente para ver, leão para ser visto – e o coro logo encadeia: "Com uma face (máscara) sorridente[26], pega-o (Penteu) em tua rede de morte". A máscara cujos olhos arregalados fixam as pessoas, como os da Górgona, exprime e resume todas as formas diversas que pode assumir essa terrível presença divina. Máscara cujo olhar estranho fascina, mas máscara oca, vazia, que marca a ausência, o além de um deus que arranca as pessoas de si mesmas, desterra-as de sua vida cotidiana, toma posse delas, como se, em sua vacuidade, essa máscara se aplicasse à própria face delas para, por sua vez, recobri-la e transformá-la.

A máscara, assinalamos em outro lugar[27], é um dos meios de exprimir a ausência na presença. No momento crucial do drama, quando Penteu, empoleirado na sua árvore, oferece-se a céu aberto (1073, 1076) a todos os olhares, a epifania do deus assume a forma não de uma extraordinária aparição, mas de um desaparecimento súbito. Como testemunha ocular, o mensageiro conta: "Assim que o percebemos [Penteu] instalado nos ares, já o estrangeiro havia desaparecido ao nosso olhar"[28] ele não estava mais presente, à vista. E vem do céu, num silêncio sobrenatural repentinamente imposto tanto à terra como ao céu, a voz[29] que faz reconhecer o deus e reúne as Mênades para lançá-las contra seu inimigo. Dioniso nunca esteve tão presente no mundo, nunca agiu tanto sobre ele como no momento em que, em contraste com Penteu, entregue claramente a todos os olhos, ele escapa no invisível. Presente-ausente, Dioniso, quando está aqui embaixo, está também no céu, entre os deuses; quando está no céu, não deixa de estar sobre esta terra. É aquele que, unindo o céu e a terra, normalmente separados, insere o sobrenatural em plena natureza. Ainda nesse plano, é impressionante o contraste entre a queda de Penteu e a elevação do deus (que o emprego irônico dos mesmos termos e das mesmas fórmulas sublinha, para evocá-los). Proclamado *deinós*, "sem igual"[30], como Dioniso, Penteu, cuja glória deve subir ao céu[31], está destinado a se abater[32], da altura do pinheiro ao qual o deus

---

25 Θάνηθι […] ἰδεῖν / […] ὁρᾶσθαι, 1017-1018.

26 γελῶντι προσώπῳ, 1021.

27 F. Frontisi e J.-P. Vernant, "Figuras da Máscara na Grécia Antiga", *supra*, pp. 163-178.

28 οὐκέτ' εἰσορᾶν παρῆν,1077.

29 ἐκ δ'αἰθέρος φωνή τις, 1078; αἰθήρ,1084.

30 No verso 971, Dioniso declara a Penteu: "Sem igual, tu és sem igual". Cf. também 856. Sobre Dioniso *deinós* e os *deiná* que ele suscita, cf. 667, 716, 760, 861, 1260, 1352.

31 στηρίζον […] κλέος, 972.

32 πεσόντι, 1022-1023.

348 MITO E TRAGÉDIA NA GRÉCIA ANTIGA

o guindou[33], contra a terra, onde sua queda o entrega, sem defesa, às mãos das Mênades furiosas: "Do alto de sua altivez, precipitou-se para a terra e abateu-se contra o solo"[34]. Ora, segundo o canto do *párodos*, canto da felicidade, da exuberante alegria dionisíaca, Dioniso, depois que saltou, leve e aéreo, rumo às alturas, depois que lançou ao céu suas belas tranças[35], como chefe do *thíasos*, súbito se desliga e "desmorona direto no chão"[36], e é então o ponto culminante da felicidade na montanha (*hedýs*), da delícia (*kháris*) da omofagia: a extrema beatitude de uma idade de ouro reencontrada (142 e ss.; 695 e ss.), o céu sobre a terra. Se, assim como Penteu, Dioniso cai por terra, é porque, através dos pulos (169, 446, 728), dos saltos (165-167), dos voos[37] de suas fiéis, animadas por seu sopro, seu papel é projetar e como que inscrever, num lugar preciso do solo, sua presença ubíqua. Mal o pinheiro sobre o qual está Penteu endireitou-se "ereto, apontando para o céu" (1073), mal Dioniso desaparece do mundo visível para se tornar essa voz que, do alto do éter, retumba num silêncio sobrenatural, "o clarão de um fogo divino ergue-se da terra até ao céu"[38]. Quer o deus se eleve ao céu, quer caia por terra, quer salte ou flameje entre os dois, quer seja homem, fogo ou voz, visível ou invisível, ele sempre se situa, apesar da simetria das expressões que lhe dizem respeito, nos antípodas de Penteu: ele traz aqui para baixo a revelação de uma outra dimensão da existência, a experiência do outro lugar, do Além, diretamente inseridos em nosso mundo e em nossa vida.

A epifania de Dioniso não escapa apenas da limitação das formas, dos contornos visíveis. Ela se traduz por uma magia, uma *maya*, que perturba todas as aparências. Dioniso está aqui quando o mundo estável dos objetos familiares, das figuras tranquilizadoras, oscila para se tornar um jogo de fantasmagorias onde o ilusório, o impossível, o absurdo tornam-se realidade. Os *deiná*, *thaúmata*, *sophísmata*, todas as formas de prodígios e de estranhezas, os passes de mágica eruditos e os encantamentos do feiticeiro surgem na epifania do deus mascarado como as flores nascem dos passos de Afrodite. É, na peça, o milagre do palácio, os da estrebaria, do Citéron, com "os prodígios estupefacientes que são realizados", "os prodígios que ultrapassam todos os encantamentos"[39]. Dioniso abrira o jogo dizendo: *héko*, "estou chegando". No verso

33 Ὀρθὴ δ'ἐς ὀρθὸν αἰθέρ ἐστηρίζετο, 1073.
34 ὑψοῦ δὲ θάσσων ὑψόθεν χαμαιπετὴς / πίπτει πρὸς οὖδας, 1111-1112.
35 εἰς αἰθέρα, 150; cf. 240.
36 πέσῃ πεδόσε 136.
37 Χωροῦσι δ'ω''στ' ὄρνιθες ἀρθεῖσαι, 748. Elas se lançam "como uma revoada de pássaros que levanta voo"; "rápidas como uma revoada de pombas", πελείας ὠκύτητ' οὐκ ἥσσονες; 1090.
38 πρὸς οὐρανὸν / καὶ γαῖαν ἐστήριζε φῶς σεμνοῦ πυρός, 1082-1083.
39 δεινὰ δρῶσι θαυμάτων τ' ἐπάξια, 716; cf. 667.

O DIONISO MASCARADO DAS *BACANTES* DE EURÍPIDES

449, o mensageiro retoma a expressão, dizendo: "Esse homem chega [*hékein*] cheio de milagres". No palco do mundo o deus instala, onde aparece, no lugar do cenário cotidiano, um teatro do fantástico. Tanto quanto grande caçador, ele é o grande ilusionista, o senhor dos prestígios, o autor e o corego de uma representação sofisticada onde nada nem ninguém permanece constantemente semelhante a si. Dioniso *sphaleôtas*[40], o deus que faz deslizar, tropeçar, escorregar, encarna, como o diabo em *Le maître et Marguerite* de Boulgakov, a figura do Outro; fazendo oscilar, repentinamente, o edifício das aparências para mostrar sua falsa solidez, ele planta, debaixo do nariz dos espectadores ofuscados, o cenário insólito de suas magias e mistificações.

Ultrapassagem de todas as formas, jogo de aparências, confusão entre o ilusório e o real, a alteridade de Dioniso depende também do fato de, através de sua epifania, todas as categorias ressaltadas, todas as oposições nítidas, que dão coerência à nossa visão do mundo, em vez de permanecerem distintas e exclusivas, se chamarem, se fundirem, passarem umas às outras.

O masculino e o feminino. Dioniso é um Deus macho com forma de mulher (*thelýmorphos*, 353). Seu traje, *skeué*, seus cabelos, são os de uma mulher. E ele transformará em mulher o viril Penteu, fazendo-o vestir a roupa de seus devotos. Então, Penteu vai querer ser e parecerá realmente uma mulher (925); Dioniso lhe dirá, para grande satisfação daquele que o escuta: "Parece-me, ao ver-te, ver tua mãe e tuas tias em pessoa" (927). E os espectadores partilharão ainda mais esse ponto de vista, já que é o mesmo ator que representava Penteu e Agave.

O jovem e o velho: no culto, a diferença apaga-se entre um e outro estado (206-209, 694). "O deus, na hora da dança, não assinala nenhuma diferença entre o jovem e o ancião: ele quer ser honrado por todos, em comum", declara Tirésias, e o mensageiro conta que viu, no Cíteron, erguerem-se juntas "as mulheres jovens e velhas, e as virgens, livres ainda do jugo do himeneu" (206-209, 694).

O longínquo e o próximo, o além e o aqui: com sua presença Dioniso transfigura este mundo, em vez de arrancar as pessoas dele.

O grego e o bárbaro: o estrangeiro lídio, vindo da Ásia, é nativo de Tebas.

O furioso, o louco, o *mainómenos* é, também, *sophós, sophistés, sóphron*.

---

40 Êubulo, o poeta cômico do século IV, faz Dioniso dizer, ao falar da décima cratera de vinho, cuja bebida traz não mais a saúde, nem o prazer e o amor, nem o sono, mas a mania: "É ele que faz escorregar" (σφάλλειν), 11 fr. Koch – Athenée, II, 36 c, com a correção de Iacobs no verso 10. Sobre Dioniso *sphaleôtas*, cf. G. Roux, *Delphes, son oracle et ses dieux*, Paris, 1976, pp. 181-184, e M. Detienne, *Dionysos à ciel ouvert*, Paris, 1986.

MITO E TRAGÉDIA NA GRÉCIA ANTIGA

O deus novo (*néos*, 219, 272), vindo para fundar um culto até então desconhecido, representa contudo "as tradições ancestrais, antigas como o tempo (201), o costume enraizado no fundo das idades e que sempre nasceu da própria natureza" (895 e ss.).

O selvagem e o civilizado. Dioniso faz fugir das cidades, desertar as casas, abandonar filhos, marido, família, deixar as ocupações e os trabalhos cotidianos. Ele é celebrado à noite, em plena montanha, nos vales e nos bosques. Suas servas tornam-se selvagens ao manejar as serpentes, ao amamentar como se fossem suas as crias dos animais. Elas estão em comunhão com todos os animais, tanto selvagens como domésticos, estabelecendo com toda a natureza uma nova e alegre familiaridade. Mas, Dioniso é um deus "civilizador". O coro de suas fiéis Mênades da Lídia aprovará Tirésias, que colocou em paralelo Deméter e Dioniso: o deus é para o elemento líquido, para a bebida, o que a deusa é para o sólido e para o comestível. Uma inventando o trigo e o pão, o outro inventando (279) a vinha e o vinho, ambos introduziram (279) nos homens aquilo que os fez passar da vida selvagem à vida cultivada. Entre o trigo e o vinho há entretanto uma diferença. O trigo está inteiramente do lado da cultura. O vinho é ambíguo. Quando é puro, ele encerra uma força de extrema selvageria, um fogo abrasador; quando é cortado e consumido segundo as normas, ele traz, à vida cultivada, uma dimensão suplementar e como que sobrenatural: alegria do festim, esquecimento dos males, droga que dissipa as penas (*phármakon*); ele é o adereço, o coroamento, o brilho vivo e alegre do banquete (380-383), a felicidade da festa.

Assim como o vinho, Dioniso é duplo: terrível ao extremo, infinitamente doce[41]. Sua presença, intrusão estupefaciente do Outro no mundo humano, pode assumir duas formas, manifestar-se segundo duas vias: ou a união bem-aventurada com ele, em plena natureza, em que todo constrangimento foi ultrapassado, a evasão fora dos limites do cotidiano e de si próprio. É essa experiência que o *párodos* celebra: pureza, santidade, alegria, suave felicidade. Ou então a queda no caos, a confusão de uma loucura sanguinária, assassina, onde se confundem o mesmo e o outro, tomando por um animal selvagem aquilo que se tem de mais próximo, de mais caro, seu próprio filho, esse segundo si próprio, que é retalhado com as próprias mãos: horrível impureza, crime inexpiável, felicidade sem termo e sem saída (1360).

Dioniso chega a Tebas como *arkhegós*, chefe de um *thíasos* feminino entregue a seu culto e conhecedor dos ritos[42]. Nesse grupo, cada membro se torna bacante através de santas purificações (76-77), comporta-se, através de seu modo de vida, como um ser consagrado,

---

41 δεινότατος, ἡπιώτατος; 861.
42 τελετάς, εἰδώς, 73.

O DIONISO MASCARADO DAS *BACANTES* DE EURÍPIDES 351

e une sua alma ao *thíasos*[43]. A turba das fiéis reúne portanto as que sabem, *hoi eidótes*, e que se conformam, para servir ao deus, às práticas rituais que lhes foram reveladas. Os profanos não apenas desconhecem esses ritos, mas não têm o direito de desvendar o seu segredo. Quando Penteu perguntar (471): "Essas *orgía*, essas práticas cultuais, a que se assemelham [que aspecto ou que natureza, *idéa*, têm elas]?", o estrangeiro lhe responderá: "A quem não é bacante, é proibido sabê-lo [ou vê-lo, *eidénai*, 472]". E como o jovem rei insiste: "Que benefício retiram disso os que as celebram?", ele provoca a seguinte réplica: "Não te é permitido ouvi-lo" (474). O crime de Penteu, quando se dirige ao Citéron para espiar as Mênades, é querer "ver o que não é preciso ver" (912, 1108-1109). O culto do deus comporta pois no *thíasos* um aspecto de ritual secreto realizado no quadro de um grupo restrito e fechado. A turba das fiéis mantém com o deus uma relação privilegiada; ela está em contato direto com ele; une-se a ele fora e independentemente da comunidade cívica. "Dioniso, o filho de Zeus, não Tebas, tem poder sobre mim", cantará o coro para justificar a explosão de sua alegria com o anúncio das infelicidades que se abatem sobre a cidade na pessoa de seu chefe (1037-1038). Porém, assim que aparece no *theologeîon*, Dioniso é preciso e claro em seus propósitos. É Tebas, é a cidade que deve vê-lo, reconhecê-lo, aceitá-lo. É sobre Tebas que o deus atou a nébride, é ela que ele fez se erguer, tirso à mão, quando as três mulheres da linhagem real cometeram o erro de rejeitá-lo. "Tudo o que havia de mulheres em Tebas, todas, sem exceção" (35-36), ele as expulsou de sua moradia, em direção às montanhas, com o espírito louco. A *pólis* deve saber o que custa não ser ainda iniciada em suas bacanais (39-40). Quando, no *párodos*, dançando e cantando na praça, às portas do palácio, o *thíasos* celebra Brômios, seguindo os ritos de sempre, ele o faz para que cada um saia, ouça e veja. Desse modo, após ter glorificado seus ritos secretos, exaltado as cerimônias cujo conhecimento lhe foi entregue, dirige-se a Tebas para que ela seja coroada com flores, assuma o hábito e o nártex a fim de se consagrar inteiramente a Baco (109), e para que ela dance inteira (*pâsa*, 114) quando Brômios conduzir os *thíasoi* à montanha.

Dioniso não quer ser o chefe de uma seita, de um grupo restrito, de uma associação fechada em si mesma e confinada no seu segredo. Ele exige aparecer, com todos os direitos, no rol das divindades da comunidade cívica. Sua ambição é ver seu culto, nas diversas formas de que ele pode se revestir, oficialmente reconhecido e unanimemente praticado (536, 1378, 1668). É a *pólis* que deve ser. como

---

43 βιοτὰν ἁγιστεύει, 74; θιασεύεται ψυχάν, 75, que se pode também traduzir "faz-se, em sua alma membro do *thíasos*", ou ainda: "é tornado, em sua alma, membro do *thíasos*".

352 MITO E TRAGÉDIA NA GRÉCIA ANTIGA

tal, iniciada. Nesse plano, o *thíasos* das bacantes distingue-se desses grupos fechados que florescem em Atenas, por volta do final da Guerra do Peloponeso, para celebrar os mistérios de deuses estrangeiros: Cibele e Bendis, Cotito, Átis, Adônis, Sabázios. O estatuto religioso que Dioniso reivindica não é o de uma divindade marginal, excêntrica, cujo culto seria reservado a uma confraria de sectários, conscientes e contentes de sua diferença, marcados, para si mesmos e aos olhos de todos, por sua alteridade diante da religião comum. Ele exige o reconhecimento oficial da cidade a uma religião que de certo modo escapa à cidade e a ultrapassa. Ele quer colocar no coração, no centro da vida pública, práticas que comportam, de modo aberto ou de forma alusiva, aspectos de excentricidade.

A tragédia das *Bacantes* mostra os perigos de um recuo da cidade sobre suas próprias fronteiras. Se o universo do Mesmo não aceita integrar a si esse elemento de alteridade que todo grupo, todo ser humano traz em si sem saber, assim como Penteu recusa reconhecer essa parte misteriosa, feminina, dionisíaca que o atrai e o fascina, até no horror que ela lhe inspira, o estável, o regular, o idêntico oscilam e desmoronam, é o Outro, em sua forma medonha, a alteridade absoluta, o retorno ao caos que aparecem como a verdade sinistra, a face autêntica e aterradora do Mesmo. A única solução é que, para as mulheres através do transe controlado, do *thíasos* oficializado, promovido à instituição pública, para os homens através da alegria do *kômos*, do vinho, do disfarce, da festa, para toda a cidade através do e no teatro, o Outro se torne uma das dimensões da vida coletiva e da existência cotidiana de cada um. A irrupção vitoriosa de Dioniso significa que a alteridade se instala, com todas as honras, no centro do dispositivo social.

Em que medida o conflito Penteu/Dioniso pode ser interpretado como a encenação dramática da oposição entre duas atitudes contrárias: de um lado, o racionalismo dos sofistas, sua inteligência técnica, sua mestria na arte de argumentar, sua recusa do invisível; do outro, uma experiência religiosa que cede lugar aos impulsos do irracional e desemboca na união íntima com o divino?[44] A resposta não é simples, por muitas razões. De início, Penteu é algo bem diferente de um sofista: é o rei bem real, tirânico (671-776), o macho bem viril (86, 796), o grego muito imbuído de sua superioridade sobre os bárbaros (483), o homem da cidade que faz da razão de Estado uma ideia estritamente positiva. Tirésias bem pode estigmatizar a agilidade de sua língua (268) e qualificá-lo de *thrasýs* (270), de impudente em sua

---

44 Cf. J. Roux, *Les Bacchantes*, I, *op. cit.*, pp. 43-71, e também, ainda que de uma forma bem diferente, Hermann Rohdich, *Die euripideische Tragödie*, Heidelberg, 1968, pp. 131-168.

O DIONISO MASCARADO DAS *BACANTES* DE EURÍPIDES   353

prática da eloqüência[45]. É contudo o discurso do adivinho que, como se mostrou[46], obedece a um modelo tipicamente sofístico. Em seguida, será que existe um pensamento sofístico que se possa qualificar de racionalista? As forças que Górgias celebra no *Éloge d'Hélène*, mostrando que exercem no espírito sortilégios tão constrangedores que nenhum ser humano pode lhes resistir, são elas que Dioniso opera durante toda a peça nas suas magias. Nesse sentido, é o deus que faz o papel de grande senhor em taumaturgia sofística (privilégio de que teria, até, a inteira exclusividade, se não delegasse uma parte de seus poderes ao poeta trágico). Enfim, e sobretudo, a tragédia não opõe razão e religião da alma, inteligência e emotividade; ela não procede, como bem viu Charles Segal, a um desdobramento dos sistemas de valores, tendo o mundo de Penteu e o de Dioniso cada um suas formas próprias de razão e desrazão, de bom senso e de loucura, de sabedoria e de delírio[47]. Antes mesmo de entrar em cena, escandalizado ao ver os sábios anciãos Cadmo e Tirésias "desarrazoarem" (252), Penteu é descrito por seu avô como "frenético"; é esse termo que, na boca da mesma personagem, será usado para designar o estado de Agave, enlouquecido pelo transe[48]. É verdade que Tirésias reconhece a habilidade retórica do *sophós anér* que Penteu é, mas não se limita em afirmar que o jovem "desarrazoa", devolvendo-lhe desse modo seu cumprimento (271), ele o acusa de delirar, de ser presa da mania[49], ele o vê tão cruelmente louco, julga-o de tal modo destituído de juízo, que seu mal só poderia ser explicado por uma droga (*phármakon*, 326-327). Desde o começo do jogo, o bom senso positivo de Penteu, mesmo antes que tivesse percebido Dioniso, é o de um enfeitiçado, de um possuído, de um *mainómenos* (é com esse termo que o coro designara o inimigo do deus nos versos 399-400, 887 e 999; cf. também 915). Na sua cegueira, Penteu é então como Dioniso, um *mainómenos*. Será preciso dizer que há uma loucura do saber humano (*tò sophón*), bem como há uma sabedoria (*sophía*) da loucura divina? Aí, as coisas parecem ainda mais complicadas. No terceiro *stásimon*, o coro questiona *tò sophón* (878, 897), o saber humano, que ele dirá, no quarto, não invejar (1005), e que já opusera, no primeiro, à *sophía* para condená-lo (395). Mas a *sophia*, nessa passagem, designa não a mania, a loucura divina, mas, ao contrário, uma vida pacífica, comedida, conforme à sadia reflexão[50],

---

45 Cf. 491, onde é Dioniso que Penteu qualifica de θρασὺς e οὐκ ἀγύμναστος λόγων, "a quem não falta entusiasmo para a réplica".

46 Em particular, E. R. Dodds, *Euripides Bacchae, op. cit.*, pp. 103-105; cf. também J. Roux, *op. cit.*, p. 337, e Ch. Segal, *Dionysiac poetics, op. cit.*, p. 294.

47 Cf. Ch. Segal, *op. cit.*, pp. 27 e ss.

48 ἐπτόηται, 214; πτοηθέν, 1268.

49 μαίνῃ; 326; μέμηνας, 359.

50 τὸ φρονεῖν, 390; cf. 427: σοφὸν [...] πραπίδα φρένα τε.

354 MITO E TRAGÉDIA NA GRÉCIA ANTIGA

do mortal que não se considera um deus, que sabe se contentar com os bens que a vida lhe oferece sem correr atrás do inacessível. É essa face do dionisismo, diferente mas inseparável da *mania*, como veremos, visto que supõe a todo momento uma disponibilidade para o divino, uma abertura à presença de Dioniso, que explica o aspecto de sabedoria gnômica simples e popular da *sophía* que os adeptos do deus reivindicam.

O Dioniso das *Bacantes*, o deus louco, toca em todos os teclados do "saber", da "sabedoria", da "reflexão". Domina os mais hábeis sofistas na arte de usar de astúcia, de pegar no laço o adversário, de enganá-lo para vencê-lo melhor. Concede aos que o seguem o privilégio de pensar sadiamente, com bom senso e moderação[51], contrariamente aos grandes espíritos cegos àquilo que os supera, cuja vaidade os desencaminha, a ponto de fazê-los perder a cabeça e desarrazoar[52]. Quanto à *mania*, a loucura que o deus põe em ação, ela assume duas formas bem diferentes, conforme se trate de seus adeptos, unidos a ele no *thíasos*, ou de seus inimigos, que o delírio atinge como uma punição.

A *lýssa*, o acesso de raiva frenética, é próprio daqueles que estranhos ao dionisismo, combatem-no abertamente como Penteu, ou, após tê-lo rejeitado, são expulsos pelo deus para as montanhas, sob o estímulo da loucura, como Agave, Autônoe, Ino e todas as mulheres de Tebas. Quando o coro invoca as cadelas da Raiva, para que apunhalem as filhas de Cadmo e as lancem contra Penteu, seu canto sublinha essa solidariedade, essa conivência das Mênades tebanas, dos *thíasoi* do Citéron, com o jovem que elas vão dilacerar: como ele, elas pertencem ao campo dos adversários do deus. Presas do transe, fora de si, penetradas pelo sopro divino, obedecem a Dioniso, tornam-se o instrumento de sua vingança. Mas não são suas fiéis, não lhe pertencem.

À *lýssa* que as enlouquece (977), responde a de sua próxima vítima. É contra um espião, como elas, "encolerizado"(*lyssóde*, 981), que as Mênades vão "se encolerizar". É preciso ir mais longe. A palavra *mainades* não se aplica formalmente às lídias, membros do *thíasos* de Dioniso, senão uma única vez: no verso 601, por ocasião do milagre do palácio, quando se lançam ao chão, apavoradas, elas se interpelam por esse nome, em vez do de "bacantes", empregado comumente. Mas

---

51 Εὖ φρονοῦμεν, 196; σωφρονεῖς, 329; σοφόν [...] φρένα, 427; φρένας [...] ὑγιεῖς, 947-948; σωφρονεῖν, 1341. No mesmo sentido, cf. a comunicação do cômico Dífilo a Dioniso (fr. 86 Koch – Athénée, II, 35d): "Ó tu, o mais caro a todos os homens sensatos, τοῖς φρονοῦσι, e o mais sábio, σοφώτατε, Dioniso". E não é apenas do vinho que se podem celebrar as virtudes intelectuais: ao que o usa como deve, ele oferece "riso, sabedoria (σοφία) boa compreensão (εὐμαθία), bom conselho (εὐβουλία)", *Chairemon*, fr. 15 N² – Athénée, II, 2, 35 d.

52 Οὐδὲν φρονεῖς, 332; cf. também 312; ἀφροσύνη, 387, 1301.

O DIONISO MASCARADO DAS *BACANTES* DE EURÍPIDES   355

quinze vezes esse termo designa as mulheres tebanas. Sobretudo o verbo *maínomai* diz respeito apenas a Penteu (cinco vezes) e às tebanas, vítimas da cólera do deus, *nunca* às mulheres do coro. No final do drama, Cadmo dirá a Agave: "Vós deliráveis, toda a cidade estava possuída por Dioniso"[53], e no início o deus também havia anunciado: "Essas mulheres, sob o estímulo da *manía*, eu as expulsei, com o espírito delirante" (33). Inspiradas por Dioniso, que quer puni-las, as tebanas estão enfurecidas[54]. Os olhos revirados, a boca espumando, Agave, possuída pelo deus, "não raciocina como é preciso raciocinar"[55]. Ao sair do transe, ela deverá recuperar a razão, embora não sem dor: não guardará nenhuma lembrança das ações atrozes que realizou com suas companheiras, como que num segundo estado.

Bem outro é o quadro das acompanhantes de Dioniso, iniciadas em seus mistérios e próximas do deus. Não só nunca as vemos delirantes ou presas da *manía*, mas, quando evocam, no *párodos*, as corridas errantes, as danças que executam na montanha, a pedido e em companhia do deus, tudo é pureza, paz, alegria, felicidade sobrenatural. Até a omofagia encontra-se associada à ideia de suavidade e de delícia[56]. A influência de Dioniso sobre seus devotos, no quadro de seu *thíasos*, respeitando plenamente regras rituais, aparece portanto muito diferente da loucura assassina, da raiva demente que ele inspira em seus inimigos, para castigar sua impiedade. É certo que há entre as lídias "convertidas" e as tebanas "incrédulas" uma zona de aproximação. É que a vingança de Dioniso é exercida em dois tempos e em dois níveis. Para punir Tebas, o deus começa por expulsar toda a parte feminina da *pólis* para fora da cidade, em direção à montanha, sob o estímulo da *manía*. Lá, as mulheres vivem casta e pacificamente, em comunhão com a natureza, como faria um autêntico *thíasos*[57]. Vendo a cidade perturbada, o outro componente de Tebas, os machos, intervêm então para restabelecer a "ordem" e reconduzir as mulheres a suas casas. Então a *mania* assume a forma de um completo desarranjo do espírito, um desencadeamento de violência insensata[58].

Mas em momento algum, mesmo quando sua conduta parece se conformar ao modelo do autêntico *thíasos*, as mulheres de Tebas, perseguidas pela vindita do deus, são plenamente assimiláveis aos fiéis

53 ἐμάνητε, 1295; cf. G. R. Kirk, *The Bacchae of Euripides, op. cit.*, p. 129, comentário do verso 1295.
54 ἐμμανεῖς; 1094; cf. também ἀφροσύνης; 1301.
55 οὐ φρονοῦσ' ἃ χρὴ φρονεῖν, 1123.
56 ἡδύ [...] ἐν οὔρεσιν, 135; χάριν, 139, que responde ao χαὶρει do verso 134.
57 Cf. 680-713; 1050-1053. Durante os prodígios que, armadas com seu tirso, elas suscitam, é a montanha, com todos os seus animais, que, arrebatada pelo mesmo impulso, entra na bacanal (726-727).
58 Sobre essa brusca mudança de atitude e de conduta, essa passagem súbita da *mania* à *lýssa*, cf. 731 e ss., 1093 e ss.

que celebram seu culto: até em sua *manía* elas permanecem estranhas à revelação dionisíaca. Sob a influência do delírio com que Dioniso as aguilhoa, elas rejeitaram, para grande escândalo dos machos, sua mentalidade antiga, abandonaram seus hábitos de jovens ou matronas. Na solidão selvagem do Citéron, em meio a prodígios, entregam-se ao deus invocado pela turba em uníssono com o nome de Íacos (725-726), cujo cântico elas entoam em cantos alternados (1056-1057); mas elas não conhecem a felicidade do êxtase, o prazer de uma comunhão íntima com Dioniso. Assim como Penteu, disfarçado de bacante, sob o efeito de uma "ligeira demência", elas se desencaminham num entremeio. O jovem rei vê em dobro, elas sofrem um desdobramento de suas pessoas, incapazes, como ele, de operar a passagem entre o que são, em estado normal, e o que se tornam, em estado segundo, quando o deus as possui.

Por falta de realmente conhecer Dioniso, de "vê-lo" no decorrer do transe, quando elas voltam a si, após a crise, é como se nada tivesse acontecido. Elas não podem tornar sua a experiência religiosa dionisíaca, apropriar-se dela. Entre a *manía* inspirada pelo deus e a reflexão lúcida de seu estado normal há uma ruptura radical, como entre os dois extremos de uma corrente que só Dioniso tem o poder de reatar, de unificar no seio da mesma *sophía*, desde que seu culto, oficialmente reconhecido, tenha sido integrado à comunidade cívica.

O exemplo de Agave é, nesse aspecto, eloquente. Quando a mãe do jovem rei, em delírio, com o olhar insano, volta do Citéron com a cabeça do filho fincada em seu tirso, cabeça onde acredita ver a de um leãozinho ou de um jovem touro, ela invoca Baco, é certo (1145), mas como um "companheiro de caça", um "parceiro da captura" a ela associado numa façanha cinegética de cuja iniciativa ela se vangloria, desferindo o primeiro golpe no animal, glória que ela reivindica para si própria e para suas irmãs (1180 e ss.; 1204 e ss.); seu pai, o velho Cadmo, seu filho Penteu e todos os habitantes da cidade, toda a cidade de Tebas deve acorrer para contemplar e celebrar as proezas que elas realizaram por ocasião de uma caçada sem armas, sem rede nem dardo (1201 e ss.). O canto de vitória que ela entoa (1161), o *kômos* que ela dirige ao deus (1167, 1172) não anunciam a vinda de Dioniso, sua presença manifesta no seio do *thíasos*, como no canto do *párodos*; eles proclamam a elevada superioridade dos jovens sobre o resto do gênero humano (1234-1235): Cadmo pode se gabar (1233, cf. 1207) de ter gerado filhas cujas façanhas incomparáveis lhe asseguram glória e felicidade (1241-1243).

A distância entre o estado de espírito das fiéis do deus ao celebrarem seus ritos e o das mulheres que ele quer pôr a perder, desferindo-lhes o delírio, expressa-se ironicamente pela retomada dos mesmos termos, em ambos os casos, com significados opostos. O coro das lídias,

O DIONISO MASCARADO DAS *BACANTES* DE EURÍPIDES   357

ao convidar Dioniso a "se mostrar", a "aparecer", ao implorar à justiça que se deixe ver[59], afirmava "perseguir com a caça" (1006) não um vão saber, mas outras coisas "grandes e manifestas" (1006-1007). Agave se regozija, proclama-se feliz (1197; cf. 1179, 1258) por ter conseguido "caças grandes e manifestas" (1198-1199). No início da peça, Dioniso afirmava sua intenção de ir de cidade em cidade para "ele próprio se mostrar"[60]. O que Agave quer "mostrar" a Tebas quando manda pregar no topo do palácio a cabeça de leão que acredita ter trazido da caça não é o deus, mas o horrível troféu de vitória de que ela, em sua loucura, crê poder se orgulhar. Dioniso queria "que ela visse a cidade de Tebas"[61], que ela contemplasse, com todos os olhos, sua epifania. Agave convoca todos os habitantes da cidade "para que vejam" (1203) não Dioniso, mas a caça de cuja captura ela se atribui o mérito. Em sua "vitória", sua "glória", sua "felicidade", bem como em sua fúria assassina, Agave está cega em relação ao deus que a possui e que a faz agir; completamente entregue a Dioniso, passiva em suas mãos, ela permanece fechada à sua presença sobrenatural, estranha à sua epifania. Ela não é mais ela mesma, ela não é de Dioniso. Suas "visões" não decorrem desta "outra visão" que o deus concede, como privilégio, a seus eleitos, quando em pessoa se mistura ao *thíasos*, quando confunde seu olhar com os deles. Em sua forma alucinada, elas são sua caricatura sinistra. Da mesma forma, a felicidade de que se vale a rainha em seu delírio, felicidade que ela se ufana de fazer todos os seus usufruírem, não passa da sombra, do fantasma, derrisório e macabro, da felicidade que as verdadeiras bacantes partilham com o seu deus. Tendo perdido sua antiga lucidez sem ter adquirido, em seu confronto com Dioniso, a experiência do êxtase divino, Agave encontra-se relegada a um universo de divagação que é obra do deus, mas que ele abandona no exato momento em que o suscita naqueles que quer punir por o terem rejeitado.

Será preciso que Agave, conduzida por Cadmo, reencontre lentamente seu juízo, que recobre a razão, enquanto seu pai lhe faz tomar pouco a pouco consciência do que se passou e do que ela fez, para que enfim – tarde demais – ela compreenda[62], reconheça esse Dioniso que continuava a ignorar mesmo quando seu sopro a possuía[63]: um Dio-

---

59   φάνηθι, 1018; φανερός 992, 1012.

60   δεικνύς ἐμαυτόν 50.

61   δεῖξον, 1200.

62   Cf. 1296: "agora, entendo", ἄρτι μανθάνω; do mesmo modo, no verso 1113, Penteu, lança por terra, entregue às mãos das bacantes furiosas, estando próximo de sua perda, "entendia", ἐμάνθανε.

63   Cf. 1345, onde Dioniso afirma: "Compreendestes-me tarde demais; quando era preciso, não me conhecíeis", οὐκ ἤδετε. Quando, anteriormente (1088-1089), Agave e as mulheres de Tebas "reconhecem claramente" o apelo de Baco que as lança contra Penteu, isso não significa, portanto, que elas conheçam Dioniso. Reconhecer

niso que não é aquele deus suave da epifania feliz, mas este, terrível, do castigo e da perdição.

Nada há de comum, então, entre a santa beatitude, a *eudaimonía* que o deus confere a seus fiéis (73, 165, 902, 904), e aquela, completamente ilusória, de que Agave se crê preenchida, e da qual ela queria que Penteu fosse um espectador admirativo (1258). Desse fantasma de felicidade estranho à exaltação da felicidade dionisíaca, bem como à consciência de um frio espírito lúcido, Cadmo dá uma definição surpreendente, situando-o, como a divagação de Agave, num entremeio equívoco e incerto em que não se poderia falar nem de felicidade nem de infelicidade. Diante de suas filhas, exultantes de prazer em seu delírio, o ancião observa: "Se até o final da vossa vida continuásseis no estado em que vos encontrais, então, sem se poder dizer-vos felizes, pelo menos não sentiríeis vossa infelicidade" (1260).

Se há ruptura e contraste entre a possessão-felicidade dos fiéis e a possessão-loucura-castigo dos ímpios, o texto das *Bacantes* coloca, ao contrário, uma continuidade entre as práticas da "oribacia" e de outros aspectos da religião dionisíaca estranhos à *manía*. Logo ao primeiro *stásimon*, ao celebrar a Piedade diante de Penteu, o ímpio, o coro, para cantar Dioniso, desloca a tônica de seu louvor, modificando-lhe os termos. O deus que conduz o *thíasos* é também o deus alegre que ri ao som da flauta, que faz as preocupações adormecerem e que traz o sono, produzindo a vinha e o vinho, brilho (*gános*) dos festins. Dioniso faz suas delícias dos banquetes, da paz, da opulência, "ele dá igual parte aos ricos e aos vilões, dessa alegria do vinho que bane as mágoas" (417-423). Sabedoria popular, bem próxima dos humildes que aspiram a uma vida pacífica, regrada pela razão (*tò phroneîn*). É que, abertos ao divino, conscientes da brevidade da existência humana, com pensamentos de mortais, eles não correm atrás do inacessível, mas consagram sua vida à felicidade. Bastante sábios para se afastarem dos seres que se creem superiores, eles encontram sua felicidade em recolher os bens que o deus coloca a seu alcance.

Já se questionou essa queda de tensão entre o ardente fervor religioso do *párodos* e o prosaísmo um tanto terra-a-terra das fórmulas do primeiro *stásimon*. "Passa-se", escreve Jacqueline de Romilly, "do êxtase místico a uma espécie de hedonismo circunspecto"[64]. Para o leitor moderno, a decalagem é manifesta. Talvez ela fosse menos tocante para os espectadores atenienses, mais familiarizados com as realidades do culto, mais conscientes das múltiplas facetas que a personagem

---

o apelo do deus, κελευσμὸν Βακχίου, isto é, ceder à sua incitacão, é uma coisa; conhecer o deus, isto é, ter a experiênda de sua revelação epifânica, é outra.

64 Jacqueline de Romilly, "Le thème du bonheur dans les *Bacchantes* d'Euripide", *REG*, LXXVI, 1963, p. 367.

O DIONISO MASCARADO DAS *BACANTES* DE EURÍPIDES 359

de Dioniso podia apresentar na cidade do século V. Em todo caso, é forçoso constatar que, após ter feito a narrativa de prodígios estupefacientes, de milagres inacreditáveis a que assistiu no Citéron, o mensageiro acha perfeitamente natural concluir: esse deus é grande, principalmente por "ter feito aos homens doação da vinha, soberano calmante da mágoa. Sem vinho, não há amor (*kýpris*), não há felicidade (*térpnon*) alguma para os homens" (773-774). Ironia do poeta? No terceiro *stásimon*, que reata com o *makarismós* do *párodos* para exaltar a felicidade extrema, a beatitude com que o deus agracia seus fiéis[65], o tom não é muito diferente. Antes de confiar no saber humano (*tò sophón*), é preciso confiar na força misteriosa do divino (*tò daimónion*) e conformar-se, em assuntos religiosos, à tradição estabelecida (*tò nóminon*, 894-895). Ora, de que gênero de felicidade se vale o devoto de Dioniso? O coro canta: "Quem, no dia-a-dia (*kat'êmar*) desfruta a felicidade da vida[66], este eu proclamo feliz como os deuses".

Plenitude do êxtase, do entusiasmo, da possessão, mas também bem-aventurança do vinho, alegria da festa, prazer do amor, felicidade do cotidiano, Dioniso pode trazer tudo isso se os homens souberem acolhê-lo, e as cidades, reconhecê-lo; assim como pode trazer infelicidade e destruição, se negado. Mas em nenhum dos casos ele vem para anunciar uma sorte melhor no Além. Ele não preconiza a fuga para fora do mundo, nem pretende trazer às almas, através de um modo de vida ascético, o acesso à imortalidade. Os homens devem, pelo contrário, aceitar sua condição mortal, saber que não são nada diante das forças que transbordam de toda parte e que têm o poder de esmagá-los. Dioniso não faz exceção à regra. Seu fiel submete-se a ele como a uma força irracional que o ultrapassa e dele dispõe; o deus não tem contas a prestar; estranho a nossas normas, a nossos usos, a nossas preocupações, além do bem e do mal, supremamente suave ou supremamente terrível, ele brinca de fazer surgir, à nossa volta e dentro de nós, as múltiplas figuras do Outro.

O Dioniso das *Bacantes* é um deus trágico, assim como, aos olhos de Eurípides, é a existência humana. Mas deixando ver sua epifania no palco, o poeta torna o deus e a vida tão inteligíveis, em suas contradições, quanto podem ser.

Não há outro meio de ter acesso à compreensão do deus da máscara, senão entrar em seu jogo, e só um poeta trágico pode fazê-lo, tendo refletido sobre sua arte, consciente dos prestígios que desfralda, tornado mestre nos sortilégios da ilusão teatral. Transpostas para o palco, as magias do deus conhecem uma transmutação: conciliam-se

---

65 εὐδαίμων, 902, 904, 911; μακαρίζω, 911.

66 βίοτος εὐδαίμων, 911; cf. 426: εὐαίωνα διαζῆν, "ele consagra sua vida à felicidade", e 74: βιοτὰν ἁγιστεύει, "ele santifica sua vida".

MITO E TRAGÉDIA NA GRÉCIA ANTIGA

com os processos da dramaturgia, com os encantos da expressão poética, concorrendo, quer sejam as mais terríveis ou as mais suaves, para o prazer do espetáculo.

Nessa última peça que Eurípides consagra a Dioniso, na "modernidade" desejada da obra, afirma-se a homologia entre a experiência dionisíaca e a representação trágica, como bem viu Charles Segal[67]. Se o drama das *Bacantes* revela, através da epifania de Dioniso, a dimensão trágica da vida humana, ele também faz cintilar, "purificando", esse terror e essa piedade que a imitação das ações divinas provoca no palco aos olhos de todos os espectadores, o *gános*, o brilho alegre e resplandecente da arte, da festa, do jogo: esse *gános* que Dioniso tem o privilégio de dispensar aqui, que, como um raio vindo do Além, transfigura a morna paisagem da existência cotidiana.

---

67 Em particular no capítulo VII: "Metatragedy: art, illusion, imitation", *op. cit.*

Lista de Abreviações
(Ano Filológico)

ABSA	*Anual of the British School at Athens.* Londres.
ASNP	*Annali della Scuola Normale Superiore di Pisa*, Cl. di Lettere e Filosofia. Pisa.
BAGB	*Bulletin de l'Association G. Budé.* Paris.
BCH	*Bulletin de Correspondance Hellénique.* Atenas.
BICS	*Bulletin of the Institute of Classical Studies of the University of London.* Londres.
CPh	*Classical Philology.* Chicago.
CQ	*Classical Quarterly.* Oxford.
CRAI	*Comptes rendus de l'Académie des Inscriptions et Belles-Lettres.* Paris.
CSCA	*California Studies in Classical Antiquity.* Berkeley.
GRBS	*Greek, Roman and Byzantine Studies.* Durham, N.C.
HSPh	*Harvard Studies in Classical Philology.* Cambridge, Mass.
JHS	*Journal of Hellenic Studies.* Londres.
JWI	*Journal of the Warburg and Courtauld Institute.* Londres.
PCPhS	*Proceedings of the Cambridge Philological Society.* Cambridge.
QUUC	*Quaderni Urbinati di Cultura Classica.* Roma.
RA	*Revue Archéologique.* Paris.
RD	*Revue Historique de Droft français et étranger.* Paris.
REA	*Revue des Études Anciennes.* Bordeaux, Talence.
REG	*Revue des Études Grecques.* Paris.
RFIC	*Rivista di Filologia e di Istruzione Classica.* Turim.
RHR	*Revue de l'Histoire des Religions.* Paris.
RPh	*Revue de Philologie.* Paris.
SAWW	*Sitzungsberichte der Österreichischen Akademie der Wissenschaft in Wien.* Viena.
SBAW	*Sitzungsberichte der Bayerischen Akademie der Wissenschaften.* Munique.
SCO	*Studi Classici e Orientali.* Pisa.

SDAW	*Sitzungsberichte der Deutschen Akademie der Wissenschaften zu Berlin.* Berlim.
StudClas	*Studii Clasise.* Bucareste.
TAPhA	*Transactions and Proceedings of the American Philological Association.* Chico, Cal.
WS	*Wiener Studien, Zeitschrift für klassische Philologie und Patristik.* Viena.
YCS	*Yale Classical Studies.* New Haven.

Índice Geral

Este índice foi estabelecido por Jeannie Carlier com a colaboração de Denise Fourgous.

Agradecemos-lhes calorosamente. Os dois volumes de *Mito e Tragédia na Grécia Antiga* foram considerados.

baris: 341n.
boulía: 39.
butres: 112, 120.
ccademia Olimpica: 317, 321, 322; (Academia Olímpica), acadêmicos: 321,323.
ckerman J. S.: 323.
ctor: 264, 265n.
culturação: 338.
likeîn, adíkēma, adikía: 37, 81.
livinho (s): 230-231, 282; ver Calcas, Tirésias.
dônis: 352.
drasto: 266, 270, 313n.
frodite: 17, 30, 61-62.
gamêmnon: 22n, 23-24, 43-47, 75-76, 101-123 *passim*; 223, 227, 229, 230, 232, 233, 237.
gatão: 5, 270, 282.
gave: 116, 349, 353, 354, 356, 358.
ente: 10, 14, 21-23, 25-29, 31-32, 34-43, 47-52, 55-58.
gesilau: 183.
gis: 183.
noia: 37.

agón: 221.
agorá: 12n.
ágos: 82, 87, 90n, 91, 93, 97; ver mancha.
agricultura: 123, 132.
ágrios: 132-133; ver selvagem, selvageria.
agronómos: 126.
agrós: 131.
águia (s): 102-114, 120, 230, 236.
aítesis: 308.
aitía, aítios: 39-41, 46, 50; ver culpabilidade; responsabilidade.
aíx: 160.
Ájax: 21, 275, 280, 299, 307.
ákōn, akoúsios: 30, 34-35, 36-37, 48.
alástor: 45.
Alberti L. B.: 283.
Alcebíades: 95n, 138n.
Alcmeônidas: 87, 276.
álektroi: 276.
Além: 348, 349, 359.
Alma (s): 338, 340, 359.
alteridade: 166, 169, 173-178, 338, 340-342, 349, 352.
Amazona: 63.

364   MITO E TRAGÉDIA NA GRÉCIA ANTIGA

Ambiguidade: 7-24, 153 *passim*; 280-281.
ambivalência: 174, 181.
Amphíptolis: 300.
amýmon: 92.
Amýnos: 268.
anaítios: 45.
anánke: 27, 33, 42, 43; ver necessidade.
anaphaínein: 345n.
anarquia/despotismo: 11n, 233, 294.
andreía: 172.
andrelátes: 262.
andrógino: l88.
Anfiarau: 231, 252, 258, 261, 266.
Anfípolis: 301-302.
animal, animalidade: 95-97, 103, 115-116, 133, 158, 167, 171, 175, 197-198, 260, 342, 345.
anomía: 98.
Antestérias: 337.
Antigônia: 303.
Antígona: 3, 18-20, 64, 74, 152, 228, 234, 251, 271, 276-277, 291.
Antígono Dóson: 302.
Antigos e Modernos: 328.
Anzieu, D: 59-66, 68-71, 319.
apáte Apate: 125-126, 136-137, 144n; ver astúcia.
Apatúrias: 125, 136.
aphoría: 90; ver esterilidade.
apoikíai: 302.
ápolis: 82, 95, 97, 138, 194, 277, 299.
Apolo (e Dioniso): 337, 341; (nas Eumênides) 11n, 17, 291; (e hereditariedade masculina) 234-235; (Hiperbóreo) 341n; (oracular) 231-232; (e responsabilidade) 48; (salvador) 83; (as Targélias) 89.
apopémpein: 89n.
apóptolis: 299.
apothésis, apotithénai: 192n.
apotropaico: 164.
apparato: 326.
Aqueloo: 280.
Aquemênides: 272.
Aquiles: 106, 271.
ará: 14; ver maldição.
arco: 129-130, 133-134, 136-142, 271; ver também arqueiro.
arconte: 10.
Areópago: 11-12n, 226, 291-292, 296.

Ares: 256, 260.
Argos: 13, 292-293, 297-298, 312.
Aristéas: 341n.
Aristides: 236, 307.
Aristófanes: 337; (*Rãs*) 221, 223-224, 282, 318.
Aristóteles: 214; (em ação) 15, 38; (e mimesis) 21, 216; (e ostracismo) 94-95; (e *philía*) 63; (*Poética*) 7, 18, 56, 222; (e responsabilidade, vontade) 29-34, 38-42; (em Vicência) 323, 327.
arkhé: 40.
arkhégós: 350.
Arnaud, d'Andilly: 327.
aromáticos: 112.
arqueiro/hoplita: 119, 125-145 *passim*; 232, 235-237.
Arquelau: 335n.
arte: 211-214, 282; ver *tékhne*.
Ártemis: 17, 105; (no Agamêmnon) 23-24, 105-108; (e máscara) 164, 169-173; (e virgindade) 62-63.
artesão(s): 232, 237, 238-239.
artípous: 183.
ascese: 338, 341-342.
Asclépio: 268.
asno: 175.
aspháleia: 297.
assembleia do povo: 297-299, 331.
associações livres: 65.
assombro: 166.
astós: 301.
astúcia: 118-120, 125-126, 128-129, 145, 236, 271, 281-285.
ásty: 311.
Atalante: 266.
Atamante: 92.
átē, Áte: 13-14, 36, 45, 46, 50.
Atena: 83; (em Colono) 312; (nas *Eumênides*) 11-12n, 17, 50, 123, 228, 233, 235, 29; (e Górgona) 164-166; (e incesto) 62-6? (e Filoctetes) 142-145.
Atenas (na tragédia): 268, 291, 293, 295-296, 298-299.
atimastér: 262.
Átis: 352.
ato, ação: 3, 4, 10, 31-36, 39-43, 47, 48-49, 55-58, 81; ver também agente.
ator(es): 2, 12, 270, 272, 273-274, 314-315.

ÍNDICE GERAL

Atreu, Atridas: 24, 44-45, 108, 227, 229, 230.
atýkhēma: 37.
ausência/presença: 162, 163, 176, 216-217.
autóctones, autoctonia: 179, 235, 248n, 266n; ver também espartanos.
Autófono: 265.
Autônoe: 354.
autoridade: 3, 16-17.
autourgoí: 292.
ázyx: 95n.

Bacantes: 123, 335-360 *passim*.
Bacon, H.: 247, 257n, 264.
bakkheîos, bakkheúein, bakkheús, bákkhos: 340n.
baquíadas: 188-192.
baquílides: 223.
barba: 167.
bárbaro(s): 222-224, 259-260, 275-276, 352.
Barthélemy (abade), *Le voyage du jeunem Anacharsis*: 332.
basileús (*vs* tirano): 295.
bastardo, bastardia: 189, 268; ver *nóthos*.
Batíadas, Batos: 181.
baubó: 168.
baioi: 182.
ma: 177, 314-315.
bendis: 352.
bócia (liga): 292.
bestial, bestialista: ver animal, animalidade.
a, Bía: 16-17, 30, 229.
Brancolelli, P. F.: 333.
Biet Ch.: 327n, 330.
os: 134.
bissexualidade: 188.
bode: 175; (e origem da tragédia) 159-160, 270; (expiatório) 20, 159-160, 284, 305; ver *pharmakós*.
boi (s): 104-105.
Boivin: 330.
Black, J.: 22-23.
nós: 117.
a: 115, 133n.
ulé: 226.
ulé, boúlomai, boúlesis, boúlesthai, bouleúein, boúlēsis: 31-32, 38-39, 46.

Boulgakov: 349.
Bousyge: 276.
branco (*vs* negro): 106-108, 122.
Brasidas: 301.
Brauron: 171.
Bravo, B.: 287n, 294-295n, 300n.
Brumoy (abade): 329, 332.
Bufonias: 104, 116n.
Burkert, W.: 102.

cabeleira, cabelos: 118, 125.
caça: XIII, 82, 101-124 *passim*; 126, 133-134, 136-137, 142, 233, 280-281, 357.
cachorro, cadela: 75n, 116, 122, 237-238.
Cadmo: 265.
Caineu: 188.
Calcas: 106-107, 111.
Calímaco: 273.
Calisto: 171.
Cambises: 272.
canhestro: 179, 183, 187.
canibalismo: 115.
caos, *Kháos*: 60-61, 276, 352.
Capaneu: 255, 257, 260n, 265-266.
caráter (e responsabilidade): 14, 40-43, 46-47, 49-50, 52.
Cáris, kháris: 62, 348.
carnaval: 92, 173, 265.
carne (alimentação): 103, 228.
casamento: 61, 63, 171, 277.
Casevitz, M.: 300n, 301n, 302.
Cassandra: 112, 114, 231-232, 238.
castigo: 36-37, 45, 47, 50.
castração: 60-62.
catalepsia: 341.
"cavalgar": 341.
cavalo: 167, 175.
cego, cegueira: 10, 57, 67, 79-80, 357.
Certeau, M. de: 328n.
ceticismo: 337.
céu: 60-61.
Chénier, M.-J.: 317, 332, 334.
Christus patiens: 20.
Cibele: 352.
cidadania: 299-309, 321-322; (dupla) 302.
cidadãos (nos *Sete contra Tebas*); ver coro.
cidade: 267-272 *passim*; (dividida) 293; (e direito) 35; (em Heródoto) 272-273; (*vs* herói mítico, herói trágico) XI, 2, 4-5,

366 MITO E TRAGÉDIA NA GRÉCIA ANTIGA

10-11, 12-13, 20, 270-273; (instituições) 8-10; (e lugar certo) 93-95; (e justiça) 97n; (e *oíkos*) 22, 259, 276, 293; (e religião) 18-19; (e responsabilidade) 22-23, 34-35; (e selvageria) 121-124; (nos *Sete contra Tebas*) 247, 250; (e violência legítima) 11-12n, 17; ver coro.

cilada: 114n.

Címon: 225, 307.

Cipsélidas, Cípselo: 181, 187-196, 197n.

circularidade (e coxear): 182.

Cirene: 180.

Ciro: 272.

classes de idade: 125-145 *passim*; 172, 235.

classicismo, "clássicos": 222, 283, 318.

Cleofonte: 292.

Cleômenes: 302.

Clístenes: XIII, 225, 267, 285, 288.

Clístenes de Sicíon: 270.

Clitemnestra: 24, 44-45, 46-47, 58, 75-76 *passim*; 234, 238, 276.

Colono: 267, 296, 309-314.

complexo de Édipo: 53-71 *passim*; 319.

comunhão: 356.

comunicação: 74-75, 180-181, 194, 197, 278, 280.

concursos trágicos: XIII, 9-10, 160.

condição humana: 80, 91, 99, 129, 186, 309, 339-340, 359.

consciência trágica: XIII, 4, 9, 11, 20, 57, 161.

contrários (união dos): 61.

Corcira: 193-196.

coribântico: 341.

Corinto: ver baquíadas e Cipsélidas.

Corneille, P.: 329-331, 334.

Cornford, M. F.: 60, 224.

coro (*vs* atores): 2, 12, 227; (em *Agamêmnon*) 45-46, 75; (e cidade, cidadãos) 10n, 228, 274, 332-333; (e decisão) 275; (no século XVIII) 331-334; (*vs* herói) 19-21, 161, 227-228, 270, 272-275; (no *Édipo em Colono*) 295-296; (no *Édipo Rei*) 47-48; (e povo) 228; (nos *Sete contra Tebas*) 247-251; (em Vicência) 325.

corpo: 237-238.

corrompido (sacrifício): 20, 101-102, 117, 232.

cósmico, cosmos: 255-257, 259.

Cotito: 352.

Coustel, P.: 328.

covardia: 108n.

coxear, coxo: 179-210 *passim*.

cozinha: 104-105.

Cratino: 93.

Creonte: 18-19, 64, 67, 70, 74, 138, 271, 277-278, 287, 293-295, 303, 325, 333.

Creso: 272.

crime(s): 9, 11n, 14, 43, 50.

Crísaor: 167.

Crisótemis: 271.

Cristo: 20.

Crono: 60-61, 97, 229.

cru: 122-123, 259.

ctônio: 17, 270.

culpa: 10, 22, 29, 47, 50, 54, 57, 71, 108n, 118, 134.

cultual (máscara): 163-164, 174-175, 336-337.

Dacier, A.: 317, 326-329, 331.

daímōn: 14-15, 22, 47-48, 50, 82.

daimonân: 14.

daís: 133n.

danação, danado: 24.

Danaides: 16, 17, 228, 234, 291.

Dânao: 291, 292n.

Dario: 94, 231, 236.

deiná, deinón, deinós: 10, 19, 57, 347-348, 350n.

Dejanira: 276, 282.

Delcourt, M.: 71, 86n, 87n, 327n.

Delfínio: 35.

Delfos: 121, 278-279.

delírio: 175, 355-358.

Delos: 89.

Demagogo: 292.

Deméter: 273, 280, 312, 350.

demo: 296, 303, 308-309.

democracia: 11n, 227-228, 233, 270-273, 292, 331; ver também *cidade*.

Demofoonte: 298.

demônio, demoníaco: 13; ver *daímōn*.

dêmos: 228, 331.

Demóstenes: 290.

Descartes: 25-26.

descomedimento: 196, 273-274, 276; (ve *hubris*).

ÍNDICE GERAL

desdobramento: 264, 336, 346, 356.

déspota(s) (esclarecido) 333; (orientais) 272; ver anarquia.

destino: 21-22, 47-49, 50, 54, 55-56.

Detienne, M.: 112n, 128n, 181.

deus(es): XIV, 10, 21, 76-77, 153; (em conflito) 17-19; (linguagem dos) 77-78, 80-81; (e responsabilidade) 21, 23-24, 27-30, 37-38, 41-52, 55-58, 76-77.

Di Benedetto, V.: 21, 292n, 304n, 306n, 312n.

díkaios: 22, 35, 50.

díkē, Díkē, díkē, Díkē: 3, 11n, 17-18, 44, 46-47, 64, 74n, 119, 252, 257, 259, 261-263, 271.

Diógenes: 97.

Diomedes: 129, 143.

Dionísias (Grandes): 157, 163, 283.

dionisismo (vs cidade): 338-342, 350-352.

Dioniso: 150, 157-162 passim; 228, 270, 335-360 passim; (altar de) 275; (na Antígona) 19, 64; (caçador) 116, 122-123; (e máscara) 163-166, 173-178; (e selvageria) 105, 280; (e transgressão) 232.

direção: 312-315, 323-326.

direita: 106-107.

direito: 3-4, 8-10, 11n, 16-17, 49, 55, 57; (e indivíduo) 51; (e responsabilidade) 22, 34-35, 36-37, 40-41, 50.

disfarce: 1, 158, 173, 343.

dissoí logoí: 8n, 279-280.

ditirambo: 158, 270.

Dodds, E. R.: 335, 337.

Dorýxenos: 303n.

Drácon: 35.

drân: 21.

Dumézil, G.: 62, 128n.

Duprat de La Touloubre: 333.

Du Theil: 332.

Édipo: 20-21, 22, 23, 47-48, 115n, 179-210 passim; 227, 258-260, 262, 267-315 passim.

édicion: 187, 189, 193.

efebo, efebia: XIV, 103, 113, 125-145 passim; 232, 285; (Orestes) 117-119, 235.

Egialtes: 225-226, 268.

egide: 166.

Egisto: 44-47, 115, 117-119, 120.

Egito: 297.

eidénai, eidótes, eidós: 37, 345, 351.

eiresióne: 89-90, 93.

Ekklesía: 297; ver assembleia do povo.

Ektíthemi, ékthesis: 192n.

Electra: 234, 271, 276, 279.

eleições: 288, 290.

Elêusis: 339.

eleuthería: 33n.

emblema: ver escudos.

emboscada: 280.

Empédocles: 223.

emphanés: 345.

émpolis: 300-303.

empoliteúo: 301-303.

enigma: 22, 67-69, 185-186, 215, 279.

enkhórios: 301.

énktesis: 308.

Ênoclo: 92.

Entópios: 301.

ephíesthai: 39.

epiboulé: 38.

epifania: 336.

Epimênides: 12n, 93, 341n.

epithymeîn, epithymía: 31-32, 45.

epopeia: 211.

epópsia: 340.

éremos: 131.

Erétria: 270.

Erifila: 261n.

Erino, Erínias: 11-12n, 14, 17, 36, 44-45, 46-47, 61, 102, 114, 117, 121-124.

éris: 293.

Eros: 19, 30, 60, 64-65.

éros (vs philía): 63-65.

érrhein: 184n.

erro: 35-36.

escravidão, escravo: 232, 237-239, 248.

escrito, escritura: 255-256, 259, 318.

escudo(s): 164-166; (dos Sete contra Tebas) 230, 241-266 passim.

Esfinge, sphínx: 185, 256, 258-260, 266, 279, 284.

eskhatiá: 126, 131.

espaço (sagrado vs profano): 313; (cênico vs representado) 313-315.

Esparta: 172-173, 183, 236, 272-273, 276, 285.

espartanos, spartoí: 180n, 248, 263-266.

espectadores: 12, 21-22, 74-75, 78, 81, 343-346.

esquecimento: 20, 181, 194.

Ésquilo: 11, 157, 221-239 *passim*; (e agente) 26-29; (e responsabilidade) 41-43, 45-47; (*Agamêmnon*) 58, 75, 101-117, 226-227, 252-266 *passim*; 292; (*Coéforas*) 116-121 *passim* 291; (*Eleusianas*) 296n; (*Eumênides*) 121-123 *passim*; (*Oréstia*) 101-124 *passim*; 223, 226-227; (*Persas*) 217, 222-223, 226-227, 268; (*Filoctetes*) 127-128; (*Prometeu*) 227; (*Sete contra Tebas*) 13-15, 18, 222, 224, 227, 241-266 *passim*; 270, 291, 330; (*Suplicantes*) 3, 16, 124n, 226, 291-292, 297-298.

Ésquines: 290.

esterilidade: 92, 110, 114; ver fecundidade.

estrangeiros: 232-233, 297-298, 303, 307-309; (Dioniso) 336, 339, 342, 343-344.

estratégia, estrategista: 268-269, 273, 275, 289-290.

estrutural, estruturalismo: XXI-XXII, 18, 251.

Etéocles: 13-15, 18, 22, 183, 187, 196n, 227, 230, 234, 241-242, 265-266 *passim*; 293, 295, 330; (*vs* mulheres) 234-235, 291; (hoplitas) 234-235.

Etéoclos: 260, 263, 265.

ethélein: 38.

êthos: 13-15, 22, 40, 42, 47, 65, 81.

Etra: 298.

Euclides: 214.

eudaimonía: 358; ver felicidade.

eumeneía: 309.

Eumênides: 12n, 123, 229, 233, 287, 309, 312-314.

Êupolis: 301.

Eurípides (e agente) 52; (*vs* Ésquilo) 14, 223, 266; (e política) 226; (e responsabilidade) 29-30, 42; (*vs* Sófocles) 222; (*Alcmeón*) 335n; (*Bacantes*) 20, 105, 158, 174, 228, 291, 335-360 *passim*; (*Electra*) 222, 292; (*Ifigênia em Áulis*) 335n; (*Héracles*) 291; (*Heráclidas*) 290, 298-299; (*Orestes*) 292; (*Fenícias*) 222, 291, 315, 319, 330; (*Filoctetes*) 127-128; (*Reso*) 275, 332n; (*Suplicantes*) 290, 292.

Euristeu: 298-299.

eusebés: 82.

euthýs: 162.

Evágoras de Chipre: 307-308.

evergeta, evergetismo: 222, 308-309, 321.

Exéquias: 224.

exposição: 86, 131, 136, 190, 191n.

êxtase: 158, 175, 178, 337-338, 357, 359.

facialidade: 164-166, 174.

falo: 168.

falta: 34-36, 44-45, 50, 81, 219.

família (*vs* cidade) 18-19, 246, 250; (e philía) 63-64.

fascinação: 175, 178, 336, 344, 347.

fatalidade: 54.

fecundidade: 87, 92-93, 123.

felicidade: 348, 350, 355, 357-359.

Ferécides: 341n.

festa(s): 352, 359-360; (cívica) 1.

ficção: 157-162 *passim*; 215-219.

figurantes: 247.

filiação e coxear: 182-183, 188-198 *passim*.

Filoctetes: 125-145, 271-272, 278, 299, 310, 333.

filosofia: 7, 214.

flauta: 166.

fogo (culinário) 123; (sacrificial) 104.

Folard: 332.

Forbante (Phorbas): 325, 327.

Fraenkel, E.: 60, 102, 108n, 113n.

fratria: 125.

Freud, S.: 18, 53-71 *passim*; 284, 318-319.

Frínico (poeta cômico): 267.

Frínico (poeta trágico): 157, 217, 222, 226.

frontão: 253, 257, 260, 264.

fronteira: 126, 169, 173, 233, 280, 310-312, 315.

Gabrieli, A.: 324.

gagueira: 180.

Gaia: 60-61.

gános: 358, 360.

Gauthier, Ph: 297n, 307n.

Gê: 248.

Gélos: 178.

génē, génos: 04, 11n, 13, 64, 276; (*gynaikon*) 247.

gênero literário: XXIII, 1, 7-9, 21, 23, 42, 49, 55, 73, 161, 176, 211, 214, 270.

geometria: 214.

ÍNDICE GERAL

Gernet, L.: 3, 18, 34, 36, 86n, 87, 93n, 94n, 188, 196, 296n.
gigante: 260, 266.
ginecocracia: 250, 259, 261.
Girard, R.: 20, 160.
Giustiniani, O.: 317, 321-322, 330.
gnesios: 184-185.
gnome: 22, 51, 67, 76, 79.
Goethe: 329.
Goldschmidt V.: 07n.
golpe de Estado: 226, 268.
Goossens R.: XIIn.
Górgias: 353.
Gorgó, Górgona, *Gorgóneion*: 164-169, 172-173, 176-178, 347.
Graias: 167, 173.
grotesco: 168, 175.
guerra: 61, 63; (e cultura) 103; (estrangeira *vs* civil ou privada) 124, 259-261, 264, 291; (*vs oíkos*) 132, 139.
gymnós: 255.

hábito (e responsabilidade): 40.
Hades: 19, 75n, 76, 312n.
aíresis: 41.
hamártánein, hamártema, hamartía: 22, 35-36, 37.
Harrisson, J.: 337.
dýs: 348.
Hefesto: 62, 138, 182, 239.
Hegel: 223, 276.
gemón: 287, 295.
kein: 349.
kón: 30-31, 34-35, 36-37, 46, 48.
koúsion: 30, 34-35, 37.
Heleno: 128.
Helenótamo: 268.
mon: 271, 277, 280.
ra: 62.
racles: 139-141, 168, 271, 276, 280, 298.
ráclidas: 298-299.
ráclito: 15, 223, 269.
rmafrodita: 188.
rmes: 238-239.
rmótimos: 341n.
ródoto: 217, 223, 272.
rói cultual: 2, 270-271.
rói trágico: XXI, XXIII-XXIV, 2, 12-15, 20, 49; (e cidade) 306-309.

heroica (lenda, tradição): XXI, 2, 4-5, 10, 12-13, 55-58, 158, 161, 215-218, 227, 270-271.
Hery B. D.: 253.
Hesíodo: 59-61, 104, 223, 256, 293.
héstia, Héstia: 62-63, 275, 304.
hexâmetro: 13n.
héxeis: 40.
hierós: 82.
hiketeía: 308; ver suplicante(s).
hiketeríai: 90.
Hipérbios: 252, 257, 265n.
Hipérbolo: 95n.
Hípias: 71.
Hipomedonte: 256, 260, 264, 266.
Hipônax: 90n.
história (e tragédia): 217-218, 268-269, 272-273.
Homero: 4; (e dionisismo) 338; (e Ésquilo) 223, 225; (e responsabilidade) 27-28.
homonymía: 73.
homós: 96.
homospóron: 96.
homossexualidade: 183.
hoplita, *hoplítes* (nos escudos): 255, 263; (*vs* efebo, jovem) 103, 113; (em Ésquilo) 235-236; (Etéocles) 245, 250; (*vs* mulher) 292; (*vs* marinheiro) 226; ver arqueiro.
horân: 345.
Houdar de la Motte: 330, 333.
hygíeia: 89n.
Hugo, V.: 224-225, 255.
hýbris: 5, 13, 23, 44, 67, 70, 89n, 97n, 233, 235, 250, 260, 272.
hypsípolis: 138.

Iâmboulos: 182.
idade de ouro: 348.
idéa: 345, 351.
Ifigênia: 24, 43-44, 103, 105, 106, 107-108, 112-114, 116-117.
ignorância: 36-38, 129.
ilusão: 162, 176, 178, 216, 336, 342, 344, 348-349, 359.
imortalidade: 306, 338, 340, 359.
império ateniense: 293n, 302.
impiedade: 24.
incesto: 18, 53-71 *passim*; 81-82, 84-85, 87n,

370 MITO E TRAGÉDIA NA GRÉCIA ANTIGA

95-97, 98, 115, 184, 192-193, 197, 201, 271, 277, 282, 331, 333.
inconsciente: 66, 319.
indivíduo: 29, 36, 38, 41, 50-51, 243, 274.
Ingegneri, A.: 324-326.
iniciação, iniciáticos (rituais): 169, 173, 235, 339-340.
Ino: 354.
intenção: 25-52 *passim*; 36-38, 41-42, 49-52.
interpretação: 22, 23, 244, 282-284, 318, 337.
intérprete (dos sonhos e presságios): 230-231.
inversão: 225-251 *passim*.
Io: 17, 231.
Iolau: 298.
Iole: 276.
Ismene: 228, 234, 251, 276-277, 293, 312.
ísos: 96.
isótheos: 94, 97, 197n.

jardineiro: 123.
Jauss, H. R.: 329.
javali: 167.
Jeanmaire, H.: 135, 337.
Jeremias: 325.
jesuítas: 333.
Jó: 225.
Jocasta: 68-69, 96, 184, 262, 278, 282, 319, 325, 330, 333.
jogo(s) de palavras: 231, 261, 280, 313n.
jovem(s): (*vs* adulto) 277, 280; (*vs* hoplita) 285; (*vs* vieux) 194-196, 271, 349.
Judas: 320.
Judet de La Combe, P.: 242n, 287n.
juramento dos efebos: 125-126, 136.
jurídicos: (categorias) 23, 304; (vocabulário) 3, 9-10, 16-17, 19-20, 45, 57, 262.
justiça, Justiça: 10, 16, 57, 76, 97n, 119, 225; ver Zeus.

kakoûrgoi: 88.
Kant: 28.
katharmós: 88, 93.
kathársios: 93.
kátharsis: 91, 218n; ver purificação.
Kérde, kérdos: 19, 74n.
kholeúein: 184.

kholós: 183.
khôra: 127, 133.
Khrestoí: 292.
Knox, B. M. W.: 82-84, 86, 107n, 136, 138n, 224n, 293n, 299-300, 303.
koíranos: 296.
kômos: 344, 352, 356.
Kopó: 89.
Kóre: 312n.
krateîn, Krátos: 3, 16-17, 19, 228-229.
kryptés: 126.
kypséle: 191-192.
kýrios: 16, 40.

Labda: 181, 188-193, 196, 197n, 203.
Labdácidas: 13-14, 179, 181, 184, 187, 189-190, 193, 196, 229, 234, 252, 260, 276, 287.
Lábdaco: 179, 183, 196.
Laio: 67, 78, 81, 96, 179, 184-185, 187, 189, 190n, 192-193, 196, 227, 284.
Laodâmia: 271.
Lápitas: 188.
lárnax: 191n, 202.
Lástenes: 257n.
Lauraguais, Cde. de: 330.
Laval, Pierre: 276.
leão, leãozinho: 104, 107, 113-114, 120-121, 122, 141, 167, 173, 189n, 223-224, 233, 266.
Lebeck, A.: 116.
lebre (nas *Eumênides*): 102-103, 106-108, 114, 121, 230-231.
Legrand, M. A .: 333.
Lemnos: 127-128, 141.
Lenaias: 337n.
leoa: 114, 120n.
Leonard, N. G.: 332, 334.
Leônidas: 272-273.
Leotíquidas: 183.
Lesky, A.: 28-29, 42-44.
Lêucade: 88.
Lévi-Strauss, Cl.: 179-180, 185, 284.
libações: 114n, 122.
Licofronte (filho de Periandro): 194-195.
Licurgo: 92.
Licurgo de Atenas: 221, 283, 318.
lídio, lídias: 339, 354-355, 356.
limós: 90, 92.

ÍNDICE GERAL

Linear B.: 339.
lírico(s) (poetas, poesia): 2, 27, 57.
Lísias: 22.
livre-arbítrio: 25-26, 33.
lobo: 104, 114, 233.
lógos: 38, 97.
loimós: 87-88, 89n, 90, 92-93.
Loraux, N.: 19, 21, 189n, 227n, 241n, 247n, 249n, 266n, 290.
loucura: 13; (Divina) 158-160 passim; 175; (vs sabedoria) 352-358 passim; ver átê, lýssa, manía.
lýssa, Lussa: 13-14.

magia: 348-349.
magos: 341.
mainades: 354; ver mênades.
Maistre, J. de: 20.
makarismós: 359; ver felicidade.
maldição: 242-243, 248, 261; ver Erínia (s).
manía: 13-14, 48, 174, 338, 341, 354-356, 358; ver loucura.
manto: 118.
Maratona: 226, 237, 273.
Mármore de Paros: 222.
Marselha: 88.
Marx, marxismo: 21, 211-214.
Marzari, G.: 320, 322.
máscara: 1-2, 12, 18, 158-159, 163-178 passim; 274, 326, 335-360; passim.
mascaradas: 163, 169, 172-173, 178.
masculino/feminino (homem/mulher): 145, 167, 174, 234-235, 246-250, 259-261, 265-266, 349, 352.
matriarcado: 229.
matricídio: 11n, 261, 271; ver também Orestes.
máza: 92.
médico (deus): 231.
médico (vocabulário): 83.
Medusa: 164, 167-168.
Megalópolis: 303.
Megareu: 257n, 265.
mekhánema: 118.
melânio: 126.
Melanipo: 262, 265.
melanto: 125-126.
mélathron: 141n.

Melissa: 193-194.
Mênades: 343, 347-348, 354.
Menandro: 22, 264.
mercenário: 127.
Mérope: 68-69, 319.
mesógeia: 311-312.
metáfora: 230.
metaítios: 45.
meteco(s): 233, 261, 291-292, 297-299, 302, 307-310.
mêtis: 260.
métoikos: 304; ver meteco.
Meuli K.: 103-104.
Meyerson I.: 21, 26.
míasma: 14, 87, 91; ver mancha.
milagre(s): 349, 359.
Milcíades: 237, 273.
milhano: 236.
mimesis: 21, 172, 216, 219, 222.
mimetismo: 176.
misticismo: 338-339.
moîrai: 48.
Momigliano, A.: 225n.
monstro, monstruosidade: 164-168, 180, 256-258.
Montenari, G.: 321.
moral: 3, 16, 34, 35.
mormolýkeia: 168.
morphé: 345.
morte (e Gorgó): 166, 176-178; (e a noite) 255; (de Édipo) 314.
mortos (culto dos): 18-19.
Moschopoulos, M.: 318.
mudança de estado: 340-342.
Mudge, Z.: 306n.
mýein, mýesis: 339.
muralha: 256, 262.
Murray, G.: 241.
Musgrave, S.: 300-301.
Mystérion, mystés, mystikós: 339.

"naturalização": 307.
natureza humana: 23, 26, 50, 58.
necessidade: 27-28, 33, 42-43.
negro: ver branco.
némein: 74n.
Neoptólemo: 132-145 passim; 277-279, 285.
nephália-os: 122, 313n.
Nestle, W.: 10, 270.

372 MITO E TRAGÉDIA NA GRÉCIA ANTIGA

Nícias: 95, 268.
Nietzsche, F.: 241, 337.
noite: 113, 122-123; ver também negro, noturno.
nómos-oi: 03, 19, 74, 98n, 99.
nóthos: 183-185.
noturno (combate): 280-281, 285.
noûs (intelecto): 32; (*praktikós*) 32n.
nu: ver *gymnós*
númen: 14.

obediência: 250.
obscenidade: 172-173.
oîda: 83.
oîdos: 83.
oíkesis: 308.
oíkos: ver cidade, família, guerra.
olhar: 166, 343-344.
Olímpios: *vs* ctônios: 17.
ololygé, ololygmós: 18, 249, 250n.
omofagia: 105, 348, 355.
oração fúnebre: 227, 290.
oráculo: 66-68, 76, 189, 196, 228, 272-273, 278-279.
orkhêstra: 296, 312, 314-315.
orektikós,-on: 32, 38n.
Orestes: 11n, 21, 24, 50, 102-103, 117-123, 231, 233-235, 237-238, 279, 281, 292.
órexis: 32, 38n.
orfismo: 339.
orgê, orgía, orgiasmo, orgiasmós, orgiázein: 19, 45, 74n, 340n, 344, 351.
oribacia: 358.
origens da tragédia: 1, 158-159, 270-271.
Órthia (Ártemis): 172.
orthós: 182.
Osborne, M. J.: 307.
Oscofórias: 89n.
ostracismo: XVI, 93-95, 285, 288-289, 305-306.
oúreia: 126.
Outro: 342, 345, 349-350, 352, 359.

Pace B.: 143n.
Palamedes: 144n.
Paládio: 35.
Palene: 299.
Palladio, A.: 283, 317, 320-323.
Pandora: 104.

panspermía: 89n.
pântanos: 169.
papiros literários: 222.
paraitía: 45.
parakopá: 46.
paralía: 311.
páraulos: 310.
Páris: 107n.
Parmênides: 223.
parricídio: 18, 54-71 *passim*; 81, 85, 95-97, 98, 184-185, 201-203, 271, 331.
Partenopeu: 257-261, 264-266.
parthénos,-oi: 63, 171; ver virgindade.
parto: 171.
pastoril: 141, 323.
patrís: 265.
pé(s): 83-84, 179, 181-187, 190n, 195.
peã: 90-91.
Pégaso: 167-168.
peitharkhía, peithó, Peithó: 11-12n, 17-18, 128, 143n, 229, 291, 294, 315.
pelanós: 123.
Pelasgo: 16-17, 21, 228, 234, 297.
Peloponeso (Guerra do): 127, 269, 289.
Pélops: 183.
Penteu: 105, 116, 174, 292, 343, 345-349, 351-358.
Periandro: 192-195.
Péricles: 217, 226, 268-269, 276, 289.
peripéteia, peripécia: 78, 279.
perípolos: 126.
Perrot d'Ablancourt: 327.
Perseu: 164.
persuasão: 11-12n, 17, 137; ver *peithó*.
pessoa: 2, 14, 25-27, 29-30.
peste: XXII, 269, 279; ver *loimós*.
petrificação: 164-166, 176.
phanerós: 343, 345, 357n.
phármakon: 350, 353.
pharmakós: XXIII, 67, 85, 87-94, 99, 152, 195, 284, 305.
phaûlos,-oi: 88, 95.
philía, phílos: 11n, 18-19, 63-65, 74n, 276; ver *éros*, família.
phóbos, Phóbos: 11-12n, 123-124, 178.
phónos: 34-35, 50.
phrónesis: 22, 32n, 51.
phthónos: 67, 70, 94.
piedade: 217-218, 360.

ÍNDICE GERAL

Pigafetta, F.: 320, 322, 325.
pilar da máscara: 337.
piloto: 245.
Píndaro: 2, 154, 223.
Pinelli, G. V.: 324.
pipa: 201-203, 206, 210.
Pirítoo: 312, 313n, 314.
Pirro: 137.
Pisístrato: 4.
Pitágoras: 341n.
Pítia: 121, 231, 273.
Píton: 121.
Platão: 7n, 31, 35, 103, 214-216, 270, 282.
Plateia, plateus: 236, 307.
Plêiades: 113n.
Plotino: 340.
podesta: 322.
podre: 112.
poíesis: 51.
Polícrates: 272.
Polifonte: 265.
polinice: 13, 64, 183, 187, 196n, 231, 234,
    242-266 passim; 294-296, 301, 312, 330.
pólis (jogo): 95-96n.
pólis: ver cidade.
polítes: 301; ver cidadão.
político: 10, 19-20, 49, 51, 55, 103, 239, 262.
polução/mácula: 13-14, 22, 35-36, 45, 50,
    51n, 57, 63, 67-68, 82, 84-85, 87-88, 90,
    91-92, 266, 284, 287, 293, 305-306, 309.
porta de Hades: 75n, 76.
Posídon: 167, 312.
possessão: 159, 168, 176, 337-342, 358-359.
pótnia therón: 169.
povo (vs rei): 331-334; ver coro.
Pralon, D.: 242n, 253n, 261n, 263n.
práttein, prâxis: 21.
pré-históricos (caçadores): 103-104.
presença: 342-343, 346, 356; ver ausência.
presságios: 230-231, 253.
primavera: 89-91.
proaíresis: 30-32, 40, 41.
proboulé: 38.
probouloi: 268.
prodígios: 348.
Prometeu: 17, 104, 225, 231-232, 238-239,
    266.
pronoías: 37.
prostátes: 298, 309.

Protágoras: 80n, 269, 282.
proxenía: 297, 308.
pséphos: 11n, 250n.
psicanálise: XV, 54-71 passim; 245, 284,
    319.
psicologia histórica: 55-56.
psicológica (interpretação), psicologismo:
    13-14, 23, 42, 81, 130, 241-245, 319.
Psykhé: 338; ver alma.
pyanepión, pýanion: 89n.
público: ver espectador.
purificação: 91, 93, 160, 218, 338-339, 341,
    343, 360.
púrpura (tapete): 23, 58, 76, 227.

Quersoneso: 273.

rabino: 333.
Racine: 215, 227.
racionalidade: 352-358 passim.
razão: 31-32.
reconhecimento: 78, 279.
rede: 75n, 76, 114n, 118-119.
redenção: 152.
rei: XXI, 13, 91-93, 332; ver basileús.
religião: 8-9, 16, 17-20, 35-36, 57, 63-64,
    66-67, 94, 161, 163-164.
renúncia: 340, 342.
responsabilidade: 1, 4, 10, 16, 21-24, 25-30,
    33-34, 40-43, 45-46, 48-49, 50, 55, 56-58,
    76.
reviravolta: 57, 73-99 passim; 95.
Rhéa: 61.
rhýsios: 17.
Riccoboni, A.: 322, 324.
riso: 168, 178.
Ritschl, Fr.: 251.
Rivier, A.: 26-29, 41-43, 45-46.
Rochefort, G. de: 327n, 332.
Rodes: 89.
Rohde, E.: 337-338.
rolante (pedra), rolar: 189, 193, 195, 198,
    202-203.
Romilly, J. de: 42, 52.
Rousseau: 22.
Roux, G.: 190n, 191n.
Roux, J.: 335.

Sabatucci, D.: 339-340.

374 MITO E TRAGÉDIA NA GRÉCIA ANTIGA

Sabázios: 352.
saber/poder: 281-283 *passim*.
sacerdote (grão): 331, 333.
sacrifício: XXIII, 101-124, 150-153 *passim*; 232, 238, 249, 270, 280-281, 298n.
Saïd, S.: 151, 239n.
Salamina: 226, 236, 268.
salvação individual: 338.
salvador: 83, 85, 284, 299.
Samos: 89, 290.
sangue: 123, 263.
sátira, sátiros: 159, 168, 175.
satírico (drama): 223, 269.
Savalli, I.: 302n, 308n.
Scamozzi, V.: 323-324.
Schadewaldt, W.: 244.
Schrade, L.: 320.
Seale, D.: 314n.
sébas: 12n, 19, 123.
Segal, Ch.: 19, 115n, 151, 287n, 295n, 314n, 335, 353, 360.
segredo: 340, 351.
selvagem, selvageria: 104, 108, 121-123, 151, 169-173, 175-178, 233, 261, 276, 279-281, 285, 338, 345, 350.
Sêneca: 325, 327, 329.
Serpente(s): 104, 120-121, 122, 167, 266, 350.
Setti, S.: 143-144n.
sexo/semblante: 167-168.
sexualidade: (e cultura) 171-172; (e tirania) 179-198 *passim*.
Shakespeare: 141, 215, 224.
Shaw, M.: 248n.
signos: 229-230.
Simônides: 2.
skēnế: 273-274, 315.
Snell B.: 26-28, 34n.
Sócrates: 19, 30, 31.
sofistas: 8n, 138, 281, 337, 352-353.
Sófocles: 15n, 154, 267-285 *passim*; 290; (*Ajax*) 228-229, 332n; (*Antígona*) 330; (*Electra*) 222, 292, 310, 326, 330; (*Sabujos*) 269; (*Édipo em Colono*) 155, 223, 233, 282, 287-315 *passim*; (*Édipo Rei*) XIV-XVI, 47-48, 53-99 *passim*; 150-151; (*Filoctetes*) XXIV, 125-145 *passim*; 228-229, 310, 332n; (*Skýrioi*) 138n.
Sófocles, o Jovem: 268-269.

Sol (ilha do): 182.
Solmsen, F.: 244.
Sólon: 270, 288.
sonhos: 54, 56-58, 70-71, 230-231, 344.
sophía: 353-354, 356.
sophísmata: 348.
sophón: 353, 359.
sophrosýnē, sóphron: 18, 172, 349.
sorte, Sorte: 22, 84, 85-86; ver *týkhe*.
Sperone Speroni: 325.
sphaleôtas: 349.
Stanford W. B.: 73.
Starobinski, J.: 319.
stásis: 290, 291, 295, 310.
sylléptor: 45.
syngéneia: 298.
suplicante, suplicação: 90, 305-306, 308.

Tântalo: 47.
Taplin, O.: 247, 315n.
Targélias, *thargelos*: 88-91, 92, 94, 152.
teatro (edifício): 274, 320-321, 322-323.
Tebas: 13-14, 241-266 *passim*; 343 *passim*; (*vs* Atenas) 287-297, 311-312; (*Romance de*) 320; (em Vicência) 326.
tékhne, técnico: 51, 104, 138, 239; (*vs areté* 138; (*vs* poder) 130-132.
Tegeia: 303.
teleté: 339.
Temístocles: 226, 236-237.
temor: 11-12n.
tempo: 51; (divino *vs* humano) 20-24, 228-229, 278-280.
Teresa d'Ávila: 340.
Termópilas: 236, 272.
Terra: 60-61; (mãe) 265; ver Gaia, Gê.
terror: 11-12n, 217, 359-360.
Teseu: 283, 287-314 *passim*.
Téspis: 159, 222.
tetrâmetro: 159.
texto: 154-156.
Thalmann W. G.: 242n.
Thánatos: 178.
thaúmata: 348.
theatés: 344; ver espectadores.
thelýmorphos: 349.
thíasos: 341, 343, 348, 350-352, 354-355.
threptérion: 118.
thymélē: 158, 159, 163, 273.

ÍNDICE GERAL

thymós: 31.
Tideu: 231, 252-253, 261, 262, 265, 266.
Tiestes: 44, 114, 230, 232.
Tifeu, Tífon: 256-257, 260.
timé: 11n, 19, 74n, 235, 262.
tirano: XXI, 5, 86-87, 93-94, 97, 150, 160,
   187-198 *passim*; 224, 227, 233, 237-238,
   248, 271-273, 276, 277, 279, 285, 287, 305,
   331, 352.
Tirésias: 231, 331, 333, 350, 353.
ocha: 255, 257, 266.
ólma: 19.
óricos: 314.
ournelle de La: 330.
ouro: 116.
rácia: 338.
radição (literária, filosófica, científica):
   214-215.
adução: 326-329.
ágos: 159-160, 270; ver bode.
anse: 343-344, 354-356; ver possessão.
ansgressão: 198, 232, 271.
eno: 90-91.
ibunais: 3, 9-10, 11n, 22, 35, 36, 50, 55, 160.
igo: 350.
ímetro jâmbico: 13n.
inta tiranos: 295.
issin(o) G. G.: 320, 322.
khe: 22-24, 67, 85-86, 279; ver sorte.
ucídides: 15, 23, 217, 223-224.
urner, T.: 180.
rannos: 86-87, 92, 99, 295, 321; ver
   tirano, tirania.
isses: 128-145 *passim*; 166, 271, 279.
animidade: 291.
ânidas, Urano: 60-61, 101, 229.
sa: 171-172.
ca: 120n.

vaso François: 174.
veadinho: 121-122.
velhos (no coro): 178.
Veneza: 320-322.
ver: 342-343, 344-347, 356-357.
Veyne, P.: 321.
víbora: 120.
Vicência: 283, 317, 320-326, 330.
vingança: 35, 108, 113.
vinho: 105, 122-123, 175, 338, 350, 352,
   358-359.
violência: 16-17, 168, 171.
virgindade: 62-63, 171.
Vitruve: 323-324.
Vlastos: 60.
Voltaire: 317, 328-332, 333.
vontade: XV, 23, 25-52 *passim*; 56, 81.
voto: 11n, 291, 297-298.
Webster T. B. L.: 143n.
Wilamowitz T. Von: 130, 139, 244.
Wilamowitz U. Von: 13, 242n, 243, 251,
   295, 308.
Winnington-Ingram R. P.: 15, 42, 47, 335.
Wisman N. H.: 154n.
Xanto: 125-126.
xénoi, xénos: 304; ver estrangeiro.
Xerxes: 233, 235, 272.
xynaitía: 45.
Zálmoxis: 341n.
Zeitlin, F. I.: 102, 114, 151, 242n, 246n,
   250n, 255n, 291n.
zeteîn: 82.
Zeus: 264; (agoraîos) 12n; (nos escudos)
   256-258, 259-260; (e Cronos) 97; (em
   Ésquilo) 229; (justiça de) 3, 16, 44, 47;
   (e *Krátos*) 17; (no *Édipo Rei*) 82-84; (*vs*
   Prometeu) 17, 231-232; (Téleios) 75n;
   (tirano) 238.

Sobre os Autores

JEAN-PIERRE VERNANT é professor honorário no Collège de France. PIERRE VIDAL-NAQUET dirige, na École des Hautes Études en Sciences Sociales, o Centro de Pesquisas Comparadas sobre as Sociedades Antigas, criado por Jean-Pierre Vernant. Obras publicadas no Brasil: *Mito e Tragédia na Grécia Antiga I* (Brasiliense, 1988).

Obras de J.-P. Vernant: *Mythe el Pensée chez les Grecs* (La Découverte, 1965); *Mythe et Sociéte en Grèce Ancienne* (La Découverte, 1974); *Religions, Histoires, Raisons* (La Découverte, 1979); *Les Origines de la Pensée Grecque* (P.U.F., 1962); *La Mort dans les Yeus* (Hachette, 1985); *Les Ruses de l' 'Intelligence – la Métis des Grecs* (em colaboração com Marcel Detienne, Flammarion, 1977); *Problèmes de la Guerre en Grèce Ancienne* (École des Hautes Études en Sciences Sociales, 1968).

Obras de P. Vidal-Naquet: *L'Affaire Audin* (Éditions de Minuit, 1958); *La Raison d 'État* (Éditions de Minuit, 1962); *Clisthène l'Athénien* (com P. Lévêque, Les Belles Lettres, 1964); *Le Bordereau d'Ensemencement dans l'Egypte Ptolémaïque* (Fundaçào Egiptológica Rainha Elizabeth, 1967); *Journal de la Commune Étudiante* (com A. Schnapp, Éditions du Seuil, 1969); *La Torture dans la République* (Éditions de Minuit, 1972); *Économies et Sociétés en Grèce Ancienne* (com M. Austin, Éditions Armand Colin, 1972); *Les Juifs, La Mémoire et le Présent* (Éditions Maspero, 1981); Le. Chasseur Noir (Éditions Maspero, 1981).